图解汉字

于童蒙◎编著

江苏凤凰科学技术出版社
·南京·

图书在版编目（CIP）数据

图解汉字 / 于童蒙编著 . -- 南京 : 江苏凤凰科学技术出版社 , 2020.1（2020.12 重印）

ISBN 978-7-5537-8559-2

Ⅰ . ①图… Ⅱ . ①于… Ⅲ . ①汉字－通俗读物 Ⅳ . ① H12-49

中国版本图书馆 CIP 数据核字 (2019) 第 156453 号

图解汉字

编　　著	于童蒙
责任编辑	倪　敏
责任监制	方　晨
出版发行	江苏凤凰科学技术出版社
出版社地址	南京市湖南路 1 号 A 楼，邮编：210009
出版社网址	http://www.pspress.cn
印　　刷	天津旭丰源印刷有限公司
开　　本	718mm × 1000mm　1/16
印　　张	38.5
字　　数	546 000
版　　次	2020 年 1 月第 1 版
印　　次	2020 年 12 月第 2 次印刷
标准书号	ISBN 978-7-5537-8559-2
定　　价	68.00 元

前 言

汉字是世界上最古老的文字之一，它不仅是记录事件的书写符号，更是中国文化的载体，没有汉字，中华五千年光辉灿烂的文化就无法传承。可以说，汉字的起源就是华夏文明的开端，因此，通常我们说中华民族有五千年的文明史。

据史书记载，中国上古时代的仓颉是创造文字的始祖。据说，仓颉姓侯冈，号史皇氏，是黄帝时代的史官，他曾把流传于先民中的文字加以搜集、整理和使用，在汉字创造的过程中起了重要作用，为中华民族的繁荣昌盛作出了不朽的贡献。仓颉因此被后人尊称为“造字圣人”。

相传，仓颉“始作书契，以代结绳”。在文字发明以前，人们是依靠结绳记事的。后又发展到用刀子在木竹上刻以符号作为记事。随着历史的嬗变，文明渐进，事物庞杂，名类繁多，用结绳和刻木的方法远不能适应需要，这就有创造文字的迫切要求。黄帝时是上古发明创造较多的时期，那时不仅发明了养蚕，还发明了舟、车、弓驽、镜子和煮饭的锅与甑等，在这些发明创造影响下，仓颉决心创造出一种文字来。

传说中的仓颉生有“双瞳四目”。他在南方巡狩中，登上一座阳虚之山，临于玄扈洛汭之水，忽然看见一只大龟，龟背上面有许多青色花纹。仓颉仔细观察，发现龟背上的花纹竟是有意义可通的。他想花纹既然能表示意义，如果定下一个规则，不就人人都可用它来传达心意、记载事情吗？

仓颉日思夜想，到处观察，观天上日月星辰的分布，察地上山川河流的措置、鸟兽虫鱼的痕迹、草木器具的形状，经过描摹绘写，造出种种不同的符号，并且定下了每个符号所代表的意义，他把这种符号叫做“字”。

《淮南子·本经训》说：“昔日仓颉作书而天雨粟，鬼夜哭。”大意是说，过去仓颉造字的时候，天空下起了谷子，鬼在夜里发出哭声。古人通过这些怪异的现象来彰显文字诞生的伟大意义。

自汉字诞生起经过几千年的漫长演变，历经甲骨文、金文、篆书、隶书、楷书等阶段，至今仍未完全定型。汉字是迄今为止连续使用时间最长的文字，也是上古时期各大文字体系中唯一传承至今的文字，有学者认为汉字是维系中国南北长期统一状态的关键元素之一，亦有学者将汉字列为中国第五大发明。

汉字具有集形象、声音和辞义三者于一体的特性。这一特性在世界文字中是独一无二的，因此它具有独特的魅力。汉字的发展历尽沧桑，但它的这一特性又使它青春永驻。古埃及5000年前的圣书字是人类最早的文字之一。但它后来消亡了，以圣书字记载的古埃及文化也随之被淹没。苏美尔人在公元前3100年就开始使用的楔形文字，也已消亡了近2000年。历史上衰亡的著名文字还有玛雅文、波罗米文等。而汉字不但久盛不衰，独矗世界文字之林，还在不断地发展，其影响也越来越大。

作为中国人，我们每天都要跟汉字打交道。然而，我们真的了解这一个个的“方块字”吗？可以说，汉字对我们来说是既熟悉而又陌生的。其实，每一个汉字的背后，都有一个有趣的故事。了解了这些故事，也就读懂了每一个充满神秘色彩的汉字。

中国文字学史上最重要的著作要数《说文解字》了。《说文解字》的作者是东汉的经学家、文字学家许慎。这部书是我国第一部按部首编排的字典，开创了部首检字的先河，后世的字典大多采用这个方式。清代著名文字学家段玉裁称这部书“此前古未有之书，许君之所独创”。

本书以《说文解字》为依托，精选了近300个汉字，从造字本义、历史文化、神话传说等角度，立体式解说汉字的神奇，揭开汉字的文化密码。更为精彩的是，本书为每个字都配上了一幅精美插画，让读者一眼就能看懂该字的原始意义，同时将其甲骨文、金文、小篆、隶书等字体灵活地嵌在图解中，来揭示汉字诞生、演化的过程。总之，本书内容丰富、形式生动、配图精美、文字有趣，是一部了解汉字文化渊源的必备工具书。

目 录

第一章 汉字的起源

第二章 形体的演变——古文字阶段的汉字

第三章 汉字的分类

第四章 汉字的进一步发展（中国书法的发展）

第五章 汉字与中国文化

第六章　汉字中的数字

第七章　汉字中的动物

第八章　汉字中的植物

第九章　汉字中的两性

第十章　汉字中人的行为举止

第十一章　汉字中的姓氏

第十二章　汉字中的礼器、兵器

第十三章　汉字中的天文地理

第十四章　汉字中的民生

第一章

汉字的起源

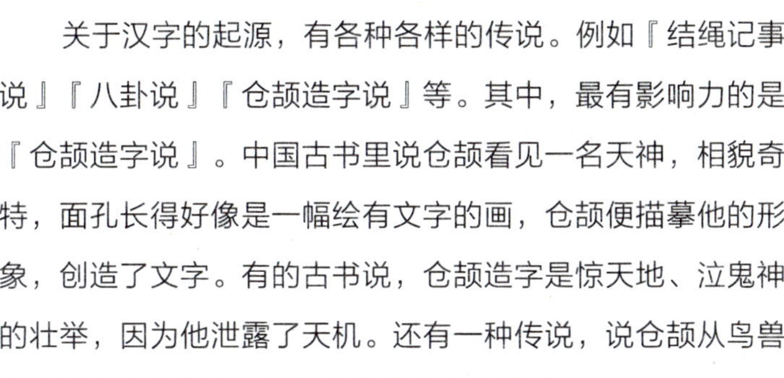

关于汉字的起源，有各种各样的传说。例如『结绳记事说』『八卦说』『仓颉造字说』等。其中，最有影响力的是『仓颉造字说』。中国古书里说仓颉看见一名天神，相貌奇特，面孔长得好像是一幅绘有文字的画，仓颉便描摹他的形象，创造了文字。有的古书说，仓颉造字是惊天地、泣鬼神的壮举，因为他泄露了天机。还有一种传说，说仓颉从鸟兽印在泥土上的脚迹，获得了发明文字的灵感。

第一节

结绳记事

传说，上古时候，在文字发明以前，人们是依靠结绳记事的。即在一条绳子上打结，用来记时间、人数、男人或女人，打结的位置、形状不同，则表达的意思也不同。上古时期的中国及秘鲁、古埃及、古波斯、非洲等皆有此习惯，即使到了近代，一些没有文字的民族，仍然采用结绳记事来传播信息。

关于结绳记事，古书上多有记载。《周易·系辞下》载："上古结绳而治，后世圣人易之以书契。百官以治，万民以察。"东汉著名的经学大师郑玄，在其《周易注》中也说："古者无文字，结绳为约，事大，大结其绳；事小，小结其绳。"清代文字学家段玉裁说："自包牺以前，及包牺，及神农，皆结绳为治，而统其事。"

在中国古典文学中，"结"一直象征着青年男女的缠绵情思。宋代词人张先在《秋天岁》有："心似双丝网，中有千千结"的句子。用以形容失恋后的女孩思念故人、心事纠结的状态。人类的情感有多么丰富多彩，"结"就有多么千变万化。"结"在漫长的演变过程中，被多愁善感的人们赋予了各种情感愿望。

在汉语中，许多具有向心性的事物几乎都用"结"字作喻，如结义、结社、结拜、结盟等。对于男女之间的婚姻大事，也均以"结"表达，如结亲、结发、结婚等。结是事物的开始，有始就有终，于是便有了"结果""结局""结束"。如此像"同心结"自古以来便为男女间海誓山盟的爱情信物，又如"绣带合欢结，锦衣连理文"等，结饰在民间被公认为是表达情感的定情之物。而"结发夫妻"也源于古人洞房花烛之夜，男女双方各取一撮长发相结以誓爱情永恒。

结绳记事是上古时的一种简单的记事方法，但它毕竟难以记载复杂的事物，故当文明发展到一定程度时，必然会被图画、符号或文字取代。

以“结”记事，成就姻缘

结绳记事是文字发明前人们所使用的一种记事方法。即在一条绳子上打结，用以记事。上古时期的中国人及秘鲁印第安人皆有此习惯，即使到了近代，一些没有文字的民族，仍然采用结绳记事来传播信息。

上古先民，还没有发明文字，为了要记住一件事，就只好在绳子上打一个结。以后看到这个结，他就会想起那件事。如果要记住两件事，他就打两个结。记三件事，他就打三个结，如此等等。

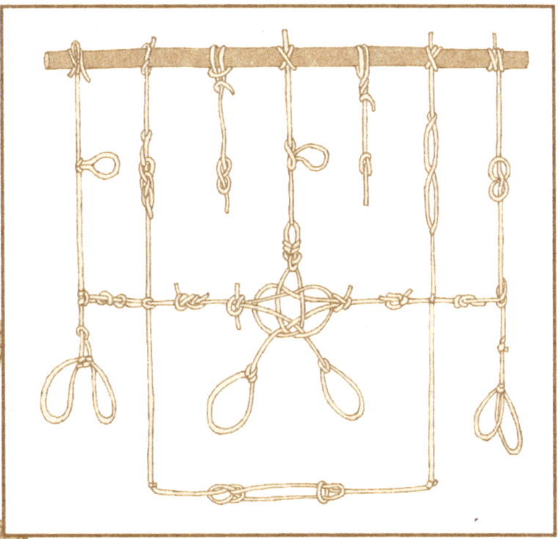

结绳记事

结 结

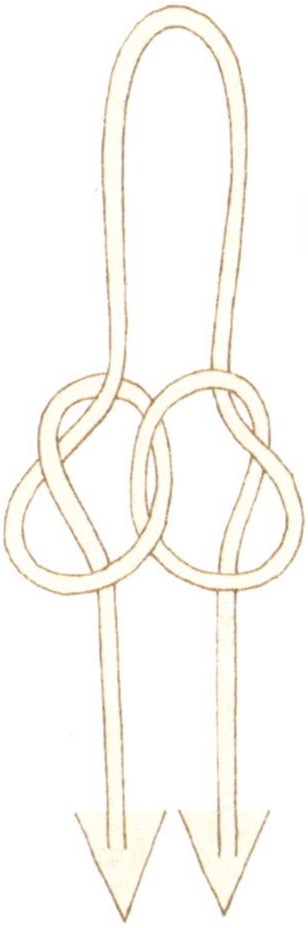

关于结的词语

结义	结社
结拜	结盟
结亲	结发
结合	结婚
结果	结局
结束	

同心结

同心结是一种古老而寓意深刻的花结。由于其两结相连的特点，常被用来象征男女间的爱情，取“永结同心”之意。

第二节

文字八卦说

汉代以来，不少阐释《易经》的学者提出八卦成文的说法，最近又有学者称之为卦象文字，认为文字是由八卦衍生的各种卦象生成的。但是，借以画成卦象并推断刚柔、阴阳、虚实寓意的卦爻，全都是依据筮数的奇偶，与物象全无关联，所以认为文字由卦象而生的说法是不成立的。

八卦最早见于《周易·系辞下》：“古者包牺氏之王天下也，仰则观象于天，俯则观法于地，观鸟兽之文与地之宜，近取诸身，远取诸物，于是始作八卦，以通神明之德，以类万物之情。”

八卦当是一种“通神明之德”和“类万物之情”的象征性符号，其符号是以两短横和一长横比拟阴阳两仪，每卦由三个符号互相配合而成。其卦形、卦名与卦象如下：

卦形	卦名	卦象
☰	乾	天
☷	坤	地
☳	震	雷
☶	艮	山
☲	离	火
☵	坎	水
☱	兑	泽
☴	巽	风

近代史学家钱穆先生认为：“八卦之用，盖为古代之文字。”例如，“☵”（坎卦）古文字为“水”，“☲”（离卦）古文字为“火”。但八卦的文字说还没有充分的证据。

许多人认为，八卦只代表了八种符号。这八种符号是由三个数字组成的一种数字图式。如果用六个数字组成不同的图式，就会得出六十四种不同的符号，这便是所谓的“六十四卦”。无论是八卦，还是六十四卦，原来当是抽象记事的符号。

还有人认为，八卦本是以筹策求奇偶以象阴阳的巫筮手段，所以八卦与数及计数工具之间存在着天然联系。《左传·僖公十五年》云：“筮，数也。”颜师古说：“万物之数，由八卦而起。”八卦与数字的生成孰先孰后以及两者的因果关系，目前尚难论定，但八卦筮法、卦象都表明了筹策与数字之间的客观联系。

文字与易经八卦

约8000年前，中国古人用竹片计数，但此时的小竹片与几万年前的计数棍有所不同，他们引入了“2”这个字符，属于二进制的计数方式。他们把原来的单竹片用火将两头烧焦，从而得到代表“2”这个数的双竹片。它就是我们在伏羲八卦中看到的“—”（单竹片）和“--”（双竹片）两种字符，分别代表“1”和“2”这两个数。

文字八卦与易经八卦的关系图

八卦 = 文字

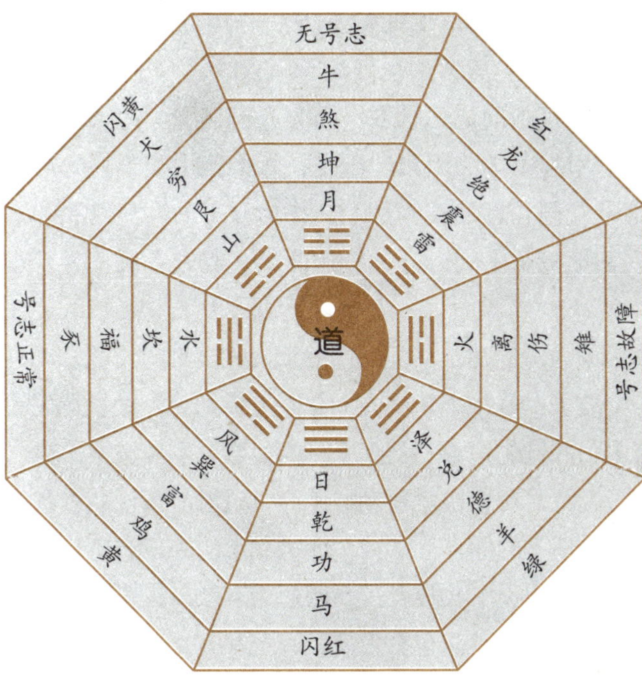

八卦看上去虽简单、粗糙，但它却具备了文字的基本特征。

1.它不是画，而是不同形态的抽象符号。

2.它具有准确含义。

3.它能相互组合使用，构成简短的文字语言。六十四卦正是这种组合语言的证据。

单词叫“卦”，组合语言叫“卜”，短语的意义叫“卜辞”，解读卜辞意义的行为叫“占卜”。

易经八卦与人文八卦性向分析表

卦序	一卦	二卦	三卦	四卦	五卦	六卦	七卦	八卦
易卦	干马	兑羊	离雉	震龙	巽鸡	坎豕	艮狗	坤牛
天象	天	泽	火	雷	风	水	山	地
文字卦	功	德	伤	绝	富	福	穷	煞
本性	阳刚	通顺	分开	急振	恭维	平止	坚硬	阴柔
卦意	自动 开始 创造 动作	喜悦 和悦 柔顺	脆弱 中虚 外丽 干燥 锐利	决断 快速 果决 活跃 成长	谦逊 居下 弹性 风机 急躁 不果断	内刚 外柔 会听	阻止 守门 碎石路 小路	承继 柔和 承受 顺从
易理	乐天知命、委屈求全、刚柔并济，天行健君子以自强不息。天地人合一、依天道之性，持修本性、各司其位、各展所长、各取所需。遇穷则变、变则通、通则久、久则顺，小心谨慎、回归自然、物安人安。							

第三节

契刻记事

人类未发明文字以前，或者文字使用尚未普遍时，常用在木片、竹片或骨片上刻痕的方法来记录数字、经济事项或传递信息，统称为契刻记事。

契刻是较结绳晚出的一种帮助人们记忆的记事方法。契刻的作用主要是记数，刘熙《释名·释书契》云：“契，刻也，刻识其数也。”清楚地说明“契”就是“刻”，契刻的目的是帮助记忆数目。因为人们订立契约关系时，数目是最重要的，也是最容易引起争端的因素。于是，人们就用契刻的方法，将数目用一定的线条作为符号，刻在竹片或木片上，作为双方的“契约”。这就是古时的“契”。后来人们把契从中间分开，分作两半，双方各执一半，以二者吻合为凭。

在中国古代文献中，称木刻为“券契”“契”。关于古代契刻的情况，《列子·说符》里记载着这样一个故事：有一个宋国人，在路上拾到一个别人遗失的“契”，他把“契”带回家中，并偷偷地数“契”上刻的齿数，发现齿数不少，非常高兴，情不自禁地对邻居说：“我很快就要发财了。”这段故事说明古代的契上刻的是数目，主要用来作为债务的凭证。“齿”即木刻上的缺口或刻痕。中国青海乐都柳湾新石器时代墓葬中出土了40枚骨片，两边刻有缺口，表明这些骨片是记事或记数用物。木刻实物在敦煌汉简也有发现，其上写有文字，这种带文字的木刻便称“书契”。

中国少数民族曾经使用木刻记事的，有独龙、傈僳、佤、景颇、哈尼、拉祜、苗、瑶、鄂伦春、鄂温克、珞巴等族。如佤族用木刻计算日子和账目；苗族用木刻记录歌词；景颇族用木刻记录下村寨之间的纠纷；哈尼族用木刻作为借贷、离婚、典当土地的契约；独龙族用递送木刻传达通知。凡是通知性木刻，其上还常附有鸡毛、火炭、辣子等表意物件，用以强调事情的紧迫性。

世界其他地区也存在刻木记事的情况，较著名的有澳大利亚土著居民的通信木刻及阿尔衮琴印第安人记录神话的木刻等。

契刻记事少争端

契刻的目的主要是用来记录数，常与经济事项有关。汉朝刘熙在《释名·释书契》中说："契，刻也，刻识其数也。"清楚地说明"契"就是"刻"，契刻的目的是帮助记忆数目。

契刻记事

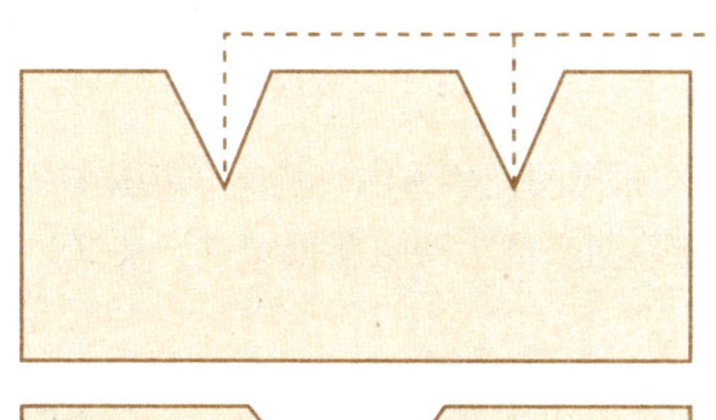

契上刻的齿数代表数目，齿数越多说明债务就越多，主要用来作为债务的凭证。

齿数刻的方法、位置不一样，但代表同样的意思。

"契约"的形成

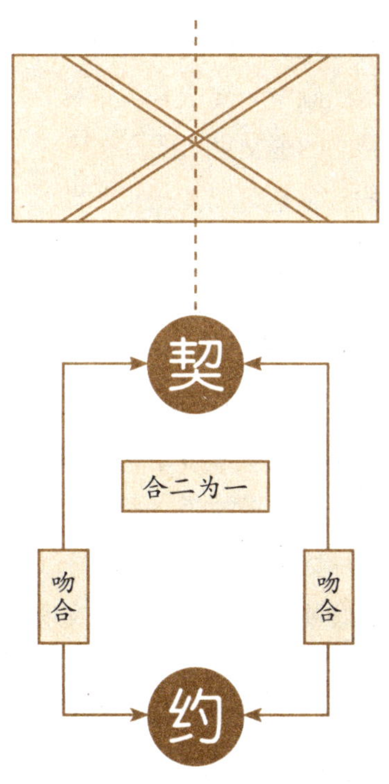

一人一半

一人一半

第四节

画图记事

宋代郑樵说："书与画同出，六书者皆象形之变。"画图也是一种古老的记事方法。以描摹事物的形象来记录事情或表达某种意愿，艺术性并不十分重要，关键在于它能帮助人们记忆和表达思想。

结绳记事和契刻记事，毕竟是非常简陋和原始的记事方法，其记事范围小、准确性差。人们不得不采用一些其他的，譬如图画的方法来帮助记忆，表达思想。画图记事推动了文字的产生。

唐兰先生在《中国文字学》中说："文字的产生，本是很自然的，几万年前旧石器时代的人类，已经有很好的绘画，这些画大抵是动物和人像，这是文字的前驱。"然而图画发挥文字的作用，转变成文字，只有在"有了较普通、较广泛的语言"之后才有可能。譬如，有人画了一只虎，大家见了才会叫它为"虎"；画了一头象，大家见了才会叫它为"象"。久而久之，大家约定俗成，类似于上面说的"虎"和"象"这样的图画，就介于图画和文字之间，间而用之了。随着时间的推移，这样的图画越来越多，画得也就不那么逼真了。这样的图画逐渐向文字方向偏移，最终导致从图画中分离出来。这样，图画就分了家，分成原有的逼真的图画和成为文字符号的图画文字。图画文字进一步发展为象形文字。

文字本于图画，最初的文字是可以读出来的图画，但图画却不一定都能读。后来，文字跟图画，差别逐渐显著，文字不再是图画的，而是书写的。而书写的技术不需要逼真的描绘，只要把特点写出来，大致不错，使人能认识就够了。这就是原始的文字。

画图记事指通过画面表达画者的思想意图，具有辅助记事和社会交际作用的文字类型。一幅或一组图画，独立地表示整个语段，图形上不划分为单词。因此，它们只再现话语的内容，而不反映语言形式。

画图记事是文字的雏形，或者称做原始文字，它与有声语言是有直接联系的，它记录了语言中词的声音和意义。这是人类文明史上的一次质的飞跃。

文字本源于图画

文字的产生，本是很自然的，几万年前旧石器时代的人类，已经有很好的绘画，这些画大抵是动物和人像，这是文字的前驱。

文字的前驱——图画

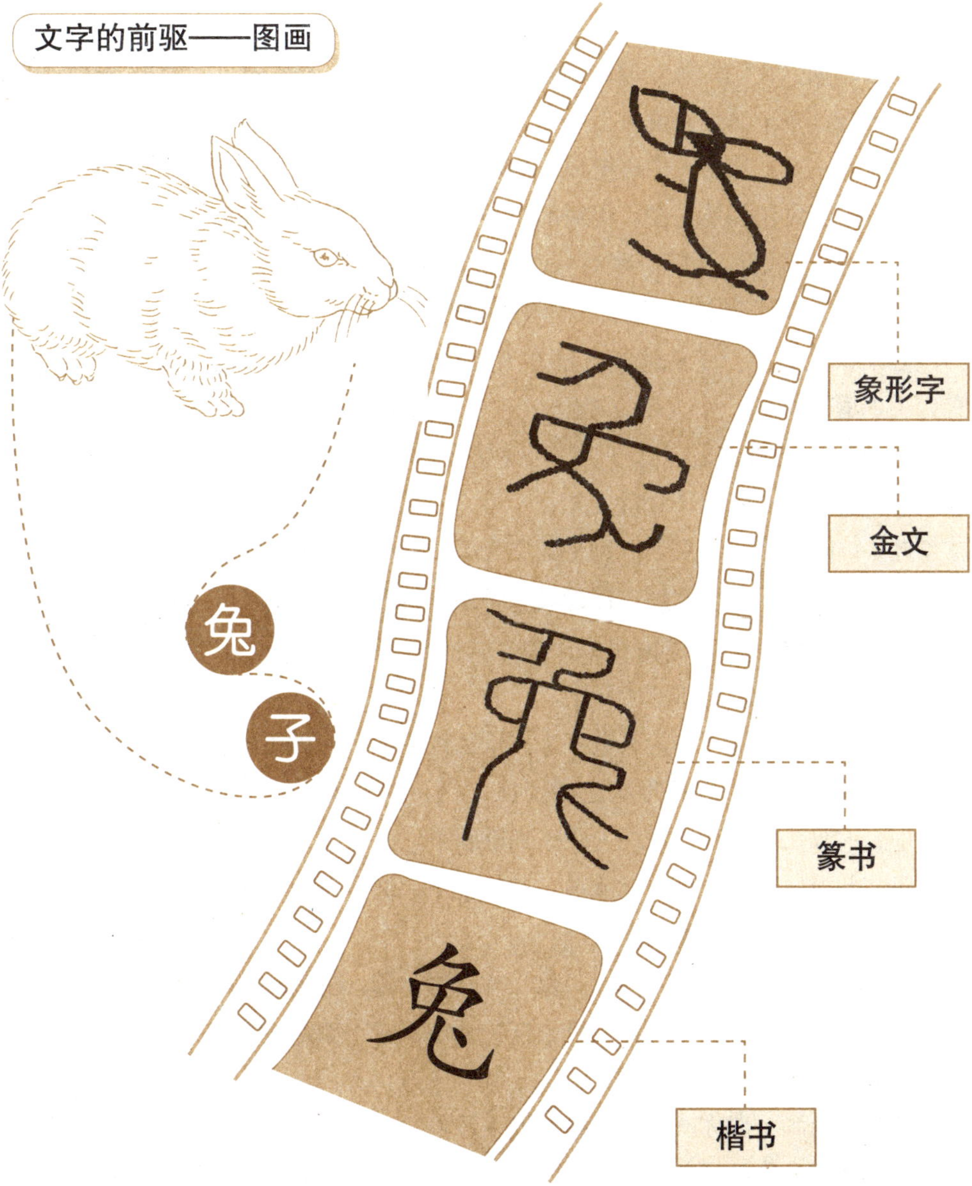

文字本源于图画，最初的文字是可以读出来的图画，但图画却不一定都能读。后来，文字跟图画差别逐渐显著，文字不再是图画的，而是书写的。而书写的技术不需要逼真的描绘，只要把特点写出来，大致不错，使人能认识就够了。这就是原始的文字。

第五节

伏羲造字

上古时期，我们的祖先通常的记事方式就是结绳记事。比如，多一只鸡，就打一个小结；多一头牛，就打上一个大大的结。小结打满十个就打一个圈，打满十个圈就是一百。然后人们再把绳子挂在墙壁上，以便做到家里账目一清二楚。

这种记事方法虽然方便，但时间一长，绳子难免会被老鼠咬断，这样一来，家家的账目便会混乱不清。账目一乱，人们之间势必会互相争斗。面对这样的争斗，人人都束手无策。这时一个叫伏羲的人，一想到人们会这样一直争斗下去，心里很是着急，于是他整天躺在天台山顶，冥思苦想。他仰天长望，天上有太阳、有月亮，一个太阳，就画了一个小圈表示“一”。一个太阳，一个月亮，就画两个小圈就是“二”，三个小圈是“三”，四个小圈是“四”。可是画到最后实在是太麻烦了，就改画点，后来又改画线。如此这样反复琢磨，一、二、三……数字就造出来了。可是数字大了，就要画很多划，比如，“十”就要画十划，这样画下去很麻烦。伏羲又想呀想。他观察自己的手，有五个手指，四指并拢是一条线，拇指横生在另一边，就成了一个“丫”，伏羲就用它来表示“五”，“丫”一造出，“十”字、“廿”字也造出来了，这就简单多了。可是转念一想，在日常生活中光有数字来表示远远不够，起码还得有其他的字。伏羲又观天察地，按照万物的形状造出了日、月、水、火、山、石、田、土、羊、鱼、牛、人等几百个字。伏羲为此感到很欣慰。

正在此时，有个小孩对伏羲说：“伏羲王，你造的字一点儿也不恰当！”

“哪些字呢？”伏羲问小孩。

“比如‘牛’只有一个角，‘鱼’却有四只脚，‘羊’字有六只脚。”

经小孩这么一说，伏羲深感自己连一个小孩也不如，连忙问：“你是谁？”

小孩回答说：“我叫仓颉。”

“啊，仓颉，那你就把我造错的字改过来吧！”

“伏羲王，你已经造的那些字，人们都用习惯了，就不用再改了。以后由我们人类自己来造字吧！”仓颉说。

伏羲听后只好同意让人类自己去造字。后来人类在造字时，果真每个字都造得十分恰当。据说在所有的字中，仓颉造得最多，所以后来人们便说是仓颉造字了。

伏羲造字的传说

伏羲，中华民族人文始祖，是我国古籍中记载的最早的王，所处时代约为新石器时代早期，他根据天地万物的变化，发明创造了八卦，成了中国古文字的发端，也结束了“结绳纪事”的历史。他又结绳为网，用来捕鸟打猎，并教会了人们渔猎的方法。

造字

月

造字

日

伏羲和女娲是孕育汉民族的“始祖”

传说中伏羲和女娲是一对兄妹，他们同为人首蛇身。关于他们兄妹二人成婚、繁衍后代的传说，大约是在唐末就已经在华夏民间广泛流传了。按照历史唯物主义和社会学、民族学的解释，这个传说实际上正反映出华夏先民所经历的氏族内部兄妹互相婚配的社会发展阶段。

第六节

河　图

传说上古时期，有一种龙首马身的神兽，由黄河进入图河。它背负图点，游弋于图河之中，人们称之为龙马，而龙马身上的图案就叫做“河图”。伏羲通过龙马背上的图案和自己的观察，演变成了“八卦”。八卦又叫先天八卦，源自阴阳概念。而后来，周文王的后天八卦源于乾坤学说，但它们的根均为河图。

河图以十个黑白圆点表示阴阳、五行、四象。图式以白点为阳、为天、为奇数，以黑点为阴、为地、为偶数。以天地合五方，以阳阳合五行，所以其图为四方形，图式结构如下：

北方：一个白点在内，六个黑点在外，表示玄武星象，五行为水。

东方：三个白点在内，八个黑点在外，表示青龙星象，五行为木。

南方：两个黑点在内，七个白点在外，表示朱雀星象，五行为火。

西方：四个黑点在内，九个白点在外，表示白虎星象，五行为金。

中央：五个白点在内，十个黑点在外，表示时空奇点，五行为土。

由黑白点即阴阳产生数理，再由方位产生五行，北水为冬天，东木为春天，南火为夏天，西金为秋天，中央土表宇宙空气中四季皆有土味。宇宙中的季节变化又由数理演化为天干甲乙（一二）为木，丙丁（三四）为火，戊己（五六）为土，庚辛（七八）为金，壬癸（九十）为水。宇宙的五行同时也产生了。

河图详解

传说中伏羲通过龙马身上的图案，与自己的观察，演成“八卦”，而龙马身上的图案就叫做“河图”。八卦源于阴阳概念一分为二，文王八卦源于天文历法，但它的“根”是“河图”。

河图图式

河图以十数合五方、五行、阴阳、天地之象。图式以白点为阳、为天、为奇数；黑点为阴、为地、为偶数。并以天地合五方，以阴阳合五行。

河图之象和河图之数

天地之数：河图共有10个数，1，2，3，4，5，6，7，8，9，10。其中1，3，5，7，9为阳，2，4，6，8，10为阴。阳数相加为25，阴数相加得30，阴阳相加共为55。所以古人说，“天地之数五十有五”，即天地之数为55，“以成变化而行鬼神也”，即万物之数皆由天地之数化生而已。

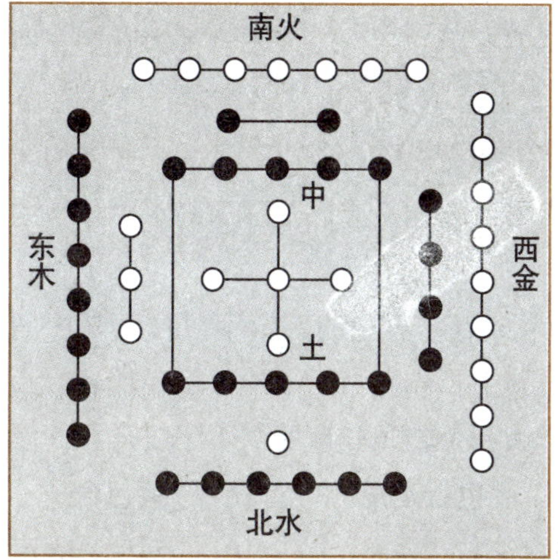

单数为白点为阳，双数为黑点为阴。四象之中，每象各统领七个星宿，共二十八宿。其中四象，按古人坐北朝南的方位为正位就是：前朱雀，后玄武，左青龙，右白虎。此乃风水象形之源也。

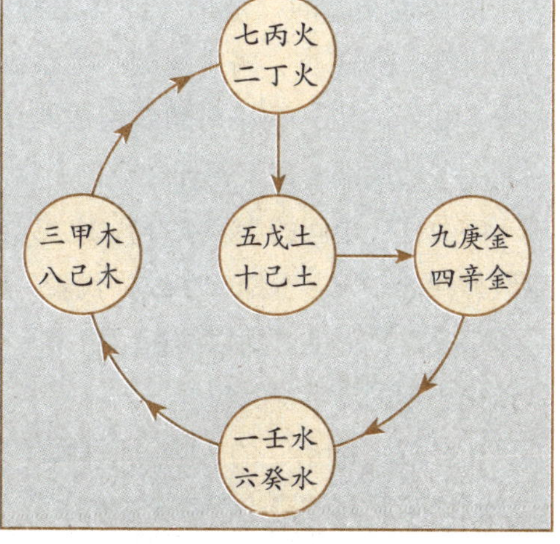

第七节

洛 书

洛书在古时被称为龟书，传说洛水有神龟出没，此图像出现在神龟的甲壳上，其结构为戴九履一，左三右七，二四为肩，六八为足，以五居中，五方白圈皆阳数，四隅黑点为阴数。

洛书被发现与大禹治水自然有很大的关系。正如汉孔安国《尚书传》说：“洛书者，禹治洪水，神龟负文而列于背，有数至九，禹遂因而第之，以成九畴。”

据说，河图被伏羲发现之后的二百年，洪水奔腾呼啸，百姓颠沛流离，大禹在接受治水任务时，刚和涂山氏的一个姑娘结婚，然而当他看到百姓遭受洪灾的情景，知道自己肩负重任，便毅然地告别妻子，奔赴治水的工地并且三过家门而不入。大禹用尽了各种方法，还是没有找到治水良策，后来有一天，他看到洛水中出现了一只彩龟，龟背上的纹理形态与文字有些相似，就这样，大禹发现了“洛书”。

要解析“洛书”一词，不妨将其分开来解。《说文解字》中说，汉字单体曰“文”，合体曰“字”。所以，“洛书”中的“书”，指的是“文”，即指“纹样”。所以，“洛书”也称“洛文”。再来解析“洛”字，“洛”字从“水”从“各”。“各”字的意思为“十字交叉”，所以，“十字交叉的河流”为“洛”字的本义。如此解析，“洛书”的词义应该是“从洛水中浮现的十字交叉纹样”。

由传世文献的“洛书”图样上看：第一点，典型的“十字纹样”是中间的“五”；第二点，将中间的“十字纹样”上下和左右两端的数字相加之数为“十”；第三点，两条对角线组成的纹样为一个转角45度的“十字纹样”，然后将每条线两端的数字相加之数也为“十”。也就是说，“洛书”一共包含了三套十字纹样：中间的十字纹样代表“天心”，与“地心（昆仑山）”对应，天十字纹样代表“天”，地十字纹样代表“地”。这就表明，“洛书”的纹样的确是“十字交叉”形的。所以解析“洛书”一词，其义就是“从一条十字交叉形状的河流中出现的十字交叉纹样”。

由于受“洛书”的影响，甲骨文的数字“丨”就变成了楷书的数字“十”，因为后者形状与“洛书”完全相同。

洛书详解

洛书，古称龟书，传说有神龟出于洛水，其甲壳上有此图像，结构是戴九履一，左三右七，二四为肩，六八为足，以五居中，五方白圈皆阳数，四隅黑点为阴数。

洛书九宫数

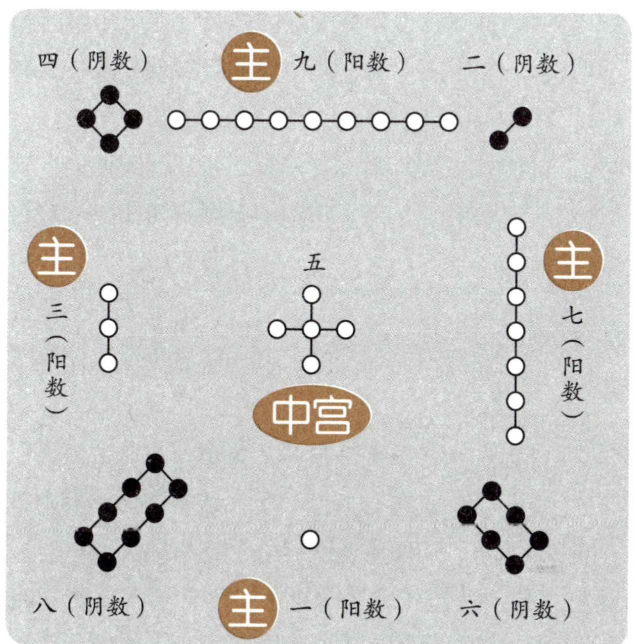

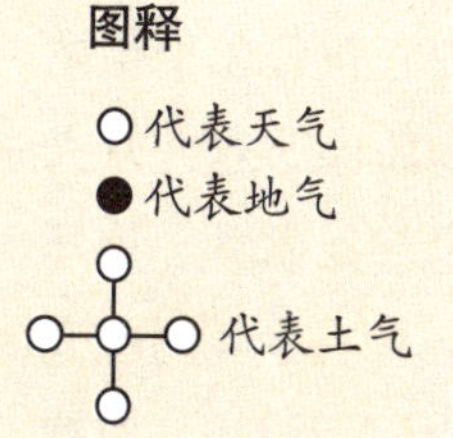

洛书九宫数，以一、三、五、七、九为奇数，亦称阳数；二、四、六、八为偶数，亦称阴数。阳数为主，位居四正，代表天气；阴数为辅，位居四隅，代表地气；五居中，属土气，为五行生数之祖，位居中宫，寄旺四隅。

禹治水时，有神龟出洛河，其背有文，九文近头，一文近尾，三文近左肋，七文近右肋，四文近左肩，二文近右肩，六文近右足，八文近左足，五文在背中，其位九，像九宫，中五又像太极，中一文又像一气；其形方，方像地。

古洛书图

洛书的价值

与河图相比较而言，洛书标志着中国原始文化的更高成就。洛书只用了9个自然数（而河图则用了10个），排列成一个正方形，形成华夏历史上影响深远的九宫图，且奇妙结构和无穷变化令中外数学家为之叹服！洛书开了幻方世界的先河，是组合数学的鼻祖。

第八节

仓颉造字的传说

相传，繁水河为上古时期的一条河。有一个部落沿河而居，他们靠种植业和打鱼捉虾繁衍生息。仓颉是这个部族的首领，传说仓颉双瞳四目，而且出生时睁着眼睛，这在众人眼里真是一件奇事。在中国史书上所记载的目有重瞳者，只有仓颉、虞舜、重耳、项羽、吕光、高洋、鱼俱罗等人。

在少年时代仓颉就聪慧过人，且擅长描摹绘画。有一天，仓颉与同伴们在繁水河旁嬉戏，忽然一只巨大的乌龟从河水中游上来，吓跑了仓颉的同伴，唯有仓颉在沙地上描绘着巨龟的形状。这只巨龟受天地之灵气，得日月之精华，已成灵物。巨龟看见仓颉长着双瞳四目犹似电闪，内心狂喜，说道："今天下有一圣贤之君，以土为德，名为黄帝，你将来若投奔于他，定成大器。"巨龟说完便飘然而去了。

后来由于繁水河泛滥，百姓四处逃亡。仓颉于是投奔了黄帝，被黄帝封为史官，专门负责结绳记事。如果是大事，仓颉就在绳上打一个大结，如为小事则打一个小结，特殊的事情则打一个特殊的结，凡事相连就打一个连环结。

有一年，风伯和雨师受蚩尤之邀，纵起狂风暴雨将黄帝困住了，并把大批的牛羊和百姓抢走了。黄帝很不服气，就让仓颉带上结绳前去评理。蚩尤生性狡诈，并不承认自己抢走了牛羊和人，仓颉拿出结绳上前理论，蚩尤却说："如果你能说出被抢人的姓名以及牛羊的颜色，就立即送回。"由于结绳记事法非常简单，无法记得很详细，最终导致黄帝失败而归。为此，仓颉决意要研究出详细的记事法。

有一次，仓颉到阳虚山，只见河水滚滚向东而去，忽然看见一只巨龟前来，其背上负一丹书，仓颉上前相拜时一眼就认出了这是那只点化他的灵龟。仓颉向灵龟诉说了自己为创制详细记事的办法而十分苦恼。灵龟就把背负丹书（丹书全用红色写成）赐给了仓颉。得到丹书后仓颉朝夕研读，常仰观天上奎星圆曲之势，俯视山川脉络之象，又旁观鸟兽鱼虫之迹、草木器具之形，描摹绘写，造出各种不同的符号。历经9999日，终成文字。成字的那天晚上大风狂啸、天下粟雨、神嚎鬼泣。后来，受黄帝之令布教天下。民得文字，如眼重明，此乃万世之功。

文字始祖——仓颉

仓颉，原姓侯冈，名颉，号史皇氏，生于陕西省白水县杨武村鸟羽山（另一说为山西临汾人）；享年110岁，为轩辕黄帝左史官；我国原始象形文字的创造者，我国官吏制度及姓氏的草创人之一。传说他仰观天象、俯察万物，首创了“鸟迹书”，震惊尘寰，堪称人文始祖。

得灵龟点化造字

传说中仓颉生有“双瞳四目”。目有重瞳者，中国史书上记载有：仓颉、虞舜、项羽、吕光、鱼俱罗等。

仓颉造字是历史性的创举，结束了结绳记事的历史，将中华文明向前推进到一个新时期，是中华民族告别野蛮迈向文明的标志。仓颉文字只是汉字的古文字，其字形、字体虽与今天的汉字有很大差别，且字数有限，但仓颉和仓颉文字对中华文明的影响却十分深远。

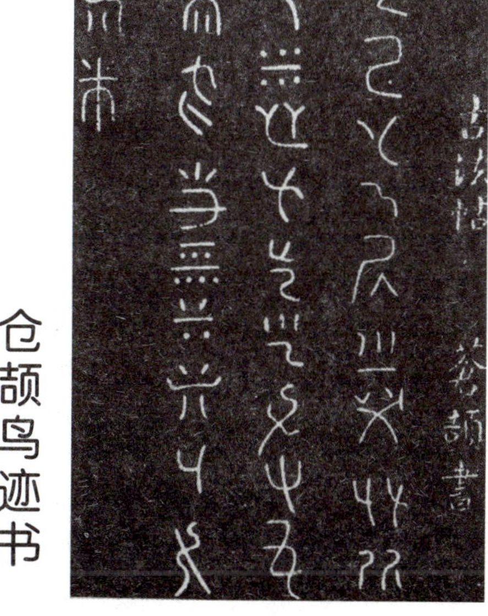

仓颉鸟迹书

第九节

象形文字

象形文字是华夏民族智慧的结晶，是炎黄祖先最早描摹事物的记录方式的一种传承，是世界上最形象的文字，是演变至今保存得最完整的一种汉字字体。它完全以图形来作为文字使用，而这些文字又与所代表的物体形状很相似。

一般来讲，最早产生的文字就是象形文字。其主要特征就是根据物体的外形，用文字的线条或笔画具体地勾画出来。例如“月”字的形状像一轮弯弯的月亮，“马”字的形状就是一匹有马鬣、有四腿的马，“龟”字的形状像一只龟的侧面，“鱼”字的形状就像是一条有鱼头、鱼身、鱼尾的鱼在游动，“门”字的形状犹如左右两扇门。“日”字就是一个圆形，中间有一个小圆点，这就是人们在观看太阳时，太阳留给人们的基本形象。

象形文字源于物体的形状，但是图画性质减弱，象征性质增强，这种造字方法是最原始的一种方法。但是如果根据这种造字法，有些实体事物和抽象事物就无法用图形来表现，如此就具有很大的局限性。所以，在以象形字为基础的同时，汉字又发展成表意文字，其他的造字方法也相继出现，例如六书中的会意、指事、形声。这些新的造字法，是以象形字为基础，再拼合、减省或增删象征性符号而成。

埃及的象形文字、苏美尔楔形文字、印度的印章文字以及中国的甲骨文，都是从原始社会最简单的图画和花纹中独立演变出来的。现存世上唯一仍在使用的象形文字系统，是中国纳西族所采用的东巴文和水族的水书。而现时世上最广为人知的是古埃及的象形文字。大约在五千年前，古埃及人就发明了象形文字。这种象形文字的特点，一是写起来很费时间，二是字义很难看懂。随着时间的推移，甚至连埃及人自己也忘记了该如何释意。后来在法国人的译解下，这种文字才被辨认出来。

新石器时代晚期重要的遗存之一可从大汶口文化中体现出来。从出土的兽骨和陶器、石器上的图案、文字上可以得知在中国，那些半图形、半文字的象形文字早在一万年之前就出现了。据语言学家研究：中国近代大量出土的“甲骨文”，曾在商代得以广泛、成熟地使用，由此表明甲骨文的演进远远超过了数万年以上。

“活着”的象形文字

象形文字，是华夏民族智慧的结晶，是老祖宗们从原始描摹事物的记录方式的一种传承，是世界上最早的文字，也是最形象、演变至今保存最完好的一种汉字字体。

象形文字的起源

象形字来自于图画文字，但是图画性质减弱，象征性质增强。象形是一种最原始的造字方法。它的局限性很大，因为有些实体事物和抽象事物是画不出来的。因此，以象形字为基础后，汉字发展成了表意文字，增加了其他的造字方法，例如六书中的会意、指事、形声。

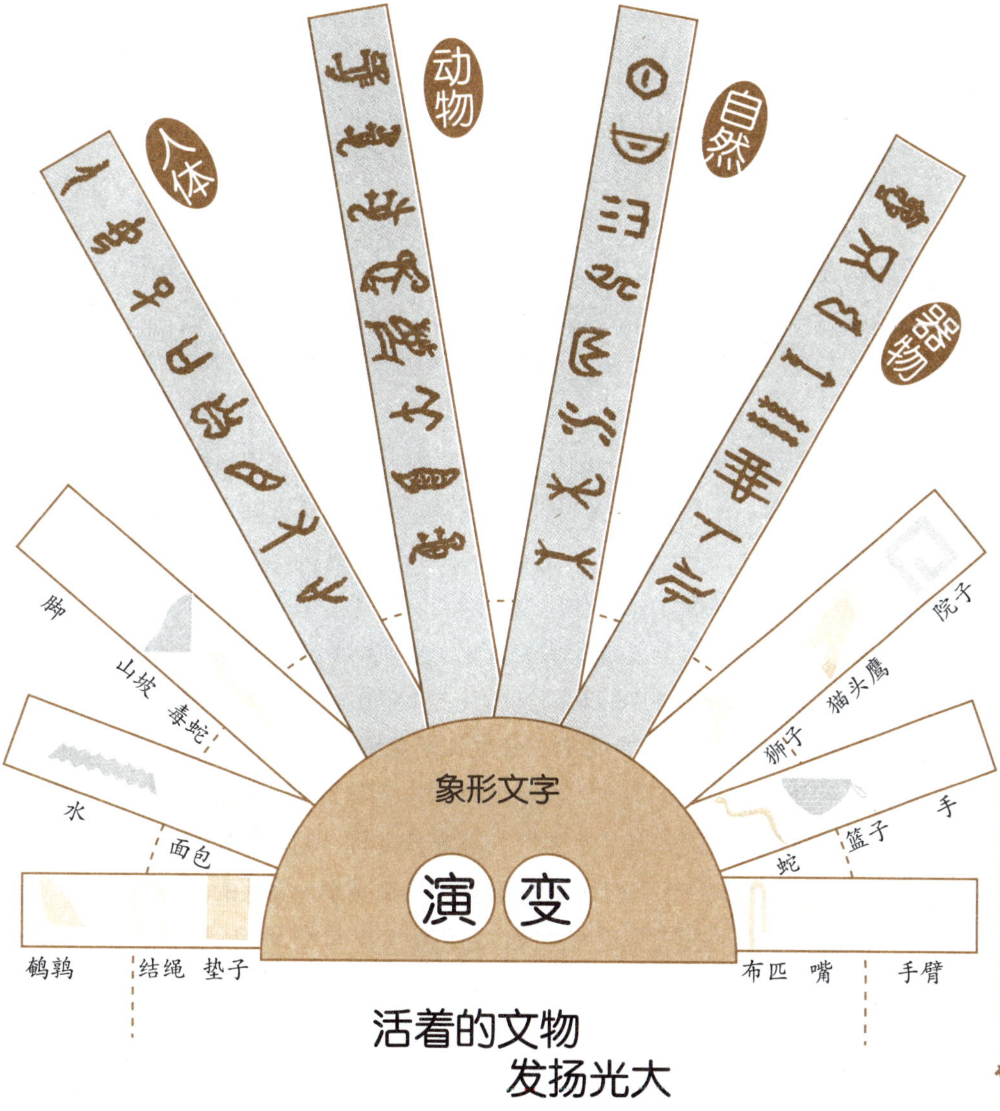

人体
动物
自然
器物
山坡
毒蛇
水
面包
鹌鹑
结绳
垫子
院子
猫头鹰
狮子
手
篮子
蛇
布匹
嘴
手臂
象形文字
演变

活着的文物
发扬光大

第十节

陶 文

陶文，顾名思义，就是刻在陶器上的文字，为汉字的远祖。

陶文分为两种：第一种是新石器时代陶器上的“原始文字”，其性质为“标记”和“表号”，是中国文字的雏形；另一种是战国时代陶器上的文字，通常只有寥寥几字，多数为印文，其内容一般为人名、官名、地名、督造者名，以及吉祥语和年月日等。与甲骨文、金文和石鼓文等一样，都是研究我国古代文字的重要资料。

将符号刻画在陶器上，可以追溯到新石器时代晚期。现在已出土的最早陶文为半坡陶文，大约自公元前4800—4300年之间。除此，大汶口文化、龙山文化、良渚文化时期，也都出现过陶文。

陶文是中国汉字的雏形，要比甲骨文出现早一千多年。在原始社会，人们将意象符号画在陶片上用来表达自己的内心思想，这个时期的文字其实用性较强，那些刻画在彩陶上的原始文字大都属先民装饰上的图腾，为巫卜之用。后来其内容越来越复杂化，逐步发展为题款形式，这个时期，实用性仍然为陶文的重要特性。在原始装饰的萌芽和发展的影响下，陶文的实用性得以逐步突破，演变成为一种装饰的特殊语言符号。这一例子，可在青海马家窑文化中得以体现。其中出土的许多陶文均配合了纹饰作为一种图形装饰，例如陶罐上的“出”字形纹饰，被几何化的“出”字，呈一正一倒装饰于陶罐腹部，其饰纹与颈部的密纹装饰相得益彰，疏密相间，韵味十足。马广型中国圆圈“米”字纹，“米”字被几何化后，位于两层圆线之中，与外部起伏的折线纹形成动静相间的装饰效果。陶文的出现奠定了汉字在陶瓷装饰中的基础。

陶文多数刻在陶钵外口缘的黑宽带纹和黑色倒三角纹上，也有极少一部分刻在陶盆外壁和陶钵底部，通常，器物上只有一个陶文。分析起这些陶文的性质来，裘锡圭将它们看作是一种“记号”，郭沫若则将它们看作是一种“符号”，一种具有文字性质的符号，而于省吾等学者则将陶文划入文字的范畴中。唐兰先生说：“现行文字的远祖就是这些陶文，它们距今已有数千年的历史了。”

文字的远祖——陶文

陶文，古人在陶器上刻画的文字符号，较有名的如半坡陶符、丁公陶文、高邮陶文等，另有学者指出陶文可能比甲骨文更早而成为中国最早的文字。

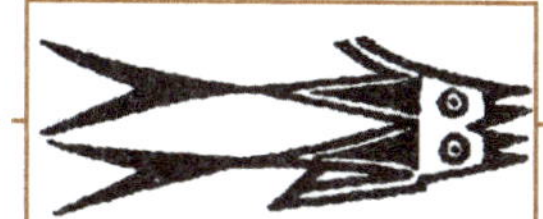

半坡陶器上的彩绘动物图集

半坡陶器上的装饰符号

半坡的文字符号已达到相当成熟的地步，它们已成为汉字的字形，并为造字方式确定了基本框架。

陶文的两种类型

第一种是新石器时代陶器上的“原始文字”，虽然目前还不能确认这些文字具体是什么含义，但已具有一种“标记”和“表号”的性质，被认为是汉字的最早雏形。

第二种是战国时代陶器上的文字，一般只有几个字，大多是印文，内容为人名、官名、地名、督造者名，吉祥语和年月日等。

新时器时代的陶文

战国时代陶文拓片

第二章

形体的演变——古文字阶段的汉字

文字是人类传达感情、表达思想、记录语言的图形符号。世界上最古老的文字，除了中国文字外，还有苏美尔人、巴比伦人的楔形文字，埃及人的圣书文字和中美洲的玛雅文字，这些文字造就了古文明的历史成就。如今楔形文字、圣书文字、玛雅文字已销声匿迹，且该地区现行之文字和这些古文字也没有渊源和关系，因此中国文字应该算是现存最古老的文字。

第一节

甲骨文

甲骨文是一种很重要的古汉字资料。甲骨文又称契文、龟甲文或龟甲兽骨文，是中国已发现的古代文字中时代最早、体系较为完整的文字。由于这种文字是契刻在龟甲、兽骨（主要是牛肩胛骨）之上，故称之为“甲骨文”。

殷商时代最具代表性的文字就是甲骨文。殷商时代最著名的遗址是殷墟，其中，河南省安阳市西北小屯村、花园庄、侯家庄等地都属于殷墟范围内。商王朝统治者在占卜记录时基本上都是用的这些甲骨文。

在商代，乌龟的腹甲、背甲和牛的肩胛骨，往往都是占卜者所用的主要材料。因为商代时期的统治者极其迷信，例如十天之内会不会出现灾祸，天是否会降雨，农民的收成是好是坏，战争能否胜利，对哪些鬼神进行祭祀以及祭祀时应该采用哪种形式，甚至连生老病死、做梦等事情都要进行占卜，以通晓鬼神的意志和事情的吉凶。而一般情况下先要“钻凿”，也就是在准备用来占卜的甲骨的背面挖出或钻出一些小坑。占卜时将这些甲骨的小坑加热使其表面产生裂痕。这种裂痕就称为“兆”。甲骨文中占卜的“卜”字，和“兆”的样子就很相像。从事占卜者在判断事物吉凶时，往往根据的就是卜兆的各种形状。

有关甲骨文的发现之说，似乎听上去很神奇。据说在清朝光绪年间，有个人叫王懿荣，是当时最高学府国子监的主考官员。有一次他发现了一味叫龙骨的中药，看到上面有刻画的痕迹觉得很奇怪，就将药渣翻看了很多遍，不曾料到上面居然都有一种与文字类似的图案。于是他买下所有的龙骨，仔细观察发现每片龙骨上的图案都很相似。他深信这就是一种较为完善的文字，是广泛应用于殷商时期的文字。后来，在河南安阳小屯村（龙骨出土的地方），又出土了很多的龙骨。由于这些龙骨主要是龟类或兽类的甲骨，因此人们将它们命名为“甲骨文”，研究甲骨文的学科就叫做“甲骨学”。其中研究甲骨文最为著名的就是“甲骨四堂”，即罗振玉（号雪堂）、王国维（号观堂）、郭沫若（字鼎堂）、董作宾（字彦堂）。

迄今发现有字甲骨共达十余万片，其文字图形达四千多种，其中已经被识别出来的甲骨文有两千五百多个。

龙骨上的传奇——甲骨文

甲骨文，又称“契文”“甲骨卜辞”或“龟甲兽骨文”，主要指中国商朝晚期王室用于占卜记事而在龟甲或兽骨上契刻的文字，是中国已知最早的成体系的文字形式，现代汉字即由甲骨文演变而来。

甲骨文的占卜作用

商代统治者非常迷信，例如十天之内会不会有灾祸，天会不会下雨，农作物是不是有好收成，打仗能不能胜利，应该对哪些鬼神进行哪些祭祀，以至于生育、疾病、做梦等事情都要进行占卜，以了解鬼神的意志和事情的吉凶。占卜所用的材料主要是乌龟的腹甲、背甲和牛的肩胛骨。

甲骨四堂

雪堂·罗振玉

观堂·王国维

鼎堂·郭沫若

彦堂·董作宾

如何占卜？

使用甲骨进行占卜，要先取材、锯削、刮磨，再用金属工具在甲骨上钻出圆窝，在圆窝旁凿出菱形的凹槽，此过程称为钻、凿。然后用火灼烧甲骨，根据甲骨反面裂出的兆纹判断凶吉。

第二节

金　文

金文也叫钟鼎文，指的是一种铸刻在殷周青铜器上的铭文。商周是青铜器的时代，鼎为青铜器礼器的主要代表，钟为乐器的代表，而青铜器的代名词就是“钟鼎”一词。中国在夏代就已进入青铜器时代，铜的冶炼及铜器的制造技术相当发达。因为周以前把铜称作金，所以凡铸刻在铜器上的铭文就叫做“金文”，又叫“吉金文字”；而这类铜器以钟鼎上的文字居多，所以过去又称作“钟鼎文”。金文自商代的早期，一直到秦灭六国，其运用时间长达1200多年。其运用字数，据容庚《金文编》记载，共计3722个，其中能够加以识别的字有2420个。

金文可粗略分为四种，即殷金文（前1300年左右～前1046年）、西周金文（前1046～前771年）、东周金文（前770～前222年）和秦汉金文（前221～219年）。

最早的甲骨文随着殷亡而消逝，金文起而代之，成为周代的主流书体。据考察，在商代铜器上便刻有近似图画的金文，其后继续演进，至商末的金文亦与甲骨文一致。此种金文从周朝（处于鼎盛时期）一直延续至秦汉。

铸刻金文的黄金时代趋于周朝。例如，成王时的《令彝》187字，康王时的《大盂鼎》291字，宣王时的《毛公鼎》更长达497字（现藏台北故宫博物院），是迄今所见字数最多的铜器铭文。

与甲骨文相比，金文略多。金文上承甲骨文，下启秦代小篆，流传书迹多刻于钟鼎之上，所以要保存其书写原迹，比甲骨文更容易些，且往往更具有古朴之风格。

在殷周时期，金文一般被铸刻在青铜器的内侧，根据在工场遗址所发现的大量模具推断，青铜器的制造方法如下：

1. 先用黏土做一个与制成品大小相同的土胚（模型）。
2. 用黏土将模型包裹着，待其干透后将外层的黏土切开，作为外模。
3. 将模型的外层削去，作为内模。
4. 将图案文字刻在内模上。
5. 将外模和内模组合起来，并在之间放入铜片作为间隔空隙以待注入铜液。
6. 注入已经熔化的铜液。
7. 待模冷却后打破，将青铜器取出。

刻在青铜器上的文字——金文

金文，亦称“铭文”或“钟鼎文”，乃铸或刻于青铜器上的文字。初始于商末，盛于西周，记录的内容与当时社会，尤其是王公贵族的活动息息相关，多为祀典、赐命、征伐、围猎以及契约之事。

殷金文

纵然商朝以前已有青铜器，金文之始，是在盘庚迁殷（今河南安阳西北）后。初时只有寥寥数字，及至周初，已达一千二百余字。商末铸有金文之青铜器日多，然所述仍简，多为铸者或其先祖之名讳。至商亡时，方有文章出现，然其时最长之文，仍仅有四十余字。

西周金文

及至周代商起，金文渐兴，天子之事，如昭王南巡、穆王西狩等，多有记述。

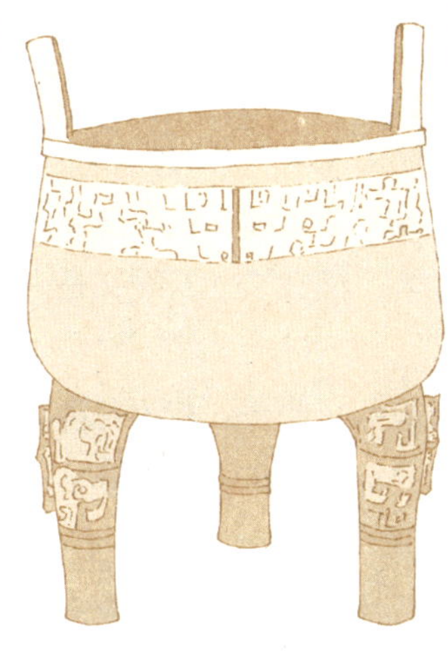

东周金文

自平王东迁以降，铁器渐见，钟等青铜乐亦渐多，且亦能铸文于青铜器外侧，故金文所录，已非如当初般，只为王公大臣之事，战功、音阶等，皆有铸录。此时金文被广泛使用，堪称全盛时期。

秦汉金文

秦始皇一统天下后，诏令“书同文”，并于四方立碑，所用之文字皆为小篆，且不再刻铭文于钟鼎之上，由是金文渐衰。及至汉代，民间多铸铭文于铁器之上，青铜之器，不复使用，金文自是不见于史。

金文的种类

金文欣赏

据统计，金文约有3005字，其中可知有1804字，较甲骨文略多。金文上承甲骨文，下启秦代小篆，流传书迹多刻于钟鼎之上，所以较甲骨文更易保存书写原迹，具有古朴之风格。

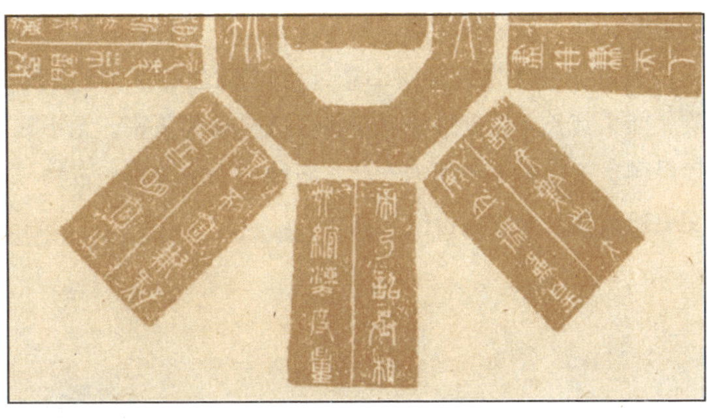

第三节

石鼓文

在春秋战国时期，秦国将文字刻在石鼓上，也称石鼓文。所谓石鼓，是十块鼓形石头（高约90厘米，直径约60厘米）。每个石鼓（实为碣状），也就是鼓形，在铭文中大多讲的是渔猎之事，所以又称其为“猎碣”。以籀文分刻四言诗（十首为一组）。目前其字大多已磨灭，其中第九鼓已经无一存字。石鼓于唐初在天兴（今陕西宝鸡）三畤原出土。

据说在石鼓文之前，周宣王太史籀曾经对金文进行改造和整理，著有《大篆十五篇》，所以大篆又被称为“籀文”。石鼓文是大篆留传后世，保存比较完整且字数较多的书迹之一。

与金文相比，石鼓文更规范、严正。其为一种从金文到小篆的过渡形态，但仍在一定程度上保留了金文的特征。我国现存最早的刻石文字就是石鼓文，亦称猎碣或雍邑刻石。

唐人韦应物和韩愈的《石鼓歌》都认为石鼓文是周宣王时期的刻石。宋人欧阳修的《石鼓跋尾》虽设了三个疑点，但还是认为其属周宣王太史籀所作。而近人罗振玉《石鼓文考释》和马叙伦《石鼓文疏记》则认为石鼓文是秦文公时的文物。而郭沫若经考证，石鼓文作于秦襄公八年，距宣王更近。

在古文字书法中，石鼓文堪称独具神韵。其主要特征为：体态堂皇大度、圆活奔放；气质雄浑、刚柔相济，古茂遒朴而有逸气。横平竖直，严谨而工整；善用中锋，笔画粗细保持一致；有的结构体对称平正，有的字则参差不齐；与小篆相近却又比小篆显得奔放。从章法布局上来看，虽字字独立，但又考虑到了上下、左右之间的偃仰向背关系，石刻中极为突出的强劲笔力。用康有为的一句话来形容，即“如金钿委地，芝草团云，不烦整我，自有奇采”。

石鼓文书体为大篆向小篆过渡时期的文字，学石鼓文可上追大篆，下学小篆，兼采其长。后世学篆者皆将石鼓文奉为正宗，无不临习。杨沂孙、吴大澄、吴昌硕、王福庵等皆得力于此。石鼓文为中国第一古物，亦为书家第一法则，其文史价值和艺术收藏价值颇高。

石刻之祖——石鼓文

石鼓文，是我国最早的石刻文字，世称“石刻之祖”。石鼓文处于承前启后的时期，承秦国书风，为小篆先声。石鼓文刻于十座花岗岩石上，因石墩形似鼓，故称为“石鼓文”。

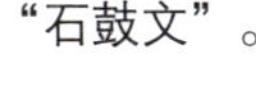

上承

西周金文

溯源

唐代初出土于天兴三畤原，唐代诗人韩愈曾作《石鼓歌》，其中有“周纲凌迟四海沸，宣王愤起挥天戈”的诗句。可见，在唐代普遍认为石鼓文出于周代。至宋代，欧阳修认为石鼓文为周宣王时期太史籀所作。近代罗振玉《石鼓文考释》和马叙伦《石鼓文疏记》将石鼓文的历史缩短到了战国秦，认为是秦文公时期出现的。郭沫若又考证石鼓文的制作年代为秦襄公八年。

布局紧凑

笔法圆阔

笔法方正

运笔均衡

流转

石鼓文在历史上曾辗转流离。唐末至五代，战乱频繁，十面石鼓散于民间，到宋代时又集齐，为宋徽宗于大观二年迁至汴京国学。后又为金人掳走。至近代抗日战争时期，故宫博物院院长马衡将石鼓迁到江南躲避战乱，抗战胜利后又运回北京。清乾隆五十五年，乾隆帝令人仿刻十鼓，置于太学。

下启

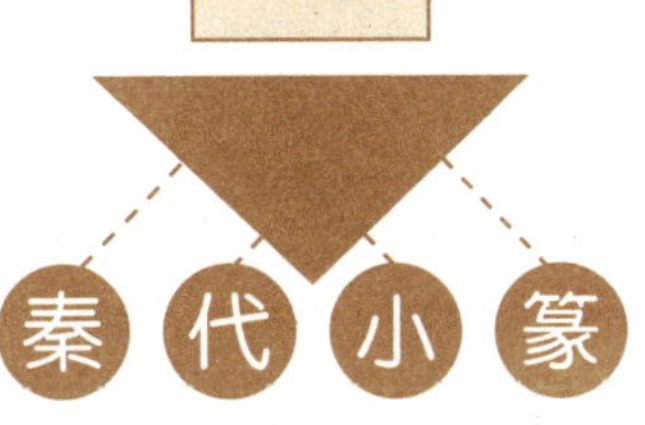

秦代小篆

第四节

简帛文和玺印文

简帛文

简帛文是简文和帛文的合称。简，指狭长的竹或木片。帛，指未经染色的丝织品，也称缣或缯。简帛文，就是写在竹木片或缣帛上的文字。

简帛文的使用年代，却是十分古老的。在《尚书·多士》中记载“唯殷先人有册有典”，典、册就是中国古代在纸张发明以前的书籍。缯帛是古代一种白色丝织品，上面可以书写文字，《墨子·尚贤下》中就有“书之竹帛”的话，由此可见简帛文的起源是很早的。

目前发现最早的简帛文字，是在战国时代。现存世缯帛文最早的一件，就是1942年在湖南长沙东郊子弹库的战国楚墓中出土的帛书，现藏于美国纽约大都会博物馆。书写的文字，由三段行款不同的文字组成，配以各种神怪图形，内容讲述日月四时形成的神话、天象失常的灾祸、一年内各个月份的宜忌等，是一篇宝贵的古代天文历数著作，也为研究古代迷信思想提供了第一手素材。

这些简帛上的文字，都属于战国时代的楚国文字，结构或简或繁，一字多形，起笔粗重，收笔尖细，总的说来应是当时楚国的应用型字体。

玺印文

玺印文，又称玺文，是铸刻在印章上的文字。秦代以前，玺是印章的通称，到秦始皇时才规定天子的印章称玺，臣民的印章叫印，因此，先秦的印章都叫古玺。

现如今所能看到的最早的玺印，多数属于战国时期，是当时政治活动和个人交往中用来昭明信用的凭证。玺印的材料，多为铜质，也有用银、玉、石、骨等制作的。它的面积不大，字数也就有限，一般不超过四个字。刻制的格式，不外乎“阴文”“阳文”两种。根据用途的不同，玺印大致可以分为官名玺、私名玺、吉语玺、肖形玺、标识玺五大类。

写在丝帛和竹片上的文字

简帛文，中国古文字。指秦至汉初保留着篆隶写法的、刻在竹简或写在布帛上的文字。 马王堆出土了帛书《三十六经》。“简帛”连言，自古而然，现代学者也常常把简、帛相提并论。秦至汉初的简帛文字是20世纪70年代以来重要的发现之一，受到海内外极大的关注。

简文和帛文

笔形特点

简帛文笔形起笔较粗，收笔尖细，因而自汉代以来，有人称之为蝌蚪文，或蝌蚪书。

帛文

字体分类

从字体上大致分为三类：

1.楚系简帛文，字体为战国古文。

2.秦至汉初简帛文，字体为篆隶（也叫古隶）。

3.汉中期之后的简牍文，字体为隶。

简文

玺印文

阳文：凸起的花纹。采用模印、刀刻、笔堆等方法，使得花纹高出瓷器平面，谓阳文。阳文的花纹，用手可触及。

阴文：凹入的花纹。采用模印或刻划的方法，形成低于瓷器平面的花纹，称阴文。因为在施釉时已将凹入的花纹填没，故瓷面平整，花纹不能扪及。

第五节

战国文字

战国文字，是战国时期不同地区使用的汉字的统称。汉字的发展历经甲骨文（殷商）和金文（西周、春秋）之后，到了公元前5世纪（战国时代开始），便发生了一个很大的变化。其主要原因是由于诸侯国各自为政，互不所属，东周王朝的中央集权差不多丧失殆尽，甚至连文字也是各写各的，因此各国的文字在形体结构和书写风格上都存在很大差异。此外，由于经济和文化的不断发展，这一时期的文字也得到了一定的普及，铸、刻、写文字的材料和范围有所扩大，除青铜器上的金文外，陶文、简帛文、货币文、玺印文等也大量出现。这就使得不同地区使用的汉字所呈现出的风貌也大有不同。

战国文字由“六国文字”和“秦国文字”两大系统组成。

“六国文字”，是指韩、赵、魏、齐、楚、燕（六国）以及中山、越、滕等小国的文字，比起金文，六国文字其笔画随意简化，形体结构极为混乱是其最明显的特征。而“秦国文字”较接近正统的金文（西周和春秋），其结构较严谨、统一，被后世称为“籀文”或“大篆”。

在文字书写方面，由于各国和不同地区往往都是“各行其是”，导致战国文字在形体上出现了极其混乱的局面，即使同一个字，其写法也大不相同。

因地域的差异六国文字又可以细分，除了三晋（韩、赵、魏）之外（三晋文字自成一个体系），各国使用的文字都不相同。根据王国维《战国时秦用籀文六国用古文说》的研究，战国文字又可分为以下五种体系。

1. 齐系文字，是一种颇具特色的东方文字体系。书写者随意，异体字繁多，装饰笔画醒目。

2. 燕系文字，主要是燕国使用，具有显著的北方风格。

3. 晋系文字，结构修长，笔画细劲。

4. 楚系文字，字体颀长，有特殊的形体、特殊的字体。

5. 秦系文字，更多地继承了西周文字的遗风，比较稳定。后来发展出规整和潦草两种类型。

"七国文字"

战国文字，是战国时期不同地区使用的汉字的统称。是指春秋末年至秦统一以前这段历史时期内，齐、燕、韩、赵、魏、楚、秦等国曾使用过的古文字。它是汉字发展史中上承春秋金文、下启秦汉篆隶的重要环节。

秦国文字

"秦国文字"接近正统的西周和春秋金文，比较严谨统一，后世称为"籀文"或"大篆"。其更多地继承了西周文字的遗风，比较稳定。后来发展出规整和潦草两种类型。文字地域色彩鲜明，字形保守，有西周文字的特点。

章法自然

结字端庄

六国文字

（三晋）

六

马

安

者

市

战国文字可以说是汉字发展史上形体最为混乱的文字。在当时，这种文字上的混乱大大影响了政治法令的推行、经济的发展以及文化教育的传播。因此，雄才大略的秦始皇灭掉六国、统一中国后，所做的第一件事就是统一文字。

第六节

小 篆

小篆是指秦始皇统一中国后实行“书同文”政策而颁行的标准字体，又称秦篆，相对大篆而言。小篆产生于战国后期的秦国，通行于秦代和西汉前期。

战国时期，列国割据，各国文字毫不统一，字体极其复杂。秦始皇统一六国后（前221年），对文字实行了统一政策，由宰相李斯来负责，在秦国原来使用的是大篆籀文，李斯在此基础上将其字形进行简化，并将其余六国的异体字全部取消，创制了统一的汉字书写形式。

小篆文体在中国一直流行到西汉末年，后来才逐渐被隶书取代。但是小篆凭借自身优美的字体，始终备受书法家青睐。加上其笔画复杂、形式奇古，而且可以随意添加曲折，因此在刻制印章时，尤其是刻制那些官方印章（需要防伪）的，篆书往往为首选文体。

被李斯整理过的小篆文体，被秦王朝作为全国统一的文字来使用。这在中国文字发展的演变中起到了十分重要的作用，不但消除了各地文字异行的基本现象，而且使古文字体庞杂的情况发生了很大改变。

李斯将小篆的形体与写法固定下来以后，为了迅速推广到全国，李斯、赵高、胡毋敬等人编写了用标准字体——小篆来书写的识字课本，其中《仓颉篇》《爰历篇》《博学篇》等较为著名，成为儿童的启蒙教材。此外，还用小篆来书写诏书及刻石纪功，使小篆广为流传。

中国文字发展到小篆阶段，逐渐开始注意在文体的轮廓、笔画及结构上定型，如此象形意味则削弱了许多，使文字更趋于符号化，更便于书写和阅读。这也是我国历史上首次将行政手段大规模地运用到规范文字的运动中。

小篆有的铸造在铁器上，有的刻在石碣、石碑上。其传世代表作有《秦山刻石》残部，仅存10字。另有《泰山》《琅琊台》二石真迹拓片存世，《会稽》《峄山》后人摹刻本传世，据传上述刻石皆为李斯所书。

书体标准化的象征——小篆

小篆是在秦始皇统一中国后（前221年），推行“书同文，车同轨”，统一度量衡的政策，由宰相李斯负责，在秦国原来使用的大篆籀文的基础上，进行简化，取消其他六国的异体字，创制的统一文字书写形式。

秦始皇将文字统一化

峄山碑

李斯将文字标准化

李斯（约前284～前208年），楚上蔡（今河南上蔡西南）人。主张以小篆为标准书体。小篆又称秦篆，是大篆的对称，它给人以刚柔并济、圆浑挺健的感觉，对汉字的规范化起了很大的作用。小篆的出现，是汉字发展史上的一大进步，根据《太平广记》引《蒙恬笔经》记载，是楚国上蔡人李斯整理的。

第三章

汉字的分类

中国的汉字文化源远流长，博大精深，字体结构经数千年不断创造、改进而成，有较强的规律性。从形体演变上划分为：古文字阶段和今文字阶段。根据不同历史时期的变化，后人将其总结为：甲骨文、金文、篆文（大篆、小篆）、隶书、草书、楷书和行书。从造字方法上划分，一般依据东汉许慎的《说文解字》划分为六种：象形、指事、会意、形声、转注和假借。从笔画多少划分，汉字从笔画的数量上可分为繁体字和简体字。

第一节

六书的由来

六书是我国古代文字学家，依照当时已有的汉字的形、音、义的特征归纳总结出来的六种汉字造字法则。有研究者认为六书“不始于周，而始于造字之初”。也有学者认为“始见《周官·保氏》……或遂谓六书之名，至周始有。然观刘云：‘六书者，造字之本’，是仓颉时已有矣”。如此种种的判断，只是建立在一味地崇尚古法的情感基础上，并无法提出可信、严谨的判断依据，从汉字的历史发展脉络上来看也无法圆其说法。“六书是研究汉字形体结构的学问”是经过现代文字学家们系统研究后被广泛认可的结论，六书是汉字发展到一定阶段后，经过对已有汉字的特点分析、研究、整理而得出来的法则性结论，而绝非在造字之初，人为地提前设立的供人据以造字的法则。因此六书“始于造字之初”或者“仓颉时已有”的判断无法与历史事实相吻合。《公孙龙子·名实》中讲道：“名，实谓也。”对于名与实的关系明白道出，即“名”是对“实”的反映，先“实”后“名”。没有“实”的“名”是不存在的。根据这一逻辑“据名求实”，应该是一种符合“名实”秩序的研究问题的有效途径。我们借此勘测一下六书之“名”的“实”大约形成于什么时代。

我们从汉字的发展轨迹来进行推断。经过考证的较早的汉字，甲骨文之后是金文，金文是由甲骨文演化而来的，在字形结构上与甲骨文相比有了一定程度的进步。“如果将两者的形体进行一下对比，则两者之间的不同之处可归纳为以下几点：

（1）新的象形文字出现的并不是很多，以此表明象形字的发展处于停滞不发展的状态。（2）文字的形体符号呈逐渐定型趋势。如甲骨文中的“遘”与“逆”字均从彳、从止、从辵三种形式，而西周金文只从辵；产生新的形符，如广部、厂部、走部、心部、言部、穴部、金部等字，很少或几乎没有在甲骨文中见到。（3）在甲骨文中，在某些形符上几乎很少或根本没有增加过。如广部、厂部、走部、心部、言部、穴部、金部等字。（4）产生了通假字（有字而假）。（5）虚词渐渐出现，但还不是太多，如“哀哉”的“哉”等。（6）在形符替代音符的数量上，则较甲骨文要多。以上所述的多种变化，则可表明西周文字在形体及其结构上已逐渐呈定型趋势，衍音的方法占据了一定的优势，如此一来，六书之“名”为六书之“实”奠定了一定的结构基础。所以说六书的名称起源于周代，不能说是无据可依。

六书

甲骨文，又称“契文”“甲骨卜辞”或“龟甲兽骨文”，主要指中国商朝晚期王室用于占卜记事而在龟甲或兽骨上契刻的文字，是中国已知最早的成体系的文字形式，现代汉字即由甲骨文演变而来。

六书的历史

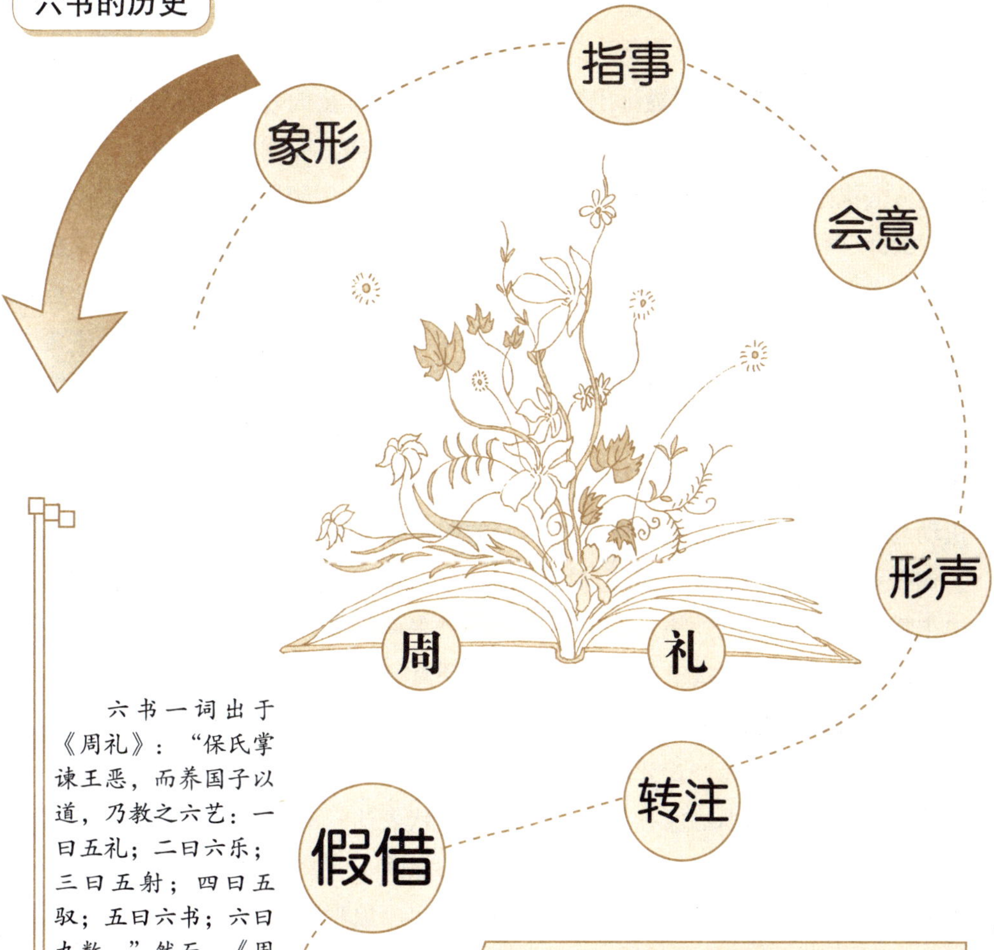

象形

指事

会意

形声

转注

假借

周礼

六书一词出于《周礼》：“保氏掌谏王恶，而养国子以道，乃教之六艺：一曰五礼；二曰六乐；三曰五射；四曰五驭；五曰六书；六曰九数。”然而，《周礼》只记述了“六书”这个名词，却没加以解释。

六书如何运用

实际上，古人并不是先有六书才造汉字。因为汉字在商朝时，已经发展得相当系统，那时还未有关于六书的记载。六书是后来的人把汉字进行分析而归纳出来的系统。然而，当有了“六书”这个系统以后，人们再造新字时，都以这个系统为依据。好像“軚”“锿”是形声字，“凹”“凸”“凼”是指事字，“烟”“歪”是会意字。

第二节

象形造字法与象形字

古语“依样画葫芦”点出了象形字的结构特点，即许慎所说的“画成其物，随体诘诎”。“诘诎”要表达的意思是弯弯曲曲。“画成其物，随体诘诎”的含义是，将事物根据其外形描画出来，笔画随着所表事物的外形特征变化弯曲。象形就是利用文字的线条或笔画，把事物的形态外观或具有明显特征的部分，用具体的方法描画出来。一般来讲只有看得见、有一定外型的具体实物才能用象形字表示，即“象形”所记录表现的必须是有形可象的事物。象形字与表达对象在外观形体上非常相似。例如，太阳称“日”，古文字就用一个圆形，中间有一点来表示“日”，从形态上非常像太阳的形状。“月”，古文字以残缺的圆为主要表达形态，描绘出具有周期性圆缺变化的月亮。

再如，“笑”字，东汉许慎说：“打竹板奏乐使人笑得直不起腰（夭）来。”虽说笑字并不是最早的象形字，但从形态上看越发觉得像是人在高兴地扭动身体。“哭”字，有人解释说“犬的叫声像人哭”，仔细端详它，会觉得它像个顽童在张口大哭。新兴汉字“乒乓”，不仅在声音上很像，而且形态上也很接近，又如“甩”字，很像在描绘一只手使劲往外扔东西，“喜”字则刻画人们敲鼓歌唱、张口庆贺的样子。象形字具有强烈的符号性。这一点主要表现在它对所描述事物的外观形态特征的强调。如“羊”字突出了其两角弯曲，“象”字强调其长鼻、长牙的大型动物的特征等。鲁迅先生说，汉字的基础是象形。象形字就是画物像它的形状，以此形状表达它的含义。我们知道画龙点睛的故事，也要了解“乌”字在造字上的不点睛。“乌”也是鸟，画鸟为什么不点睛呢？其缘由要从象形字的造字特点说起。象形字的造字特点是抓住事物形态上的主要特征。乌浑身都是黑色（还有一种是脖子下有一些白羽毛的，古人称鸦）。黑眼睛搭配上黑羽毛，看上去就不明显了。所以“乌”从象形造字的角度来讲是不点睛的。在数量不多的象形字当中，大部分是直接表示具体事物的，但也有一小部分表示与实物相关的含义。例如：“大”字，由一个正面直立的人将手足展开，就扩展出了“大”的意思了。这种造字法，即由名词推广出形容词，是后期逐步发展出来的。

象形字的造字方法

象形字的结构特点是“依样画葫芦”，即许慎所谓的“画成其物，随体诘诎”。“诘诎”的意思是弯弯曲曲。“画成其物，随体诘诎”的意思是，画成那事物的样子，笔画随着所表事物的外型特征弯弯曲曲。

象形造字法

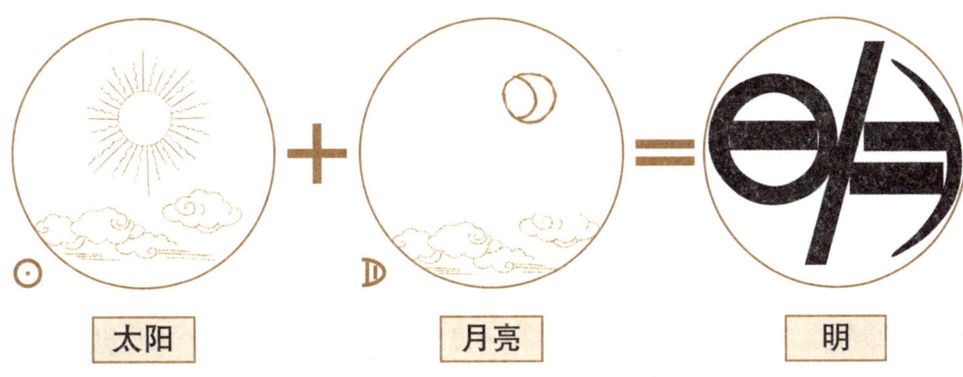

太阳　月亮　明

“象形”所表示的意义对象一定是看得见、有一定外型的具体实物，即必须是有形可象的。所用字形与意义对象在形体上具有同一性。

造字过程

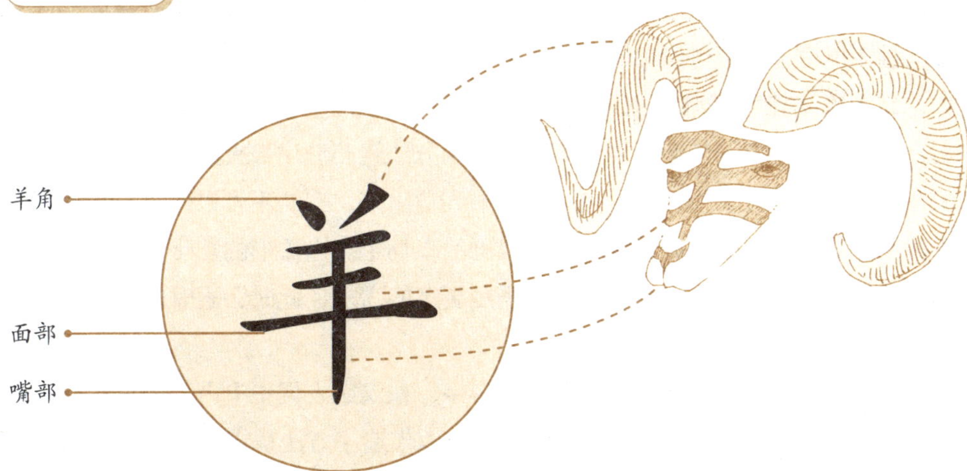

象形字的符号性是很明显的。表现在它突出强调对象的特征。如“羊”字突出了羊角。

甲骨文

金文

小篆

楷体

第三章　汉字的分类

第三节

象形造字法的演变过程

象形字以其为数不多的数量构建了汉字造字的基础，随后逐步发展出来的合体字有相当一部分是建立在象形字基础之上的。随着汉字的发展演化，又产生了新的汉字，但是至今我们还能在许多汉字中发现象形字的影子，并且认真分析就能看出它的原形来。

传说在我国南北朝时期，一位名叫张僧繇的画家，在墙上画了四条龙，后来在众人的要求下，为其中两条画了眼睛，这两条龙就飞上天了。这就是成语“画龙点睛”的故事原型。相比较“画龙点睛”，“乌”字的“不点睛”也有一个故事。据说，母乌将小乌生出来后，要喂养它一段时间，大约六十天，等小乌羽毛长齐可以独立寻找食物以后，它要外出为母乌找食物来报答母亲，大约也是六十天。这种现象被称作反哺。所以人们常以“乌”作为孝的典范。除此之外还有许多与乌有关的传说。比如浙江的义乌市，在汉代的旧称是乌伤县。传说有位名叫颜乌的孝子，他的父亲去世后，他一个人用筐子一筐一筐地将黄土背来，为父亲垒坟。这时群乌也被感动了，纷纷前来帮助他。乌的嘴小，一次叼不了多少土，往往返返乌的嘴都受伤了。由此人们将这个县叫做乌伤县。到唐武德年间，改为义乌县，更符合当年传说中的故事精髓了。

作为汉字造字基础的象形字是以表形为主要表达方式的文字。但是久而久之，通过描画事物的外形来表示事物的造字方法就凸显出很大的局限性。具体表现在，对于具体的事物，有的可以用象形表达出来，有的不可以，更不用说还有很多抽象的意义、没有外形轮廓可以描画的事物了。当象形的造字方法无法满足日常使用时，汉字就开始寻求发展以满足更多的需求，此时，表意的汉字开始出现了。

无法否认，“象形造字法”和“象形字”在汉字发展史上占据了里程碑式的重要地位，它为指事、会意、形声、转注、假借造字方法奠定了坚实的基础。

象形字的演变过程

象形文字，是中华民族智慧的结晶，是老祖宗原始的描摹事物的记录方式的一种传承，是世界上最早的文字，也是最形象、演变至今保存最完整的一种汉字字体。

象形文字表物之形

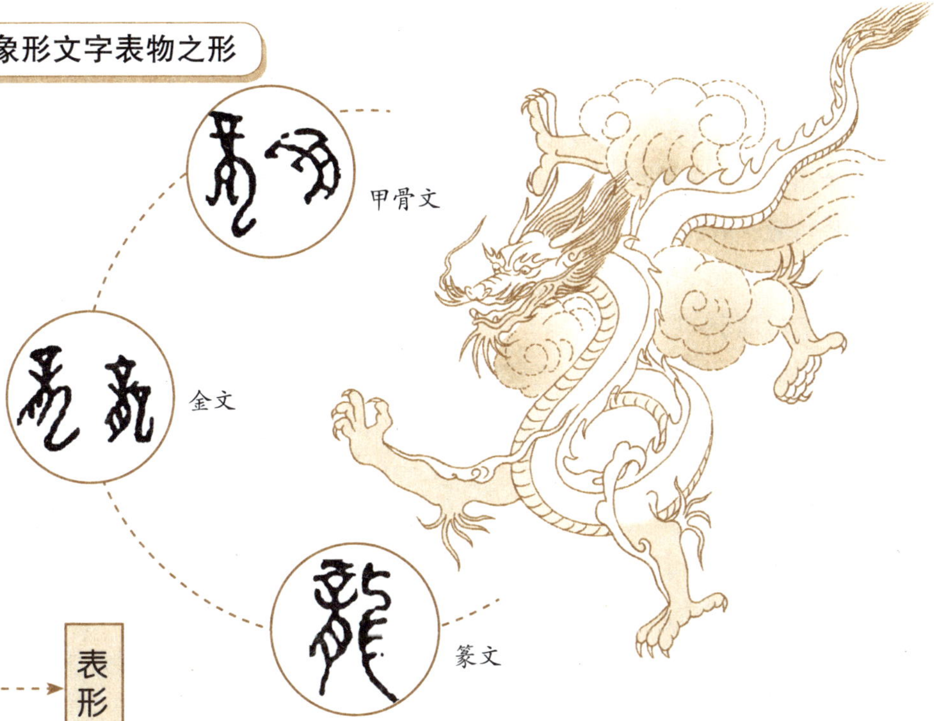

甲骨文

金文

篆文

表形

表意

木

休

人

古老的象形字是一种表形的文字。“象物之形”，这种方法具有很大的局限性。且不说抽象的意义无形可象，就是具体的东西，也不是都可以“象形”出来的。用这种方法构造汉字没办法满足记录语言的需要，所以汉字由表形向表意发展。

第四节

指事造字法与指事字

指事也叫“象事”“处事”，以点、画等象征性的符号来表明意义。许慎《说文解字·叙》称：“指事者，视而可识，察而见意，上下是也。”所谓指事，为象事之形，属于广义的象形文字，就是以符号表示事物的意思。因为没有具体之形可象，只能用抽象符号表示事情的通象来指明其事。使人看见它可以识得它的事象，观察它可以发现它的意思。由于传统六书中的“指事”定义不明确，阐释者或偏于“指”，或偏于“事”。

偏于“指”的理解方式，把它称为“指示”，意指在象形符号（极少数可能是抽象符号）上加上比较抽象的指示符号来表现字义，如一、二、三、四，“+”（甲骨文“七”字）、丨（甲骨文“十”字）等。偏于“事”的理解方式，把它归入“象事”。而所谓的象事，是指描绘事物的动态的造字法，它反映人或动物的行为、活动或者自然物的变化。如“本”是在“木”字下方加上一短画，指明是树木的下端，“末”与此相反，指明是树木的上端。它反映的是人与人、人与物或物与物之间发生的各种关系。象事造字法就是以图解词的。这些行为、运动、变化、过程往往不是孤立的，而是几种物相关而成的，所以象事很少指单独的图形，多数是两个以上图形的复合，必须从“画面”上看出事物之间的关系，才能使“字义”显豁，联想到它所代表的词。

指事属于“独体造字法”。清代文字学家段玉裁《说文解字注》称：“指事之别与象形者，形谓一物，事众物，专博斯分。故一举日、月，一举上、下，上、下所之物多，日、月只一物也。学者知此，可以得象形指事之分矣……指事不可以会意淆，合两文为会意，独体为指事。”不难看出，段氏认为的指事字，就是那些独体的抽象符号字。

指事与象形的主要区别在于，指事字含有绘画较抽象中的东西。指事字重在用抽象符号进行提示，是在象形字的基础上加表意的标志。例如“刃”字是在“刀”的锋利处加上一点，以作标示；“凶”字则是在陷阱处加上交叉符号；“上”“下”二字则是在主体“一”的上方或下方画上标示符号；“三”字则由三横来表示。这些字的勾画，都有较抽象的部分。

指事造字法

指事是一种抽象的造字方法，也就是当没有或不方便用具体形象画出来时，就用一种抽象的符号来表示，例如“上”“下”“凶”等。

指事造字法

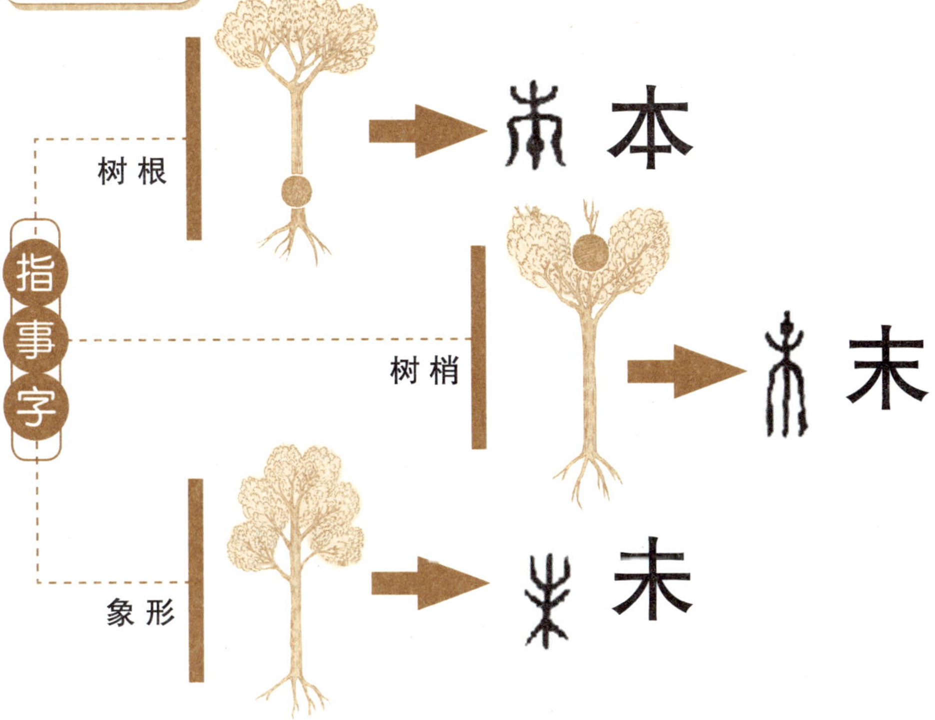

指事字

树根 → 本

树梢 → 末

象形 → 未

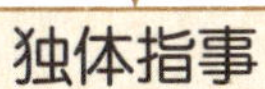

指事字的类型

独体指事

凡是独体文字，在形体上没有经过后来的增减或变更，用来表示抽象事类的叫独体指事，也就是指事正例。这类独体的文，通常都是以线条符号来指明抽象事物的意象。

合体指事

当已有的文字形象或符号，不足以表达抽象概念时，就采用在这成文的形象上，加些点画以引出概念的方法，亦即以一个文为主体，附加不成文的符号，二者相合而成的文字，叫做合体指事。

变体指事

为了要表达抽象的意念，往往把一个成文的形象加以变化或减省一个成文形象的部分笔画，通过这种变化，使人领悟到另一层相关的概念。这种变易，通常是指位置上的变易，如有的左右相反，有的上下颠倒。

第五节

会意字的特点与分类

会意字突破了象形字和指事字在造字上的局限性，通常由两个或两个以上的独体字通过多种形式的组合方式组成，因此运用会意的方法可以造出数量众多的汉字。如“莫”字。在甲骨文中“莫”字的书写方式是一个上下结构的字：上端和下端都表示草，而中间是个太阳，直接描述的意思就是太阳已落入草丛之中，天已经要开始黑了。莫字是由“草”和“日”两个象形字元素组合而成的会意字。

还有一个更形象的例子，“盥”字。主要的意思是盥洗、洗手。在甲骨文中是以上下结构进行书写的：下半部是一个洗手盆的形状（皿），上半部是描画了一只手的形象伸入盆内，意思是在洗手，是由“皿”和“手”两个象形元素组合而成的会意字。金文和小篆对“盥”字的写法比起甲骨文来表示得更清晰、明白，上半部分表示在盆中洗的是左右两只手，盆中还有水，下半部是洗手盆，是由“皿”“双手”和“水”三个象形元素组合而成的会意字。

会意字可以表达非常广泛和复杂的意义内容。归总起来大体可以分为两大类：一是叠罗汉式会意字，二是破体会意字。

叠罗汉式会意字

有些会意字是两个或几个同样的字素重叠组成的。二字重叠的多是左右的并列结构，三字重叠的多是塔型的上下结构，看起来像体操活动中的叠罗汉。例如三个“人”组成“众”；三个“火”组成“焱”；三个“木”组成“森”；三个“日”组成“晶”等。

破体会意字

这一类会意字由于在汉字发展过程中字形演变太大，以致现在已经很难分辨出它们的字体来源了。

例如“妇”字，构字元素为一个“女”字和一个歪的“山”字，从字形来讲，这是女性推倒大山获得解放的意思。但从繁体字“婦”中细加分析，“婦”字的一个组成元素“女”是指女性，另一部分“帚”指的是扫帚，合在一起综合表达的是“拿着扫帚正在劳动的女性”，“女、帚为婦”和“力、田为男”的造字缘由是符合当时“女内男外”“男耕女织”的社会环境的。

 会意字造字法

会意是用两个或两个以上的独体字根据意义之间的关系合成一个字，综合表示这些构字成分合成的意义，这种造字法叫会意。用会意法造出的字是会意字。

会意字造字法

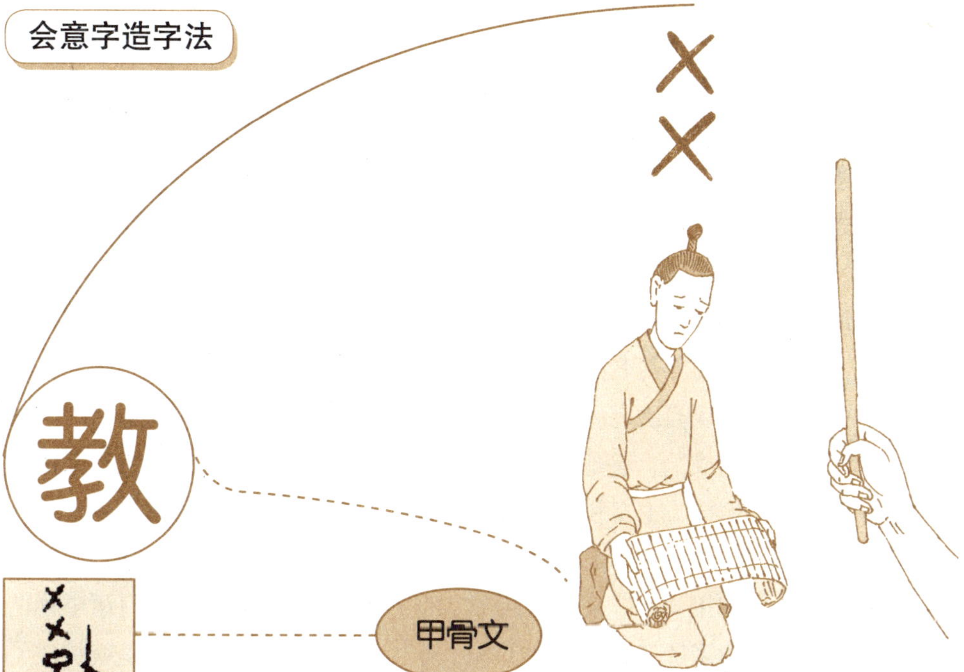

教

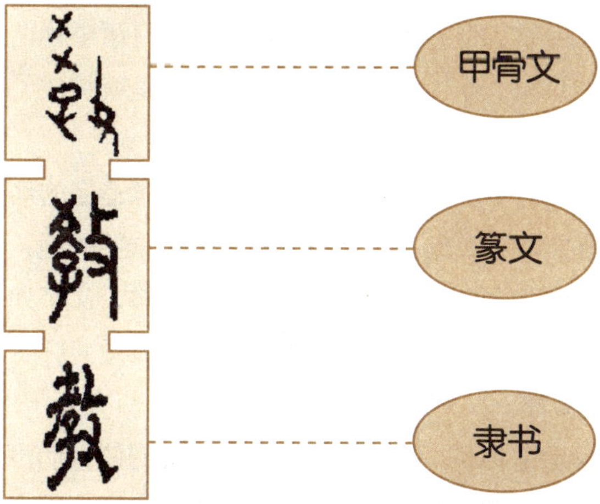

甲骨文

篆文

隶书

这就是古代的教育，一边打还一边唠叨："不打不成材！"可见古人认为教育是需要强制性的手段和措施。一幅画胜过了千言万语。汉字的一笔一画有着独特的文化蕴涵，它是我国文化发展的历史记录，字字富有深意。

会意字的类型

叠罗汉式会意字

焱

破体会意字

妇

第六节

形声造字法与形声字的构成

形声字是在象形字、指事字、会意字的基础上形成的，是由两个文或字复合成体，其中的一个文或字表示事物的类别，而另一个表示事物的读音。由表示意义范畴的意符（形旁）和表示声音类别的声符（声旁）组合而成。形声是最多产的造字形式。意符一般由象形字或指事字充当，声符可以由象形字、指事字、会意字充当。

许慎说：“形声者，以事为名，取譬相成，‘江’‘河’是也。”所谓“以事为名”，即依事类而定其名字。是说在经某个事物定名而造字时，先确定它在万事万物中的属类，属类确定后就用表示这属类的文（或字）来做新造字的主义部分；所谓“取譬相成”，就是根据口语取一个读音相同或相近的文或字来作新造字的标声部分。这样，主义和标声的两个部分相辅相成而构成新造的字。

许慎所举的“江”“河”二字，原本是为专指长江、黄河而造的字，由于江河均属水类，所以都用“水”来作这两个字的主义部分，然后又根据口语中称谓江河的发音分别选取了读音相当的“工”“可”来作标声的部分，于是就构成了“江”“河”两个形声字。

从汉字发展的角度来看，形声造字法不仅突破了象形、指事、会意造字的局限，找到了为许多无形可象、有意难会的事物造字的简便方法，更为重要的是，它弥补了象形、指事和会意不能直接标声的缺陷。作为记录语言的符号，文字如果不能标示读音，就会因使用不便而难以继续，所以在世界范围内，表意向标音的过渡乃是一切文字发展演变的共同规律。

中国的汉字虽然没有演变为纯标音的文字，但是形声造字法的发明使得形声字迅速增多，并很快在后来的汉字中占了绝对的优势（现今使用的汉字形声字占85%以上）。形声字的出现在很大程度上加强了汉字的标声功能，也说明了中国的汉字同样遵循着共同的声化规律而发展、演变。汉字强大的生命力，很大程度上是来自形声字的贡献。

形声字

形声字是在象形字、指事字、会意字的基础上形成的，是由两个文或字复合成体，由表示意义范畴的意符（形旁）和表示声音类别的声符（声旁）组合而成。

形声造字法

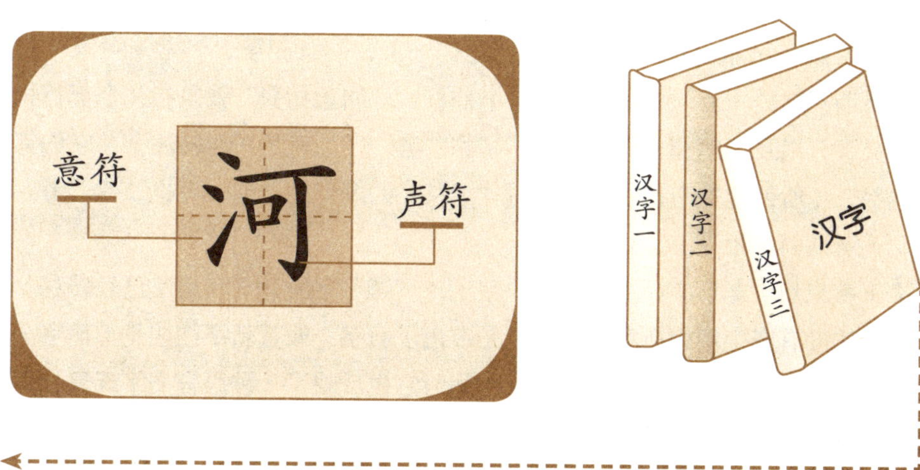

形声字的构成

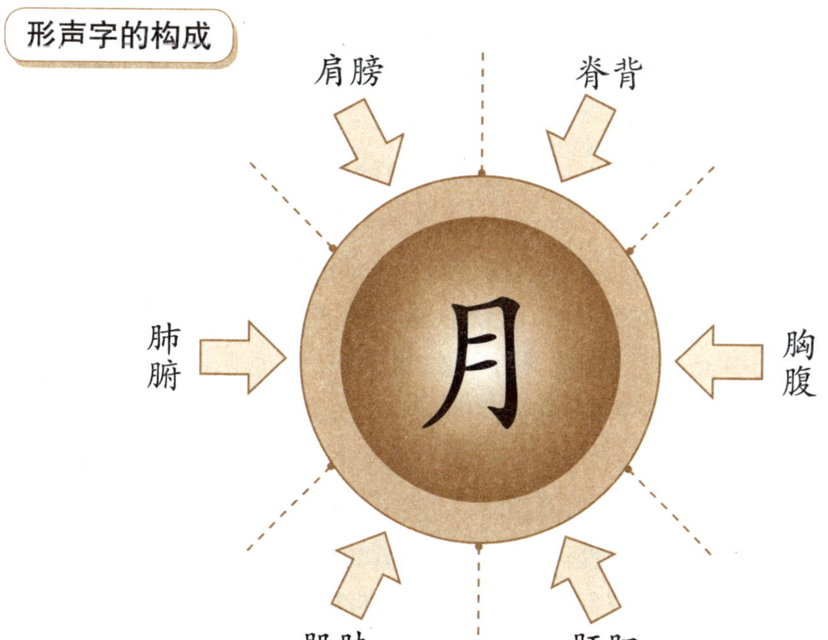

形声字由形旁和声旁组成，形旁表义（表示字义），声旁表音（表示读音）。形声字是最灵活、最方便、最主要的一种造字方法。“肉”字是个象形字，作偏旁时写作“月”。

第七节

转注造字法与转注字

转注字是一种完全同义词，从语言的角度上来说，它增加了人们的负担。许慎《说文解字·叙》说："转注者，建类一首，同意相受，'考''老'是也。"所谓"建类一首"，就是指同一个部首；"同意相受"就是指几个部首相同的同义字可以互相解释。例如"老"字和"考"字，就是一对转注字，它们都属"老部"（所谓建类一首），许慎对"老"字的解释是"老、考也"，"考、老也"（所谓同意相受）。

今天就只用"老"字而不用"考"字了，"考"字的意义和用法已经转移。转注字虽然没有产生新的造字方法，但是造出了新字，而且新字往往是形声字。它反映了语音的发展变化或方音的差异；同时它也反映了一种语言文字现象，即文字是如何调整自己的形体以适应发展变化了的语言的需要，它是一种动态的文字现象。

由于除"考"和"老"二字外，《说文解字》在释九千多字中没有用文字指出哪些是转注字，许慎定义又过于简略，可以从不同角度去理解，因此从古到今对转注的不同解释非常多，争论了一千多年，至今却无定论。裘锡圭先生在《文字学概要》中指出："在今天要想确定许慎或创立六书者的原意，恐怕是不可能的。"

转注字有三个条件：两字同一部首，二字声音相近，可以互相解释。转注字必须是一对或一组，不能是一个。文字不是一人一时一地所造的，可是各种文字的功用同样是记录语言的，因此，同一意义的语言，甲地造出的字和乙地造出的字可能不同；起初用的字可能和后来用的字也不同了，这些在不同时间和空间造出的"语根相同，语义相同，但字形不同"的文字，在某时某地都已经普遍使用，既然很难取消使用，就用转相注释的方法来沟通这些文字。

转注与假借的不同：转注是"一义数文"，也就是"异字同义"；假借是"一字数用"，也就是"异义同字"。就六书的转注来说，转注于"异字同义"之外，还要在声音方面"同一语根"。

转注造字法

转注字是一种完全同义词，从语言的角度上来说，它增加了人们的负担。转注字反映了语音的发展变化或方音的差异；同时它也反映了一种语言文字现象，即文字是如何调整自己的形体以适应发展变化了的语言的需要，它是一种动态的文字现象。

“考”“老”转注

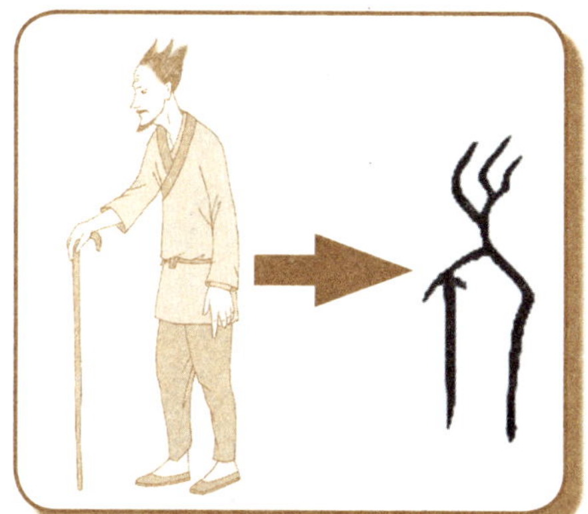

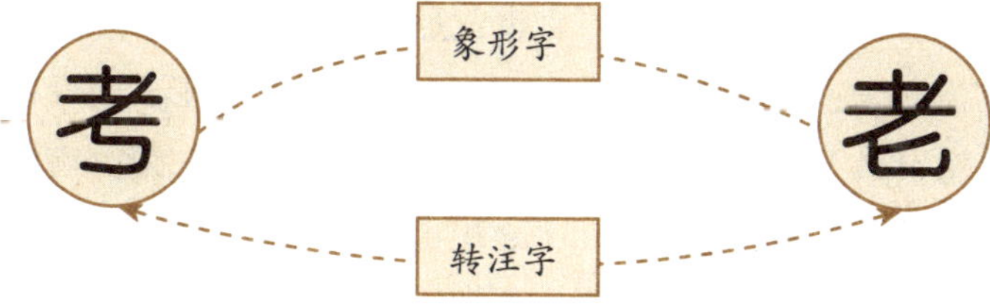

“考”字的本义与“老”同，像一个头上有几根稀疏头发、背脊稍驼的老人，再加上声符“丂”构成。《说文解字》说它与“老”是一对转注字。

“老”是个象形字。甲骨文中“老”字是个老人的形象，像一个驼了背、长着胡须、头上有一绺稀疏的头发、拄着手杖的老人。

本义是“年岁大的人”，后来引申为“历时长久”“陈旧”等义。而且并不专指人，一些有了年头的动、植物，甚至书籍等，往往也都用“老”字来说明。

转注字必须要具备三个条件：

- 两字同一部首
- 二字声音相近
- 可以互相解释

第八节

假借造字法与假借字

假借是汉字的造字方法之一，六书之一。“六书”可分两类，即“四体二用”，其中“四体”是造字法，包括象形、指事、会意、形声，“二用”是用字法，包括转注和假借。用“假借”这种方法所造出来的汉字，称“假借字”。

许慎说：“假借者，本无其字，依声托事，‘令’‘长’是也。”例如：“难”原是鸟名，借为“艰难”之难；“长”是长发，借为长久之长；“久”是“从后灸之”，借为“久远”之久，等等。

徐富昌对《说文解字》作以下的解释：“第六叫假借，假借的含义是：没有为某事某物造字，而按照某事某物的叫法，找一个同音字代表它，‘令、长’二字即属此例。”

因此我们可以理解，假借本指以同音字记录“本无其字”的字，即以一个同音字作为另一个语素或词的文字符号，也就是记录音节的造字方法。

清代文字学家朱骏声说：“天地间有形而后有声，有形声而后有意与事，四者（形、声、意、事），文字之体也，意之所通，而转注起焉。声之所比，而假借生焉，二者（指转注和假借），文字之用也……不知假借者，不可与读古书，不明古音者，不足以识假借，鹧《说文通训定声》一书所为记也。”（《说文通训定声·自叙》）所谓“不知假借者，不可与读古书”，这说明假借对于解读古书有重要意义。中国现代历史学家黄现璠曾说：“古人为什么多用假借字？因古字较少，非假借不可。”

古时候，语言中的某个“词”，本来没有替它造字，就依照它的声音“假借”一个“同音字”来寄托这个“词”的意义。假借就是同音替代。口语里有的词语，没有相应的文字对应。于是就找一个和它发音相同的字来表示它的含义。例如“自”本来是“鼻”的象形字，后来借作“自己”的“自”。

从积极的方面讲，“假借”用已有的汉字去记录新词；从消极的方面讲，用了假借法之后，一字兼表数意，客观上造成了一些同音同形而异义的词，使人不易掌握。

假借造字法

汉字是由象形、象意的文字发展起来的。有的外物有形象可以描绘，有的意思可以利用图像和笔画来表现，可是有很多代表某些事物的概念不能用象形、象意的方式随时造出文字来表现，于是就假借已有的音同或音近的字来代表，这种跟借用的字的形义完全不合的字就称为假借字。

两种假借字

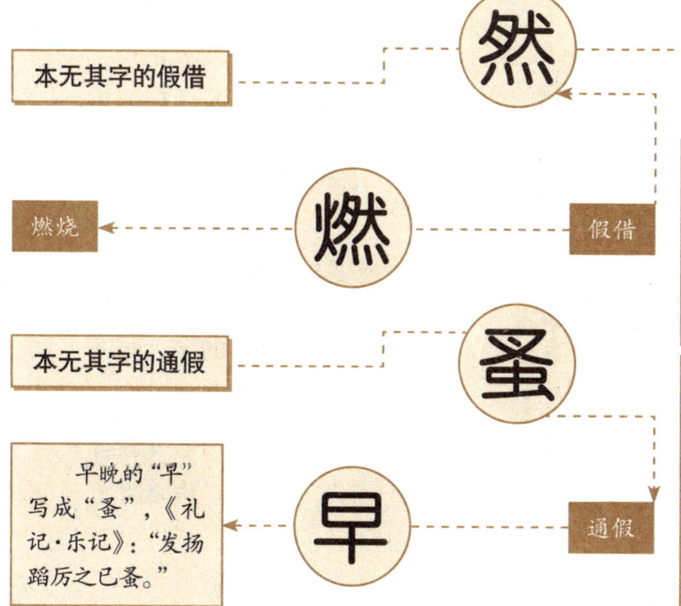

如此，这样

本无其字的假借：某些词原先并没有为它专门造字，人们就从现有的文字中选取某些同音字来记录。

本有其字的通假：某些词原先已为它造过专用字，但由于种种原因，书写者没使用本字，而是另找一个读音相同或相近的字来代替它。

假借字的基本特点

一般来说，假借字都是同音字。但同音字并不一定是假借字。假借字是以不造新字来表达新义的造字法，即旧字翻新。而这种借旧翻新的方法，却往往是借而不还。

假借字 = 同音字

同音字 ≠ 假借字

清代学者孙诒曾说：“天下之事无穷，造字之初，苟无假借一例，则逐事而为之字，而字有不可胜造之数，此必穷之数也，故依声而托以事焉。视之不必是其字，而言之则其声也，闻之足以相喻，用之可以不尽；是假借可救造字之穷而通其变。”

第四章

汉字的进一步发展（中国书法的发展）

汉字，是我们中华民族特有的一种文字，也是中华文明的象征。在日常生活中，我们时时、处处都能见到它的身影，可以说，只要有中国人的地方，就一定有汉字。汉字是我国古代先民发明的记载工具，是世界上最古老的文字之一，拥有4500年以上的历史，其使用最晚始于商代，历经甲骨文、金文、大篆、小篆、隶书、草书、楷书、行书诸般书体变化。汉字是目前世界上唯一流传至今从未中断的文字。

第一节

隶书的起源

在汉字中，隶书非常独特。从字形上看，隶书较为宽扁，横画较长、直画较短，一般呈长方形，颇为庄重。隶书强调“蚕头燕尾”，具有“一波三折”的特点。隶书一般分为“秦隶”与“汉隶”，分别称为“古隶”与“今隶”。由于隶书源于秦朝、盛于东汉，书法界便出现了“汉隶唐楷”的说法。

战国以后，汉字的演变逐渐倾向于以点画结构取代线条结构。这种崭新的字体就是隶书。从这个角度来看，隶书是在小篆的基础上逐渐演化而来的，这个过程被称为“隶变”。篆书中有不少圆转的笔画，隶书中则改为方折。

篆书曾经是官方的正规字体，其线条极为繁复，圆转的笔画很多，书写起来非常麻烦。于是，除了正式场合，人们开始逐渐进行简化，工整的弧形笔画便逐渐变成了平直笔画。这种新字体流行开来，就是隶书的雏形。据《晋书》记载，卫恒曾在《四体书势》中强调：“隶书者，篆之捷也。”这就清楚地表明，隶书就是篆书的快写体，既源于篆书，又突破了篆书的原有束缚。通过这一变革，汉字的书写速度比过去更快了。

关于隶书的得名，还有其他一些说法。《汉书》就认为，隶书“起于官狱多事，苟趋省易，施之于徒隶也”。这就是说，隶书的出现是起因于官狱奏事繁多，目的是通过简化而方便书写。这种字被称为“隶字”。隶书最初是一种为了避免篆书的繁复而发明的辅助字体，又被称为“左书”或“佐书”。

西汉初期，隶书依然保留着秦隶的特点。新莽时期，隶书开始发生重大变化，增加了点画的波尾的写法。东汉时期，隶书开始形成各种风格。关于这一点，《张迁碑》《乙瑛碑》《曹全碑》等体现得十分鲜明。

作为中国文字历史上的一次重大改革，隶书的出现是汉字演变史上的又一个转折点。其影响主要表现在两个方面：一是促使中国的书法艺术进入新境界；二是为楷书的形成奠定基础。

汉字演变的转折点——隶书

隶书，亦称汉隶，是汉字中常见的一种庄重的字体风格，书写效果略微宽扁，横画长而直画短，呈长方形，讲究“蚕头燕尾”“一波三折”。隶书起源于秦朝，由程邈形理而成，在东汉时期达到顶峰，书法界有“汉隶唐楷”之称。

隶书的书写讲究

所谓的“蚕头燕尾”，在技巧上的意义与“逆入平出”相似，只不过“逆入平出”是运笔的方法，而“蚕头燕尾”是笔画形态的特征。

蚕头

一般“蚕头燕尾”是指隶书的横画与捺画，在横画起端由“逆入”的方法书写似“蚕头”，而末端则以“平出”后上扬起“燕尾”。

燕尾

另外有人认为颜真卿的楷书，横画起笔时需停顿叫“蚕头”，在横画收笔前顿峰，提笔回峰呈叉式叫“燕尾”。

隶书的繁盛时期

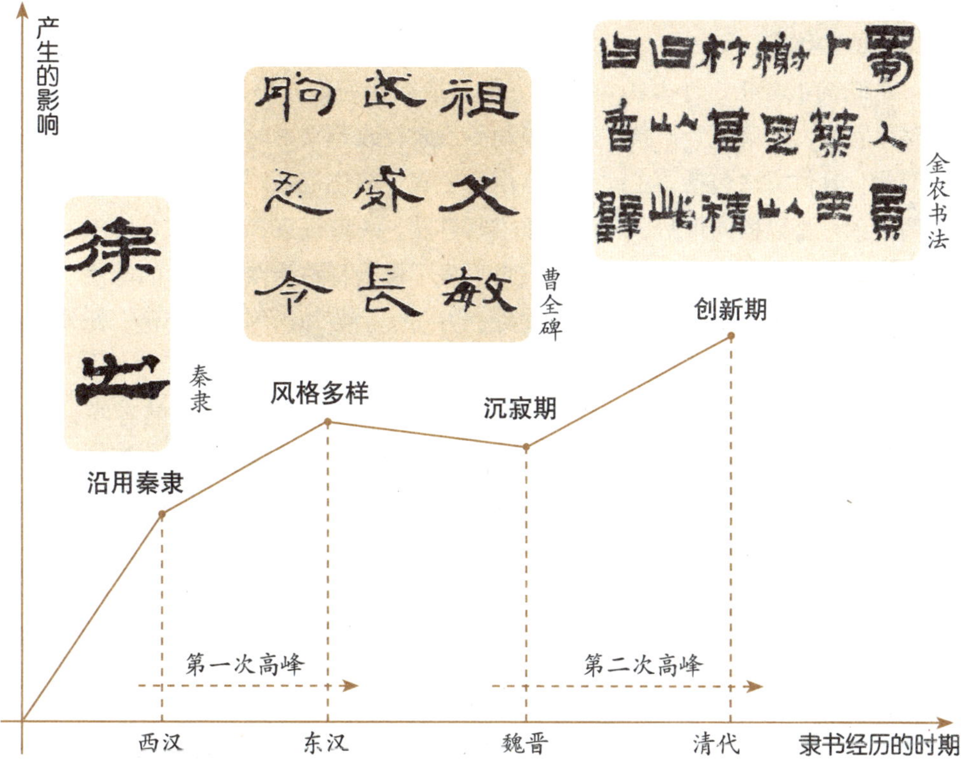

第二节

隶书的发展史

关于隶书的形成，学术界说法不一。主流观点认为，之所以出现隶书，是因为“奏事繁多，篆字难成，即令隶人佐书，曰隶字”。但也有不少学者坚持认为，“隶”字更有可能是篆字的衍生。不过，这种学术分歧并不影响我们今天对隶书的理解。

秦始皇曾经命令李斯创立小篆，但后来也采纳程邈编创的隶书。关于这段历史，许慎在《说文解字》中说得很清楚：“是时秦烧灭经书，涤荡旧典，大发吏卒，兴役戍，官狱职务繁，初为隶书，以趋约易。”究其原因，主要是小篆书写缓慢，使用起来很不方便。当隶书将小篆的圆转写法变为方折写法之后，书写效率显著提高。郭沫若也认为，采用隶书堪称“秦始皇改革文字的更大功绩”。

在秦隶的基础上，汉隶又有所发展。一般公认，汉隶极具“波、磔之美”。所谓“波”，是指左行笔画酷似曲波，后在楷书中逐渐变为撇。所谓“磔”，是指右行笔画笔锋张开，恰似“燕尾”的捺笔。在汉隶中，长横的起笔形似“蚕头”，中间有俯仰变化，最后有磔尾。由于方与圆、藏与露兼备，字体灵动、优美。

从结构上分析，小篆原本是长方形，最初变为正方形，后来又变为扁方。从整体欣赏，汉隶极为严整，舒展灵动。汉隶在改革篆书时，突出了笔画和结构的变化。具体方法包括：由圆变方，由曲变直，简化笔画。其中，最关键的变化是两个：一是以横向取势，二是注重书写自然。一般说来，横向取势便于左右书写，但上下运动多有限制。最终，汉隶形成了极为特殊的左掠右挑的写法。由于使用毛笔，汉隶的笔画还出现了粗与细、方与圆、藏与露等多种变化。此外，字距较宽也是汉隶的章法特点。

魏晋以后，兴起了草书、行书和楷书。在这个阶段，隶书依然存在，但进入了一个相对沉寂的时期。到了清代，随着碑学的复兴，隶书再次引起世人的关注。一些著名书法家开始在汉隶的基础上进一步创新。

隶书的发展

隶书又名佐书、分书、八分，它是由篆书圆转婉通的笔画演变成为方折的笔画，字形由修长变为扁方，上下收紧，左右舒展，运笔由缓慢变为短速，从而显示出生动活泼、风格多样的气息，给书写者带来了很大的方便。

隶书发展的一波三折

隶书上承篆书之规脉，下开楷行之基础，在我国文字和书法发展史上有着很重要的地位。

秦隶

秦统一全国后，政事繁多，圆转的篆书书写太慢，已经不适应繁忙的政务文字工作，于是一种以方折笔代替圆转篆书的文字应运而生，这就是隶书，而秦朝时的隶书被称为秦隶。为汉字的成熟奠定了基础。

汉隶

汉代隶书的统称。因东汉碑刻上的隶书，笔势生动，风格多样，而唐人隶书，字多刻板，称为“唐隶”，故学写隶书者重视东汉碑刻，把这一时期各种风格的隶书特称为“汉隶”，以别于“唐隶”。

汉隶创新

清初书坛依然是以帖学为主导，书风日趋靡弱浮华，矛盾开始向相反的方向转化，酝酿着变革求新的思潮。清代书法的变革与晚明思想文化变迁、书学思想的变化相关联，又与清代思想文化息息相关，具有深刻的文化背景。

《张迁碑》

郑板桥书法作品

第三节

草书的起源

与其他字体相比，草书结构简明，笔画相连。学术界认为，草书产生于汉代，是在简化隶书的基础上出现的新字体。

草书有广义与狭义之分。广义的草书是指草写的书体，主要包括两类：一是在远古时代，文字尚未统一，出现了许多潦草的字；二是在文字统一后，为了应急，往往在起草文稿、记录谈话时，选择笔画连带、省略的写法，出现了许多潦草的字。这种潦草的字就是广义的草书。由于潦草，他人很难辨认，常常影响交流。

为了方便书写，汉字经历了约定俗成的简化过程。特别是在篆书向隶书转化时，民间草书日益流行，写法上也逐渐规范、统一。在此基础上，产生了极具法度的草书，被称为章草。章草进一步发展，就产生了今草。从狭义的角度来看，草书就是指章草和今草。

许慎认为，“汉兴有草书”。学术界公认，章草在西汉产生，在东汉兴盛。鉴于其“草创”的特点，称之为草书。主要特点是：保留字体梗概，删繁就简，连笔巧妙，书写迅捷。章草已相对规范，有章可循。三国时吴皇象的《急就章》堪称代表作。

关于今草的起源，学术界分为两派：一派认为起于汉末张芝，一派认为起于东晋王羲之、王洽。崔瑗在《草书势》中曾描述了草书的特点，强调其“状似连珠，绝而不离”。由此可见，汉末的草书已不拘泥于章法。所以，也有学者认为：可以确定今草起于张芝，这主要是从新字体的萌芽的角度来说的；也可以确定今草起于王羲之、王洽，这主要是从字体的规范与成熟上来说的。王羲之的《初月》《得示》被公认为今草的代表作。

至于狂草，一般认为在唐代出现，主要代表是张旭、怀素。狂草随心所欲，狂放不羁，是一种实用性很弱的字体，但极具艺术价值。此后，草书多半成为书法家临摹章草、今草、狂草的书法作品。唐代张旭的《肚痛帖》和怀素的《自叙帖》都堪称传世珍品。

在草书中，今草和狂草不拘泥于章法，但依然讲究规范性：第一，省略笔画、简化结构；第二，用点画来代替偏旁和字的局部，极具符号化的特征；第三，讲究字与字之间的连带呼应，既便于快速书写，又便于表达微妙的情感。

草书的定义

草书，是为书写便捷而产生的一种书体。《说文解字》中说：“汉兴有草书。”草书始于汉初，其特点是：存字之梗概，损隶之规矩，纵任奔逸，赴速急就，因草创之意，谓之草书。

“龙飞凤舞”的草书

张旭·草书心经

草书的起源

草书是相对正书而言，是正书的简便草写。西汉初期的草书，也只是隶书的简便用笔，但这是行草书的开端，虽然仍是隶书的大体结构，但用笔较随意，有的笔画省简，运笔时有连带。两汉前后，敦煌汉简、武威汉简、居延汉简中这种隶书草化的简牍很多，说明在实用中草化已很盛行。

草书的特点

草书特点是：存字之梗概，损隶之规矩，纵任奔逸，赴速急就，因草创之意，谓之草书。

龙飞凤舞

第四节

草书的发展与分类

总体来看，草书的发展历史大致可以分为章草、今草、狂草、行草四大阶段。最初的草书是与隶书平行使用的。与隶书相比，最初的草书并没有严整、规矩的特点，显得相对草率，被称为章草。从某种意义上说，章草是早期的草书与汉隶相结合的一种雅化草体。所谓“凡草书分波磔者名章草”，就是指波挑鲜明，酷似波形，字形变方，笔带横势。章草盛行于汉魏，之后趋于沉寂。元朝开始复兴，明朝则进一步演变。

关于章草的起源，唐朝的张怀瓘认为，章草产生于史游所作的著名的《急就章》，得名于汉章帝。还有一种说法认为，章草是因为《急就章》和用于章奏而得名。其实，这些说法多有偏颇。分析“章”字的本义，主要还是指“篇章”“章法”“法度”。

到了汉末，章草实现了进一步草化，不再留存隶书的明显痕迹。字与字之间，巧妙连通，并简化了偏旁部首，称为今草。与章草相比，今草舍弃了波挑的特点。魏晋之后，今草开始盛行不衰。发展到唐代，今草更加恣肆放纵，字形百变，往往出人意料，因而被称为狂草，又名大草。

所谓今草，也被称为小草。据说，今草源于东汉末年张芝的《冠军帖》，是在章草的基础上演变而来的。东晋之后，今草日趋成熟，其代表作当属王羲之的《十七帖》。

在今草的基础上，狂草诞生了。狂草习惯于将点画连写，从而形成著名的“一笔书”。就其基本风格而言，狂草仍与今草一脉相承。在历史上，唐朝的张旭和怀素等都是书写狂草的著名书法家。

“行草”则介于行书和草书之间，草体中亦有几分楷法，较草体多几分规整，较楷体长几分灵动。苏轼诗中曾有“为君纸尾作行草，炯如嵩洛浮秋光”之语。

草书的分类

从草书的发展来看：草书发展可分为章草、今草、狂草和行草四大阶段。早期草书是跟隶书平行的书体，一般称为隶草，实际上夹杂了一些篆草的形体。初期的草书，打破隶书方整、规矩、严谨的特点，是一种草率的写法，称为“章草”。

草书结构学分类图

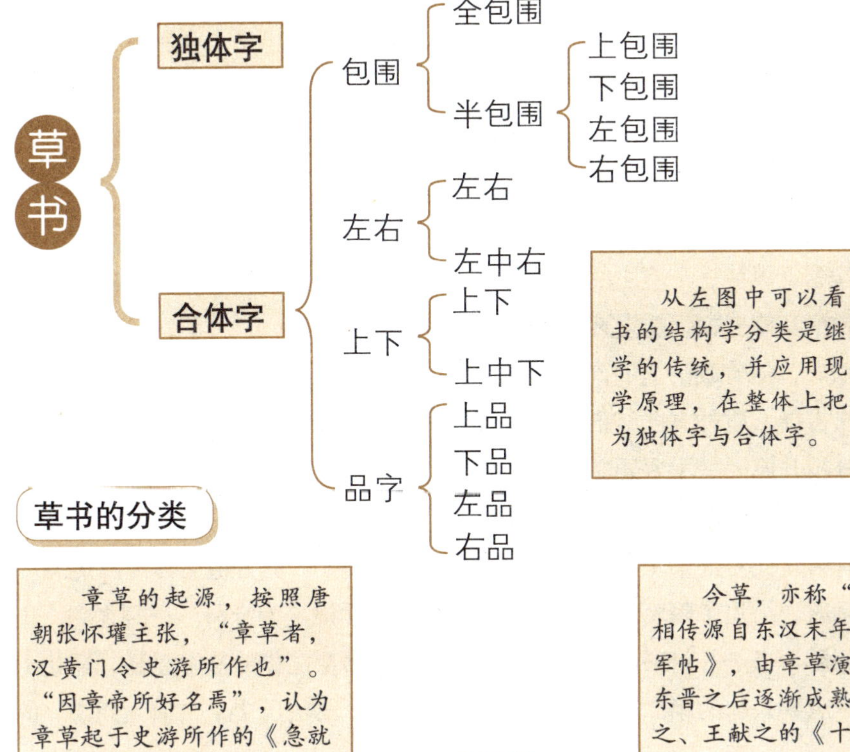

从左图中可以看出，草书的结构学分类是继承文字学的传统，并应用现代结构学原理，在整体上把汉字分为独体字与合体字。

草书的分类

章草
狂草
草书分类
今草
行草

章草的起源，按照唐朝张怀瓘主张，“章草者，汉黄门令史游所作也”。“因章帝所好名焉”，认为章草起于史游所作的《急就章》，得名于汉章帝。

今草，亦称“小草”。相传源自东汉末年张芝《冠军帖》，由章草演变而来。东晋之后逐渐成熟，以王羲之、王献之的《十七帖》为圣品。

狂草，是在今草的基础上将点画连绵书写，形成“一笔书”，在章法上与今草一脉相承。书写狂草著名的书法家有唐朝的张旭和怀素等人。

行草介于行书（行楷）与草书间的字体，相较于行书比较草率，但相较于草书又较易辨认。

第五节

楷书的起源

楷书是当今汉字字体中最常见的字体，其称谓很多，诸如正楷、楷体、正书、真书等。楷书呈正方形，与扁形的隶书形成鲜明对比。时至今日，楷书仍是汉字手写体的规范标准。

据《宋宣和书谱》记载，汉初的王次仲“始以隶字作楷书”。这就说明，楷书是由古隶演变而成的。民间传说，在孔子墓上，子贡种下了一棵“楷树”，枝干极为挺直。楷书笔画简练，形似“楷树”的枝干。

早期的楷书留存了部分隶笔，字形较宽，横画较长，直画较短。钟繇的《宣示表》《荐季直表》，王羲之的《乐毅论》《黄庭经》，都堪称楷书类的传世佳作。仔细观察其特点，仍能发现古隶注重“横直”的影子。

东晋以后，随着政治上的南北分裂，书法也分为南北两派。北派留存汉隶的特点，笔法古拙，质朴方严，很适合榜书，被称之为魏碑。南派精巧疏放，很适合尺牍。分析其原因，主要还是地域差别、个人习性造成的。总体上看，北派以刚强为特点，南派以温婉为特点，各具妙处，难分高低。当然，仁者见仁、智者见智。康有为就极力推崇北魏碑体，还列举出“十美”，充分渲染魏碑的优点。

唐太宗时，沿用了隋朝的科举取士制度，将书学设定为专科。一时之间，士子庶人争相学习书法，将书法视为擢升的敲门砖，希望能借此高登皇榜，通达上廷。这就是唐朝兴起的第二个学书热，也由此形成了书法历史上“唐人尚法”的风尚。

随着唐代国力的空前强盛，楷书也进入兴盛时期。楷书日趋成熟，名家辈出。著名书法家包括：初唐的虞世南、欧阳询、褚遂良；中唐的颜真卿；晚唐的柳公权。他们的楷书作品堪称上乘佳作，一直被后世奉为习字典范。

可以说，唐代确立了影响深远的楷书标准。到了宋、元、明、清，书法界更习惯于从篆、隶入手，楷书发展相对缓慢，变化比较细微。时至今日，现代人生活节奏加快，思想越来越灵活，相对严整的楷书已难以适应快节奏的现代生活。其在总体上趋于边缘化，也是很自然的事情。

标准字体的参考——楷书

楷书，又称正楷、楷体、正书或真书，是汉字书法中常见的一种手写字体风格。其字形较为正方，不像隶书写成扁形。楷书仍是现代汉字手写体的参考标准，也发展出另一种手写体——钢笔字。

永字八法——楷书的运笔技法

这八笔是楷书基本笔画，每笔各有特色，而又互相呼应，一气呵成。

①点为侧（如鸟之翻然侧下）；

②横为勒（如勒马之用缰）；

⑦短撇为啄（如鸟之啄物）；

⑤提为策（如策马之用鞭）；

③竖为弩（用力也）；

⑥撇为掠（如用篦之掠发）；

⑧捺为磔（磔音窄，裂牲为磔，笔锋开张也）。

④钩为趯（跳貌，与跃同）；

“永”字八法，是古代书法家练习楷书的运笔技法。“永”字有八笔：点、横、竖、勾、仰横、撇、斜撇、捺，按各自的笔势以八字概括为侧、勒、弩（又作努）、趯、策、掠、啄、磔。

钟繇书法

钟繇书法，具古朴风格，形体方正、笔画平直，可作楷模。传世作品多为后人传模或临作。欣赏好的摹拓本，可以想象其古雅书风。

第六节

楷书的发展与分类

在书法界，一般将楷书分为三类，即大楷、中楷、小楷。其主要区别是：其长或宽小楷为1~2厘米，大楷为5厘米以上，中楷的大小则正好居中。当然，这种划分是相对而言的，并不精准。事实上，书法界就出现过10厘米的小楷和1.8米的大楷。

所谓小楷，是指楷书之小者。三国时有一位书法家，名叫钟繇。他最初擅长写的是隶书，名望极高。后来，他专攻楷书，但依然留存汉隶的某些特点。他写的楷书，形似飞鸿戏海，极为传神。从字形上看，他写的楷书虽带有汉隶的影子，但已属于楷法，堪称楷书始祖。东晋的王羲之进一步钻研小楷，通过勤勉努力和沉思领悟，最终达到尽善尽美的地步，一举确立了后世小楷的基本标准。

著名的小楷字帖极多，尤以晋唐小楷的价值最高。诸如钟繇的《宣示帖》《荐季直表》，王羲之的《乐毅论》《曹娥碑》，王献之的《洛神赋十三行》，唐钟绍京的《灵飞经》，都是这样。此外，祝允明等人的小楷作品也是后世极为尊崇的小楷范本。

古人通过长期的书法实践，总结出“学书须先楷法，作字必先大字”这样一种规律。在此基础上，认为学习大楷应“以颜为法”，学习中楷应“以欧为法”，学习小楷应“以钟王为法”。

初唐有三大书法家，即欧阳询、虞世南、褚遂良。一般说来，他们的楷书就是中楷的理想范本。具体分析起来，三人的中楷又各具特色。

欧阳询的楷书以二王为基础，借鉴了六朝北派的特点，独具一格，其影响深入人心，成为当时社会上的学书范本。欧阳询的楷书，刚劲峻拔，方整开朗，以《九成宫醴泉铭》《化度寺碑》为代表作。

虞世南的楷书，上承智永禅师，温婉飘逸，堪称王派嫡传。其楷书深受魏晋影响，但却没有魏晋书法的柔怯，显得沉厚、安稳。其代表作主要是《夫子庙堂碑》。

褚遂良的楷书一向疏瘦劲练，颇具雅趣。他的楷书看似奔放，却又别具一种静谧氛围，达到了很高的意境。其主要代表作是《雁塔圣教序》。

楷书的分类

一般将楷书分为大楷、中楷和小楷三类。1～2厘米的为小楷（小字），5厘米以上的为大楷（大字），之间的为中楷。但这仅仅是笼统的分法，实际上出现过10厘米的小楷和大到1.8米的大楷。

楷书的分类

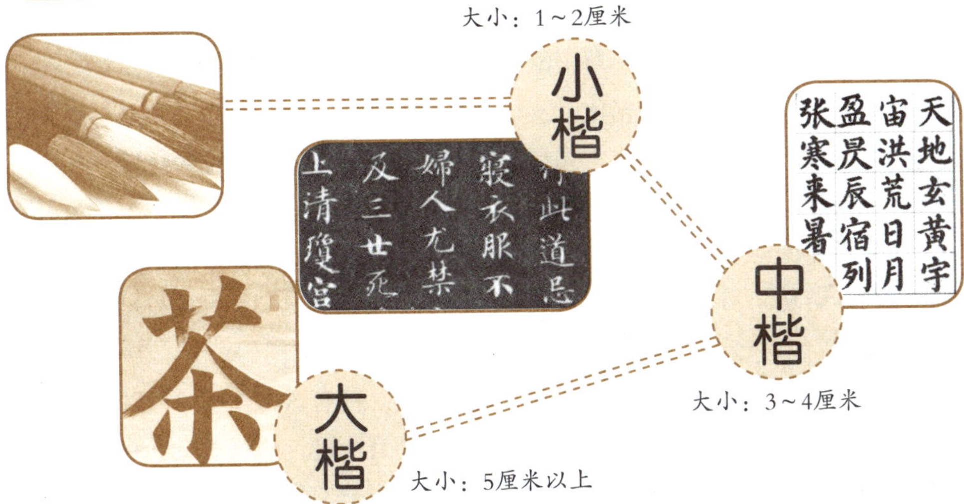

楷体书法四大名家

欧阳询 → 欧体

"点"如高峰之坠石；"竖弯钩"似长空之初月；"横"若千里之阵云；"竖"如万岁之枯藤；"斜钩"如劲松倒折，落挂石崖；"横折钩"如万钧之弩发；"撇"利剑截断犀象之角牙；"捺"一波常三过笔。

颜真卿 → 颜体

颜体形顾之簇新、法度之严峻、气势之磅礴前无古人。

柳公权 → 柳体

均衡瘦硬，追魏碑斩钉截铁势，点画爽利挺秀，骨力遒劲，结体严紧。

赵孟頫 → 赵体

赵孟頫将钩斫和渲淡、丹青和水墨、重墨和重笔、师古和创新，乃至高逸的士大夫气息与散逸的文人气息综合于一体。

第七节

行书的起源

行书是在楷书的基础上产生的，介于楷书与草书之间。行书的产生，主要有两方面原因：一是克服楷书书写较慢的弱点，二是克服草书难于辨认的弱点。行书既不如楷书端正，也不如草书潦草。有些学者认为，它是楷书的草化。另一些学者则认为，它是草书的楷化。实际上，在行书中，楷法与草法都是客观存在的，只是比例不同罢了。因此，如楷法多于草法，这种行书就称为行楷；如草法多于楷法，这种行书就称为行草。

关于行书的诞生，一般认为是在后汉末年。对此，古人的看法是："行书即正书小伪，务从简易，相间流行，故谓之行书。"具体说来，行书的起源至少有两种说法。

第一种说法认为，行书是由正书转化而来的。持有这种观点的人以《书断》的作者张怀为代表："行书者，乃后汉颍川刘德升所造，即正书之小讹，务从简易，故谓之行书。"

第二种说法认为，行书又叫行押书，最初是由画行签押演变而来的。王僧虔在《古来能书人名》中强调："钟繇书有三体：一曰铭石之书，最妙者也；二曰章程书，传秘书，教小学者也；三曰行押书，相闻者也。河东卫凯子采张芝法，以凯法参，更为草稿。草稿是相闻书也。"

从时间上考察，行书的出现与八分楷法接近。从形式上分析，行书也与八分楷法及此后的正书类似。这就意味着，行书很可能是从隶书中变出的草书中派生出来的。桓灵朝的"正体字"主要分为两种，一是隶书，二是"八分楷法"。由于这个原因，一般认为行书属于"八分楷法"的旁支。但实际上，最初的行书很可能是普通的书写者创造的。仔细观察，只要将"八分楷法"的隶体波势去除，就变成后来的行书了。关于这一特点，汉木出土的简书中随处可见。据考证，行书并未在汉末流行，其兴盛时期是从晋朝的王羲之出现时才开始的。

从历史贡献来看，王羲之巧妙地改造了行书，将行书的实用性与艺术性完美地融为一体。他所擅长的行书成为对后世影响深远的南派行书，在中国书法史上留下了浓墨重彩的一笔。

实用性与艺术性的完美结合——行书

行书，或叫行楷，是汉字书法中的一种手写字体风格。相传是在后汉末年所创。古人对行书的来源有如此看法：“行书即正书（楷书）小伪，务从简易，相间流行，故谓之行书。”

实用性

行书，就是现行汉字最理想的“手写体”。它兼有楷书易于辨认和草书便于快写的双重优点，最适合于日常书写用字的要求。人们平时起草文稿、写信、抄写文件、签名等，一般都使用行书而很少使用其他的字体，唐代孙过庭在《书谱》中说：“趋变适时，以行书为要。”

艺术性

第一，行书的产生和成熟给书法艺术增加了一种新的表现形式。

第二，行书开阔了书法审美的新天地，具有独特的审美价值。

第三，行书可以最充分地体现书家的艺术个性。任何艺术品都必须体现出作者的艺术个性，没有个性就没有艺术的生命力。

王羲之擅长书法，少从卫夫人（铄）学书法，后草书学张芝，正书学钟繇，博采众长，精研体势，一变汉魏以来波挑用笔，独创圆转流利之风格，隶、草、正、行各体皆精，被奉为“书圣”。其作品真迹无存，传世者均为临摹本。

第八节

行书的特点

从字体上看，行书介于楷书与草书之间。一般说来，偏于放任流动的，称为行草，略近于草书；偏于端庄平稳的，称为行楷，略近于楷书。

在行书的书写过程中，笔毫的运用痕迹极为明显。特别是在字与字之间，往往留存一些彼此牵连、细若游丝的痕迹。这就是行书中所说的牵丝。

与楷书相比，行书书写速度较快，堪称楷书的流动体。如果仔细比较楷书与行书，就会发现：在点画的写法上，在用笔的规则上，两者都是极为相似的。例如，中锋的特点，铺毫的特点，藏锋的特点，都很相似。至于区别，主要还是行书书写呈现一种流动感。

就用笔技巧而言，行书具备五大特点：一是点画习惯以露锋入纸，二是强调用欹侧替代平整，三是力主简省，四是借助勾法、挑法及牵丝来强化呼应，五是变方折为圆转。

从结构上分析，行书的特点有三个：一是大小结合。每个字大小不同，富于变化。字与字之间，往往留存相互连带的痕迹，而且有实有虚，彼此呼应。二是收放结合。基本规律是：线条短的多为收，线条长的多为放；回锋多为收，侧锋多为放。此外，左收右放、上收下放的特点也很明显，但也可以左放右收、上放下收。三是疏密结合。行书常常是上密下疏、左密右疏、内密外疏。中宫部分强调紧结，能框住的留白越小越好。在整体布局上，随意跌扑，显得苍劲多姿。行书要求轻灵、迅捷，有动有静。在墨色安排上，一般首字浓、末字枯，轻重、浓淡均应恰到好处。

在具体用笔上，行书有四大要求：一是大小交错。行书属于典型的放纵体势，在单字的高低、宽窄上力求不同。二是轻重均衡。行书艺术追求均衡感，特别强调有轻重的调整。三是左右呼应。行书极为注重左撇右捺的写法，认为这是展现行书神采的重点：一方面，可借此调整轻重，保持均衡；另一方面，可充分体现汉字错落有致、来回穿插的特点。四是上下贯穿。行书注重整体布局，强调全篇贯穿行气。

行书的几个特点

行书是介于楷、草间的一种书体。写得比较放纵流动，近于草书的称行草；写的比较端正平稳，近于楷书的称行楷。

用笔的特点

1. 点画以露锋入纸的写法居多。
2. 以欹侧代替平整。
3. 以简省的笔画代替繁复的点画。
4. 以勾、挑、牵丝来加强点画的呼应。
5. 以圆转代替方折。

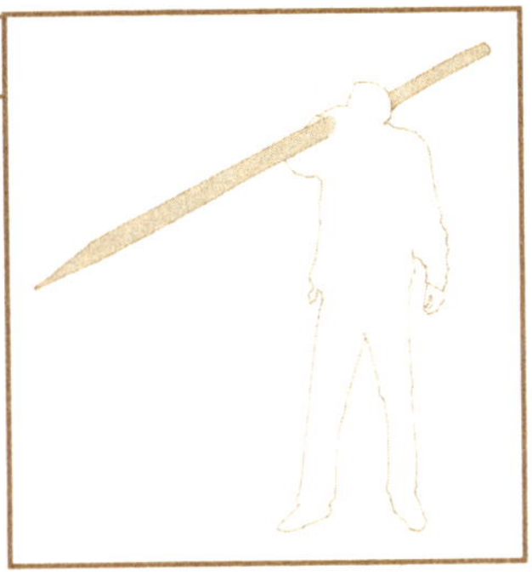

行书

结构特点

大小相兼

收放结合

疏密得体

行书书写应轻松、活泼、迅捷，掌握好疾与迟、动与静的结合。墨色安排上应首字为浓，末字为枯。线条长，细短粗，轻重适宜，浓淡相间。和草书差不多，但没那么草。

第五章

汉字与中国文化

汉字是中国文化的一个组成部分，是世界文字中使用历史最为悠久的文字，与民族文化的关系极为亲密。对于汉字的研究，离不开文化的阐释，因为文字本身就是文化的一部分。对于中国文化，特别是汉民族文化的研究，汉字，尤其是古汉字，也是不可或缺的研究对象。我们可以用文化的眼光来考察汉字对中国文化发展和使用的影响和规约，探讨汉字系统中隐含的汉民族的价值观念、生活方式、风俗习惯、审美情趣等各个方面的特殊文化因素。

第一节

汉字和中华民族的历史

作为文化的有机载体，汉字成功地继承了中华民族的传统文化，使得中华文明以蓬勃的生机延续至今，并放射出璀璨的光芒，在世界范围内产生了日益深刻的影响。可以毫不夸张地说，汉字伴随着中华文明前行的道路，凝聚着中华民族固有的精神特质与智慧信息。几千年来，从文字图画到图画文字，从甲骨文到金文，从大篆、小篆到隶书，从草书、行书到楷书，汉字的形体一路演变，又一脉相承，其鲜明的外在特点与深刻的内在规律值得后人深思与借鉴。从历史上看，汉字对于中华民族的形成与发展、对于中华文化的继承与传播，起到了举足轻重的特殊作用。

对于汉民族而言，炎黄、夏、商、周堪称直系祖先。到了战国时代，汉族与夷、戎、蛮、狄等族逐渐融合。学术界认定，最迟在秦朝，现代意义上的汉族已正式形成。进入魏晋南北朝时期，汉族进一步融合鲜卑、匈奴等部族，其活动疆域也基本确定下来。在民族融合的历史进程中，汉族正是凭借自身的华夏文化，成功地实现了对其他民族的同化。

例如，在南北朝时期，鲜卑族建立北魏王朝，孝文帝实行了汉化政策：将鲜卑姓改为汉姓，鼓励异族通婚，禁穿胡服，推广汉语。据史书记载，孝文帝能直接阅读汉文典籍，就连“诏册”也用“帝文”，也就是汉字。由此可见，在汉族的形成过程中，汉字起到了十分重要的作用。

秦汉以后，中国的版图开始逐渐固定起来。纵观几千年的中华文明史，尽管多次出现政权纷争的局面，却始终无法阻挡最终统一的步伐。究其根源，主要还是因为中华民族拥有共同的文化传承。对于汉族这一中华民族的主体民族而言，其文化核心便是用汉字书写而成的各类文化典籍。

从中华文明自身的角度来看，无论是楚辞、汉赋、唐诗、宋词、明清小说，还是先秦诸子、两汉经学、魏晋玄学、隋唐佛学、宋明理学，这些宝贵的文化遗产都仰仗于汉字这一载体，才得以完整地保存至今。

正因为如此，有些专家赞誉汉字是“中华文明之光”“中华文化之母”。

中华文化之母——汉字

世界上无论哪一个古老民族，她的历史和文化，绝大部分内容都是用文字记录并加以传播的。汉字的历史可以追溯到五千年前。汉字不仅记录了中华民族灿烂辉煌的历史和文化，而且至今仍然是维系国家统一和民族团结的强大纽带。

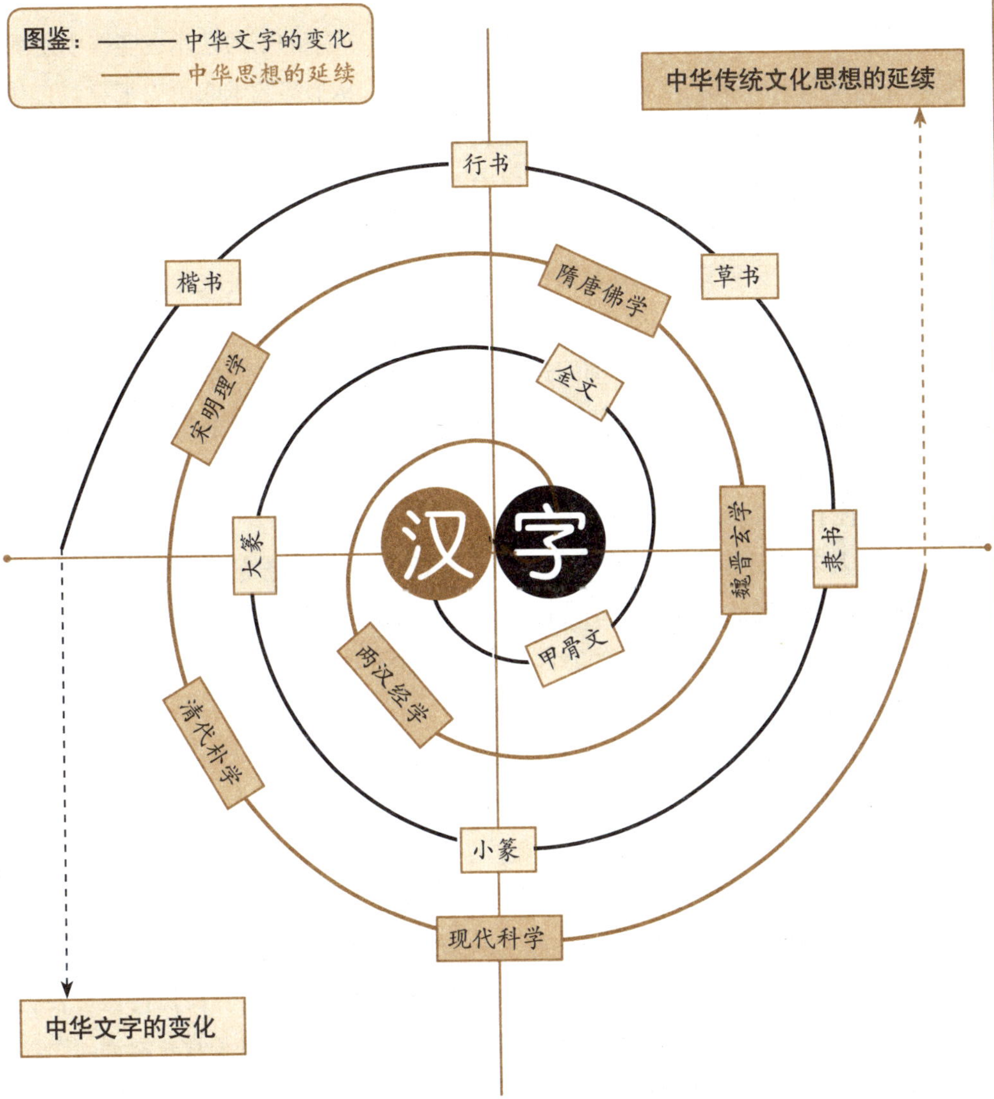

数千年来，从文字图画到图画文字，再到甲骨文、金文、大篆、小篆、隶书、草书、行书、楷书，汉字的形体虽多有变异，但又一脉相承，忠实地记录了中华文明的光辉历程。

数千年来，历史悠久的中华文化层峦叠嶂、代有高峰，以其连续性、持久性闻名于世，但能够完整地流传到今天，靠的全是汉字的记录与传承。因此，可以这么说，汉字是中华文明之光，是中华文化之母。没有汉字，就没有光辉灿烂的中华传统文化。

第二节

汉字与民族艺术

中国的民族艺术一向与汉字联系密切。其中，汉字的书写艺术在实践中逐渐形成了独特的书法理论，分立出迥然不同的风格。从书法艺术的历史来看，它与汉字一样源远流长。这一点可以从甲骨文毛笔朱书上得到证实。几千年来，随着汉字的广泛使用，闻名遐迩的书法家层出不穷，留下大量的传世佳作。事实上，书法艺术的发展与完善也在一定程度上影响了汉字形体的发展。除了历史上的毛笔书法，以钢笔、铅笔、圆珠笔为代表的硬笔书法热潮也方兴未艾，极具汉字书法的风采。

同样使用毛笔的，还有中国的传统绘画。在绘画中，无论是写意的皴、披、染、点技法，还是工笔的丁头鼠尾描、柳叶描、铁线描，都与书法的运笔极为相近。此外，国画也强调布局谋篇，这与书法中的整体章法有着异曲同工之妙。因此，古人便有“书画同源”的说法。

中国人非常看重自己的姓氏，对于本姓氏中的名人更是津津乐道。即使同音，人们也要通过“立早章”“弓长张”之类的说法予以澄清。中国人认为，姓是祖上传下来的，代表了祖上的渊源。因此，姓氏非常重要，不可随随便便地胡念、乱写。

按照中国的民间习俗，每逢过年过节，或者婚丧嫁娶、生子祝寿、升职乔迁，都要张贴一些颇有特色的对联。至于亭台楼阁、市井店铺、名宅书屋，更是与对联结下不解之缘。这种风俗流传极广，即使在今天依然不难发现其踪影。在四川阆中张飞庙，流沙河题写了“园谢红桃，大哥玄德二哥羽；国留青史，三分鼎势八分书”的对联，贴切适中，令人印象深刻。在秦皇岛山海关，有一座孟姜女庙，题写着绝妙的对联：“海水朝朝朝朝朝朝朝落，浮云长长长长长长长消。”应准确地读为：“海水潮朝朝潮朝潮朝落，浮云长常常长常长常消。”这幅对联集中体现了汉字中的通假、异读的特有现象，充分显示了汉族思维的深广与多元化。

汉字与汉民族文化

“汉字文化”是汉民族文化所属各种文化中的一种。是由汉字直接和间接产生的中华民族物质财富和精神财富的总和。没有汉字就没有中华民族；失去汉字，中华民族将失去自己的文化主体。汉字和中华民族一起，具有无比强大的生命力。

汉字与民族艺术

篆刻

绘画

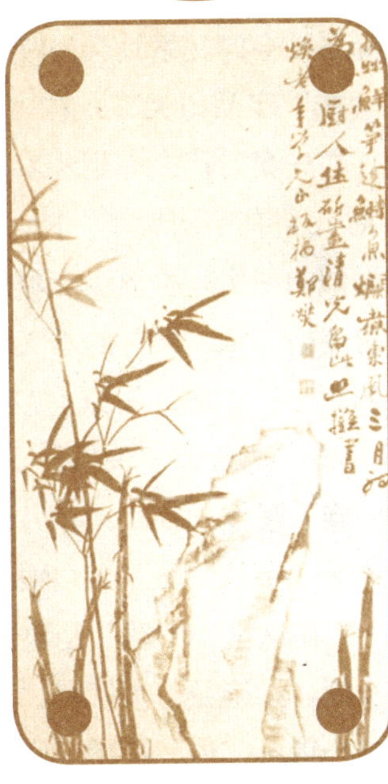

浮云长长长长长长长消

早在殷商时代，人们就用刀在龟甲上刻“字”（我们现在称为甲骨文）。这些文字刀锋挺锐、笔意劲秀，具有较高的“刻字”水平。在春秋战国至秦以前，篆刻印章称为“玺”。

中国的传统绘画，用的也是毛笔。写意的皴、披、染、点，工笔的丁头鼠尾描、柳叶描、铁线描，运笔都与书法相近。

汉字　汉字

第三节

汉字与家族

学术界认为，中国历史上的婚姻制度大致经历了四个阶段的演变，分别是群婚杂交阶段、同辈血缘婚阶段、对偶婚阶段、一夫一妻制阶段。这一点，已被众多的考古资料、人类学调查所证实。

从现有的研究成果来看，母系社会很可能还没有出现真正意义上的汉字，早期汉字集中体现了母系社会向父系社会过渡时期的情况。

在甲骨文中，“族”字从“大”，在“㫃”下。这个“㫃”代表飘游之旗，“大”代表成年人。在先秦时代，一到20岁就要举行成人加冠礼。这种习俗源远流长，只不过各个时代稍有不同罢了。除了汉族，纳西族、羌族、瑶族、高山族、裕固族等也有类似的习俗。少男少女参加了成人礼，就意味着已经成年，取得了恋爱以及成家的资格。从“族”的本义来看，指的就是同一旗帜下的全族成年人。《说文解字》指出：“族，矢锋也，束之族族也。从‘㫃’从矢。”所谓“族族”，意为“聚集”。所谓“矢锋”，意为“箭头”。后来，为了进行区别，将“民族”之“族”写作“族”，并另造一个“镞”字专门代表“矢锋”。

在甲骨文中，“家”字从“豭”，“豭”亦声家。《说文解字》指出：“居也，从宀，豭省声。”在这里，“豭”是象形字，由豕字腹部下加斜线，代表雄器，指的是较大的公猪。《诗经》中就有“言私其豵，献豭于公”的说法，其中的“豭”是指半岁的小猪，“豵”是指三岁的大猪。这句话的意思是：猎获的小野猪归个人，捕获的大野猪要交公。从这个角度来看，最早的“家”是指呈献大野兽的地方，也就是族人的公共场所。

从字形上分析，“家”字是指猪在屋下，代表家有财富。有趣的是，羌族、藏族的一些民居至今仍有楼上住人、楼下养牲的习俗，部分彝族地区还有人畜同居的习俗。有学者因此推测，“家”字很可能是早期养猪时所创造的，反映了当时视猪为家产的民俗。

在甲骨文中，当同样代表“成年女性”时，“母”字与“女”字是通用的。《说文解字》指出：“女，妇人也，象形……母，牧也，从女象怀子形，一曰象乳子形也。”因此，甲骨文中的“孕”字形似“腹隆怀子”之象。

汉字与家族的关系

汉字是至今通行的世界上最古老的文字。世界上还没有任何一种文字像汉字这样青春常在，经久不衰。所以文化史家认为："汉字、汉语以其独特形式，风格千古相传"。

家，字形是屋下有猪，表示家有财富。羌、藏民族的民居今仍是楼上住人，楼下养牲畜，或人畜同居一室（彝族的部分地区）。

羌、藏、彝都是上古华夏民族的分支，所以保存有共同的民俗。"家"字当是华夏人开始驯养猪的时代所造，反映了以猪为家产的民俗。

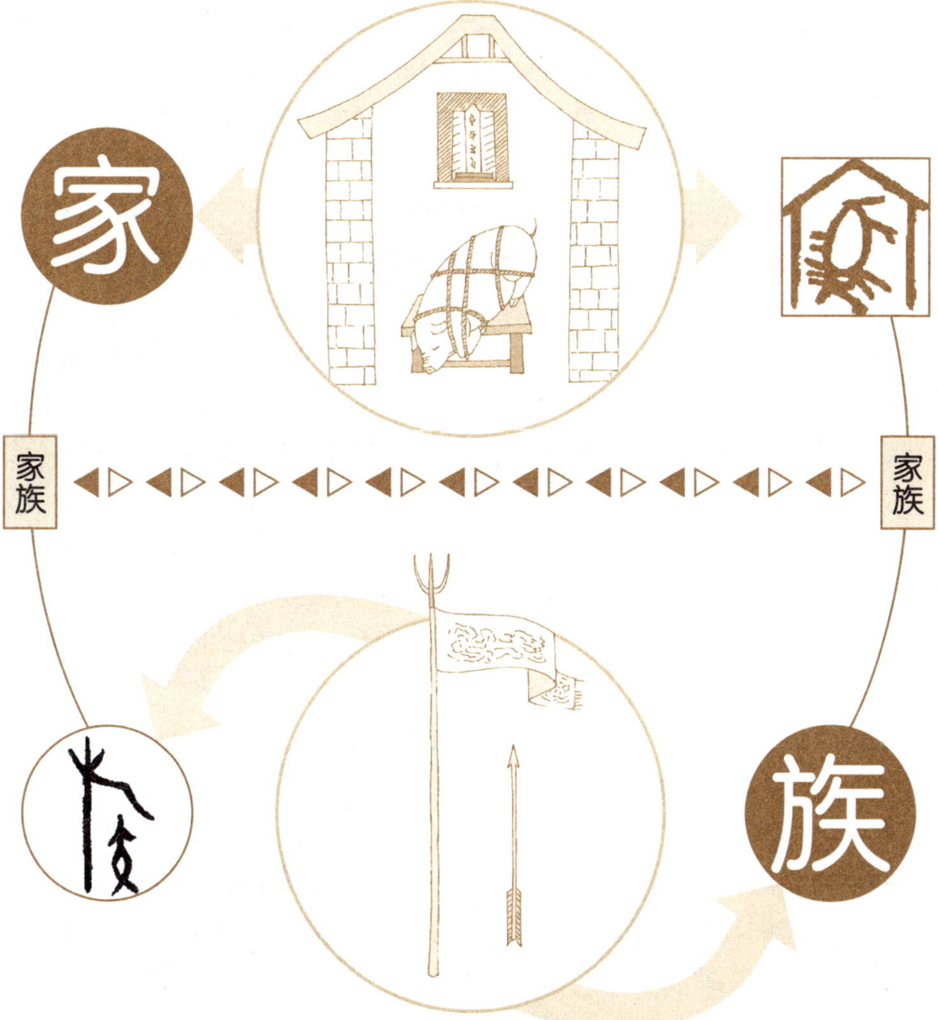

家

家族

家族

族

"方"代表飘游之旗，"大"代表成年人。先秦20岁举行成人加冠礼，肯定是远古社会习俗之遗留。古文"族"字是在一面旗帜下面有箭头的样子。箭头表示武装。古代同一氏族或宗族的人不但有血缘关系，而且常要在族旗下配合战斗。周礼以百家为一"族"。

第四节

汉字与亲属称谓

从历史的角度来看，亲属称谓既是婚姻制度的产物，也伴随其变化而变化。在群婚时代，并没有辈分的观念，因而不存在亲属称谓。到了同辈血缘婚时代，对于性关系多有约束，才产生了辈分观念，进而出现了亲属称谓。“母”字的本义是指具有生育能力的成年女人，后代表包括生母在内的长一辈的女性。在甲骨文时代，“母”字还是君主对母辈女性的通称，也可用“女”字替换。但在指代“女儿”或不含尊崇意味的“女人”时，不能替换成“母”字。

在甲骨文中，“父”字是“斧”字的古字，形似手持石斧之象。“斧”字代表石器时代的一种工具，后引申为“持斧劳动的成年男子”。在同辈血缘婚时代，同一辈分的男子既是同一辈分的女子的共同丈夫，又是下一辈子女的共同父亲。“父”字是子女对上一辈男子的称谓，目的就是为了避免辈分的混乱。但是，这个称谓无法区分自己的亲生父亲。由于“父”字更多地被理解为引申义，其本义便用“斧”字来代表。

在甲骨文中，“子”字形似长有头发的大头婴儿。后来，“子”字引申为低一辈分的子女，并无男、女之分。在先秦文献中，“子”还可兼称男、女。

随着农业、畜牧业的发展和生活条件的改善，先民的寿命逐步提高。因此，不仅需要区分两个辈分的称谓，有时还需要区分三个辈分的称谓。

在甲骨文中，“祖”字形似男性生殖器。“祖”字大致出现于母系社会晚期，原本是指氏族妇女为祈求生育而推崇的生殖之神。

在甲骨文中，“妣”字形似一个侧视掬手端坐之人。在母系社会，只有老年妇女因为受到众人的拥戴和尊敬才可以掬手端坐。“妣”字在代表亲属称谓时，是长三辈及三辈以上女性的通称。

在甲骨文中，“妻”字形似一手抓拉梳结发髻的成年妇女，反映了母系社会向父系社会过渡时期的抢婚习俗，其本义是男性的配偶。在甲骨文中，同样代表女性配偶的还有“妾”“妃”“母”等字，真实反映了父系社会时期一夫多妻的社会现象。

汉字中的亲属关系

亲属称谓是随着婚姻制度的演变而产生的。在群婚杂交时代，性关系没有辈分之分，根本没有亲属称谓。到了血缘同辈婚，禁止不同辈分之间的性交，才产生了区分不同辈分男女的称谓。

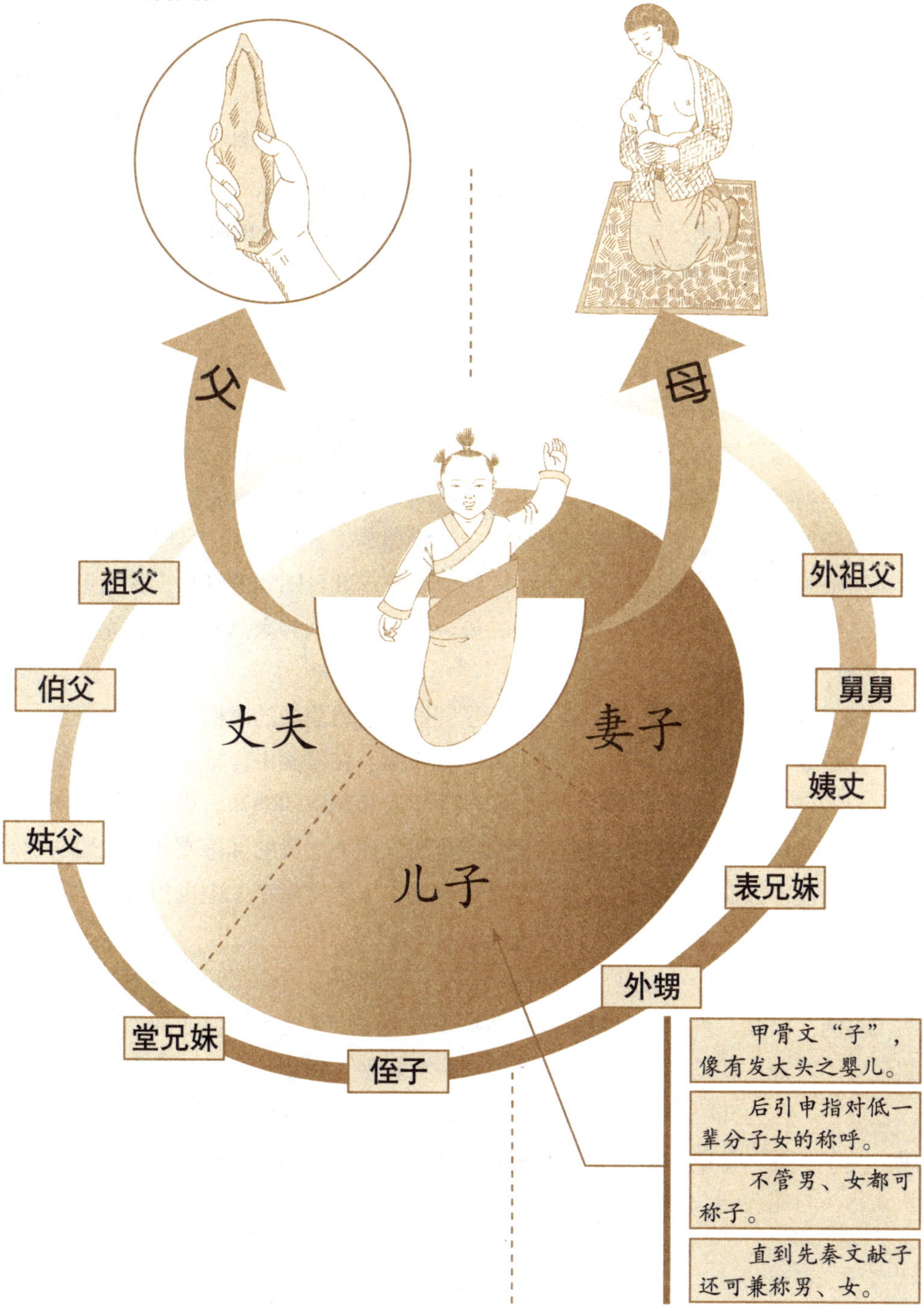

父

母

祖父

伯父

姑父

堂兄妹

侄子

外甥

表兄妹

姨丈

舅舅

外祖父

丈夫

妻子

儿子

甲骨文“子”，像有发大头之婴儿。

后引申指对低一辈分子女的称呼。

不管男、女都可称子。

直到先秦文献子还可兼称男、女。

第五节

华夏民族的“四灵”

华夏民族一向有“四灵”的说法，《礼记》上就强调是“麟”“凤”“龟”“龙”四灵。其中，除了龟是真实存在的之外，龙、凤、麟三灵都是古人出于某种目的而虚构出来的想象产物。从现存考古资料来看，龙的起源是多样化的，这也充分体现了华夏民族的多元化来源。总体来看，龙这一形象综合了蛇、鳄鱼、马、鹿、鱼、狗、虎、鹰及闪电的某些特点，的确与众不同。

在原始社会，不同地域、不同文化背景下的龙的形象各有特色，但多属于部落或部落联盟的图腾。至于龙最终成为华夏民族共同崇拜的一种图腾，大致是在夏商以后。“”形似龙头龙身，其巨口与“虹”字两端相似。龙既然可以升天、兴雨，自然能饮海河而降甘霖。

与龙相似，凤也是综合一些禽类的特点而虚构出来的一种灵物。这里所说的禽主要是鸡。在河北、河南出土的新石器早期文化遗址中，就发现了鸡骨等物。《山海经·南山经》中写道：“有鸟焉，其状如鸡，五采而文，名曰凤皇。”在余姚河姆渡一期文化遗址中，出土了一种绘有雄鸡驮日图案的骨匕。古人发现，鸡鸣之后而日出，故有“丹凤朝阳”之说。正是出于饲养家禽的动机，原始人才极为崇拜这种鸡图腾。

麟又称麒麟，是在鹿的形象上进行了一些极富想象力的虚构。麒麟与凤凰一样，也是雄雌相配。在凤凰中，雄为凤，雌为凰。在麒麟中，雄为麒，雌为麟。在古人看来，生活在灌木草原的鹿是一种性情温和美丽的动物。华夏民族一向视鹿为仁兽，一些考古资料也证明古代确实存在以鹿为图腾的部落或部落联盟。因此，麟象征着祥瑞。“”（麐）字是形声字，《说文解字》中也指出，“牝麒也，从鹿吝声”，并强调麒“仁兽也，麇身牛尾，一角”。

至于龟，是古今一直真实存在的动物，极耐饥渴，寿命很长，甚至有达到一两千岁的。因此，古人一向将龟视为动物中的寿星，认为它灵异通神。所谓“龟鹤延寿”之说，就是这种观念的产物。《说文解字》指出：“龟，介虫之长，水族之灵。”作为知晓未来吉凶的神物，龟最初也是部落或部落联盟崇拜的一种图腾。关于“”（龟）字，《说文解字》指出，“龟，旧也，外骨内肉者也”，认为龟头与蛇头同，并强调“象足甲尾之形”。

“四灵”与汉字的关系

华夏民族有所谓“四灵”，《礼记·礼运》记载：“麟、凤、龟、龙，谓之四灵。”四灵中只有龟是真实的，而龙、凤、麟则是综合了多种动物而虚构的。

灵龟

难期福祸降谁身，
先觉先知戒世人。
岭上兴风旋作脯，
泥中曳尾亦安神。
千年寿考支床客，
百岁姻亲坐帐春。
功德圆融还卸甲，
南坛卜火兆祥祯。

祥龙

兴云作雨顺天成，
万古图腾万古灵。
奋翼鳞能栽瑞霭，
剖肝膏亦烛幽冥。
飞渊泽润桑中沃，
战野功垂日下宁。
堪笑虚狂屠御术，
乾生有象大无形。

四灵

瑞凤

浴火重生起凤巢，
云仪轩翥舞青霄。
苍梧万丈丹枝劲，
紫竹千竿练实饶。
盛世鸣时呈吉瑞，
昆冈立处树高标。
鵷鶵无意朝凡鸟，
腐鼠成飧竟未消。

仁麟

含仁抱义兽中君，
马足龙头鹿作身。
巨野至今留圣迹，
鲁丘千古仰斯人。
常修武备筹谋善，
尽秉慈心蓄意真。
最是功高频送子，
麟童代代祝灵神。

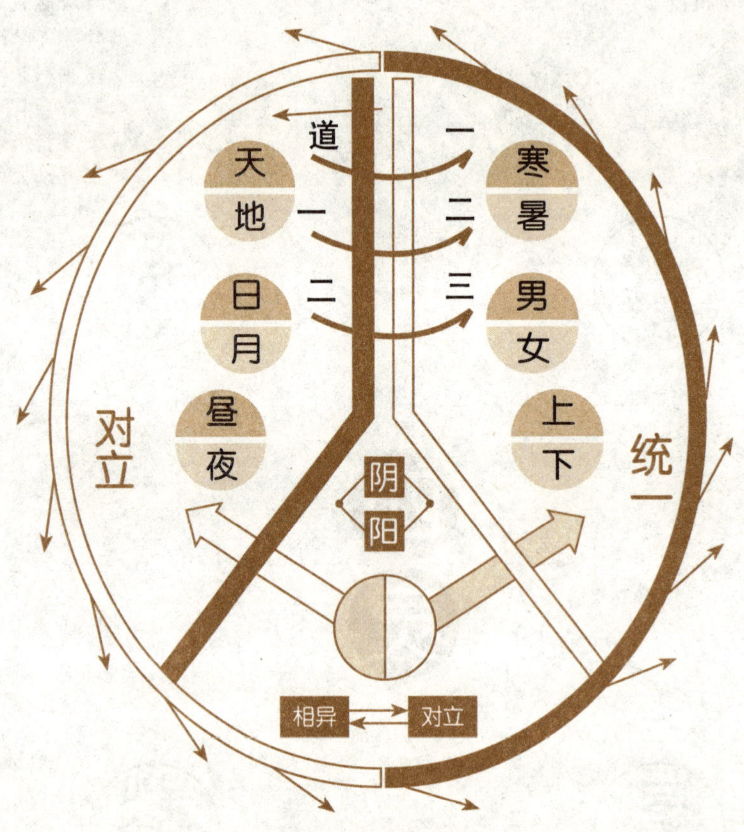

道
一
二
一
二
三
天
地
日
月
昼
夜
寒
暑
男
女
上
下
阴
阳
对立
统一
相异
对立

第六章

汉字中的数字

中国汉字中的数字随着中国五千多年灿烂文明的历史发展，已经成为汉字文化中的重要组成部分。

在汉语中，用数字造词或构成的各种俗语不少。这些有的表示实在的数目，有的则转化为别的意义，这样富于变化的转变主要是给人以新鲜的感觉，以此来增强人们的印象。

数字大多可以把许多事物概括在一个词语中，这样可以起到语言精练的作用，比如『五谷』『六畜』两个词，一直运用到今天。

汉字文化源远流长，数字在汉字文化中的艺术魅力，是其他文字无法替代的，数字在汉字文化宝库中是一朵奇葩。

第一节

万物生发的开端——“一”字解

在汉字中，“一”字的使用率一直是非常高的。同时，“一”字又是汉字中笔画最少、最容易辨认和最方便书写的字。但是，就是这个看似简单的“一”字却蕴涵着极为丰富的内容。由此可见，“一”字堪称是一个神奇的汉字。在甲骨文中，“一”字就是很简单的一横。在“六书”中，“一”字属于指事字。有学者认为，“一”字形似一个人伸出的一根手指。

随着社会的不断发展，“一”字被逐渐赋予越来越丰富的含义。古人认为，“一”代表至高无上，代表万物的开端。如果没有这个“一”，整个世界就无法诞生。老子在《道德经》中强调：“道生一，一生二，二生三，三生万物。”这是一句令后世学者无比叹服的极富智慧的话语。有的学者强调，这里的“一”是指无所不包的混沌宇宙，“二”是指天与地，“三”是指天、地、人。

在《说文解字》中，许慎强调：“一，唯初太始，道立于一，造分天地，化成万物。”在他看来，“一”代表的正是天地未分之前的混沌状态。至于和“太始”“太乙”的意思相近的“太一”中的“一”，又被引申为天帝或天神。

历史上，有许多与“一”有关的趣事。相传清朝乾隆皇帝下江南时，曾与大才子纪晓岚一起登上了江边的一座酒楼，尽情欣赏长江烟波浩淼的美景。颇有才学的乾隆皇帝让纪晓岚当场作一首绝句，要求必须含十个“一”字。纪晓岚稍加思索，便吟出前两句：“一蓑一笠一渔舟，一个渔翁一钓钩。”乾隆皇帝听了这两句诗，不由自主地放眼四望，发现附近还真有一个头戴斗笠、身披蓑衣，在江边垂钓的渔翁，不禁暗自赞叹。纪晓岚吟出前两句后就停顿下来，眉头紧锁，一时语塞。乾隆皇帝见状，十分得意地将眼前的桌子一拍，大笑道：“你平日里出口成章，今天终于被我难倒啦！哈哈哈！”谁知，乾隆皇帝的话正好给了困窘中的纪晓岚一个灵感，他随口便吟出后两句：“一拍一呼还一笑，一人独占一江秋。”乾隆皇帝将整首绝句反复念了两遍，非常欣赏纪晓岚的文采和急才，此后就更加器重他了。

“一”字趣释

“一”在汉字中是最常用的一个字，也是一个笔画最少又最容易认识及书写的字。但是这个看似简单的“一”字，却蕴涵着极其丰富的内容。可以说“一”字是一个神奇的汉字。

大道造化宇宙万物

道生一，一生二，二生三，三生万物。天地万物众生一气化生。天地万物众生同源同宗。大道生一（太极），一生一切（一即一切）。故知一则万事毕。万物（法）归一（太极），一切归一（一切即一）。故万殊归一本。

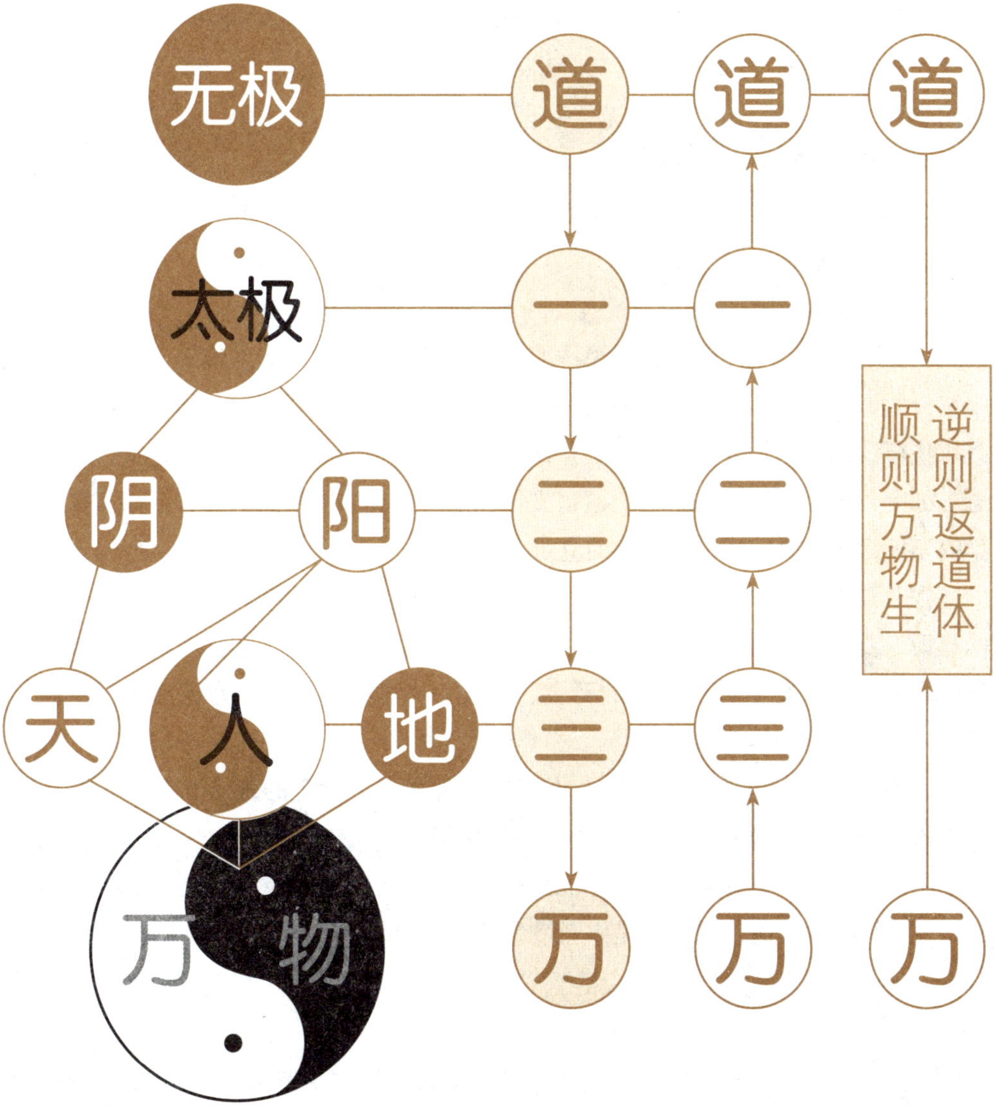

第二节

阴阳之气的幻化——“二”字解

在哲学上，“二”指的是整个事物“一分为二”分离成的两部分。一个整体被分成两部分，自然就不完整了。如果说“一”代表混沌未分时的宇宙的话，“二”就代表分化而成的天与地。在古人看来，“二”代表阴阳二气、善恶二性、奇偶二数，体现了矛盾与对立。

古人认为，“一”与“二”体现了天地万物的道理。这个“二”是在“一”的基础上产生的，因而代表着相异。世间万物，正因为存在差异，才显得生机勃勃；正因为存在对立，才显得精彩纷呈。阴与阳、方与圆、上与下、奇与偶等，都可称为“二”。无论是自然宇宙，还是人类社会，所有的事物都是对立双方的有机统一。有此必有彼，无此即无彼。因此，在古人的心目中，简简单单的“二”具有神秘莫测的特性，甚至在相当程度上揭示了事物变化、发展的根本原因。

在老子的那句名言中，“一生二”中的“二”就是“阴阳”，尤其以天地为代表。阴阳观体现了中国古人思维的深度与灵活度，对后世影响极大。古人在观察自然万象中发现，宇宙中确实存在许多既对立又统一的现象，诸如天地、日月、昼夜、寒暑、男女、上下等。在此基础上，逐渐抽象出“阴阳”这样一种观念。如今，以阴阳理论为基础的道家文化已经渗透到中国社会的方方面面。从哲学的角度来看，阴阳指的是一种对立统一关系。

在长期的诊疗实践中，中国的古代医学家借鉴阴阳理论，辩证地解析生命的起源、身心的变化、疾患的生灭、诊疗的机理，其相关理论已经成为中医理论的重要组成部分，在中医学的诞生、发展、完善的过程中，有着举足轻重的影响。

在中医里，举凡表里、寒热、虚实等，都是极为典型的既对立又统一的正反现象。对于这些现象，中医都习惯于用阴阳来概括。例如，表证、热证、实证属于阳证的范畴，里证、寒证、虚证则属于阴证的范畴。因此，无论是诊疗的实践，还是诊疗的理论，阴阳都是中医最为关注的问题。

 “二”字趣释

“二”是在“一”的基础上再加“一”，因而有“相异、对立”的哲学意蕴。如阴与阳、方与圆、上与下、奇与偶等均可称“二”，而世界正是因为存在差异，存在事物的对立，才变得丰富多彩、生机勃勃，事物也才能够发展变化。

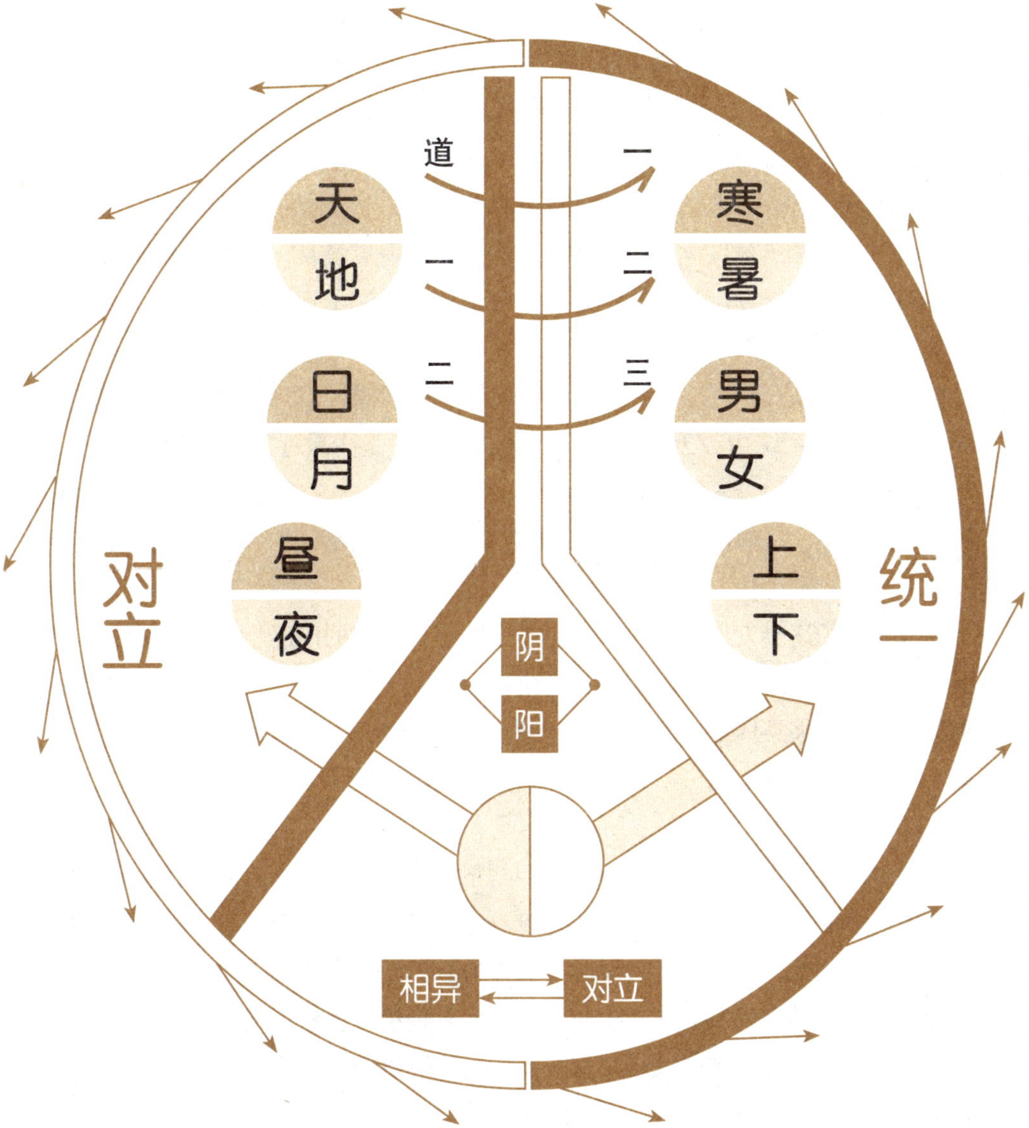

道
一
二
三
一
二
三
天
地
日
月
昼
夜
寒
暑
男
女
上
下
对立
统一
阴
阳
相异
对立

阴阳是“对立统一或矛盾关系”的一种划分或细分，两者是种属关系。在古人眼里，“二”具有变化甚至神秘莫测的性质。

第三节

天地人之道——“三”字解

在甲骨文、金文中，“三”字都写作“☰”。该字由三条同等长度的并列的三横构成，是一个典型的指事字。在甲骨文中，有一个字与“三”字的形体极为相近，这就是“☰”。该字也是三横，后来逐渐演变为“气”字。两者的区别在于：“气”字那三横中间的一横比上、下两横短；甲骨文中的“三”字的三横却是一样长。在汉语中，“三”不仅可以指实数，而且可以指虚数。例如，《诗经》中就有“三岁贯汝，莫我肯顾”的说法，意思就是：我多年辛苦地伺候你，你却一点也不肯顾惜我。《论语》中写道：“季文子三思而后行。”意思是说，季文子做任何一件事情都要考虑多次才付诸行动。

值得注意的是，“三”在汉语中有时也表示少数。对此，闻一多强调：“在十为足数的系统中，五是半数，五减二得三，是少数，五加二得七，是多数。古书中说到三或七，往往是在这种意义下，作为代表少数或多数的象征数字的。”又如，“士别三日，当刮目相看”和“三句话不离本行”中的“三”就表示少数。

随着社会的逐步发展，古人赋予了“三”字更丰富的内涵，并且逐渐渗透到中国社会的各个角落。《说文解字》指出：“三，天地人之道也。”古人习惯于使用三元思维，来具体地分析和解决问题。例如，“天、地、人”是“三才”，“日、月、星”是“三光”，“福、禄、寿”是“三星”，“松、竹、梅”是“三友”。

作为中国的本土文化，道教与“三”结下了不解之缘：“三清”是道教中最高等级的神，依次为玉清元始天尊、上清灵宝天尊和太清道德天尊；空间被道教划分为上界、地界、水界；时间被道教划分为无极界、太极界和现世界。

除了道教之外，外来的佛教也对“三”情有独钟：佛教将经典分为经、律、论“三藏”；佛教要求信徒进行“三皈依”，即皈依佛、皈依法、皈依僧；对于佛教高僧，佛教习惯于称呼为“三藏法师”，《西游记》中的唐玄奘就被称为“唐三藏”。

“三”字趣释

汉字中的“三”字，由长短相同、整齐并列的三横画构成，为指事字。在甲骨文和金文时代，“三”为数词，即为二加一所得。“三”在汉语中也表示少数。在中国传统文化中“三”有着丰富的内涵，且渗透到中国文化的各个层面。

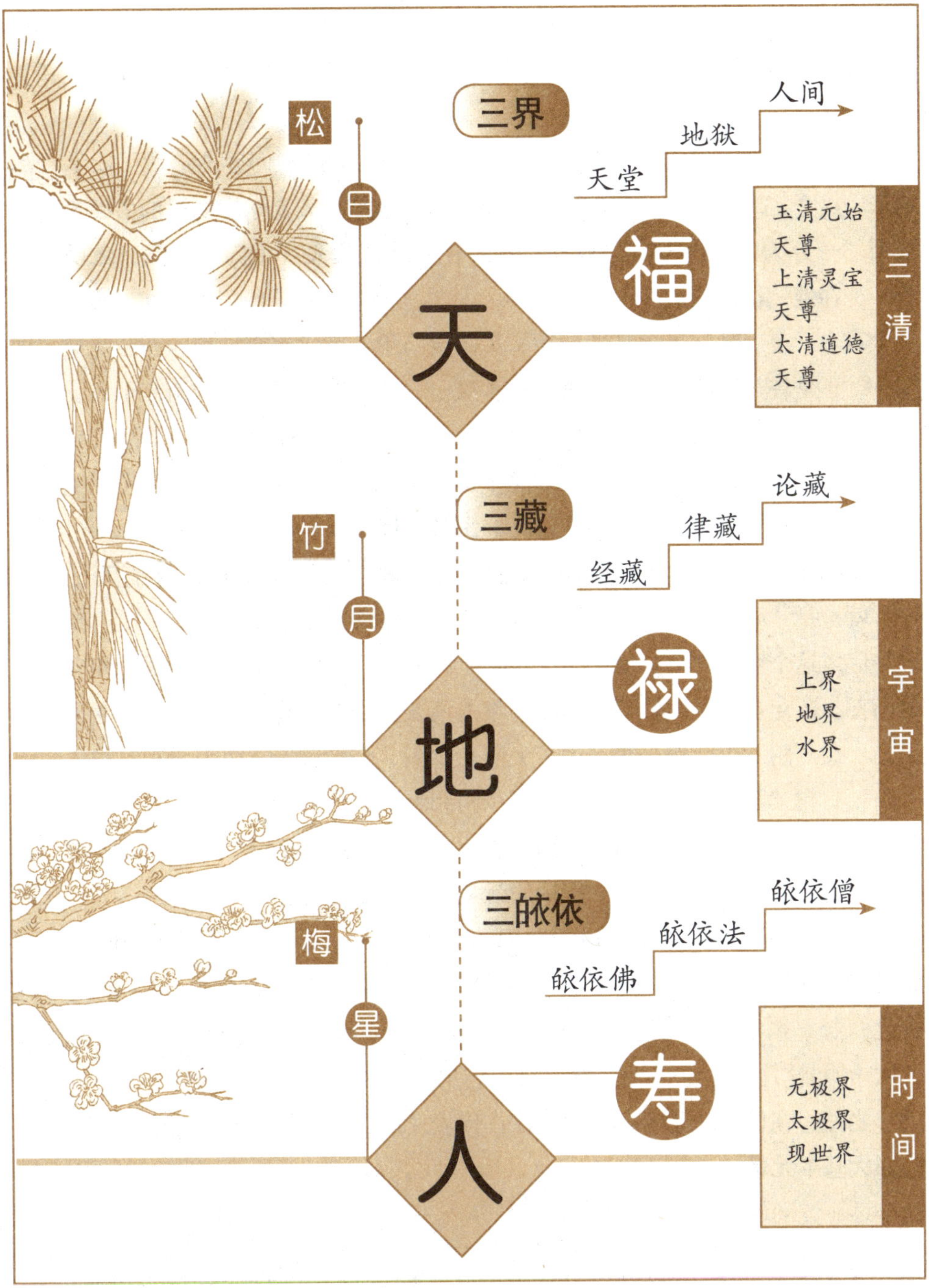

松 日 天 福

三界：天堂 → 地狱 → 人间

三清：玉清元始天尊 上清灵宝天尊 太清道德天尊

竹 月 地 禄

三藏：经藏 → 律藏 → 论藏

宇宙：上界 地界 水界

梅 星 人 寿

三皈依：皈依佛 → 皈依法 → 皈依僧

时间：无极界 太极界 现世界

第四节

两仪生四象——“四”字解

“四”字在甲骨文中写作“亖”。《说文解字》指出：“四，阴也。象四分之形。”“四”介于“三”和“五”之间，是一个典型的象形字，其中的“口”代表的是四方，“八”代表的是分。

郭沫若强调指出，古人习惯于用手指来表示数目，便逐渐形成了汉字中的数字。这个“四”不仅代表序数和实数，而且也能代表易学中所说的“四象”。按照“一分为二”的基本法则，“四”在天往往代表“太阳、少阳、太阴、少阴”，在地则往往代表“太刚、少刚、太柔、少柔”。试想一下，如果没有天，就没有春、夏、秋、冬这“四时”；如果没有地，就没有东、南、西、北这“四维”。正是在“四时”和“四维”的基础上，才促成了天与地的至广至大、至深至远。因此，在古人眼里，“四”这个数就显得十分神秘又神圣了。从某种意义上说，中国古人之所以崇拜“四”这个包天容地、遍及四方的数字，实际上体现的还是那种习惯于追求“四平八稳”的民族心理。

《易传》上说：“太极生两仪，两仪生四象，四象生八卦。”在这里，“两仪”就是指“阴”“阳”。“太极生两仪”，体现的是宇宙力量的一次巨变。在最终完成这个巨变之后，就产生了“阴”和“阳”。实际上，在“阴”和“阳”的内部，还存在着等级较低的阴阳力量的消长，促使事物永无止息地演变下去。于是，在“阴”中就进一步产生了太阴和少阳，分别属于“阴中之阴”与“阴中之阳”；在“阳”中就进一步产生了少阴和太阳，分别属于“阳中之阴”与“阳中之阳”。这里所说的太阴、少阳、少阴、太阳，相当于第二个等级的阴阳，合称“四象”。“两仪生四象”揭示的就是这样一个变化过程。

在“四象”的基础上，由于阴阳的不断演变，又进一步生成新的阴阳。这就是我们所熟知的“八卦”，依次是乾、兑、离、震、巽、坎、艮、坤。“四象生八卦”揭示的就是这样一个变化过程。在“八卦”的基础上，逐渐演变成“六十四卦”。

当然，在佛教理论中，“四”往往代表“地、火、风、水”这组成大千世界的四大基本元素。

“四”字趣释

“四”是介于三和五之间的整数。“四”这个数，不但是纯粹的序数和抽象的自然数，而且表示天之阴阳与地之刚柔的天地之体。

第五节

最为神秘的数字——“五”字解

在甲骨文中，“五”字写作“X”。“五”是个会意字，从二、从乂。其中，“二”代表天地，“乂”则代表彼此交错。《说文解字》指出：“五，阴阳在天地之间交午也。”有些学者研究认为，古人是先知道有“金、木、水、火、土”，然后才造出“五”字。在他们看来，许慎在《说文解字》中将“五”字解释为“五行”。

从渊源上看，“五行”之说最早出现在《尚书》中。一言以蔽之，“五行”体现了中国古人的宇宙观。所谓“五行”，是指金、木、水、火、土。“五行”理论认为，宇宙万事万物都由金、木、水、火、土这五种基本物质构成。正是由于这五种基本物质的盛衰，才促使大自然产生各种变化。无论是人类社会的命运，还是自然宇宙的变化，都与“五行”息息相关。需要强调的是，“五行”理论特别强调整体概念，关注的是事物结构和运动形式。

北宋理学家周敦颐认为，万事万物的变化都取决于阴、阳二气和金、木、水、火、土五行的相互作用。宏观地看，五行统一于阴阳，而阴阳又统一于太极之中。

可以毫不夸张地说，“五”是最为神秘的一个中国数字。从社会人文的角度来看，“五”的价值极为特殊。除了最常见的“五行”之说，还有很多与“五”有关的说法，诸如：“五常”是指仁、义、礼、智、信；“五帝”是指黄帝、颛顼、帝喾、唐尧、虞舜；“五霸”是指齐桓公、晋文公、楚庄王、吴王阖闾、越王勾践；军事中的“五阵”是指两、伍、专、参、偏；音乐中的“五音”是宫、商、角、徵、羽；“五岳”是指东岳泰山、西岳华山、南岳衡山、北岳恒山、中岳嵩山；“五谷”是指稻、黍、稷、麦、菽；“五色”是指青、白、赤、黑、黄；“五脏”是指心、肝、脾、肺、肾；人伦中的“五义”是指父义、母慈、兄友、弟恭、子孝。总之，很多事物都可以“五”为宗。可以说，这种“五”文化渗透到了中国传统文化的方方面面，是构成中国传统文化的重要骨架，对后世社会产生了极其深远的影响。

“五”字趣释

“五”这个数字，是中国数字中最为神秘的一个数字。“五”的文化意义是极为广博深远的。一切以“五”为宗。可以说“五”文化辐射到了中国传统文化的方方面面，是构成中国传统文化的重要骨架。

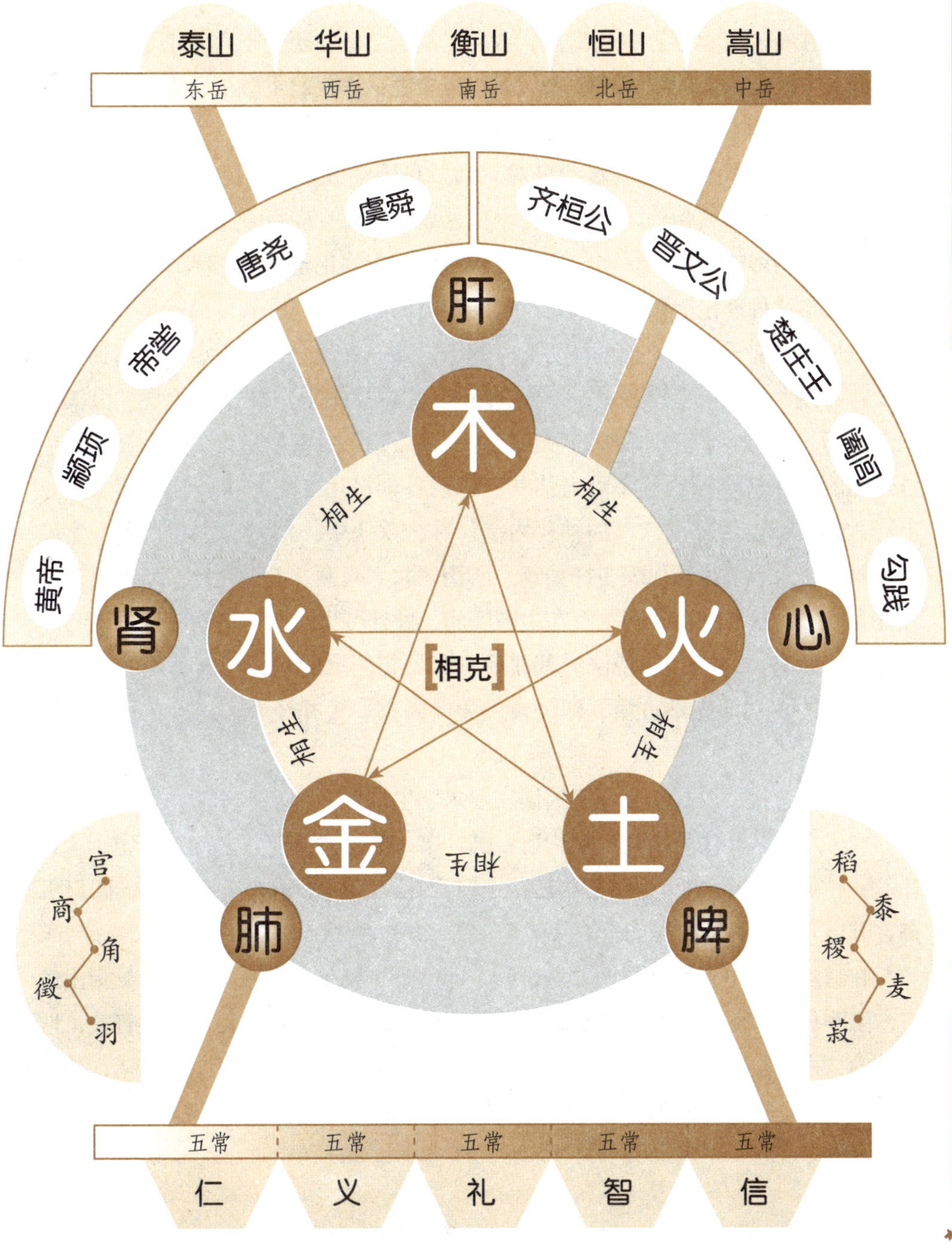

泰山 华山 衡山 恒山 嵩山

东岳 西岳 南岳 北岳 中岳

黄帝 颛顼 帝喾 唐尧 虞舜

齐桓公 晋文公 楚庄王 阖闾 勾践

肝 木

心 火

脾 土

肺 金

肾 水

相生 相生 相生 相生 相生

相克

宫 商 角 徵 羽

稻 黍 稷 麦 菽

五常 五常 五常 五常 五常

仁 义 礼 智 信

第六节

五加一等于六——“六”字解

许慎在《说文解字》中指出：“六，《易》之数，阴变于六，正于八。”在《易经》中，凡阴爻均用“六”来代表。历史上，古代君主多用它来占卜王朝的命运，老百姓则用它来占卜个人的祸福。

在历史上，性情残暴的秦始皇对“六”极为虔诚。按照民间盛行的“五德始终说”，当时的人相信，“黄帝得土德，夏得木德，商得金德，周得火德”，秦朝自然应当得“水德”。而与这个“水”相对应的正是“六”字。秦始皇当然也非常信奉这种理论，极为尊崇与“水”相对应的“六”，其目的就是暗示其君权统治是上天赐予的，神圣不可动摇。基于这样一种观念，他下令各种器皿必须“以六为度”，各种制度必须“与六相符”。据史书上记载，秦始皇“分天下三十六郡，迁天下豪富于咸阳的数目定为十二万户”。秦始皇将“六”视为最值得崇尚的数，其影响也是不可低估的。以后各朝沿用“吏、户、礼、兵、刑、工”六部，都借用了“六”的神秘内涵。在古汉语中，“六”字和“禄”字发音相同，“六”字往往代表吉祥如意。所谓“六六大顺，七七大发，八八大吉，九九大成”，就很能说明问题。在中国民间，处处可见“六”字的踪迹。

自古就有“六经”的说法，其具体含义是指儒家的六部经典著作，也就是孔子整理的那六部先秦古籍，即《诗经》《尚书》《礼经》《乐经》《周易》《春秋》。

在中国古代，以孔子为代表的儒家要求学生掌握六种基本才能，这就是“六艺”。“六艺”具体是指礼、乐、射、御、书、数。“六艺”之说最早源于《周礼》：“养国子以道，乃教之六艺：一曰五礼，二曰六乐，三曰五射，四曰五御，五曰六书，六曰九数。”

在封建社会中，特别强调“六亲”，即父子、兄弟、夫妇。《老子》指出：“六亲不和有孝慈，国家昏乱有忠臣。”此外，还有不少说法与“六”有关：地理上的“六合”是指上、下、东、西、南、北；家畜中的“六畜”是指猪、牛、羊、马、鸡、狗；“六朝”是指吴、东晋、宋、齐、梁、陈。

“六”字趣释

“六”这个数字，在《易经》中，凡阴爻用六表示，为什么呢？因为“五”加“一”为“六”，那就“太阴”了。古代的君主都用它占卜王朝的命运，即所谓的六爻。老百姓也用它占筮个人的祸福。

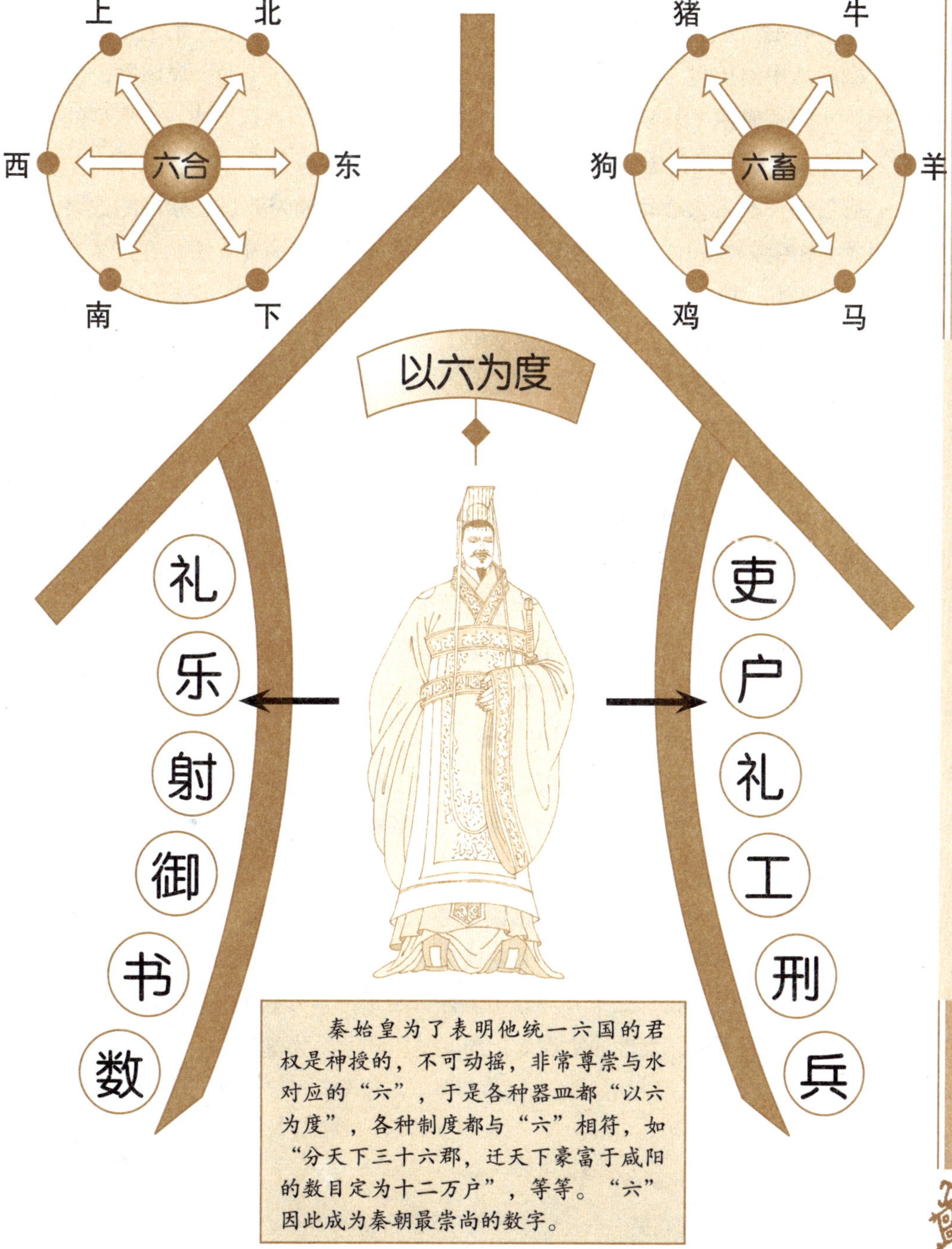

秦始皇为了表明他统一六国的君权是神授的，不可动摇，非常尊崇与水对应的“六”，于是各种器皿都“以六为度”，各种制度都与“六”相符，如“分天下三十六郡，迁天下豪富于咸阳的数目定为十二万户”，等等。“六”因此成为秦朝最崇尚的数字。

第七节

宇宙循环数——“七”字解

关于“七”字，许慎在《说文解字》中说得很清楚：“七，阳之正也。从一，微阴从中斜出也。凡七之属皆从七。”他的意思是，“七”属阳数，但含“阴”，即“微阴”。实际上，在中国古人的心目中，“七”是一个典型的吉数。《汉书》就明确指出：“七者，天地四时人之始也。”

应当说，在古人心目中，“七”是一个极其令人极为敬畏、崇拜的数字。在甲骨文和金文中，“七”最初写为“十”。据一些学者研究，古人在产生东西南北这“四方”观念之后，发现还不足以包容上、中、下三方，也难以表达天、地、人共存的宏观意识。于是，在此基础上，古人便将“十”的四端代表四方，将两线相交处代表上、中、下三个方位，从而形成一个极为生动的三维立体空间。由于在三维空间内已趋于极限，“七”字便成为代表无限大的宇宙循环基数，进而拥有了极具魔力的神秘色彩。

除了与宇宙循环息息相关之外，“七”还与女性密不可分。民间有所谓的“七夕”（又称乞巧、拜星、化生）之说，这类称呼都与女性有关。事实上，在各种不同地域产生的一些风俗，诸如穿七孔针、接七夕水、扎七姑亭、结七娘会等，往往需要女性参与，而且往往与“七”有关。“七”之所以与女性存在如此密切的联系，并蕴涵各种特殊的寓意，是与中华传统文化背景直接相关的。

在封建社会，关于休妻的理由很多，合称“七出”，具体内容包括不顺父母、无子、淫、妒、口多言、盗窃、有恶疾这七种情况。事实上，“七出”之说最早始于唐代以后，但其内容则源于汉代《大戴礼记》中所记载的“七去”，又称“七弃”。

从女性的生理变化周期来看，也似乎与“七”结下了不解之缘。例如，《黄帝内经》就精准地指出：女童七岁开始换牙，十四岁月经初潮，二十一岁牙齿换齐，二十八岁身体盛壮，三十五岁开始憔悴，四十二岁开始掉头发，四十九岁进入绝经期。由此可见，女性的生理变化周期是以“七”为基数的。

“七”字趣释

“七”是数字世界中最为神奇、诡异，令人崇拜、让人敬畏的数字。“七”代表宇宙数，表示无限大的循环基数，并因此而产生了魔法的和禁忌的神秘意义。人类原始祖先得之于立体空间意识的神数“七”，已经弥漫在整个文明史中。

“七”所包含的宇宙万象

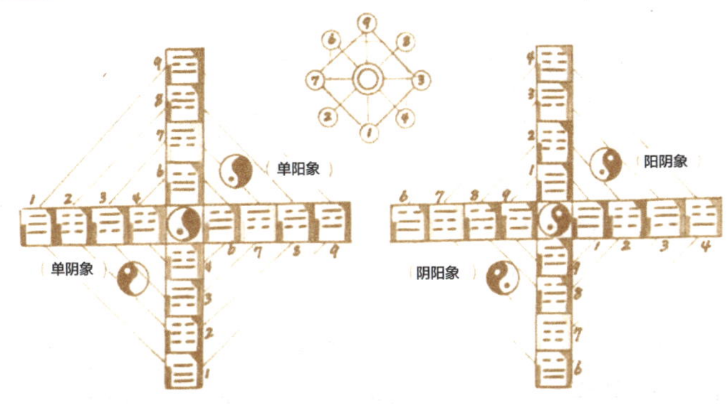

在完整的宇宙数（素）中，共包括有32个卦象组合。其中奇象组合16个，偶象组合16个，它们是完全对称的。在32个卦象组合中，又分为上弦和下弦两种。

奇象是：阳上弦，为以阳承阴，是阳奇象；阴上弦，为以阴承阳，是阴奇象。阳奇象和阴奇象在完整的宇宙数（素）中是不对称的。阳奇为9，阴奇为7，是阴负2。

偶象是：阴下弦，为以阴合阳，是阴偶象；阳下弦，为以阳合阴，是阳偶象。阴偶象和阳偶象在完整的宇宙数（素）中也是不对称的。阴偶为9，阳偶为7，是阳负2。

然而，一个是阴负2，另一个是阳负2，阳奇和阴偶、阴奇和阳偶又是对称的。所以，在整个宇宙事物中，阴、阳和奇、偶总是对称和平衡的。

“七”与女性的关系

第八节

古人为何“八不归”——“八”字解

在甲骨文中，“八”字写作“)(”。在金文中，“八”字写作“)(”。无论是甲骨文，还是金文，“八”字的形体基本相同，都由两条彼此渐行渐远的曲线构成，是一种典型的指事字。在小篆中，“八”字写作“)(”，形似两个背靠背的人。许慎在《说文解字》中指出：“八，别也。象分别相背之形。”实际上，“别”与“八”近音、同义，在古代都代表“分”。

有些学者认为，中国古人习惯于用一只手分开的拇指和食指来表示“八”，“八”字形状也由此固定。此外，在中国民间还一直流传着“七不出，八不归”的说法。所谓“七不出”，是指每月逢七的日子，如初七、十七、二十七，如果出门做生意，往往不吉利。所谓“八不归”，是指每月逢八的日子，如初八、十八、二十八，游历在外的人最好不要回家，以免导致亲人分离。事实上，江浙一带至今还有“以物与人谓之八”的习惯，意思就是“分”。

在现代汉语中，“八”并不代表“分别”。当“八”被假借为表数目的字后，其“分别”的本义就逐渐地不为人知了。

在汉语中，“八”字的大写是“捌”。“捌”是一个典型的假借字，本义并不表示数目。在汉代的《急就章》中，就有“无齿为捌，有齿为杷”的说法，证明“捌”是古代的一种农具。

中国民间有“八”即“发”的观念，认为有助于生意兴隆。所以，就产生了“要得发，不离八”的说法。时至今日，“八”依然深受商界人士的青睐。例如，在商品定价时往往不离“八”。

有句歇后语，叫做“八字还没见一撇”。中国古人用天干、地支分别代表人的年、月、日、时这“八字”，借以推算人的命运吉凶。在古人看来，这个“八字”决定了人生的一切。所谓“八字还没见一撇”，就是指人的命运还未算准、算清、算定。在此基础上，进一步引申为“事情刚刚开始，成败利钝还不明朗”。

“八”字趣释

著名的语言文字学家安子介先生认为，人的一只手的拇指和食指翘起来分开表示“八”，“八”字就是由此而构形。“八”字的形成，与中国民间流传的“七不出，八不归”的说法相吻合。

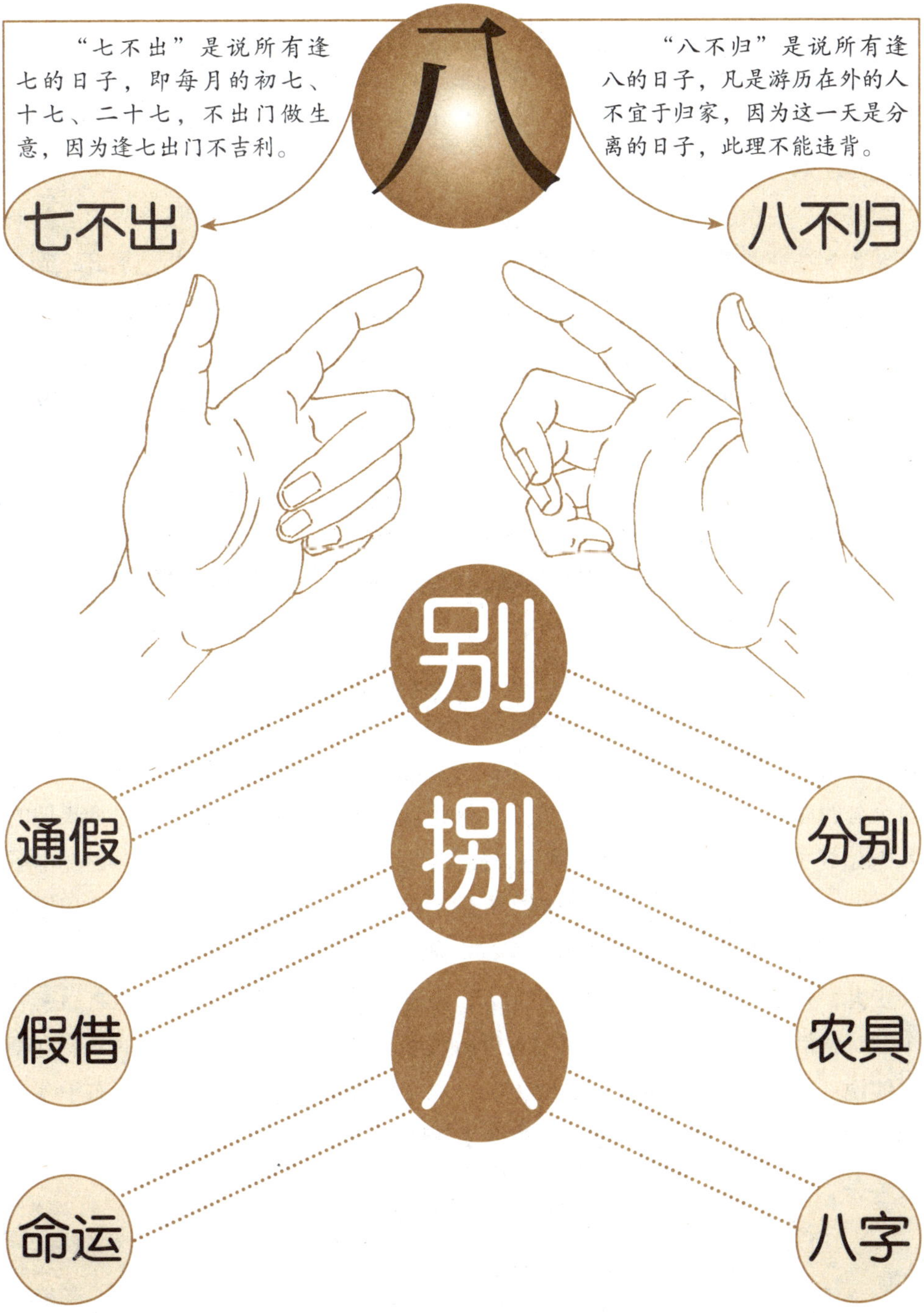

第九节

所谓“九五之尊”——“九”字解

在甲骨文中，“九”字写作“”，形似一个人的肘臂，其本义就是“肘”。有些学者则认为，“九”字的形状代表的是把手弯曲后向自己靠近的姿态。对于“九”字，许慎在《说文解字》中强调指出：“九，阳之变也。象其屈曲究尽之形。”

那么，“九”这个象形字究竟是如何引申为数字的呢？按照一些学者的研究，古人往往习惯于用手指来计算数目：从一到五，先是一指一指地展开；到了六，又开始一一收回；最后，把剩余的一指收回来，这就是数字“九”。即使在现代手语中，也是先握拳，后弯曲食指，来代表“九”。

“九”的大写是“玖”，《说文解字》认为“玖”是一种黑玉石。由此可见，“玖”成为“九”的大写属于一种假借。

作为一个数词，“九”既能代表定数，也能代表虚数。在表示虚数时，“九”往往表示多数。所谓“九曲回肠”，就是指忧思深重，而并非肠转九次。“九”是奇数之最，也是最大的极阳之数。《周易》中写道：“九五，飞龙在天，利见大人。”之所以将“九五”与“飞龙在天”相联系，暗合“圣人有龙德，飞腾而居天位”的说法。这“九五之尊”往往指称皇帝。

关于“九”，自古就有很多笑话。古时候，有一个小名叫九的老汉。他的儿媳妇聪明、贤惠，又极重礼仪，每次与人说话都避开与“九”同音的字，以示对公公的尊敬。有一天，村里的九个老汉听说了这件事，就和九打赌：如果他的儿媳始终不说“九”，他们就输一桌酒菜给九；但如果他的儿媳不小心说出了“九”，九就得输一桌酒菜给他们。九想了想，还是答应了。第二天，九正好不在家。那九个老汉便左手提着酒壶，右手拿着韭菜，来到他家门前，请他的儿媳转告九，要求必须说清他们来了几个人，左手和右手各拿着什么东西。之后，九个老汉就借故走开，实际却躲在附近进行观察。不久，九回家了。他的儿媳立刻对他说：“公公，刚才来了四公加五公，每个人都是左手提把扁扁壶，右手拿把扁叶葱，说是想请您去喝几盅。”九个老汉听了，只得作罢。

“九”字趣释

“九”的本义是“肘”。字形像人的肘形，手指已经简化。后假借为数目“九”，本义消亡，于是另造“肘”字。

九的本义

“九”是一个象形字，形容把手弯曲向自己拉近的姿态，许慎《说文解字》中记载：“九，阳之变也。象其屈曲究尽之形。”

九的多种含义

九为虚数

“九”是奇数之最，古人称奇数为阳，偶数为阴。所以“九”是最大的阳数，故而又称“九”为最大的极阳数。

引申义

“九”作为数词，在古代既表定数也表虚数。“九”在表示虚数时常表示多数。如成语“九曲回肠”，形容人的忧思到了极点，并非是肠转九次。

九五之尊

圣人有龙德
飞腾而居天位

第十节

追求十全十美——“十”字解

在甲骨文中，“十”字就是一竖，写作“丨”。由此可见，“十”字是一个典型的指事字。从某种意义上说，“十”字揭示了古人常用的一种计数方法。一般说来，古人习惯于用实物来计数，最初很可能是用小树枝来计数。据学者研究，古人往往用一根树枝来代表“十”这个整数，再用两根树枝来代表“二十”，用三根树枝来代表“三十”，依此类推。或许，正是因为受到这一启发，古人才造出了“十”字。

在金文中，“十”字写作“丨”，属于典型的指事字。一些学者认为，金文的“十”字很可能与结绳记事有关。早在文字诞生之前，我们的祖先就开始采用结绳的方式来记事。据部分学者推测，在结绳记事时，一般是用一根绳子表示“一”，用两根绳子表示“二”，用三根绳子表示“三”，依此类推。但是到后来，数字越来越多，所用的绳子也越来越多，使用起来就显得很不方便。于是，就改用一根较长的绳子，打一个绳结代表“十”，打两个绳结代表“二十”，打三个绳结代表“三十”。学者们研究发现，后来人们又将“丨”中间的那个圆点拉长，这一横一竖就变成了后来的“十”字了。

许慎在《说文解字》中指出：“十，数之具也。一为东西，丨为南北，则四方中央备矣。”在这里，许慎所作的解释并不是其本义，而是“十”的引申义。作为古代自然数中最大、最末的数，“十”被古人视为满贯之数。在此基础上，“十”字又引申为“完满”。事实上，中华民族特别喜欢“十全十美”的说法，充分体现了求全、求满的思维方式。

“十”字趣释

甲骨文的“十”反映了古人计数的方法。古人计数通常是用实物，最原始的记数法大概是用小树枝之类的东西。“十”是整数，因而用一根树枝来表示。

“十”字的意义

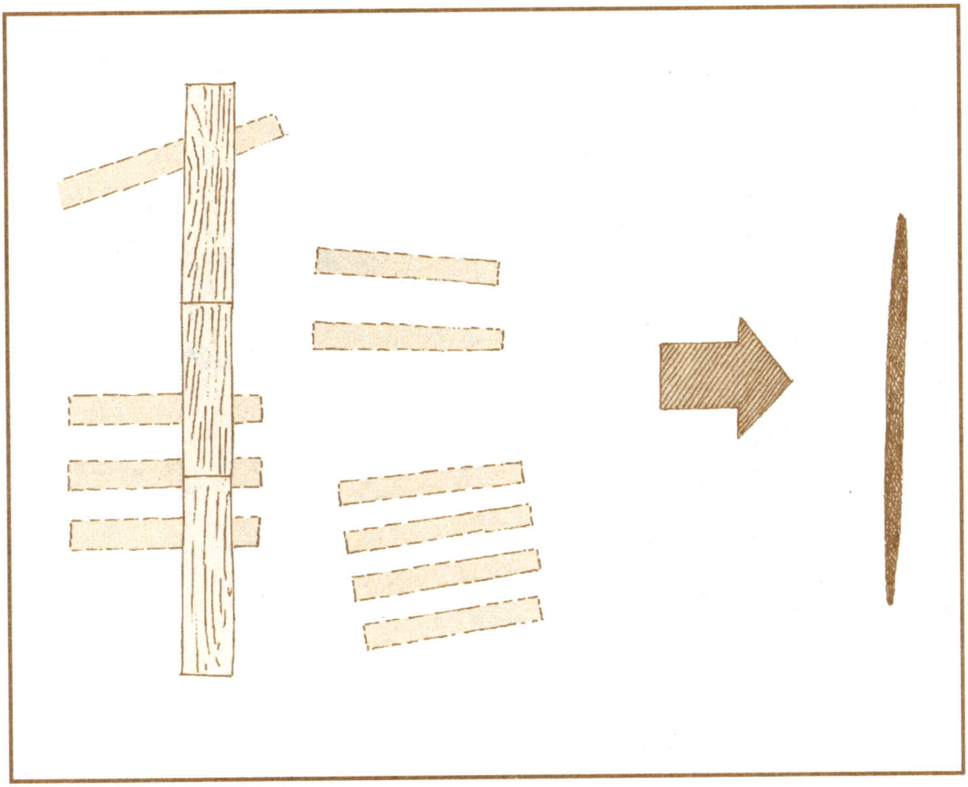

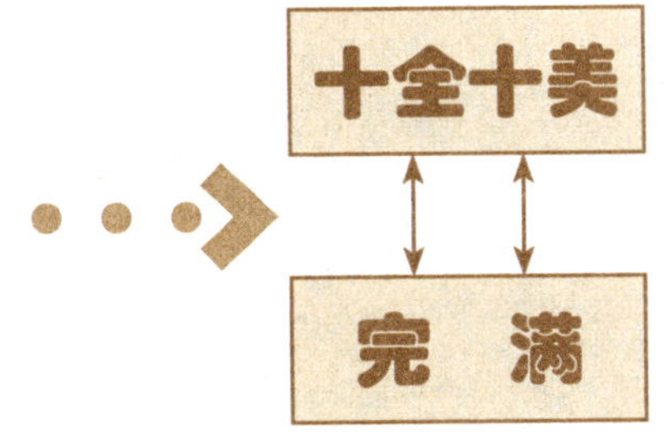

第七章

汉字中的动物

汉字是象形文字，只要认真观察就会发现中国的汉字里有许多动物的存在，只是平时大家都司空见惯、习以为常，很少注意这样的问题。如『善』中有『羊』、『半』中有『牛』、『狱』中有『犬』等。上古先民根据动物的种种形象造出了我们现在所使用的汉字，不仅丰富多样，而且意味深长，真是令我们后世子孙叹服不已。那么汉字中的动物与真实的动物是属于同一类别吗？

第一节

马的功与过——“马”字解

在甲骨文中，“马”字写作“”。在金文中，“马”字写作“”。这两个字的形体相似，都很像一匹脸长、眼大、鬃毛竖起、尾巴后甩的直立的马。在小篆中，“马”字的鬃毛非常清晰。繁体字“馬”的四条腿十分显眼，鲜明地突出了马善于奔跑的基本特征。

根据史料记载，早在殷商时代，就已经有了养马的习俗，既利于作战，又便于农耕。对于“马”字，《说文解字》是这样解释的：“马，怒也，武也。象马头髦尾四足之形。”事实上，甲骨文的“马”字的确体现了“怒”与“武”这两大特点。但需要注意的是，“怒”与“武”是指马的性格，而非“马”字的本义。所谓“怒”“武”，是指马很容易被激怒，善于奔跑，而且一往无前。在生活中，马是先民主要的经济来源和重要的交通工具。在沙场上，马是军人必不可少的助手和战友。

人们观察到，马这种动物灵性很足。话说春秋时期，山戎国攻打燕国。当时，齐桓公和管仲指挥齐军支援燕国。山戎王被打得大败，逃到了孤竹国。齐军穷追不舍，进而攻打孤竹国。经过激烈的战斗，齐军取得了决定性的胜利。齐军出征时还是春天，凯旋时已是隆冬季节。由于沿途景色大相径庭，齐军很快就迷了路。危急时刻，见多识广的管仲安慰大家：“俗话说，‘老马识途。’我们只要跟着老马走，一定会平安地回到自己的祖国。”齐桓公非常高兴，立刻吩咐手下挑选出几匹老马。在这几匹老马的带领下，齐军顺利地回到了祖国。

当然，与“马”有关的也有一些贬义语汇。例如，“拍马屁”指的就是那种阿谀奉承的恶习。据学者考证，我国西北一带山路狭窄，马便成了最常见的交通工具，一些地方甚至流传着“人不出名马出名”的谚语。谁家拥有一匹好马，都会感到十分荣耀。如果在路上牵着好马碰了面，人们就会互相拍着对方的马屁股，赞叹道：“好马！好马！”后来，有些人为了奉承别人，即使对方的马极为一般，也一律拍着对方的马屁股说：“好马！好马！”从这时候起，“拍马屁”的意思就变成了“阿谀奉承”“趋炎附势”。

“马”字趣释

甲骨文中“马”字，是一幅典型的直立的马姿的象形图画。马头部分突出了马的长脸、大眼睛。另外，身体上最醒目的是马鬃毛竖起，尾巴后甩。

老马识途，现比喻有经验的人熟悉情况，能在某个方面起指引、引导的作用。常用来比喻富于经验堪为先导。他们不被现实所局限，不被名利而蒙蔽。

正面

反面

比喻权势。奉承和依附有权有势的人。出处《宋史·李垂传》：“今已老大，见大臣不公，常欲面折之。焉能趋炎附热，看人眉睫，以冀推挽乎？”

第二节

狗是人类忠实的朋友——“犬”“狗”二字解

作为人类豢养的主要动物，狗一向是人类忠实的朋友，这句话一点都不假。考古研究发现，距今七千多年的河姆渡遗址已经出土了家狗的遗骨。按照现代科学的说法，狗属于哺乳纲，犬科。

在甲骨文中，“犬”字写作“ ”。“犬”字是一个典型的象形字，身体较长，尾巴卷曲，牙尖嘴利，形似一条狗的真实模样。不过，一些学者强调，在观察“犬”字时，应当横过来看，才更为传神。对于“犬”字，孔子也认为其形状极像一条狗。在此基础上，“犬”字逐渐发生了一系列变化，最终才成为今天的“犬”字。

在汉字中，“犬”字属于常用字符。作为部首，“犬”字通常写成反犬（犭）旁，构成类似于狗的哺乳动物的“类”旁。例如，“猴”“狼”“狐”“狡”“狂”“猎”等都是这样。当“犬”用作声旁或意旁时，多半代表与“犬”有关的行为。例如，“吠”“哭”“突”“状”等。

那么，这个“犬”又怎么会成为后来的“狗”呢？在现实生活中，人们常称弯曲物为“钩”，并将弯曲物相互连接称为“句（gōu）”。所以，只要看到两条狗在交配，人们便会喊道：“句住了！句住了！”久而久之，便有了“gǒu”这个读音。为此，人们就按照这个读音，创造了“狗”字，与“犬”同时使用。

春秋时期，大将军文种殚精竭虑，在帮助越王勾践的复国过程中立下了汗马功劳。但他却被诬“谋反”，最终服毒自杀。据说，他在临死之际，留下了“狡兔死，走狗烹”这一传世名言。当猎人追捕狡猾的兔子时，那善跑的猎狗自然成为得力助手。可是，等到兔子被猎人抓住，猎狗就没什么用了，甚至会被猎人煮食。从这个故事中可以看出，将“犬”称为“狗”是一种古老的习俗。

值得注意的是，“犬”字与“狗”字之间也并非毫无区别。一般说来，“犬”指的是小狗，“犬子”就是指小孩；“狗”往往是指可以交配的大狗。当然，这是在古代。到了现代，两者之间的区分就不是那么明显了。

“犬”“狗”二字趣释

在中国汉字中，“犬”是一个典型的象形字。孔子对“犬”字的描述为：“视犬之字如画狗也。”甲骨文当中的“犬”字是按照狗的模样所描绘的最简洁的图形，从这种“轮廓特征”的造字方法中，可以很明显地看到狗的外形特征。

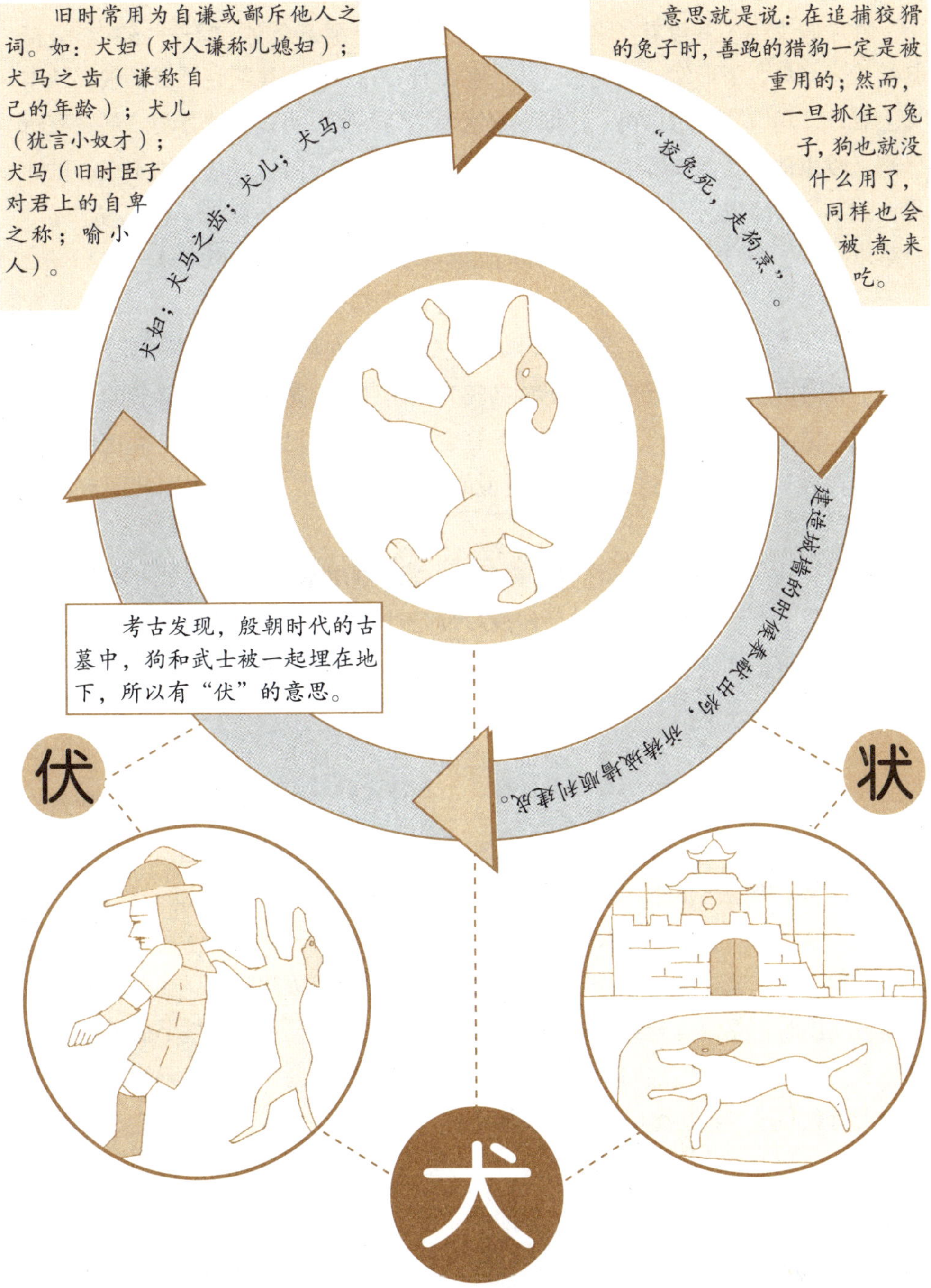

旧时常用为自谦或鄙斥他人之词。如：犬妇（对人谦称儿媳妇）；犬马之齿（谦称自己的年龄）；犬儿（犹言小奴才）；犬马（旧时臣子对君上的自卑之称；喻小人）。

犬妇；犬马之齿；犬儿；犬马。

意思就是说：在追捕狡猾的兔子时，善跑的猎狗一定是被重用的；然而，一旦抓住了兔子，狗也就没什么用了，同样也会被煮来吃。

“狡兔死，走狗烹”。

建造城墙的时候奉献出苟，祈祷城墙顺利建成。

考古发现，殷朝时代的古墓中，狗和武士被一起埋在地下，所以有“伏”的意思。

伏

状

犬

第三节

后羿射金“乌”——“乌”字解

在甲骨文中，并没有“乌”字。“乌”字最早源于金文，写作“”。分析其结构，“乌”字形似一只乌鸦，头、喙、身、翅、爪、尾简直活灵活现。从本义上看，“乌”字是指乌鸦。仔细观察这个“乌”字，可以发现其与“鸟”有所区别。段玉裁在《说文解字注》中强调：“‘鸟’字点睛，‘乌’则不点，以纯黑，故不见其睛也。”事实上，如果真加上那代表眼睛的一点，“乌”与“鸟”就难以区分了。

《说文解字》则认为：“乌，孝乌也，象形。孔子曰：‘乌，吁呼也。’”“乌”字之所以这样写，是与它的读音密切相关的。换句话说，发“乌”音时可以自如地舒气。至于称乌鸦为“孝乌”，是源于有关乌鸦的一种感人传说。据说，小乌鸦长大后，为了报答老乌鸦，就自己出去觅食，而让自己的“父母”在巢里休息。这就是民间所说的“慈乌反哺”，乌鸦也因此而被称为“孝乌”或“慈乌”。

此外，古人还将“乌”称为“金乌”。汉朝的淮南王刘安写了一本《淮南子》，记载了“后羿射日”的神话传说。帝尧时代，天空中出现了十个太阳。大地被烤热，禾苗被烧焦，百姓怨声载道。仁慈的尧帝恳请天帝救助天下苍生。于是，天帝就派后羿来到人间。

后羿来到人间后，就拜见了尧帝。然后，他运起神力，拉满神弓，对准天上的一个太阳，射出了第一支箭。只见那个太阳被后羿一箭命中，立刻发出剧烈的爆炸声。这时，在一旁观看的百姓发现空中散落了无数的金色羽毛。不久，一团红色物体从空中坠落下来。人们围上去一看，原来是一只硕大无比的三足乌。这时候，大家才明白过来：这太阳就是一只三足的乌鸦啊。

后羿见状，又连续射出八支神箭，将另外八个太阳依次射落。就在他想要射出第十支箭时，尧帝立刻阻止他：“请留下这个太阳吧！不然，整个世界就一片漆黑了。”从此以后，人们就开始将“三足乌”或“金乌”作为太阳的别名。唐朝诗人韩愈写过“金乌海底初飞来”的诗句，其中的“金乌”指的就是太阳。

 “乌”字趣释

“乌”最早见于金文，写作“[illegible]”。从结构上看，“乌”字就像一只活灵活现的乌鸦，乌鸦的喙、头、身、翅、爪及尾描画得惟妙惟肖。“乌”的本义就是指乌鸦这种鸟。

慈乌反哺

金乌海底初飞来

后羿射乌

传说

《山海经》里，太阳是东海扶桑巨木上的十只三足金乌。“山海经”里称十日乌。每天，金乌之一轮流飞起，成为天空中太阳。传说后来，十只金乌同时飞起，炙烤大地，致使河流干涸，地表龟裂，于是英雄后羿射下九只金乌，只留下一只照明。落下的金乌，成了九眼汤泉。

第四节

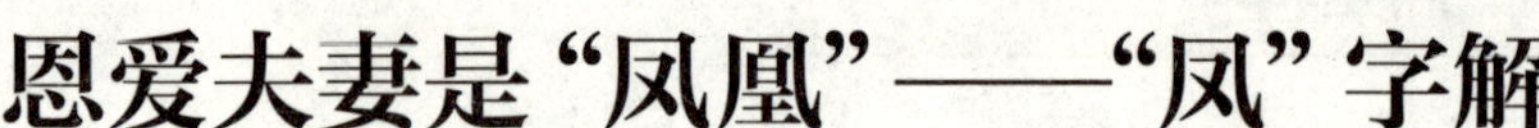

恩爱夫妻是“凤凰”——“凤”字解

在甲骨文中，“凤”字写作“”，属于典型的象形字。分析其结构：头部有漂亮的冠毛，俗称“凤头”；躯体的羽毛要比一般的鸟类丰满；此外，还有长长的凤尾和凤爪。“凤”字的繁体字是“鳳”，由“凡”和“鸟”两部分组成。由此可见，“凤”并非普通的鸟。实际上，在古代传说中，“凤”是一种神鸟。

一些学者认为，甲骨文中的“凤”就是孔雀。在甲骨文中，唯一用“凤”字来指代凤鸟的就是《甲·三一一二》中的“凤”。可以肯定，当时的凤鸟还很少。学者们还注意到，甲骨文中虽有“凤”字，却没有“凰”字。传说凤凰为“百鸟之王”，“凤”为雄，“凰”为雌。这说明，有关“凤凰”的传说应当是在殷商之后才出现的。

后来，人们发现，雌雄凤凰常常同飞共鸣，姿势优美，声音悦耳，便以此比喻夫妻之间相亲相爱。“凰”最初写作“皇”，加上“几”字，其主要目的，还是为了与“凤”字相似。换句话说，正是因为受到“凤”字的影响，“皇”字才逐渐改变了自己的字形。这种现象就是文字学上所说的类化现象。

在小篆中，“凤”字写作“”。在楷书中，“凤”字写作“凤”。两相比较，会发现结构相同，从“鸟”，“凡”声，属于典型的形声字。对此，《说文解字》有详细的记载：“凤，神鸟也。天老曰：‘凤之像也，鸿前麟后，蛇颈鱼尾，鹳颡鸳思，龙文龟背，燕颔鸡喙，五色备举。出于东方君子之国，翱翔四海之外，过昆仑，饮砥柱，濯羽弱水，莫宿风穴，见则天下大安宁。’从鸟，凡声。”在这里，我们可以看出：在凤的身上综合了许多动物的特点，它实际上是人们想象的产物。究其原因，是古人深信：“凤”是一种神鸟、瑞鸟，是代表着天下安宁的吉祥之鸟。

在中国古人看来，“凤”是“风神”的特殊使者，往往乘风而来，引发四季的更替，促使大地万物生生不息。在古人的观念中，船帆是风向的最佳代表。因此，古人后来就用四角形的船帆“”——凡字和鸟字造出了“凤”字。

“凤”字趣释

“凤”是古代传说中的一种神鸟。“凤”字是汉字中典型的象形字，象形的“凤”字，头上有一撮漂亮的冠毛，即人们常说的“凤头”，中间为凤鸟的身体部分，看上去羽毛较一般的鸟类要丰满，另外还有长长的凤尾和凤爪等。

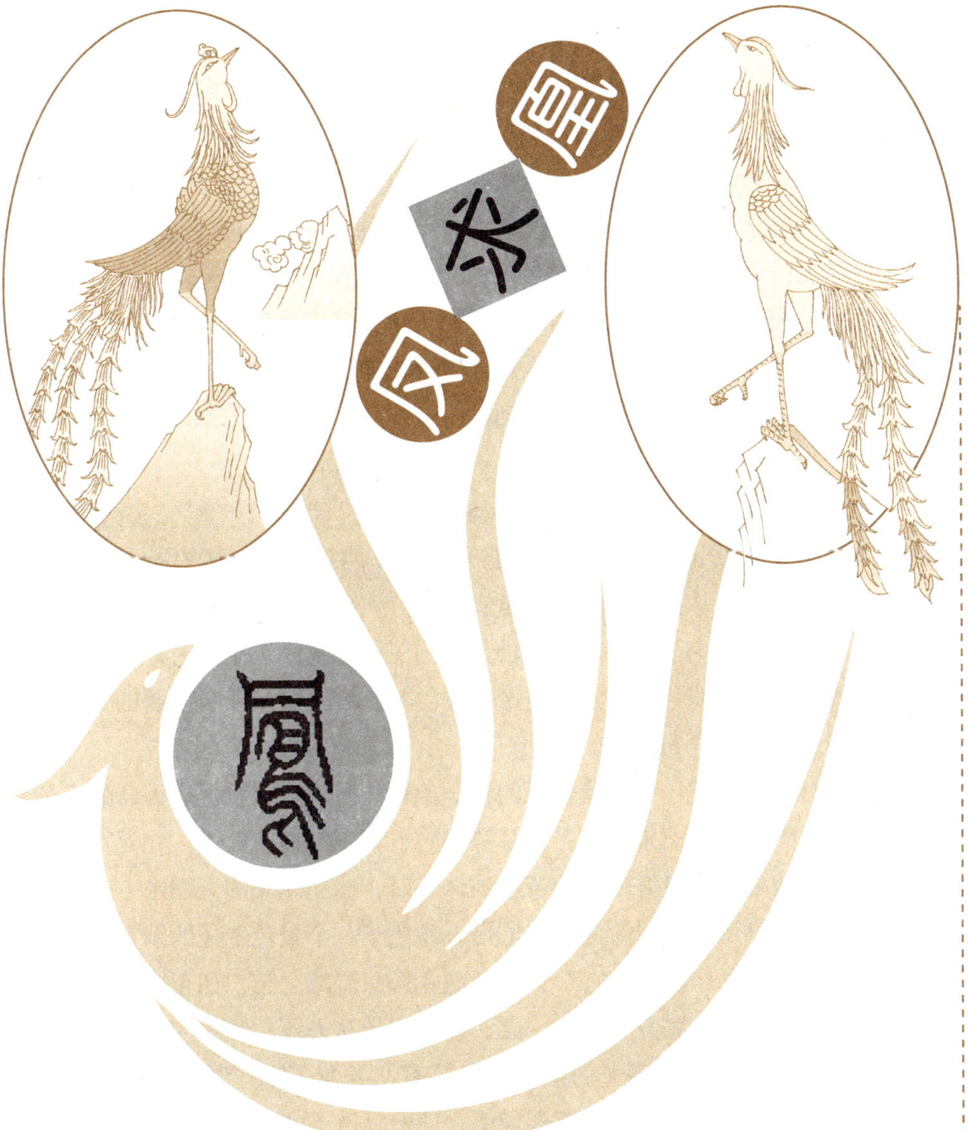

古代传说中的凤凰为百鸟之王，凤是雄性，三尾。

凰是雌性，凰无冠或小或简、无凤胆（又称鸳鸯思），两尾。

第五节

华夏民族共同崇拜的图腾——“龙”字解

在甲骨文中，“龙”字一般写作“”。据不完全统计，甲骨文中共有11个不同形状的“龙”。其共同特点：头清角明，口大齿利，身躯弯曲绵长。从今人的眼光来看，这些特征似乎更接近于蛇。从甲骨文来看，11个“龙”字属于典型的象形字。一些学者由此推断，先民对“龙”这种想象中的神奇动物极为熟悉。还有一些学者认为，甲骨文的“龙”也许就是我们现在所说的恐龙。不过，按照现代科学的研究成果，造字时代的先民并不了解早已在中生代末期灭绝的恐龙。所以，更多的学者倾向于这样一种观点：甲骨文中的“龙”字很可能是在民间流传的有关“龙”的传说的基础上，受到当时流行的“龙”图腾的信仰，才创造出来的。

“龙”的繁体字写作“龍”。在小篆中，“龙”字写作“”。许慎在《说文解字》中介绍：“龙，鳞虫之长，能幽能明，能细能巨，能短能长，春分而登天，秋分而潜渊。从肉，飞之形，童省声。”实际上，许慎的这种描写并非杜撰，更像是民间传说中常常提及的那种灵异的三栖神物。在远古时期，许多部落的动物图腾崇拜各有特色。“龙”更像是蛇、羊、虎等众多动物图腾的变形，并最终成为华夏民族崇拜的图腾。

在封建社会，“龙”一向是帝王的神圣象征。所以，自称代表天命的皇帝就被称为“真龙天子”。南宋末年，元军势如破竹，宋军节节败退。在元军的穷追不舍之下，丞相陆秀夫只好陪同幼帝逃到珠江口，躲在东岸的大鹏山上。不久，当地的里长听说皇帝来这里避乱，连忙带人物色了一个景色绝佳的洞穴，修缮一新，权当这位南宋皇帝的“寝宫”。幼帝饱受颠簸流离之苦，如今能有这样一个幽雅山洞安身，自然倍感开心。有一天，幼帝问陆秀夫：“我听人说，这里有八座山。如果每座山都是一条龙的话，这里该有八条龙了吧？”陆秀夫摇摇头：“陛下，这里有九条龙。”幼帝感到疑惑，便追问道：“怎么是九龙呢？”陆秀夫认真地回答：“陛下身为大宋皇帝，堪称真龙下凡。这八座山就是八条龙，加上陛下，一共是九条龙。”幼帝听了，龙颜大悦。从此，人们便称这座山为九龙山。这就是香港的“九龙”一说的来源。

“龙”字趣释

“龙”的古文字所描绘的形象大多有头有角，口大张，并露出锋利的牙齿，还有弯弯曲曲的身子。龙在中国古代也作为吉祥的象征。总之，“龙”作为一种文化现象，对中华民族有着非凡的意义。

龙袍

在封建社会不仅皇帝称为“真龙天子”，凡是与皇帝有关的事物都要冠以“龙”字。如“龙颜”，指皇帝的颜面；“龙袍”，皇帝穿的绣有龙形图案的袍子；“龙床”，皇帝的卧具，等等。

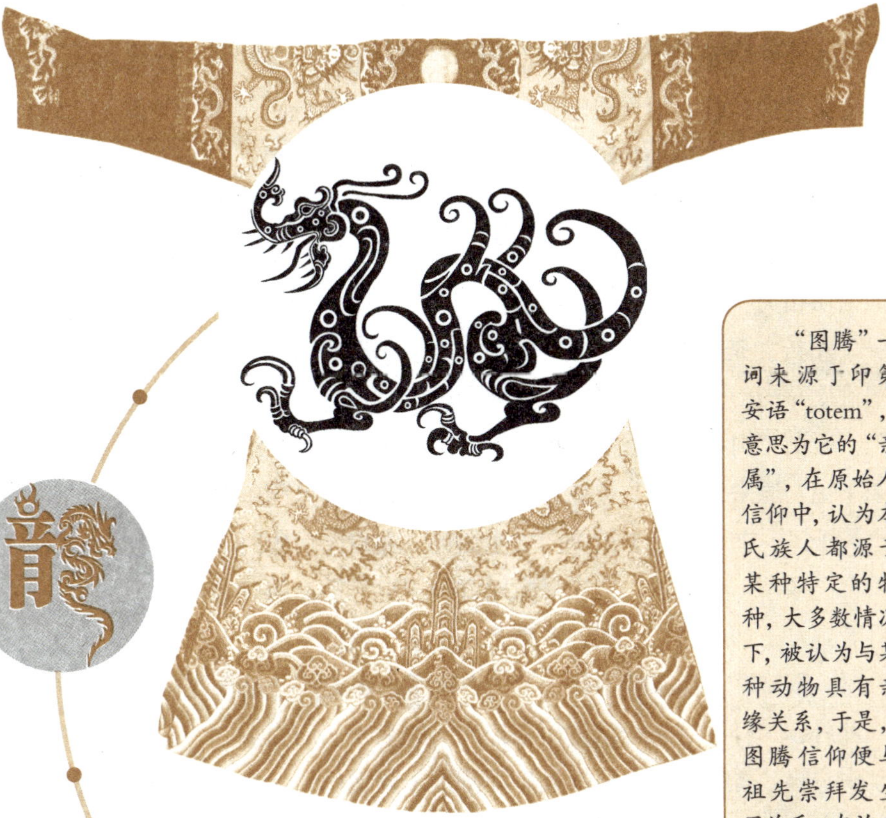

图腾

“图腾”一词来源于印第安语“totem”，意思为它的“亲属”，在原始人信仰中，认为本民族人都源于某种特定的物种，大多数情况下，被认为与某种动物具有亲缘关系，于是，图腾信仰便与祖先崇拜发生了关系，在许多图腾神话中，认为自己的祖先就来源于某种动物或植物，于是某种动物、植物便成了这个民族最古老的祖先。

第六节

“羊”为吉祥如意之物——“羊”字解

羊对人类的贡献堪称毫无保留：肉味鲜美可食，皮毛暖和可御寒。更重要的是，羊性情温顺，对人类可谓“有百利而无一害”。因此，上古先民始终将羊视为大吉大利的吉祥之物。在古代饰品上，常常雕刻着“吉羊”之类的字样。在这里，“羊”字便代表着“祥”。例如，在《汉元嘉刀铭》上，就刻有“宜侯之，大吉羊”的文字

考察文字的起源，“羊”字的出现要远远早于“祥”字。换句话说，“祥”字是后来造的。其共同点在于：如代表“吉祥”之意，“羊”字和“祥”字可以通用。后来，为了更加明确地表义，人们便用“羊”和“示”造出“祥”字，专门指代“吉祥”“和美”。所谓“示”，往往与人类的心理活动有关，主要取象于祭祀时的供桌，代表祭献、祈求。在汉字中，以“示”为偏旁的字多半与心理活动密切相关。

《左传》是中国最早的史书之一，其中就有一段与“羊”字有关的描写。楚国进攻郑国，一举打败了郑国。郑国国君郑伯被迫投降，“肉袒牵羊，以迎楚师”。所谓“肉袒”，就是摘掉王冠，脱去王服。这个很好理解，但他为什么还要牵羊呢？原来，“羊”象征着吉祥，郑伯是希望楚国国君宽大为怀，不要屠杀自己的子民。前蜀皇帝王衍一向贪生怕死，在投降后唐时，也牵上一只羊：一来强调自己像羊一样温顺；二来恳求对方给予自己活命的“吉祥”。当时，大臣王承旨看到君王如此卑躬屈膝，不禁悲从中来，愤然赋诗，予以斥责：“蜀朝昏主出降时，衔璧牵羊倒系旗。二十万人齐拱手，更无一个是男儿！”

此外，“祥”字还经常被用来作为人的名字。历史上，“王祥卧冰”的故事就家喻户晓。晋朝时期，临沂人王祥特别孝顺父母。父母生病了，他就衣不解带地在一旁殷勤伺候，不敢有丝毫怠慢。有一次，老母亲想吃活鱼。当时，正是寒冬季节。王祥不畏严寒，脱下衣服，开始刨冰。突然，河冰自动融化，一条鲤鱼跳了上来。他赶紧拿回家，去孝敬自己的老母亲。后世便用“王祥卧冰”这个故事来赞誉那些孝顺父母的人。

“羊”字趣释

羊天性温驯和善，食草，不与人争食，更不会伤害人类。羊对人类有巨大的贡献，不管是从实用角度还是功利角度，羊对于人类可谓是“有百利而无一害”，所以上古先民把羊视作大吉大利的吉祥之物。

“羊”字演变过程

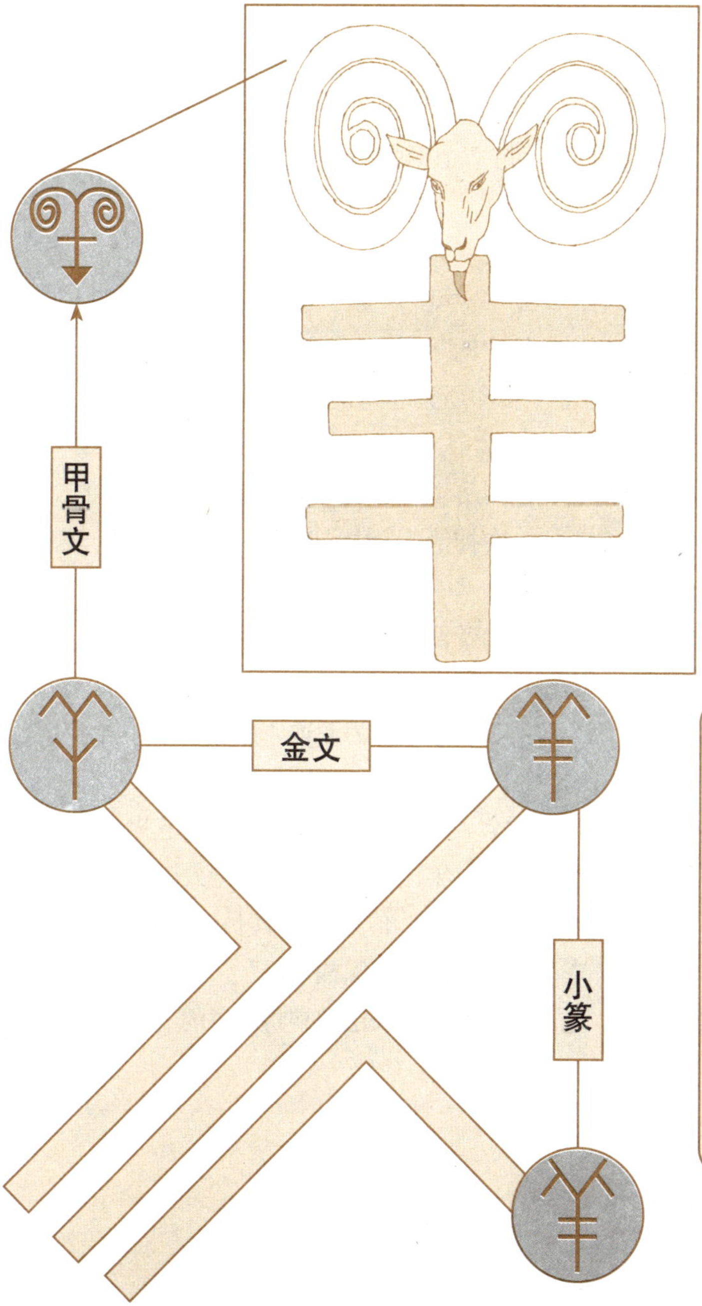

甲骨文

金文

小篆

从文字创造的先后顺序上讲，“羊”字是古汉字。现在用的“祥”字是后来造的。在表示“吉祥”的意思的时候，“羊”和“祥”是可以相通换用的，后世为了表义明确，便在羊的旁边加上了“示”旁，造出了“祥”字，专门用来表达吉祥之义。

第七节

先知神物的化身——“龟”字解

在甲骨文中，“龟”字写作“ ”，属于典型的象形字。分析其结构：上部是龟头；中部是龟身、龟甲、龟足；下部是龟尾。总体来看，“龟”字形似一只直立的乌龟。在金文中，“龟”字写作“ ”。其形状是一只龟的俯视图，形态极为逼真。在小篆中，“龟”字写作“ ”。《说文解字》强调：“龟，旧也，外骨内肉者也。从它，龟头与它头同。”在许慎看来，“龟”是一种接近“它”（蛇）的动物。

在中国传统文化中，“龟”一向被视为吉祥之物，与“龙”“凤”“麟”并称四大灵物。在这四大灵物中，“龙”“凤”“麟”在现实生活中并不存在，至少含有许多想象和虚构的成分；唯独“龟”是确有其物，而且非常灵异。“龟”堪称长寿动物，有的居然可活上千岁。所谓“龟龄鹤寿”，都是比喻长寿。此外，古人还习惯于用龟甲来占卜吉凶，认为灵验无比。究其原因，正如《淮南子》所说的：“必问吉凶于龟者，以其历岁久也。”作为中国现存最早的文字，甲骨文就是刻写在龟甲和兽骨上的。在神话传说中，夏禹从天上偷走的“息壤”就是由“龟”驮运到人间，用来对治洪水的。在女娲补天的过程中，也有“龟”的身影。于是，“龟”就逐渐演变成为帝位的象征，与“龙”相似。古人还习惯于将国之重器铸成龟形，以示慎重与吉祥。

在中国传统文化中，“龟”对后世的影响极为深远。由于“龟”与“贵”谐音，人们常将“龟”视为富贵的象征。古代还将龟壳作为货币流通，“龟”便因此成为财富的象征。很多父母觉得这个“龟”字十分吉祥，就用它来为自己的孩子取名。例如，杜甫的一个好友就叫李龟年，唐代还有一个诗人叫陆龟蒙。

在古代，“龟”还是一种高雅的佩饰。传说唐代官员身上原本佩戴的是“鲤”，由于这个“鲤”与“李”同音，便改为佩戴“龟”。在武则天时期，官员们改佩玄武，这玄武就是“龟”。此外，古人还常常将印章的上部刻成龟形，以示吉利。

“龟”字趣释

“龟”字是一只直立的乌龟的形状，象形字。上面是龟的头，下面是龟的尾巴，中间是龟身、龟甲和两足，惟妙惟肖地画出了龟的形态。“龟”字有着十分丰富的文化内涵。它在中国传统文化中被视为吉祥之物。

寿

龟是一种长寿之物

有的龟可以活上千年

富贵

长寿

贵

“龟”与“贵”谐音

“龟”作为富贵的象征

玄武释意

玄武是一种由龟和蛇组合成的灵物。玄武的本意就是玄冥，武、冥古音是相通的。玄，是黑的意思；冥，就是阴的意思。玄冥起初是对龟卜的形容：龟背是黑色的，龟卜就是请龟到冥间去诣问祖先，将答案带回来，以卜兆的形式显给世人。因此，最早的玄武就是乌龟。

第八节

不能说谎的“鸡”——“鸡”字解

在甲骨文中，鸡写作“”。分析其结构：左部是“奚”，表示用绳子系或套，也代表“鸡”字的读音；右部是“鸟”，表示“鸡”的类别。由“鸟”和“奚”组成的“鸡”字，是一个形声兼会意字，意为用绳套鸟，进行驯养。由此可见，最早的“鸡”是从鸟演变过来的。

早在商代，人们就开始用绳子拴住捕猎的野鸡的脖子进行驯养。实际上，这些野鸡原本是可以飞行的。后来，被人们驯养之后，这些野鸡才逐渐变成不会飞的家禽，也就是今天所说的“鸡”。

在小篆中，“鸡”字写作“”，与繁体的“雞”字结构相同。如与大篆中的“鸡”字仔细对比，就会发现：“鸟”变成了“隹”。这个“隹”也是鸟。据《说文解字》介绍：“鸡，知时畜也。从隹，奚声。”所谓“知时畜”，就是今天所说的“犬守夜，鸡司晨”，其中的“鸡”就鸣叫报时。在《诗经》中，有“鸡栖于埘”的说法。所谓“鸡栖于埘”，就是“鸡儿回巢栖息”。

关于鸡的起源，传说有这样一个故事。古时候，在太行山下，有个李家庄。庄里有个奚员外，育有一男一女。儿子已经娶亲，媳妇美丽端庄，还生了一个胖小子。女儿只有10岁，又聪明又漂亮。但她从小娇生惯养，好吃懒做，常常和母亲一起刁难自己的嫂子。有一次，有一个亲友送给奚员外一些鲜桃。奚员外的女儿偷偷地将鲜桃吃完了，却向母亲诬告，谎称是嫂子偷吃的。她母亲听了，便大声责骂儿媳。儿媳气愤至极，便对天发誓：“如果我偷吃了鲜桃，我就马上死去。”女儿见状，也对天发誓：“如果我偷吃了鲜桃，我就不是人。”不料，女儿刚刚发完誓，就立刻向后倒去。她母亲急忙去扶，却只抓到女儿的衣服，人早已不见了。悲伤的母亲抖了抖衣服，发现地上多了一个奇形怪状的蛋来。知道女儿变成了这个蛋，老两口伤心不已。母亲就把这个蛋放在上衣口袋里，从不离身。过了一段时间，从这个蛋里钻出了一个像鸟一样的活物。奚员外觉得这活物很像鸟，这“鸟”字加上自己的“奚”字，不就是“鸡”吗？于是，就称它为“鸡”。这就是“鸡”的起源。

“鸡”字趣释

早在三四千年前的商代，上古先民就将捕猎的活野鸡用绳子捆住脖子驯养，因为野鸡在没有被人类驯养之前，可以飞相当远，用绳子拴住它后，才慢慢使它成为不会飞的家禽，即今天的鸡。

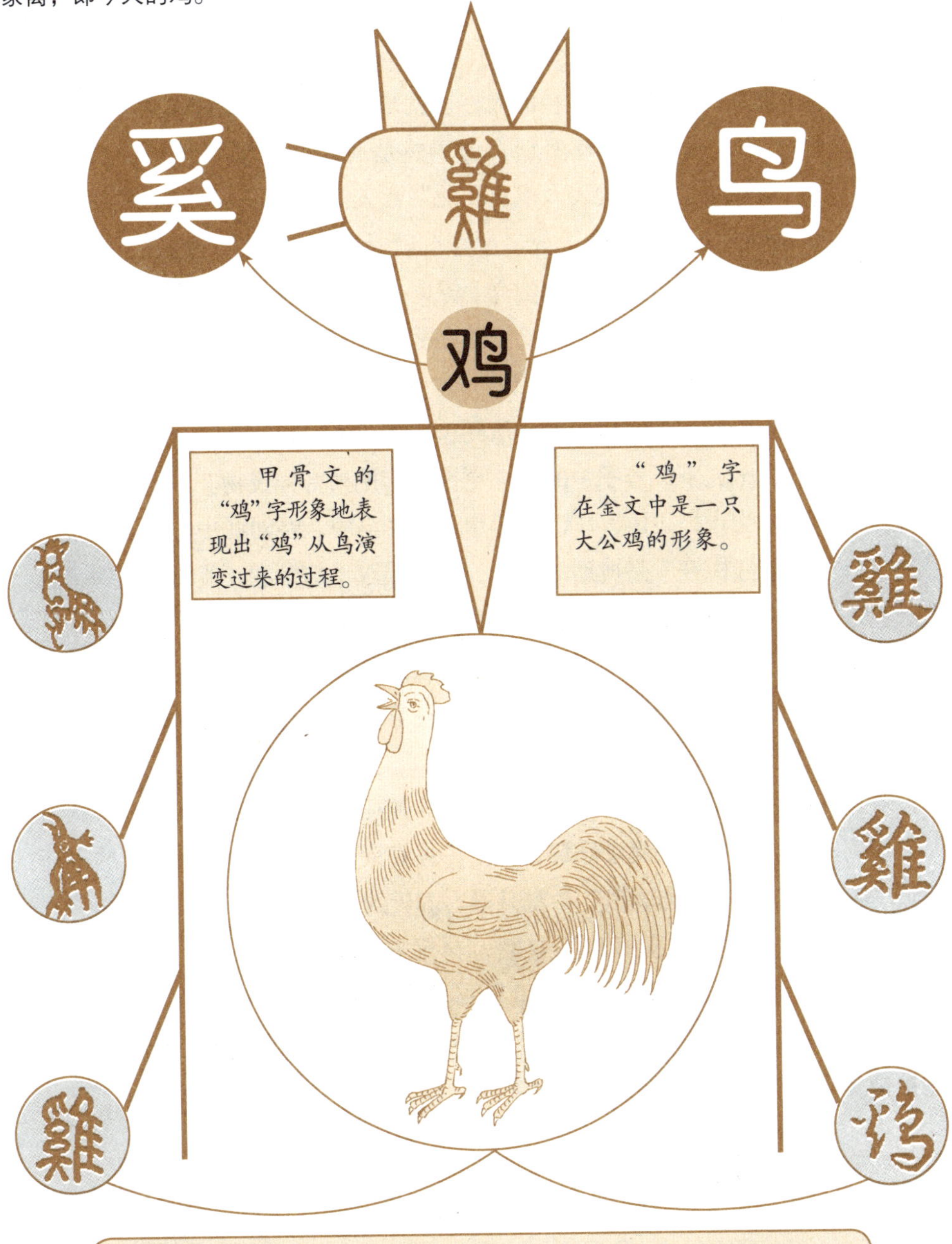

甲骨文的“鸡”字形象地表现出“鸡”从鸟演变过来的过程。

“鸡”字在金文中是一只大公鸡的形象。

在早期的甲骨文和金文中，“鸡”是一个象形字，字形很像一只公鸡；后来演变为形声字，以“隹”或“鸟”为形旁，以“奚”为声旁。

第九节

双宿双栖惹人羡——“燕”字解

在甲骨文中，“燕”字写作“”。许慎在《说文解字》指出：“燕，玄鸟也。”所谓“玄鸟”，就是指黑色的鸟，也就是燕子。在小篆和楷书中，“燕”字已与甲骨文的“燕”字多有差别，但仍然是典型的象形字。分析其结构：“廿”代表头和喙；“口”代表身躯；“北”代表两翅；“灬”代表尾巴。

根据《诗经》《史记》的记载，“燕”就是商人的祖先。据说，有一年春天，帝喾的次妃简狄独自来到河边洗澡。这时，有一只燕子在空中飞来飞去。一会儿，燕子便从空中产下一个蛋，恰好落在简狄的身边。简狄非常好奇，就吞下了这个蛋。不久，她便怀孕了，生下了契。这个契是谁呢？就是殷商部族的始祖。殷人便将燕视为本族的祖先神。从此，燕便成为象征吉祥的一种神鸟，深受世人的欢迎。相比之下，燕子中的紫燕更被人们视为吉祥灵物。紫燕又叫越燕、汉燕，被诗人视为吉祥之语，广泛地运用于诗文当中。在对联中，“春风堂上紫燕舞，细雨庭前红梅开”是典型的春联，“紫燕双飞珠帘卷，流莺对唱翠幕悬”是典型的婚联。时至今日，与“燕”有关的对联比比皆是。

除了紫燕，白燕也被古人视为神物。在《太平御览》中，就有“见白燕，其君且得贵女”的说法。可见，看到白燕是一件非常吉利的事情。从此，“燕”又被尊为“天女”。

在民间，人们对燕子极有好感，也非常欢迎燕子到屋檐或梁间筑巢，认为这是家道兴旺的吉兆。燕子属于候鸟，往往冬去春来，其举动便成为春天的象征。所谓“莺歌燕舞”“燕剪春风”，都是描写春天的吉祥物象。

人们观察到，燕子喜好双飞双栖，与鸳鸯相似。时至今日，人们还是以“燕侣”来形容夫妻恩爱。在动物世界，燕子特别重情。一旦伴侣死去，燕子宁可孤独终生，也不愿另寻新欢。由于这个缘故，燕子也常被人们用来比喻那些重情之人。

“燕”字趣释

小篆和楷书的“燕”字是由甲骨文的“燕”讹变而来，但仍为象形字。其中的“廿”像头和喙，“口”像身躯，“北”像两翅，“灬”像尾巴。

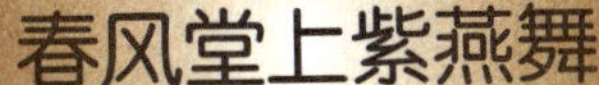

春风堂上紫燕舞

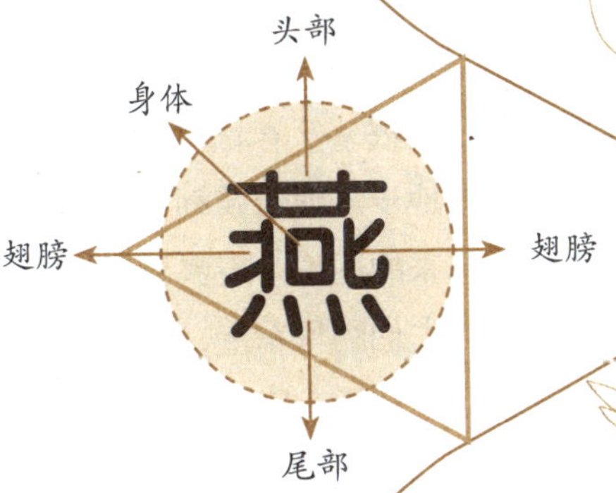

头部
身体
翅膀
燕
翅膀
尾部

燕和鸳鸯一样，喜欢双飞双栖，因此，人们常以“燕侣”比喻夫妻和睦恩爱。燕子还是一种十分重感情的动物，当它失去自己的伴侣后，宁可孤老终生，也不会轻易地另觅新欢，所以人们也常用燕子来比喻那些重感情的人。

细雨庭前红梅开

第七章 汉字中的动物

第十节

抱负宏大之鸟——“鹤”字解

对于“鹤“字，《说文解字》的诠释是：“鸣九皋，声闻于天。从鸟隺声。”在这里，“隺”（hú）表声。但实际上，“隺”也表义。在《说文解字》中，也强调：“高至也。从隹上欲出冂。”所谓“高至”，就是飞得极高。因此，由“隺”和“鸟”组成的“鹤”字就代表一种飞得极高的鸟。《本草纲目》是这样介绍“鹤”的：“鹤大于鹄，长三尺，高三尺余，喙长四寸，丹顶赤目，赤颊青足，修颈凋尾，粗膝纤指，白羽黑翎。”李时珍的描述极为形象，也通俗易懂。

作为一种珍稀动物，鹤一向深受世人的喜爱。在历史上，与鹤有关的故事很多。《左传》和《东周列国志》都记载了一个“养鹤亡国”的故事。春秋时，卫国国君卫懿公非常喜欢鹤，最后竟然发展到不理国政的疯狂地步。他给鹤划分各种品位，还将养鹤的人赐封高官，许多官员也因此失去了原来的职位。卫懿公每次外出，都要带上鹤。由于数量太多，他便让这些鹤坐在大夫们的华车上，并戏称为“鹤将军”。有一天，卫懿公照例带着许多鹤四处游玩。忽然，臣下前来报告：狄人已攻入卫国。卫懿公大惊，立即命令军队抵抗外敌入侵。但是，那些将军们却不愿为他卖命，还反问他：“为什么不叫那些‘鹤将军’去率兵抗敌？”卫懿公只好亲自指挥，结果死于狄人之手。

在《世说新语》中，支道林特别喜欢鹤。有一天，别人送给他两只幼鹤。不久，两只小鹤便学会了飞翔。支道林唯恐它们飞走，就剪掉了它们的翅膀。小鹤因此垂头懊丧，支道林感慨道：“既有凌霄姿，何肯为人作耳目近玩！”之后他便养好了两鹤的翅膀，让它们自在飞去了。于是，后人就将那些才高志远的人比作鹤。对于那些仪容出众、才能超群的人，人们往往赞誉为“鹤立鸡群”。

在传统文化中，仙鹤往往与长寿密切相关。在《淮南子·说林训》中，就有“鹤寿千岁，以极其游”的说法，认为鹤的寿命很长。时至今日，在贺寿时，人们还常用“鹤寿”“鹤龄”“鹤算”之类的语汇。

“鹤”字趣释

“鹤”字是由“隺”和“鸟”组合起来的，表示这种鸟是一种飞得极高的鸟，即能在高空中飞翔的鸟。鹤是一种深受人们喜爱的珍稀禽类，历史上关于鹤的故事很多。

第十一节

帝位与长寿的象征——“鹿”字解

在甲骨文中，“鹿”字的写法很多，主要是“”。这些字都属于象形字：或者形似鹿的正面；或者形似鹿的侧面。从现存的甲骨卜辞来看，鹿是商王武丁猎取的主要对象，相关记载随处可见。每次猎捕，武丁都会预先占卜，借此了解天气状况以及是否会有灾祸。据说，行事谨慎的武丁还会在正式猎捕前派人进行侦察。如果确实有鹿，就按照原定计划具体实施。武丁之所以热衷于逐鹿，除了主观嗜好之外，还与鹿浑身是宝密不可分。鹿皮可衣，鹿肉可食，鹿血、鹿茸、鹿骨等都可以入药。另外，鹿极为温顺，也很容易猎捕。

受到武丁逐鹿的影响，后世历代帝王几乎都有逐鹿的爱好。由于猎捕过量，汉代的鹿竟然成了珍稀动物。也正是这个原因，汉武帝对鹿更加珍爱。史书上记载，因为有人猎杀了上林苑的鹿，汉武帝气愤至极，便下诏要杀掉此人，其珍爱程度可见一斑。

作为一种珍贵动物，鹿深受历代帝王的喜爱。他们甚至将“帝位”“国家政权”比作“鹿”。于是，“逐鹿”便成了争夺天下的代称。《左传·襄公十四年》中说：“譬如捕鹿。晋人角之，诸戎掎之，与晋踣之。”争夺天下的过程与捕鹿的情形极为相似：“中原的晋人紧抓它的角，北方的少数民族则用力拖它的脚。”

鹿外形美丽，性情温顺，一向被人们视为灵兽、吉兽、瑞兽。鹿与鹿和平相处，食则相呼，行则同步，危险时刻便以角对外，共同防御天敌。人们很欣赏鹿的群居习性，常常用鹿来比喻宾朋，用“鹿鸣”作为宴会宾客之乐。在《诗经》中，就有“呦呦鹿鸣，食野之苹；我有嘉宾，鼓瑟吹笙”的诗句。所谓“鹿鸣”，是指招待嘉宾；所谓“鹿鸣宴”，是指招待嘉宾之宴。

在神话传说中，鹿一向被视为长寿的仙兽。《抱朴子》介绍说：“鹿寿千岁，满五百岁则其色白。”人们常常用鹿来象征长寿，在向人祝寿时更是如此。另一方面，“鹿”与“禄”谐音，吉祥图案中的鹿又往往代表福气或俸禄。

“鹿”字趣释

“鹿”的古文字形体，大多为象形字。有的是鹿正面的形状，有的是侧面的形状。从卜辞可知，鹿是商王武丁常常猎取的对象。甲骨卜辞中，有关武丁“逐鹿”的记载屡见不鲜。

鹿鸣

《诗经·小雅·鹿鸣》

呦呦鹿鸣，食野之苹。我有嘉宾，鼓瑟吹笙。

吹笙鼓簧，承筐是将。人之好我，示我周行。

呦呦鹿鸣，食野之蒿。我有嘉宾，德音孔昭。

视民不恌，君子是则是效。我有旨酒，嘉宾式燕以敖。

呦呦鹿鸣，食野之芩。我有嘉宾，鼓瑟鼓琴。

鼓瑟鼓琴，和乐且湛。我有旨酒，以燕乐嘉宾之心。

“鹿”为象形字。甲骨文和金文的“鹿”字简直是古代艺术家的杰作。

枝杈状的角，大大的眼睛，尖尖的嘴，轻盈的身子，跳跃的蹄，完美地表现了“鹿”的特征。

第十二节

情之千丝万缕——“蚕”字解

在甲骨文中，“蚕”字写作“”，是个典型的象形字。“蚕”的繁体字为“蠶”，这是在小篆的基础上演变而成的。《说文解字》的诠释是：“任丝也。从䖵朁声。”所谓“任”，是指胜任；所谓“任丝”，是指吐丝。至于“朁”，是描绘簪潜入发中的形状。在汉字中，含有“朁”的字均代表潜入其中。仔细观察，蚕吃桑叶时，总是把头埋在桑叶之中，从边缘开始慢慢向中间吃。因此，后人就将“䖵”和“朁”组合成“蚕”字。

中国拥有悠久的养蚕历史。既然甲骨文中已有“蚕”字，就说明养蚕之风至少在商代就已开始了。有关养蚕的最早记载是在《尚书·禹贡》中：“桑上既蚕，是降丘宅土。”

历代关于养蚕的传说很多，给人留下深刻的印象。例如，晋代干宝的《搜神记》就记载了“马头娘”的传说。远古之时，有一对父女相依为命，家中只有一匹马。后来，父亲应召出征，连续几年都没有回家。女儿想念远征的父亲，天天盼父回家，望眼欲穿。有一天，女儿思念父亲万般痛苦，就对那匹马说：“如果你能将我的父亲接回家，我就当你的妻子。”谁知，那匹马听了这句话，立刻咬断缰绳，飞奔而去。几天之后，父亲果然骑着这匹马回到了家。那匹马见到女儿，就用双腿抱住她。父亲看了，非常厌恶。女儿便将自己的承诺告知父亲，希望父亲息怒。父亲愤怒至极，立即将那匹马杀死，还把马皮放在太阳下暴晒。有一天，那张马皮突然飞了起来，将女儿卷起就消失得无影无踪。父亲四处寻找，一无所得。后来，他在一棵大树上找到了女儿和马皮，但他们已经变成了蚕，正在吐丝织茧。于是，人们便称这种树为桑树。“桑”暗示着“丧”。这就是“马头娘”的传说。后来，民间还将马头娘视为蚕神，定期虔诚地祭拜。

在文学作品中，蚕常常被文人墨客提及并赞誉。其中，最为有名的莫过于唐代诗人李商隐的名句“春蚕到死丝方尽”。在这里，“丝”代表的是男女之间的缠绵情思与忠贞爱情。后来，人们进一步赋予蚕无私奉献的精神，流传至今。

“蚕”字趣释

中国养蚕的历史悠久，甲骨文中已有了“蚕”字，说明至少在商代就已开始养蚕。关于养蚕的记载早见于《尚书·禹贡》：“桑上既蚕，是降丘宅土。”

蚕的一生

蚕，是蚕蛾的幼虫，丝绸原料的主要来源，在人类经济生活及文化历史上有重要地位。

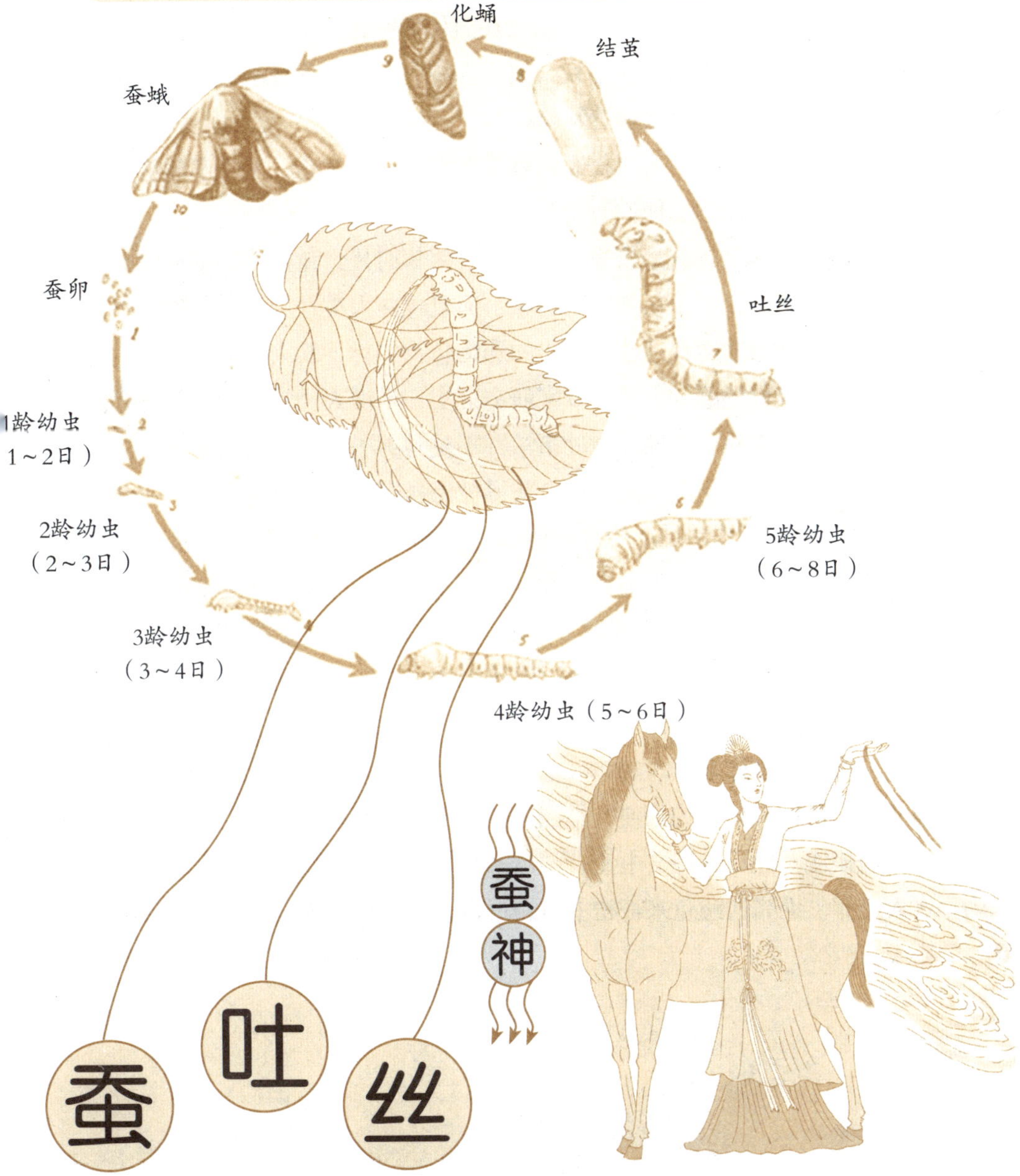

化蛹

结茧

蚕蛾

蚕卵

吐丝

1龄幼虫（1～2日）

2龄幼虫（2～3日）

3龄幼虫（3～4日）

4龄幼虫（5～6日）

5龄幼虫（6～8日）

蚕神

蚕吐丝

第十三节

生生不息，年年有余——“鱼”字解

在甲骨文中，“鱼”字写作“ ”，属于典型的象形字。分析其字形，不仅鱼头、鱼尾、鱼肚惟妙惟肖，就连鱼鳍、鱼鳞也活灵活现。在此基础上，金文的“鱼”字更为逼真，甚至体现出鱼眼、鱼嘴的形状。发展到小篆和楷书，鱼尾变成了四点，但整体上依然保留了鱼的形象。在简化字中，“鱼”字的四点被一横所替代，其目的就是便于书写。在《说文解字》中，是这样诠释的：“水虫也。象形。鱼尾与燕尾相似。凡鱼之属皆从鱼。”

如果潜心研究“鱼”字的音义关系，就能发现：这个“鱼”字既蕴涵着先民对物质生活的祈盼，也表达出他们对子孙幸福的美好祝愿。

考察华夏文明的源头，在上古先民的狩猎、采集时代，鱼是他们生活中必不可少的一部分。事实上，鱼不仅是一种美味，而且也在人类社会的文化生活中体现出独特的价值。新石器时代遗址中出土的彩陶鱼及实物上的人面含鱼纹，就寄托了对氏族未来的美好祝愿。据考古专家研究证实，半坡人经常举行一种乞育仪式。当这种仪式结束之后，女性要做的事情并不是与男子性交，而是吃鱼。其基本思路是：只要吃了鱼，便能和鱼一样，获得极为强盛的繁衍力。

在很多地方，鱼是非常充足的食物资源。因此，在后人眼中，“鱼”便象征着富足。即使在今天，餐桌上的鱼依然是一道不可或缺的大菜。逢年过节，如果餐桌上少了“鱼”，不仅美中不足，而且也不太吉利。因为在中国人的心目中，“鱼”与“余”是谐音的，“无鱼”就代表着“无余”，当然不吉利。需要强调的是，“鱼”与“余”不仅现代同音，而且上古也同音。所以，“年年有鱼（余）”的习俗就是这样来的。

在古代，鱼还被人们称为信使。早在三国时期，吴人葛玄与河伯互通书信，便让鲤鱼担任信使。此后，诗文中便有“鱼书”“鱼函”之类的说法。有些学者认为，古人还有借助赠送鲤鱼来寄赠书信的习俗，这便是“鱼腹藏书”“鱼传尺素”的来源。

“鱼”字趣释

“鱼”字是一个典型的象形字，从字的形体看，不仅是鱼头、尾、躯体像真鱼，甚至将鱼鳍、鱼鳞也刻画得惟妙惟肖。从“鱼”的读音中，也可以看出先民对于食物等物质资料丰饶充沛的企盼，同时透露出他们对子孙繁衍不息的美好祈求。

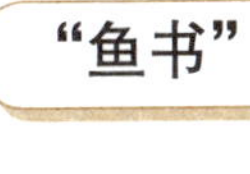

“鱼书”

鱼在中国古代还被称为信使，此事可追溯到三国时期。

也有人认为古人多通过赠送鲤鱼来寄赠书信，因此有所谓“鱼腹藏书”“鱼传尺素”之说。

第十四节

镇邪驱鬼保平安——“虎”字解

在甲骨文中，“虎”字写作“”，形似一只侧面虎，极为传神。“虎”字是个象形字，主要特征是头圆、口大、牙利、掌巨、纹美，凶猛无比。据学者研究，“虎”字的读音源于老虎发出的令人恐怖的吼声。换句话说，“虎”属于拟声词。

在金文中，“虎”字写作“”，接近于甲骨文的写法。在小篆中，“虎”字写作“”。《说文解字》是这样诠释的：“山兽之君。从虍，虎足象人足。象形。凡虎之属皆从虎。”老虎堪称“山兽之君”，也就是我们现在说的“百兽之王”。

老虎生性威猛，深得古人的喜爱。在古人的心目中，老虎象征着威武雄壮。《风俗通义》认为，老虎“能执搏挫锐，噬食鬼魅”。与“虎”有关的词语很多，例如：“虎将”是指勇武善战的将军，“虎子”是指英气勃发的儿子，“虎步”是指威武雄壮的步伐。

古代军队调兵遣将时，往往将信物称为“虎符”。这种习俗最早源于战国时期，一般铸成虎形，上刻铭文，左半由将帅掌管，右半由朝廷保存。每次调动军队，必须以“虎符”为凭证，所谓认符不认人。在古人的心目中，老虎是一种能够镇邪驱鬼的神兽。民间一向认为，老虎能镇邪，将它视为吉祥之物。也许正是这个原因，人们总是在小孩子的帽子上、鞋子上、枕头上、玩具上绘有老虎的形象，希望带来吉祥。这就是我们常见的“虎头帽”“虎头鞋”“虎头枕”及各种虎形玩具。据说，在陕西关中，姑娘的嫁妆里必须有一对面老虎。一些学者认为，这正体现了古已有之的“给新娘挂面虎”的民间习俗。

仔细观察古代的建筑，有时会发现房门上挂有四角虎骨。古人认为，这种做法有助于后代子孙身体健康、家业兴旺，是非常吉利的。对此，一些书籍也多有论及。例如，敦煌遗书中就有记载：“悬虎头骨门户上，令子欢长寿吉。悬口骨舍四角，令人家富贵吉利。”由此可见，这种民间习俗确实存在。

“虎”字趣释

“虎”的古文字是一个典型的象形字，看起来像一只侧面虎的形状，是一个典型生动的老虎形象。将虎的特征圆头、大口、利齿、巨掌以及美丽的花纹，均描绘得十分细致，活现了虎的一副凶猛无比的样子。

虎将 喻指骁勇善战的将军；

虎步 指威武雄壮的步伐；

虎子 喻指雄健而奋发有为的儿子；

虎踞 形容威猛豪迈。

第十五节

辟邪报喜——“豹”字解

作为猫科动物，豹与虎相似，都很威武凶悍。但比较而言，豹的个头要比虎小一些。在甲骨文中，“豹”字写作“ ”，写法与“虎”字接近。区别在于：“豹”字有一些圆圈，恰似豹身上的斑点。在小篆与楷书中，“豹”字的写法相同。对于“豹”，《说文解字》是这样介绍的：“豹，似虎，圜文。从豸，勺声。”所谓“豸”，属于长脊兽类。许慎认为，“豸”与“虎”其实是同一类动物。从现代科学的角度来看，这种说法是可以自圆其说的，因为虎、豹都被归入猫科动物。后来，学者段玉裁在给《说文解字》作注时，对原文进行了修改：“豹，从虎，勺声。”这个“勺”既表声，又表义，充分体现了这种动物奔跑轻快，稍纵即逝的特点。

豹本身还可以细分。按照《正字通》的说法，豹往往“状似虎而小”。具体说来，“白面，毛赤黄，文黑如钱圈，中五圈左右各四者”，是金钱豹；“如艾叶者”，是艾叶豹；“色不赤，毛无文者”，是土豹；“黑文多”，是玄豹；“尾赤文”，是赤豹。

与虎相比，豹稍显逊色，但仍然算得上是猛兽。豹身有着绚丽的花纹，常被古人用来作为一种装饰。皇帝出巡时，必然跟随着长长的车队。在车队的最后那辆车上，往往会插一面橘红的旗幡，上面绣有精美的豹纹。这种旗叫做“神旗”，这种车叫做“豹尾车”。在韩愈的《沂国公碑》中，就有“豹尾神旗”的说法。

在明朝和清朝，文武百官习惯上穿“补服”。这种服装会在前胸、后背上缀有“补子”，上面绣有奇鸟神兽。一般的规矩是：文官绣奇鸟；武官绣神兽。此外，还有绣虎豹的习惯。明代三四品武官绣的是虎豹，清代三品武官绣的是豹。这往往是身份的象征。古人为了避邪镇妖，还制作了专门的豹头枕。所谓“韦后妹尝为豹头枕，以避邪”的说法，就是一个明证。古人还将豹与喜鹊绘在一起，这就是著名的“报喜图”。究其原因，是由于“豹”与“报”谐音，“豹”加“喜鹊”自然就意味着“报喜”了。

“豹”字趣释

豹属猫科动物，性情凶悍，看起来和虎很相像，但是却比虎小。就目前看来，“豹”的古文字与虎有相似之处，不同的是，“豹”的甲骨文有像豹身上的斑点一样的圆圈。

“报喜图”

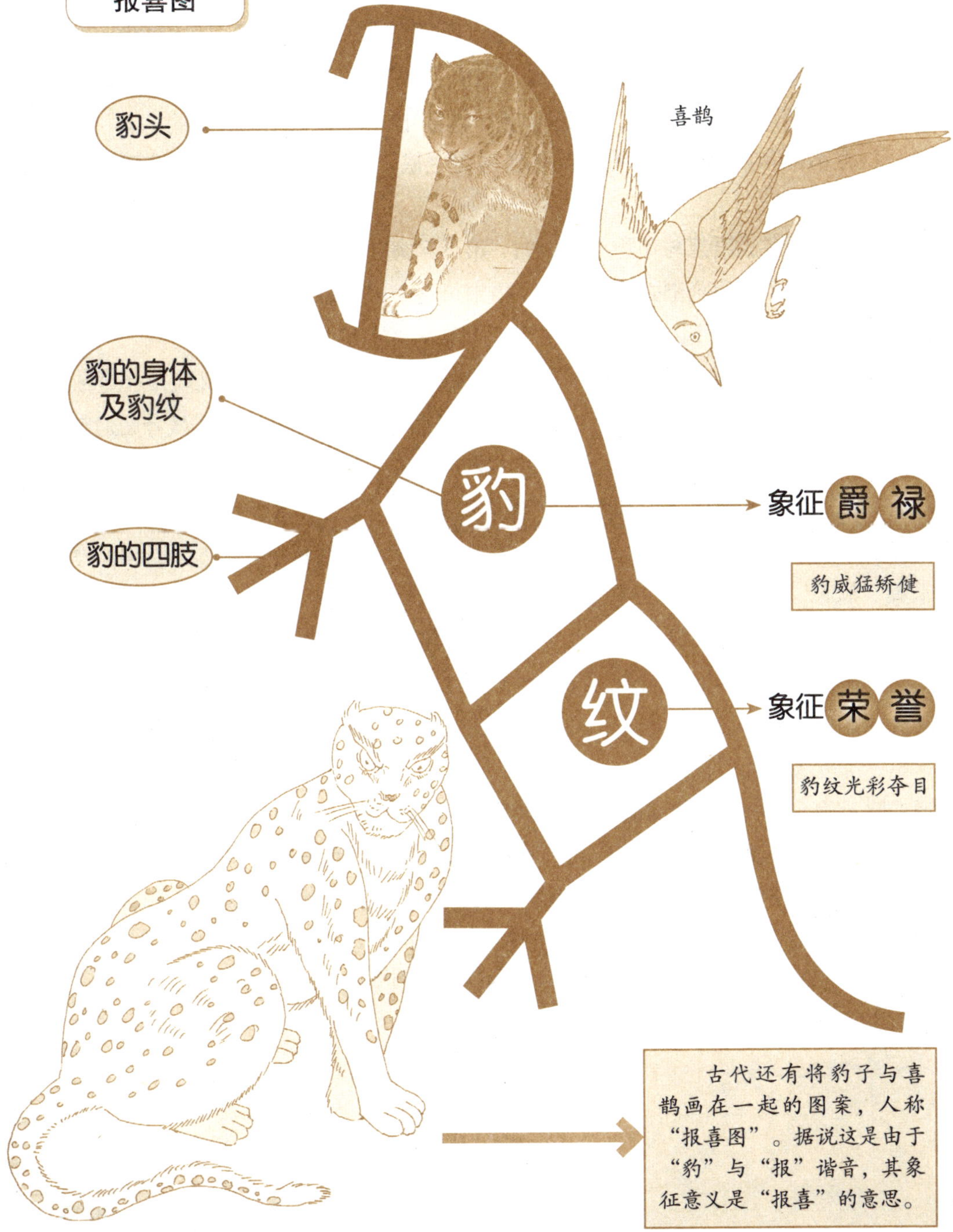

古代还有将豹子与喜鹊画在一起的图案，人称“报喜图”。据说这是由于“豹”与“报”谐音，其象征意义是“报喜”的意思。

第十六节

敢于追赶太阳的精神——“逐”字解

在甲骨文中，“逐”字是个会意字。分析其结构：上部形似一只猪；下部是“止”字，代表一只人脚。“逐”字由“豕”和“止”组成，真实地再现了人追猪的情形。在金文中，“逐”字日趋繁化，增添了代表道路的“彳”形符号。在小篆和隶书中，都有作为部首的走之底。到了楷书，“逐”字更为简明，写作“逐”。

中国的很多成语都与动物有关，如“狼奔豕突”。分析其含义，描写的是猪受到惊吓，便径直冲跑出去。在现代汉语中，这个成语主要用来形容呆笨、鲁莽的横冲直撞的行为。正因为存在猪跑人追的现象，才有了“逐”字的内涵。

在许慎的《说文解字》里，“逐”字被解释成“追”，其本义就是驱赶或消灭追赶对象。其引申义就是“追赶”。所谓“夸父逐日”，指的就是夸父追赶太阳的故事。此外，“随波逐流”“舍本逐末”“逐鹿中原”等成语中的“逐”都有“追赶”的意思。在“角逐”“逐客令”中，“逐”字还有“驱赶”的意思。关于“逐客令”，还有一个传说：战国末期，韩国水利专家郑国为秦国修建水渠。后来，秦王听说韩王想借助修渠拖垮秦国的经济。这就是所谓的“疲秦计”，当然引起秦王的极大愤怒。于是，秦王便下了“逐客令”，要求所有外国人必须限期离境。按照这个规定，当时的客卿李斯也属于被逐对象。李斯写下《谏逐客书》，为秦王分析逐客的恶果，成功地说服秦王撤销了“逐客令”。在这里，“逐客”的对象局限为外国人。后来，凡是主人不欢迎来客，都会采用明说或暗示的方式，催促客人离去。在这里，“逐客”的对象就进一步扩大了。

比较而言，现代汉语中的“逐”与“追”都有“追赶”的意思。但在古代汉语中，这两个字的含义却截然不同：“逐”字专门用于追赶野兽家畜；“追”字专门用于人类之间的追赶。在现代汉语中，这种限制就逐渐取消了，“逐”与“追”在大多数场合可以通用。

“逐”字趣释

“逐”字，《说文解字》里解释为：“逐，追也。”本义为驱赶或消灭追赶对象。引申之后，可以表示为一般意义上的追赶，比如像上古神话传说中的“夸父逐日”，就是指夸父追赶太阳的故事。

夸父逐日

第十七节

振翅高飞常锻炼——“习”字解

说到“习”字，人们首先联想到“学习”“习惯”等说法。但是，就本义而言，“习”字指的是“小鸟学飞”。

“习”的繁体字为“習”。在甲骨文中，“习”字写作“[illegible]”。分析其结构：上部是羽毛，说明有助于飞行，代表小鸟；下部是“日”，代表太阳。由此可见，“习”字由“羽”和“日”组成，属于典型的会意字。但是，人们对“习”字的理解多有分歧。一些学者认为，“习”字是指小鸟在日出时分准备离巢外出。也有一些学者认为，“习”字是指小鸟在阳光下练习飞行。郭沫若就非常赞同这种说法，认为“习”字“分明从羽，从日，盖谓禽鸟于晴日学飞”。

在小篆中，“习”字写作“[illegible]”。《说文解字》认为：“数飞也。从羽从白。凡习之属皆从习。”在这里，所谓“数飞”，是指反反复复地飞来飞去。这就说明，许慎也认为“习”字是指小鸟在学习飞行。“习”字既然由“羽”和“白”组成，自然可以理解为小鸟在吃力地学飞。要知道，“白”就是古“自”字，而“自”又是古“鼻”字，往往与“息”有关。因此，朱骏声在《说文通训定声》中就强调：“习，数飞也，从羽，从白，会意，数飞则气急现于口鼻，故从白。”这就证明，“习”字的本义确实是“小鸟学飞”。

在小鸟学飞的过程中，往往含有“反复多次”的意思。因此，“习”字就引申为“温习”“复习”。最典型的就是《论语》中的“学而时习之”的“习”字，意思就是“温习”或“复习”。

由于“小鸟学飞”往往有一个学习过程，“习”字便引申为“学习”。《吕氏春秋》中就写道：“造父始习于大豆，蜂门始习于甘蝇。”在这里，两个“习”字都是指“学习”。

此外，由于“小鸟学飞”往往有一个从陌生到熟悉的过程，“习”字又引申为“熟悉”。在《战国策》中，就有“谁习计会”的说法，指的就是“谁熟悉会计”。

“习”字趣释

现代人看到“习”字，很自然地就会想到它的意思就是“学习”“习惯”等，殊不知“习”的本义为小鸟学飞。因为小鸟学习飞翔，对事物有一个从不了解到了解的过程，所以人们将其引申为现在我们用的意思。

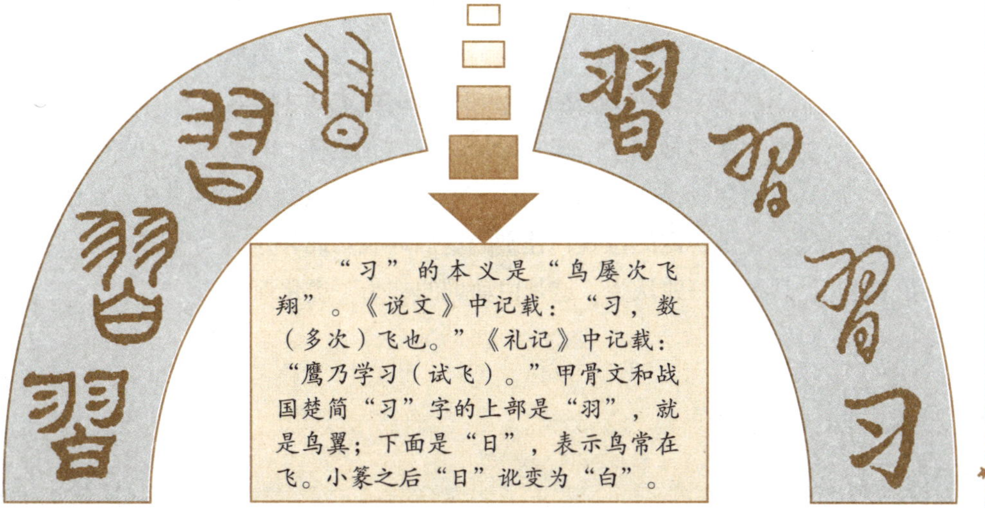

“习”的本义是“鸟屡次飞翔”。《说文》中记载：“习，数（多次）飞也。”《礼记》中记载：“鹰乃学习（试飞）。”甲骨文和战国楚简“习”字的上部是“羽”，就是鸟翼；下面是“日”，表示鸟常在飞。小篆之后“日”讹变为“白”。

第十八节

缘何大象变母猴——“为”字解

“为”的繁体字是“為”。在小篆中，“为”字写作“”。在《说文解字》中是这样解释的：“为，母猴也，其为禽好爪，爪，母猴象也，下腹为母猴形。”对于许慎的这种说法，学术界一直有争议，但长期没有定论。19世纪末20世纪初，根据对出土的甲骨文的研究，人们对“为”字有了更深的认识。在甲骨文中，“为”字写作“”。分析其结构：左上方是“爪”，代表一个人的一只手；右边是一头大象，头朝左方，并有着长长的鼻子和朝下的尾巴。有的学者发现，如果将甲骨文的“为”字向左转动90度，就酷似一只手牵一头象。由此可见，“为”字是由“爪”和“象”组成的，意为“用手牵象，进行劳作”。学者罗振玉认为，“为”字“从爪，从象”，其意为“役象以助其劳”。

在金文中，“为”字依然保留“象”的形状。在小篆中，“为”字中的“象”逐渐演变成一种奇怪的动物。难怪许慎也闹了误会，以为那种动物就是母猴。道理很简单，在许慎那个时代，甲骨文和金文都埋入土中，难得一见。由于“为”字中的“象”的形状是直立的，有学者认定“为”字的本义并非用手牵象去劳动，而是指一头大象用鼻子叼着人直立起来。这种情形恰似马戏团的演员与大象的精彩表演。

既然“为”字的引申义是“人用手牵大象，进行劳作”，那就说明：我国古代的中原地区曾经有过大象，而且人们还普遍驯养过大象。或许同今天的泰国的情形相似，当时的大象也曾经从事一些较为繁重的劳动。由此可见，大象与人类之间的关系确实是比较密切的。事实上，这正是“为”字出现的社会基础。

在汉语中，“为”字可以引申为从事一切事情。因此，“为”字可以代表“变成”“治理”或“管理”。在《论语》中，有这样一句话：“为政以德，譬若北辰，居其所而众星拱之。”这句话是说：只要用道德来治理国家，自己就会像北极星一样，处于一定的位置，让别的星辰环绕。此外，“为”字也可以当介词用。对此，学者们一致认为，这是由动词的“为”虚化而来的。

“为”字趣释

“为”字反映的是人用手牵大象，从事劳作。这一历史事实说明，我国古代中原一带不仅有大象，而且那一带的人们曾经广泛役使过大象，大象也曾从事过像在今日泰国仍然从事的那样繁重的劳动。

误解

许慎在《说文解字·爪部》解释：“为，母猴也，其为禽好爪，爪，母猴象也，下腹为母猴形。”虽说此种说法一直备受人们的质疑，但却一直都没有更加确切的答案。

正解

大象

母猴

爲

为

本义

甲骨文的“为”字，其左上方的“爪”所表示的就是一个人伸出的一只手的形状，其右边是一只头朝左，并拖着长长鼻子，尾巴朝下的大象。

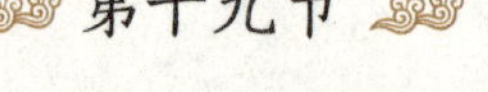

第十九节

“它”即是“蛇”——“它”字解

现在很少有人知道，“它”字的本义就是毒蛇。但这确实是事实，而且也被相关的历史文献所证实。在甲骨文中，“它”写作“”或“”，属于典型的象形字，形似一条大蛇。有些学者认为，只要将“它”字横向展开，就能发现一条爬行的蛇。

在甲骨文中，“它”字还有一个异体字。其特点是：上部是“止”，代表的是人脚。原来，在远古时代，由于蛇四处出没，穴居的人们经常会踩到蛇。值得注意的是，这种蛇毒性很大，名叫蝮蛇或“草上飞”。这种蛇攻击性很强，人一旦被它咬住，就会面临生命危险。由此可见，当时的人认为“它”的危害很大。在平时走路时，一定要小心谨慎，以免踩着“它”而出现危险。

从另一个角度来看，“它”字也反映了上古先民与毒蛇搏斗的场面。分析“它”字的形体，可以看到，有很多人被“它”咬死。正是由于这个原因，上古先民视“它”为灾难的象征。例如，甲骨文中所说的“无它”往往是指大吉大利。至于“有它”，当然是指遭遇灾难了。在这方面，《说文解字》说得很清楚：“上古草居患它，故相问‘无它乎’。”原来，上古先民在结草而居时，非常害怕毒蛇，以至于见面都会互相问候一句：“遇到蛇了吗？”这就充分说明，毒蛇对当时的人们造成了巨大的危害。于是，甲骨文中的“它”字，既可以指蛇，也可以引申为“祸害”“灾害”。实际上，在甲骨文中，“无它”是指“没灾害”，“有它”是指“有灾害”。

在小篆中，“它”字写作“”。《说文解字》强调：“它，虫也。”有些学者甚至认为，“它”字应读“蛇”音，是“蛇”字的本字。究其原因，是因为人们将“它”借用为代词的“它”，又在“它”字的左边添加了“虫”字，成为“蛇”字，代表“它”的本义。在远古时期，“它”受到先民的崇拜。据说，中华民族最早是崇拜蛇的，后来才在崇拜蛇的基础上发展而成的龙。一个有力的事实是：神话传说中的伏羲和女娲都是相似的形象，即人首蛇身。

“它”字趣释

“它”字的本义是一条毒蛇，这让现代的人难以置信。但是通过相关的历史文献就可以证实这一点。甲骨文的“它”字是一个典型的象形字，所描绘的是一条大头蛇。

女娲

伏羲

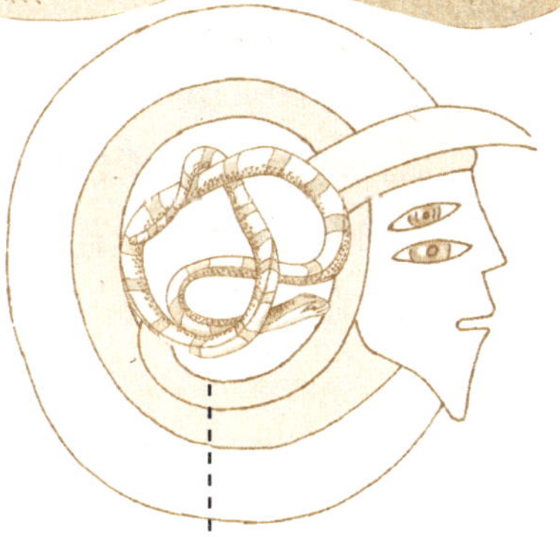

本义

“它”字应读“蛇”音，后来作“蛇”，可见“它”为“蛇”的本字。这是因为“它”借用为代词的“它”之后，人们在“它”的左边加了一个“虫”字，即成“蛇”，以此来表示“它”的本义。

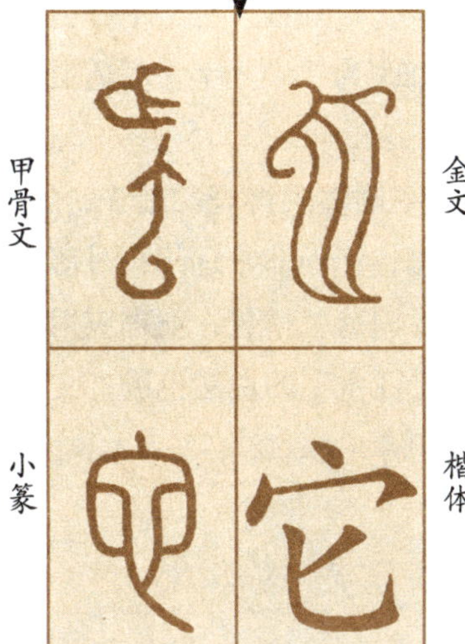

图腾

“它”在远古时期，也是先民的崇拜之物。据说我们民族最早是崇拜蛇的，其后发展为对龙的崇拜。传说中的汉民族的祖先伏羲和女娲都是人首蛇身的形象，正好说明了这一事实。

第二十节

前村月落“半”江水——“半”字解

在现存的甲骨文中，并没有“半”字。“半”字最早源于小篆，写作“半”。分析其结构：上部是“八”，代表“八”字的本义“分”“分开”，而非数量；下部是“牛”，在中国古代象征着家庭富足。“半”字由“八”和“牛”组成，属于典型的会意字，意为“分牛”。在“半”字中，“八”字往往在“牛”字的上面，意为将“牛”分成左右两个部分。所谓“半”，就是指牛的一半，或二分之一头牛。显而易见，这正是“半”的本义“等分牛”。在《说文解字》中，许慎认为：“半，物中分也。从八，从牛。牛为物大，可以分也。”在这里，所谓“物中分”，是指将物体分为两半，属于“半”字的引申义。有些学者分析道，“半”字的结构充分说明，先民经常会进行分牛的活动。根据考古资料，货币产生之前，商品交换的方式主要是以物易物。其中，用牛羊来交换物品是很普遍的现象。在必要的时候，往往会产生分牛的举动。

据《历代诗话》记载，唐代诗人高适曾经担任两浙观察处置使。有一天，他来到杭州清风岭，在一间僧房的墙壁上留下一首诗：“绝岭秋风已自凉，鹤翻松露湿衣裳。前村月落一江水，僧在翠微角竹房。”写完此诗，高适非常满意，自认为该诗写得极为出色。

后来，高适发现江水随着潮退去时，只剩半江水。他明白自己的诗“前村月落一江水”与事实不符，立刻赶往那间僧房，准备改诗。没想到，这首诗已经被人修改过了。他问了僧房的人，才知道：有一个官员曾经读到这首诗，在赞叹之余，觉得诗中的“一”字不如改为“半”字。高适很想结识那个官员，始终不知道对方是谁。

平心而论，这个“半”字确实改得好。首先，符合事实。钱塘江随着潮汐而涨落：月升之时，海潮倒灌，江面非常辽阔；月落之时，海潮消退，只剩下一半江水。既然高适描写的是“月落”情景，就理应用“半”字而非“一”字。否则，就不准确了。其次，“半江水”的说法也极富文学神韵。

“半”字趣释

“半”字上半部分为“八”字，这里的“八”并不是表示数量，而是指“八”字的本义，即“分”“分开”的意思。下半部分为“牛”，“牛”为大物，在中国古代，“牛”是家庭富裕的象征。

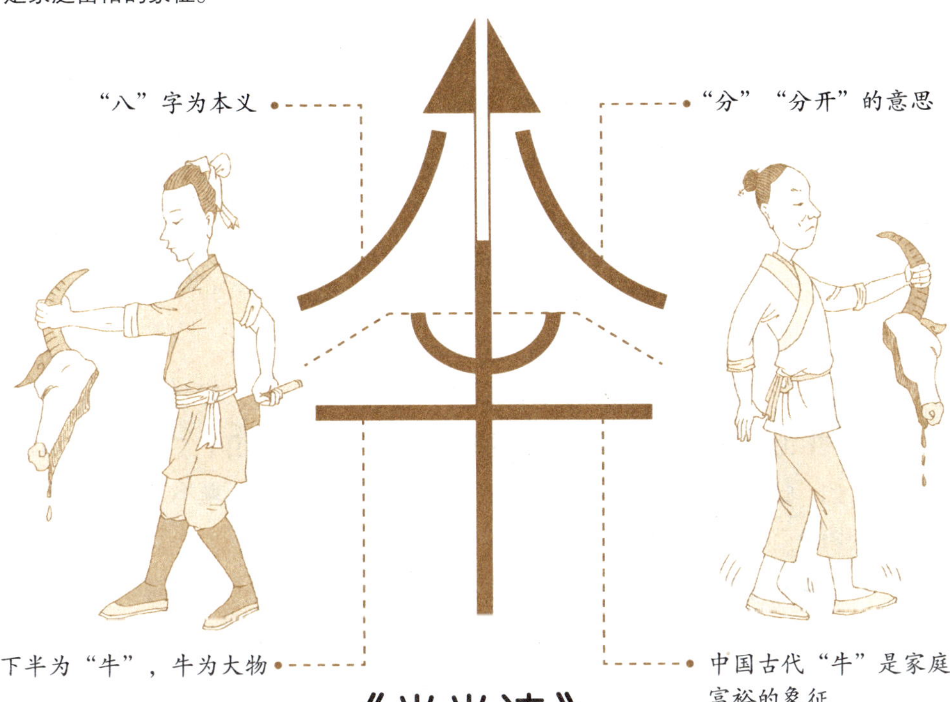

《半半诗》

第二十一节

群鹿狂奔尘飞扬——“尘”字解

“尘”的繁体字是“塵”。在大篆中，“尘”字写作“[illegible]”。分析其结构：其中共有三只“鹿”，代表群鹿；在最上面的那只“鹿”的两侧，各有一个“土”字。“尘”字属于典型的会意字，意为群鹿狂奔，尘土也随之四处飞扬。与大篆相比，小篆中的“尘”字少了一个“土”，而把另一个“土”移到下面，写作“[illegible]”，酷似群鹿奔跑时尘土飞扬的情形。在楷书中，古人将三只鹿简化为一只鹿、一个“土”，但本义不变。

在《说文解字》中，“尘”字被诠释为“鹿行扬土也”。“尘”字的本义说明，在远古狩猎时代，先民出于生存的需要，经常捕猎野兽，群鹿被赶得四处逃命，扬起了尘土。根据这一情景，古人用“鹿”和“土”造出了“尘”字，其本义就是尘土。在晁错的《论贵粟疏》中，有“春不得避风尘，夏不得避暑热”的说法，其中的“尘”字就是指尘土。

后来，人们将繁体的“塵”字简化为“尘”。事实上，“小”与“土”也能确切地代表尘埃：所谓尘埃，不就是小土吗？由于尘土飞扬时会撒在地面或物体上，从而留下人、鸟、兽的踪迹，“尘”字就引申为“踪迹”。由于人类的活动往往会引发某些事件，“尘”字又引申为“事迹”。例如，《宋史》中所谓“思追巢、许之余尘”就是指“准备追随巢父和许由的踪迹”，相当于现在所说的“步人后尘”，但并没有贬义，主要还是选取其中性含义。

哪里有尘土，哪里就算不上洁净。因此，佛家将现实社会称为“尘世”，将悲欢离合的人事称为“尘事”或“尘缘”，而将极乐世界称为“净土”。因此，“尘”字又引申为“人世间”。所谓“看破红尘”，就是指看透人世间的一切。当然，这个“红尘”的说法最早很可能是道家首先提出来的。道家的理论一向认为，宇宙最早起源于一片原始红光。也许就是因为这个缘故，后来的道家就将人类社会称为“红尘世界”。

“尘”字趣释

“尘”字的篆体最上面有一个“鹿”字，两侧各有一个“土”字。可见“尘”是一个会意字，合起来的意思就是指群鹿集体狂奔，地上的尘土随之而飞扬。

古文字的“尘”字，从土从三鹿，表示群鹿奔腾，沙土飞扬的意思。“尘”字的本义指飞扬的尘土，又泛指极细微的沙土，故小篆的“尘”字从小从土，称小土为“尘”。

“尘”字解

看破红尘

“尘”又引申为“人世间”。如“看破红尘”就是看透了人世间的一切事情。这是一种消极避世的思想。

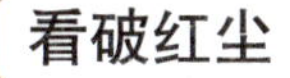

待在鱼缸的鱼，要是哪天看破红尘了，可以自己拔掉鱼缸的塞子……

如果拔掉塞子的话……

第二十二节

占卜鬼神问吉凶——"卜"字解

在甲骨文中，"卜"字写作"[illegible]"或"卜"，属于典型的象形字，形似龟甲兽骨灼烧后呈现的兆纹。事实上，这个"卜"字生动地揭示了远古时代占卜的起源。

当时，生产力水平极其低下，缺乏现代科学思想的先民习惯于将人世间的一切兴衰归结为鬼神的意志。无论是王室显贵，还是庶民百姓，每做一件事，都要虔诚地卜问天地。据相关史料记载，这种普遍意义上的占卜活动在商代末期最为流行，甚至发展到了无事不卜、无时不卜的疯狂地步。但凡年成的丰与歉、战争的胜与负、天气的阴与晴，都必须进行高规格的占卜，试图向鬼神了解事情的吉凶祸福。

在占卜之前，先民们首先会虔诚地进行一些必要的准备工作。他们先将龟甲兽骨修治平整，然后凿出圆槽和圆坑，最后在火上进行烧烤。经过加热，钻孔处很容易出现各种裂痕，这就是所谓的兆纹。占卜者会对兆纹进行仔细的研究，据此推断出事情的吉凶祸福。据说，这些兆纹往往呈现"卜"字形，这或许就是"卜"字的最早来源。

有些学者进一步研究认定，"卜"字的读音也与此有关。换句话说，龟甲兽骨经过烧烤，发出的那种爆裂声就是"卜"的读音。

在《说文解字》中，许慎写道："灼剥龟也，象灸龟之形。一曰象龟兆之从横也。凡卜之属皆从卜。"他认为，"卜"字的含义有两种：一是指将凿好的龟甲兽骨放在火上烧，体现的是占卜的全过程；二是指龟甲兽骨烧烤后留下的那些裂纹。

商人非常看重占卜，还将占卜的结果郑重其事地刻在甲骨上。这就是今天出土的那些卜辞。由于这些文字都刻在龟甲、兽骨上，后人就称之为甲骨文。学术界早已形成共识，认定甲骨文是我国现存的最早的文字。事实上，那些珍贵的卜辞为后世提供了殷商时期的重要史料，有助于后人对商代历史进行科学合理的研究。

由此可见，占卜文化在中国源远流长，影响深远。这种占卜文化属于古老民族的世俗文化，植根于民间，流传于后世。因此，正确地认识占卜，更强调理性的价值，将对中华民族的科学、思想、教育产生积极影响。

“卜”字趣释

在中国，自古就有“天人合一”的哲学思想，所以中国人认为人事的兴衰可以通过自然的变化表现出来，并在占卜的过程中被捕捉到。一方面，占卜是一种神秘主义；另一方面，则是各种自然科学经验的实际应用。

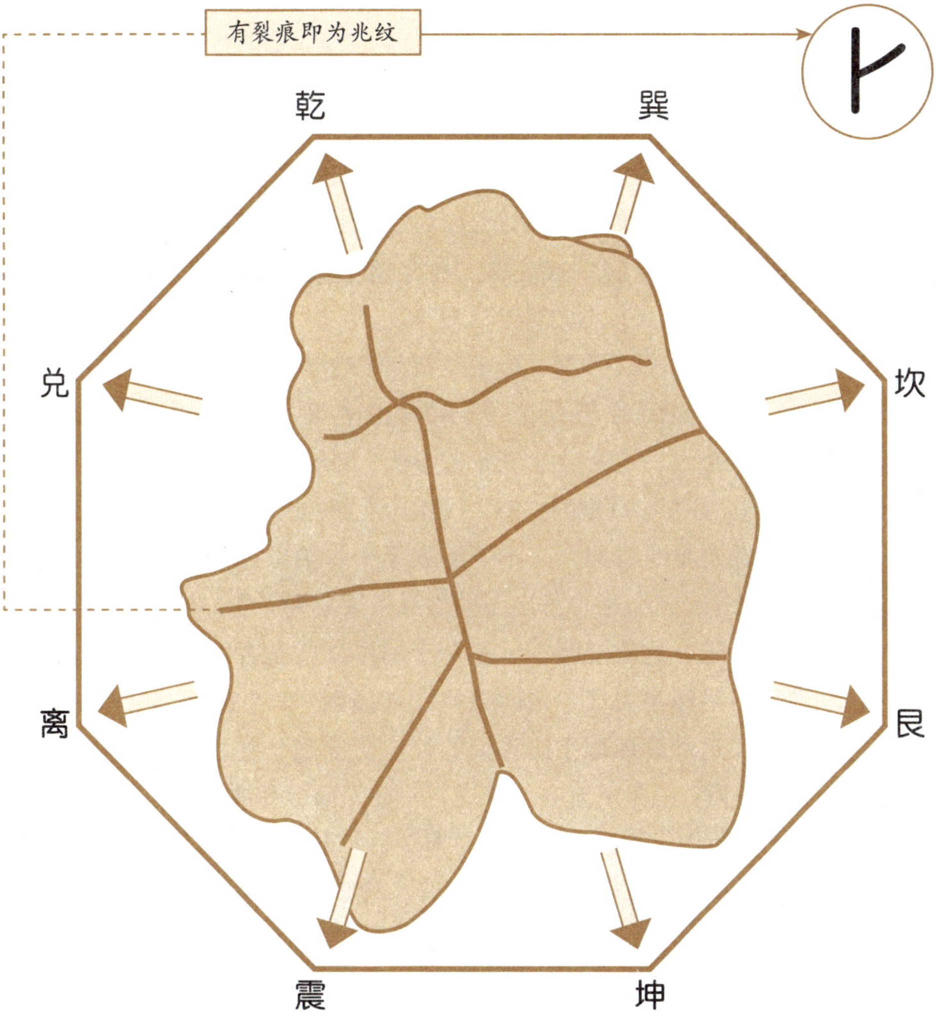

有裂痕即为兆纹

卜

乾 巽 兑 坎 离 艮 震 坤

占卜的分类

● **预测及预测学**：最原始、最笨拙，但也是最持久不衰的方法，是对一系列奇怪事件的记录。

● **抽签**：这可以用木棍、骨头、石头、豆子等东西来制作。现代的棋牌类游戏就是从这些“占卜”发展而来。

● **自由派占卜**：没有特定方法的占卜方式，实际上是其他占卜方法的衍生。启示来自占卜者偶然看到和听到的东西。

第二十三节

奔流停止的三条河——“不”“丕”二字解

在现代汉语中，“不”字属于否定副词，意为“非”或“不是”。但是，“不”的本义又是什么呢？在甲骨文中，“不”字写作“[illegible]”。一些学者认为，“不”字酷似一只在天空飞翔的小鸟，直冲高空，永远不会落下来。他们认为，这个“一”代表天，这个“[illegible]”代表鸟。在《说文解字》中，是这样诠释的：“从一，一犹天也。象形。凡不之属皆从不。”

也有一些学者认为，“不”字实际上是指花蒂的形状。这里所谓的花蒂，指的是花下面的托盘。所谓“象花不形，花不为花之本义”和“不者，也”，都是这个意思。在古文中，“不”字形似花蒂的形状。因此，古人习惯上将木制的形似花蒂的茶具称为“杯”。其中的“不”代表其读音，也代表其字形。

还有一些学者大胆地猜测，“不”字表示一种抽象意义，而非一种具体事物。他们的依据是：三条来自方向不同的线条聚集到一起，被“一”阻挡了去路，因而无法前进。这就说明，“不”字的本义就是否定。或者，也可这样理解：“鸟”用尽浑身力气，飞向天空，却碰到“一”的阻拦，只好停止飞翔。相对而言，这种解释似乎比许慎的说法更准确一些。有些学者认为，“不”字还可理解为：三条河流齐头并进，一往无前，却被“一”阻挡，无法继续前进。因此，他们认为，“不”字的本义是“无法继续前进”，并引申为“不”。由于这个“一”能阻挡事物，“不”字又引申为“大”“巨大”。因此，古代汉语中的“不”字与“丕”字经常通用。《诗经》中就有“不显不承”的说法，《孟子》中也有“丕显”“丕承”的说法。事实上，金文中的“丕”字原本就是“不”字。

许慎在《说文解字》中还写道：“丕，大也。从一，不声。”在他看来，“丕”字属于典型的形声字。“丕”字与“大”字属于同一个音系的字。既然“不”字代表“大”，“一”字又代表万物之始，也有“大”的意思，“不”字与“一”便可会意为“宏大”“巨大”“伟大”。从这个意义上说，有些学者认为“丕”字是形声兼会意字。

“不”“丕”字趣释

古文“不”像花蒂的形状，所以古人称木制的形状像花蒂的茶具为“杯”。还有的认为，“不”表示的不是一种具体事物，而是一种抽象的意义。三条来自不同方向的线条，会集到一起，后被“一”阻碍了去路，不能继续前进。在古汉语中，“木”字与“丕”字经常通用。

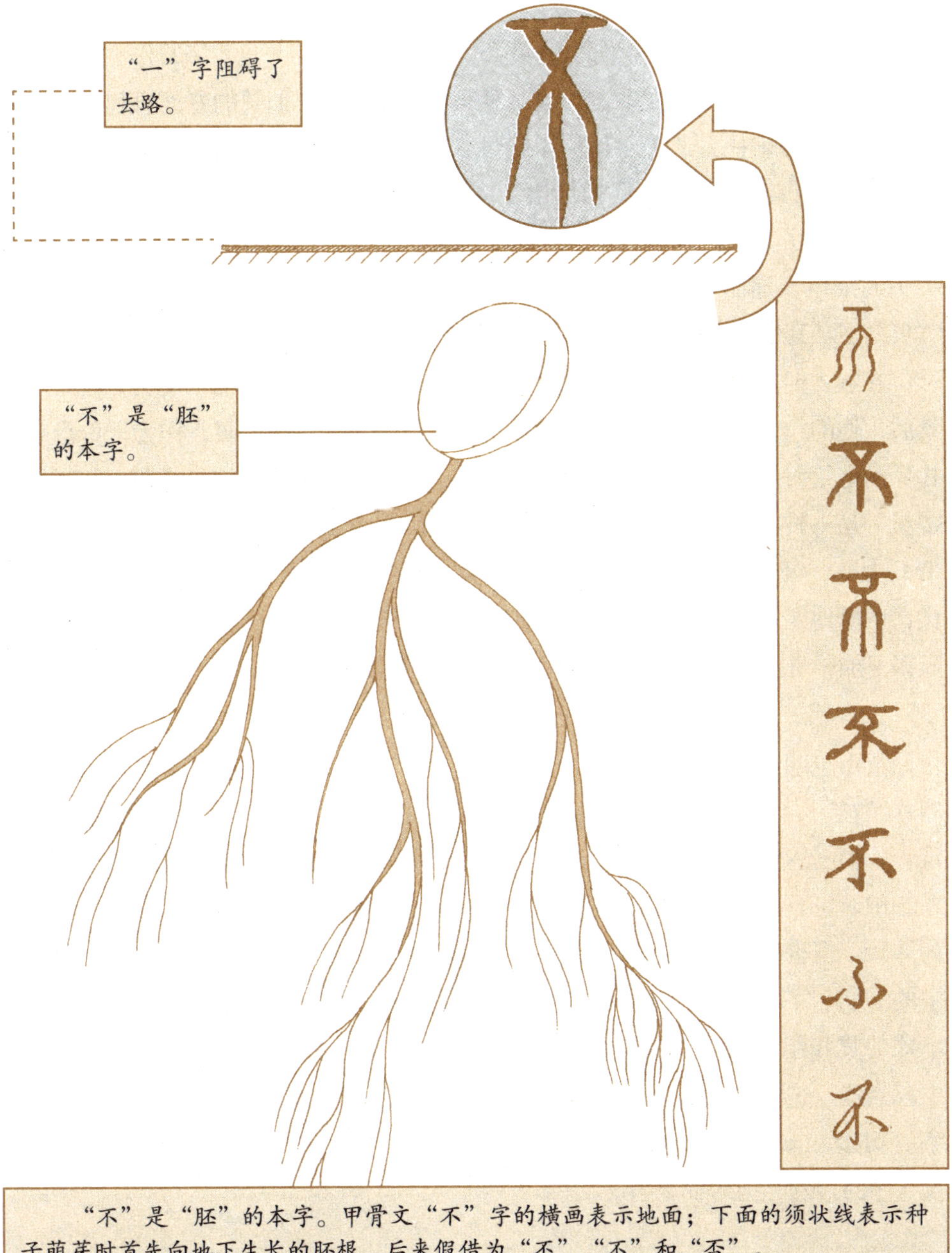

“一”字阻碍了去路。

“不”是“胚”的本字。

“不”是“胚”的本字。甲骨文“不”字的横画表示地面；下面的须状线表示种子萌芽时首先向地下生长的胚根。后来假借为“丕”“不”和“否”。

第二十四节

“金钱”与“友谊”——“贝”“朋”二字解

一般说来，“贝”是指海里的贝壳。在甲骨文中，“贝”字写作“”，形似左右两扇贝壳。在金文中，“贝”字写作“”，形似贝的背面拱起，腹部左右露肉。在小篆中，“贝”字写作“”，提出的是海贝头部那两根细长的触角。这就说明，古文的“贝”字描绘出了“贝”的多种形象，属于典型的象形字。在《说文解字》中，许慎强调：“海介虫也。居陆名猋，在水名蜬。象形。古者货贝而宝龟，周而有泉，至秦废贝行钱。凡贝之属皆从贝。”在李时珍看来，“贝”字“其中两点像贝齿，刻其下两点像其垂尾”。

在远古时代，先民们往往将“贝”视为无上的珍宝。据说，周文王被纣王囚禁后，他的一个大臣为了解救他，特地派人到海边去寻找大贝，作为一份贵重的礼品赠送给纣王。纣王见状，极为高兴，立刻将文王释放。由此可知，在商代，“贝”是一种非常珍贵的物品。在《穆天子传》中，也记载着天子赐予赤乌“贝带五十”，证明古人确实有赠贝的习俗。究其原因，在交通极不发达的远古时代，中原地区是很少见到海边的“贝”的。由于路途遥远，来之不易，“贝”就显得更加珍贵。事实上，正是由于这个原因，古人才将“贝”称为“宝贝”。

在古代，“贝”可以直接作为“钱”来换物，因而被称为“货贝”。在古代，货币也叫“朋”。在甲骨文中，“朋”字写作“”。在金文中，“朋”字写作“”，形似串联在一起的数个贝壳。在古代，往往将“朋”作为货币单位。《周易》上所说的“十朋之龟”，就是指用十朋钱换来的一只乌龟。在《诗经》中，也有“既见君子，赐我百朋”的说法。有些学者认为，在古代，“五贝为朋”。但也有学者认为，五贝仅为一串，两串才算是一朋。考察甲骨文和金文中的“朋”字，“两串为一朋”的说法似乎更有说服力。既然“朋”字是由数个串成的货贝组成的，“朋”字又可以用来比喻同一个老师手下的关系密切的学生。当然，也有学者认为，“朋”字实际上是指同学，是朋友的“朋”字的假借字。例如，《论语》中的“有朋自远方来”中的“朋”和“同师曰朋，同志曰友”中的“友”指的都是朋友。

“贝”“朋”二字趣释

在古代，“贝”可以当做“钱”来使用，人们将它称之为“货贝”。货贝在古代称之为“朋”。“朋”的古文字的形体，看上去均像数个贝壳连串在一起。古代以“朋”作为货币的单位。

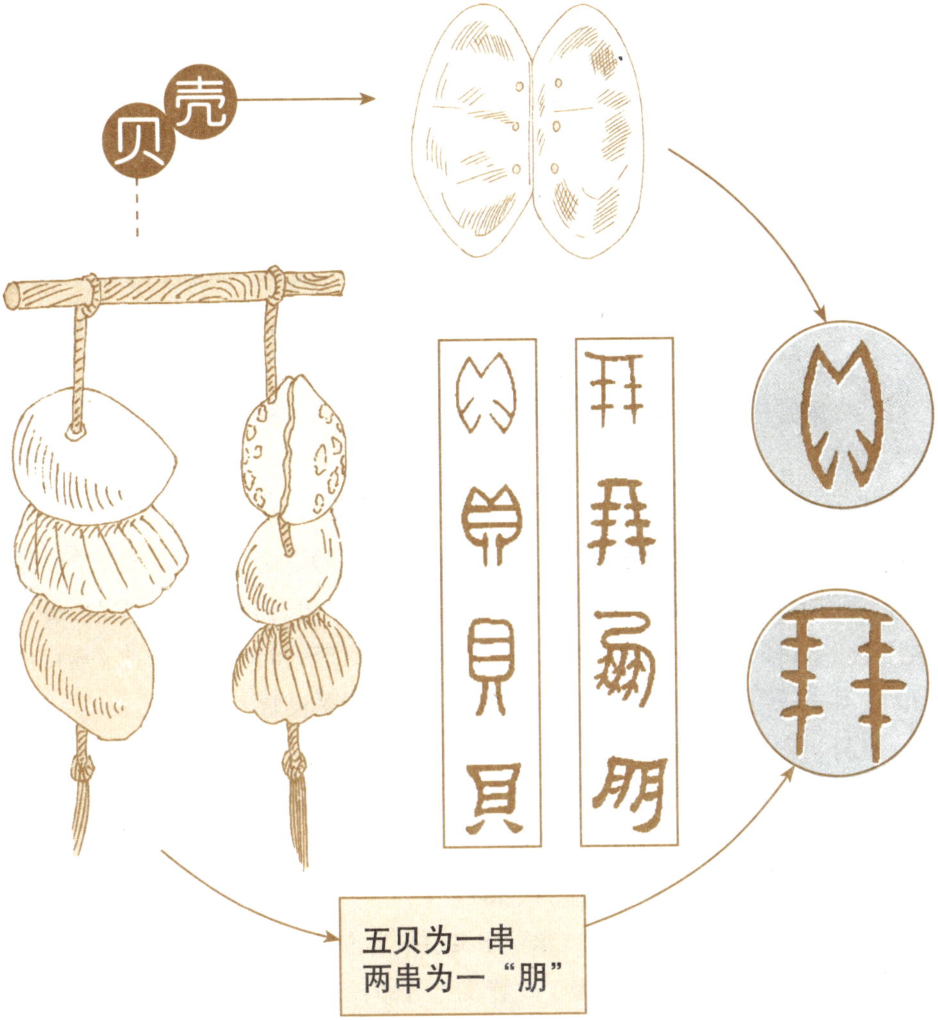

贝壳

五贝为一串
两串为一“朋”

朋友的由来

从前，在一座大山脚下，住着两户人家。一户的主人叫阿朋，一户的主人叫阿友。两人都靠打柴为生。

阿朋和阿友十分要好。虽不是一母所生，却胜过了亲兄胞弟。阿朋有了困难，阿友就慷慨解囊；阿友有了困难，阿朋也尽力相助。后来人们就把同甘共苦、志同道合的人称为“朋友”。

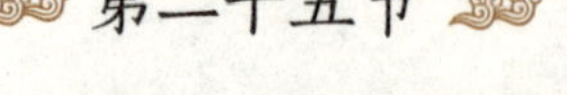

第二十五节

“角”的多种用途——“角”字解

在甲骨文中，“角”字写作“”。在金文中，“角”字写作“”。毫无疑问，这两个字极为相似，描绘的都是牛羊头上扳下来的一只角的形状。由此可知，“角”字的本义是牛角或羊角，后来引申为所有动物的角。“角”字是典型的象形字。在小篆和楷书中，“角”字还遗留着甲骨文和金文的字形特点。《说文解字》认为：“角，兽角也。象形。”

在古代，“角”字是指动物用于护身和攻敌的武器。例如，在斗牛场合，我们就能大致想象用牛角进行战斗的激烈情形。事实上，大多数动物都喜欢用角争斗。因此，“角”字引申为“格斗”“比武”“较量”。在《礼记》中，就有“角力”的说法，就是指以力相斗，一较高下。在《三国志》中，也有类似的情节与说法。

古人习惯于将兽角制作成军中乐器，这种习俗历史悠久。据《通典》记载：“蚩尤氏帅魑魅与黄帝战于涿鹿，帝乃命吹角为龙吟以御之。”一些学者认定，早在黄帝时代，人们就开始用“角”做军中乐器，其作用主要是“晓晨昏，整军容”。古诗词中，也常常描绘洪亮悲壮的角声。唐朝的李贺有一首《雁门太守行》，其中就写道：“角声满天秋色里，塞上燕脂凝夜紫。”

此外，古人还用兽角制作成酒器或量器。因此，“角”字又引申为酒器。对此，清朝的朱骏声分析说：“疑古酒器之始，以角为之，故觚、觯、觞、觥等字多从角。”《礼记》也强调：“宗庙之祭，尊者举觯，卑者举角。”需要强调的是，代表酒器的这个“角”应读为“jué”。

“角”也能制作成乐器，“角”字又引申为古代的音阶之一，相当于现代简谱中的“3”。《周礼》介绍说：“皆文之五声：宫、商、角、徵、羽。”这种分类方法对后世影响很大。

有时，古人也用“角”字来代表货币单位名称。时至今日，人民币中还有“圆、角、分”的说法。在现实生活中，人们习惯于将“角”称为“毛”。例如，“五角钱”就称为“五毛钱”。

“角”字趣释

“角”的甲骨文和金文，均像从牛羊头上扳下来的一只角的形状，其中的曲线，表示角上的角纹。由此得知“角”的本义就是牛角或羊角，现代泛指所有动物的角，是象形字。

两牛相斗

牛角

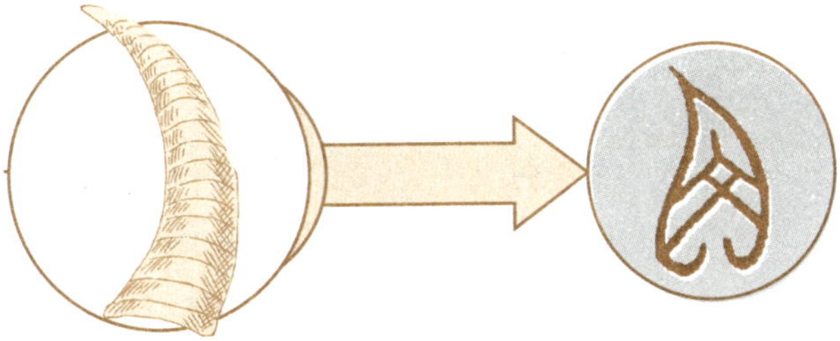

“角”的多种用途

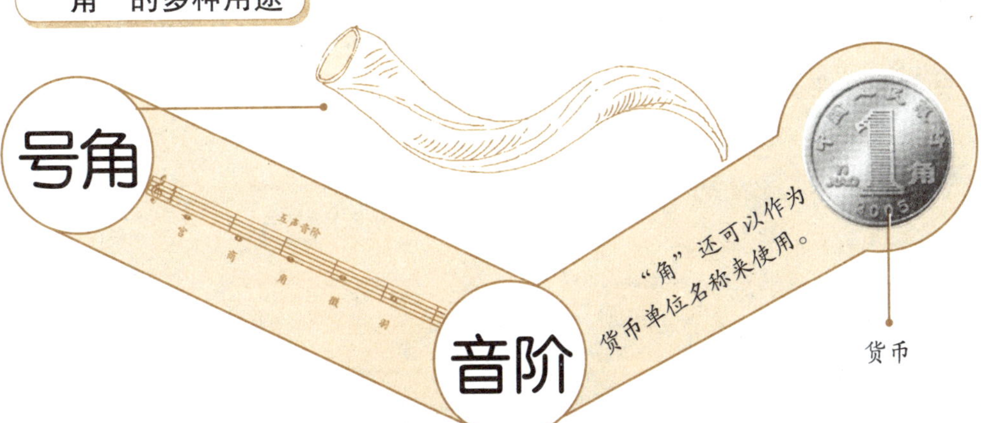

第二十六节

亡羊补牢，未为迟也——“牢”字解

说到“牢”字，人们便会想到犯人。可实际上，古代的“牢”原本是指豢养牛马的地方。在甲骨文中，“牢”字写作“”。分析其结构：外部是一个框，代表圈养牲畜的护栏；中部是“牛”，代表牲畜。总体来看，这个“牢”字形似牲畜被关在圈里。因此，有些学者认为，“牢”字的本义是“牛圈”。一般认为，“牢”字中的“牛”泛指牲畜，其本义是豢养牲畜的栏圈。许慎在《说文解字·牛部》中写道：“牢，闲。养牛马圈也。从牛，冬省。取其四周匝也。”在这里，所谓“闲”，是指遮拦物，指的就是豢养牲畜的栏圈。许慎认为，小篆的“”字的外部意味着“取其四周匝也”。用现代汉语来说，就是四周都是遮拦物。在《战国策》中，就有“亡羊补牢，未为迟也”的说法。在这里，“牢”字指代养羊的地方。由此可见，“牢”字并非只是牛圈。

在小篆中，“牢”字将牛关在栏圈内，圈门口加了一根木头，确保“牛”无法跑出来，显得异常牢固。因此，“牢”字便引申为“牢固”“坚固”。《韩非子》所说的“期年而器牢”，就是指“一年后所制作的陶器极为坚固”。

既然“牢”字是指关牲畜(主要是牛、羊、猪)的地方，用来祭祀的牛、羊、猪也被称为“牢”。具体细分起来：“太牢”是指牛、羊、豕各一头；“少牢”是指羊、豕各一头。

在古代，关牲畜的地方也时常关犯人，“牢”字又引申为“监狱”。司马迁的《报任安书》中说：“故士有画地为牢，势不可入。”读书人在地上画一个圈作为牢狱，按说是不可进入的。后来，“牢”字被专门用来代表监狱，“圈”字则代表关牲畜的地方。原本关牲畜的“牢”被用来关犯人，这种变化充分反映了统治者视“犯人”为牛马的非人道的罪恶行径。

“牢”字趣释

关于“牢”字，人们大都知道它与犯人有关，却很少人知道古代的“牢”是养牛马等牲畜的地方。甲骨文的“牢”字其外部框形为牲畜圈周围的护栏的象形，中间的“牛”为牲畜的代表，是牛或其他牲畜关在圈里的形状。

现代引申义为“监牢”

“牢”字的本义是饲养牲畜的栏圈，成语“亡羊补牢”还保存了这个意思。字形像一头牛被关在栏圈状的地方。“监牢”“牢固”的“牢”都是引申义。

本义为饲养牲畜的栏圈

第二十七节

鱼羊"鲜"人间美味——"鲜"字解

对于古人来说，羊肉堪称上佳的美味。古人还发现，羊肉热量很高，往往成为寒冷季节餐桌上必备的滋补品。此外，人们觉得鱼肉也很细嫩鲜美。现代人也非常清楚，鱼肉能给人提供丰富的维生素和矿物质。无论是古代还是现代，在中国人的心目中，羊肉和鱼肉都是特别能刺激食欲的美味食品。所以，由"鱼"字和"羊"字组成的这个"鲜"字就揭示了古代先民对羊肉与鱼肉的喜爱。

分析金文"鲜"字的结构，我们可以发现：上部是羊；下部是鱼。分析小篆的"鲜"字，原来的上下结构已变为左右结构。而在楷书中，"鲜"字与小篆大同小异，均属于左右结构。事实上，"鲜"字是用两种简单的形象组成一个"符号"，表达出崭新的含义。

在古代，人们不仅将羊肉视为鲜美可口的食品，而且将羊肉作为祭祀祖先或神灵的贡品。早在殷商王朝，当时的人们习惯于在占卜使用的龟甲兽骨上刻上类似"用羊十牛二"的卜辞。所谓"用羊十牛二"，是指在祭祀祖先、神灵时，用了十只羊、两头牛作为祭品。古人认为，祭祀祖先和神灵必须虔诚，所使用的东西当然应是最珍贵、最鲜美的食物。即使到了现代，人们仍然坚持认为，食用羊肉是非常理想的一种滋补方式。毫无疑问，羊肉已经成为人们心目中最为鲜美的食物之一。所谓"日月明，鱼羊鲜"，说的就是这个道理。

在《说文解字》中，许慎写道："鱼名，出貉国。从鱼，羴省声。相然切。"学者段玉裁对此做了这样的注解："鲜鱼也。出貉国。"事实上，这个"鲜"字既可以代表滋味鲜美，还可以指极为光彩的事物。所谓"光鲜""鲜艳"，都是这个意思。"鲜"字还可以指极少，"鲜为人知""寡廉鲜耻"及"以约失之者鲜矣"中的"鲜"字均是指极少。

说到羊肉的吃法，大致有三种：一是煮，也就是煮肉熬汤；二是炙，也就是烧烤；三是炮，也就是先用泥裹然后再烤。这三种吃法延续至今，并被人们不断完善，逐渐形成各自极具特色的烹饪技艺。

“鲜”字趣释

“鲜”字就是由“鱼”字和“羊”字组成，在古汉字中，金文的“鲜”字，“羊”在上，“鱼”在下，原本为上下结构；小篆的“鲜”字，将上下结构改为左右结构；楷书同小篆一脉相承，同样也是一个左右合体的字。

鱼肉具有肉质细嫩鲜美、营养丰富的特点，是一些维生素、矿物质的良好来源。因此在中国人的心目中，羊肉和鱼肉都是刺激味觉和嗅觉的特殊食品。

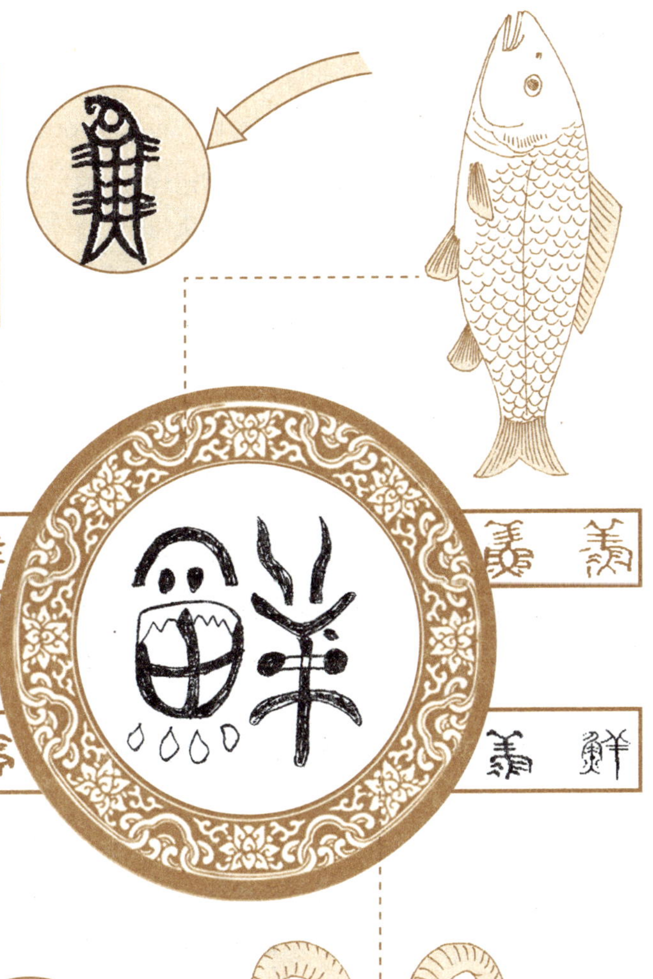

羊肉对于人类来说是一种特殊的美味，而且羊肉的热量高，尤其是在寒冷的冬季，羊肉是人们餐桌上不可或缺的滋补品之一。

第二十八节

美好正直的代表——“善”字解

根据考古研究的成果，“善”字最早源于铭文，写作“譱”。在小篆中，“善”字的写法变化不大，由“羊”和“誩”组成，属于典型的会意字。在古人的心目中，“善”代表着吉祥美好，更是一种能判善恶、断是非的可爱动物。对此，许慎在《说文解字》中强调指出：“誩，競言也。从二言。”以后，人们进一步解释这个“善”字：两人各执一词，羊便居中进行是非评判。

在古人看来，羊是一种具备判断善恶功能的奇特动物，这也正是“善”字的起源。既然羊能够判断是非曲直，自然就象征着正直与善良的品性。于是，这个“善”字便引申为“好”“美好”“吉祥”。《说文解字》强调：“善，吉也。从，从羊。此与义、美同意。”这就说明，许慎认可“善即吉祥”的观点。在《论语·八佾》中，就有这样一些话：“子谓《韶》：‘尽美矣，又尽善也。’谓《武》：‘尽美矣，未尽善也。’”翻译过来，就是指孔子对两种音乐的精彩点评。孔子的看法是：《韶》乐的旋律和内容已经尽善尽美，而《武》乐只是旋律优美，在内容方面还有一些不足。这也许正是“尽善尽美”和“美中不足”这两种说法的较早来源之一。

在姓氏中，“善”也占据一席之地，姓“善”的人不多。相传善姓的始祖是唐尧时代的善卷，他道德高尚，学问高深。尧听说有这样一个贤人后，还虔诚地拜他为师，向他学习各种理论。后来，尧在南巡途中病故。但是，舜并不想接替帝位，就想让尧的儿子丹朱接替帝位。可问题在于：天下百姓只拥戴舜，而不愿归附丹朱。无奈之下，舜只好将帝位让给善卷。善卷婉拒道：“我整天生活在自然宇宙之中，冬天穿皮毛，夏天穿葛纬，春耕秋收，昼作夜息，一向逍遥自在。像我这样的人，怎么能做国君呢？”舜依然坚持要将帝位让给他，善卷只好不告而别。为了逃避舜的追赶，善卷逃到了江苏宜兴。有一天，他发现一个山洞，正好面朝太湖，景色十分秀丽。于是，他就定居下来，过着闲适的生活。后来，这个山洞便被人们称为“善卷洞”。据说，凡是姓善的人，都是善卷的后裔。

“善”字趣释

“善”字最早出现在铜器铭文之中，“善”字是一个会意字。它的上半部分是个“羊”字。“羊”在人们心目中一直是美好吉祥之物，又是一种能判断善恶是非的为人所爱的动物。

“善”也可以用作姓氏。善姓始祖据传为上古唐尧时的一位高士，叫善卷。尧听说他道德高尚，很有学问，便去拜他为师。善卷，远古尧舜时代人。古籍《庄子》《吕氏春秋》记载了他的主要事迹。

善卷让王

善卷居枉人山（或称枉山），即今德山。尧帝南巡北归时途经此地，以“北面而问”的大礼向善卷求教。随行人员不理解：尧是天子，善卷是平民，为什么这样过分地礼遇他呢？尧帝解释说：因为善卷是得道的人。对于得道的人，不可傲视。我的德行智谋不及善卷，所以向他行弟子拜师的大礼。从此，善卷以“帝者师”的美称名闻天下。

帝者师

第二十九节

“秋”的心境似火似悲——“秋”“愁”二字解

“秋”字最早源于甲骨文，写作“”。分析其结构，我们可以发现：上部是一只蟋蟀；下部是“火”。蟋蟀又名秋虫，头有触须，背长羽翼，常常在秋天鸣叫。于是，古人便称蟋蟀鸣叫的季节为“秋”。还有学者认为，古人发现，一旦秋虫入室，就代表气候转凉，这就到了秋季。之所以有一个“火”，是因为古人认定，秋天是一个如火的美丽季节。

与甲骨文相比，“秋”字的大篆体多了一个“禾”字，写作“”，进一步强调秋季里庄稼成熟的特点。只不过，原来的蟋蟀的形状逐渐变成了“龟”形。在小篆中，就连“龟”字也被省略了，转而写作“”，从火，从禾。意为“如火的成熟的庄稼”，属于典型的会意字。《说文解字》强调：“秋，禾谷熟也。”汉代的蔡邕认为：“百谷各以其初生为春，熟为秋。”由此可见，小篆的“秋”字也突出了“庄稼成熟似火”这一典型的季节特征。事实上，在以后的文字演变的过程中，“秋”字的字形虽有变化，但表义始终围绕秋季的特征来进行描绘。

最初，古人只将一年分为春季和秋季，并不强调春夏秋冬这四季。事实上，在北方和中原地区，一年往往在秋天收获一次。换句话说，秋天的结束也就意味着农活的结束。所以，“秋”逐渐被用来指代一年的时间。

秋天来临，草木凋零，一派肃杀景象。因此，人们往往容易在秋天产生忧怨情绪。“秋”便被文人称作“悲秋”“兵象”。最典型的莫过于欧阳修的《秋声赋》，在极度渲染秋季的肃杀氛围的基础上，抒发悲愁，暗喻社会现实。在欧阳修看来，“秋”实为不祥之兆，往往意味着残酷的战争。

由于人在秋天常常多愁善感，古人便在“秋”字下加“心”字，合成“愁”字，代表忧愁。《说文解字》指出：“愁，忧也。从心，秋声。”仔细分析可知，“秋”不仅表声，而且表义。以“愁”字来说，就极其准确地揭示了“秋天的忧伤心境”。

“秋”“愁”二字趣释

“秋”字最早是在甲骨文中出现的，其形体上半部分是一只蟋蟀的形体。蟋蟀又叫秋虫，头上有触须，背上长有羽翼，羽翼是蟋蟀在秋天用来鸣叫的器官之一，因此古人把蟋蟀鸣叫的季节叫“秋”，即今之秋季。

在古人看来，秋天是一个似火的季节，是一个美丽的季节。

甲骨文“秋”字

心

以“秋”字来表示人心头的忧伤，将那抽象的情绪形象化，很准确地表达出“愁”的内容，即“秋天的心境”。

第三十节

“断桥”与彩虹的渊源——“虹”字解

作为一种自然现象，彩虹古已有之，其实并不稀奇。在雨过天晴时，往往可以看到彩虹。所谓彩虹，实质上是阳光穿越水珠发生折射而形成的弧形彩带。但是，不了解真相的古人却有着更加美妙的解释。在甲骨文中，“虹”字写作“”。商人相信，是天帝创造了彩虹这种有生命的神物，其目的就是为了向世人显示某种征兆，预示吉凶。

在甲骨文中，“虹”字属于典型的象形字，由“”“”两条龙组成。据一些学者考证，甲骨文中的“虹”字很可能取材于神话传说。在《山海经》里，就有“蚕蚕在其北，各有两首”的说法。晋代的郭璞指出：“蝩”字是“虹”字的异体字，两者的读音也完全相同。据此推测，甲骨文的“虹”实际上指的就是传说中的具有两首的“蝩”。许多学者的研究成果也非常支持这一学术观点。

在小篆中，“虹”字写作“”。《说文解字》强调：“状似虫，工声。”这说明，“虹”字是典型的形声字，代表龙、蛇、蟒之类的神物。“工”字原本是个象形字，形似用一根线贯穿上下两根绳线或两块木板、石板，意为贯穿。这也间接证明，我们完全可以将“虹”理解为一种纵贯天空的巨物。到了战国，人们不仅认为“虹”是一种具有生命的神物，而且还认为“虹”具有不同的性别。其划分是这样的：色彩鲜艳的往往在外，这是雄性的“虹”或“正虹”；色彩暗淡的往往在内，这是雌性的“霓”或“副虹”。两者合称“虹霓”。在习惯上，古人还将美人称为“虹”。因此，又将虹霓称为“虹女”。此外，如果一个人才华横溢、诗情非凡，人们常常赞誉他是“虹霓吐颖”。

“虹”横亘天空，恰似一座绚丽无比的神奇天桥。于是，“虹”字又引申为“桥”。在唐朝陆龟蒙的《和袭美咏皋桥》中，就有“横截春流架断虹，凭栏犹思五噫风”的诗句。所谓“断虹”，实指“断桥”。受其影响，今天的人们依然习惯于将横亘在大江大河上的桥梁比作“彩虹”。

 “虹”字趣释

甲骨文的“虹”字为一个典型的象形字，是由左右两条龙构成的。商代人认为虹是天帝有意创造的，是一种有生命的东西，并且是一种神物的化身，是天帝为了某种目的而设置的，它的出现向人们显示一种征兆，预示着某种吉凶的产生。

彩虹

甲骨文的“虹”字

虹

甲骨文“虹”字像彩虹状，由于古人认为虹是龙蛇类的活物，所以在两端各加了一个蛇头。石鼓文以后写成左形（“虫”）右声（“工”）的形声字。

第三十一节

以羊角为图腾的风俗——“羌”“姜”二字解

在甲骨文中，“羌”字写作“𠂇”，形似一个头戴羊角头饰的人，属于典型的象形字。考古资料证实，羌族是我国西北地区的一个游牧民族，不仅养羊，而且喜欢用羊角来制作头饰。《说文解字》强调：“羌，西戎牧羊人也。从人，从羊，羊亦声。”

在甲骨文中，“姜”字写作“𡚬”。金文的“姜”字变化不大，从女，羊声。有些学者认为，“姜”字很像女子头上的羊角，实际上是指“从羌族俘虏来的女俘”。在甲骨文中，确实有一些商人俘获羌族女俘的记载。此外，还有不少用作祭祀的记载。《说文解字》认为：“姜，神农居姜水，以为姓。从女，羊声。”“姜”字的含义极为丰富：上部是“羊”；下部是“女”。合起来，意为“羊母亲”或“头戴羊角的女人”。

据史料记载，“姜”姓源于陕西省岐山县的姜水之滨。姜水西出岐山，向东流入渭河。不过，一些学者认为，究竟是先有姜水河名，还是先有姜姓人群，似乎难有定论，考证的难度非常大。在古代，水源和母亲的含义相当接近，都象征着生命的起源。所以，更多的学者认定，姜姓的产生与生活在中国西北部的羌族密不可分。事实上，“羌”字原本就是一个广义的族名。

在甲骨文中，“羌”与“姜”的区别主要体现在性别上：“羌”指的是男羌；“姜”指的是女羌。如果从这个角度来分析，很可能是先有“羌”这样一个部族，后产生“姜”这样一个姓。为了进一步分辨和标记羌族的每个分支，就产生了姜姓。一些学者相信，羌族和姜姓均代表一种图腾风俗，其具体表现就是头戴羊角，以此表明自己与羊这种动物的血缘关系。如果羌族人和姜姓人真的都是羊的后代，他们之间就必然存在血缘关系。

按照许慎的说法，“姜”姓最早应当发源于姜水之滨，其祖先就是后人非常景仰的神农氏。神农氏对人类的贡献很多，尤为可贵的是“遍尝百草以疗疾病”和“设立市廛以通财货”这两件事。这一现象也表明，早在神农氏时期，中国古老的社会经济制度和医药学就已现雏形。

“羌”“姜”字趣释

“羌”“姜”二字在古文字的形体中，两者相同的地方是都有一个羊角之形，都是典型的象形字。在甲骨文中，“羌”“姜”只有性别上的区别，“羌”是男羌，“姜”是女羌。从这里可以理解为：先有以“羌”为标志的部族，后有以“姜”为标志的姓。

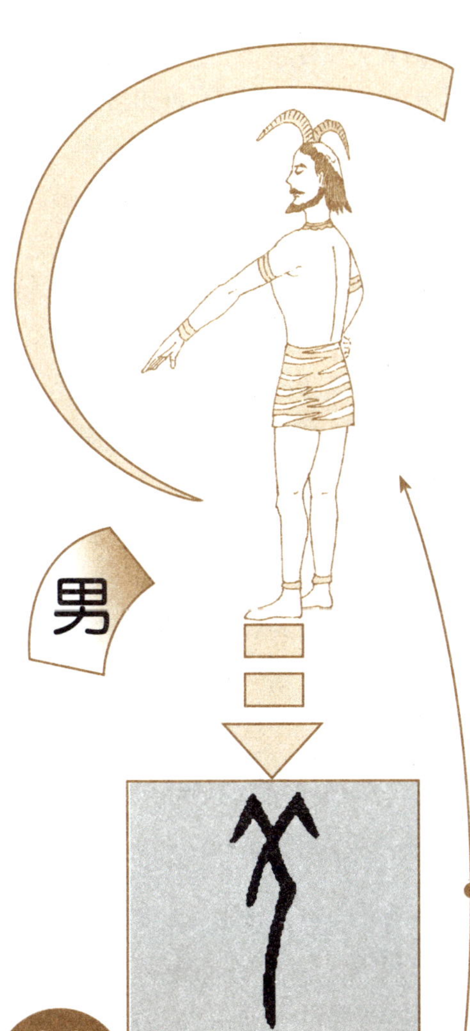

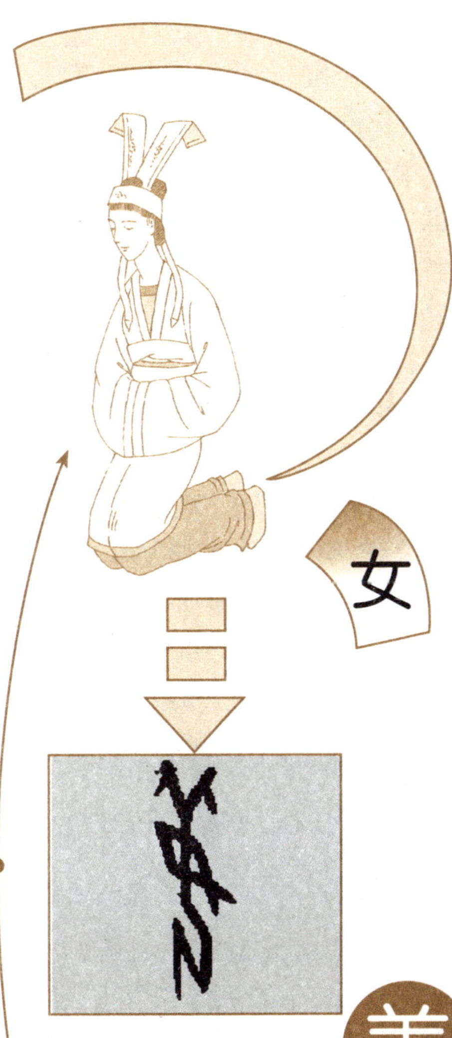

羌

“羌”是我国古代西部的一个民族的名称。字形像一个人，头上戴着羊角状的装饰物，这是羌族人的特征。另外，《楚辞》常用“羌”字作语首助词。

姜

“姜”是一个会意兼象形字，本义是美丽。甲骨文的“姜”，就像是一个头戴羊角的美丽女子，正面朝左方跪坐在地上，其中的“羊”也是声旁。

第三十二节

两犬相争即为“狱”——“狱”字解

在金文中，“狱”字写作“[illegible]”，形似两只犬撕咬争斗。分析其结构，中间是现代汉语中的“言”，写作“[illegible]”，表示撕咬争斗时的那种特殊叫声。小篆和隶书一脉相承，大同小异。在楷书中，则简化了“言”。

关于“狱”字的发音，文献显示，很可能源于“遇”字。就本义而言，“狱”字是指双犬撕咬狂叫。既然狗与狗能撕咬狂叫，就逐渐引申为人与人之间的吵骂。人与人在法庭上激烈争执的情形与二犬之间的疯狂争斗极为相似，因而又引申为“争讼”“诉讼”。《诗经》中就有“何以速我狱”的说法，其中的“速我狱”就是指“让我吃官司”，也就是指“与人争讼”。在汉代以后，人们习惯于将监牢称为“狱”。究其原因，大概是由于争斗的双方往往会有一方因败诉而不得不坐牢。对此，《释名·释官室》的解释非常明确：“狱，又谓之牢，言所在坚牢也，又谓之囹圄。”

分析“狱”字的字形，两犬守护，一个是“犭”，一个是“犬”，这就生动而形象地诠释了“牢狱”这样一个概念。实际上，用犬看守并不限于监狱，大户人家与寻常百姓也会用犬来看家护院。这个习俗一直延续至今，屡见不鲜。此外，在古代木刻的灶王爷画像上，往往会画一只金鸡、一只玉犬。人们会好奇地问，这究竟是什么意思呢？正所谓“鸡司晨，犬守夜”，它们正好可以辅佐灶王爷，确保全家安康。

《太上感应篇》属于道家经典，其中就有“牢字从牛，狱字从犬；不食牛犬，牢狱永免”的说法。意思就是说：一生不吃牛与狗，就能免去牢狱之灾。牛为你耕田劳作，吃尽苦头，你能忍心杀它而食用吗？狗对你忠心耿耿，天天看门护院，你又怎么忍心吃它的肉呢？那些牛往往是前世修道失败的人托生的，进食简单，干活勤勉，喜素怕腥。那些狗堪称忠臣，永远不会嫌弃主人家的贫与富。因此，人类理应善待它们才对啊。

"狱"字趣释

"狱"字，其形状像是两只不期而遇的犬在一起撕咬争斗；在现代汉语中则表示两狗相互撕咬争斗时的叫声。"狱"字的发音，根据相关文献中的记载大概从相近的"遇"字而来。"狱"的本义为双犬撕咬狂叫。

两只狗对着狂吠

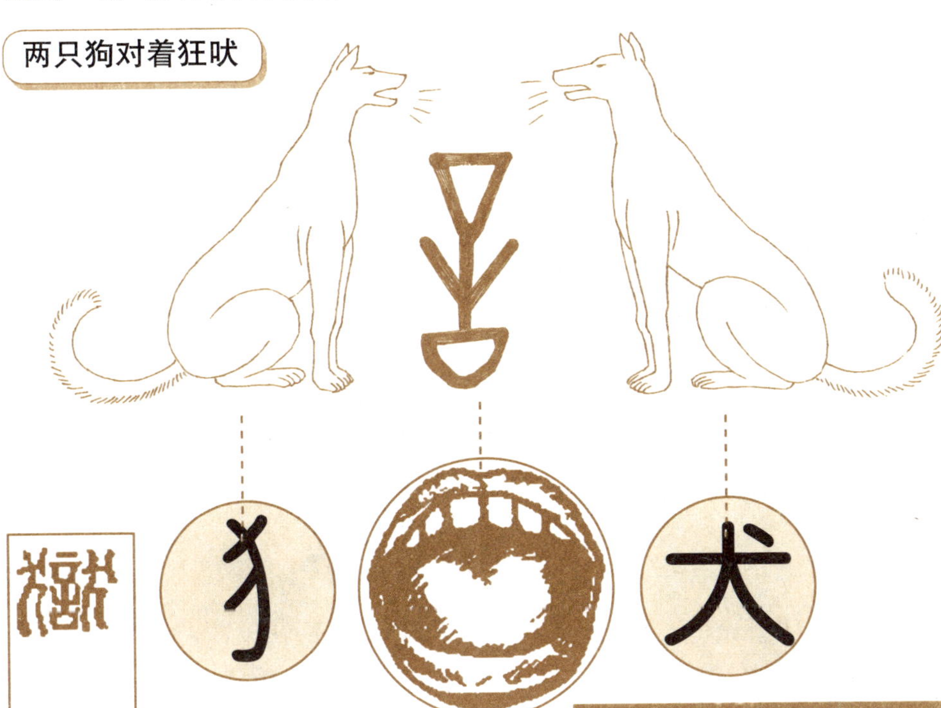

狱的各种字体

早期的甲骨文"言"字是从嘴里伸出舌头的样子；"舌"上有一横画，是指事符号。后来舌状变成"辛"，就不好理解了。甲骨文还以"言"代"音"。

鸡司晨，狗守夜，鸡犬辅佐灶王爷，保佑全家幸福安康。

第八章

汉字中的植物

中国古人很早就对身边的植物进行观察、研究，这也反映到汉字的字形和意义上。常用的汉字里有植物部首的汉字数量很大。据《说文解字》记载，与植物有关的汉字中，『草』部字有445个，『木』部字有421个，『竹』部字有144个，『禾』部字有87个。这些字的总和占到《说文解字》所收汉字总数的11.7 %，比例很高，汉字与植物的密切关系由此可见一斑。

植物按类别可分为草本和木本。植物种类繁多、名目各异，一般叫得上名来的植物，都有相应的汉字。许多名贵花木，不光有表示专名的汉字，而且这些汉字经过历代文人的运用，还被赋予了丰富的文化内涵，比如松、竹、梅、兰等。

第一节

生生死死难分辨——"生"字解

在甲骨文中，"生"字写作"Ψ"，属于典型的象形字。分析其结构：下部是一横，代表地面；上部是"丫"，代表小草。总体来看，是指刚刚长出地面的小草，显得生机盎然。就本义而言，"生"字是指"草木生长"。

在金文中，"生"字写作"𤯓"。与甲骨文进行仔细对比，就会发现其下部变为"土"，其上部变为"屮"（chè）。金文的"生"字代表草木的幼芽破土而出，属于典型的会意字。在小篆中，"生"字写作"𤯓"，依然是从"土"、从"屮"的会意字。许慎在《说文解字》中强调："生，进也。像草木生出土上。"这里所说的"进"，意为"生长""长出"。

后来，人们将"生"字引申为"生育""出生"。《史记》中有关秦始皇"秦昭王四十八年正月生于邯郸"的说法，就是指出生。由于生育与新生命的诞生息息相关，"生"字又引申为"生命"。所谓"水火有气而无生，草木有生而无知"，其中的"生"指的就是"生命"。既然新生命的诞生意味着生存，"生"字又引申为"活着"，进而引申为"生活"。由于"生"字原本是指花草的幼芽生长，后来就被用来喻指"年轻人"或"读书人"，如"郦生""张生"等。

关于"生"字，民间一直流传着一个有趣的故事。有一天，一个国王颁布了一条奇怪的法令：任何一个被判死刑的罪犯，在行刑之前，还有一次保命的机会。法官手中有一个盒子，里面藏有两张纸条：一张写着"生"；一张写着"死"。死刑犯可以随意抽出一张：如果抽中"生"，可以当众释放；如果抽中"死"，就立即处死。这个国王为了显示自己的仁慈，还特别规定，死刑犯在用刑前提出的要求可以满足。有个叫王雄的年轻人，为人善良，经常打抱不平。一次，他遭人诬陷，被关进监狱，不久就将执行死刑。诬陷他的人在暗中买通法官，两张纸条全都写着"死"字。无论王雄抽哪张，结果都一样。好在王雄的朋友知道了这件事，就及时告诉了他。聪明的王雄在行刑之前向法官提出了一个要求：如果抽到"生"，他就"死"；如果抽到"死"，他就"生"。结果，王雄被当众释放，重获自由。

“生”字趣释

“生”的甲骨文是一个典型的象形字。下半部分的一横表示地面，一横之上的“丫”代表小草。意指地上刚刚长出的小草，生机勃勃的样子。“生”的本义是“草木生长”。

生命的孕育

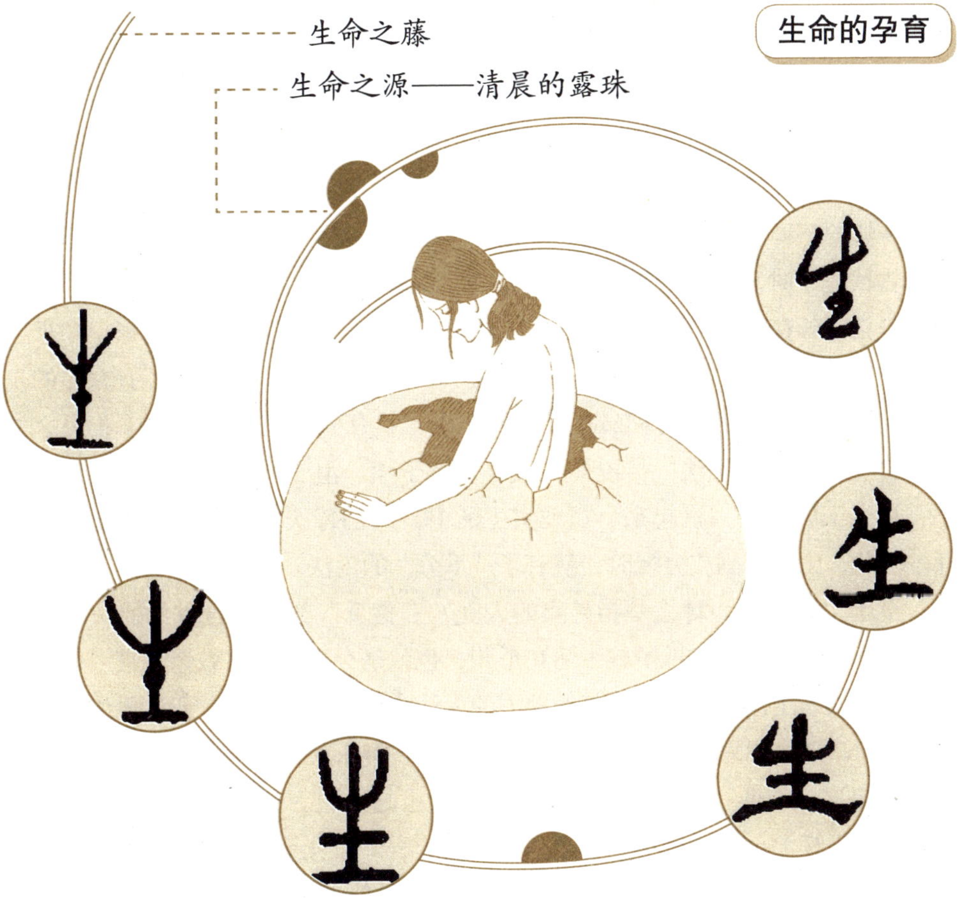

生命之藤

生命之源——清晨的露珠

“生”字，字形像地面上长出了一株嫩苗。本义是“生长”“长出”。《礼记》中记载：“王瓜生，苦菜秀。”其他的意义有像“生育”“生命”“生活”等都是由本义引申而来的。

第二节

“傻瓜”不“傻”——“瓜”字解

在现代，“瓜”字泛指所有瓜类等植物的果实。在现存的甲骨文中，并没有“瓜”字。“瓜”字最早源于金文，写作“[金文瓜字]”。在小篆中，“瓜”字写作“[小篆瓜字]”。这两个“瓜”字字形相同：外部是边框，代表瓜蔓；内部是果实。总体来看，代表着“瓜连着藤”这样一种形象，属于典型的象形字。对于这个“瓜”字，许慎的解释是“蓏（yǔ）也，象形”。所谓“蓏”，就是“瓜多”。

古代造字时，常常用个体的事物来描绘群体的事物。“瓜”字就是这样，其本义是指“长在藤蔓上的许多果实”。根据累累瓜果结在藤蔓上的情形，“瓜”字就被用来代表“世代绵长”“子孙繁盛”。将“瓜”字视为庆贺子孙众多的祝词，这一风俗始于西周时期。在《诗经》中，就有“绵绵瓜瓞（dié），民之初生，自土沮漆”的说法。传说周人最早发祥于漆、沮二水，古公亶父时地域极小，周文王时逐渐兴盛起来。在现实生活中，人们每次吃瓜，总习惯于用刀切开。因此，比喻分割或分配时，就有了“瓜分”的说法。

至于“傻瓜”为什么是指愚蠢的人呢？“傻瓜”最早来自古代的一个瓜子族。在春秋时期，这个瓜子族生活在瓜州，也就是今天的甘肃敦煌一带。他们同属于姜姓人，工作十分勤劳。其他地方的人认为他们过于老实，便称他们是“傻瓜子族”。这个称呼传开之后，又逐渐简化为“傻瓜”，沿用至今。

说起这个“瓜”字，就不能不提到宋太祖赵匡胤。赵匡胤年轻时，喜好赌博。有一天晚上，赵匡胤从赌场出来，饥渴难耐，却身无分文。正好路过一片西瓜地，他随手抱起一个大西瓜，立刻狼吞虎咽地吃起来。就在他低头吃瓜的时候，看管瓜地的王大爷抓住了他，一定要他给钱。赵匡胤无奈之下，只好把随身的一根盘龙棍作为抵押。王大爷感慨地说：“实在是可惜啊！这根盘龙棍握在英雄手里，可以建立功勋，开创一番事业。如今留在你手里，却只能进出赌场，当作吃瓜的抵押。”王大爷的这番话，令赵匡胤羞愧难当。从此以后，他专心练武习文。仅仅十年之后，赵匡胤就成为宋朝的开国皇帝。据说，赵匡胤称帝之后，专门为王大爷修了一块墓碑，上面亲笔题写了“义士王老头之墓”几个字，算是对王大爷当年劝诫之恩的回报。

“瓜”字趣释

“瓜”的象征意义

“瓜”是所有瓜类等植物果实的总称。“瓜”字最早见于金文，字形外边的边框像瓜蔓，中间部分是果实，就是俗语所说的“瓜儿连着藤”的形象，是一个典型的象形字。

象征

由于累累瓜果结在绵长的藤蔓上，古人常以此喻指世代绵长，象征子孙繁盛。

子孙繁盛

“瓜”的各种字体

第三节

空谷佳人王者香——“兰”字解

“兰”的繁体字为“蘭”。在现存的甲骨文和金文中，并没有“兰”字。在小篆中，“兰”字写作“蘭”。《说文解字》是这样诠释的：“兰，香草也。从草，阑声。”这就说明，“兰”字属于典型的形声字，其本义就是“兰草”。

在古代，“兰”字往往是文人雅士之间经常使用的一种雅称、美称，属于敬辞。所谓“兰房”，是指文人雅士的住房；所谓“兰友”，是指文人雅士的朋友；所谓“兰言”，是指符合心意的言论，也代指文人雅士的话语或书信。南宋词人柳永在《雨霖铃》中写道：“都门帐饮无绪，留恋处，兰舟催发。”在这里，“兰舟”的“兰”除了表达美好的意境，突出幽怨的离愁，并没有其他什么实际的意义。

与“兰”有关的说法还极富传奇色彩。《左传》上记载，郑文公一心想生一个儿子，但却一直不能如愿。有一天，他的一个小妾梦见有人送她一束兰花。没多久，她就怀孕了，后来生了一个男孩。郑文公喜出望外，在取名时特意选择了“兰”字。这就是有关“兰梦”的传说，这个“兰梦”实际上就是“美梦”，是孕育生命的吉祥之兆。由于兰花姿态优雅，芳香浓郁，古人就誉之为“香祖”。所谓“天下第一香”或“王者之香”，都是类似的说法。

兰花栽种在中国历史悠久。早在春秋战国时期，越王勾践败于吴王夫差之手，卧薪尝胆，表面上逆来顺受，暗中进行着复国大业。他在会稽山上居住，故意种植许多兰草，让吴王夫差误认为他消极度日。这大概是我国历史上栽种兰草的最早记载了。

后人对兰花极为欣赏，誉之为“空谷佳人”。世人称道的当然不仅是兰花的美艳，更多的还是对它那种“无人亦自芳”“坚贞还自抱”的非凡气质的肯定。自古就有“岁寒三友”之说，有人却认为兰花更胜“岁寒三友”一筹，理由很简单：“岁称三友，竹有节而无花，梅有花而无叶，松有叶而无香，唯兰独并有之。”由此看来，高雅的兰花确实与众不同，难怪能得到人们的喜爱了。

“兰”字趣释

“兰”的本义为兰草。如《易·系辞上》：“同心之言，其臭如兰。”这里的“臭”读作xiù，是指气味，“兰”是指兰花。意思是指从心底里发出的共同语言，就像兰花一样清香。

坚质还自抱

无人亦自芳

兰的特质

兰花在『岁寒三友』的松、竹、梅之上，说：『岁称三友，竹有节而无花，梅有花而无叶，松有叶而无香，唯兰独并有之。』

王者之香

兰的特质

『兰房』，指文人雅士们的住房；『兰友』『兰交』，是指文人雅士结交的朋友；『兰言』，既指心意相合之言，又指文人雅士的话语或书信等。

空谷佳人

第四节

竹影摇曳天然图——“竹”字解

在现存的甲骨文和金文中，并没有“竹”字。在小篆中，“竹”字写作“𥫗”，属于典型的象形字。从字形上看，“竹”字与“草”字的形状正好相反，酷似两支带有竹叶的竹枝。

“竹”天生丽质，亭亭玉立，清雅秀洁，令人爽心悦目。“竹”还具有“值霜雪而不凋，历四时而常茂”的特点，常被人们用来喻指“贤人君子”。在历代文人中，“竹”备受青睐。在他们的心目中，“梅、兰、竹、菊”合称“四君子”。苏东坡生性爱竹，曾写下这样的诗句：“可使食无肉，不可居无竹。无肉令人瘦，无竹令人俗。人瘦尚可肥，士俗不可医。”其爱竹之心，溢于言表。

郑板桥是“扬州八怪”之一，更是爱竹成癖。通过长期的精到观察与细微分析，郑板桥笔下的竹子栩栩如生，千姿百态，在艺术上已经达到了神韵悠然的高远境界。郑板桥之所以能在画竹上取得如此成就，是与其潜心研究竹子的特性密不可分的。郑板桥曾对此有过详尽的叙述，令人感佩。为了方便观察，郑板桥特意在屋外种竹。无论春夏秋冬，郑板桥都悉心观察竹子的不同特性，反复揣摩，牢记于心。即使夜间乘凉，他也不愿放过观察的机会。他还透露说，正是因为仔细观察窗纸上的竹影图，自己画的竹子才具有一种天然之美。他坦言自己在画竹上并无师承，“多得于纸窗粉壁日光月影中耳”。据说，为了更加透彻地了解竹子的特性，郑板桥经常将自制的竹床搬到竹林中，躺在竹床上，静心感受竹子的生长过程。由于爱竹如醉如痴，每次在屋内休息，他也习惯于凝神静听竹子被风吹雨打的声音。因为这个缘故，人们戏称他为“竹痴”。

竹子能制作不少乐器，箫笛之类就是代表。因此，“竹”字又引申为“乐器”。左思有“非必丝与竹，山水有清音”的诗句，这里的“竹”指的就是箫笛之类的乐器。

在发明造纸术之前，古人常常在竹子上写字。于是，“竹”又引申为竹简。所谓“书之竹帛”，指的就是在竹简和绸子上进行书写。

“竹”字趣释

“竹”有着天生独特的自然美，它亭亭玉立、婆娑有致、清雅秀洁，加之它具有“值霜雪而不凋，历四时而常茂”（《花镜》）的特点，人们常将其作为贤人君子的象征。

“四君子”

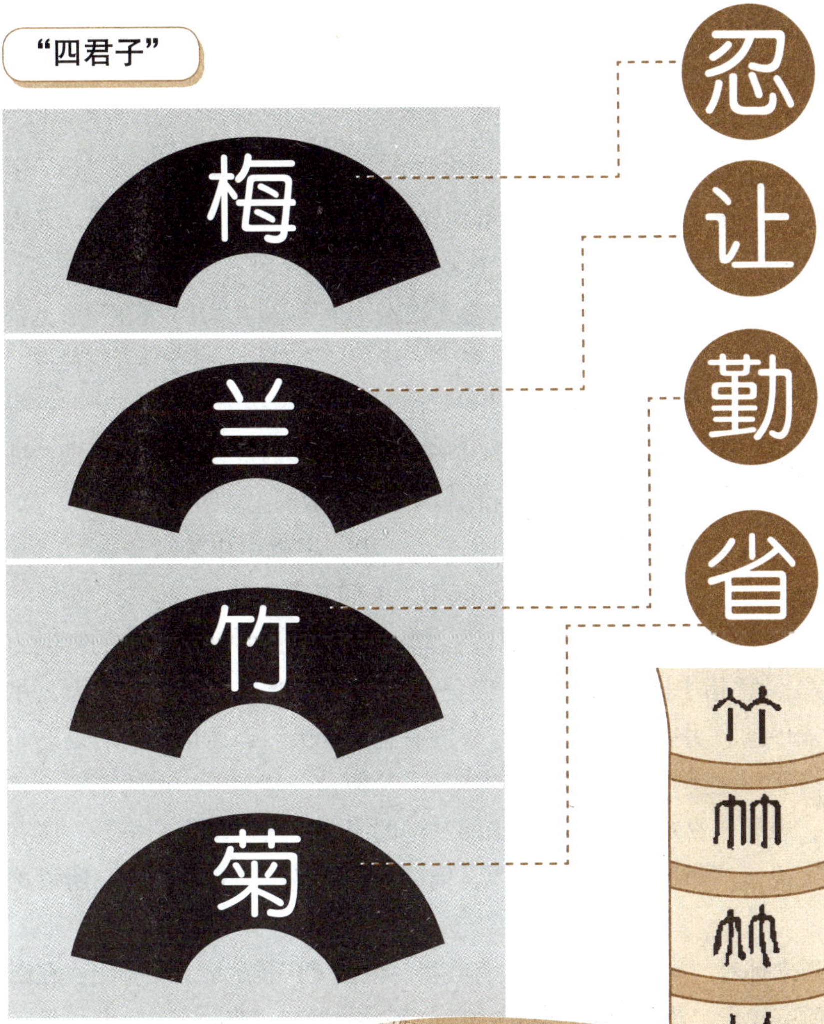

梅 —— 忍

兰 —— 让

竹 —— 勤

菊 —— 省

竹字的各种字体

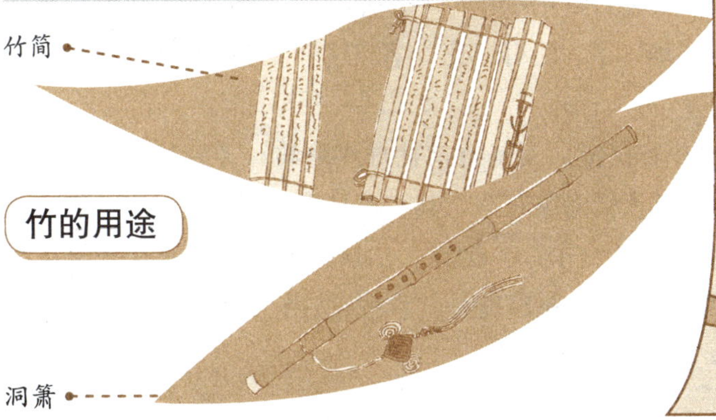

竹的用途

竹简

洞箫

第五节

花一样的美丽国度——“华”“花”二字解

“华”的繁体字为“華”。在现存的甲骨文中，并没有“华”字。“华”字最早源于金文，写作“𠌶”。“华”字形似繁花盛开的草木，既描摹花形，又强调繁茂之意。“华”字属于象形字，其本义是“植物的花朵”。

在小篆中，“华”字写作“𠌶”。与金文相比，小篆中的“华”字在字形上稍有变化。许慎认为，“华，荣也。从𠦒，从亏（xū）”。对此，有些学者解释说，最早的“华”字写作“亏”，后来加上“艹”作为意符，就成为“华”字，并进一步简化为今天的“华”字。在他们看来，“华”字就是古代的“花”字。所谓“桃之夭夭，灼灼其华”，就是指桃树长得无比鲜嫩，红花放射出耀眼的光芒。

众所周知，花朵是缤纷多彩的。所以，“华”字就引申为“华丽”“豪华”，并读为“huá”。后来，为了以示区别，人们又用“花朵”代表“花”，用“华”专指“华丽”“豪华”。此外，“华”是中国的古称，即我们常说的“华夏民族”，意指中国是一个花一般美丽的神奇国度。有些学者认为，用“华”来代表中国，另有原因。由于“中国有礼义之大”，所以称为“夏”。由于“中国有服章之美”，所以称为“华”。这便是“华夏”一说的来源。有些学者指出，中国人喜欢穿那些色彩华丽鲜艳的服装，所以称为“华”。还有一些学者考证说，“华”代表“赤色”，周朝人将红色视为吉祥之兆，所以称为“华”。

清代的王念孙对“华”的考证非常有心得。他在《广雅疏证》中指出：在南北朝之前，所有代表“花”的地方都用“华”字，并没有“花”字。由此可见，就起源而言，应当是先有“华”字，后有“花”字。这个“花”字属于典型的形声字。

在古代，“花”最初并非泛指，而是特指牡丹或海棠。《鹤林玉露》介绍说，“洛阳人谓牡丹花，成都人谓海棠花”，其实都是表示“尊重”。“花”往往非常漂亮，因而被用来指代“女子”。例如，白居易的诗句“娇花巧笑久寂寞，娃馆苎萝空处所”中的“娇花”指的就是“容貌姣好的女子”。

“华”“花”二字趣释

“华”最早见于金文，其形体看起来就像是枝上繁花盛开的草木之形，既表示开的花形，又指草木荣盛繁茂之意。“华”是一个象形字，本义就是植物的花朵。

“华”的各种字体

华夏

中国

“华”是个象形字，本义指树木的花，“华”也是“花”的本字。古代将草开花称做“荣”，树上开的花称做“花”。金文的“华”，字形就像是一朵绽放着的花朵，上方是花瓣，向两侧下垂，下面是弯曲的花枝。

华

花

第六节

杏坛讲学育后人——“杏”字解

在甲骨文中，“杏”字写作“[甲骨文字形]”。分析其结构，“杏”字由一个“木”、一个“口”组成。按照许慎的说法，“杏，果也。从木，可省声”。也就是说，“杏”字属于形声字，以“木”为形符，以“可”为声符。针对许慎的说法，后世学者多有不同见解。段玉裁就认为，“杏”字应“向省声”，“杏”字是一个以“向”为声符的形声字。受到段玉裁的解释的影响，后世学者的不同说法很多。有些学者认定，“杏”的读音就是“香”，代表一种芳香的气味。他们还追根溯源，认为“香”描述的是禾谷在蒸煮之后放置在容器上，自然会飘散出一股清香。这种香气往往通过通风口散向屋外，人们便将这个散发香气的洞称为“向”。人们在吃“杏”时，也会感受到一股香味。于是，造字者就用散发香气的那个“向”作为“杏”字的声符，既表声，又表意。这种说法比较精细，也算自成一家。

在形容女子的美貌时，古人常常称女人的眼或脸为“杏眼”或“杏脸”。例如，王实甫在《西厢记》中，有“杏脸桃腮”的描写。古时组织科举考试，往往将考进士的时间定在三月。由于这时正是杏花开放之时，古人便把杏花称为“及第花”。在绘画中，盛开的杏花与高飞的燕子往往组合起来，构成一幅“杏林春燕图”，代表及第有望。

晋代葛洪在《神仙传》中记载：三国时，有一个吴国人常年为人治病，分文不取。如果病人痊愈且执意要有所表示时，他就请对方种植杏树，权充作治病的费用。短短几年，经由痊愈的病人所种植的杏树达到十万多株，被时人称为“杏林”。此后，“杏林”便被用来称颂医家，那些医术高明、德行高尚的医家被称为“杏林春满”或“誉满杏林”。

据说，当年孔夫子曾在杏林下讲学。常氏先人在杏林旁边建筑了杏坛，鼓励后辈潜心学习儒家文化，以便将来经世致用，做出一番事业。坛台四周雕刻了四幅工艺精湛的浮雕，分别描绘了孔子“周游列国”“论穆公霜”“杏坛讲学”“学琴师襄”四个典故。很多长者也常常在这个地方教诲晚辈，“常威梦圣立大志”的故事也就此流传开来。

“杏”字趣释

“杏”的结构形体为，一个“木”字加一个“口”字，许慎《说文解字·木部》则说：“杏，果也。从木，可省声。”按照许慎的说法，“杏”字是一个形声字，即“木”为形符，“可”为声符。

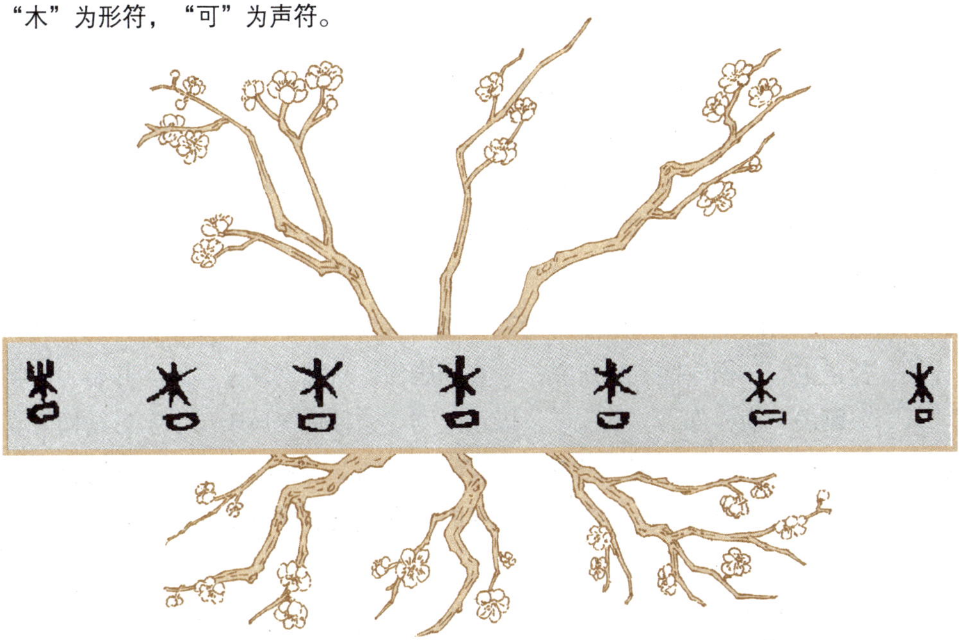

杏坛讲学

相传孔夫子讲学论经于杏林之下，常氏先人为了激励后辈努力学习儒家文化、感悟儒家思想，在杏园的槐荫树下建筑了杏坛。

第七节

一品香茗精气清——“茶”字解

对于中国人来说，茶是一种饮品。由于种植和饮用的历史悠久，便逐渐形成了独具中国特色的“茶文化”。中国是茶树的原产地之一，早在公元前1世纪就开始种茶了。不过，最初的称谓是“荼”。《本草纲目》记载：“神农尝百草，遇七十二毒，得荼而解之。”这里的“荼”指的就是我们现在说的“茶”。晋代的郭璞认为，“荼”的特点是“树小如栀子，冬生叶，可煮作羹饮”。他还强调指出，从时间上分，“早采者为荼，晚取者为茗”。《说文解字》也强调：“荼，苦荼也。”据一些专家研究，一直到唐代，从陆羽注《茶经》开始，才将“荼”字删去一横，作为“茶”字，以示区别。这种情况属于汉字字形结构的变例，往往是增一笔、减一笔。当然，也有学者不同意这种说法，认为汉代就出现了“茶”字。不管怎么说，这个“茶”字的出现确实要比种植、饮用茶的时间晚得多。

中国人酷爱饮茶，甚至有“不可一日无茶”的说法。据史料记载，西汉时就出现了饮茶的习俗。与现在的饮茶有所不同的是，那时的饮茶主要是为了治病。换句话说，当时的茶是被当做可以入药治病的药物，而不是当做清凉解渴的饮料。饮茶这种习俗最初是从四川开始的，以后便逐渐传到江南一带。

在古人看来，茶不仅是喝的，还需要品。饮茶便成为一种极为讲究的艺术享受，要求极为精细严格。在品茶过程中，不仅要品出茶的色、香、味，而且要辨别出茶的质量、产地、制法。

古典名著《红楼梦》中描写的茶文化篇幅广博，细节精微，蕴意深远，有“一部《红楼梦》，满纸茶叶香”之说。《红楼梦》描写的是钟鸣鼎食、诗礼簪缨之家的茶文化，幽雅的茶事显得尤为富贵豪华。富贵人家喝茶，喝的是上好的茶。《品茶栊翠庵》中的六安茶，产于安徽六安县霍山，与龙井、天池并名，为清代贡茶。其次是老君眉茶，是妙玉为贾母特备的一种名茶，一般认为指的是产于洞庭湖的“君山银针”。清代也将其作为贡茶。第三是普洱茶。《寿怡红开夜宴》，林之孝向袭人索取普洱茶，晴雯说的“女儿茶”也是普洱茶的一个品种，是盛行于清代宫廷和官宦人家的名贵贡茶。

“茶”字趣释

茶对于中国人来说是一种历史悠久且独具魅力的饮品，随之而产生的便是丰富的“茶文化”。茶最早出现于我国，而“茶”字出现较晚。我国是茶树的原产地之一，不过当时不叫“茶”，而叫“荼”。

意指简陋的房屋

指叶子苦菜

“余”字为第一人称

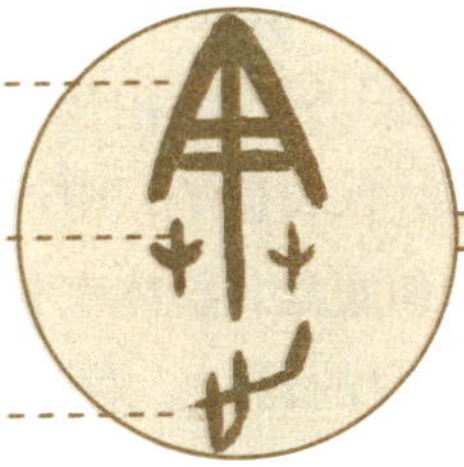

“荼”字本义为苦菜，是一个会意字。简体字的“荼”字，是有“艹”“人”“木”三部分组成，意思是荼是一种草本植物，人可以采来泡水喝。“荼”后来指茶树。

如何品茶

色

香

味

观其色

闻其香

品其味

第八节

豆子原来不能吃——“豆”字解

要说“豆”不能吃，很多人会认为很荒谬，不值一驳。但在过去，这确实是事实。在甲骨文中，“豆”字写作“[illegible]”。在金文中，“豆”字的字形与甲骨文相同。分析其结构：上部是一横，代表盖子；中部是豆腹，其中的一横代表放置在豆腹中的食物；下部是豆的脚和底盘。总体来看，“豆”字属于典型的象形字，形似一种用于盛放肉食的高脚盘的器皿。对此，《说文解字》的诠释是：“豆，古食肉器也。”许慎的说法印证了这样一个观点：“豆”就是一种盛肉食的器皿。既然是器皿，当然是不能吃的了。

根据相关文献记载，古代的豆多半是用木头制作的。此外，类似的器具还有竹制豆、陶制豆等。一些学者的研究成果表明，豆是先民的食器之一。例如，《国语》中就有“觞酒，豆肉，箪食”的说法。其中，“觞”指的是酒器，“箪”指的是盛饭的圆形竹器，“豆”指的是盛肉的食器。从这里也可以看出，古人在器皿使用方面还是非常讲究的，分工相当明确。

既然“豆”是指一种食器，那它又是如何变成一种植物的呢？多数学者认为，这应当是一种假借现象。清朝的朱骏声认为：“汉谓之豆，今字作菽。菽者，众豆之总名。”在《诗经》中，所谓“六月食郁之，七月烹葵及菽”，就是指六月吃山楂与野葡萄，七月吃葵菜与豆子。

在古代，“豆”是重要的粮食作物，自然也成为人们的主食。由于产量高，“豆”不仅成为古人的主食，而且成为古人的经济来源，备受人们的欢迎。也许正是由于这个缘故，古人才认为那些分不清豆与麦的人近乎于痴呆。

关于“豆”的传说很多。汉光武帝刘秀早年家境贫寒，经常处于饥饿之中。一个名叫冯异的朋友不嫌弃他，还一直接济他。正是凭借这位朋友送给他的豆子粥，刘秀才保住了自己的性命。后来，刘秀贵为汉皇，却始终不忘冯异的救命之恩，还用许多珍珠宝器回报他。这便是民间盛传的“豆粥之恩”的典故。

“豆”字趣释

“豆”原来不能吃，在现代人看来像是谎话，但事实确实如此。甲骨文中的“豆”字很形象地表现出它的本来含义。描摹的是一种类似于古代高脚盘的器皿，一般用来盛肉类食物。

“豆”字原是指古代一种盛食物的器皿，有高足，多用于祭祀。

古义

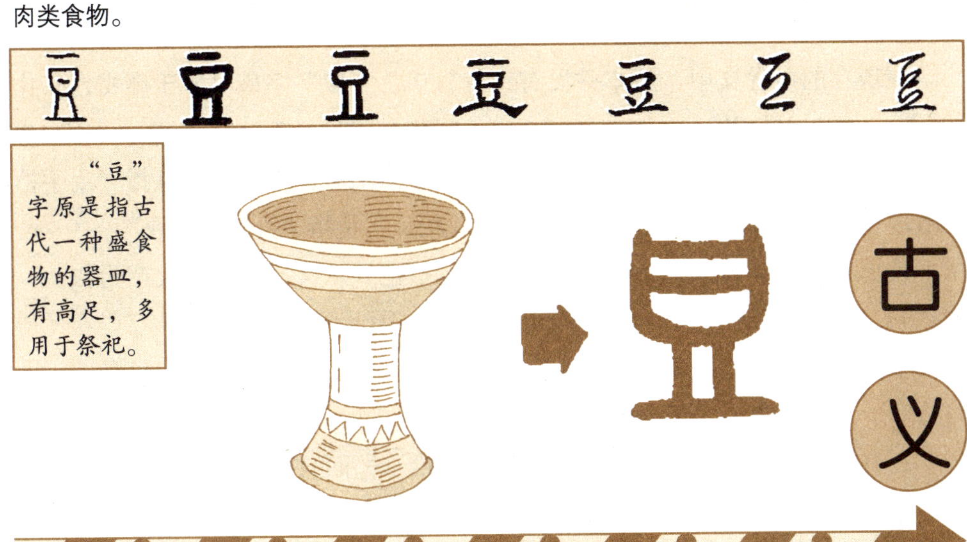

今义

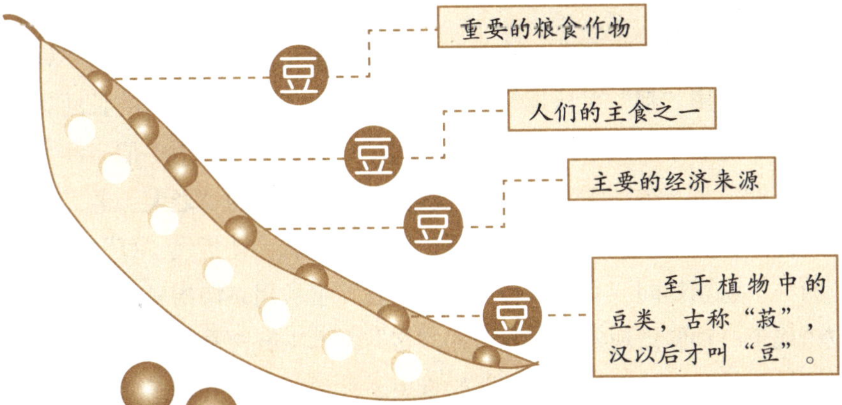
豆
重要的粮食作物
豆
人们的主食之一
豆
主要的经济来源
豆
至于植物中的豆类，古称“菽”，汉以后才叫“豆”。

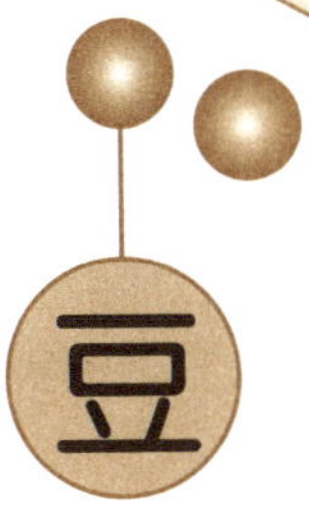
豆

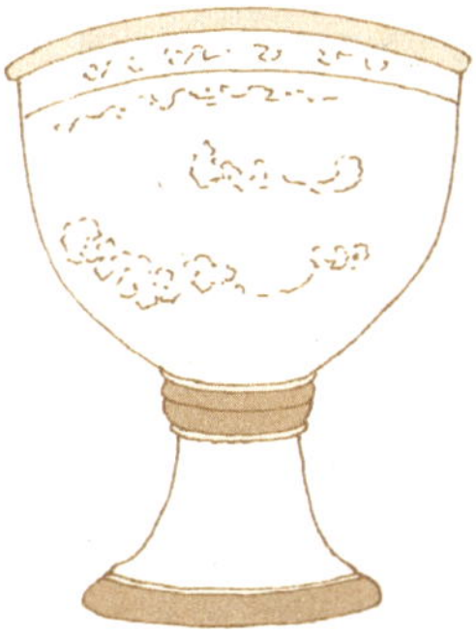

清康熙·紫金釉花鸟通景豆

豆，古食肉器也。豆最初源于陶器，在考古发现中有不计其数的陶豆，而早期陶豆可能是用来盛黍稷类食物的。

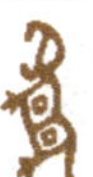

第九节

兄弟之间排成行——“叔”字解

在现存的甲骨文中，原本并没有“叔”字。“叔”字最早源于金文，写作“[illegible]”。分析其结构：左部代表豆，“十”代表豆科植物的茎与枝，“丿”代表枝茎上的豆荚；右部是“又”，代表手。总体来看，“叔”字是指“用手拾起散落在地上的豆粒”。就其本义而言，“叔”字是指“拾”“拾取”。

许慎在《说文解字》中诠释道：“叔，拾也。从又。汝南名收芋为叔。”他认为，“叔”的本义就是“拾”或“拾取”，因而属于会意兼形声字。在《诗经》中，就有“八月断壶，九月叔苴（jū）”的诗句，便是指“八月摘葫芦，九月拾麻子”。其中，“叔”就是指“拾”。

在许慎看来，“叔”字不仅可以表示“拾”，而且还有“收芋”的意思。对于他的这种观点，许多学者都表示赞同。郭沫若在仔细分析金文的“叔”字之后，从其本义中得到了与许慎相似的看法。同样持有这一观点的还有清末的罗振玉等。

既然“叔”字的本义是“拾豆”，“叔”字就逐渐被引申为现在所说的“豆子”。此后，人们逐渐用“叔”字特指兄弟排行中的年少者。按照古代的长幼顺序，兄弟排行往往是按照年龄大小的顺序来排列的。兄弟之间一般用“伯、仲、叔、季”或“孟、仲、叔、季”来表示，就依次代表今天常说的“老大、老二、老三、老四”。其中，“叔”排在第三位，属于年龄较小者。在指代“豆”时，“叔”字与“菽”字意思相同。有些学者认为，“叔”字被用来特指兄弟排行中的年少者，应该属于一种假借现象。实际上，“叔”中本来就含有豆粒，而豆粒往往是些小颗子，“叔”便可以代表“小”的意思。“叔”字一般用于兄弟排行中的年少者，实质上就是指年纪小的弟兄。

发展到现代，人们已经很少了解更很少使用“叔”字的本义了。在更多的场合，主要还是用“叔”字来指代兄弟之间的排行，而且多半是特指兄弟中年龄较小的。

“叔”字趣释

“叔”字的甲骨文，从字形上看，“叔”的左半部分，是一个箭头的形状，下面还系着一条绳子，右边的弯折，是“弓”字。《说文解字·又部》称：“叔，拾也。从又。汝南名收芋为叔。”许慎认为“叔”的本义为“拾”或“拾取”，是一个会意兼形声字。

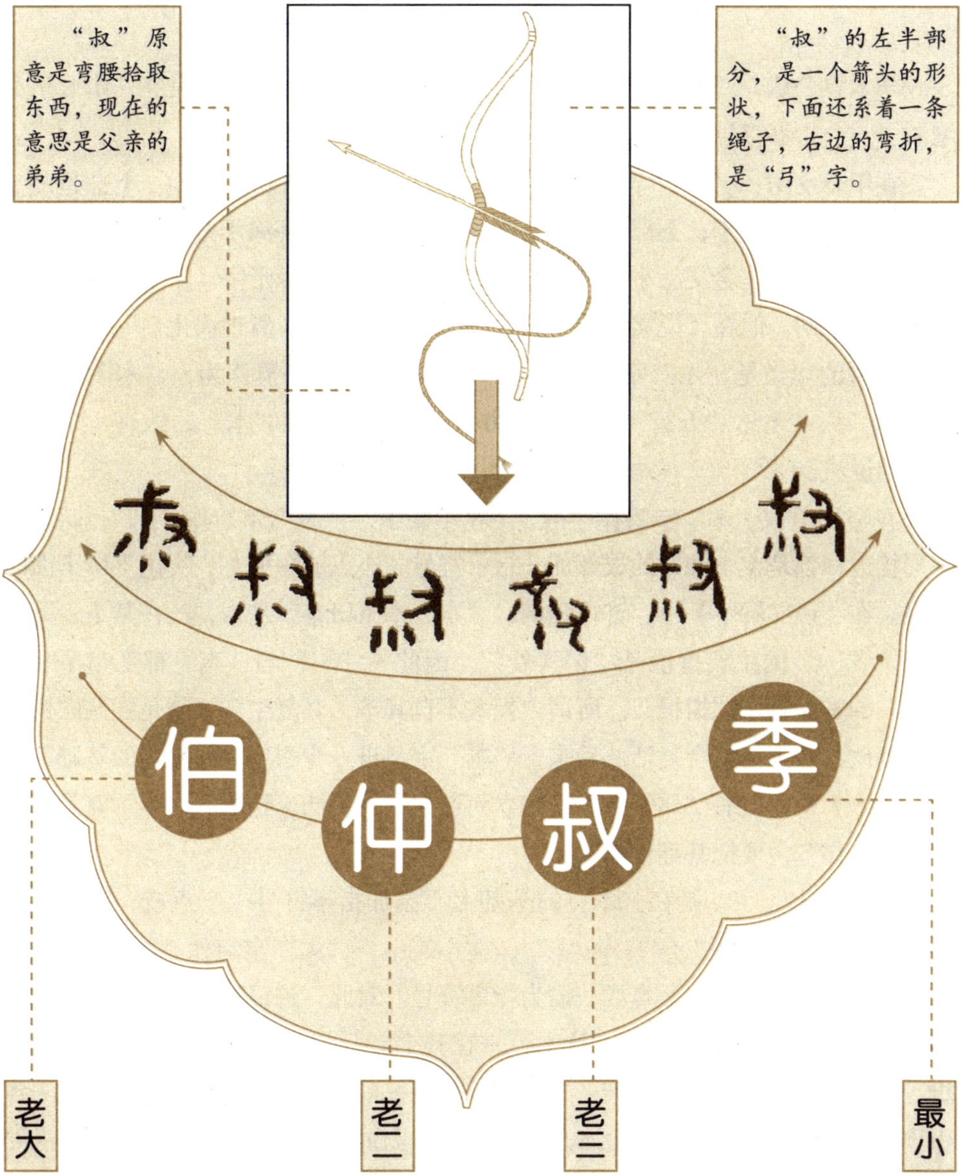

“叔”原意是弯腰拾取东西，现在的意思是父亲的弟弟。

“叔”的左半部分，是一个箭头的形状，下面还系着一条绳子，右边的弯折，是“弓”字。

伯 仲 叔 季

老大 老二 老三 最小

父之兄称“伯父”，父之次弟称“仲父”，仲父之弟称“叔父”，最小的叔父称“季父”。后来父之弟统称“叔父”。《史记·项羽本纪》中有：“其（项羽）季父梁。”这里的“季父”泛指叔父，而季父通常专指最小的叔父。

第十节

本末倒置
——“木”“本”“末”三字解

学术界公认，“本”字和“末”字都属于典型的指事字，都是在“木”字上增添了一个指事符号，只不过增添的位置不同罢了。

在甲骨文中，“木”字写作“”，形似一棵树。分析其结构：上部是茂盛的树枝；中部是树干；下部是扎入土里的树根。“木”字属于典型的象形字，其本义是“树”。在金文、小篆和楷书中，“木”字都是象形字。不过，许慎的看法则有所不同。他在《说文解字》中强调：“木，冒也，冒地而生。”很显然，这里所说的应当是“木”字的引申义，而非其本义。许慎认为，“木”为金、木、水、火、土这“五行”之一。就方位而言，东方称“木”，故有“东方之行”的说法。

在金文中，“本”字写作“”。在小篆中，“本”字写作“”。两者的字形接近，都是在一棵树的根部加一指示符号（小点或短横），突出土壤下面的树根。在《说文解字》中，许慎强调：“本，木下曰本，从木，一在其下。”在这里，“一”的主要价值是“记其处”。因此，“本”与“末”都是指事字。“本”的本义就是“树根”。所谓“伐木不自其本，必复生”，就是强调砍树要从根部砍，否则树就会复活。后来，“本”字又进一步引申为“事物的基础”。在《论语》中，就有“君子务本，本立而道生”的说法。这里的“本”就是指其“基础工作”，要把基础打牢了。

至于“末”字，是在“木”的基础上，添加指事符号（一点或一横）而成的。在金文中，“末”字写作“”。在小篆中，“末”字写作“”。分析其结构：“木”代表树；一点或一横为指事符号。对此，许慎在《说文解字》中说得很清楚：“末，木上曰末，从木，一在其上。”在《左传》中，有“末大必折，尾大不掉”的说法。所谓“末大”，是指树梢太长。后来，“末”字进一步引申为“次要的事物”。“舍本逐末”“本末倒置”中的“末”，都代表“次要的事物”。一般说来，“本”字与“末”字的本义分别是指树根和树梢，其引申义也同样代表相反的意思。

“木”“本”“末”三字趣释

“本”和“末”是在象形字“木”的基础上加一指事符号而成的指事字。“木”的甲骨文就像一棵树，上部是茂盛的、往上的树枝，下部是扎向土里的树根，中间是树干。本义就是树，是一个典型的象形字。

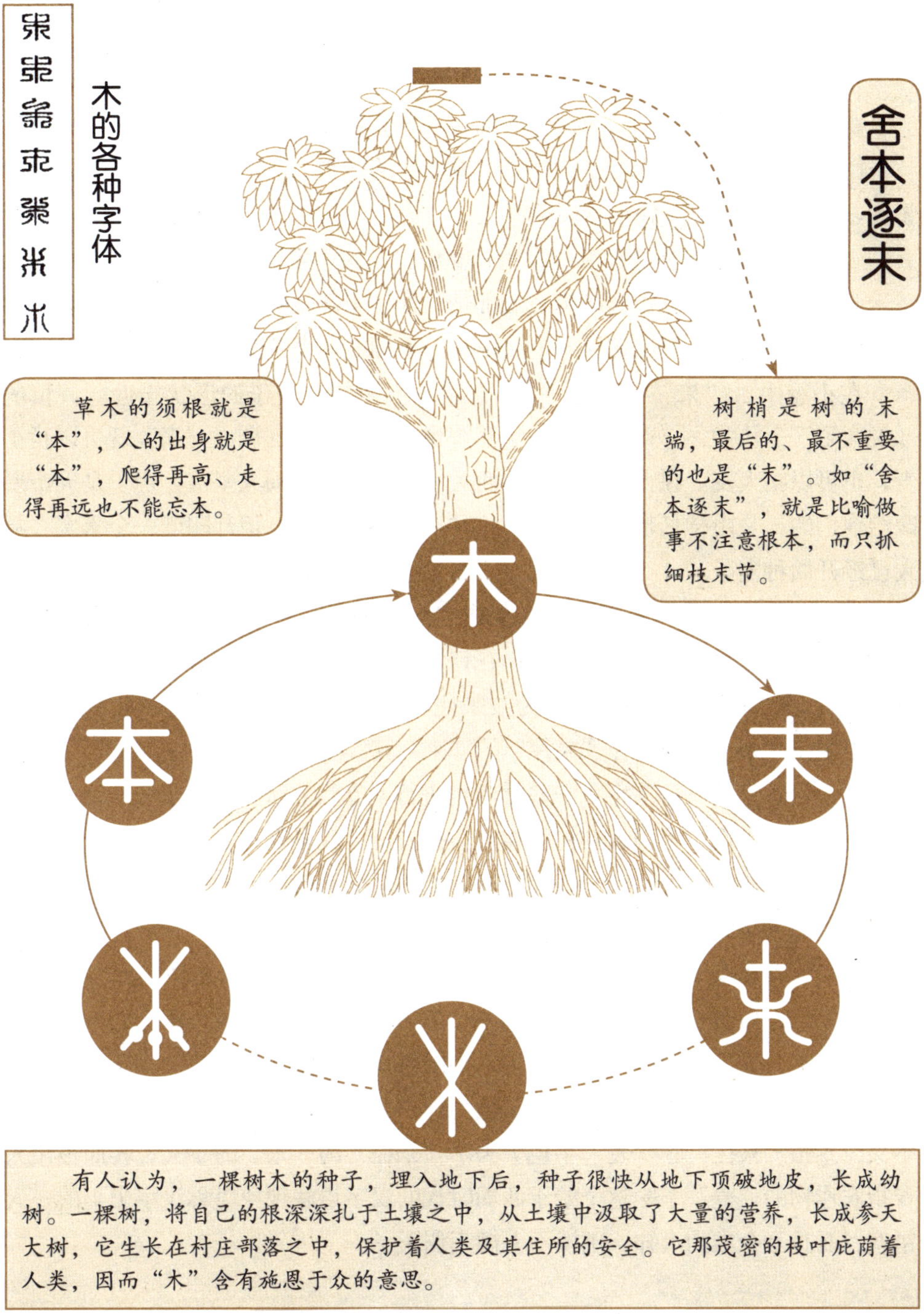

木的各种字体

舍本逐末

草木的须根就是“本”，人的出身就是“本”，爬得再高、走得再远也不能忘本。

树梢是树的末端，最后的、最不重要的也是“末”。如“舍本逐末”，就是比喻做事不注意根本，而只抓细枝末节。

木　本　末

有人认为，一棵树木的种子，埋入地下后，种子很快从地下顶破地皮，长成幼树。一棵树，将自己的根深深扎于土壤之中，从土壤中汲取了大量的营养，长成参天大树，它生长在村庄部落之中，保护着人类及其住所的安全。它那茂密的枝叶庇荫着人类，因而“木”含有施恩于众的意思。

第十一节

没有“平反”的错案——“来”“麦”二字解

在古人创造的汉字中，有两个字的含义一直被后人混淆了：“麦”字原本是“来往”的“来”，“来”字原本是“麦子”的“麦”。但是，由于误用，代代相传，时至今日，这一情形依然持续。

“来”的繁体字为“來”。在甲骨文中，“来”字写作“[illegible]”。在金文中，“来”字形似麦子。分析其结构：上部是麦穗；中部是叶子；下部是根。有些学者进行了长期研究，得出这样一个结论：“卜辞中诸来字皆象形。”

在小篆中，“来”字写作“[illegible]”，字形上依然与麦子的形状接近。许慎的《说文解字》认为：“来，周所受瑞麦蛑也。”朱熹曾强调，“来”既可以指小麦，也可以指大麦。在上古时期，陕西关中平原一带的周人坚信，麦子是天帝恩赐给他们的，是由神鸟带到人间的。这种说法看似荒唐，但却印证一个事实：周人已经开始种麦了。

那么，这个“麦”字又怎么会变成“来”字呢？《说文解字》的解释是：“来，天所来也，故为行来之来。”在许慎看来，“来”是一种农作物，来自上天。因此，“来”字就逐渐引申为“来往”的“来”。一些学者对此有不同看法，更主张“来”字被用作“来往”的“来”其实是一种假借现象。

对于繁体字的“麥”字，一些学者也进行了专门的研究。安子介就认为，这个“來”字可以理解为两人在树下相会。据考证，在早期的农业社会中，东方民族往往并不在树林中生活。一旦要相聚，他们就会从四面八方来到树林中。这大概就是“來”字的真实含义。

“麦”字的繁体字为“麥”字，与“來”字的上部极为相似，原本就是指“往来”。在甲骨文中，“麦”字写作“[illegible]”，“来”声，属于典型的形声字。其中，“夂”代表行走。因此，“麦”字的本义就是“来往”的“来”，“来”字的本义就是“麦”。后来，“来”被用作“来往”的“来”，便失去了自己的本义，专指“来往”；“麦”字也失去了“来往”的“来”的本义，转而被用来专指农作物的“麦”了。这个始于西周时代的汉字误解现象堪称汉字史上的一大错案，而且至今难为人知，更谈不上彻底纠正了。

“来”“麦”二字趣释

“麦”本来是“来往”的“来”，而“来”本来是“麦子”的“麦”。但是人们就这样误用了两千多年，一直到现在我们还在沿用。将错就错，直到现在“麦”和“来”仍然是一桩没有平反的错案。

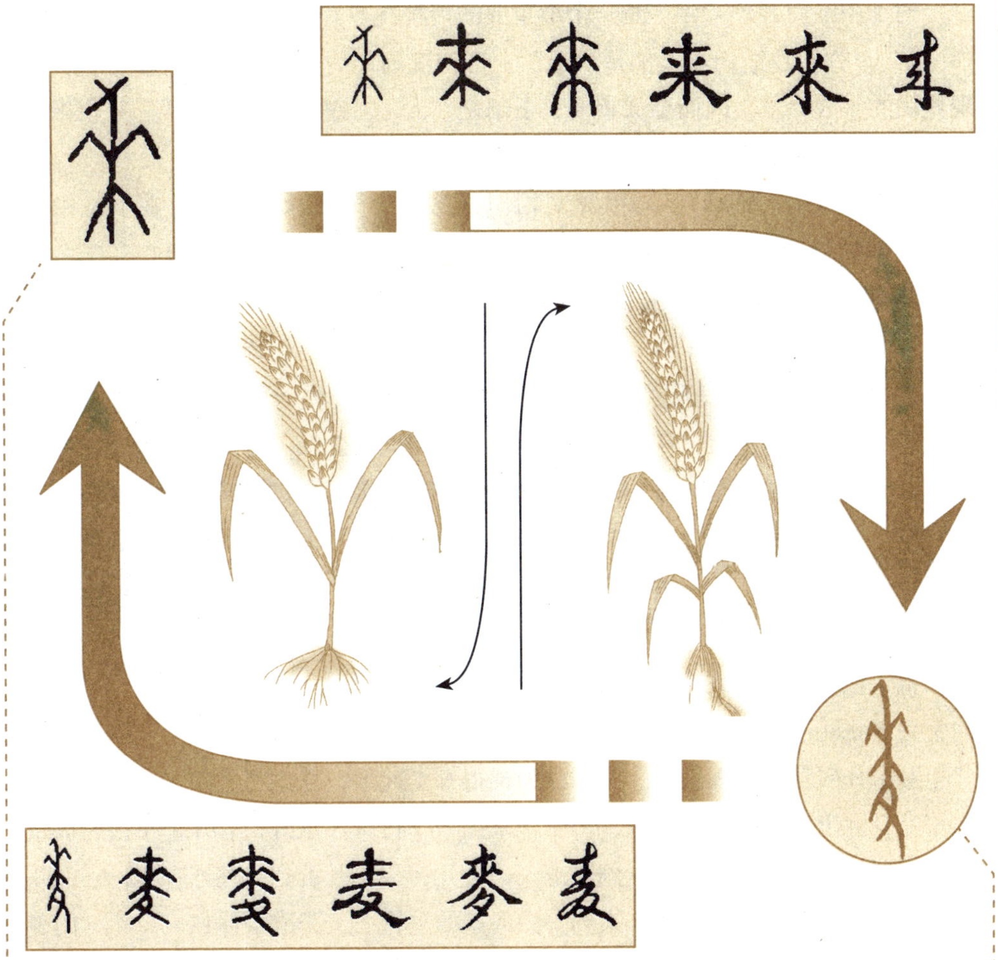

来

“来”字本义是“小麦”。后来“来”字被假借为来往的“来”，于是另造“麦”字以表示本义。一说“来”是小麦，“麦”是大麦。

麦

“麦”字，字形是一棵麦的样子。下端本来是根状，但是在甲骨文里早就把它跟人足状混同，以致字义不易解释。《诗经》中有：“硕鼠硕鼠，无食我麦。”

第十二节

一岁一枯荣——“年”字解

对于中国而言，“年”是一个最重要的传统佳节。在甲骨文中，“年”字写作“[illegible]”。分析其结构：上部是“禾”，形似沉甸甸的麦穗，泛指谷物，直接体现先民的年成状况，因而至关重要；下部是“人”。总体来看，“年”字很像一个人头顶着喜获丰收的“禾”。

在金文中，“年”字与甲骨文相似，从“禾”、从“人”。在小篆中，“年”字写作“[illegible]”。许慎在《说文解字》中强调：“年，谷孰也。从禾，千声。”在小篆的“年”字中，“人”变成了“千”，并成为“年”的声符。很显然，许慎的说法也印证了这一点。

在中原地区，一般禾谷一年成熟一次。从禾谷播种一直到成熟、收获，先民算作一年。在这里，“年”字被引申为代表时间概念的“年”。在收获庄稼之后，人们习惯于要庆贺一番，共同欢度一个丰收的节日，这个节日就是现在所说的“年”。从某种意义上说，“年”的确定恰恰显示了先民的一种文化心理。所谓“年”，就是现在所说的“春节”。按照传统习俗，人们总是把春节说成“过年”。究其原因，还有一个有趣的传说。

很久很久以前，人世间出现了一头十分凶猛的野兽，它就是“年”。“年”的个头比骆驼还大，奔跑的速度超过了狂风，还能发出比雷声还要响亮的声音。“年”十分残暴，见人就吃。后来，天神得知了此事，立刻将“年”关进深山，每年只允许出山一次。有一次，“年”来到一个村口。正好，有几个小孩在放鞭炮。“年”极为惊恐，吓得立刻逃走。一会儿，“年”看到一件红衣裳，它又吓得直哆嗦。四处躲藏的“年”来到一户人家的屋檐下，正准备休息。忽然，门缝里照射出蜡烛的火光。“年”立刻头昏眼花。从此以后，“年”只好在深山里呆着，再也不敢到人群中来了。

消息传出，人们便都知道了“年”有三怕：一是怕声响；二是怕红色；三是怕火光。于是，每当“年”准备出山时，各家各户就准备好鞭炮，用红纸写好春联，并点起一堆堆篝火。等到“年”被赶跑以后，人们便开心地互道“新年好”。这一传说演变至今，便形成了放鞭炮、贴春联与贺新春的习俗。

“年”字趣释

“年”对于中国人来说，是一个举国庆贺的传统节日。“年”的甲骨文其上部是“禾”字。“禾”为谷物的总称，年成的好坏，由“禾”的生长及收成情况来决定，所以“禾”对于先民来说尤为重要。

新 年 好

年年岁岁有今朝

“年”的本义

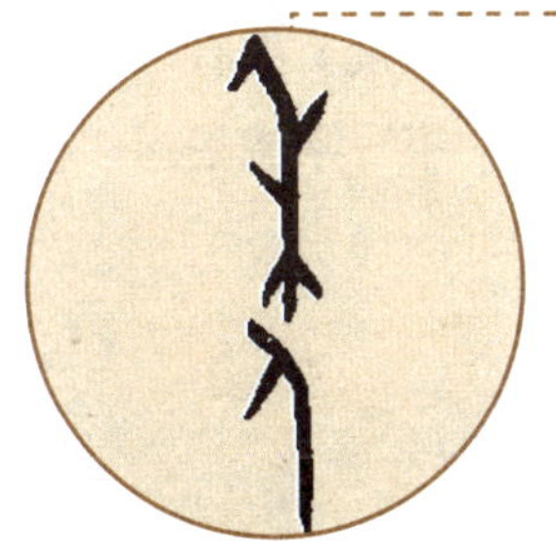

“年”的本义是“收成”。《说文解字》中说：“年，谷孰（熟）也”。甲骨文卜辞常见“受黍年”“受稻年”等文字。《春秋》也有“大有年”句。字形是一个人扛着成熟的庄稼回家的情景。

第十三节

牢不可破的爱情——“束”字解

在甲骨文中，“束”字写作“”。在金文、小篆和楷书中，“束”字的形体变化并不明显，多是在“木”上加一个圆圈或一个方框，形似用一根绳子捆扎一些树枝。许慎在《说文解字》中强调：“束，缚也。从囗，木。”也就是说，“束”字属于典型的会意字，由“囗”和“木”组成。自古就有“束薪”的说法，指的就是用绳索将一些散乱的柴薪捆扎起来。其目的是用于烧饭，其好处是便于搬运和存放。实际上，“束薪”正是“束”字的本义，意为“捆柴”。至于“缚”，则属于“束”字的引申义。

当然，对于甲骨文中的这个“束”字，一些学者另有见解。例如，李孝定就认为，甲骨文中的“束”字很像甲骨文中的那个“东”字，恰似一个无底的口袋，里面装有物体，两头被紧紧地扎好。因此，便产生了引申义“束缚”。

在古代，一些地方有将“束薪”作为婚姻的礼物的风俗。值得强调的是，这种“束薪”与众不同的地方在于：要用白茅草作为绳索。在这里，“白茅草”喻指男女之间爱情的纯洁、婚姻的牢固。由此看来，“束”字的发明很有可能受到了上古用束薪作为婚姻礼物的风俗的启发。例如，《诗经》中就有“扬之水，不流束薪”和“绸缪束薪，三星在天，今夕何夕”之类的诗句。前一句寄托了远离家乡的征夫对家乡妻子的思念之情：流水滔滔，千万不要将那一捆象征我们爱情的柴草带走了。后一句用“束薪”代表夫妻苦心经营的爱巢：群星在天空闪耀，我却依然在捆扎柴草，今夜是一个多么不寻常的夜啊。这两个“束薪”都与婚姻感情密切相关。

“束”字指的是捆扎柴草，避免其散乱。在此基础上，“束”字便进一步引申为“约束”“限制”。所谓“曲士不可语于道者，束于教也”，指的就是：不要试图与乡曲之士谈论大道，因为他们的思想往往受到以往教育的严格束缚，无法懂得大道的玄妙之理。

进一步发展，“束”字又引申为“收拾”“整理”。《战国策》中有“老妇不知长者之计，乃命公子束车制衣为行具”的说法，其中的“束”字就是指“收拾”“整理”。

“束”字趣释

“束”的古文字形体都基本相同，均为“木”上加一个圆圈或方框，看上去像是一根绳子将树枝之类的物体捆扎起来。“束”的本义就是“捆”。准确地说，“束”的本义应该是“束薪”，即俗话说的“捆柴”。由此可见“缚”是“束”的引申义。

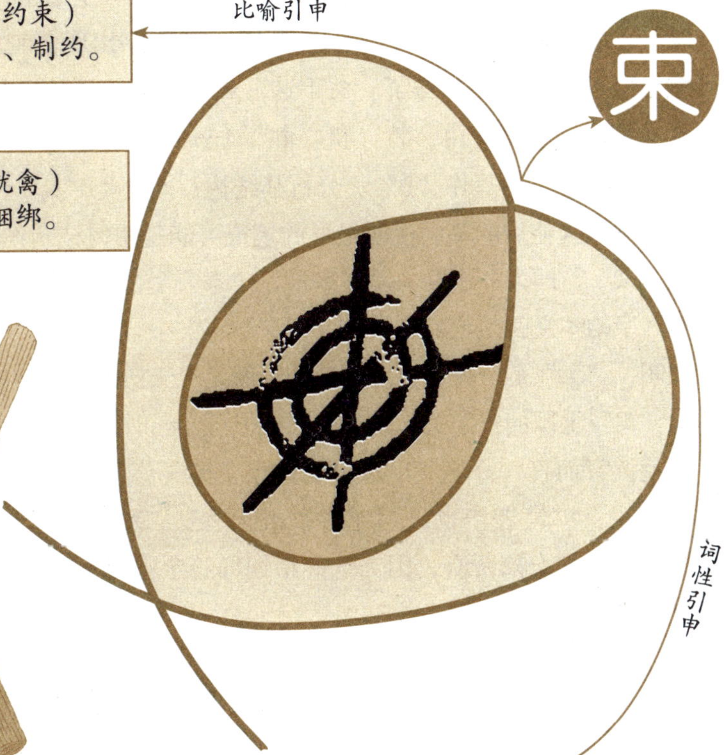

束

比喻引申

（束缚、约束）
动词：控制、制约。

扩大引申

（束手就禽）
动词：捆绑。

词性引申

（光束、花束）
名词：带状条形物。

扩大引申

（一束阳光）
量词：缕、道。

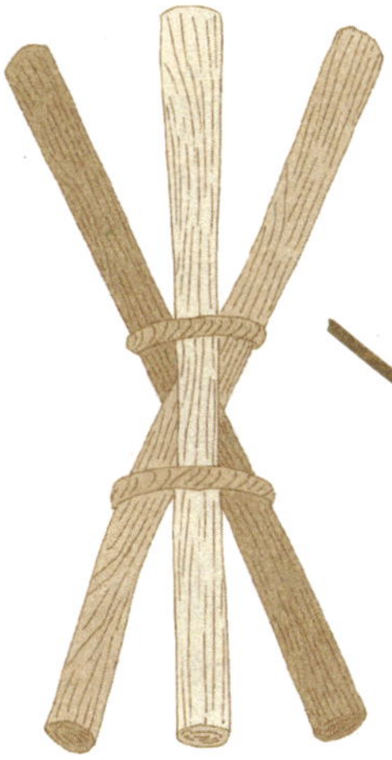

“束”的本义是“捆绑”，又有“一把”“一捆”义。字形像用绳子捆着一些树枝（有的字形像捆着布袋）的形状。现在还有“束缚”“一束”“约束”等词语。

第十四节

笔毫之下有乾坤——“笔”字解

“笔”的繁体字为“筆”。在现存的甲骨文和金文中，并没有“笔”字。“笔”字最早源于小篆。但实际上，早在“笔”字出现之前，“笔”这种书写工具就已经开始为人类服务了。关于这一点，已经被相关研究所证实。“笔”字属于典型的会意字，由“竹”和“聿”（yù）组成。这个“聿”就是笔。在甲骨文中，“聿”字写作“[illegible]”。分析其结构：左部是“[illegible]”，形似一根有杈的树枝，代表古人使用的笔，说明最早的笔很可能是用树枝制作的；右部是“[illegible]”，代表“又”，即为“手”。总体来看，“聿”字很像右手执笔写字。由此可见，“聿”字的本义就是笔。许慎在《说文解字》中解释道：“聿，所以书也。”这就证明，“聿”是一种写字的工具，也就是今天所说的笔。在小篆中，“笔”字是在“聿”上添加竹字头。究其原因，很可能当时的笔管多半是用竹制作的。

就读音而言，“笔”字很可能读作“毕”。晋代成公绥在《弃故笔赋序》中介绍说：“笔者毕也，谓能毕举万物之形，而序自然之情也。”他的意思是：笔意味着全部所有，因为笔能精细描绘宇宙万物的形状，精准表达人们的种种情绪。

笔的发明者是谁呢？按照《博物志》的说法，笔是秦代蒙恬用枯木、羊毛等制成的。对于这种说法，学者们多有存疑。后来，人们在仰韶出土的彩陶罐上发现了一些纹饰，证实就是用毛笔画上去的。还有一些学者发现，部分龟甲兽骨上的文字并非全是用刀刻的，也留存了毛笔书写的痕迹。可以确认，至少在商代，人们已开始在使用刀刻字的同时，使用一些相对精良的毛笔写字。

“筆”字的简化字为“笔”，其特点是从“竹”、从“毛”。这个简化后的“笔”字最早源于北齐的碑刻，其字形特点更能清楚地表明“笔”这种传统书写工具的构造：上部是笔杆，一般用竹制成；下部是笔头，一般用兽毛制成。从这个角度来看，古人很早就开始使用竹笔，其笔头往往用各种不同的兽毛制成。在中国古代，笔的产地很多。早在元代，湖州毛笔就名扬海内，至今销量不减。

“笔”字趣释

据考证，先民使用笔的历史要比“笔”字的历史悠久。“笔”字由“竹”和“聿”构成，会意字。其实“聿”就是笔，甲骨文中表现古人所使用的笔，就是一根有杈的树枝，这反映了早期的笔很有可能是用树枝做成的。

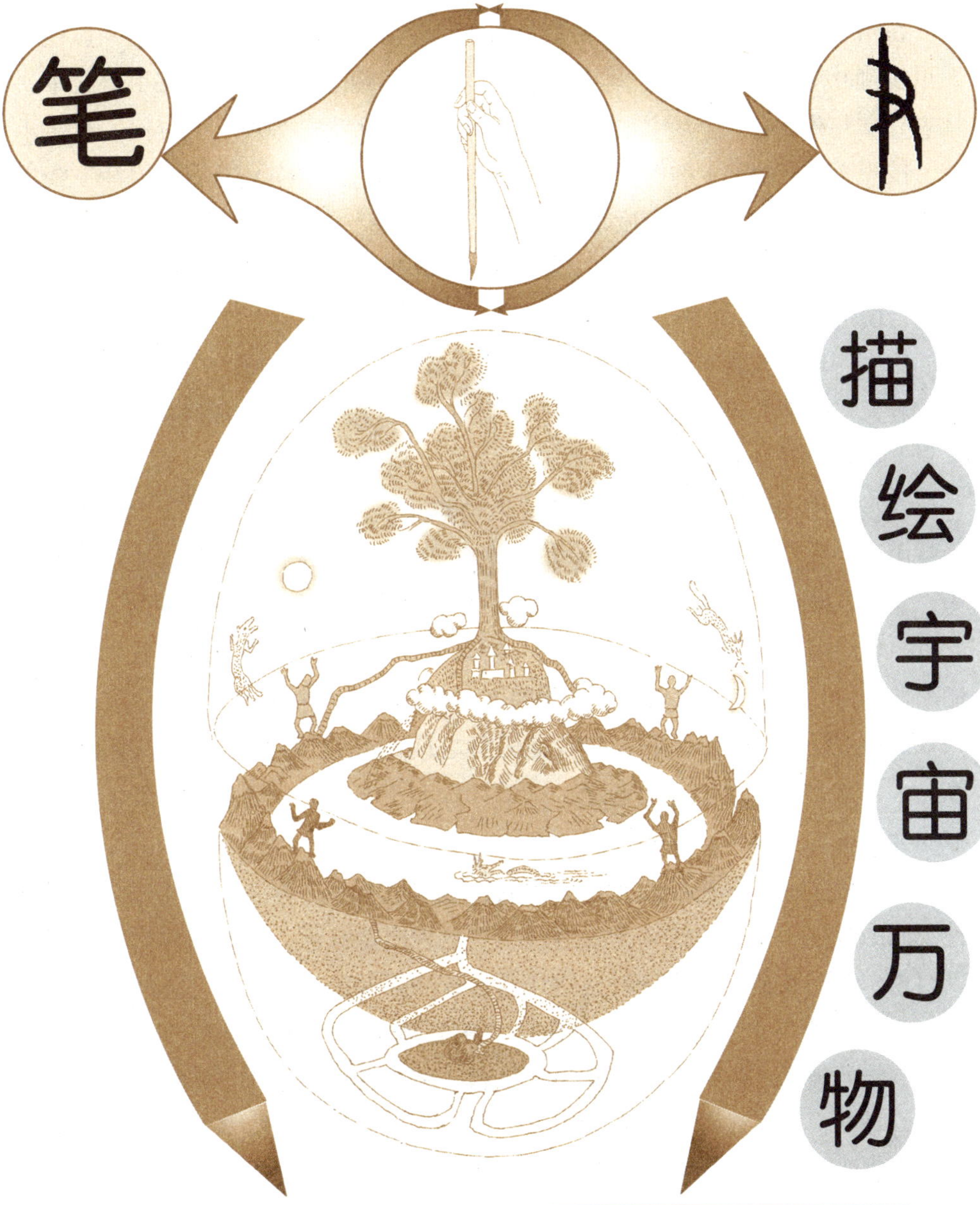

笔

描绘宇宙万物

第十五节

一年之计在于春——“春”字解

在四季之中，春天无疑是最受人们欢迎的。古人经过精细的观察，抓住春天里杨柳吐绿、桃李争艳、草木萌生的特征，发明了“春”字。在甲骨文中，“春”字写作“”。从字形上分析，其中的“屮”是“屮”（chè），代表小草。按照《说文解字》的解释，“屮”指的是“草木初生”。因此，“屮”代表破土而出的草芽。从这个角度来看，当初发明“春”字，就是想传递这样一种理念或者说信息：初生的草木看似柔弱，却因为已在地下蓄积了非凡的能量，一旦出土，便生机无限。

出生的草木柔弱中代表了一种生命的力量，成为生命的象征。人们之所以会从“春天”二字上联想到“春”字所代表的生机无限的情形，原因就在这里。从本义上看，“春”字指的就是“春天”。

在金文中，“春”字写作“”。其特点是从艸、从日、从屯，屯亦声。在小篆中，“春”字写作“”，与金文中的“春”字非常接近。《说文解字》认为：“春，推也。从艸，从屯，从日。艸春时生也，屯声。”小篆中的“春”字含有煦暖的阳光、初生的嫩草，堪称一幅动人的春景图。在商代和周代初期，人们习惯于将一年分为春秋两季，四季的说法则是以后的事情。

此外，古人还用“春”来喻指男女之间的情欲及其性行为。所谓“怀春”，多是指年轻姑娘春心萌动。至于“春心荡漾”“春情勃发”等，都有类似的含义。

在古代，“春”也被用来作为酒名，这就是有名的春酒。对此，至少有两种不同的说法。一种说法认为，古代的酒呈现出黄绿色，被人们视为春色，所以要用“春”来命名。另一种说法认为，春酒的说法最早源于《诗经》中“为此春酒，以介眉寿”的诗句。李白的“纪叟黄泉里，还应酿老春”中的“老春”，指的就是一种酒。白居易的“吴酒一杯春竹叶，吴娃双舞醉芙蓉”中的“春竹叶”，就是现在非常有名的“竹叶春”酒。用“春”字来命名酒，这一风俗在唐代最为盛行。所谓“金陵春、竹叶春、土窟春、烧春、松醪春”，都是当时的名酒。

“春”字趣释

自然界中最显著的特征是：春天杨柳吐绿，桃李争艳，草木萌生。古人抓住了自然界这一典型特征，精心设计了古“春”字。“春”的取象包含这样一种观念：草木初生表面很柔弱，生长艰难，而它在地下时蓄积了巨大的力量，因此当它一出土时，就生机勃勃、茂盛无比。

“春”字原来由“日”“艹”和“屯”三部分构成。“屯”是“春”的最早写法；再加上太阳和春草，更表明了春回大地的意思。“春”字中有和煦的阳光、萌生的嫩草以及它们蕴涵着的勃勃生机，简直构成了一幅优美诱人的春景图。

春意盎然

第十六节

从幼禾到排行在末的——“季”字解

在甲骨文中，“季”字写作“”。分析其结构：上部是“禾”，代表禾苗；下部是“子”，代表婴儿，引申为“幼小”。总体来看，“季”字是典型的会意字，由“禾”和“子”组成，其本义是“幼禾”。在金文和小篆中，“季”字的结构基本相似。许慎认为，“季”为“少称”，“从子，从稚省，稚亦声”。所谓“少称”，是指对年龄最小者的称呼，属于“季”字的引申义。许慎认为，“季”是形声字。但很多学者并不赞同这种看法，认为“季”字是会意字。

古代很注重兄弟之间的排行。所谓“伯、仲、叔、季”，“伯、仲”多指排行在前的，“叔、季”多指排行在后的。其中，“季”往往代表排行第四。如果兄弟不足四个，“季”就不宜被视为排行第四，而应理解为年龄最小的。

“季”字可以用来代表兄弟之间的排行，进一步又引申为一个朝代的末期、一个时期的终结。例如，唐朝诗人刘禹锡在一篇祭文中写道：“始识尚书，贞元季年。”所谓“季年”，指的就是末年。以此类推，“清季”指的就是清朝末年。在此基础上，“季”字引申为一个季节的最后一个月，所以才有了“季春”“季秋”之类的说法。

在古代，“季”字还可以用作姓。关于“季”姓，《通志·氏族略四》记载了两种主要说法：一是源于鲁桓公季子友；二是源于陆终氏之子季连。有些学者考证说，季姓原本姓“李”，后因一名李姓人士在朝为官，不慎触怒龙颜，皇上便将天下李姓满门抄斩。有一天，一些朝廷官兵奉命处死某一山村的李姓族人。全村的男女老少都被押解到村头，即将被集体砍头。就在这时，村中的秀才挺身而出：“你们奉命砍杀李姓族人，可我们村的人不姓“李”，全姓“季”。你们这样滥杀无辜，皇帝一定会治你们的罪。”那些官兵听了，似信非信，犹豫不决。于是，他们挨家挨户去搜查各家各户的祖宗牌位，发现上面写的全是“季”字。他们怕皇帝治罪，只好灰溜溜地撤退了。原来，这个秀才得到官兵即将前来的消息后，连夜在各家各户的祖宗牌位的“李”字上添加了一撇。“李”姓变成了“季”姓，救了一村人的性命。从此，“季”姓便流传于世，并成为百家姓之一。

“季”字趣释

“季”字最早见于甲骨文，其形体上部为“禾”，即指禾苗，下部为“子”，本指婴儿，这里有幼小的意思。“季”由“禾”和“子”两字构成，是会意字，本义是幼禾，即幼嫩的禾苗。

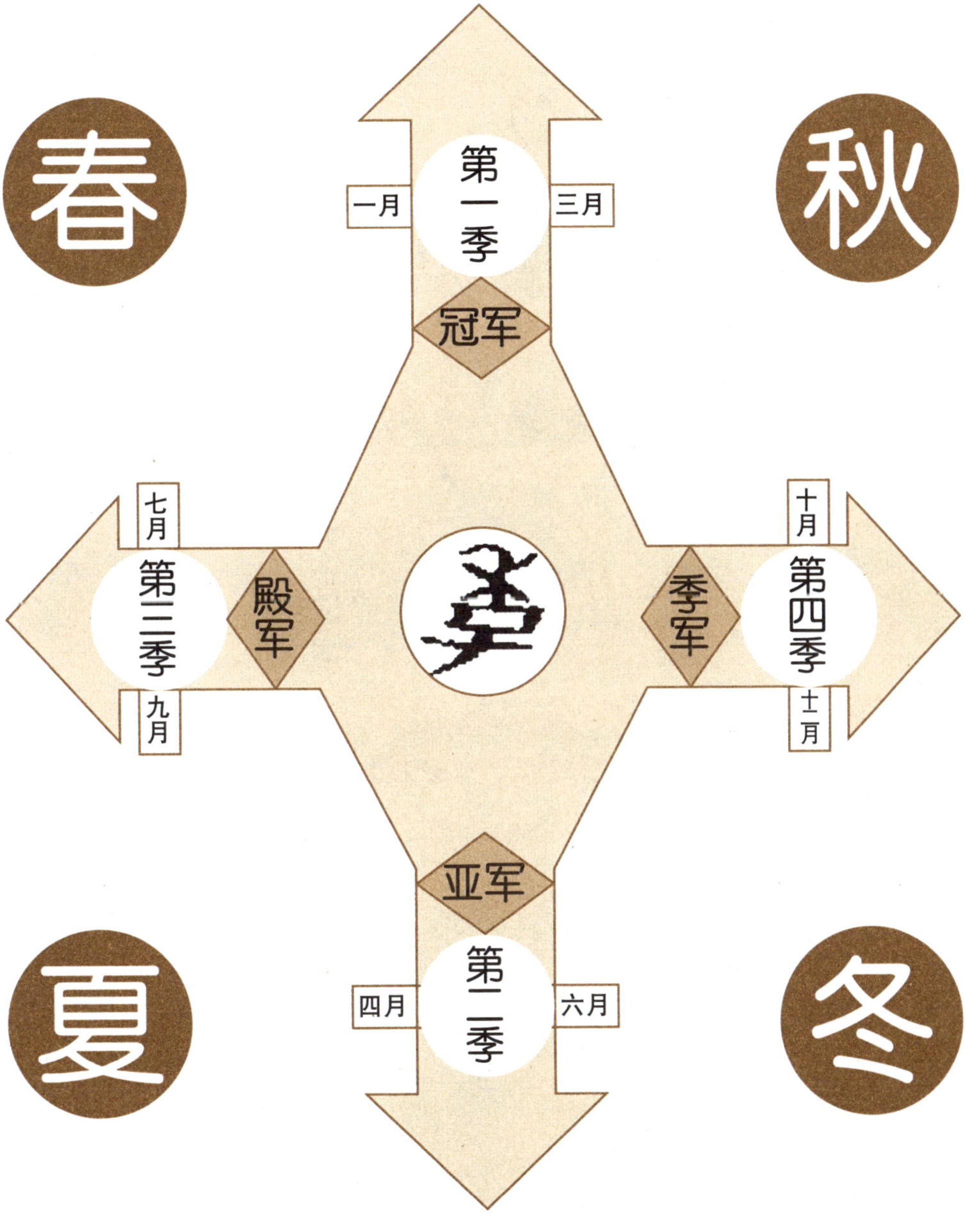

春

秋

一月 第一季 三月

冠军

七月 第三季 九月

殿军

季军

十月 第四季 十二月

亚军

四月 第二季 六月

夏

冬

第九章

汉字中的两性

孟子的学生告子说：『食、色，性也。』这说明中国古人就对两性有了一定的认识，除了文献记载，从汉字的造字本意上也可以了解到古人对两性的认识。可以说，汉字中储存着两性的文化信息，它揭示了上古社会中的『两性关系』，真实、可靠、有趣。汉字中隐藏的性密码，表现出『人之初』的质朴和纯真。

第一节

万物之灵——“人”字解

“人”字的甲骨文为“[illegible]”或“[illegible]”，前者是一个人形（面朝左侧面站立）；后者也是一个人形（面朝右侧面站立）。因为人是侧面站立着，所以只能看到头部、一只胳膊和一条腿。“人”字的本义指人类，是高等动物，能进行劳动，由猿进化而来的。

《尚书·泰誓上》载：“惟人万物之灵。”许慎在《说文解字》讲道：“人，天地之性最贵者也。”由此表明人在宇宙中的崇高地位。

如果从“天”字意思的来源来研究“人”字，即“天”本义指人的头顶，因此，古人用头顶象征天。于省吾先生的观点为“由于天体高广，无以为象，故用人之顶颠表示至高无上之义”。

中国古人认为，人的灵性与智慧最接近于天的意志。除了天和地之外，世间万物，人最具有智慧，其地位也是最尊贵的。古籍中常讲“与天地参”，就是指人能与天、地相并列而为三。

古人认为，人作为万物中的一分子，但贵为万物之上。先秦、两汉的古籍在论及人时，无不肯定人的自身价值。《列子·天瑞》载：“天生万物，唯人为贵。”《礼记·礼运》：“故人者，天地之心也。”因此，人理所当然就是宇宙的中心。

希腊神话中有关于人的一个故事：人面狮身的怪物斯芬克斯坐在金字塔旁要人猜谜，扬言人类如果猜中了，就不杀他们，否则就把人类杀光。他的谜语是：“从四只脚变为两只脚，又变为三只脚的动物是什么？”谜语出来后一段时间，没有人能猜中，因而很多人都被他杀害。后来，这个谜语终于为俄狄甫斯所猜破。原来谜底就是“人”——婴儿在地上爬，好像四只脚；长大以后，用两只脚走路；老年时加一根拐杖，又成了三只脚。斯芬克斯听到他的谜语被人猜破，马上投海而死。

“人”字趣释

“人”的本义就是人类，是由类人猿进化而来的，是能制造并使用工具，进行劳动的高等动物。人为万物之灵。《书·泰誓上》载：“惟人万物之灵。”

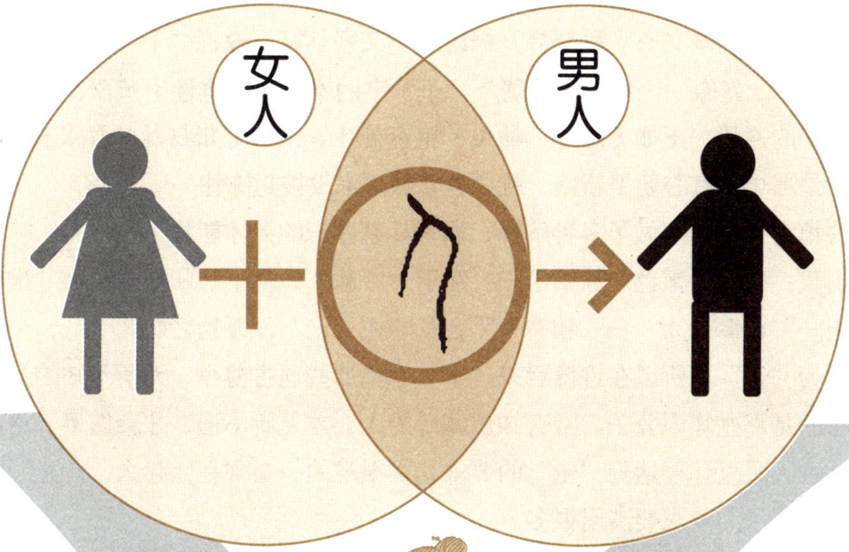

女人

男人

人的各种字体

“人”是一个典型的象形字。甲骨文和金文“人”字像一个侧立的人形，这个人还向前伸出了两只手。隶书以后字形变化较大。楷书“人”字两笔的下端竟像是人的两条腿了。中国古人认为，人的灵性与智慧最接近于天的意志。除了天和地以外，世上万物，人是最有智慧和最尊贵的。

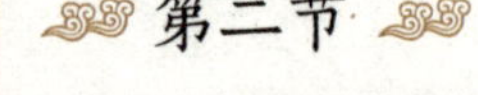

第二节

知识渊博的人——“士”字解

“士”字的本义有多种解释。据康殷（文字学家）说，“士”字的甲骨文为“士”，形状就像一个雄性生殖器。“士”字的本义原指雄性生殖器，而后被引申为男子的通称。正如《诗经·邶风·匏有苦叶》：“士如归妻，迨冰未泮。”意思就是那男子有心要娶新娘，就要趁着那河水没被封冻住。

许慎对“士”字做了多种解释，认为具有才识的人才能称为“士”。《说文解字》载：“士，事也。数始于一，终于十。从一，从十。”孔子曰：“推十合一为士。”许慎认为“一”和“十”会意即成“士”，万物之始“一”，“万物之终”为“十”。所以在许慎看来“士”专指那些通古博今、无所不知的学者，现在指的是那些知识分子。唯有知识渊博的人，才无所不通，才会做事。由此表明，在古人眼里，要达到“士”的要求其实很难的。与现在比起来，“士”的要求比知识分子的要求要高出很多。

据史书记载，“士”也是一种官职，上古掌刑狱。商、西周、春秋为贵族阶层，多为卿大夫的家臣。春秋末年以后，逐渐成为统治阶级中知识分子的统称。战国时的“士”，有著书立说的学士，有为知己者死的勇士，有懂阴阳历算的方士，有为人出谋划策的策士等，如荆轲为燕太子丹刺秦王，冯谖客孟尝君，苏秦连横等。从而表明“士”除了具备渊博的知识外，还要具备充分利用这些知识的能力。因此“士”即指有才干的人。正如《白虎通义·爵》：“士者，事也，任事之称也。故传曰：通古今，辨然否为士。”后引申为谋士、勇士、志士、武士等，也就是特指某方面有专长的人。

儒家学说中儒出身于“士”，又以教育和培养“士”（“君子”）为己任。“士”者，“仕”也。孟子说：“士之仕也，犹农夫之耕也。”意思是说，士出来任职做官，为社会服务，就好像农夫从事耕作一样，是他的职业。原始儒家学说也可以说是为国家、社会培养官吏的学说，是“士”的文化。原始儒学的主要内容都是关于“士”的修身方面的道德规范和从政方面的治国原则。

“士”字趣释

历史上对于“士”字的解释各有不同。据文字学家康殷说，“士”在甲骨文像一雄性生殖器。“士”的本义本指雄性生殖器，而后引申为男子的通称。但许慎却作出了不同的解释，认为是指有才干的人。

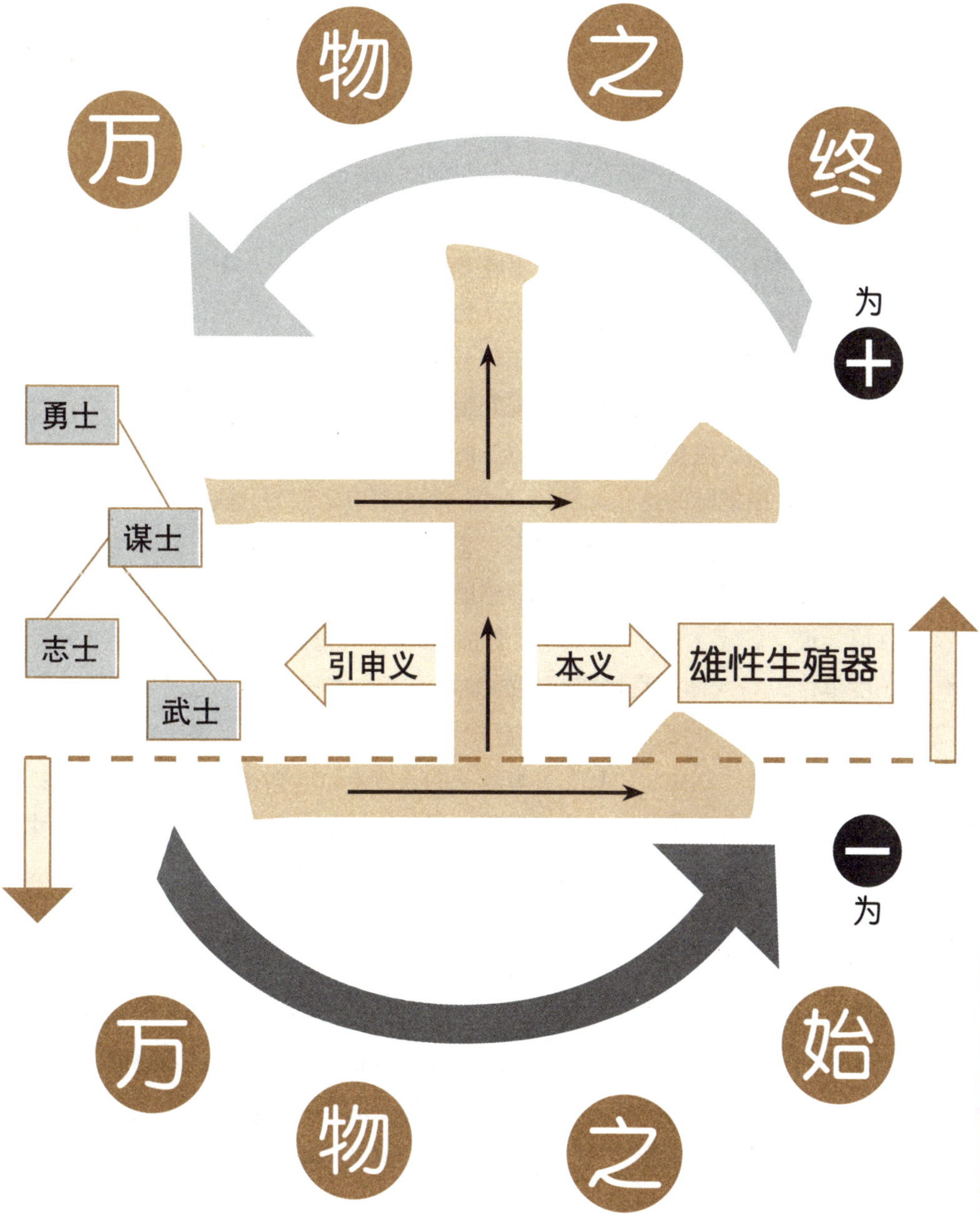

第三节

与人体息息相关的长度单位——“寸”“尺”二字解

《大戴礼·王言》中说：“布指知寸，布手知尺，舒肘知寻。”由此可知，这里的“寸”“尺”“寻”作为长度单位，是古人根据人的指、手和肘来确定的。

“寸”字的小篆体写作“[illegible]”。《说文解字》载：“寸，十分也，人手脚一寸动脉谓之寸口。从又，从一。”许慎认为“寸”字上部的形状像一只手，写作“又”字，“又”字下一小横作为指事符号，从中医学来讲，特指诊脉部位，即指寸口。长度单位“寸”就是古人依据此距离所确定的。

从中医学来讲，医生为患者看病诊脉时，其手指所诊脉的部位必须把握在手腕一寸的地方，由把脉的这一标准，“寸”字的引申之意为“法度”“准则”。而后续引申为“极短”或“极小”之意，也就是指在长度单位中，较小的单位即为“寸”。如“寸步难行”，“寸”在这里为“极短”之意。

许慎《说文解字》载：“尺，十寸也……从尸，从乙。”由此表明“尺”作为长度单位，与人体有直接或间接的关系。正如古代常说“七尺男儿”。与“丈”相比，“尺”的长度单位仍然算短的，所以常以“尺”来比喻短小或狭小。而有时与“寸”相比，“尺”又算较长的长度单位。如《楚辞·卜居》载：“夫尺有所短，寸有所长。”什么意思呢？尺虽比寸长，但也会有它的短处；寸虽比尺短，但也有它的长处。

对于“尺”字的解释同样众说纷纭。如古人对“一拃为一尺”中的“一拃”的解释如下：第一种：伸开右手，张开拇指与食指后其间的距离为一拃。第二种：伸出右手，将食指、中指和无名指弯曲，张开拇指和小指，其间的距离为一拃，一拃为一尺。现究其字形，“尺”字下面是两指，两指之间的距离即一拃，也就是一尺。还有一种解释就是，古人通常以男子的臂长为标准确定下来的长度单位叫“尺”。许慎则认为“尺”是在“寸”的长度基础上确定的。

"寸""尺"二字趣释

中国古代有许多长度单位，如"寸""尺""丈""寻""仞"，所表示的长度几乎都与人体有关。许慎《说文解字》："寸，十分也，人手脚一寸动脉谓之寸口。从又，从一。"

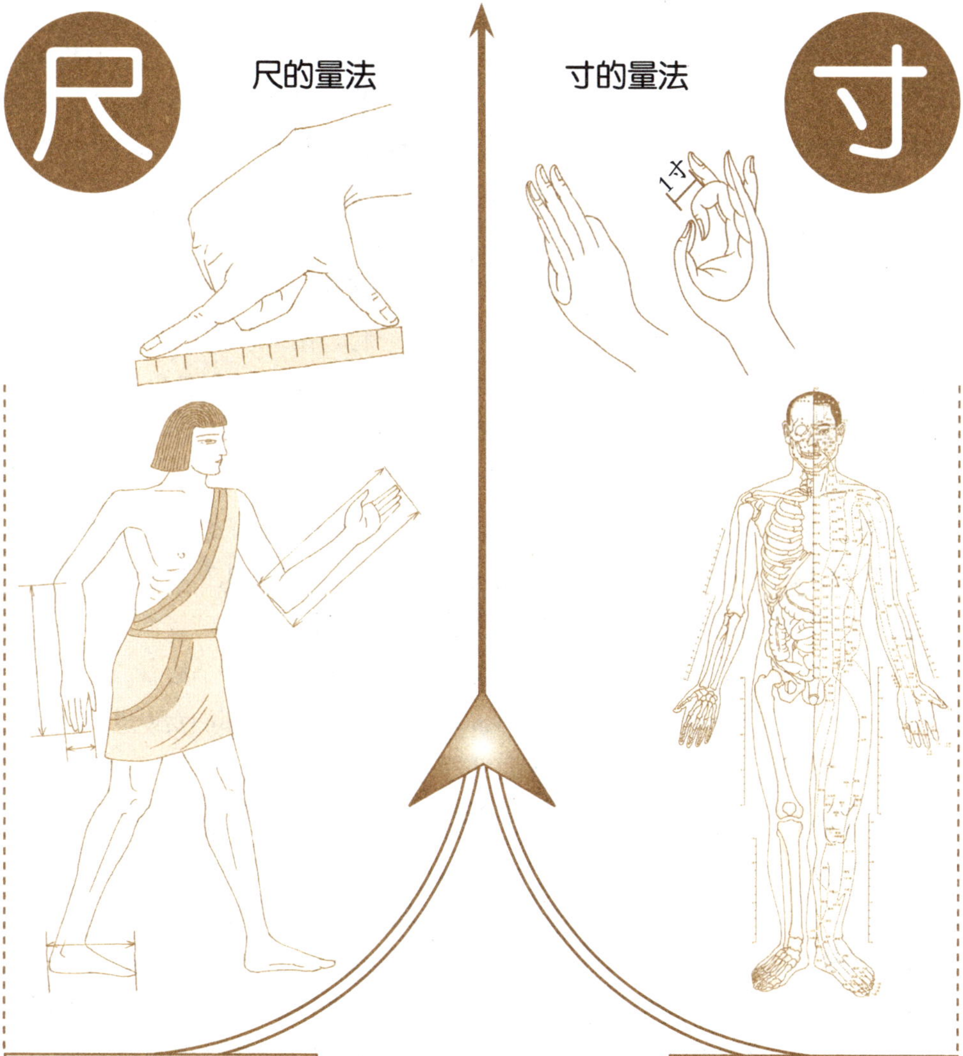

尺

尺的量法

寸的量法

寸

1寸

古人以一拃为一尺，所谓一拃就是伸开右手，张开拇指与食指后其间的距离。也有的人说伸出右手，将食指、中指和无名指弯曲，张开拇指和小指，其间的距离为一拃，一拃为一尺。

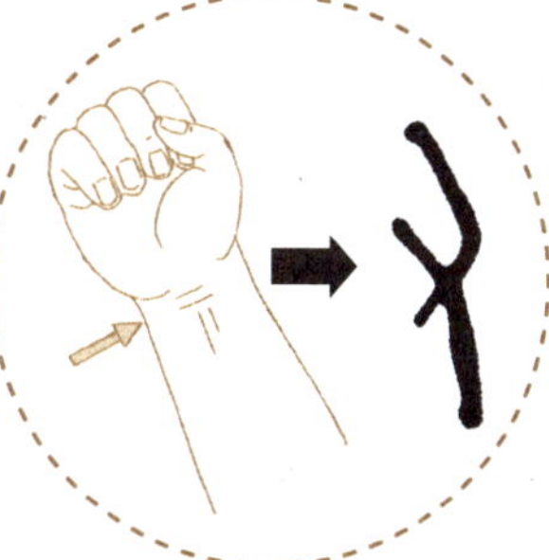

"寸"字的上面是"又"，即一只手，"又"下一小横为指事符号，指出中医学上诊脉之处，也即为寸口处。长度单位"寸"就是古人根据这一距离来确定的。

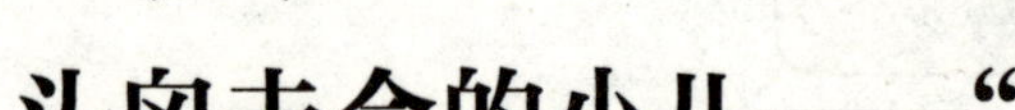

第四节

头囟未合的小儿——“儿”字解

纵观“儿”字的繁体、小篆及甲骨文——“兒”“[illegible]”“[illegible]”。三者相比，尽管“儿”字的小篆体存有差异，但仍保持着“儿”的原貌。甲骨文“[illegible]”字看上去像一个大脑袋娃娃（面朝左站着），头顶处还开着一个小口子，这个小口子象征小儿。在大脑袋的下部，左边一笔向外伸展出来，看上去有些像小儿的手臂，右边一笔有些弯曲，像是小儿的身体和腿部。为象形字。

《说文解字》载：“儿，孺子也。从儿，像小儿头囟未合。”许慎认为，“儿”就是指小孩的脑颅门骨头还没有长在一起。由此“儿”的本义为“幼儿”。“幼儿”无男婴和女婴之分，因此“儿”字的引申之意为“儿女”之意。也就是说“儿”既指男性，又指女性。如《木兰诗》载：“愿驰千里足，送儿还故乡。”

《明史·兵志》载：“凡牡曰儿，牝曰骒，儿一、骒四为群。”“儿”在这里特指“雄马”。这是因为“儿”通常指的是男儿，因此“儿”字的进一步引申之意为“雄性的马”或“其他动物”之义。

关于“儿”字，唐人郑綮《开元传信录》中记载了这样一个故事：

有一个妇女和邻居家正在发生争吵。吵些什么呢？只听那妇女说道：“若是儿猫，即是儿猫；若不是儿猫，则不是儿猫。”

妇女短短的几句话，前后共用了四个“儿”字。其中第一和第三句中的“儿”字为“雄性”之意，是形容词。第二和第四句中的“儿”字是“我的”意思，为代词，即古代妇女的自称词。而这些话却被邻居误解了其意，误以为“儿”就是“幼小”的意思。于是邻居便回答道：“我家的猫也是小猫。”说完抱起猫就走开了。而这时旁边站着一个读书人，向那个邻居解释了这位妇女所说的话。听完读书人的解释，邻居便明白了其中的意思，接着再看看怀中的猫，果然是一只雄性猫。最后只好将那只猫还给了那位妇女。

“儿”字趣释

“儿”字的甲骨文是一个典型的象形字，看上去像一个面朝左站着的大头娃娃，头顶上还开有一个小口子，这小口子就是小儿的标志。在大头的下面，向左伸展的一笔是小儿的手臂，右边弯曲的一笔是小儿的身子和腿。

精子与卵子的结合——新生“儿”

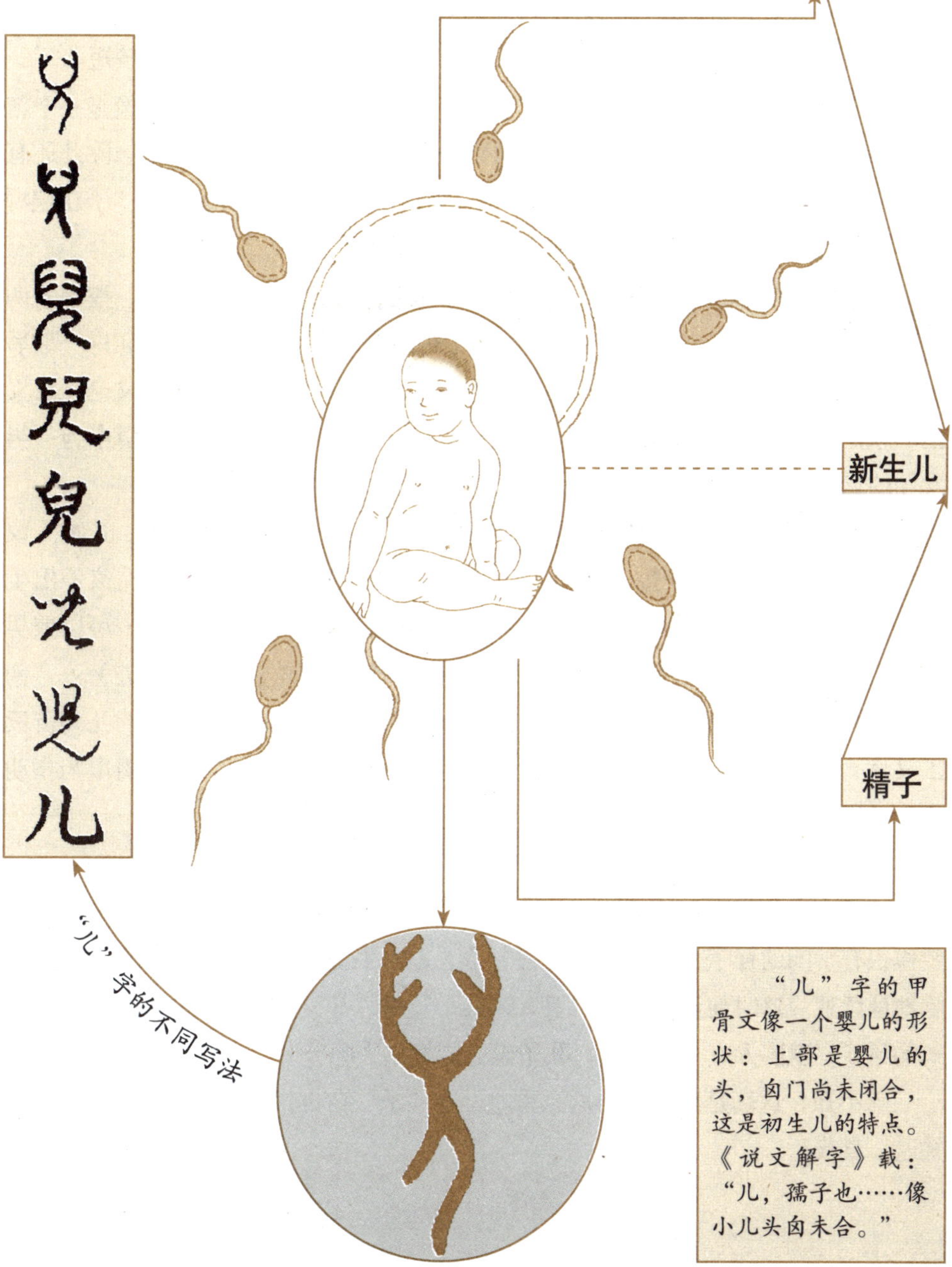

卵子

新生儿

精子

“儿”字的不同写法

“儿”字的甲骨文像一个婴儿的形状：上部是婴儿的头，囟门尚未闭合，这是初生儿的特点。《说文解字》载：“儿，孺子也……像小儿头囟未合。”

第五节

襁褓之中的婴儿——“子”字解

“子”字的甲骨文为“”，其下部为一个圆圈，上部为几条竖线，看上去就像小儿的头上长着短发。因为在人体的比例中，婴儿头部所占的比例较大，基于这种情况，造字者为了符合其身材比例，特将下部的两条腿画得比较短。

“子”字的金文写作“”，“子”字上的黑圆点，看上去就好像是一个新生的婴儿的头，头上长着黑发，左右两臂呈上举姿势，且小手张开着。除此还有的金文“子”字像小孩两腿包在一起。正如《说文解字》李阳冰注：“子在襁褓中，足并也。”以此说明“子”的本义特指“婴儿”。

“子”字的小篆体写作“”，其字体非常像婴儿。大大的脑袋，摆动着两条胳膊，婴儿具有的本真特点——活泼可爱，被造字者刻画得惟妙惟肖。最后画出一条腿，则是表明婴儿时常生活在襁褓之中。所以“子”字的本义毫无疑义指的就是“婴儿”。又因为“子”字的本义为“婴儿”，则进一步引申为“男女”的意思。

在古代汉语中，“子”字在不少情况下是没有性别之分的。正如《仪礼·丧服》载：“故子生三月则父名之。”什么意思呢？也就是说孩子出生三个月之后，身为父亲则要为孩子取名字。郑玄注曰：“凡言子者，可以兼男女。”“子”在这里很显然既指男孩，也指女孩。又如《论语·先进》：“南容三复白圭，孔子以其兄之子妻之。”意思是南容把“白圭之玷”的几句诗读了又读，孔子便把自己的侄女嫁给了他。因为“子”指婴儿，所以引申为指动物的幼崽。如《汉书·班超传》载：“不入虎穴，焉得虎子。”

关于“子”字还有这么一个故事：

从前有一位糊里糊涂的秀才，连一个“子”字的意思都分辨不清。一日，他装作很有学问的样子，一手拿起《韩非子》，一手背在身后，在众人面前摇头晃脑地诵读着。这时他读到一句“卫人嫁其子”时，却突然停下来，很感慨地说了一句话：“卫国人真是糊涂啊，儿子怎么能嫁出去呢？”

殊不知，这真是位要命的糊涂秀才，连“子”在古代既指男子也指女子都不知道，哀哉！

“子”字趣释

“子”的本义是指“婴儿”，因此“子”引申出“男女”的意思。对待古代汉语中的“子”，在不少情况下是不必分性别的。甲骨文的“子”，圆圈上几条竖线像小儿的头上长着短发。因婴儿头部所占比例在人体中比较大，基于这种情况，造字者将下面的两条腿画得较短，这是符合其身材比例的。

甲骨文的“子”字所表现的是孩子被包裹在襁褓中，露出了头和臂膀，手在空中舞动，两脚并拢在一起的形态。“子”后来指十二地支的第一位，用于表示时间。现在，“子”专指儿子。

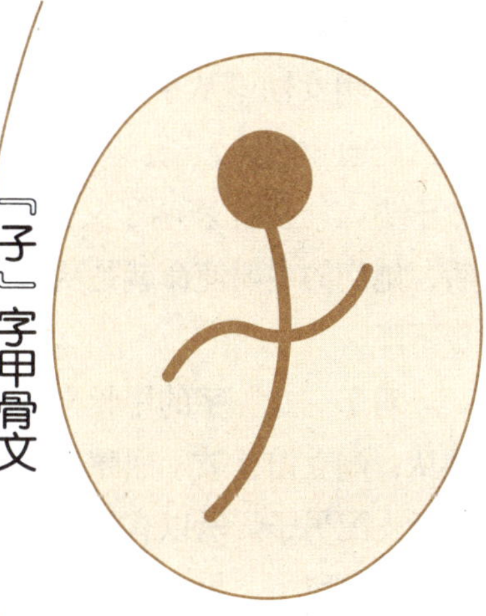

『子』字甲骨文

比喻引申

（子房、鱼子）
名词：幼小的种或苗

（子弟、孩子）
本义，名词：挥动两臂，尚不能独立的幼儿

借代引申

（子女、长子）
名词：男孩

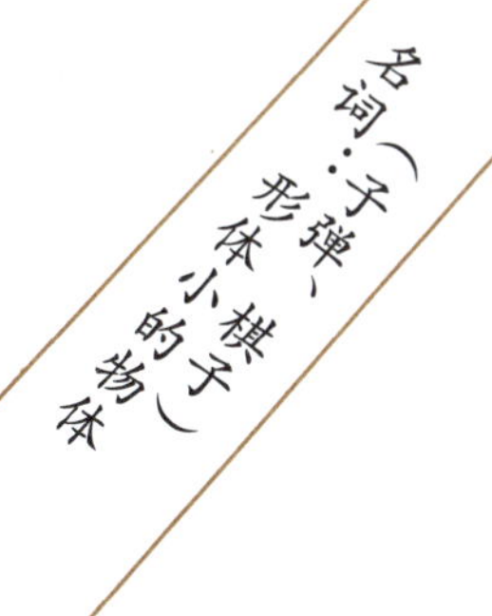

名词：（子弹、棋子）形体小的物体

数词：（子午、子夜）序数词：地支第一位，与天干配合纪时

名词：（子曰诗云）对成年男性的尊称

第六节

跪跽的人形——“女”字解

“女”字从甲骨文到小篆以至楷书均为象形字。

“女”字的甲骨文写作“[oracle-bone form]”，为一跪跽的人形——两膝着席，上体耸直之坐法，这也是古人家居的基本坐姿。其跪跽之姿强调了妇女一般在家操持家务。从甲骨文的形体来看，足以表明妇女在商朝已处于一种被统治、被奴役的地位。而我们再来看看“男”字，其造字思维突出了男子一般以农耕为主来维持生计。从而表明女性不从事生产劳动而专操持家务，全家人的主要生计全依赖男子。《白虎通·嫁娶》云：“女者，如也，从如人也。”“如人”的意思在这里指听命于男人。以此表明了父系社会形成后的家庭主要特征。女性在父系社会形成后，她们的主要使命就是从事家务劳动，并且要服从家长的役使。其家庭地位逐步下降。

对于“女”字的甲骨文，文字学者则作出了不同的解释：“女子性格温柔且顺从：侧立俯首敛手屈膝形。”而在母系社会中，妇女居于支配的地位，当然也包括支配男子。所以有的学者则认为：“女子坐着，从而表现了在母系社会，一般女子要留下，男子要外出到别的部落去生活。”女性的这一特殊的历史阶段，在世界各民族历史的发展经历较普遍。而在汉字中有许多表示姓氏的文字皆从“女”字，如姬、姒、嬴、姜、姚姓等，从而印证了这一特殊的历史现象。

女娲是华夏民族的始祖，她创造了人类，为了补苍天曾炼五色石，带领人类战胜了自然灾害。她是神话故事中盘古开天辟地时期的女神。

“女”字的金文写作“[bronze-inscription form]”，与甲骨文的形体相比，金文的形体只不过是在“女人”的头上加了一条横线。这一条横线，也许就是女人头上的发簪之类的装饰品。

随着社会不断地发展进步，女子逐渐摆脱了受奴役的命运，她们与男子一样，同样是世界的“半边天”。

“女”字趣释

“女”字的甲骨文写作“𡚦”，为一跪跽的人形——两膝着席，上体耸直之坐法，这也是古人家居的基本坐姿。其跪跽之姿强调了妇女一般在家操持家务。

在母系氏族公社中，妇女们在生产和生活中起着主导作用……

半边天

在母系氏族公社中，妇女们在生产和生活中起着主导作用。世系按母亲计算，实行母系继承制。孩子们只知其母，不知其父。妇女在氏族公社中居于支配地位，除了管理氏族公社内部事务外，妇女主要从事采集和原始农业，使生活的供给比较稳定。男子则主要从事狩猎。

母系氏族社会

『女』字各种写法

甲骨文的“女”字，是一个女子跪坐着（古人席地而坐），双手温文地放在胸前的样子。字的本义是“妇女”。“女”字在古文中常借用为“汝”（意思是“你”），后来才新造了“汝”字。

『女』字本义

第七节

古人的婚姻观念——“归”字解

“归”字的繁体字写作“歸”。《说文解字》载：“归，女嫁也。从止，从妇省。”许慎认为“女嫁”就是女子出嫁之意，其本义为“归”之意。“止”就是“足”，为走、行走之意。意符“帚”本为“妇”字，简化为“妇”，即“妇人”的“妇”。“妇”省略为“帚”，作为“妇”字的意符，仍表示“妇女”之意。

在形声及会意方面，“归”字二者兼有。段玉裁注《说文解字》时解释说：“妇止者，妇止于是也。”段玉裁认为在这里（指男子家）才是女子的住处。《公羊传·隐公二年》载：“妇人生以父母为家，嫁以夫为家，故谓嫁曰归。”“归”字在这里为回去之意，因为古人认为，女子自己的家则是夫家，从娘家来到夫家，才是真正回到了自己的家。当女子到了婚嫁年龄，男子到女子家去娶亲时，对于女子来说即为“归”——回家之意。由此，“归”字进一步引申为“返回”之意。而对于男子来说是从妻子家返回到自己的家，因此“归”也有“返回”之意。正如成语“视死如归”——把死看作和回家一样。

有的文字研究者则认为，封建时期有种婚俗——“姑返舅”。什么意思呢？就是第一代的女子嫁出去以后，如果生的孩子是女婴，则这个女婴长大后就要返嫁给自己舅舅的儿子为妻。

为什么这样呢？这样做也算是对其舅舅家的一种补偿，因此“归”就有了“归还”之意。“归”又由“回家”引申为“归还”。如《孟子·尽心上》载：“久假而不归，恶知其非有也。”意思就是：借久了总不归还，你又怎能知道他要将此物变成他自己的呢？

在父系氏族社会，其婚姻制度为一夫一妻制。其婚姻风俗是：如果男子要娶邻近氏族的女子为妻，则必须先到妻子家去生活一段时间，过夫妻生活（这种试婚习俗至今在某些少数民族仍然存在着），然后女子再随着男子回到自己的家。“归”在这里对女子来说叫做“出嫁”，同时也叫“回家”。古人的婚姻观念和婚俗以“归”字得到了较全面的体现。

“归”字趣释

“归”是一个形声兼会意字。许慎《说文解字》载：“归，女嫁也。从止，从妇省。”许慎所说的“女嫁”，即女子出嫁的意思，是“归”的本义。“归”较全面地反映了古人的婚姻观念和婚俗。

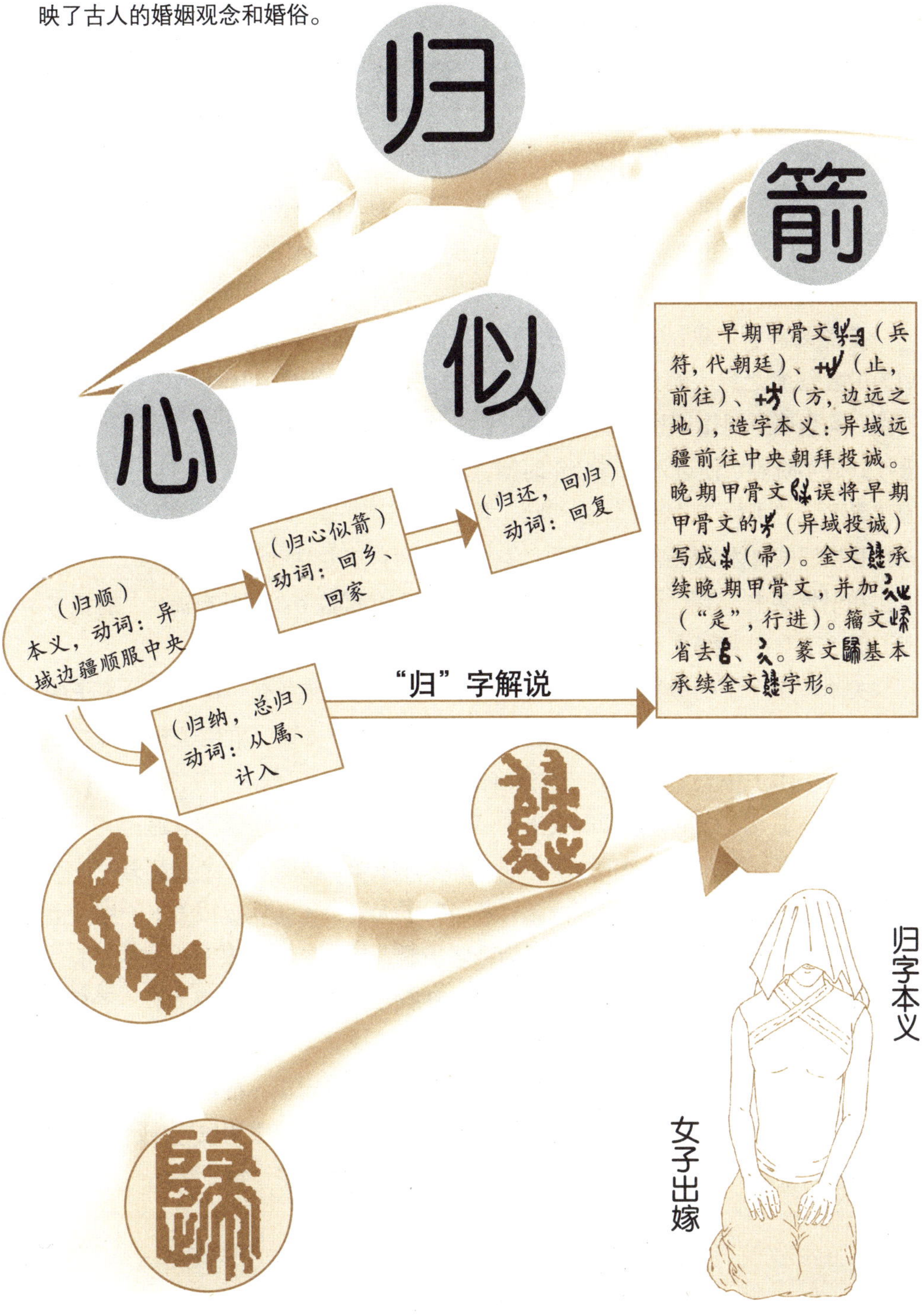

归 心 似 箭

“归”字解说

（归顺）本义，动词：异域边疆顺服中央

（归心似箭）动词：回乡、回家

（归还，回归）动词：回复

（归纳，总归）动词：从属、计入

早期甲骨文（兵符，代朝廷）、（止，前往）、（方，边远之地），造字本义：异域远疆前往中央朝拜投诚。晚期甲骨文误将早期甲骨文的（异域投诚）写成（帚）。金文承续晚期甲骨文，并加（“辵”，行进）。籀文省去、。篆文基本承续金文字形。

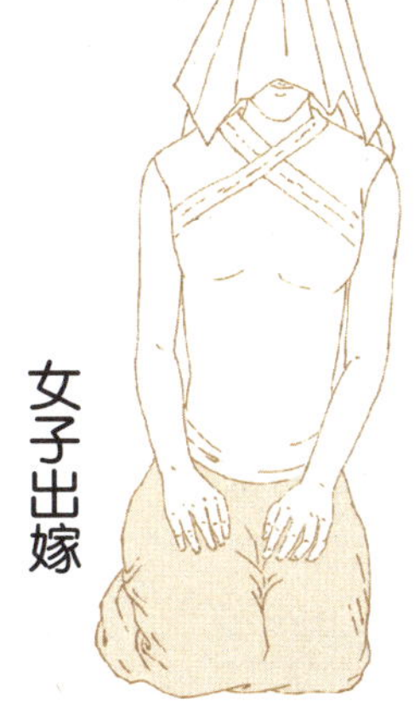

第八节

健壮的男子汉——“丁”“钉”二字解

“丁”字甲骨文为“ ”，金文为“ ”或“ ”。观其形体，均为钉子的象形字。其形状与我们生活中常见的钉子相似，其中的方形和圆点就是一个钉子的俯视图，而呈楔形的，则是一个钉子的侧视图。由此表明“丁”为“钉”的本字。也有的文字研究者则认为甲骨文的“丁”为人的头顶。在战国时期“丁”字的古玺文的形状更像钉子，如“ ”。而丁字的小篆体“个”，则同“个”字的简化体更相近。

《说文解字》载：“丁，夏时万物皆丁实。象形。”许慎认为，“丁实”则为健壮结实之意。而许氏则认为“丁”的引申之义为实。因为“丁”一般由“铁”等金属所制作，其坚硬度很强，由此进一步引申为“丁实”。而男子一般进入到成年阶段，便进入了青壮年时期，其体魄更为“丁实”，所以男子也被称为“男丁”“丁壮”“壮丁”。“壮丁”中的“丁”与“壮”在此为同义词，意思就是指那些身体强壮结实的男子。

在甲骨文中“丁”字一般多指执掌占卜的官吏的名字。另外在商代，有很多帝王以“丁”作为称呼，如“祖丁”“武丁”“庚丁”。

关于“丁”字的故事，在《留青日记》中记载：前秦有一位名叫姜平子的官员是苻坚的部下。一次，苻坚大宴群臣，殿前乐声飞扬，群臣争相赋诗。姜平子的诗中用了一个“丁”字，当他将诗书写在纸上时，将“丁”写成“ ”（古“下”字）。苻坚看后便问姜平子这样写有何用意，姜平子则答道：“一个高尚可贵之人，则为人必须正直而不屈，如果屈服于别人，和一个怕死鬼没什么区别，这样的人也不是一个好东西。”苻坚听了大喜，于是就提拔姜平子为“上第”。这件事在其他大臣看来，则认为苻坚愚蠢、粗鲁、目不识丁——连“丁”和“下”也不能区别出来。而姜平子更是投其所好，竟因一个区区“丁”字而一步登天。

“丁”的后起字则为“钉”。清朱骏声《说文通训定声·鼎部》载：“丁，今俗以钉为之。”随着社会的不断进步，冶炼业的发展，过去用以连接物体的竹钉、木钉被金属，尤其是铁质的钉所替代，因而古人便造了“钉”字。

“丁”“钉”二字趣释

“丁”字，其形状与我们生活中常见的钉子相似，其中的方形和圆点就是一个钉子的俯视图，而呈楔形的，则是一个钉子的侧视图。由此表明“丁”为“钉”的本字。

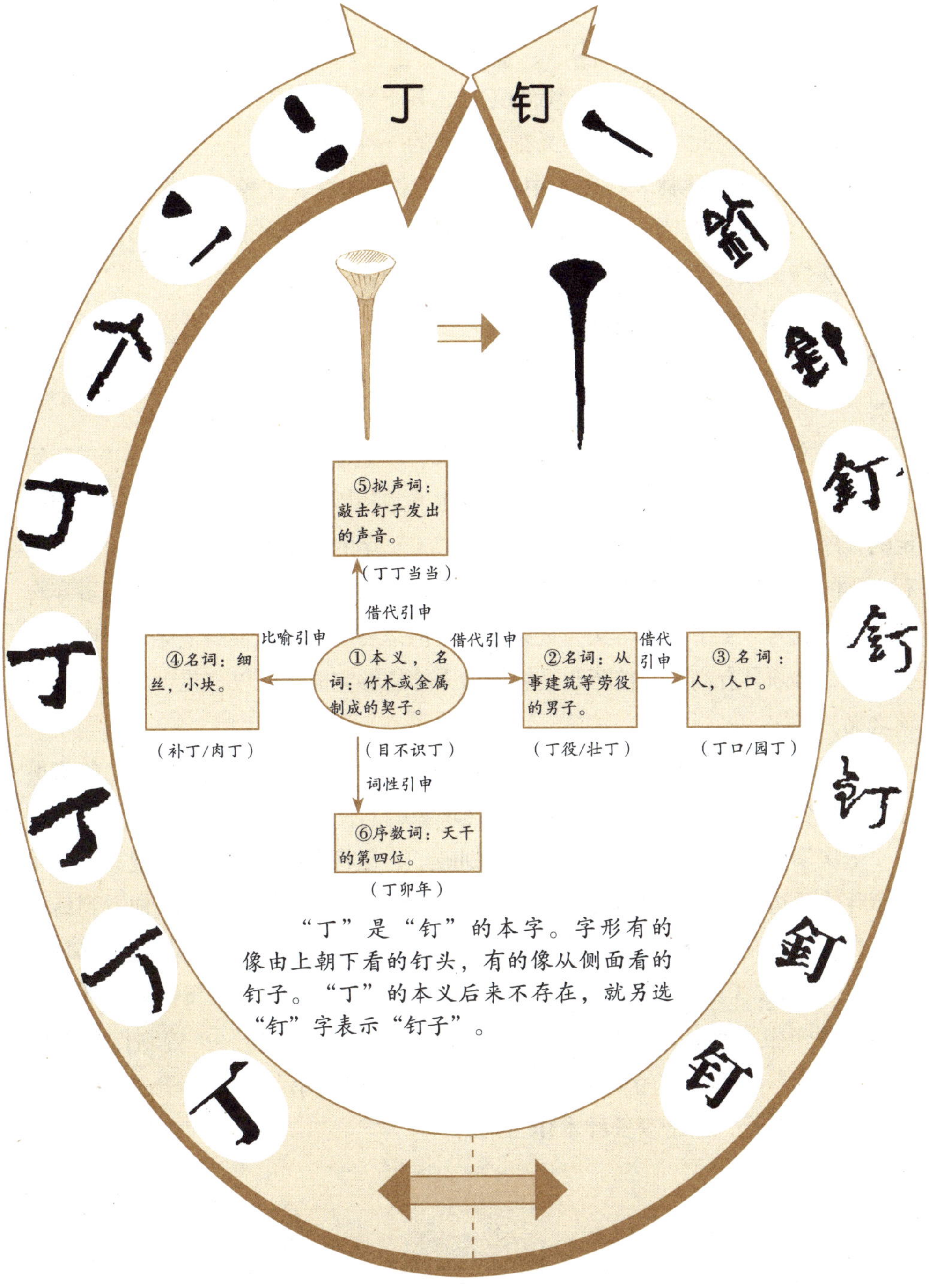

丁

钉

⑤拟声词：敲击钉子发出的声音。

（丁丁当当）

借代引申

④名词：细丝，小块。

（补丁/肉丁）

比喻引申

①本义，名词：竹木或金属制成的契子。

借代引申

②名词：从事建筑等劳役的男子。

（丁役/壮丁）

借代引申

③名词：人，人口。

（丁口/园丁）

（目不识丁）

词性引申

⑥序数词：天干的第四位。

（丁卯年）

“丁”是“钉”的本字。字形有的像由上朝下看的钉头，有的像从侧面看的钉子。“丁”的本义后来不存在，就另选“钉”字表示“钉子”。

第九节

细致而巧妙的工作——“工”字解

“工”字的甲骨文为“古”，金文为“工”。有的学者认为“工”字的形状与某些工具相像，如斧头或铲状的工具，其下部是斧头的锋刃或铲刃，上部是柄，专供握持。因此“工”的本义则是古代的一种生产工具。

《积微居小学述林·释工》中载：“以字形考之，工象曲尺之形，盖工即曲尺也。”杨树达认为，从“工”字的小篆和楷书的形体来看，其形体则由原来的斧头锋刃或铲刃变成了一条横线，其意义不变。

由此表明“工”均认为是指古代的一种工具，从而引申之义为“工匠”，也就是使用工具的那些人。如《论语·卫灵公》中载：“工欲善其事，必先利其器。”

《说文解字》载：“工，巧饰也。象人有规矩也。”在许慎看来，“工”的工作，其技术性很强，且作工十分考究，也非常巧妙，所以操作起来必须按照一定的程序来进行。所以，有的学者则认为“工”字的上下两横，代表着木板或玉石之类的东西，中间一竖则是一条绳索，将上下的木板或玉石之类的东西贯穿起来，从而认为“工”字的本义为贯穿之意。但是要在宝玉或金石上穿个孔则是颇费心机，必须具有高深的技巧和足够的功夫才能够完成，所以“工”又有精雕细琢之义。

鲁班是我国古代有史书记载的最早的创造发明家，被誉为工匠祖师。鲁班很注意对客观事物的观察、研究，他受自然现象的启发，致力于创造发明。

一次攀山时，他的手指被一棵小草划破了，他将小草摘下后仔细观察，发现小草叶的两边全是排列均匀的小齿，于是就模仿草叶制成伐木的锯。他看到鸟类能够自由地在天空飞翔，就用竹木削成飞鹞，借助风力在空中试飞。起初飞鹞飞翔的时间较短，但经过他反复研究，不断改进，飞鹞竟能在空中飞行很长时间。

鲁班一生注重实践，善于动脑。他能建造“宫室台榭”；曾制作出攻城用的“云梯”，舟战用的“勾强”；创制了“机关备制”的木马车；发明了曲尺、墨斗、刨子、凿子等各种木作工具。

“工”字趣释

“工”的古文字形体像斧头或铲状的工具之形，其下部是斧头的锋刃或铲刃，上部是供握持的柄。因此认为“工”的本义是古代的一种生产工具。由此引申为使用工具的人，即“工匠”。如《论语·卫灵公》载：“工欲善其事，必先利其器。”

巧妙多用的工具

从较早的金文中，“工”字可以看出是一把刀具的样子，它的刃部呈弧形。本义是“工具”，引申为“做工的人”，再引申为“巧妙”“细致”的意思。

一次，鲁班在完成一项紧急的建筑任务，领着徒弟上山一连伐了好几天树，虽然他们起早贪黑，挥动斧头，但因伐木工具落后，木料还是供应不上。他心里非常焦急。一天天刚亮，鲁班就上山干活，一不小心被丝茅草的叶子划破了。他摘了一片草叶，发现草叶边缘生满了利齿。一转身，他又看见一只大蝗虫正张着两个大板牙，很快地吃着草叶。鲁班捉了个蝗虫一看，它的板牙上也有利齿。看看丝茅草的叶子，再看看蝗虫的大板牙，他心里豁然开朗。

名词：持械从业者

（工业，百工）

本义：古代一种巧妙多用的器具

名词：功效、功劳

（异曲同工）

第十节

天大、地大、人亦大——“大”“太”二字解

“大”字的甲骨文为“”，金文为“”，小篆为“”，楷体为“大”，观其诸多形体，均像一个头、胫、臂俱备的项天立地的巨人（正面站立、两臂张开、两腿直立）。因为人为“万物之灵”，所以“大”的本义即大人。“大”字在甲骨文中，充分体现了殷商时期的主要思想——以人为大。这种思想一直被延续至今，从而后人将“天”“地”“人”并称为三才，正如《老子》载：“天大，地大，人亦大。”

而段玉裁解释道：“人法地，地法天，天法道。按天之文从一大。则先造‘大’字也。”从“天”字的造字方法上看，“天”是“从一大”，由此表明“大”字比“天”字要造得更早。

“大”字的创造，表明了上古先民对古代英雄人物的歌颂，因为这些英雄（夸父、后羿、女娲、大禹等）带领着人民战胜了自然的各种灾害，是先民心目中的“伟大”人物。所以“大”有“伟大”之意。

随着社会历史的不断发展，“大”由“伟大”之意进一步引申为那些品德高尚、知识渊博、技艺精湛者。如《孟子·尽心上》载：“大匠不为拙工改废绳墨。”意思就是指那些高明的工匠不因为技术拙劣的工人改变或者废弃规矩。

上古时期“太”字并没有出现，只有“大”字。在古代“大”同“太”字。“大”是象形字，“太”是会意字。两者的形体区别在于，“太”只比“大”多了一小点儿（太之意），也就是“太”比“大”更大。可见“太”不仅有“大”之意，且比它更大更广。

《广雅·释诂一》载：“太，大也。”段玉裁《说文解字注·水部》载：“后世凡言大而以为形容未尽，则作太。”其意思是说，后世人们凡是用“大”字来形容事物而仍感到形容不够充分的就用“太”。可见“太”比“大”更大。如：太空（极高的天空）、太学（最高学府）、太古（最古的时代）等。

“大”“太”字趣释

“大”字像一个正面站立、两臂张开、两腿直立的顶天立地的巨人形象，人的头、胫、臂俱备。人是“万物之灵”，“大”的本义即大人。而甲骨文的“大”字，充分体现了殷商以人为大的思想。

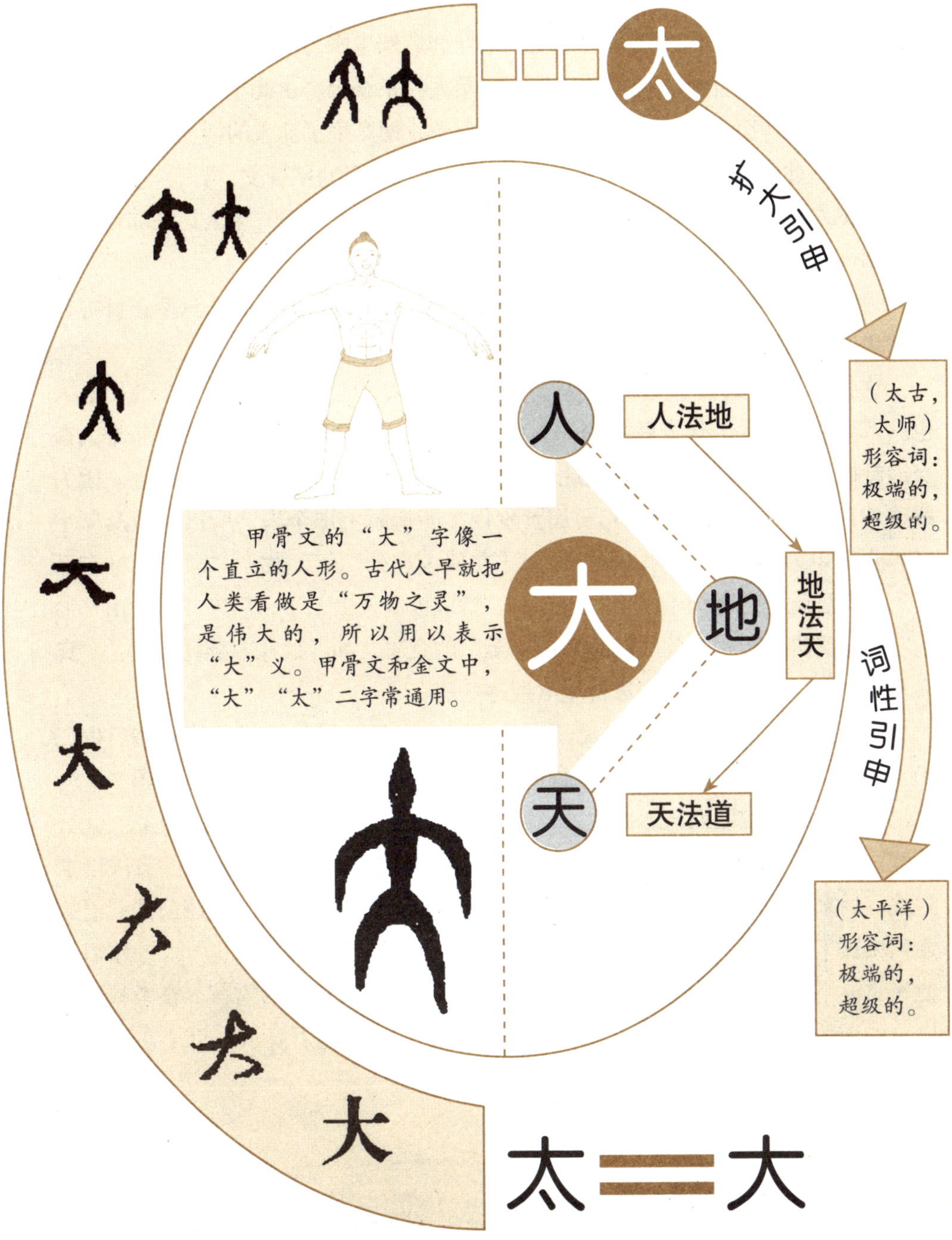

太

扩大引申

（太古，太师）形容词：极端的，超级的。

人 人法地

大 地 地法天

天 天法道

词性引申

（太平洋）形容词：极端的，超级的。

甲骨文的“大”字像一个直立的人形。古代人早就把人类看做是“万物之灵”，是伟大的，所以用以表示“大”义。甲骨文和金文中，“大”“太”二字常通用。

太＝大

第十一节

将犯人抓住——“及”字解

“及”字最早出现于甲骨文，为会意字，其本义为抓人。由此表明追捕人的事情则比“及”的出现更早，以及原始社会后期生产力得到大力发展，氏族组织也逐渐增多，并开始出现精神信仰——用人牲来祭祀。由此导致为争夺生活物质而发生原始冲突。在冲突矛盾的激化过程中，便产生了抓人的活动，“及”字的产生正是建立在此活动基础之上。再观其“及”字的甲骨文“”，左上方代表一个犯人（面朝左，弯着腰正在向前逃跑），右下方代表一个人正在逮捕犯人（伸出一只手正好触及到前边的一个人）。

“及”字金文为“”，中部为一个人面朝左，背后伸出的一只手正好抓住了前边一个人的腿。“及”字的小篆的结构与甲骨文、金文相同。

许慎《说文解字》载：“及，逮也，从又、人。”徐锴曰：“及前人也。”“又”（手）代表后面的一个人，“人”指前边的一个人，后面一个人奋身追赶抓住了前面的那个人。因此金文和小篆的“及”的本义仍然是抓人。因为要逮住前面的那个人，必须先要加紧步伐才能追赶上那个人，所以，“及”字进一步引申为追赶、追上之意。正如《左传·成公二年》载：“故不能推车而及。”意思就是：因为不能下车去推车，所以被敌人追上了。后来“及”由“追上”之意又进一步引申为“到达”或“至”的意思。如《仪礼·燕礼》载：“宾人及庭。”其意思是：宾客进得屋里到达庭前。

关于“及”字的故事，可见《左传·隐公元年》里的记载。武姜婚后生二子：寤生（郑庄公）、共叔段。寤生出生时武姜难产，而生共叔段时顺产。所以，武姜喜欢共叔段而厌恶寤生。当寤生立为太子时，武姜多次提出废立，武公一直没有答应。公元前743年，武公死，寤生继位为庄公，武姜就为共叔段请求封地。后来，共叔段在武姜的支持下，妄图夺权，失败出奔共国。庄公把武姜放逐到城颍（今河南省临颍西北），并发誓：“不及黄泉，无相见也”。一年后，他又觉得不能这样对待自己的亲生母亲，但又不愿违背原来的誓言。颍考叔看出庄公的矛盾心情，遂献上一计，挖了一条隧道，见到地下泉水，母子在隧道见面，和好如初。

“及”字趣释

“及”字甲骨文的形体为，左上方是一个面朝左边，弯着腰正在向前逃跑的犯人，右下方代表一个人伸出一只手正好触及前边的一个人，像是在逮捕犯人，会意字。其本义是抓人。

抓住想要逃跑的人

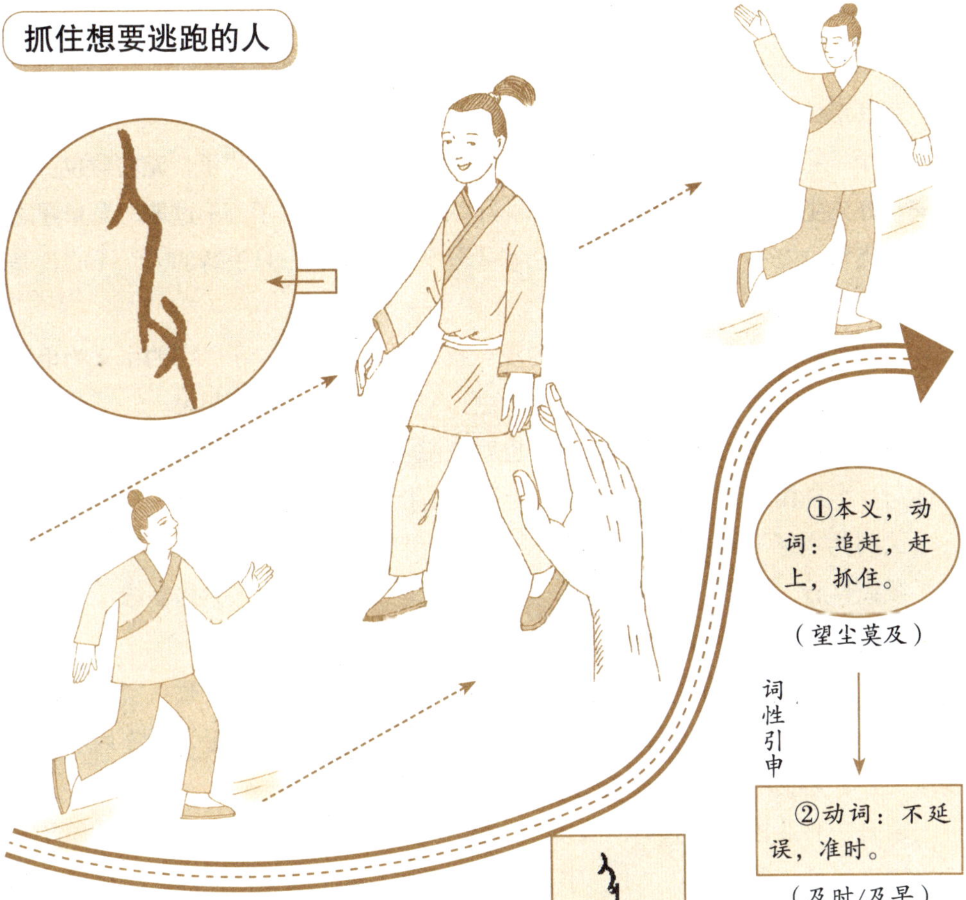

①本义，动词：追赶，赶上，抓住。

（望尘莫及）

词性引申

②动词：不延误，准时。

（及时/及早）

递进引申

③动词：到达，到位。

（及格/普及）

时空引申

④连词：表示并列，又。

（以及）

“及”字的下方是一只大手，抓住了上方的人，本义是“抓人”，引申义是“追上”“赶上”。《左传》载：“故不能推车而及。”这个意义在现代汉语还存在，如“及时”“及早”等。

第十二节

孤单独身之人——“孑”字解

“孑”属于象形字，与“子”的形体相似。其小篆体写作“$\wp$”，少了一只臂。观其形体分析，“孑”为单臂，因为只有一只左臂。

对于“孑”也有多种不同的解释。许慎《说文解字》：“孑，无右臂也。”而安子介先生则认为“孑”尚未成子。《六书故》载：“孑，不过取一臂单孑之义，不当复分左右。”什么意思呢？“孑”字即指只有一只手臂的人，不必说是无右臂的人。此说也有可信之处。

这两种解释虽有不同，但一致的观点就是独臂，因此“孑”字的字义为单独或一个人之意。正如《晋书·李密传》载：“茕茕孑立，形影相吊。”“茕茕”在此形容非常孤独；孑，孤单独身。也就是说一个人单身十分孤独，只有自己的形体与身影自相慰藉。再如“孑身出走”就是指一个人单独出走。

又因为“孑”的本义为独臂小子，由此引申出“小”的意思。《释名·释兵》载：“盾，狭而短者曰孑盾……孑，小称也。”《宋史·尹传》载：“勿以小智孑义而图大功。”其中的“孑”就是“小”的意思。

“孑”后来引申出兵器“戟”的意思。《左传·庄公四年》载：“楚武王荆尸，授师孑焉，以伐随。”杜预注：“尸，陈也。荆亦楚也，更为楚陈兵之法。扬雄《方言》载：‘孑者，戟也。’”

戟是一种我国古代独有的兵器。实际上戟是戈和矛的合成体，它既有直刃又有横刃，呈“十”字或“卜”字形，因此戟具有钩、啄、刺、割等多种用途，其杀伤能力胜过戈和矛。戟在商代即已出现，西周时也有用于作战的，但是不普遍。到了春秋时期，戟已成为常用兵器之一。

“孑”“戟”字趣释

“孑”字与“子”字的形体相似，只是少了一只臂，为象形字。从字形来看，“孑”只有一只左臂，因而是单臂。小孩出世时少了一只右臂，人的手臂是成双的，因而可称为独臂小子。

孤单的人

孑，篆文是（子，挥动双臂的小孩）的一半，造字本义：缺失右臂。缺右臂叫“孑”，缺左臂叫“孓”。

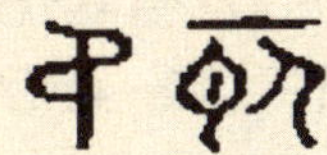

孑

①本义，动词：缺失右臂。（孑孑） 词性引申 ②形容词：不完整的，孤单的。（孑然一身） 词性引申 ③副词：单独地，孤单地。（孑立/孑遗）

“孑”后来引申出兵器“戟”的意思。《左传·庄公四年》载：“楚武王荆尸，授师孑焉，以伐随。”戟是一种我国古代独有的兵器。实际上戟是戈和矛的合成体，它既有直刃又有横刃，呈“十”字或“卜”字形，因此戟具有钩、啄、刺、割等多种用途，其杀伤能力胜过戈和矛。

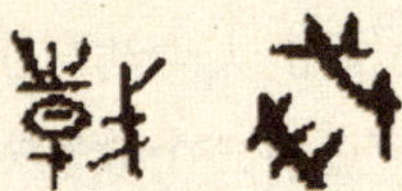

戟

方天画戟

第十三节

两只紧握的手——“友”字解

“友”字甲骨文为“[illegible]”，其意思是两只右手紧紧地握在一起，是会意字。金文为“[illegible]”，小篆为“[illegible]”。

其实在古时候，被称为朋友的人往往是“同门曰朋”，也就是拜在同一位老师门下而学习的人才能称为朋，用我们现在的说法就是同学；“同志曰友”，志同道合的人称为“友”，即今俗称的“同志”。正如《说文解字》载：“友，同志为友。”许慎所指的也就是这个意思。

“友”为何指“同志”呢？这一答案，我们还得从“友”字的古文字的形体中找出。古文“友”字是由两个“又”构成。“又”像手之形，并且为右手。由此可以想象一下，我们的先民在与朋友相逢时，也会像现在一样用热情的握手来表示朋友之情。这种习惯一直延续至今，当旧友重逢，为了表示彼此之间深厚的情谊，不约而同地伸出右手紧紧地握在一起。

对“友”字也有不同的会意。有的学者认为是两只手皆指同一个方向，有互相协调、配合密切之意。因此“友”的本义为用手相助。

“友”字的种种解释，皆表明了一种意思就是人与人之间要互相帮助、互相爱护，以及人与人之间的深厚交情。“友”字的创造，更是体现了华夏民族团结的传统美德。“友”由本义“同志”“朋友”引申为动词，其意思为“与……为友”。如《论语·季氏》载：“友直、友谅、友多闻，益矣。”意思就是同正直、诚实、见多识广的人士结交朋友，是很有益处的事情。

关于“友”字还有一个故事呢。

相传在春秋时期，鲁国的一位权臣季快生下来时，其父让占卜官为其占卜。卜官占卜后报告说：大人将要生下一名男婴，你应该给他取名为“友”，因为这个孩子生下来后会有两只巨手。将来他长大以后，定会执掌国家大权，成为国君的辅臣，以辅佐王室。还说这个孩子长大后必能保证鲁国日后昌盛发达。等到孩子出生的那一天一看，果真是名男婴，且在孩子的手纹上有一个“友”字，于是其父就将孩子取名为“友”。后来，友果然成了鲁国的权臣。

“友”字趣释

古时候，“朋”和“友”的含义并不完全一致。古称“同门曰朋”，其意思是从同一个老师而学习的人称为“朋”，即我们今天所说的同学；“同志曰友”，也就是说，志同道合的人称为“友”。

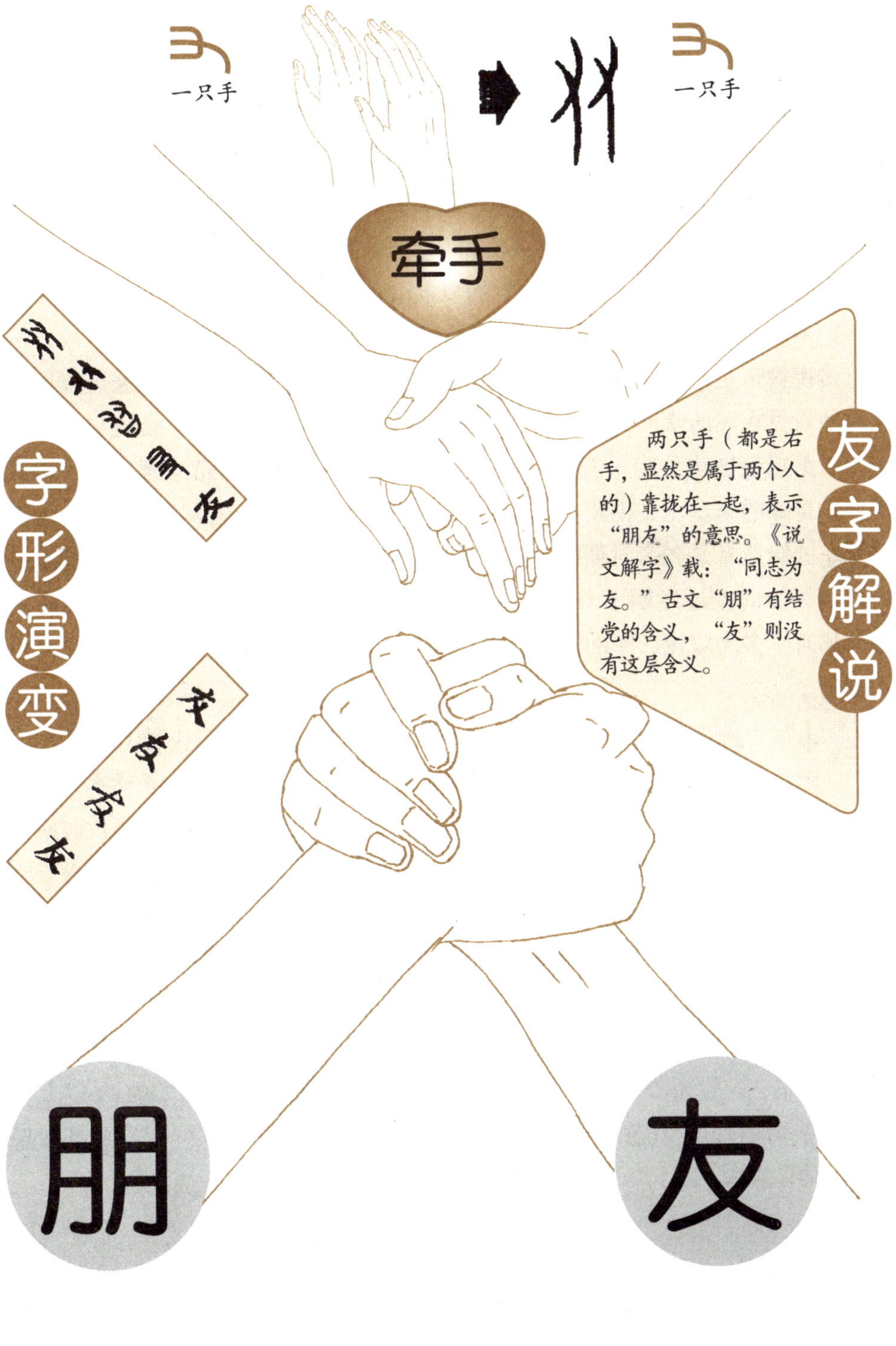

一只手

一只手

牵手

字形演变

友字解说

两只手（都是右手，显然是属于两个人的）靠拢在一起，表示“朋友”的意思。《说文解字》载：“同志为友。”古文“朋”有结党的含义，“友”则没有这层含义。

朋

友

第十四节

轩辕氏的由来
——“车”“辇”二字解

在古代，“车”除了是一种交通工具，更重要的作用则是用于打仗，即做战车用。古代历来就有“千乘之国”“万乘之国”的说法，因为国家军事力量的象征就是从战车上体现出来，战车越多，其军事力量就越强大。

“车”字汉以前读jū，而不读chē。《释名》中说“车”读jū音，则是由于车上可居人，“车”与“居”同义，所以读jū。“车”字自汉代以后，一般不再读jū，多读为chē，现代只有在象棋中的“车”仍读“车”的古音jū。

传说黄帝是“车”的发明者。一天，他到野外去游玩，突然刮来一阵风，这时他看见在风的吹动下，蓬草的花在路上飞快地向前滚动着。受到启发的黄帝，于是想亲自动手造一辆车，以便使用起来方便。后来黄帝果真造了一辆备受人们青睐的车。正是由于黄帝发明了车，所以又称轩辕氏。不过，有的古籍上称车的缔造者是尧帝时期的车正奚仲，车正是一种官吏名称，专门掌管车服等事情，除此他还发明了一种马拉车。我们今天能看到的车最早为商代所制造。那时车多为双轮，车的形制也相当复杂。商代的车制，我们从甲骨文可以了解到。

“”“”“”皆为“车”字的甲骨文。它们的形状看上去非常像车，一条长木（车辕）支撑在两个圆形（车轮或轮子）的中部，一条横木（衡）在辕条的上端，为牵马或牛的地方，还有车上的辖也显示出来了。在商代时期，一般车都是马拉的车。有的马拉车看上去非常豪华，并设有车厢。商王或贵族所乘坐的车就是这种豪华的车。

“辇”是个会意字，“车”的上部是两个“夫”字，代表着两个身体强壮的男子。所以有的学者解释道，这两个男子是专门拉车的。许慎《说文解字》载：“辇，挽车也。”段玉裁解释道：“谓人挽以行之车也。”所以“辇”也是古代另外一种车，一般为帝王或贵族乘坐。《战国策·赵策四》载：“老妇（赵太后自称）恃辇而行。”其意思是我进进出出总要依靠车子。这里的“辇”就是指赵太后所乘坐的车。

"车""辇"二字趣释

"车"的形状看上去非常像车，一条长木（车辕）支撑在两个圆形（车轮或轮子）的中部，一条横木（衡）在辕条的上端，为牵马或牛的地方，还有车上的辖也显示出来了。

辇字解释

金文的"辇"字，像二人拉车的样子，其本义指人拉的车，秦汉以后特指帝王或皇后乘坐的车，如帝辇、凤辇等。

辇

辇（輦）

金

篆

车的不同写法

"车"字是一个典型的象形字：甲骨文和金文的多数写法是车厢、车辕和两个车轮俱全，形象逼真；后来车轮逐渐简化为一个。

车

车

第十五节

极盛的阳气——“日”字解

“日”字的甲骨文为“”，为准圆体。这是因为这种文字是用刀刻在坚硬的龟甲或兽骨上，所以笔画很难刻得圆转。“日”字的金文为“”或“”，为圆体。而“日”字的小篆与楷书的形体相似，皆为方形，主要是因为圆形难写，为了美观起见，因而写作方形的“日”。

纵观“日”字的多种形体，从甲骨文到楷书，皆为象形字，与太阳形状相似。这几种形体在外形上虽有所不同，但无论是圆形、准圆形或方形，其“日”字中均有一短横，这一短横学者们一致认为是太阳发光的黑子。

许慎《说文解字》载：“日，实也。太阳之精不亏。从口、一，象形。”在这里，许慎讲出了“日”具有的特征。许慎认为，“日”（太阳）是由极盛的阳气构成，所以是那样圆实，它不会像月亮那样出现缺月的现象。因此，许慎在释月时说：“月，阙（缺）也。”可见，“实”是对“缺”而言的。由此表明，对于太阳，古人的观察相当细致。

太阳在上古时期被称为“日”，并不称为“太阳”。“太”，为“极”之意，“阳”指阳气，在上古时期，“阳”泛指被太阳照耀的地方。在古时，人们把山的南面、水的北面皆称为阳，因为这些地方往往能受到阳光充足的照耀，所以称阳。“太阳”就是极盛的阳气或阳性之物。

对于“日”字，相信有很多人都听过《两小儿辩日》的故事吧！

孔子到东方游学，途中遇见两个小孩儿在争辩，便问他们争辩的原因。

一个小孩儿说：“我认为太阳刚升起来时离人近，而到中午时离人远。”

另一个小孩儿则认为太阳刚升起时离人远，而到中午时离人近。

这时，一个小孩儿又说：“太阳刚升起时大得像一个车盖，到了中午时小得像一个盘盂，这不是远小近大的道理吗？”

另一个小孩儿说：“太阳刚出来时清凉而略带寒意，到了中午时就像把手伸进热水里一样热，这不是近热远凉的道理吗？”

孔子听了不能判定他们谁对谁错，两个小孩笑着说：“谁说你知识渊博呢？”

 “日”字趣释

“日”从最早的甲骨文到楷书均为象形字，像太阳之形。“日”字只有金文才是圆的，而其他的文字均为方或准圆。甲骨文的“日”之所以为准圆，是因为这种文字是用刀刻在坚硬的龟甲或兽骨上，所以笔画很难刻得圆转。

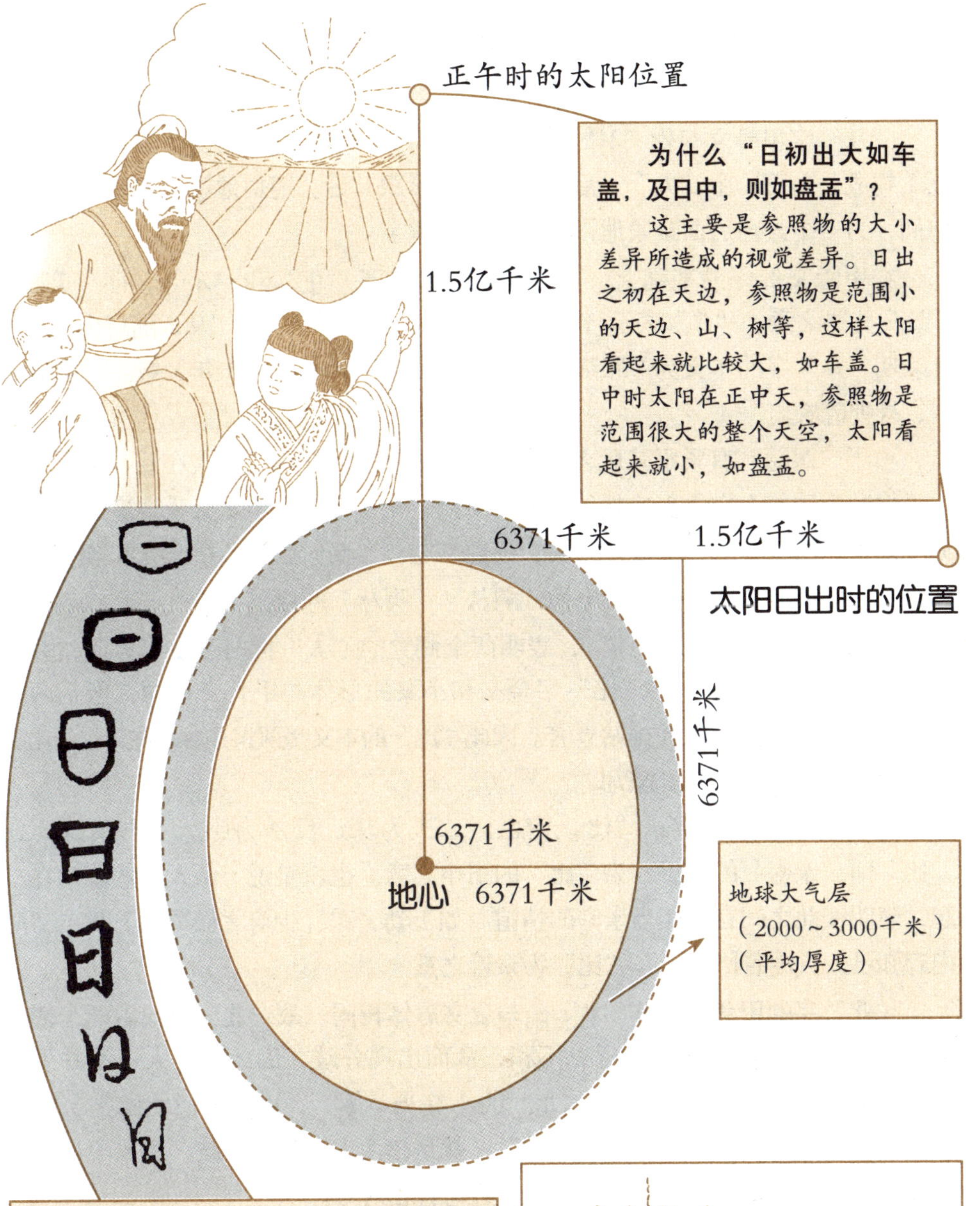

正午时的太阳位置

为什么“日初出大如车盖，及日中，则如盘盂”？

这主要是参照物的大小差异所造成的视觉差异。日出之初在天边，参照物是范围小的天边、山、树等，这样太阳看起来就比较大，如车盖。日中时太阳在正中天，参照物是范围很大的整个天空，太阳看起来就小，如盘盂。

1.5亿千米

6371千米　1.5亿千米

太阳日出时的位置

6371千米

6371千米

地心　6371千米

地球大气层
（2000～3000千米）
（平均厚度）

“日”字是一个象形字，本义是“太阳”；引申为“白天”，就是从天亮到天黑的一段时间；又引申为时间单位“一日”，就是一昼夜。

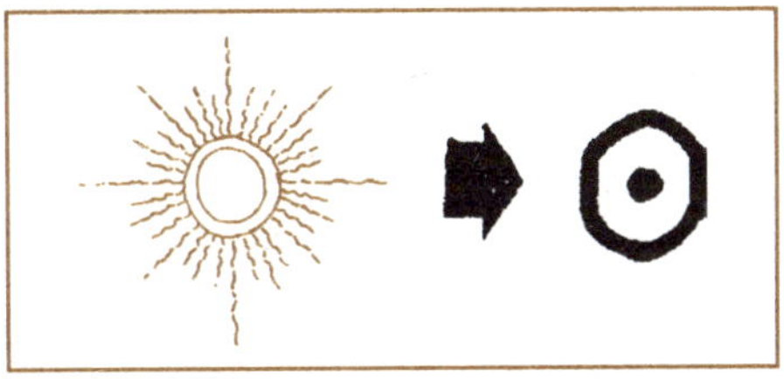

第十六节

两个“人”字的组合——“从”“比”“北”三字解

“从”字甲骨文写作“ꈁ”，领会字形的意思则为此字由两个人（皆朝左侧立）构成。前面一个“人”，后面一“人”紧跟其后。通俗地讲，就是一人走在前面，另一个人在后面紧紧地跟随着，是会意字。

在甲骨文形体的基础上，其金文形体增加了“止”和“彳”，即“[illegible]”。“止”为脚之意。“彳”表示行动。正如许慎《说文解字》：“从，随行也。”由此表明“从”字的本义为“跟随”之意。正如《左传·庄公十年》载：“可以一战，战则请从。”

由于“跟随”有紧跟其后之意，也就是其中一人在前，一人在后，给人一种感觉像是后边的人在大步追赶前边人，所以“从”字的引申之义为“追赶”。正如《尚书·汤誓》载：“夏师败绩，汤遂从之。”而“跟随”中又含有顺从、听从之意，所以“从”进一步引申为“顺从”“听从”的意思。

“比”字的甲骨文为“[illegible]”，表明两个侧立的“人”同时改变了方向，并肩站立着，面均朝向右方。“比”字金文和小篆的形体与甲骨文相同，像是两个人在比高低——两个人并排站立着。因此“比”的本义是两人并肩站在一起，比高低，所以引申为“比较”的意思。

而《说文解字》载：“比，密也。二人为从，反从为比。”许慎认为，“比”即“亲密”的意思，为“比”的引申之意。也就是说，两人既然能站在一起，表明彼此之间存有相当亲密的情谊。如王勃《送杜少府之任蜀州》载：“海内存知己，天涯若比邻。”“比”为亲近之意。

“北”字的甲骨文写作“[illegible]”，与金文形体相同。故“北”字均由两个侧立的“人”组成，这两人由于意见不和，从而出现分歧，因此这两人一不并列，二不相对，而是背与背相对。“北”的小篆为“[illegible]”。许慎《说文解字》载：“北，乖也，从二人，相背。”“乖”，就是指两人之间有分歧，关系不协调。所以“北”字的本义为相违背之意，“背与背相对”。

“从”“比”“北”三字趣释

甲骨文的“从”字，由两个侧立的“人”构成，一“人”在前，一“人”在后紧跟，二“人”的方向在甲骨文中均朝左。其意思是一人在前面走，一人在后面紧紧跟着，是会意字。

三字的解释

从

“从”字字形是一个人在前面走，另一个人跟着在后面走。字的本义就是“跟随”，后来字形添上了“彳”“止”，表示行动。在古籍中也通“纵”。

比

“比”字字形像两个人并肩站立的样子。本义是“并列”，引申为“紧靠”，如唐朝王勃诗句“海内存知己，天涯若比邻”。

北

“北”是“背”的本字。如《战国策》：“士无反北之心”。古文的字形是两个人背靠背站着。

跟随

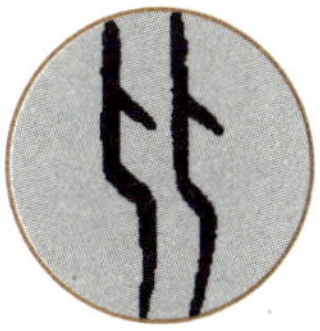

并靠

背靠

第十七节

胸前刺有美丽的花纹——“文”字解

“文”甲骨文为“”。观其字形，像是一个正面站立的人。字的上端象征头，其两边是向左右伸展的两臂，胸前较宽阔且刺有美观的花纹。下部象征两腿。与甲骨文相比，“文”字金文“”看上去更美观，尤其是胸前的花纹。

朱芳圃《殷周文字释丛》中说：“文，即文身之文。”我们认真观察“文”字的结构而得知，文身是一种历史悠久的习俗。据考古学家们考证，文身的习俗比“文”字的历史更悠久，早在三千多年前的商代就已产生。这一点正从甲骨文和金文的形体中得到了最真实的体现。

在古时，人们还将文身作为一种文明精神的体风。正如《南史》中记载过这样一个故事。

相传在古代，距倭国东北千余里有一个文身之国。这是一个产品丰富、物价低廉、经济繁荣的国度，并且为来来往往的旅客免费供应饮食住宿。而生活在这个国家的人身上刺着各种各样的野兽形象，有的人甚至在额头上也刺着花纹。而判断一个人的身份地位的高低贵贱，则要根据刺在其额上的花纹，是直还是曲。我们由此得知，在古人眼里，文身行为属于一种文明行为。

而有的学者认为文身的目的并不止这些，有的是为了避邪以驱赶鬼怪；有的是为了得到异性的青睐而美化自身。正如《庄子·逍遥游》中所载：“越人断发文身。”以此表明早在吴越时期，人们就有断发文身之事。有关文身一直被当作一种习俗且延续至今。如近代的高山族、黎族、傣族等仍保留有文身的习俗。

《说文解字》载：“文，错画也，象交文。”许慎认为，线条交错而成的花纹，即为“文”。而“文”就是花纹之“纹”的古字。

“文”字的笔画形式多样，横的、竖的，交叉的、平行的，就像一些纵横交错的漂亮花纹，所以“文”被引申指“文字”的“文”。

由“文字”又引申为“文章”“文献”。如《论语·学而》载：“行有余力，则以学文。”其意思是：亲身实践，有剩余的精力，就去学习文献。

“文”字趣释

甲骨文的“文”字，从字形来看，像是一个胸腔特别宽大，并且在身上刺有花纹的正面站立的人。字的上端是头，向左右两边伸展的是两臂，宽阔的胸前刺有美观的花纹。下部是两腿。

“文”字的解释

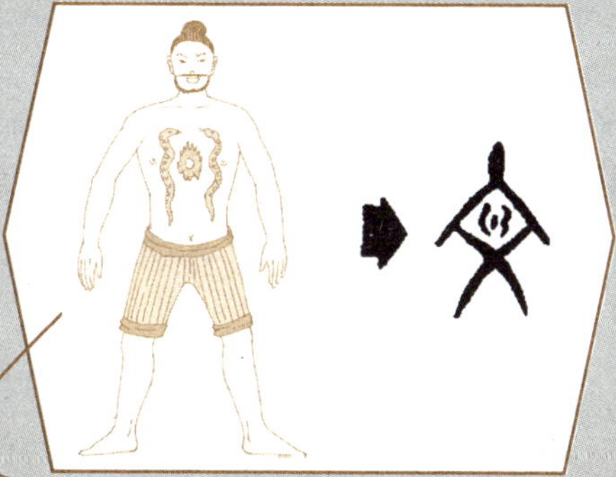

作用

为了驱赶鬼怪，以避邪。

为了美化自身，以吸引异性。

本义

“文”字本义是“文身”，就是在人身上刺花纹图案。古文的字形是一个人的胸前或背后刺上了花纹的样子。《庄子·逍遥游》载：“越人断发文身”。

第十八节

管理国事的人——“尹”字解

“尹”字的甲骨文为“[illegible]”，其金文为“[illegible]”，而小篆则继承了金文的形体。三者从形体上比较，甲骨文中的“一竖”在这里特指笔，即写字用的笔，“[illegible]”为“又”，“又”象征手，整个字形看起来像是手执笔在记事的样子。金文与甲骨文的形体相近。《说文解字》载：“尹，治也。从又，握事者也。”许慎认为，“尹”的本义为“主管”或“治理”之意。正如《左传·定公四年》载：“故周公相王室以尹天下。”

“尹”字作为官名，早在甲骨文中就已出现。在商代，“尹”为具有显赫地位的官位，常在君王身边，管理国家或君王的有关事务。从卜辞的记载来看，“尹”是一种文职官员，从不带兵征战，即动笔的人。这一点正与甲骨文的“尹”所反映的用笔管事的意义是相符的。

据《史书》记载，商代之“尹”与后世的“相”相当。伊尹本是有莘氏的陪嫁奴隶。他陪嫁到商汤那里，为商汤厨师。伊尹有远大抱负，不甘作奴隶，于是利用向商汤进食机会向商汤分析天下形势。商汤很欣赏他，便取消了伊尹奴隶身份，并提拔他为宰相。公元前1600年，他辅助商汤灭夏朝，商朝建立。他任丞相期间，整顿吏治，洞察民情，使商朝初年经济比较繁荣，政治比较清明。太甲即位时昏庸无能，伊尹软硬兼施，把太甲流放到桐地（今河北临漳），建宫居住，达三年之久。伊尹自行摄政管治国家。直到太甲后悔了，才迎回太甲，复辟执政，使太甲变成了一位圣君。

而有学者认为认为“尹”就是用针给人治病的医生，并由此引申指“治理国家的官吏”。“尹”字反映了用“针”给人治病的方法，即后来的针灸，始于殷代末期。

“尹”字趣释

“尹”字的甲骨文字形像是一个人手拿着笔记事的样子。其中的“一竖”在这里指写字用的笔，“又”就是手，整个字像手执笔记事的样子。“尹”在商代为显赫的官位，常在君王身边，管理国家或君王的有关事务。

“尹”的本义

“尹”字的本义就是用笔理事的官，后也用来表示管理百姓的权力。《尚书》载：“尹尔多方。”也指古代地位较高的官吏，如“令尹”等。

“尹”字写法

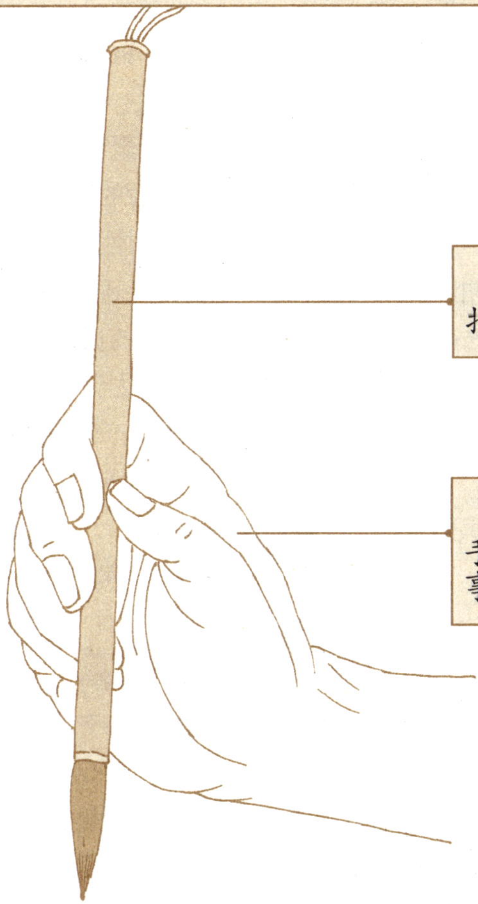

“一竖”指写字用的笔

“又”为手，为执笔记事的样子

权力象征

有的学者认为“尹”的本义就是用笔理事的官，即文官。“尹”强调的仅仅是执笔这件事，以此喻指治事，而“聿”强调的则是执笔写字。古代的文官离不开笔，所以用执笔的形状来象征治事的“尹”这一官职。

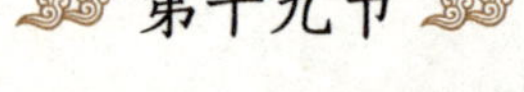

第十九节

古人对男性生殖器的崇拜——“且”“祖”二字解

“且”的甲骨文为“[illegible]”，其金文与甲骨文的形体相同。“且”是“祖”的本字。

当社会发展进入到父系氏族社会后，由于男子作出的多种努力，从而建立起了一种男性生育的观念。人们认为，当男子的精子植入女子的身体后，即会形成胎儿，而母体仅为婴儿的发育提供了一个场所。就好像将一粒植物种子播种在大地，即可生根发芽一样。如此，不可避免地产生一种新的观念——男性作为新的生育意识的主要对象，“且”则是这种意识的凝聚物。

据研究，远古先民对于祖先的崇拜是与对生育的渴望紧紧相联的，也就是说，他们是以对生殖器的崇拜形式来体现的。人们对男性祖先繁育后代的功绩具有强烈的崇拜意识，因而对祖先的崇拜自然要以对男性生殖器崇拜的形式表现出来。

“且”为生殖器在考古中也时有发现。出土的远古时期石祖或木祖的形制，完全像男性生殖器的形状。从它的性质来看，考古学家们认为这些石祖或木祖无疑是古人顶礼膜拜的对象。这种拜“祖”的习俗至今在一些地方还保存着。

在某些典籍中，“祖”也作为男性生殖器出现。如唐代玄应的《一切经音义·六九》引北魏顾野王曰：“裸，脱衣露祖也。”这里的“祖”就是男性生殖器，即“祖”的本义。因为“且”象征着人类的祖先，又因它受人祭祀，后人便在“且”的左边加“礻”而作“祖”。在“且”旁加“礻”，一直到小篆才稳定下来。清代王筠在《说文句读》中说：“祖者，且也。钟鼎文凡“祖”字皆作‘且’。”

古人为了纪念祖先，以石祖或木祖表示故去的先人，并把它置于庙堂里，供人们祭祀，由此“祖”便引申出“祖庙”的意思。许慎《说文解字》载：“祖，始庙也。”“始庙”就是为始封之君王所建的庙。如《荀子·成相》载：“启乃下，武王善之，封之于宋，立其祖。”俞樾平议：“言封之于宋而立其宗庙也。”

“祖”字出现后，“且”的本义全由“祖”接替，“且”则专门借作副词、代词以及其他虚词。

“且”“祖”二字趣释

“且”是“祖”的本字。郭沫若先生认为“且”就是男性生殖器的形象，是象形字。“祖”字出现后，“且”的本义全由“祖”接替，“且”则专门借作副词、代词以及其他虚词。

“且”为生殖器在考古中也时有发现。出土的远古时期石祖或木祖的形制，完全像男性生殖器的形状。

“且”象征着人类的祖先，又因它受人祭祀，后人便在“且”的左边加“礻”而作“祖”。在“且”旁加“礻”，一直到小篆才稳定下来。清代王筠在《说文句读》中说：“祖者，且也。钟鼎文凡“祖”字皆作‘且’。”

生殖崇拜是人类的原始宗教——自然崇拜的一部分。最早可以追溯到人类的原始社会，即使在现今的不同文化和宗教中仍可见一斑。

生殖崇拜

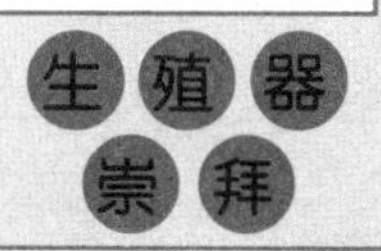

古代人类认为长在人身上的生殖器是一种完全独立而神性的东西。起初古代人类以为生育是女性单独完成的，故早期的生殖器崇拜都以女性性器官为主。其后，古代人类认为男子才是创造生命的主宰，故出现男根崇拜（即崇拜男性性器官）。其后，女神的崇拜逐渐被男根崇拜所取代。

第二十节

从袒胸露乳到不可侵犯——“母”“毋”二字解

“母”的甲骨文为“”，其中“”部为“女”字，其形状就像一个侧身低头，双手收起，屈膝下跪的妇女，此姿势充分体现了女子的温柔顺从。在“女”字中部（胸前）的两点实为指事符号，这两点表明女子袒着胸，露出一对高耸的乳峰，看上去就像是一个正给孩子哺奶的母亲。但是，甲骨文时期，“母”字并非专指“母亲”。“母”专指各代君主对母辈的通称，不管是亲生还是姑婶关系，皆称为母。

“母”字的金文与甲骨文形体相似，而小篆为“”。《说文解字》载：“母，牧也。从女，怀子形。一曰象乳子形。”在这里，许慎将“母”训释为“牧”，女子怀孕的具体形象可从“母”字中深刻地体现出来。许慎认为“母”字的本义为“育子”之意，也就是段玉裁所说的“乳子”。所以“母”字进一步引申为“育子”之意。段玉裁注：“牧者，养牛人也，以譬人之乳子。”

“毋”字最早出现于甲骨文。其甲骨文、金文，均与“母”字的形体相同，直到小篆，“母”字胸前的两点变成了一横，即为“”，楷书则变成了“毋”。

许慎《说文解字》：“毋，止之也。从女，有奸之者。”意思就是：有一男子想对女子行奸，则这个女子必须立即加以制止或劝阻。所以，许慎认为，“毋”有“制止他”或“阻止他”的意思，为动词。因而由“毋”引申出“不要”的意思。而安子介先生则认为“毋”源于“母”字，在古文字中，“母”的形体像一个坐着的女人正在用两个乳头哺育着婴儿。“毋”是“母”的一种变形，表明女性“不可侵犯”，有保护住胸脯的意思。后又通过引申具有“禁止”“不准”之意。

在古代，为了保持女子的贞洁，人们常将女阴用一条形似物体来堵住，其目的是为了不让女子随意与男子性交。“毋”字在“女”字上加一横或后来的楷书改为一撇的构形，正是这一社会现象的反映。

“母”“毋”二字趣释

“母”的甲骨文，生动形象地展现了作为母亲的这一特征。其中的“女”，像侧身站立，低着头，双手收起，屈膝下跪的样子，充分体现了女子的温柔顺从之意。然后在“女”的胸前加了两点，表示一个正在哺乳的母亲。

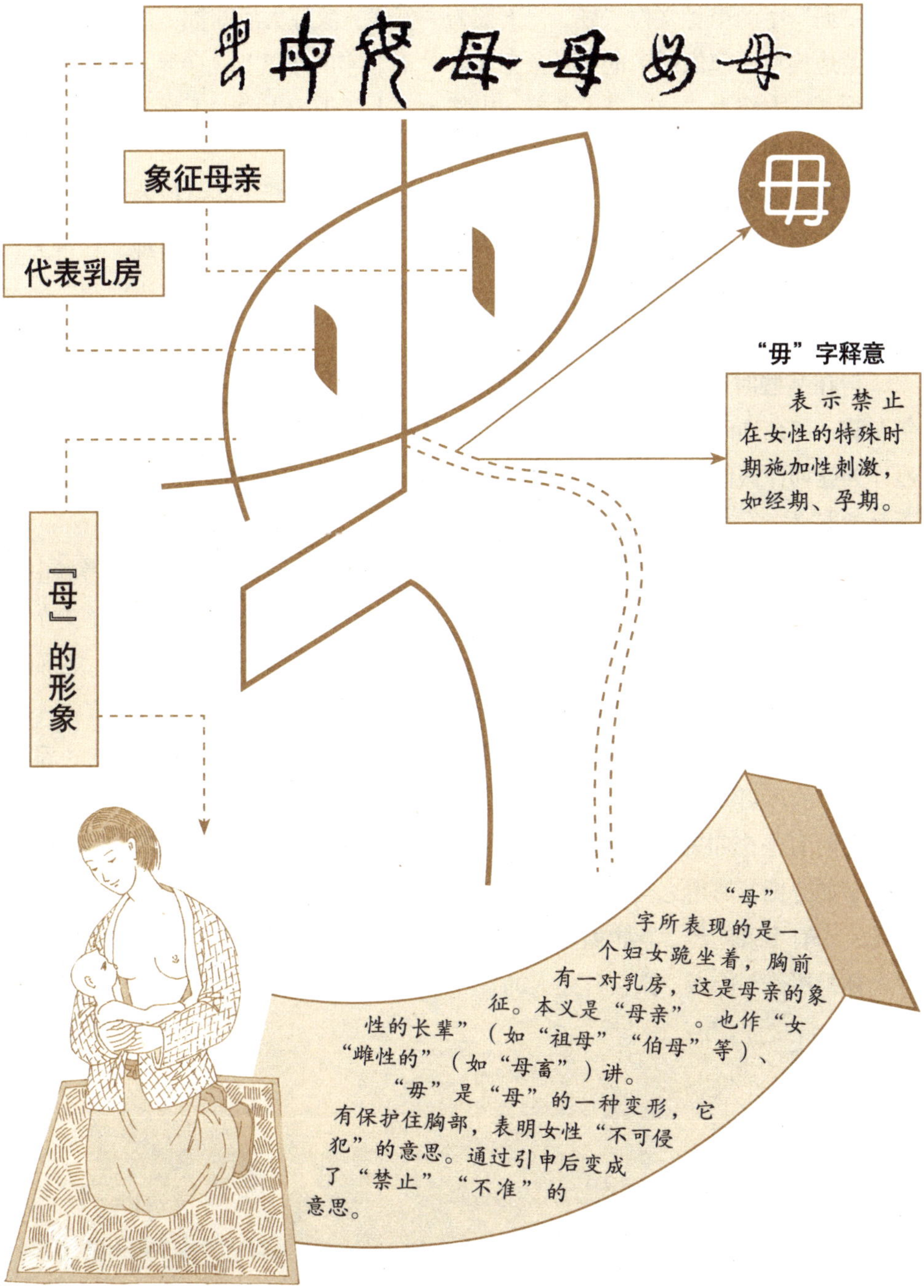

第二十一节

面颊上长着胡须——“而”字解

“而”字的甲骨文作“”，上部为一弧线，象征人的面部，下部的几条曲线紧紧地挨在一起像一束胡须，象形字。“而”字的小篆为“”，其形体则更像胡须了。上部为“一”表示鼻端，中部为“丨”表示人中，下部为弧形，表示长在嘴巴周围及两颊上的胡须。

许慎《说文解字》载：“而，颊毛也。象毛之形。”由此可以看出，爱留胡须是古人的生活习惯。他们留胡须的主要原因，取决于他们的审美观。在古人看来，男子留有一束长长的胡须，自然显得潇洒。因此，有的学者认为“须”的本字即为“而”，这么说不是没有道理的。

但在某些时候，“而”同“尔”，为“你”的意思。如《左传·昭公二十年》载：“余知而无罪也。”也就是说：我知道你是无罪的。在古代，“而”一般作为虚词作假借之用，也就是借音、借形，但不借义，所以“而”在这里完全不具备本义。

在《文苑滑稽谈》中曾记载了这样一个故事：从前有一位考生，在考卷中用了许多的“而”字，考官在批阅试卷时发现，其中不少不该用“而”的地方都用了“而”。因此写下了一批语：“当而而不而，不当而而而，而今而后，已而已而。”这句话什么意思呢？译成白话的意思就是：当用“而”字的地方却不用“而”字，不当用“而”字的地方却用了“而”字，从今以后，停止（乱用“而”字的坏习惯）吧！

此时有一个叫陈问樵的先生看了考官的批语后，便写了一段开玩笑的话：“而字如钉耙，然用之当，则可犁地，土松而秧插矣；用之不当，为击人，近头一耙，未有不致死者。”也就是说，“而”字用得恰当就像一只钉耙可以松土插秧，如果用得不恰当，则会打死人的。

“而”字趣释

“而”字的甲骨文上端的弧线表示人的面部，下端数条的曲线指一束胡须，象形字。从字形可知描绘的是一个人面颊上长着一束长长的密密的胡须。在古人看来，男子有束长长的胡须，看上去相当潇洒。因此，有的学者认为“而”是“须”的本字，这一说法不无道理。

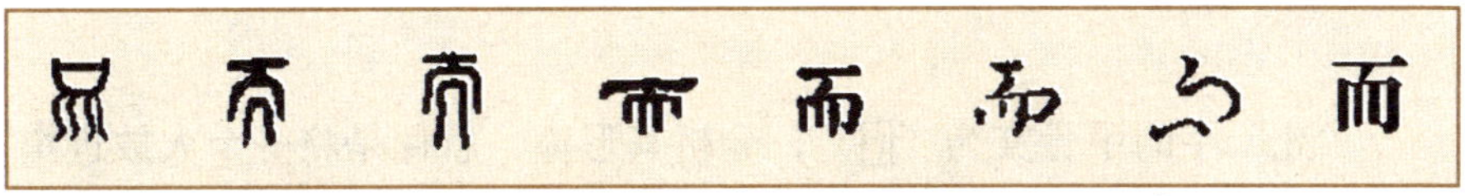

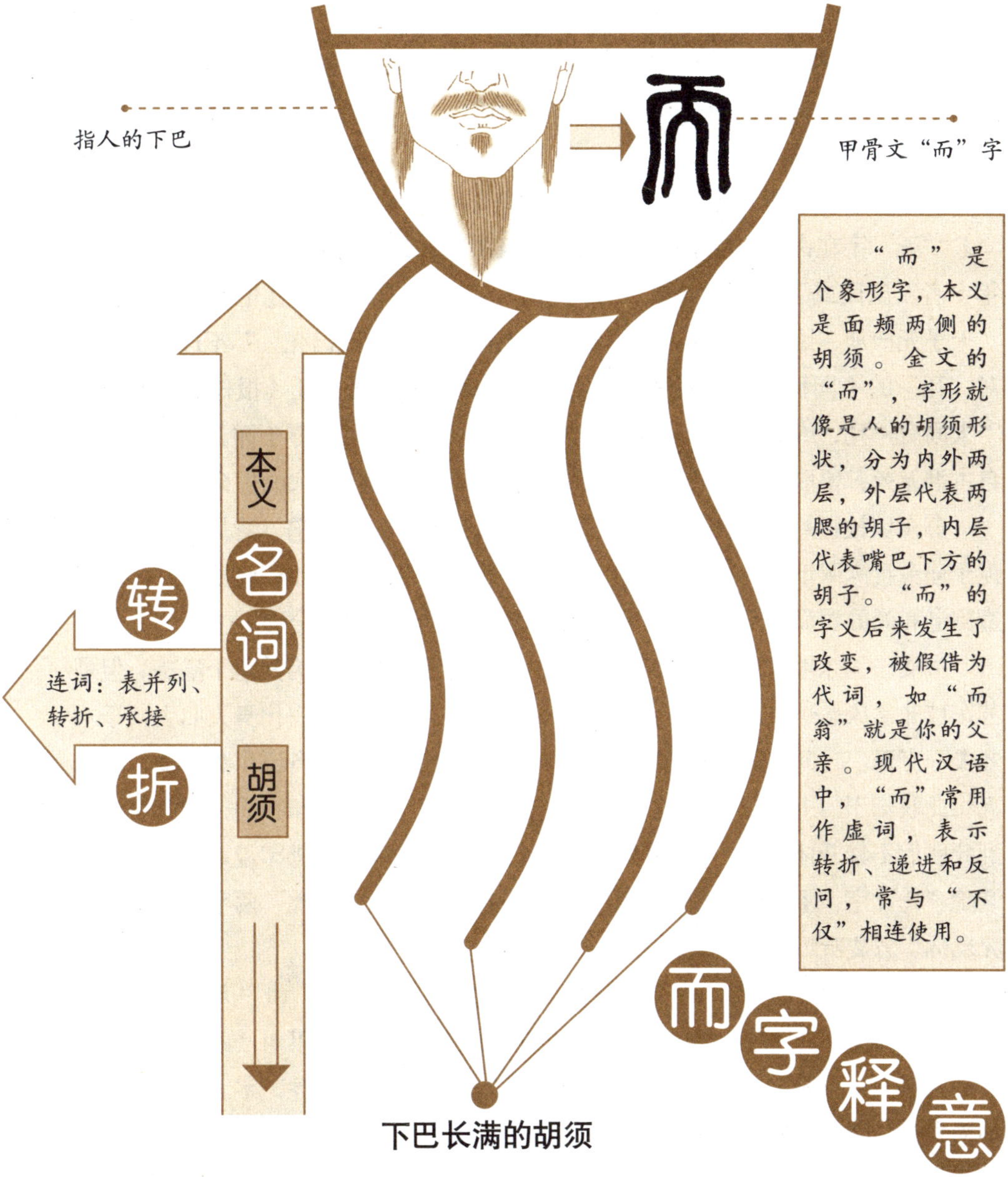

“而”是个象形字，本义是面颊两侧的胡须。金文的“而”，字形就像是人的胡须形状，分为内外两层，外层代表两腮的胡子，内层代表嘴巴下方的胡子。“而”的字义后来发生了改变，被假借为代词，如“而翁”就是你的父亲。现代汉语中，“而”常用作虚词，表示转折、递进和反问，常与“不仅”相连使用。

第二十二节

活人跪在死人身旁凭吊——“死”字解

“死”字的甲骨文为“□”，分析其形体，就像是将一个人放进棺椁里。其金文为“□”，其左部表示朽骨，此处朽骨代表死者。右部为一个跪着的人，看上去就像是在凭吊死者，即这个人跪倒在死人旁痛哭、祭奠。由此可知，“死”字是借活人跪在死人旁凭吊的情形，传达出有人死了的信息。

许慎《说文解字》载：“死，澌也，人所离也，从歺，从人。”“澌”的意思为“尽”的意思，也就是指人的生命终结了。

“死”字在古代，由于社会不同的等级制度，其称法也大不相同。在古代，年少者、庶民或下级官吏如果生命终结了，就叫“死”。《礼记·曲礼》载：“天子死曰崩，诸侯死曰薨，大夫曰卒，士曰不禄，庶人曰死。”不过这是周朝对“死”的不同称呼，后来区分就不那么严格了。如司马迁《报任安书》载：“人固有一死，或重于泰山，或轻于鸿毛。”文天祥的《过零丁洋》载：“人生自古谁无死，留取丹心照汗青。”其中之“死”就泛指所有人的生命终结。

苏东坡被贬岭南做官期间，一天外出游山走到一座寺庙前，看见一个小和尚跪于庙旁且满眼泪水。经苏东坡上前询问，得知小和尚一不小心将油灯打碎了，遭到老和尚的罚跪。苏东坡心里很不以为然，于是决定进庙会会方丈。

方丈一见东坡来到，心里暗暗大喜，并一再要求苏东坡为其留个墨迹。但是苏东坡非常厌恶这个方丈，于是提笔撰写了一副对联：“一夕化身人归去，千八凡夫一点无。”此对联，在方丈看来，认为苏东坡是在赞誉自己年高德劭，便叫人将此联刻于门上，以此炫耀。有一天，当时名振一时的佛印和尚云游此庙，见到此联后不禁开怀大笑。庙中的方丈问佛印和尚为何发笑，佛印说这副对联的上联隐“死”字，下联隐着一个“秃”字，合在一起即为“死秃”两字，其实是在咒骂你。方丈听后，气得火冒三丈。

细观苏东坡的上联“一夕化身人归去”，“一”“夕”和“人”字，组合在一起，即为“死”字。古人谓“人死”叫“回老家”，所以叫“归去”。下联“千八凡夫一点无”，“千”“八”和“几”字，组合为“秃”字。再者，和尚均为光头，因此人们贬称“死秃”。

“死”字趣释

“死”对于人生来说是大事，古人很重视。其字形为：左边部分表示朽骨，此处代指死者。右边是跪着的人，看上去像是一个人跪倒在死人旁痛哭、祭奠，也就是凭吊死者的意思。由此可知，“死”字是借活人跪在死人旁凭吊的情形，传达出有人死了的信息。

“死”字的解释

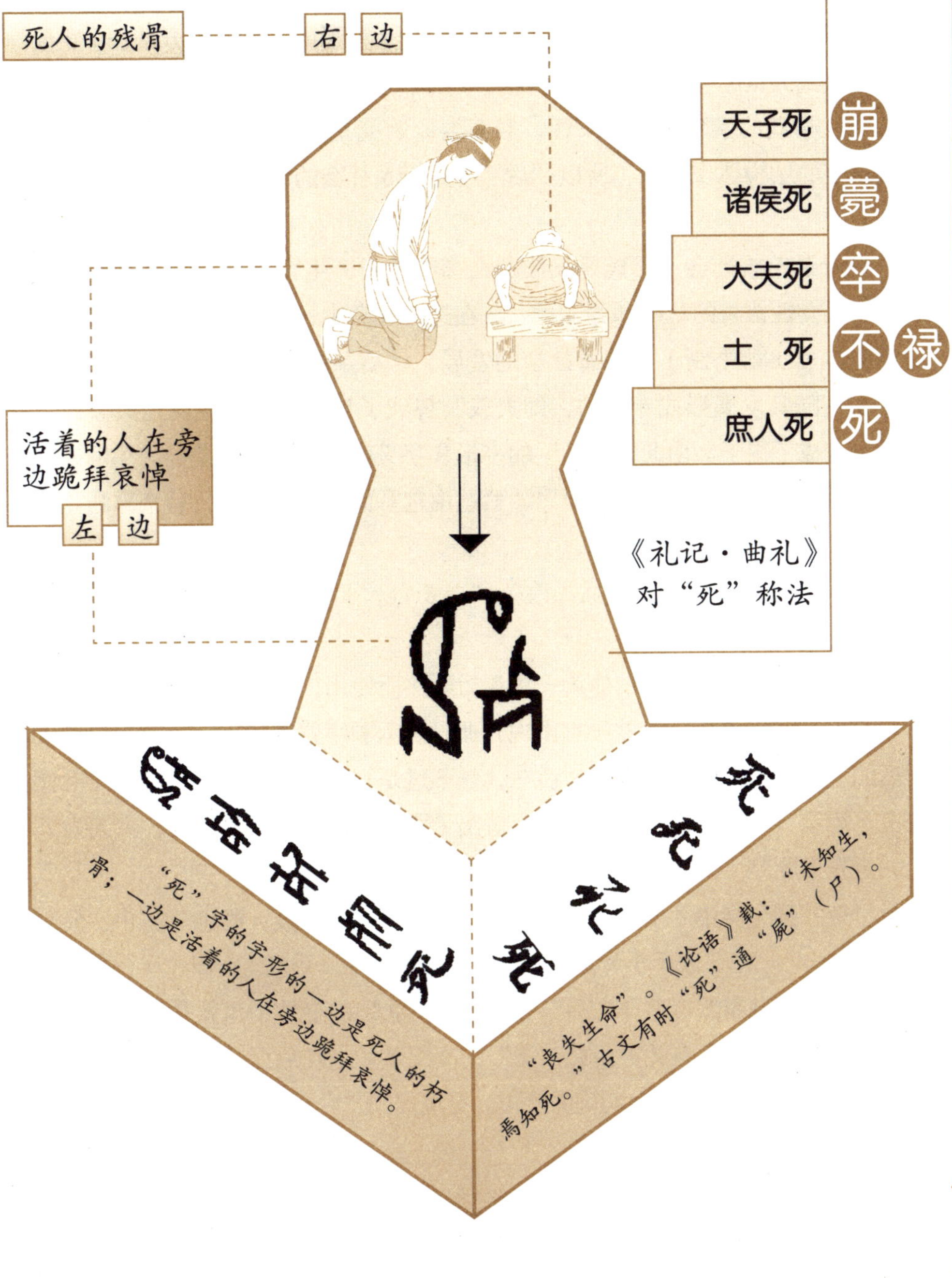

死人的残骨 右边

活着的人在旁边跪拜哀悼 左边

天子死 崩

诸侯死 薨

大夫死 卒

士死 不禄

庶人死 死

《礼记·曲礼》对“死”称法

“死”字的字形的一边是死人的朽骨；一边是活着的人在旁边跪拜哀悼。

“丧失生命”。《论语》载：“未知生，焉知死。”古文有时“死”通“屍”（尸）。

第二十三节

妇女生子——“后”字解

“后”字的甲骨文为“[illegible]”，左部为一个有些变形的人，右部是一个婴儿形，看上去婴儿正在用力挣扎即将来到人世的样子。因此，王国维认为其形体为妇女产子的样子。前一“后”字的左上方为一个变形的人，右下方是一个正要挣脱母体来到人世的婴儿形。由此“后”字的本义为妇女生子的意思。

先民早期的崇拜对象为女性，其主要原因就是女性主宰生育，这一点可从“后”字的结构体现出来。所以“后”字是母系社会的产物，是母系社会的真实写照。

在母系氏族社会，母氏是氏族的最高统治者，生育是母氏的最高德行的体现，所以女性酋长的称呼即为“后”。在这一社会中，与母权制度相适应的制度是婚姻制度（群婚制）。随着社会的发展，“后”的概念也随之发生了变化，群婚制度随其发展形成专偶婚，即夫权制替代了母权制度，也就是氏族首领的“后”变成了男子。由此，“后”的字形和字义就出现了一种差异。举例说明，如禹死后，部落首领成为“后益”，后益由选举而称“后”的，后来禹的儿子便继承了父位，自称“夏后”。

随着国家的出现，“君后”改为“君王”，而“君后”便成了帝王妻子的专称。

在现代汉语中，“后”作为一种先后顺序而使用，其繁体字为“後”。

在上古时代“後”字并没有出现，那时表示顺序就用“后”。有的学者认为君后的“后”用来表示顺序的“后”，只不过是一种同音假借字。正如《甲骨文研究》载：“（后）用为先后字者，盖出于假借矣。”郭沫若认为，古人为了表示一定先后顺序，特又造出一字，即“後”字。

“後”到金文中才出现。许慎《说文解字》载：“後，迟也。从彳、幺、夂者，後也。”“彳”表示小步走路。“幺”，古文字，系也（一曰“小”也）。将足系住不能前进固然会落在人后。“夂”为“止”的变体，也就是“止”的反义字——行，也与行走有关。由此“後”的本义就是走在后面，落在后面。此后，“后”与“後”便有了各自明确的使用。而现代，“后”为“後”的简化体，与古代相同。

“后”字趣释

“后”字甲骨文字形看起来就像是女人生孩子一样，可见“后”的本义为妇女生孩子。“后”字是母系社会的产物，“后”字的结构向后人展示了主宰生育的女性才是先民早期的崇拜对象。

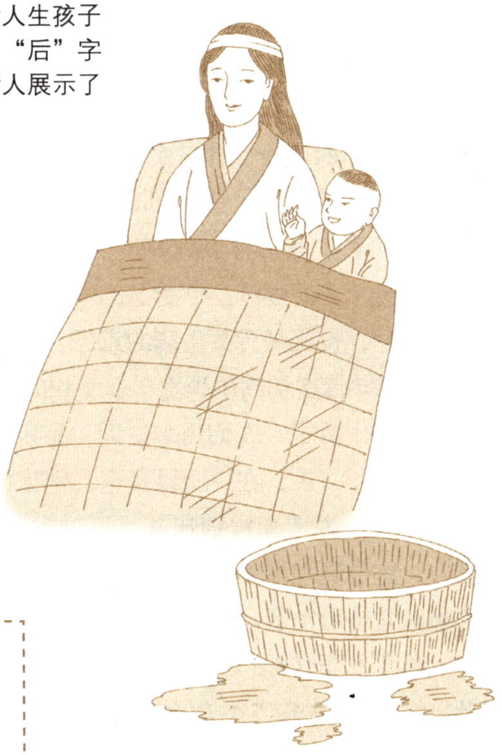

“后”的本义

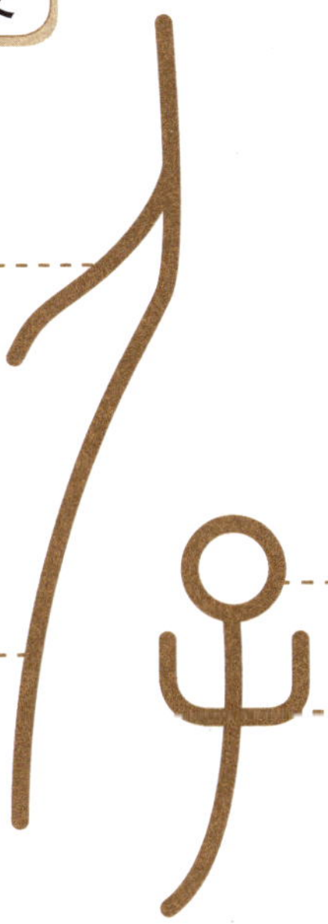

女人的上半身
半伸展的腿
代表女人生孩子的动作
小孩的头部
小孩向上挥动的手臂
代表挣脱母体来到人世的欣喜

“后”的引申线索

①本义，名词：母系。（太后/艳后）

→（后宫/皇后）借代引申 → ②名词：帝王之妻，第一夫人。

→ 合并“後” → ③本义，动词：脚戴镣铐，行进缓慢。（本义消失）

→ 词性引申 → ④形容词：空间顺序接近尾端的。（后门/前后）

④ →（置之脑后）→ ⑤名词：尾端，背面。

④ → 时空引申 → ⑥形容词：未来的，较晚的。（后代/后果）

⑥ → 词性引申 → ⑧副词：在未来，在较晚时间里。（后来/后怕）

④ → ⑦副词：向尾端。（后继有人）

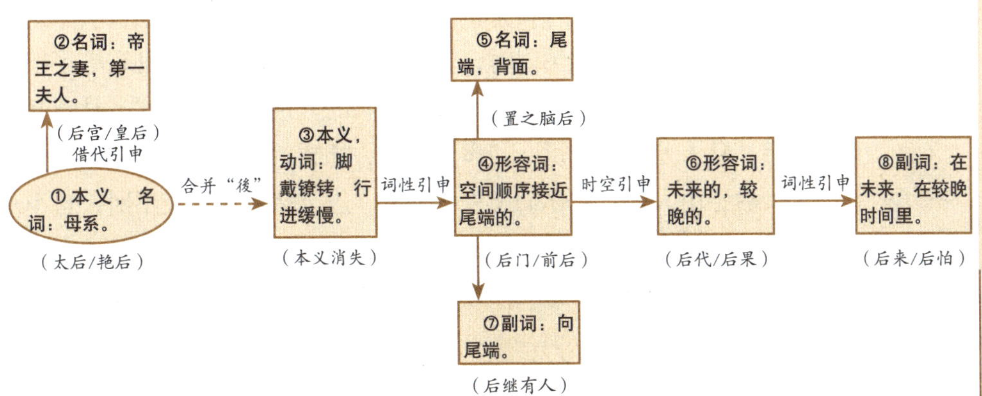

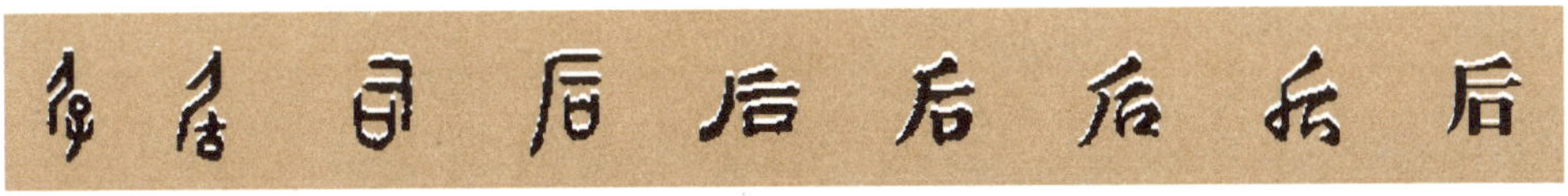

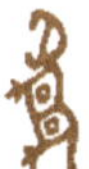

第二十四节

买猪“千口”的笑话——“舌”字解

“舌”字的甲骨文作“”，其金文为“”。下部是一个“口”字，上部则像一个舌头的形状。上下部综合起来则像舌头要从口中吐出来一样，为象形字。比较两者，其形体大致相同。只是甲骨文“舌”比金文“舌”字多出的几点，用来表示人的唾沫。“舌”的本义为“人的舌头”。而甲骨文中的“舌”患有“舌疾”，也就是舌头生病的意思，取用了“舌”的本义。“舌”的小篆体为“”，其字体结构同甲骨文、金文相同。

在日常生活中，人们用来说话、品味食物时自然少不了“舌”的帮助。《说文解字》载：“舌，在口所以言也，别味也。”许慎在这里，指出了舌头的具体功用——发音说话和辨别味道。不过古人在造“舌”字时，总认为由“舌”发“音”，这个观点显然是错误的。因为“嗓子”才是人的发音器官，“舌”所起的作用就是辅助发音。

“舌”和折（shé）本的“折”谐音。尤其是生意人很忌讳听到“舌”字。因此，凡逢年过节或平常遇到要讲“舌”字时，就特意将“舌”的读音改成“赚”的读音。如“猪舌头”就说成“猪赚头”。

关于“舌”字还有一段好笑的故事。从前，有一个县官，写字十分潦草。有一天，他又馋嘴想吃猪舌头了，就写了张纸条让仆人为他买来。在古代，书写文字时一般都是竖行书写，又因这个县官把“舌”字写得很长，导致上下部之间产生了很大的距离，使仆人误认作“买猪千口”——也就是买一千个猪舌头。这下可愁坏了仆人。仆人也不敢多想怕误时，于是四处奔走忙于购买。县官等了很久也不见仆人回来，便派人去催，谁曾想到这个催买的人也是一去不回，县官又气又急。直到天黑，仆人才来回报说：“禀告老爷，您要买的东西，今天怕是买不齐了。”县官听后不由大怒：“你们出去一整天，连个猪舌头也买不回，这不是存心和我作对吗？”仆人一听恍然大悟，连忙说：“老爷，小的们见条子上写的得‘买猪千口’，我们忙活了一整天，连一半也没买够，若早知道……”县官一听，脸涨得通红。

“舌”字趣释

“舌”是人们用来帮助发音、辨别味道、品味食物的器官。也有的学者认为“舌”的古文字形体像蛇的舌头，因为蛇的舌头是分叉的，蛇又非常喜欢将舌头吐出口外。

舌的解释

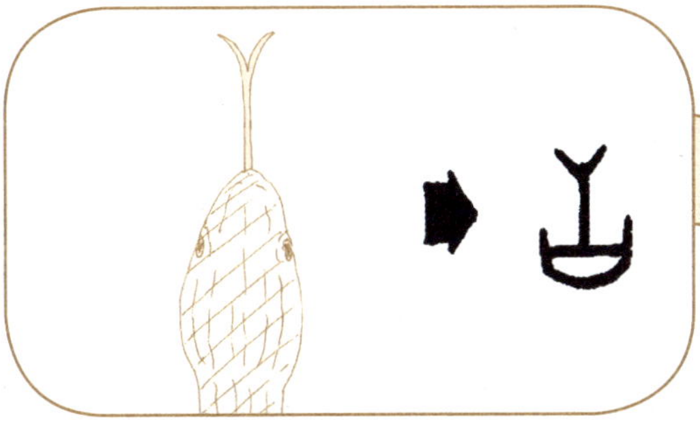

为什么蛇的舌尖分叉？

为什么蛇的舌尖分叉，生物学家是这样解释的：正如人有左右耳一样，蛇利用舌尖分叉，来判断气味来源的方向。实验也证实了这个推断，如果剪去被试蛇的舌尖分叉，它就会失去跟踪气味痕迹的能力；如果堵住蛇口中通往探测器官的孔道，这条丧失辨别能力的可怜的蛇便只能在原地转圈。

“舌”的释意

“舌”字，字形下部是嘴（“口”）、上部是伸出来的舌头。大概由于人类和兽类的舌头特征不太明显，于是用蛇类的舌形作为代表的符号。

第二十五节

一切从“鼻子”开始——“自”字解

也许有很多人至今都不知道，“自”字的本义即指人的鼻子。为什么这么说呢？我们先看看“自”字的古文字就知道了。

“自”字的甲骨文为“”或“”。仔细分析它们的形体，上部“一竖”代表了人高高的鼻梁，下部为两个鼻孔，中间代表鼻纹，两旁象征鼻翼。许慎《说文解字》载：“自，鼻也。象鼻形。”

“自”的金文和小篆字的形体看上去仍然像鼻子，只是楷书，将一道鼻梁变成了一撇。

既然“自”代表“鼻子”，古人却为何又要单单造出另一个“鼻”字，其原因就是“自”即“自己”，而“自己”是第一人称的代词。而古人又在“自”字下部加了一个“畀”字，表音，上下部合起来即来“鼻”。此后“鼻”就专指人的鼻子。自此“自”“鼻”各为所用，以便将两者明显地区别开来。

古人在和别人交谈时，如果谈到自己，则不自觉地常用手指着自己的鼻头，因此“自”的引申之义为“自己”的意思。古时造字者将“自”作为“自己”，表明了古人的一种理念——万事以我为中心。正如《老子》中有：“知人者知（智），自知者明。”

而古人又如何“以我为中心”呢？也就是一切从自己做起。因此，“自”又引申为“始”“开始”的意思。“自”的“始”义也转嫁给“鼻”了——“鼻祖”，如“鲁班乃木开山鼻祖（始祖）”。“鼻子”的古义就是始生之子。

战国时，魏王为了与楚国结交，特意给楚怀王送去一美女，这美女果然取得了怀王的欢心。楚王妃子郑袖知道楚王很喜欢那位美女，也表现出特别喜欢的样子，凡有什么好东西都拿出来取悦这位美女，其喜欢程度大大超过了楚王。以致得到了楚王极高的评价，认为郑袖毫无嫉妒之心。一天，郑袖对那美女假惺惺地说道：“大王非常喜欢你，可就是有点讨厌你的鼻子，你以后见到大王时一定要用袖子将鼻子捂住，大王就会更喜欢你，天天都会和你在一起的。”

于是美女每次去见怀王时，都用袖子将鼻子捂住，此举引起了怀王的不满。此时，郑袖乘机在怀王面前挑拨说：“那美女认为大王身上有股难闻的气味，所以将鼻子捂住。”楚怀王大怒，立即下令把美人的鼻子割掉了。

“自”字趣释

不少人万万没有想到，一个“自己”的“自”原来就是人的鼻子。“自”的甲骨文上面一竖就是人高高的鼻梁，最下面为鼻孔，中间还将鼻纹和两旁的鼻翼也描绘出来了。许慎《说文解字》载：“自，鼻也。象鼻形。”“自”也有“始”“开始”的意思。

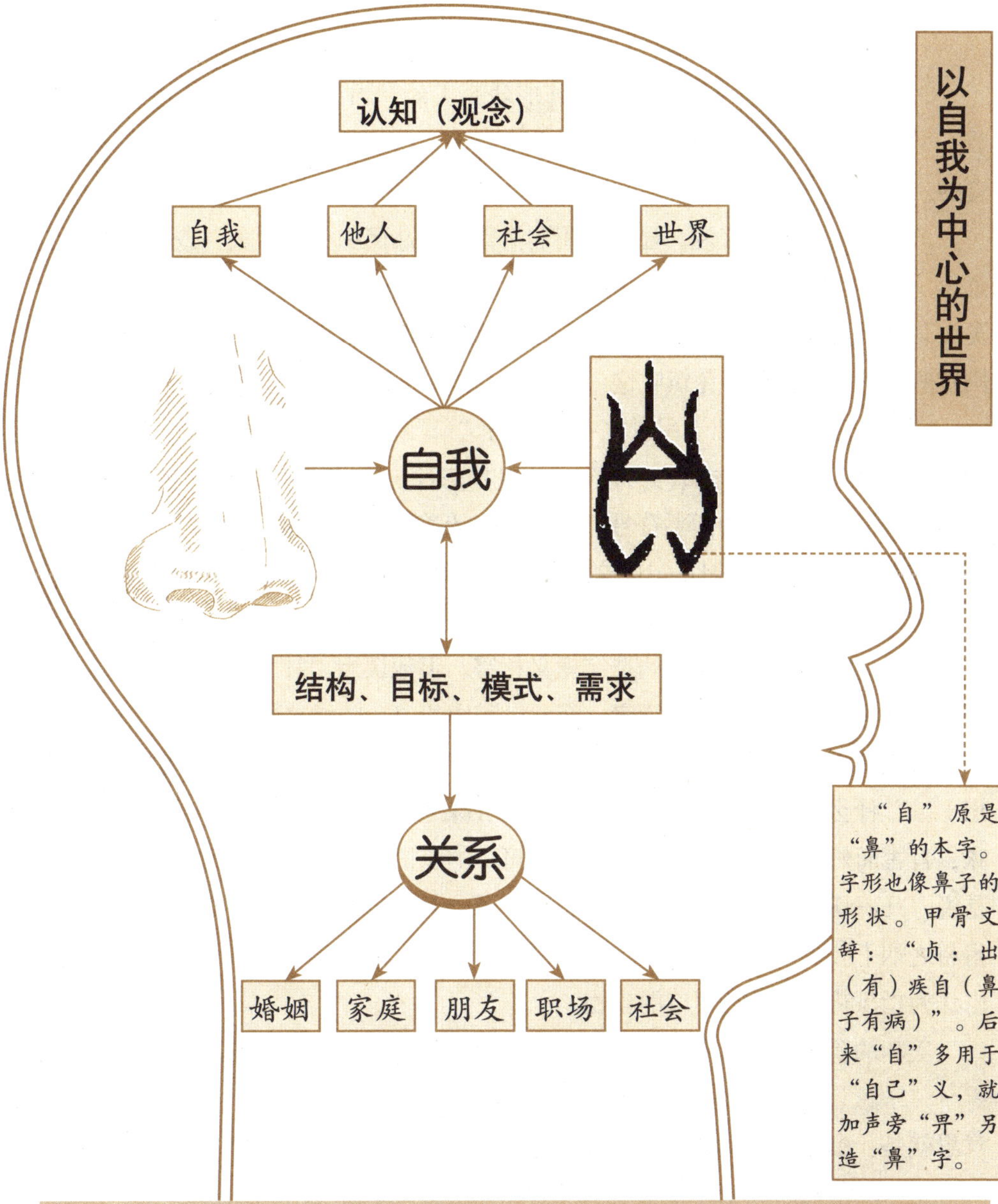

“自”原是“鼻”的本字。字形也像鼻子的形状。甲骨文辞：“贞：出（有）疾自（鼻子有病）”。后来“自”多用于“自己”义，就加声旁“畀”另造“鼻”字。

第二十六节

美味的食物含在口里
——“口”“甘”二字解

“口”字的甲骨文为“”，其形状与人的“口”很相似。《说文解字》载：“口，人所以言食也，象形。”许慎认为，口的功能就是用来说话、喝水进食的。

“口”对于人体来说，显然作用非常重要，从而引申为“人”或“人口”的意思。如《孟子·梁惠王上》载：“百亩之田，勿夺其时，数口之家，可以无饥矣。”什么意思呢？就是说一户有百亩的耕地，统治者们不去妨碍他们的劳作，则这些人的家庭就可以免饥吃饱。

“甘”字最早出现于甲骨文中，它与“口”有十分密切的关系。“甘”字的甲骨文为“”，其本义为美味。观其形体，其外部是“口”的象形字，“口”内的一短横作为指事符号，即口中有味道鲜美的食物。由此“甘”为指事字。与甲骨文的形体相比，小篆的形体与之基本相同，只是金文中还没有出现。

《说文解字》载：“甘，美也，从口含一，一道也。”许慎认为，“甘”的本义为“美味”，与甲骨文的造字意义相符。但他认为“甘”字是由“口”字和“一”字构成，则应该是会意字，而“口”中的“一”指“道”。

段玉裁说：“甘（作引申义用）为五味之一，而五味之可口皆曰甘（作本义用）。”什么意思呢？前者“甘”包括了五味之一的“甜”味，“甜”是一种美味，自古而然。段玉裁又说“五味”是可口的味道，所以皆可称为“甘”。也就是说，凡一切可口的味道都可以“甘”表示。只是将美味的食物含在口里，舍不得将之咽下肚去，含在口中细细品尝，回味无穷。以此表明“口”内的“一”应当作为指事符号，象征可口的食物。

美味的食物含在口中舍不得咽下，从而“甘”又进一步引申为“情愿”“甘愿”“乐意”之意。如《诗经·齐风·鸡鸣》载：“虫飞薨薨，甘与子同梦。”意思就是：虫儿飞得乱哄哄，我甘愿与你同床共做一个美妙的梦。

“口”“甘”二字趣释

“口”从甲骨文至楷书一望便知是一个象形字，像人的嘴巴。不过甲骨文更像一个口，上下唇及口角均描绘得惟妙惟肖。由于“口”是人体的一个重要组成部分，因而引申为指“人”或“人口”的意思。

“甘”包括五味之一的“甜”味，“甜”是一种美味，自古而然。

甘

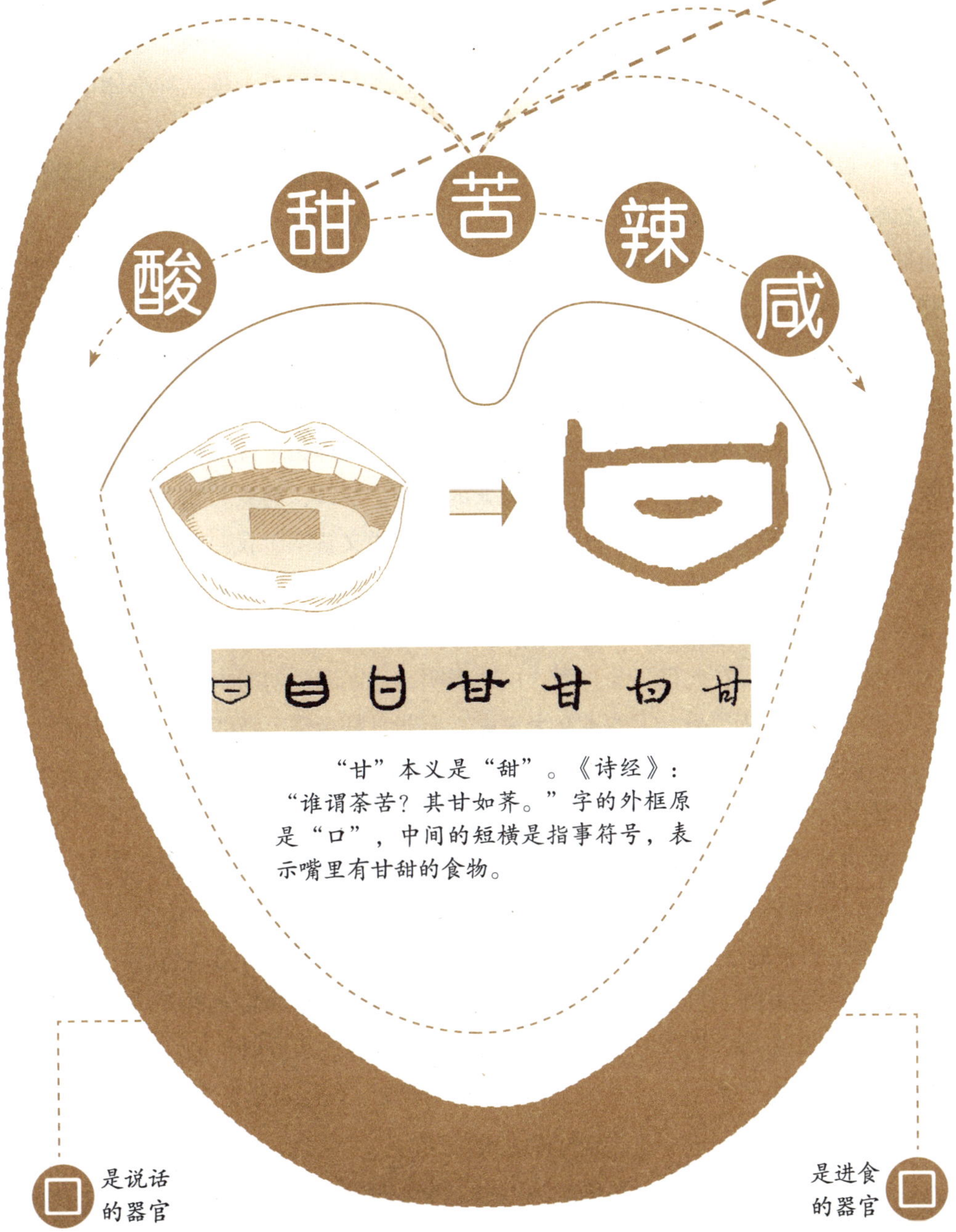

酸 甜 苦 辣 咸

“甘”本义是“甜”。《诗经》：“谁谓荼苦？其甘如荠。”字的外框原是“口”，中间的短横是指事符号，表示嘴里有甘甜的食物。

口 是说话的器官

是进食的器官 口

第二十七节

听觉灵敏、善于言谈的人——“圣”字解

“圣”字的本义指“圣人”。其繁体为“聖”。“圣”字的甲骨文为“”，金文为“”，其两者都是由“耳”“口”“人”三字组成，连结构形体也大致相同，只是“口”和“耳朵”的位置有所不同。但相同之处就在于，这两者中的“耳”形既大又明显突出。以古人的相学观，那些耳朵大的人非常聪明。其中“口”部表明这种人善言谈，很有口才。字中的“”和“”，均指“人”。由此表明“圣”字为会意字，其意思是听觉敏锐，属健谈之人。这种人往往被当作上古时代人们心目中的大“圣人”。

有的学者的观点则是，“圣”字初造出来时，造字者并未给它赋予丝毫宗教或政治色彩。所谓的圣人，就是指那些知道什么事情都会发生的人，这种人往往“耳”能知情，“口”能讲理。李孝定《甲骨文字集释》中说：“‘圣’字的甲骨文的形体，就像人的头上长着一只大大的耳朵，从口，会意。圣之初谊（意）为，听觉官能相当敏锐，所以引申为训通。”《说文解字》载：“圣，通也。从耳，呈声。”许慎认为，“通”有无所不通之意，为“圣”字的引申之义。是由“圣”人——耳聪目明、口齿伶俐其特点引申而来的。“圣”字的小篆为“”，不是形声字，在此仍为会意字。由此表明，造字者最初的本意并不是指“圣者”高不可攀。从“圣”字的本义上来讲，无非只是希望上者能善于倾听百姓的呼声，体察下情。在老百姓看来，能够做到这样的人，则难能可贵，当然称得上为“圣”。

然而，“圣人”随着时代不断地发展变迁，从而得到进一步升华、抽象，逐步蒙上一层神秘的面纱，使之具备了犹如神明一般的威慑力量，从而使百姓对之高不可攀。正如“圣”字曾成为历代帝王所专有，臣下称皇帝为“圣上”，皇帝下的命令叫圣旨等。甚至一些统治者的做法，引起了百姓的极大不满。而“圣”字的神秘色彩在其心目当中也随之减弱，因而将那些在某方面有极高造诣的人也称为“圣”。如文圣孔子、诗圣杜甫、书圣王羲之、画圣吴道子等。

“圣”字趣释

“圣”字的本义就是“圣人”。甲骨文与金文结构基本相同，均由“耳”“口”“人”三字组成，只是“口”的位置和耳朵的方向有所不同。在古人看来，耳朵大，人就聪明。其中的“口”表示这种人会说话，善于言谈。

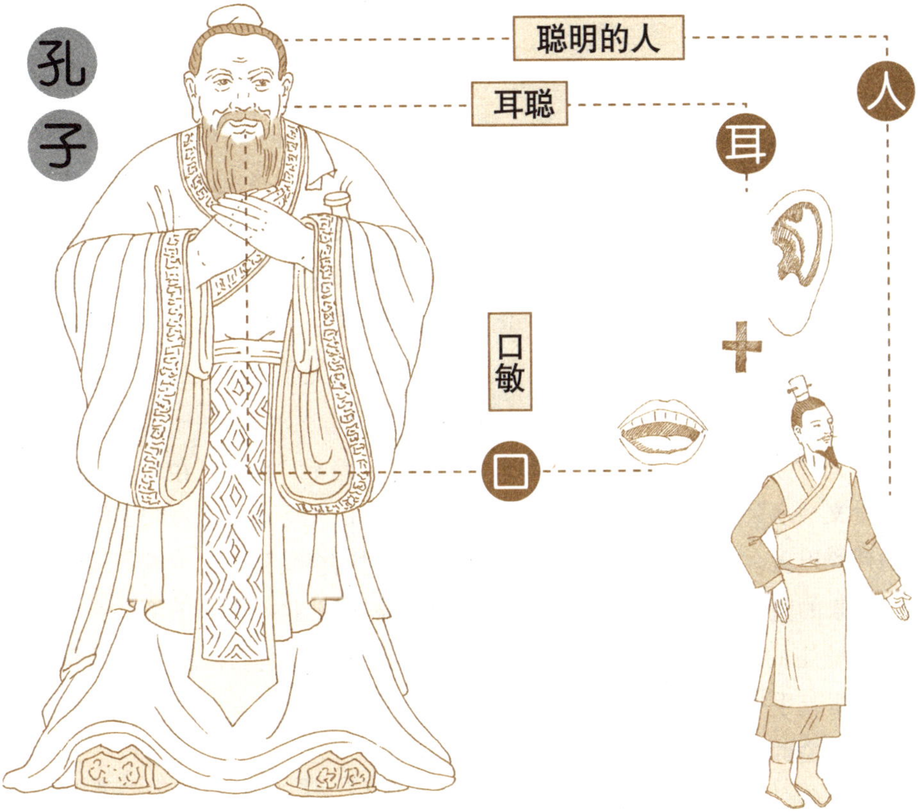

孔子

聪明的人

耳聪

人

耳

口敏

口

文圣	孔子
诗圣	杜甫
书圣	王羲之
画圣	吴道子
茶圣	陆羽
史圣	司马迁
医圣	张仲景

圣

圣

“圣”字原来指“聪明的人”，后来指“具有最高智慧和道德的人”。字形由“人”“耳”“口”组成，表示这是一个耳聪口敏的人。古文中“圣”“听”是同一个字。

第二十八节

人们在烈日下劳动——“众”“昆”二字解

“众”字的甲骨文为“”，其上部为“日”，表明一轮烈日悬在上空，其下部有三个人。在古代“三”用来表示众人，是会意字。将上部与下部合起来解释就是：烈日下有很多人在从事劳动。而这些从事劳动的人到底是什么人呢？据后人推测，在奴隶社会，奴隶主或贵族一般不会在田间从事劳作，很显然这些劳作的人就是受压迫的奴隶。表明了“众”字最初的意思。从“众”字的甲骨文形体上来看，在商代时期的奴隶社会，那些奴隶的生活处于水深火热之中，可知他们所遭受的迫害有多深。

金文的“众”字为“”，上部为“”，表示“目”。在周朝时期，古人将甲骨文“众”字上的“日”字换成“目”字，由此更形象地表明了奴隶主对奴隶的残酷迫害。在那时，奴隶在田间劳动时，时时会受到奴隶主或管理农业劳动的大奴隶的监督。奴隶们不敢怠慢，哪怕是累极了，也不敢停下手里的工具，因为这些监工的眼睛时时刻刻瞪得圆圆的，死死地盯着他们，一旦发现谁偷懒了，就要举起手中的皮鞭狠狠地抽打谁。这也正是周人将“众”字上的“日”改成“目”的关键所在。

“众”字的小篆体秉承了金文的形体，但仍从“目”。《说文解字》载：“眾，多也。从目。”许慎认为“眾”字为会意字，为古“众”字之意。许慎所说的“多”，并不是指其本义，而是指它的引申之意，而在烈日下从事劳作的人们或奴隶，则是它的本义。

“昆”字的金文作“”，其上部为“日”，下部为“比”，“比”为二人肩并肩地站在一起，显得很亲密的样子，是会意字。上下部合在一起即表明了二人在太阳底下一起肩并肩从事劳动，看上去亲密无间。在古代，那些一起从事劳动，关系十分亲密的人多为兄弟辈。由此“昆”的引申之义为“兄”。《说文解字》载：“昆，同也。从日，从比。”许慎认为，“昆”字的最初意义就是指两人在太阳下一同劳作，因此又引申为“同”或“一起”的意思。又因“昆”指两人一同劳动，两人为众，所以“昆”又进一步引申为“众，众人”之意。所谓“昆虫”，原本就指虫的数量较多之意。如《礼记·礼运》载：“故无水旱昆虫之灾。”

“众”“昆”趣释

“众”的甲骨文上部为“日”，即一轮悬空的烈日，其下部为三个人，“三”在古代表示多数，“三人”即为众人。是会意字。合起来的意思是：许多人在烈日下从事劳动。“众”所描绘的与唐诗中所说的“锄禾日当午”的情形十分相似。

“昆”字的出现要晚于“众”字，其上为“日”，其下为“比”，其意思是：二人在太阳底下一起肩并肩从事劳动，并且十分亲密。

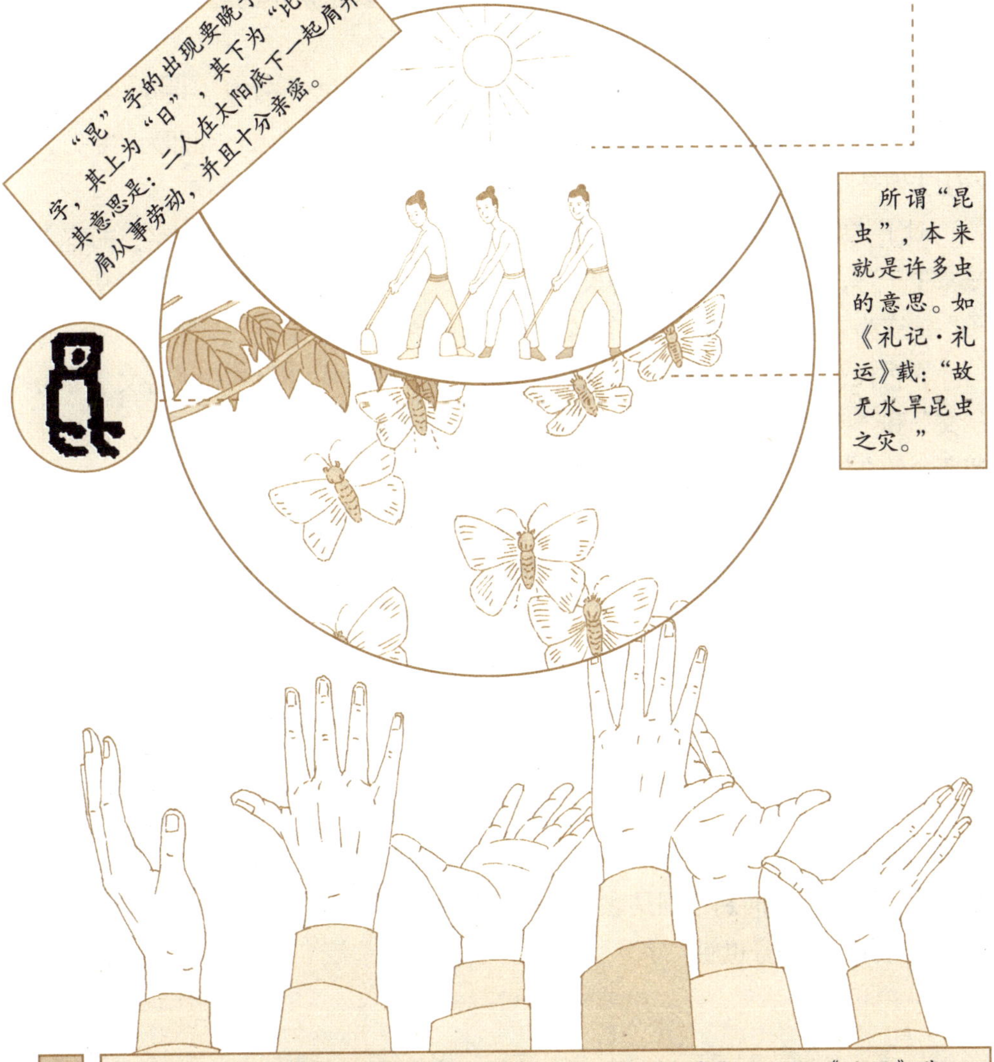

所谓“昆虫”，本来就是许多虫的意思。如《礼记·礼运》载：“故无水旱昆虫之灾。”

众的本义

“众”本义是“许多人”。又有“众人”“大家”义，如《论语》载：“众恶之，必察焉；众好之，必察焉。”甲骨文的字形是“日”（太阳）下有三个人，金文将“日”变成“四”（目形）。

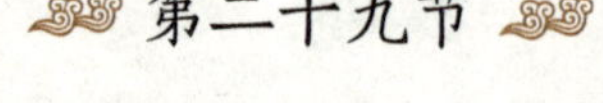

第二十九节

原来“字”不是文字——“字”字解

《说文解字》载：“字，乳也。从子，在宀下，子亦声。”许慎认为，“乳”的本义即为“乳子”，也就是生子的意思。与现代汉语里的用奶水喂养孩子有所不同。在许慎看来，“字”由“子”和“宀”组成，是会意兼形声字，“子”既表音，又表意。“宀”如房子，“子”就是房中的婴儿。“子”和“宀”合二为一即为：女子在房子里生孩子。

“字”的金文为“”，上部为“”，并非“宀”，而是表示女人生孩子的时候要张开两条腿。下部为“子”，指婴儿。上部与下部合在一起即为“字”，看上去像是女人在生孩子的样子，为象形字。

对于“字”的多种解释，虽有些不同，但是差异并不很大。“字”的本义是“生子”，而它在今天使用得最多的一项却是“文字”。“字”是怎样从“生子”演变为“文字”的呢？它们二者之间存在什么样的联系呢？

在古代，文字如同花纹，因此古人称文字为“文”。不过汉代人将文字分为“文”和“字”。所谓“文”，也就是许慎所说的独体字。所谓“字”，就是许慎所说的合体字，即由两个或两个以上的“文”构成的文字。

随着时代不断地发展、变迁，由“文”繁衍出的字数不胜数。这种由“文”衍生出来的“字”也需要一个过程，其过程就如同女人生孩子的过程一样，因此本义为“生子”的“字”便引申出“文字”的意思。

在古时，“字”又往往会被用于人的别号。也就是古人一般都有两个名字，即“名”和“字”。按照古人的传统习俗，男孩子长到20岁时，将要为人之父，就该举行加冠礼，这时就要另取字。

另外，古人的“字”和“名”多有联系。如冉耕（孔子的学生）名“耕”，字“伯牛”，很显然，“耕田”与“用牛”之间存有密切的关系。由此可以推断，“字”作为人的别号则是建立在“名”的基础之上，也类同于女人生的孩子。因而称人的别号也叫“字”。

“字”字趣释

文字的“字”的本义是“生子”，而它在今天使用得最多的义项却是“文字”。许慎《说文解字》认为“字”是会意兼形声字，由“子”和“宀”组成，“子”既表音，也表意。“宀”像房子形，“子”就是婴儿。“子”和“宀”合起来就是女子在房子里生孩子。

“字”的结构

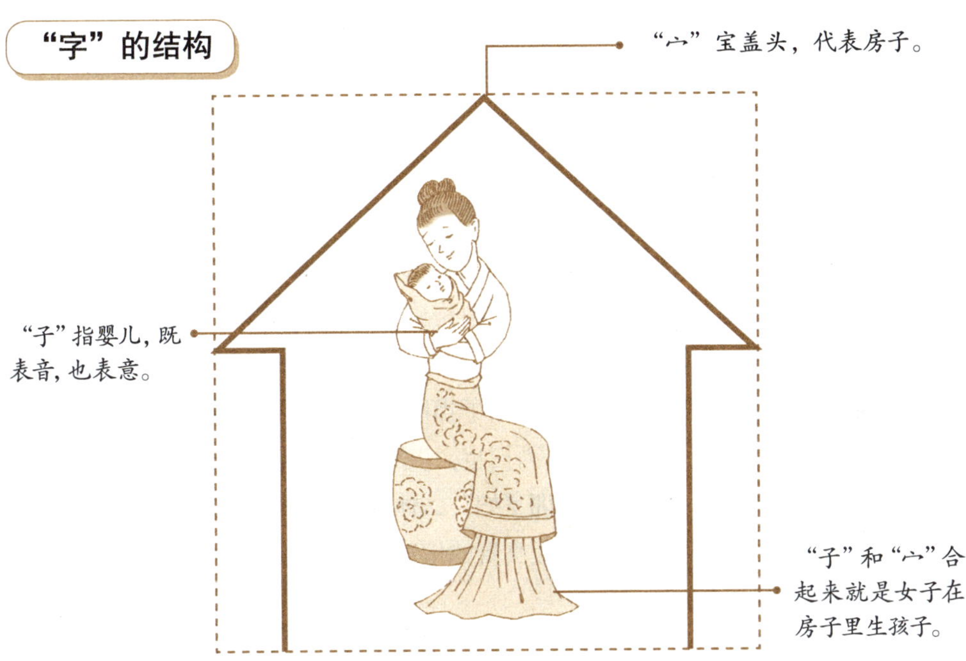

“字”是如何变成“文字”的？

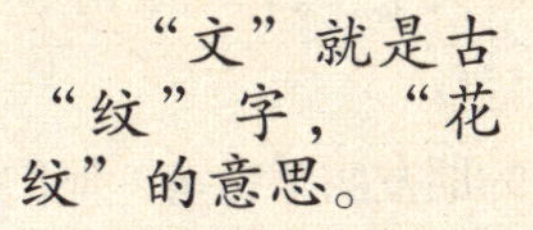

像花纹一样的文字

所谓“文”，就是许慎说的独体字。

所谓“字”，就是许慎所说的合体字，即由两个或两个以上的“文”构成的文字。

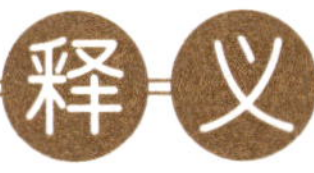

第三十节

手持扫帚打扫庭院的女人——“妇”字解

“妇”的甲骨文为“”，左部为“”，“帚”的象形字，表示用来打扫庭院的扫帚。右边为“”，即“女”字。左右部合在一起的意思，即一个长跪女子手持一把扫帚正在打扫庭院。由此可知“妇”的本义就是“打扫庭院的女人”。在古代，一般妇女成婚后，其主要任务就是服侍丈夫和操持家务。古代妇女的这种身份从甲骨文的“妇”字中得到了充分的体现。正如《诗经·卫风·氓》载：“三岁为妇，靡室劳矣。”意思就是，当你的媳妇多年来，家务劳动全由我来承担。从而“妇”字反映出了当时的一种社会现象。许慎《说文解字》载：“妇，服也。从女持帚，洒扫也。”《释名·释亲属》载：“妇，服也，服家事也。”古籍中以“服”训“妇”，体现了在中国古代家庭中，妇女处于卑贱低下的地位，而男子处于尊敬高贵的地位，以此显示了夫妻之间那种夫尊妇卑的地位差异。

因“妇”泛指已婚女子，即有丈夫的女子。所以，“妇”又作“妻子”。如“夫妇”中的“妇”即指“妻”。“妇好”为商朝国王武丁之后，她为商朝拓展疆土，曾率领军队东征西讨，而且还帮武丁主持商朝的各种祭祀活动。所以武丁非常宠幸她。妇好去世后武丁悲痛不已，追谥曰“辛”。关于“妇”字的字谜，则要见《鸡肋篇》中记载的一个故事。

王安石（宋代著名的政治家和文学家）有一个很要好的朋友叫王吉甫，他们俩时常在一起猜谜解闷。一天，王安石随口出了一个字谜：“要左右，横山倒出。”（谜底为“婦”。解析如下：左部为“女”，右部为“帚”，即左右都是“女”，“横山”即指右上部的“彐”，也就是将“山”横了过来，“倒出”指右下部的“巾”。三者合起来便是“婦”字。）

王吉甫听后心里便有了谜底，此时他自己也作了一则谜语：“一上一下，春少三日，你猜我猜，合是一对。”（谜底为“夫”。解析如下：“一上”即上面一横，“一下”指下面一横字，合则为“二”。“春”字少了“三”字和“日”字后，只剩下个“人”字。“二”和“人”合则为“夫”。你猜我猜：即我们俩人猜的字合起来为“夫妇”二字，“夫妇”当为“一对”。）

 “妇”字趣释

“妇”字的繁体为“婦”，通常指已婚女子。“帚”和“女”合起来的意思是一个长跪女子手持一帚打扫庭院。可见“妇”的本义就是“打扫庭院的女人”。古代妇女婚后的主要任务是服侍丈夫和操持家务，而甲骨文的“妇”正好体现了古代妇女的这种身份。

“妇”字结构解析

“帚”和“女”合起来的意思是一个长跪女子手持一帚打扫庭院。

“妇”字是一个妇女手持扫帚在打扫，这是家里主妇的日常工作，所以这是“已婚的女子”的意思。甲骨文有时以“帚”为“妇”字。

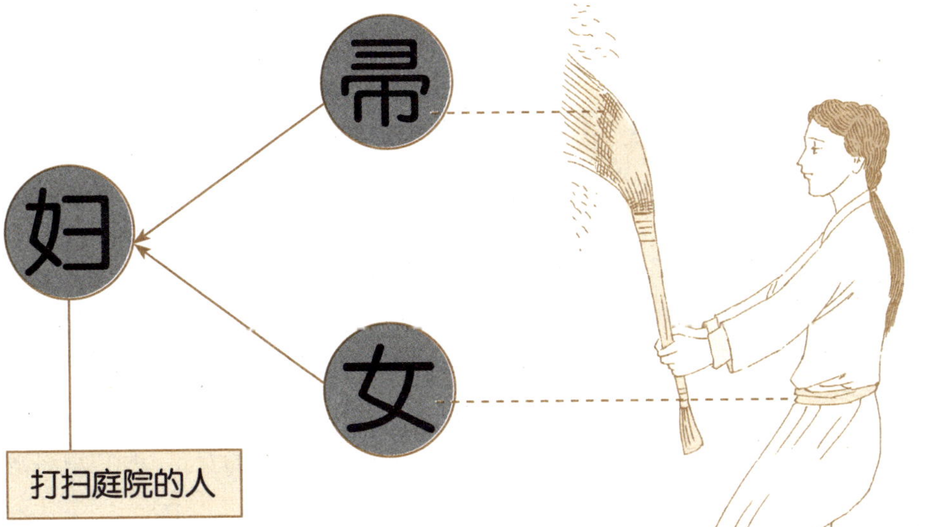

帚

妇

女

打扫庭院的人

“夫妇”谜

一上一下，
春少三日，
你猜我猜，
合是一对。

夫

?

妇

要左右，
横山倒出。

第三十一节

女人抱子——“好”字解

“好”字由“女”“子”构成，为会意字。“好”字的金文形体与甲骨文完全相同。“好”字的甲骨文为“[illegible]”，观其整体形体结构，“女”和“子”最明显的一个共同点就是：“女”大，“子”小。其形体的大小似乎表明了“好”字中的“女”和“子”并不处于平等位置，而且两部首的位置、方向也不同。要不抱在手中，要不背在肩上。由此可知，“女”字代表的是一个已婚妇女的形象，并且有了孩子，“子”代表了“女”所生的婴儿形象，也就是“母子”俩。

由于对“女”“子”两字的不同理解，因而产生了不同的看法。比较流行的看法是：“好”字中“子”指孩子，使用的是它的本义，即指婴儿。因而将“好”理解为“女人抱子”或“女人背子”。

中国古人对妇女持有一种崇拜、赞美之意，皆因她们在他们心目中是“好”的典范：首先她们善于生孩子，其次生完孩子后又能给予孩子最精心的抚养照料，将女性、母亲比作大地一样，给孩子无私的“母爱”。

《说文解字》载：“好，美也。”许慎认为，“好”指“漂亮的女子”，以后泛指漂亮，都作为“好”的引申之义。如《战国策·赵策三》载：“鬼侯有子而好，故人之于纣。”白话的意思就是，鬼侯有一个很漂亮的女儿，所以就将她送给了纣王。

“好”被引申为泛指一切美好的东西，东西好自然就招人喜欢、喜爱，因此“好”又进一步引申为“喜欢、喜爱”。

司马徽（三国时期蜀国人）因善于识别人才，备受刘备信赖。他曾向刘备推荐了两位著名的军师——诸葛亮和庞统。但此人有一个最大的特点，就是不管别人对他说什么，他的回答总是一个字：“好。”

一次，有个人的儿子死了，他将此事告诉了司马徽。司马徽听后说：“好。”他的妻子在旁边听到后，就责备司马徽：“在人们眼里，你是个通情达理的人，但是你听说人家的儿子死了后，还要说好，你是不是太无情了。”司马徽听到妻子的话，照样回答了一句：“你说得也好。”所以人们戏称他为“好好先生”。

“好”字趣释

“好”由“女”和“子”二字构成，会意字。由于对“女”“子”两字的不同理解，因而产生了不同的看法。比较流行的看法是：“好”字中“子”指孩子，使用的是它的本义，即指婴儿。因而将“好”理解为“女人抱子”或“女人背子”。

“好”字解析

“好”字表现的是一名女子抱着孩子逗乐，呈现一幅其乐融融的温馨画面。这就是“好”字的字形。在古人看来“不孝有三，无后为大”，有孩子诞生，为家里增添天伦之乐，延续香火，自然被当做一件大好事。

几乎一切与美好、良好、友善等肯定语气相关的词都与“好”相关，如“好雨知时节，当春乃发生”。现代汉语中，“好”常被用作形容词，有时也用作动词，表示喜爱。

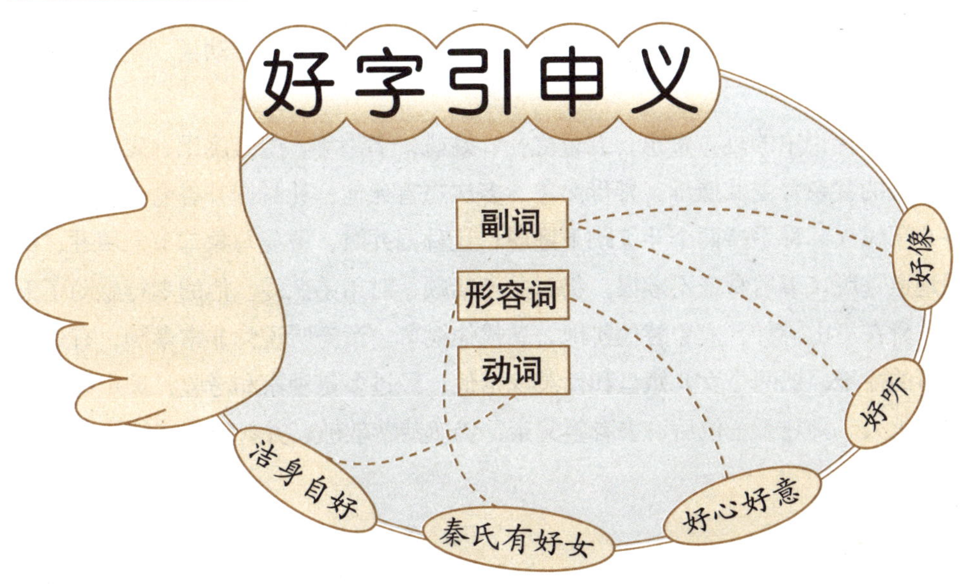

第三十二节

搀扶老人的孩子——“孝”字解

在甲骨文中并未有“孝”字，其金文为“”，上部为“”，即“老”，看似像一个老态龙钟、伛偻弯背的老人。可见“老”就是“老人”。左下方为“”，即“子”，一个小孩子。上下部组合在一起，就像一小孩扶着一位老态龙钟的老人在行走，在这里小孩的作用相当于一根拐杖，是会意字。许慎《说文解字》载：“七十曰老。”“孝，善事父母者。从老省，从子。子承老也。”许慎认为，“孝”字体现了中国古人的道德观。

古人具有“孝”心体现在两个方面，一是尽孝，即对活着的父母要尽孝心，包括奉养、尊敬、服从等方面。二是追孝，即对已故父母及祖先的孝。“追孝”是对在世父母孝的延伸，其内容就是继承祖先的事业，按祖先的遗愿办事，这样就会使后代兴旺发达，绵延不断。

正如《论语·学而》载：“其为人也孝悌”，“弟子入则孝，出则悌”。什么意思呢？就是孔子在要求自己的学生时要把孝顺父母、尊重兄长的道德修养放在学业的首位。

“孝”具有的另一特征为：把孝与立身扬名、光宗耀祖联系起来。正如《孝经》载：“夫孝，德之本也，教之所由生也。身体发肤，受之父母，不敢毁伤，孝之始也。立身行道，扬名于后世，以显父母，孝之终也。”这一观念对后人产生了深远的影响。

受孝道的影响，中国历史上行孝的故事数不胜数，如孝感动天、亲尝汤药、百里负米等。

舜，传说中的远古帝王，五帝之一，姓姚，名重华，号有虞氏，史称虞舜。相传他的父亲瞽叟及继母、异母弟象，多次想害死他：让舜修补谷仓仓顶时，从谷仓下纵火，舜手持两个斗笠跳下逃脱；让舜掘井时，瞽叟与象却下土填井，舜掘地道逃脱。事后舜毫不嫉恨，仍对父亲恭顺，对弟弟慈爱。他的孝行感动了天帝。舜在厉山耕种，大象替他耕地，鸟代他锄草。帝尧听说舜非常孝顺，有处理政事的才干，把两个女儿娥皇和女英嫁给他；经过多年观察和考验，选定舜做他的继承人。舜登天子位后，去看望父亲，仍然恭恭敬敬，并封象为诸侯。

“孝”字趣释

“孝”字由两部分组成，一个“老”字，像一个老态龙钟、伛偻着的老人。可见“老”就是“老人”。左下方即为“子”，是一个小孩。全字看上去像一小孩背着一老态龙钟的老人行走，小孩起着拐杖的作用，是会意字。

“孝”字意在说明年轻人要扶助、孝敬老人，应该让老人安度晚年。

孝，金文（老，长发长者）+（子，后代），或（老，长发长者）+（子，后代），造字本义：儿孙搀扶老人，表示奉养和服从父母、长辈。篆文承续金文字形。隶书将篆文的“老”写成；将“子”写成。

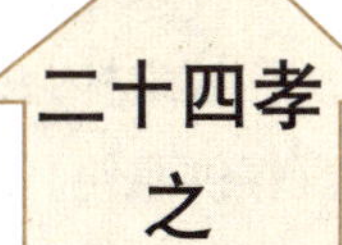

二十四孝之

鹿乳奉亲

郯子，春秋时期人。父母年老，患眼疾，需饮鹿乳疗治。他便披鹿皮进入深山，钻进鹿群中，挤取鹿乳，供奉双亲。一次取乳时，郯子看见猎人正要射杀一只麂鹿，他急忙掀起鹿皮现身走出，将挤取鹿乳为双亲医病的实情告知猎人，猎人敬他孝顺，以鹿乳相赠，护送他出山。

第三十三节

迈开大步朝前奔跑——“走”字解

“走”字的甲骨文为“[illegible]”。观其整个形体，就像一个人迈开大步奋力奔跑的样子，表明这个人善于奔跑。“走”在卜辞中常被用来表示“跑”的意思。

其金文“[illegible]”与甲骨文相比，只是在甲骨文的基础上加了一个“止”（即一只大脚）或“辵”（行走）而成，这一结构重在突出这个人具有善跑的特点。“走”字的小篆体为“[illegible]”，秉承了金文的形体。“走”字演变成楷书后，上部的“夭”讹变为“土”。

正如许慎《说文解字》载：“走，趋也。从夭、止。夭止者，屈也。”

据饶炯《文字存真》中的《说文解字部首订》载：“凡人举步则足屈，走者行之疾，其足愈屈。故从夭止会意。”“夭”在这里有“弯曲”之意，“止”表示人的腿。因为人在行走时必然会将腿弯曲着，由此“走”的本义即“屈腿迈步向前跑”。

如《韩非子·五蠹》载：“兔走触株，折颈而死。”在这里“走”的本义为“跑”的意思。因为兔子不跑，而是以走的姿势，则根本不会撞到树桩上，如此也不会将颈子折断，正因为兔子奔跑的速度非常快，才导致颈子被折断。成语“走马观花”就是“跑马观花”。

由于“走”为“奔跑”之意，则包含了“尽全力”之意，所以“走”引申为“善于奔跑的人”，同时又指“仆”——供人役使和乘骑的人。在奴隶社会，“仆”的地位最低下，他们往往同牛马一样专门供人乘骑，拉车驾辕供驱使。因为他们与牛马相比，比牛速度快，又比骑马安全。除此，还有一种奴隶专门供奴隶主骑坐，奴隶主为了求跑得快，则骑男奴，在平时还充当他们的凳子。有时为了舒服，则选用女奴。这种专供奴隶主骑、坐的奴隶也称为“走”。

在古代文献中就有记载古代相关骑人之事。如《汉书·叙传上》记载，在汉武梁祠的画像中，夏桀骑在两个妇女的背上。再如司马迁《报任少卿书》：“太史公牛马走，司马迁再拜言。”李善注：“走，犹仆也，言己为太史公掌牛马之仆，自谦之辞也。”

 “走”字趣释

“走”字在古代汉语中是“跑”的意思。“走”的甲骨文像一个人迈开大步朝前奔跑的样子，说明这个人是个善于跑路的人。在卜辞中常常可以见到“走”表示“跑”的意思。

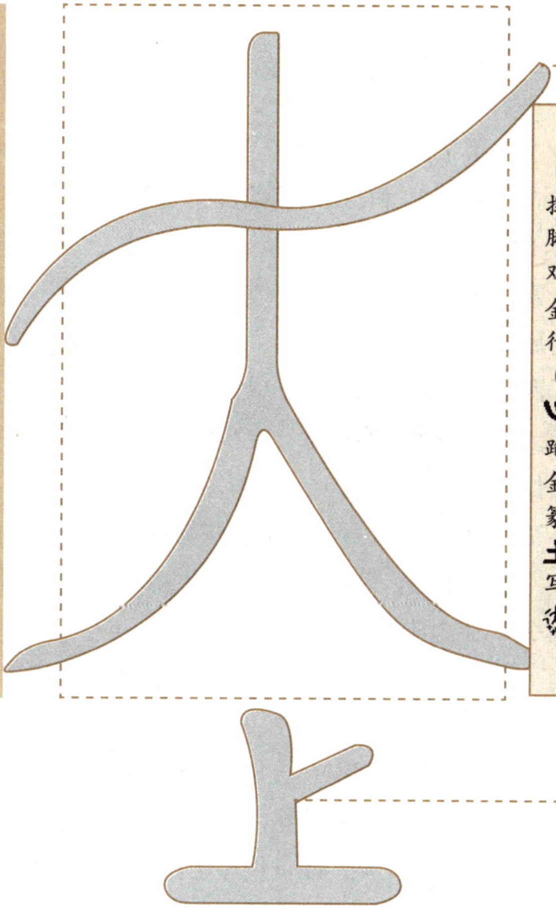

走，早期金文（彳，行进）（夭，挥舞双臂）（止，脚），造字本义：挥摆双臂，奋力狂跑。晚期金文省去（“彳”，行进），突出了（“夭”，挥臂）、（“止”，拔腿狂跑）。篆文承续晚期金文字形。隶书误将篆文的“夭”写成土“土”，将“止”写成。极速飞跑为“奔”；挥臂逃跑为“走”。

《汉书·叙传上》说汉成帝的屏风上画“纣醉踞妲己”（商纣王醉后坐在其妃子妲己身上）。另外，在汉武梁祠画像中，夏桀骑在两个妇女背上。

纣醉踞妲己

在奴隶社会，还有一种专门供奴隶主骑坐的奴隶。奴隶主为求跑得快，则骑男奴，平时也会把他们当作凳子。有时为了舒服，则选用女奴。这种专供奴隶主骑、坐的奴隶也称为“走”。

第三十四节

院中种植树木——“困”“囚”二字解

“困”字的甲骨文为“”，小篆为“”。综观二者的结构即可知，两者皆由“囗”（音wéi，古“围”字）和“木”字组成，是会意字。

许慎《说文解字》载：“困，故庐也。从木，在囗中。”《说文解字注》载：“庐者，二亩半一家之居，居必有木，树墙下，以桑是也。”意思就是，按照古时规定，居家的房屋面积往往可达二亩半，简单来说，就是除了房屋要占用一定的面积外，在屋子四围要留有空地，以备绿化美化之用，其中以桑树居多。以此表明古人早就具有改善居住环境的观念，要在房屋四周多栽树。上面这段话是段玉裁对许慎的说法作出的更多补充。

而安子介先生（文字学家）则认为，由于这些被种植在庭院中间的树木，日复一日，年复一年，不断地生长，自然会受到空间的限制，即受到“囗”的限制，阻碍了生长，因而引申出“围困”“受困”等意。

由于“囗”中只有一“木”，则表示“树木少”，因而引申出“物质稀少”或“物质匮乏”之意。

有关“困”字的故事，还得从项羽说起。与树木的情缘，不得不说起少年时期的项羽。项羽的邻居家院子里种着一棵桂花树，每到桂花盛开的季节，花香四溢。而这家的主人却在此时要挥动大斧，准备伐掉桂花树。项羽见状急忙上前制止道：“老伯，桂花香气四溢，夏天还可以在树下美美地乘凉呢！”听项羽这么一说，老伯叹息道：“你看我家四四方方的院子中间长着这么一棵大树，就像一个‘困’字，我怕不吉利，才准备砍掉它，其实我也很不忍心。”老伯说完，少年项羽笑道：“老伯，照您的说法，如果将这棵桂花树砍掉，那么这个院子就剩下您一个人了，这样岂不是成了囚犯的“囚”了吗？您看，这样一来岂不是更不吉利吗？”

然而，近代学者俞樾则认为“困”为“捆”的古文。“困”中的“囗”表示门框，中间的“木”并不代表树，而是古人设于门中作为门限的短木桩。

“困”“囚”二字趣释

“困”字从甲骨文到楷书的结构完全相同，由“囗”（音wéi，古“围”字）和“木”字组成，是会意字。从“困”字可以推知古人早就知道要在房屋四周多栽树，以此美化自己的庭院，改善居住条件。

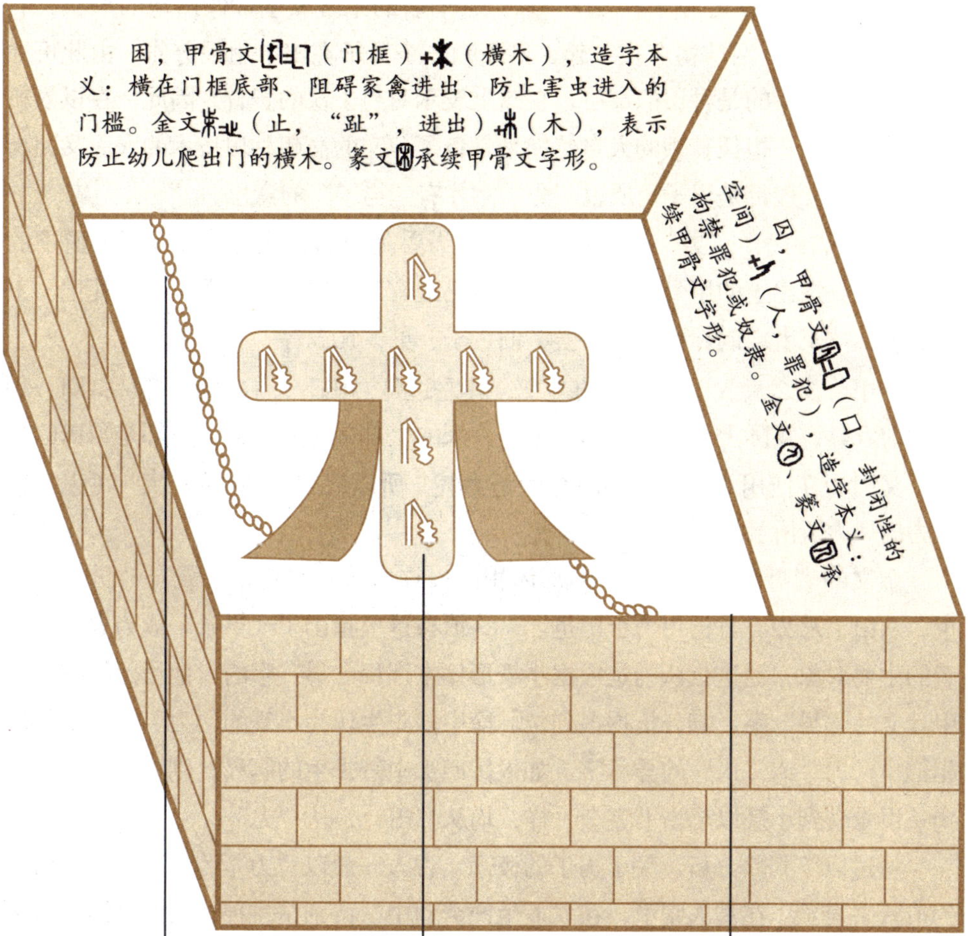

困，甲骨文（门框）+（横木），造字本义：横在门框底部、阻碍家禽进出、防止害虫进入的门槛。金文（止，“趾”，进出）+（木），表示防止幼儿爬出门的横木。篆文承续甲骨文字形。

囚，甲骨文（口，封闭性的空间）+（人，罪犯），造字本义：拘禁罪犯或奴隶。金文、篆文承续甲骨文字形。

树木被砍掉了
院子里就剩下“人”了
感觉像是囚犯一样

树木长在院子中间
像一个“困”字，将树木砍掉……

院子四四方方
像被围起来一样

第三十五节

在田中劳作的人——“男”字解

“男”的甲骨文为“”或“”，前者的甲骨文上部像田地的形状，右下“”为手形。两结构合在一起，则表明一个男子在田中用手劳作。由此可知“男”的本义指的是种田的高手，在这里表示对男子汉的赞誉。因此，在以农耕为主的部落中，担任首领的人自然就是具备了一定的高超种田技术的人。又因为担任首领的一般都是男子，所以“男”字才有“男子”的意思。

在中国古代，“男”指一种爵位。而男爵是中国古代封建制度五等爵中的一个等级。按出土的甲骨文，至少商朝时已经有了“男”这一爵位。《礼记·王制》载：“王者之制禄爵，公、侯、伯、子、男，凡五等”。

继甲骨文之后，“男”字的金文，其左边是“田”，右边是“”，即一种耕田的农具，实际上是指古代的“耒”，耒的上部是木制的柄，下部是犁田的犁头。又因为在使用“耒”耕田时靠的是力气，所以后来男字中的“”（耒）被体力的“力”所替换。

金文的“男”字与甲骨文的形体相同。许慎《说文解字》载：“男，丈夫也。从田，从力。言男用力于田也。”许慎在这里指出了“男子”成为农业生产者的主要对象，他这么认为是根据小篆形体来训释“男”字的，他虽然没有见到甲骨文的“男”字，却分析得很到位。徐中舒先生认为小篆的“力”与“耒”形相似，“力”为“耒”的异体字。如果按照徐中舒先生的解释，则“男”字的结构从甲骨文到小篆以至楷书完全一样，均从“田”，从“力”。

通过以下判断分析，关于男子的概念，古人一般以“力”（或耒）、“田”的形状来表示。在古人眼里，在农业生产劳动中，特别是耕种，自然只能是男子所从事的劳动。以“男”字形体构造，可以看到这样一种历史事实：当社会进入农耕时代以后，男子由于力气比女子大，因此便成为耕田锄地的主要对象。又由于男子在生产中所处的重要地位，必然导致男子的社会地位得到很大程度的改变和提高。

“男”字趣释

“男”的甲骨文形体像田地之形、像手形，由此得知“男”字似一人用手在田中劳作。也可知“男”的本义大概是指种田的高手，也是对男子汉的一种美称。因此，掌握高超种田技术的人在以农耕为主的部落中自然要担任首领。

“男”字结构解析

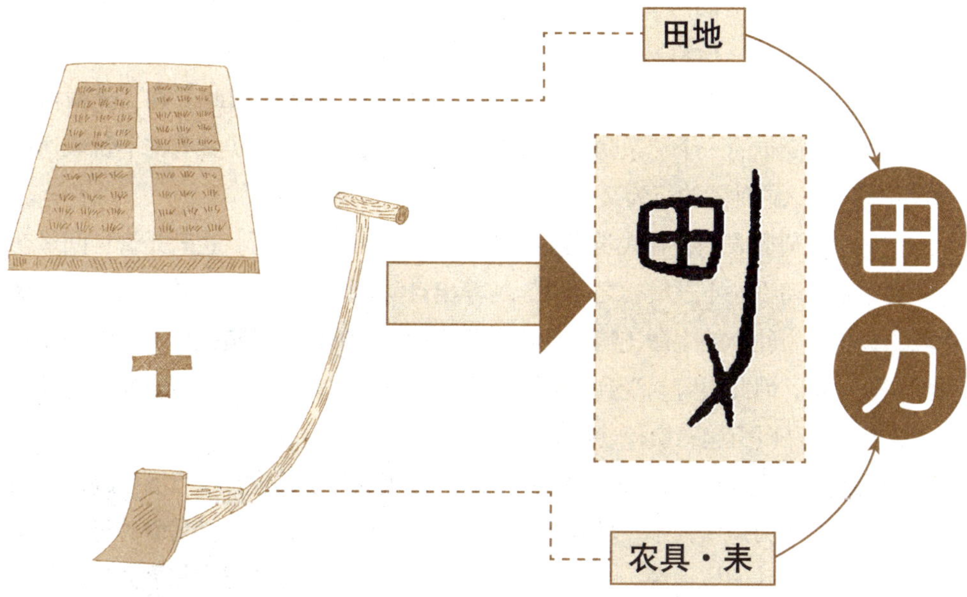

“男”字是由“田”和“力”两部分构成。“力”就是古农具“耒”。在田里耕作是古代男人的主要职责，因此用“田”和“力”来表示“男人”。

中国古代爵位

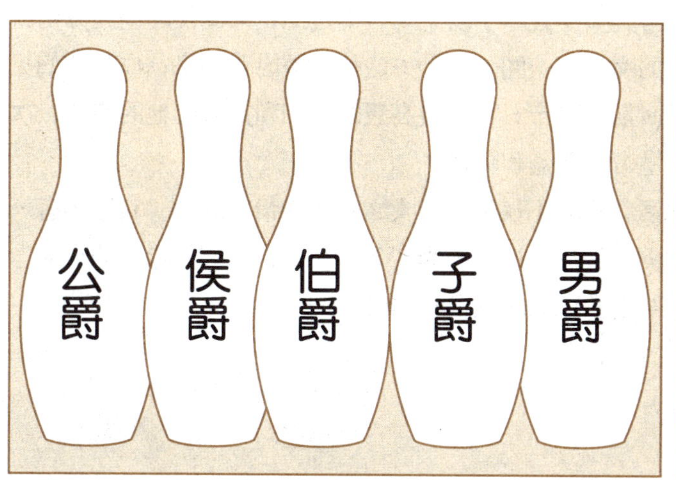

“男”也是中国古代爵位的一种。周代，分为公、侯、伯、子、男五等，均世袭罔替，封地均称国，在封国内行使统治权。各诸侯国内，置卿、大夫、士等爵位，楚国等置执圭、执帛等爵。卿、大夫有封邑，对封邑也可以行使统治权，唯受命于诸侯。

第三十六节

用嘴唇接触的行为——“吻”字解

《说文解字》载：“吻，口边也。从口，勿声。”在此，许慎清晰地表明了自己的观点：“吻”的本义就是指嘴唇。由于“吻”的本义指嘴唇，表示以嘴唇来接触某人或某物。所以其引申之义为表示爱意。如“亲吻”。

由于“亲吻”是男性与女性双方彼此以嘴唇相互接触，因此“吻”又引申为“吻合”。而简单的一个“亲吻”往往却是无声胜有声，是人类共有的一种表达爱意的方式。那么这种爱的行为又是如何产生的呢?

据科学家研究表明，在人类诞生之前“吻”就早已出现了。也就是说世间最初的“吻”来自动物。不过最初之“吻”纯粹出自动物的一种本能，并不是用来表情达意的。当一个幼小的生命（哺乳动物）诞生后，其体内的制造抗体的组织并没有得到完全发育，因此很容易受到细菌、病毒以及食物中未经消化的蛋白质里的异体分子等侵害，从而引起感染和过敏反应。

而人类的新生儿体内往往不易被感染，这是因为母亲的乳汁中含有抗体源，使婴儿的免疫力大大地增强了。其实母亲事先并不知道婴儿体内要接受哪些细菌，又同时需要哪些特殊的抗体源。只是通过一种本能的“吻”，使母亲将婴儿体中的细菌和病毒吸了过来，同时从母体中产生出对抗细菌和病毒的有效特定抗体。然后，又通过乳汁将这种特定的抗体回输到婴儿体中，婴儿从此便具有了抵抗疾病的能力。这种免疫交流途径较特殊，也包括了“吻”的全部含义。

相传，人类的“吻”之初源于古罗马帝国。在古罗马帝国时期，妇女一般严禁饮酒，当丈夫外出归来首先要检查一下妻子是否喝过酒，最简便的检查方法就是将自己的嘴巴凑到妻子的嘴边闻一闻。这种方法就此被沿袭下来，成为夫妇见面时的首道礼节。古罗马时期，皇帝只允许最高级的贵妇和宠臣吻他的嘴唇，次者吻他的手，庶民只能吻皇帝的膝盖和脚背。

在非洲某些国家和地区，吻并不仅限于男女之间的恋情，除此，它还怀有一种尊敬和关心的意思。非洲土著居民视酋长为“父母官”，凡酋长走过的地面，人们争相亲吻，以此表示对酋长深深的祝福和推崇。

“吻”字趣释

现代社会，接吻是男女表达爱的一种方式。而“吻”的本义并非如此。许慎《说文解字》：“吻，口边也。从口，勿声。”许慎说得很清楚，“吻”的本义是嘴唇。“亲吻”是人类共有的一种表达爱意的行为。不过当初的“吻”并不表达什么爱意，而纯粹是一种本能。

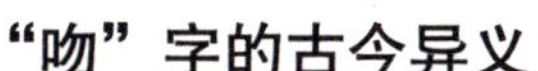

“吻”字的古今异义

古 → 亲情

今 → 爱情

古罗马的“吻”礼节

嘴：贵妇和宠臣吻皇帝的嘴唇

手：次者吻皇帝的手

脚：庶民只能吻皇帝的膝盖和脚背，并以此为“殊荣”

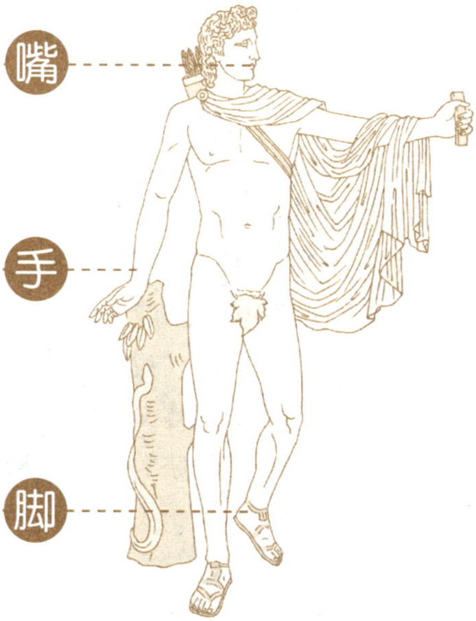

第三十七节

肚子大不一定是怀孕——“身”“孕”二字解

“身”字的甲骨文为“[illegible]”或“[illegible]”，看整个形体结构就像是一个大腹便便的人。再分析一下，这个人面朝左或面朝右，伸着手臂，中间凸出的部分似乎是大大的肚子。难道这个人是孕妇吗？其实不是，因为甲骨文“[illegible]”或“[illegible]”只用于男人。如：“王疾身。”这里的“王”指的是男性，即商王武丁。“王疾身”也就是说王身子患有疾病。患的什么疾病呢？有可能是大肚子病，用现在的说法就是血吸虫病。《说文解字》载：“身，（躳）也。象人之身。”许慎认为“身”在这里指的是人的身体（躯体），作名词用。《诗经·大雅·大明》载：“大任有身，生此文王。”孔颖达疏：“以身中复有一身，故言重。”有人则认为这里的“身”指的就是“孕”。实际上仍指“身子”。“大任有身”也就是说大任肚里有个身子（胎儿），固然是怀有身孕。

现在我们再来看看《后汉书》里记载的一个故事：

东汉桓帝时，有一位叫边韶的教书先生，很有才气，但就是喜欢打瞌睡。因为长得很胖，肚皮叠起，行动迟缓，总是一副懒洋洋的样子，所以学生们常暗地里笑他。一天，边韶讲了一阵子书累了，便让学生背书去，自己合眼睡着了，鼾声大作。学生们给老师编了一段顺口溜：“边孝先，腹便便，懒读书，但欲眠。”笑声把先生吵醒了，他起来后边踱步边思考，很快也吟出了一首顺口溜：“边为姓，孝为字。腹便便，五经笥。但欲眠，思往事。”学生们都惊呆了，老师出口成章，做顺口溜也会教训人！

其实上段描述中，“腹便便”指的就是“身”。由此可见古文“身”实际上是指大腹便便的，且受人尊敬的人物形象。

“孕”字的甲骨文为“[illegible]”。为象形字，上部“[illegible]”为“女”字，指女人怀孕后肚子挺起的样子。《说文解字》载：“孕，裹子也。从子，从几。”许慎认为这里的“孕”字，其本义为怀孕，作动词用。下部“几”为“人”，小篆体的“乃”其实就是“人”字的变体。所以“孕”为会意字，指腹中有子，为女人。

“身”“孕”二字趣释

“孕”字，整个字为象形字，指女人怀孕后肚子挺起的样子。如卜辞中有“妇好孕”。“妇好”为商王的妃子，其意思是妇好怀孕了。

“身”和“孕”的不同解释

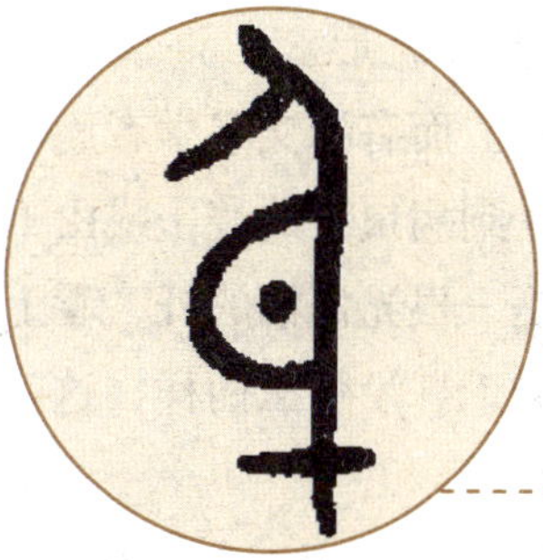

甲骨文中的“身”只用于男人。如：“王疾身。”其意思是王身子有病。这种病可能是大肚子病，即今之血吸虫病。这里的“王”是商王武丁，男性。

“孕”是一个会意字，本义是怀胎。从甲骨文的形态上看，“孕”字就像是朝左站立的人，中间的“子”字说明她的腹中还有一个孩子。两者相互联系，便可以明显地看出这是一个女人怀胎时候的形象。

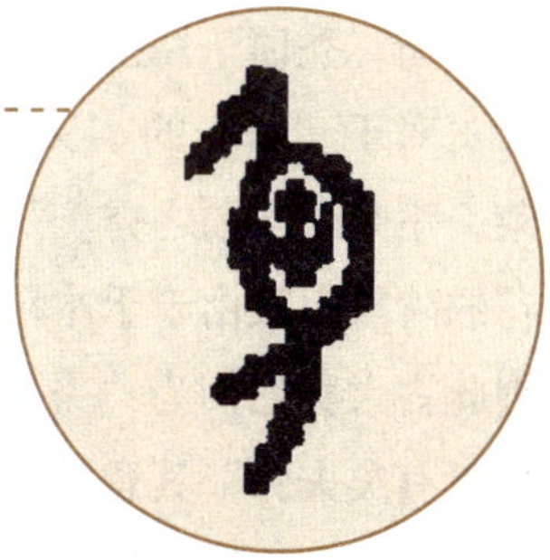

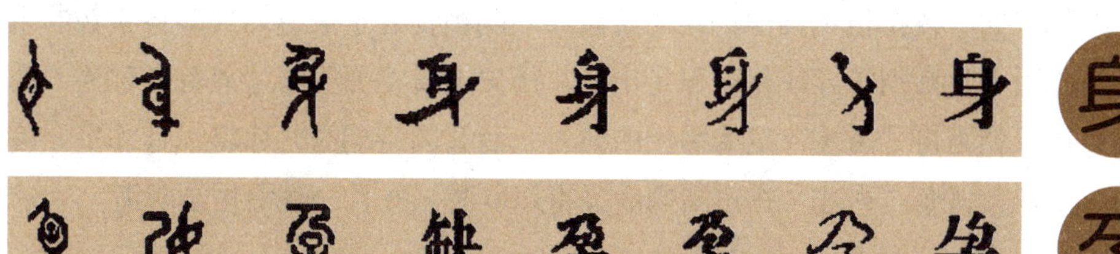

第三十八节

从“秃顶”到“秀才”——“秃”“秀”二字解

《说文解字》载：“秃，无发也。从人，上象禾粟之形。”许慎认为“秃”，会意字，从“禾”，从“儿”（人蹲下之形）。而有的文字学者则认为，这里的“禾”表示农作物，由于农作物的上端遭受到病虫害的袭击或由于阳光过度暴晒，使禾穗及顶端的枝叶脱落，剩下的只是一根光溜溜的杆，看上去光秃秃的。当然假如人的头发掉光了，和这光秃秃的禾杆没什么两样，这就是“秃”。

据说古人在造“秃”字时，还流传着这样一个故事：据王育说，有一天，仓颉看见一个人趴伏在禾麦之中，定睛一看，这个人头上没有头发，因此仓颉受其启发便造了一个“秃”字。而段玉裁先生则认为在古时，“秃”与“秀”为一字且音同。《说文解字注》载：“其实秀与秃，古无二字，殆小篆始分之，今人秃顶亦曰秀顶是古遗语。”

后来“秃”字演变成了“秀”字。当时正值东汉光武帝刘秀当权，许慎为了辟刘秀之讳，在著《说文解字》时便将“秀”字改为“秃”字，因而后人称“秀顶”为“秃顶”。正如《说文解字》载：“秀，上讳。”

对于“秀”的本义，众说纷纭。《尔雅·释草》载：“木谓之花，草谓之荣，不荣而实谓之秀。”这里的“荣”即指花。“秀”就是指禾本科植物抽穗扬花的阶段。又由于禾本科植物的花与通常人们眼里的花不一样，而且没有花被，因此古人称它们为“秀”。如《论语·子罕》载：“苗而不秀者有矣夫？秀而不实者有矣夫？”其意思是：庄稼在生长过程中，有没有不吐穗开花的？有没有吐穗开花后却不结实的植物？

既然“秀”特指植物抽穗扬花的阶段，表明植物处于成熟期或即将收获的季节，与此引申为特别优异或相貌很是出众。历史上曾将那些德才兼备者称为“秀才”，在汉朝则将“秀才”定为举士的科目，后又因避刘秀之讳将“秀才”一度改为“茂才”，而“秀才”在三国魏后又得以复称，并且一直沿用至明清。

“秃”“秀”二字趣释

“秃”字的本义是指人头上没有毛发。是由“禾”字和“几”（人蹲下之形）字构成，是个会意字。许慎所处的时代，为东汉光武帝刘秀当权之时，许慎在著《说文解字》时为了避刘秀之讳，就将“秀”改为“秃”，因而后人称“秀顶”为“秃顶”。

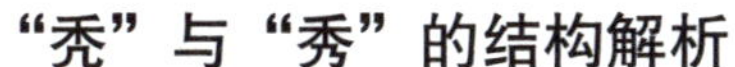

“秃”与“秀”的结构解析

秃 “禾”在这里表示农作物的上端受到病害的危害或阳光过度暴晒，使禾穗及顶端的枝叶脱落，只剩下一根禾杆，变得光秃秃的。

为了避刘秀之讳，就将“秀”改为“秃”，因而后人称“秀顶”为“秃顶”。秀

第三十九节

人类步入文明时代的开始——“初”字解

在远古时期，人类并没有衣服的概念，夏天以树叶裹身，冬天为了抵御风寒，最简单的方法就是将剥下的兽皮简单用石刀裁剪后，披在身上。古人将这种裁衣的情景用最简单的线条勾勒出来，再加以符号化，则形成了甲骨文的“初”（）字了。观其“初”字的甲骨文，左部为“”，即“衣”（指衣服）。右部为“”即“刀”，用来裁兽皮的刀，其功能与现在的剪刀相仿。

与甲骨文相比，“初”字的金文与其大致相同，还是一把刀、一件衣服，只是这把“刀”的位置发生了变化，有时“刀”在“衣”的左侧或下方。

“初”字的出现，是人类文明进入到一个新阶段，“初”字的创造，深刻体现了人类与野兽有了质的区别，两者之间彻底划清了界限。同时结束了赤身裸体的野蛮时代，初次跨出文明发展时期的第一步。

《说文解字》载：“初，始也。从刀，从衣。制衣之始也。”许慎认为，这里的“始”是开始的意思，由“初”的本义“制衣之始”所引申而来。在这里必须强调一下，“初”的引申之义就是“始”。而后由“开始”又进一步引申为“当初”的意思。

“初”作为表明顺序的词，又可以引申为“第一场”“第一回”，如“初伏”“初试”。“初”还可引申为时间副词，当“刚刚”讲。如《战国策·齐策》载：“令初下，群臣进谏，门庭若市。”意思就是命令刚刚下达，群臣就进到朝廷劝谏，宫门前与闹市一般。

夏渌先生（著名古文字学家）提出了自己的观点，“初”应为“人生之始”“人之初”，并不是指“裁衣之始”。夏渌先生认为甲骨文的“衣”为“”，其上部为“”，可能指母体下肢，“”为产子的胞衣上连有脐带，“衣”是衣胞的象形字。而从甲骨文和金文的形体上看，显然是用“刀”在割断小儿的脐带和胞衣的连接部分，即脐带。所以，人生之初，应该是婴儿同母体的胞衣分离才是人生的新开始。

“初”字趣释

远古时候，人类最初的衣服制作简单，实际上是一张兽皮用刀裁剪过后，披在身上，就成了抵御风寒的衣服。古人将这种裁衣的情景用最简单的线条画出来，再加以符号化就是甲骨文的“初”字了。

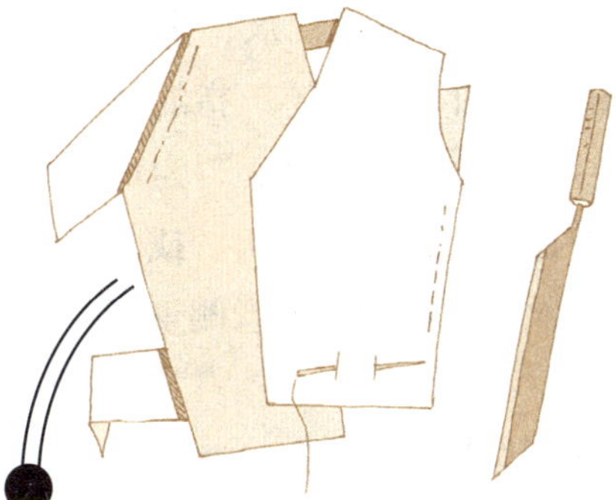

“初”字由“衣”“刀”组成，表示开始拿剪刀做衣服的时候，本义是“开始”，如《周易》中“初吉终乱”，就是用的这个意义。引申为“本原”“从前”等。

①本义，动词：着衣遮羞，开启文明。

（初始/太初）

扩大引申

②名词：开始阶段，起始之时。

（当初/月初）

词性引申

③形容词：起始的，最早的，第一的。

（初步/初春）

④副词：第一次，起始地。

（初恋/初生）

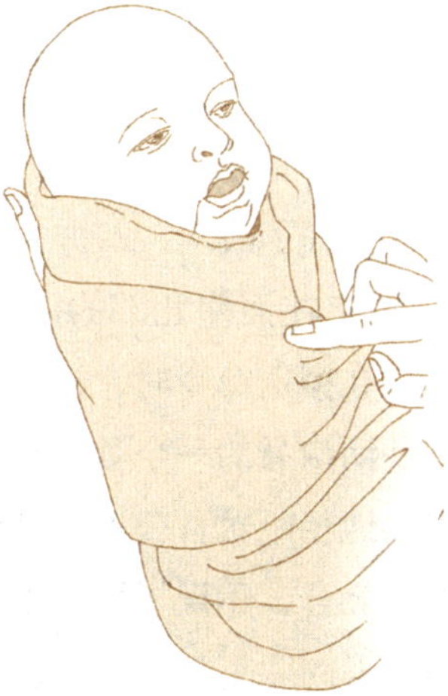

初生的婴儿

人生之初，婴儿同母体胞衣分离是人生的开始。

第四十节

用水浇自己的心田——“沁”字解

“沁”字最早出现于小篆中。《说文解字》载：“沁，水，出上党羊头山，东南入河。从水，心声。”这句话许慎解析如下，“沁”指的是河流名——沁水。如果将“沁”字当作形声字，并不妥当。因为“心”为声符之外，又起到了表意的作用，所以其表明的意思就是“流过心脏的河”或“流过心脏的水”。此两句话中，后者侧重指广义的“水”的特征，前者侧重指“沁水”这条河的特征。

对于“沁”字，安子介先生的解释是，既然“沁”是一条“流入心脏的水”，仿佛是在用水浇自己的心田，理所当然其引申之义为“浇灌”的意思。清朱骏声《说文通训定声·临部》载：“沁，按唐人诗用为沁脾字，此渍灌之意。”如果“沁”就是指流过心脏的水，那么它便具有两层意思，即流入心脏和从心脏流出，所以“渗入”或“透出”则为它的引申之义。如唐彦谦《咏竹》：“醉卧凉阴沁骨清，石床冰簟梦难成。”

在现代汉语中，人们常常混淆的字有很多，其中就有“沁”和“泌”字。虽然两者均有“从内部渗透出来的水（或液体）”的意思，但是要正确地区别它们，就要弄清两者的水源位置。“沁”所表示的水源位置很确定，而“泌”字表示的水源位置则不可确定。

1930年5月，中原大地上爆发了蒋冯阎大战。以冯玉祥、阎锡山为一方，以蒋介石为另一方，在河南南部摆开了战场，双方共投入了一百多万兵力。

战前，冯玉祥与阎锡山约定在河南北部的沁阳会师，然后集中兵力歼灭蒋军。但是，冯玉祥的作战参谋在拟定命令时，把“沁阳”写成“泌阳”，多写了一撇。碰巧，沁阳和泌阳都是河南省的一个县；只不过，沁阳在黄河北岸，而泌阳却在河南南部桐柏山下，两地相距数百公里。这样，冯玉祥的部队就错误地开进泌阳，没能和阎锡山的部队会合，贻误了聚歼蒋军的战机，让蒋军夺得了主动权。在近半年的中原大战中，冯阎联军处处被动挨打，以失败而告终。如果参谋不多写那一撇，冯阎联军顺利会师，联合一起打击蒋军，中原大战的结局可能就会改写。可知，小小的一撇却力系千钧！

 “沁”字趣释

“沁”是流过心脏的水，它有流入心脏和从心脏流出两层意思，因此引申出“渗入”或“透出”的意思。如唐彦谦《咏竹》载：“醉卧凉阴沁骨清，石床冰簟梦难成。”再有如今之俗语“沁人心脾”“额上沁出汗珠”。

沁

“沁”字表示的水源其位置是确定的，是在某个范围内的中心点处。

透出

渗入

“沁”字表示的水源其位置不可确定，只是知道它一定存在。

沁

“沁”字引申义

①本义，动词：着衣遮羞，开启文明。（盗索不敢沁）→扩大引申→②动词：使感觉清凉惬意。（沁人心脾）→词性引申→③形容词：令人清爽惬意的。

由于“沁”是“流入心脏的水”，似在用水浇自己的心田一样，因而引申出“浇灌”的意思。清朱骏声《说文通训定声·临部》载：“沁，按唐人诗用为沁脾字，此渍灌之意。”

第四十一节

刀“刃”在“心”上——“忍”字解

《说文解字》载：“忍，能也。从心、刃声。”对于这句话，许慎做了以下解析：如果将“忍”作为形声字，倒不如说“忍”字是会意兼形声的汉字，因为“刃”字既表音，又起到了表情达意的作用，且表意作用非常大。试想一下，当一个人手持利刃朝一个的心脏刺过去，两者之间的心情及关系想必是非常复杂的，是无法用言语来表明的。

依据汉字“六书”的说法，“忍”字应为形声字，上部“刃”表音，下部“心”达意。民间常说“忍字心头一把刀”，如此一来，“忍”字就成会意字了，借其字形表明了“忍”之大道。将锐利的刃刺向柔软的心脏，其两者的性质不甚相容，却偏偏紧密地组合在一起，相互依存，如此揭示了智者的人生是充满智慧的。

对于“忍”字，段玉裁的解析为，“忍”一指有才干者；二指敢于杀人者；三指具有忍耐、宽容的精神。“刃”往往象征邪恶，“心”往往代表正义。如果在刀刃刺向心脏的千钧一发之际，能从容不迫地加以制止，则胆量与智慧，少一不可。反之，如果将“刃”看作为正义的代表，“心”为邪恶的象征时，敢于用刃刺向心脏，此为勇敢的表现，也是“忍”。能具备这两者，方为“能”。当刀刃刺向心脏时，心脏总是避开，不愿和刃发生正面冲突，忍耐、容忍别人，这也是“忍”。这段话表明了“忍”的本义就是“能”，其引申之意为“容忍”“克制”。

关于“忍”字还有这样一个故事。唐玄宗时期，王守和官至光禄卿（掌管皇室膳食、祭品及酒宴的官）。要说起他的为人处世之道，就在一个“忍”字。在书案上、室内的帷幔上都有一个大大的“忍”字。李隆基听说后便召见王守和，问道：“爱卿，你名‘守和’，别人也知道你这个人不愿与人发生争执，你又很喜欢书写‘忍’字，可见你的用意颇深。”王守和答道：“坚硬刚直的东西易折断，所以，凡处理各种事务时，均以‘忍’字为上。”玄宗听后，当即赏赐些布帛给他，以表彰其“忍”字精神。

"忍"字趣释

"忍"字看上去，确实令人毛骨悚然，它所描绘的是一把锋利的刀正刺向人的心脏。"忍"字是一个会意兼形声结构的汉字，因为"刃"除了表音之外，还具有表意功能，其表意功能十分强烈。当锋利的刀刃刺向一个人的心脏时，彼此之间的表现是多种多样的。

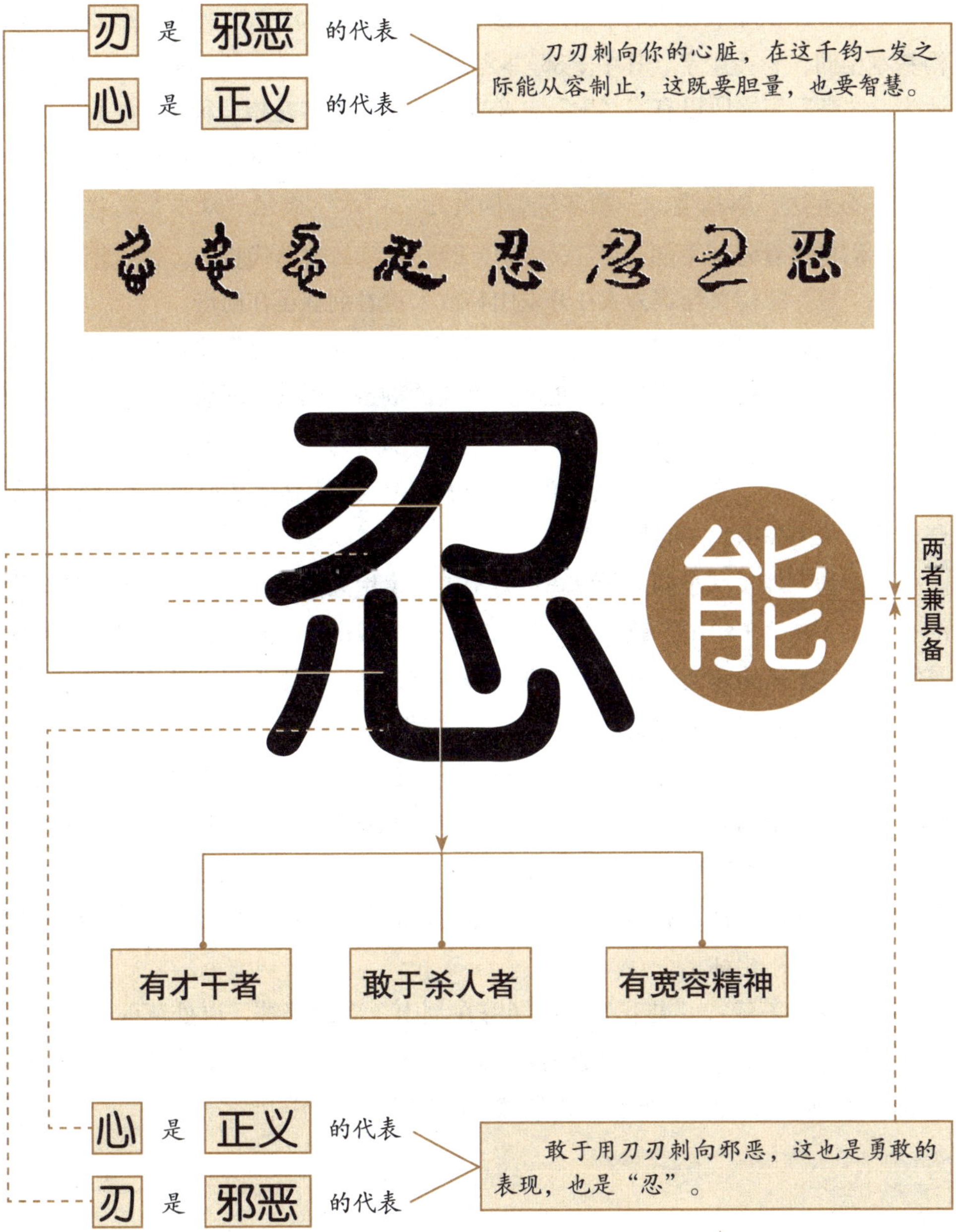

刃 是 邪恶 的代表
心 是 正义 的代表

刀刃刺向你的心脏，在这千钧一发之际能从容制止，这既要胆量，也要智慧。

忍

能

两者兼具备

有才干者

敢于杀人者

有宽容精神

心 是 正义 的代表
刃 是 邪恶 的代表

敢于用刀刃刺向邪恶，这也是勇敢的表现，也是"忍"。

第四十二节

脚踏草莽的人——“楚”字解

“楚”字的甲骨文为“”，其金文为“”。比较一下两者的形体，其结构基本相同，为会意字。其中上部“”即“林”，“”即“木”。有的学者认为，“楚”字之所以有二“木”，是因为“楚”原本是指一种木本植物，又称“荆”或“牡荆”，也就是现在人们所说的荆条，有刺的灌木。由于这种植物的主茎并不发达，属丛生，一根多株，因此用二“木”表示“众木”之意，作意符。我们再来看看其下部“”，“”即“足”，这里代指人。这也正是有的学者将“楚”的初义理解为人在开发山林或人踏着荆棘正在前进。

《说文解字》载：“楚，丛木，一名荆也。”对于“楚”字，许慎的解析如下，“楚”本义指一种植物名，也就是现在的荆条。据前面所讲的，“楚”字中的二“木”就是指“荆条”。所以，“楚”被引申为“荆条”较正确。正如《诗经·周南·汉广》载：“翘翘错薪，言刈其楚。”意思就是那些高高堆起的薪柴，都是从山林中砍来的荆条。

又因为荆棘长满小刺，所以在古时常被先生用来做刑杖或学校教师责罚学生的小杖。《礼记·学记》载：“夏楚二物，收其威也。”意思就是：夏木和荆条是收压学生威风的东西。由于荆条上长满小刺，抽打在学生身上其疼痛难忍，因此“楚”进一步引申为“痛楚”“苦楚”之意。

除此，以“楚”为名的楚国，为战国七雄之一。楚国以“楚”为名，据推测，古时候的楚国到处布满荆棘，当楚人的先祖来到此地时，眼前荆棘丛生的险恶环境并没有使他们退缩，而是踏着荆棘，开辟山林，并在此地建立了自己的国家。由此体现出，楚人的祖先最初开发楚地时的那种无比的自豪感，因而将自己的国家以“楚”相称。

据《左传》载：“昔我先王熊绎辟在荆山，荜路蓝缕，以处草莽，跋涉山林，以事天子。”这是子革对楚灵王说的一段话。意思就是，楚由最初的一个诸侯小国逐步强大起来，一跃成为春秋战国时期的大国、强国之一。

“楚”字趣释

“楚”字早见于甲骨文，是会意字。“楚”的本义是一种木本植物，又称“荆”或叫“牡荆”，即今之荆条，有刺的灌木。这种植物主茎不发达，丛生，一根多株，所以在“楚”字中用二“木”表示“众木”之意，作意符。

林木丛生

特指一种有刺的灌木

中间的方形代表人们的聚居地

足迹，代表此地有人类居住

“楚”字的甲骨文

甲骨文的“楚”字中间的方形表示人们的聚居地，下面有人来往的足迹（“止”），周围有林木。本义是一种又名“荆”的丛生灌木。《说文解字》载：“楚，丛木，一名荆也。”

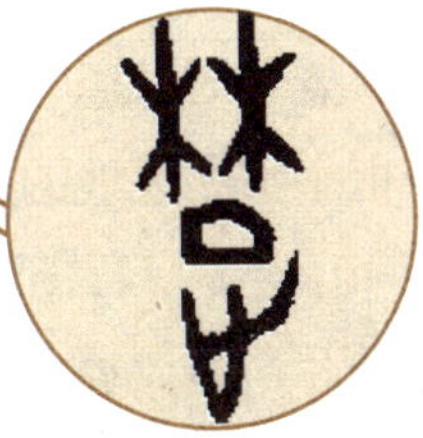

“楚”的各种写法

楚国的来历

战国七雄之一的“楚”国。古人之所以以“楚”名国，很可能因为古代的楚国这一带荆棘丛生，楚人的先祖来到这里时，面对的是荆棘丛生的险恶环境，然而他们踏着荆棘，开辟山林，建立了自己的国家。这就是说，楚人的祖先可能以最初开发楚地为自豪，因而称自己的国家为“楚”。

第四十三节

人在道路上行走——“道”字解

“道”字最早出现于两周金文的“貉子卣”的铭文中。其字形为“”，观其形体，“”字其外围两部均从“行”，为道路，中部为“首”字，即指人。“行”与“首”相结合，其意思就是：人行走在道路上。

“道”字的另一个金文为“”。与前者相比，这里的金文增加了一个“止”字，以突出行走之意。《说文解字》载：“道，所行道也。从辵，从首。”用许慎的观点来解释就是，“道”的原始本义是指“人行走的道路”，为会意字，作名词用。

在奴隶社会，自从颁行“井田制”以后，在道路的规划上，就比以前更具体、更明确了，如道路要“能容二轨”，“轨”指距离，也就是指一辆车的两轮子之间的距离，相当于一车宽；“二轨”就是二辆车宽，即规定的道路的宽度能使两辆车来回对走。

有的文字学者则对金文“道”作出这样一种解析，“”在甲骨文中为“行”。正如“象四达之衢，人之所行也”。而其中的“”为“首”字，象征人或兽类的头部。“行”中有“头”，则不能把此字当作普通意义上的道路。现在我们以常规知识来分析，这个“道”字也有可能为女性和雌性动物的生殖道（阴道），此通道是胎儿娩出时的必经通道，也是唯一通道。而胎儿的正常出生往往以头部为先导。“”的形体展示出了一幅具体、形象的胎儿娩出图。由此可进一步推测，“道”字的原始本意有两个：一是作名词用，即指“女人和雌性兽类的生殖道”，即阴道；二是作动词用，导引之意。正如《老子》载：“道生一，一生二，二生三，三生万物”。在这里，老子对“道”做了以下阐释，宇宙中的万事万物均产生于“道”，“道”是繁衍宇宙和天地的根。因此“道”的另一个原始之意就是“根”。

“道”由人行的路引申为指“水流的途径”，即“水道”“河道”。

人走路就是要到达各自的目的地，为此要遵循各自一定的路径而行走。又如想办好事情，就要遵循既定的规律。所以，“道”引申为“道理”“学说”等之意。

“道”字趣释

许慎《说文解字》：“道，所行道也。从辵，从首。”这就是说，“道”的本义是“人行走的道路”，名词，会意字。人走路，一定要遵循一定的路径行走，才能到达目的地。办任何事情要遵循一定的规律，才能把事情办好。因此，“道”引申指“道理”“学说”等。

道

道，是自然规律或者法则，是指这个世界还没有人的时候就存在的自然界、宇宙的规律和法则。

生命进化出意识后，可以认知“道”，可以创造“德”。

德

德，是人活了很长时间以后才进化出来的人类行为规范。道大于德。

造字释义

早期金文（行，四通的大路）（首，代人）（止，行走），表示在叉路口领路。造字本义：当向导，给不知方向的人引路。晚期金文将（止）改成（寸，抓住），表示用手牵引或指示方向。篆文（辵，行进）（首，代人），会意主题与早期金文相同。“道”的“向导”本义消失后，篆文再加“寸”另造“導”代替。在道家思想中，“道”代表自然规律，是道家世界观的核心；“德”代表顺应自然规律的法则，是道家方法论的核心。

衍生万物

《道德经》曰：“道生一，一生二，二生三，三生万物。”意指“道”是宇宙运行，自然变化的法则，是事物的规律，因此，“道”是一切的本源。此处，老子道出宇宙发源形成论。

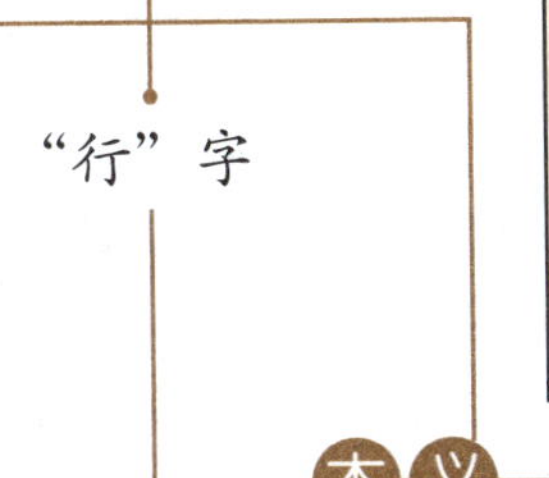

“行”字

“首”字

本义 人行走在道路上

第四十四节

用绳子将人头系起来——“悬”“县”二字解

“县”字的金文为“”，其左部为“木”字，表示一棵大树；右上部为“”，同“系”字；右下部为“首”，表示人的脑袋；为会意字。组合在一起的意思就是：用绳索把人的脑袋系上，悬挂于大树上。

“县”字的金文为“”，其形体充分地展示了奴隶主的残酷与暴戾。在奴隶社会，奴隶主为了镇压奴隶们的反抗，将他们的头砍下来悬挂于树上，以警示其他的奴隶。

“悬”说得更具体一些，也就是古籍中所说的“枭首”。所谓枭首，就是把罪犯或仇敌的首级挂在木杆上，让大家观看，以警戒其他的人。中国历史上关于枭首的故事数不胜数，最早的枭首的传说还得从黄帝说起。

传说在上古时期，黄帝与蚩尤大战于野，双方经过激烈的战斗，蚩尤最终被黄帝所杀，之后还将他的头颅悬挂于辕门前。

所以“悬”的本义就是，将人头砍下来悬挂在树上，其引申之义为“挂、悬挂”。《说文解字》载：“县，系也。”用许慎的观点来讲，就是“系”，也就是“挂、悬挂”的意思。

在“悬”的本义中，具有“用绳子将人头系住”之意，由此引申出“用绳子勒或勒死”的意思。如《周语·晋语一》载：“骊姬请使申生主曲沃，以速悬。”这里的“悬”同“缢”，也就是勒死的意思。

“县”字由“悬挂”之意发展为后来行政区域的代称。对此，有关文字学者提出了不同的意见，有的认为是假借，就是两者所表示的意义没有关联。有的学者则认为两者之间有关联，所以将“悬”用于“县”的引申之义。正如，汉刘熙《释名》载：“县，悬也。悬系于郡也。”也就是说“县”被用作行政区域代称，则是由于县与郡有悬系的关系，所以为引申。《说文解字注》载：“周制，天子地方千里，分为百县，则系于国。秦汉悬系于郡。”“县”作为行政区域代称一直沿用至今，只是其范围大小会随着时代的发展而发生不同的变化。

“悬”“县”二字趣释

县”是“悬挂”的“悬”的本字，后来“县”用于专指国家一级行政单位，“县”的“悬挂”意古人则在其下加一“心”字，另造一“懸”字来表示。指行政单位的“縣”简化为“县”，“懸”简化为“悬”。具体地说，“悬”的意思就是古籍中所说的“枭首”。

“县”是“悬”的本字

县（縣）xiàn 金 篆

左边的木代表树或木杆

用一根绳子把一颗人头悬挂在树或木杆上

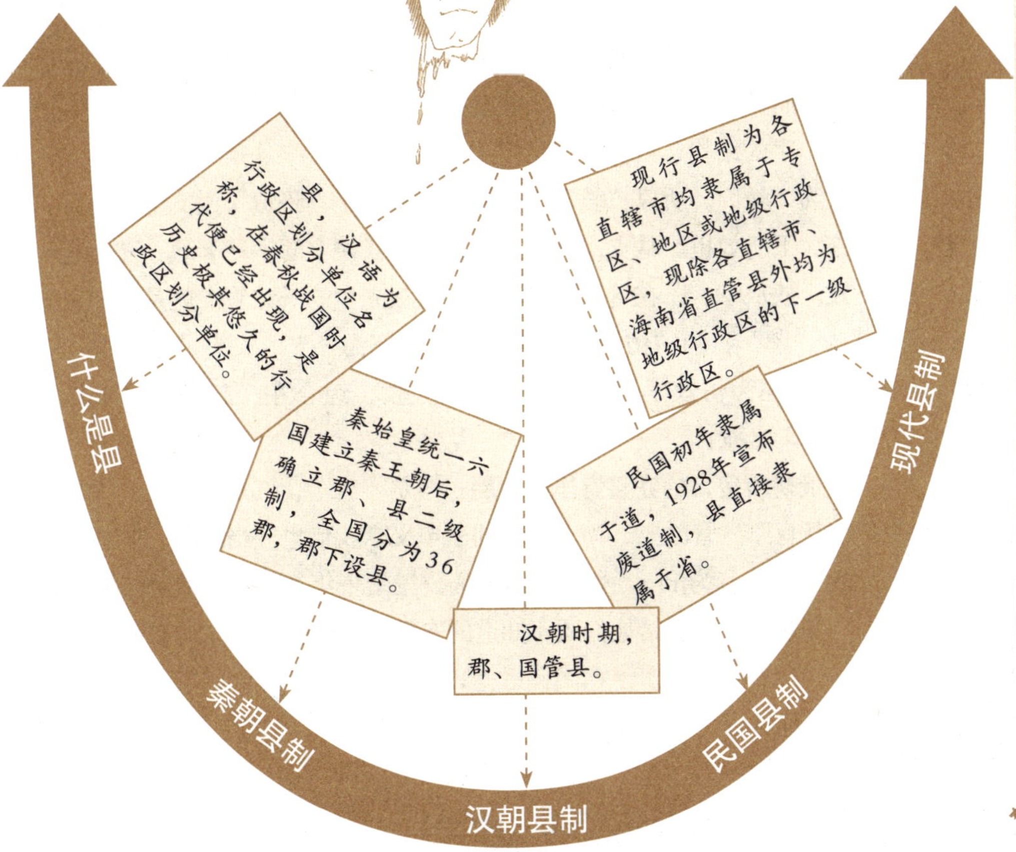

县，汉语为行政区划分单位名称，在春秋战国时代便已经出现，是历史极其悠久的行政区划分单位。

秦始皇统一六国建立秦王朝后，确立郡、县二级制，全国分为36郡，郡下设县。

汉朝时期，郡、国管县。

民国初年隶属于道，1928年宣布废道制，县直接隶属于省。

现行县制为各直辖市均隶属于专区、地区或地级行政区，现除各直辖市、海南省直管县外均为地级行政区的下一级行政区。

什么是县

秦朝县制

汉朝县制

民国县制

现代县制

第四十五节

上所施，下所效——“教”字解

“教”字的甲骨文为“[illegible]”，其金文为“[illegible]”，小篆为“[illegible]”。综观三者，形体相同。三者均从攴，从子，从爻，爻亦声。或从攴，从爻，爻亦声。“攴”，表示一只手持有一根类似小木棒的东西，也就是教师手中拿着的教鞭。“爻”作为象征性符号，指被教鞭轻轻地抽打。

对此观点，有的文字学者则认为：其左上部为筹码，左下部为孩子，左右组合在一起，即表示孩子在学习筹算。右部为“攴”，表示手持戒具，用来监督孩子学习。

以上两种观点虽存有分歧，但其相一致的都是用戒具施教。由此表明，“教”字的本义为“教育”“教导”。从甲骨文的“[illegible]”字中，充分体现出中国古代教育的基本特征：这种教育方式只是针对孩子、儿童，但是这种“棍棒教育”显然带有强制性意义，深刻体现了“上施下效”的传统教育思想。“教”字从“攴”、从“爻”，由此表明这种教育方式的对象有所增大，也就是孩子是最初的教育对象，而扩展到对所有的人（奴隶）的教育。

分析“教”字的结构，则有人提出以下观点，“教”字从𡥈（孝），从攴，亦即以“孝”为“教”，所以“教”字也就从“孝”了。许慎《说文解字》载：“教，上所施，下所效也。从攴，从孝。”段玉裁《说文解字注》载：“上施，故从攴；下效，故从孝。”在这里，许慎和段玉裁先生的一致观点就是：“教”字，其左部为“孝”，为“仿效学习”之意；右部为“攴”，有“敲击”“管束”的意思。左部为仿效学习，右部为严加管教，组合在一起即有“上施下效”“教化教育”之意。

“教”字最初所包含的完整意思有两层：一是“教”，二是“学”。所以，“教”专指“教育”“管教”，为“教”的引申义。我们也应当清楚，当授人与知识时，“教”的读音为jiāo。如《左传·襄公三十一年》载：“教其不知，而恤其不足。”其意思是：教给他们还不知道的东西，送给他们没有的东西。

“教”字趣释

“教”的本义就是“教育”“教导”。甲骨文的“教”字也生动地反映了我国古代教育的特征：教育开始针对孩子、儿童，而这种教育又是严格的带有强制性的棍棒教育，它充分体现了棍棒底下出人才的“上施下效”的传统教育思想。

育为本

十年树木

百年树人

“教”字解析

“教”字是一个会意字，其字形左上方为“爻”，代表字音；左下方为一人形；右边为手持鞭或杖的形状。古代奴隶社会，奴隶主主要依靠鞭杖来推行他们对奴隶的教育。因此，“教”字的本义为教育、指导。这一本义沿用至今，如教导、教师。“教”为多音字，读一声的时候，意思是将知识和技能传授给别人，如教书。

下所效

上所施

第四十六节

带箭伤的人——“疾”“病”二字解

“疾”字的甲骨文为“”，其金文为“”。其二者的形体结构相同。其中“”为一个“大”字，像是一个人张开双臂。其中的“”为“矢”。观其整个字形，仿佛是一个人被箭射伤的画面，这支箭正好射中此人的左腋下或右腋下。所以，有的文字学者认为“疾”的本义为“病”，也就是古人用箭伤来代指疾病。因为在古代，战乱很多，而战场中最常见的武器之一就是弓箭，又由于战争中常常有人被箭射伤，所以古人以“疾”的初始意义作为“箭伤”或“伤”，由此再引申为“病，疾病”。正如王国维《观堂林集·毛公鼎铭考释》载：“疾之本字（本字指甲骨文），象人亦（腋）下箸（着）矢形。古多战事，人箸矢则疾矣。”可知“疾”的初始意思为“箭伤”。

“疾”字的小篆为“”，与前两者相比，其结构明显发生了很大的变化，许慎《说文解字》载：“疾，病也。从疒，矢声。”以许慎的观点来解析就是，“疒”甲骨文为“”，好像一个人生病后躺在床上的样子，所以有学者认为“病”的初文为“疒”，与“矢”组合而成“疾”，意思就是由箭伤引起的疾病。也有的文字学者认为小篆的“”字中的“疒”是甲骨文的“人”讹变而来。由于“疾”字中含有“矢”，“矢”——箭离弦后往往给人一种迅速、急速的感觉，因此又引申出“快速”“急速”之意。

“病”字的小篆则是在甲骨文的基础上加一声符“丙”而成。《说文解字》载：“病，疾加也，丙声。”许慎认为，“疾加”意思就是比“疾”更重的病。因为在上古时期，“病”一般多指重病。此观点可从文献中看出来。如《韩非子·喻老》载：“君有疾……不治将恐深。”这句话讲的就是扁鹊见蔡桓公的故事。扁鹊为战国时期的名医，当他第一次见蔡桓公时，便对蔡桓公说：“君有疾……”这里用“疾”表示病还不很严重。等扁鹊第二次见蔡桓公时，又对蔡桓公说：“君之病在肌肤。”其实，从扁鹊的用语中，即可知道，在古时，“病”比“疾”要严重。正如成语“病入膏肓”中的“病”就是形容病情非常严重。

“疾”“病”二字趣释

“疾”字的甲骨文全字所描绘的是一只箭正好射中一个人的左腋下或右腋下，即一个人被箭射伤的情形。有的学者认为古人用箭伤来代指疾病，因此认为“疾”的本义就是“病”。

“疾”字结构解析

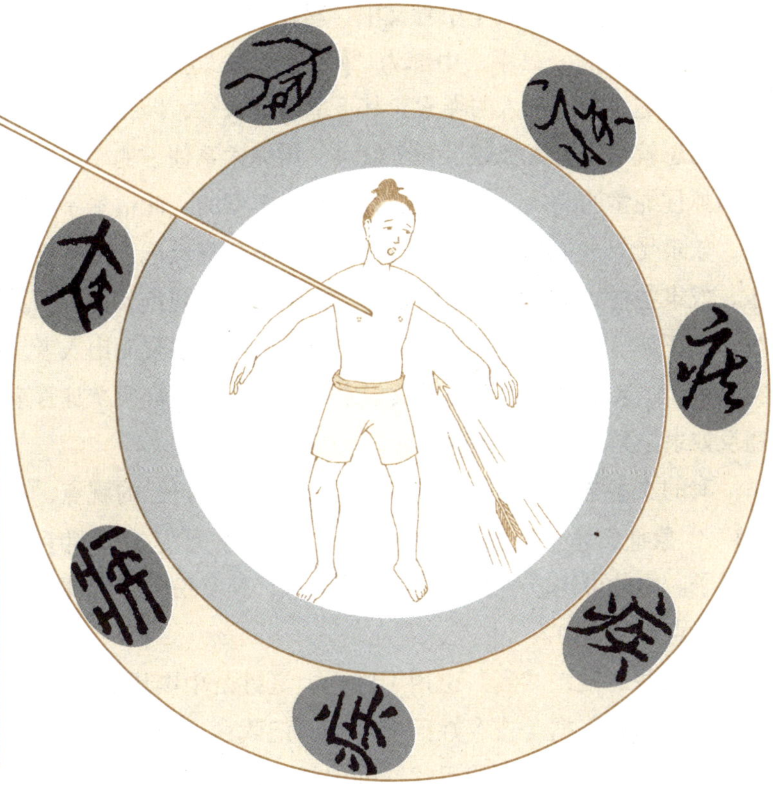

“疾”字字形所表达的是一支利箭向一个人的胸部射去，人受了伤的形象。“疾”的本义是“伤”“病”；引申为“厌恶”“憎恨”。又因为箭运行的速度很快，因此又有“迅速”之义。

维护健康的三个步骤

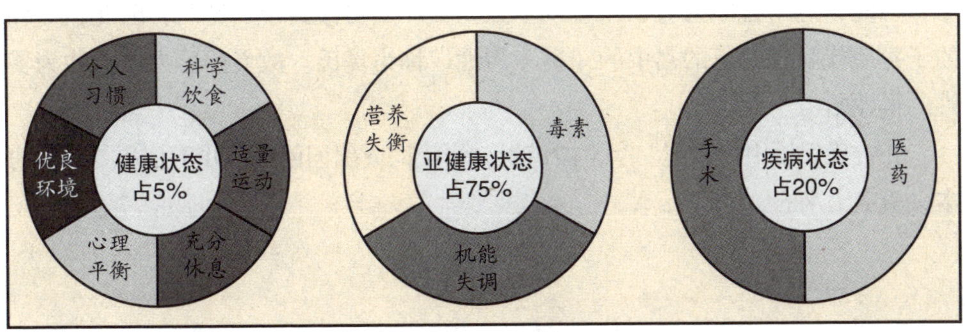

第一个步骤：预防　　第二个步骤：保健　　第三个步骤：治疗

第四十七节

被绳索系住脖子的奴隶
——“奚”字解

“奚”字最早出现于甲骨文中，写作“”。其上部为“”，即“爪”，这里用来表示人的一只手。中部为“”，为古“系”字的初文，与后来的“丝”形相似，这里当作捆人的绳索。其下部为“大”，即指人。上中下三部组合在一起的意思就是：有人抓住了一个奴隶，用绳索系住了他（奴隶）的脖子，并用手紧紧抓住绳索的前端，就像是牵着一头小羊似的。此情景不禁使人看到了奴隶社会，奴隶受奴隶主的剥削与压迫，总有奴隶起身反抗，为此遭到奴隶主的血腥镇压，奴隶主视奴隶为牲口。所以，文字学者们的观点就是，“奚”的本义为“奴隶”。正如《周礼·秋官·禁暴氏》载：“凡奚隶聚而出入者，则司牧之，戮其犯禁者。”意思就是：凡是男女奴隶聚众出入者，都要严加管束，对于那些带头违反奴隶主禁令的人一律杀掉。

有的文字学者则根据“奚”的结构，发表了自己的观点，“奚”字的中部为“”，象征奴隶头上的长辫子。什么意思呢？就是有人用手揪住他们（奴隶）的辫子。由此可知，一般头发被揪住的人，其身份大多数都是受人支配的奴隶，没有半点人身自由。

在某些时候，“奚”也用于姓氏。奚姓是中国历史上记载的第一个姓，奚姓起源于夏朝。据《古今姓氏书辩证》记载：“出自任姓，夏四正奚仲之后，以王父字为氏。”黄帝的后代奚仲出任夏朝的车正（掌管车辆的官职），奚仲本身据说也是车辆的发明者，车正这个官职十分重要，古代只有贵族才能够坐车，因此，这个官职只有王族可以掌握。奚仲因功被封于“奚”，因此，奚仲的子孙后代就以封邑的名中的“奚”为姓，称为奚氏。故奚氏后人奉奚仲为奚姓的得姓始祖。

在古代汉语中，“奚”字常被借用，作代词或副词使用，并不是从“奚”的本义引申出来的。

“奚”字趣释

“奚”字的形体比较稳固，仍然保持了甲骨文的形体结构。其意思是：有人抓住了一个奴隶，用绳索将其脖子系住，并用手在前面牵着。这一情景使我们看到了奴隶社会奴隶受迫害的情形，以及奴隶主对奴隶们的血腥镇压，奴隶主视奴隶如牲口。

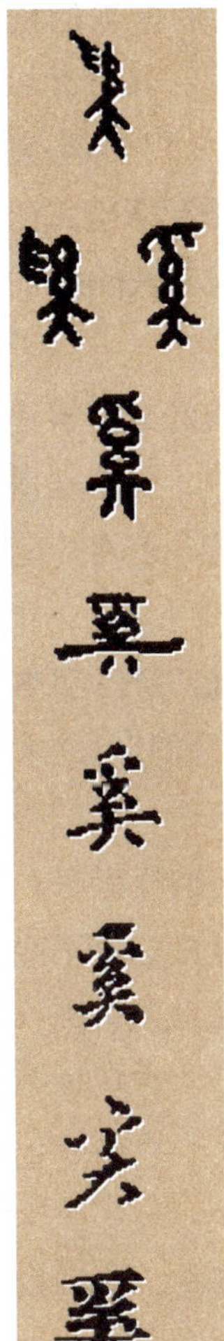

造字渊源

奚，甲骨文像一只手拽着一个颈上套着（绳索）（人，战俘或奴隶）。造字本义：拽着套索的奴隶，进行拷问、嘲弄。金文承续甲骨文字形。篆文淡化金文的“人”形。隶书则将金文的（“人”）写成。

“奚”字详解

古文字的“奚”字，像一个人被人用绳索拴住脖子，绳的一端则被抓在另一个人的手里。用绳索把人拴住，牵着他去干活以免其逃脱，这是奴隶社会常见的现象，而被拴住的人就是那些没有自由的奴隶。因此，“奚”的本义是指奴隶。古代自由民犯了罪，被拘入官府为奴的，也称做“奚”。现在用作姓氏的奚氏，其来源大概也与古代的奴隶有关。

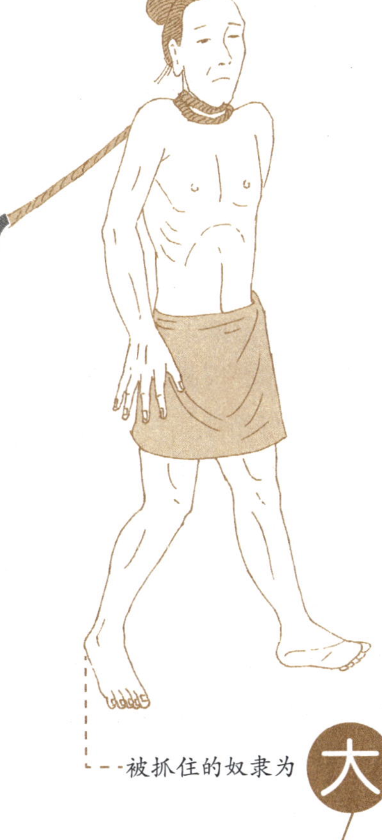

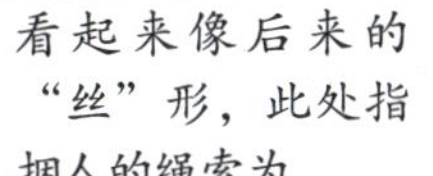

人的一只手为

第四十八节

将首身分离的极刑——“殊”字解

“殊”字的小篆为“𣦼”。其左部“歹”的本义是“剔去肉后剩下的残骨”，这里引申为“死人”。在汉字中，凡以“歹”作为偏旁的汉字，其意义均与“死”有关。正如许慎《说文解字》载：“殊，死也。又如汉令曰：‘蛮夷长有罪，当殊之。’”《说文解字注》载：“凡汉诏云殊死者，皆谓死罪也。死罪者，首身分离，故曰殊死。”以上表明，“殊”是汉代的一种极其残酷的刑罚——砍头的死罪。这就是“殊”的本义。

其右部为“朱”，许慎认为“朱”字在“殊”字中只表音。而有的文字学者则认同“朱”除了表音外，也起到了表义的作用。因为“朱”为红色，显然是指鲜红的血液，因此，受到酷刑而死时，到处溅满了鲜红的血液。以此与首身分离的极刑正好相符。

由于遭受“殊”的极刑，人最终是首身分离，即断头之意，因此“殊”引申之义为“断”或“分离”的意思。如《左传·昭公二十三年》载：“断其后之木而弗殊。”陆德明（唐朝）释文曰：“殊，一曰断也。”

明朝开国皇帝朱元璋年少时曾削发为僧，所以他一生和和尚交谊颇深。一次，印度高僧释来复受邀前来给朱元璋讲授佛学。朱元璋对他非常礼敬。过了些时日，释来复决定回国，临行前写了一首谢恩诗，其中有两句：“殊域及自惭，无德颂陶唐。”不曾想到，这首诗却葬送了自己的性命。殊不知，就坏在这个“殊”字上。其实，这首诗的意思很明显，释来复生在异国（殊域），自惭不生在中国，觉得自己还没有资格歌颂大明皇帝。

而朱元璋却抓住“殊”字做开了文章。心里暗想：“殊，明明指我，‘歹，朱’。”“殊”左部为“歹”，其本义是“死”，后引申为“坏”“恶”的意思；右部“朱”，指朱元璋或朱明王朝，组合在一起就是“殊”，即“歹朱”“死朱”“坏朱”等意。于是，朱元璋大怒，就将释来复这个和尚给杀了。

“殊”字趣释

“殊”字的本义为“剐去肉后剩下的残骨”，引申指“死人”。有的学者认为“朱”也有表义的作用，“朱”为红色，即指鲜红的血液。

“殊”字结构解析

“殊”字还描写了人死时鲜红的血液四溅的情形。这样理解更切合首身分离极刑的残酷性。

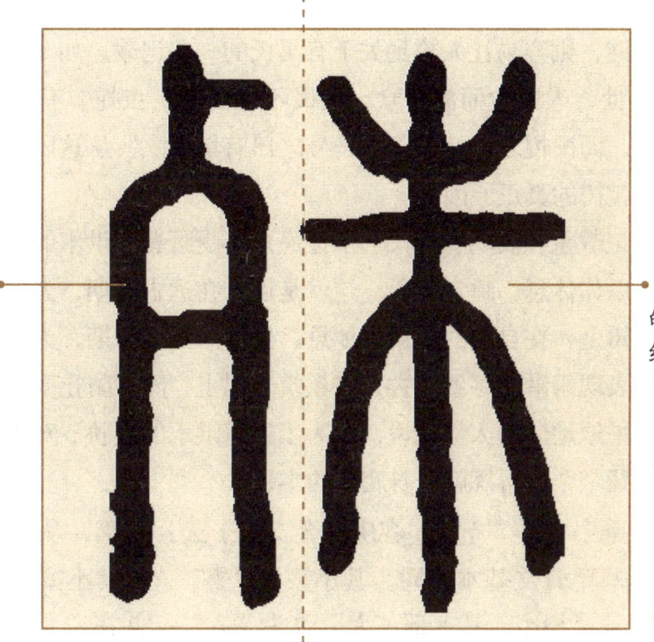

“剐去肉后剩下的残骨”，引申为“死人”。

“朱”有表义的作用，指鲜红的血液。

朱，既是声旁也是形旁，红色。篆文=（歹，杀死）+（朱，背上用红笔题名的罪犯）。造字本义：对红笔题名的罪犯执行死刑。隶书将篆文的“朱”简写成。

“殊”字引申线索

①本义，动词：对红笔题名的罪犯执行死刑。（赦天下殊死以下）

→ 扩大引申 →

②动词：分别，区分。（不殊贵贱）

→ 词性引申 →

③形容词：不同的，特别的。（殊荣/特殊）

→ 词性引申 →

④副词：意外地，非常。（殊不知）

第四十九节

站在树上的人——“乘”字解

“乘”字的本义为“登”“爬”或“升”。这一说法可从“乘”字的甲骨文“”研究起。其甲骨文“”上部为“大”，即为人。下部为“木”，即一棵树。整个形体结构看上去就好像是一个人高高地站在大树上的形象。而这个人能爬上如此高的树，则表明他会爬树。那么，古人为什么具有爬树的本领呢？

要解开此谜，则容易让人想到关于有巢氏的一些记载。如《韩非子·五蠹》载：“上古之世，人民少而禽兽众，人民不胜禽兽、虫蛇。有圣人作，构木为巢，以避群害，而民悦之，使王天下，号之曰有巢氏。”从这段记载中，我们便明白了古人会爬树的真正原因了。

上面这段记载重在表明有巢氏为了让民众不受野兽和洪水的侵扰，亲自教百姓构木为巢，以作休息、睡觉之所。这就是说，在远古时期，人类曾经将自己的巢筑在高高的树上，在自己的爱巢中休息、生活。那个时期，人类的巢居生活被一个“乘”字表现得淋漓尽致。古人将巢筑于树上，除了防止受到野兽攻击，对于那些居住在平原地区的人类来说，还为了逃避洪水的威胁。对于他们要长期巢居于树上，无疑个个都得练就一身爬树的本领。

金文的“乘”字为“”。容庚《金文编》云：“乘，从大在木上。”可见金文的意义与甲骨文基本相同。其小篆为“”，观其小篆，便知形体发生了讹变。与甲骨文相比，其上部“大”改为“人”，并在“人”下加上了两只“足”，仿佛是踩在树枝上；其下为“木”。其意思与甲骨文相同。许慎将“乘”的意思训为“覆”，因为“乘”的本义为“一人加于树上”，“覆”就是一物加于他物之上。所以“覆”为“乘”的引申之义。

《周易·系辞下》载：“服牛乘马，引重致远。”也就是在“乘”字中，其形象为人在树上，所以人站在车上也称为“乘”——乘车。诸如此类的还有乘船、乘马等。在古代“乘”常有“乘车”之意，因此“乘”在这里表示车的数量，作量词用。其读音为shèng。而在古人乘坐的马车中，以四马较常见，所以“乘”又引申为“四”。

“乘”字趣释

“乘”字，甲骨文上为“大”，即为人。其下为木，即为一棵树。全字所描绘的正好是一个人站在树上的形象，而这个人一定是会爬树的人。由此可知“乘”字的初义是“登”“爬”或“升”。

一个“乘”字就把那时的人类巢居生活表现得淋漓尽致。古人巢居于树上，不仅是为了防野兽的攻击，对于平原地区的人来说，也是一种逃避洪水威胁的最好办法。因此有的学者认为，甲骨文的“乘”字也反映早期人类与大自然，特别是洪水作斗争的情形，以及他们的智慧。而长期巢居于树上的人，个个都练就了会爬树的本领，这是毫无疑义的。

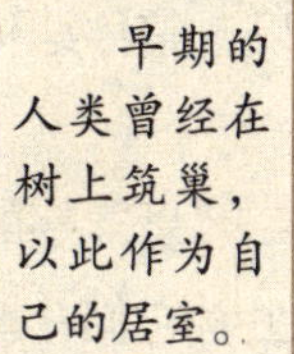

早期的人类曾经在树上筑巢，以此作为自己的居室。

“乘”古代常用作“乘车”的意思，所以古人将“乘”用作表示车的量词。

第五十节

中国有礼仪之大——“夏”字解

“夏”字的甲骨文作“[illegible]”。观其字形结构，俨然是一个五官完全无缺的侧视人形（具有发、首、躯、手、足），整个字形其上下无不散发出一种威武雄壮之势，这也正是古人将自已称为夏族人的真正的原因所在吧。

“夏”字的金文为“[illegible]”，观其结构，显然比甲骨文要烦琐多了。而“夏”字的小篆体为“[illegible]”，它保持了金文的基本形体，只是在结构笔画上做了些省减。但小篆的形体仍然不失为一个头、身、手、足俱全的人。

观其小篆的结构及形体，有的学者则提出了自已的观点，“夏”字所展现出来的人的形体，实际上是一个暴露着面、手和脚的人。朱骏声《说文通训定声》载：“夏，象人当暑燕居，手足表露之形。”说的就是，“夏”字所表现的是一个人在夏天赤着足、露其背这样的形象。简单来讲，这种形象只不过是人们夏天最普通的一种形象，并以此来形容夏天。这也是“夏”被引申为四季（春夏秋冬）之“夏”的真正意图。

现代的“夏”字与金文相比，其形体结构只是在金文的基础上将“臼（双手）”去掉了，但头（页）和脚（夂）仍然保留了下来，所以，整体结构仍然是一个人，因此“夏”字的初始意思是指一个人。

而叶玉森（精研商卜文，字书亦以甲骨文为主）却认为，“夏”字的甲骨文形状更像一只蝉。蝉是一种生存对温度要求较高的昆虫，幼虫时它们一般都是在较温暖的地里度过。一旦进入炎热的夏季，它们则会从土中爬出来，蜕去最后一层皮，舒展出翅膀，变成成虫，栖息于高高的树枝上。

由于“夏”本指人（堂堂正正的人），因此“夏”又引申出“大”的意思。《尔雅·释诂上》载：“夏，大也。”这种思想观念大概形成于春秋战国之交。因为自战国以后，大一统的封建观念也逐步深入人心，因此“夏”与“大”同义更是日益相合。而“夏朝”的开创者——禹自然是大一统王朝的楷模。

而“夏”由“大”又引申出“华彩”之意。正如《尚书孔氏传》载：“冕服采章曰华，大国曰夏”；孔颖达疏谓“中国有礼仪之大故称夏，有服装之美谓之华”，并认为华夏连称“谓中国也”。

"夏"字趣释

中华民族有着悠久的历史，我们中国人古代自称"夏"或"华夏"。我们的民族何以称"夏"呢？简单地说，就是因为古文"夏"的意思是一个头身手足俱全的人，是一个完美的人，一个伟大的人。

手足俱全的人——夏

夏

"夏"字本义为人，是一个会意字，在上古时期的字形比较复杂。金文中，"夏"字为一个人形，头部在上边，躯干在中间，手在两侧，足在下边。现在却变成了四季中的第二个季节。古代中国被称为"华夏"。我国历史上第一个王朝，即为夏朝。

甲骨文

金文

篆文

隶书

楷书

行书

草书

标准宋体

"夏"字引申线索

①本义：最早利用天文知识进行农耕的人。（夏禹/诸夏）

→ 词性引申 →

②动词：观测天象，应季农忙。（夏历）

→ 词性引申 →

③名词：日照充足的农忙季节。（夏天/盛夏）

第五十一节

手将布帛戴到头上——“冠”字解

“冠”字最早出现于小篆中，为会意字。上部为“冖”，现俗称“秃宝盖儿”，本义就是一块布帛，用来盖住头顶，古时的布帛也就是现今帽子的雏形。中部为“元”，在这里“元”象征一个人立在那里，“元”字的本义是人的“头”。为何看作是一个人呢，我们不妨从金文的“元”来分析。“元”字的金文为“[illegible]”，上部一点代表人的脑袋，下部仍是一个站立的人。下部为“寸”，即“寸口”，也就是指手下一寸的部位，后又常指手。上中下三部分组合起来，其意思是：手将布帛制品（帽子）戴于头上。在古代，这种布帛制品被称为“冠”，也就是现在的帽子。由此“冠”的本义为“帽子”，作名词用。

在古代，戴冠的人一般都比较尊贵。通天冠：古代帝王所戴。冠上有平板，前后的旒（由成串的玉珠制成）垂直于冠的前端。进贤冠：一般为学者所戴。獬豸冠：执法官员所戴。獬豸是传说中的一种神羊（牛），能辨别曲直，据说能够判断罪与非罪。冠以獬豸为饰，取其公正公平之意。凤冠（汉制规定）：专为太皇太后、皇太后、皇后入庙行礼时所戴。因冠上饰有凤凰的图案，故称凤冠。若不当官，则挂冠，其意是弃官而去。

“冠”字中的“寸”原本指“寸口”——腕下一寸，中医诊脉的部位。由于“寸口”为医者诊脉的标准部位，取“寸”之准则、法度之义。如此一来，则“加冠以循法”，也就是说人既然加冠受冕，则必须严格依照礼法来办事。也就是说，凡佩戴帽子者，都要秉公守法、执法。

古代男子成年后要举行加冠仪式，简称冠。在周代，一般人满20岁才算成年，以示加冠，加冠时必须举行冠礼。加冠程序为一般为“三加”：先加缁布冠，次加皮弁，再加爵弁。加冠前，加冠之人要“告冠”——即到亲友家行礼，而后亲朋好友要“冠敬”——前来祝贺。整个加冠仪式非常隆重，还要宴请嘉宾。男子在加冠之后方能另取字或号。

冠虽为饰物，但是却戴于人的头顶之上，又因为人的头顶是人体的最高部位，所以“冠”又引申出“位居第一”之意。

“冠”字趣释

“冠”字其本义是一块盖在头上的布帛，也就是今天帽子的雏形。“元”其实是一个站立的人，其本义是人的“头”。“寸”指手下一寸的部位，即“寸口”，后又常指手。三部分合起来的意思是：手将布帛制品（帽子）戴到头上。这种布帛制品古代称为“冠”，即今之帽子。

“冠”字结构解析

“冠”字的本义为：手将布帛制品（帽子）戴到头上。这种布帛制品古代称为“冠”，即今之帽子。

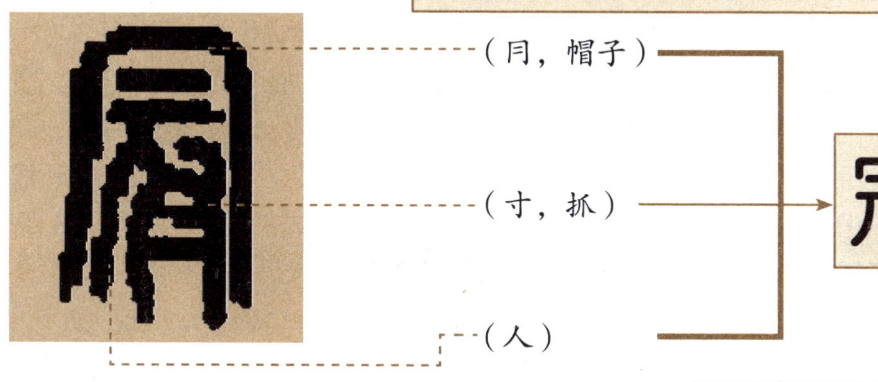

冠礼

冠礼，起源于原始社会，已有几千年的历史，汉族的冠礼具有浓郁的中国味，在汉字文化中最具有代表性。冠礼表示男女青年至一定年龄，性已经成熟，可以婚嫁，并从此作为氏族的一个成年人，参加各项活动。

冠礼就是华夏礼仪的起点。冠礼是一个成人第一次践行华夏礼仪，冠礼也是冠者理解华夏礼仪、进入华夏礼仪系统的起始。

第五十二节

暂时居住下来的人——“客”“宾”二字解

“客”字最早出现于铜器的铭文中。这种铭文的形体为“”，与现今的“客”相比，两者结构相同。其上部为“宀”，表示古代的一间房子，专供人们居住的地方，象形字。其下部为“各”。而“各”的甲骨文为“”，表明“各”字比“客”字要出现得早，“各”字的甲骨文，其上部为“”，即“止”，用来表示人的足，在这里指人；其下部为“凵”，看上去就像古人所居的洞穴一样，这里代表人的居所，它与“止”结合而构成“各”。其意思是：从外地来到房子里，并在这里作短暂的停留，居住下来的人。

既然“客”的本义是“居住”，则其引申之义为“居”“寄居”。《说文解字》载：“客，寄也。”许慎认为，暂时居住下来的人其身份为客人，由此，“客”又引申为“客人”。

大家都知道，“客家人”是汉民族中的一个支系，简称“客人”。为何称“客家人”？比较妥当的说法是：因客家人原本为炎黄后裔，他们均出自书香门第、仕宦之家，原居在中原。而在西晋末年，由于发生“永嘉之乱（五胡乱华）”时，他们被迫南迁，客居他乡——寄住江淮间，以免遭受异族的蹂躏逃避战乱。后来他们自称为“客籍人”或“客家人”，其目的就是与当地的土著居民有所区分。

“客”与“宾”字同义。“宾”字的甲骨文为“”。其上半部是“宀”，即房屋，下半部为一个“人”字。上下组合在一起，意思就是有一个人从外面进到屋子里，那么这个人当属客人。

“宾”字的铭文为“”，上部“宀”仍指房子，中部有一“人”，下部为“贝”，象征财物或金钱。为何要加“贝”呢？王国维解释说：“古者宾客至，必有物以赠之……故其（金文的宾字）从贝。”什么意思呢？在古时，如果有客人来拜访，定会以物相赠，以示自己对客人的尊敬，因此，“宾”引申为“尊敬”的意思。许慎《说文解字》载：“宾，所敬也。”由此表明，“宾”的引申之义为尊敬。

“客”“宾”二字趣释

“客”字其上为“宀”，“宀”在古代指一间房子，供人居住的地方，象形字。其下为“各”。“各”字比“客”字出现早，其意思是：从外地来到房子里，并暂时居住下来的人。由此，“客”又引申指“客人”。

甲骨文的“宾”字像一个人从外面走进屋子里来的情形，有的字形还有足形。金文加上“贝”或“鼎”，表示带来礼物的就是“宾客”。

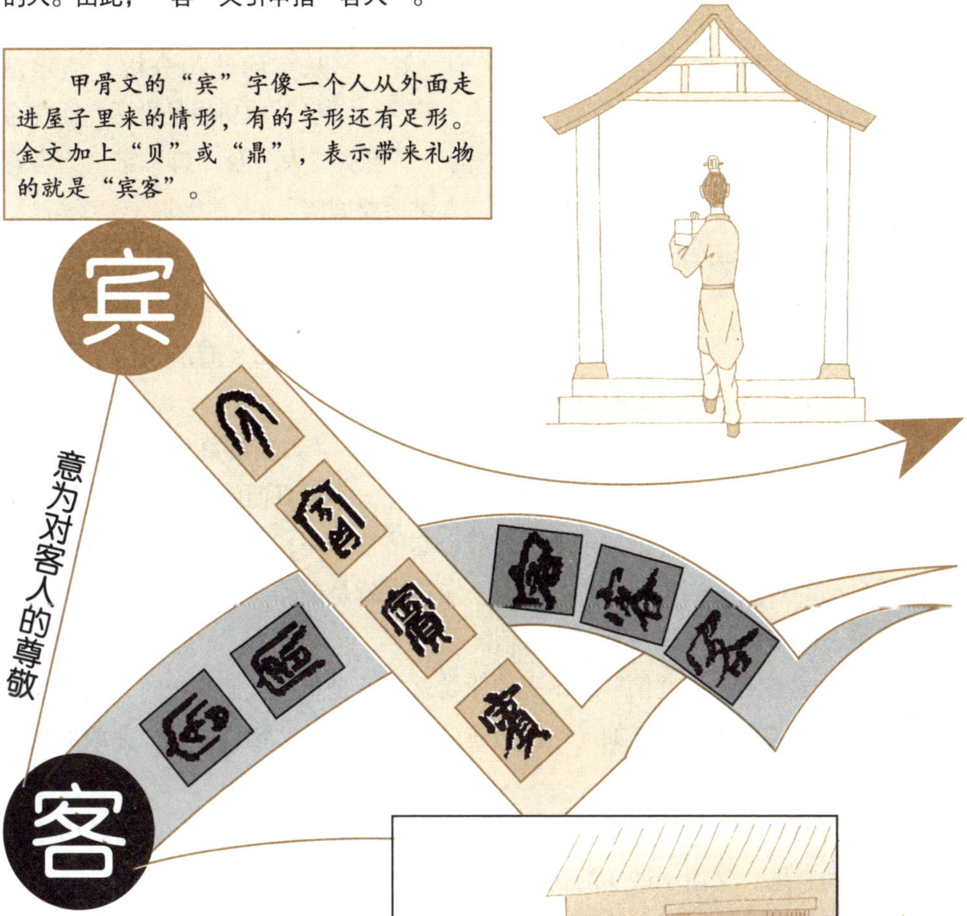

宾

意为对客人的尊敬

客

“客”字的结构为宝盖头下面一个“各”，宝盖头是房屋的形象，而“各”则是有人自外而来的意思（“各”兼表声）。所以，“客”字的本义是指来宾、客人，又指旅居他乡的人。此外，“客”还特指专门从事某种活动的人，如侠客、剑客、墨客等。

第五十三节

人讲话要诚实——“信”字解

“信”最早出现于金文，其金文为“[illegible]”。从字的结构分析，该字从“人”，从“口”（亦说从“口”，“人”声）。“口”的功用是讲话，而在金文中的本义为“诚实”的意思，因此“信”字当从“人”及“口”字，为会意字。组合在一起即为“信”，意思就是“人讲话要诚实”。

对此，有的学者却持有不同的观点，“信”字虽从“人”，从“口”（或从“人”，从“言”），但其本义是借人口以传言，即“人借口传递信息”。随着文字的演变，“信”字的小篆体也发生了一定的变化，右部“口”变成了“言”，虽然形体有了一定的改变，但字义却不变。

《说文解字》载：“信，诚也。”许慎认为，“人要讲真话、实话”，而“讲真话、说实话是做人的必要条件，言外之意，不讲真话就不能算人”。此用意也正是造字者的初衷。正如《老子》载：“信言不美，美言不信。”这里老子强调了自己的观点——实而不华，华而不实。也就是说那些诚实的言语，其言辞并不华美，而华美的言辞并不一定可信。

而有的学者则认为“信”最本真的原始之义就是指，人们祭祀时，往往要对上天和祖先说实言实话。正如《左传·庄公十年》载：“牺牲玉帛，弗敢加也，必以信。”

“信”从“人”，从“言”，从字面上说就是“人言为信”。因此引申出“确实”的意思。又由于诚实的话值得信任，所以“信”又引申出“可信”“信任”的意思。如《论语·公冶长》载：“始吾于人也，听其言而信其行。”

“信”既然能起到借人之言以传递信息的作用，随之又引申为“信使”之意，而信使的作用就是为人传递口信，或捎书信等意思。“信”的“书信”义一般学者们认为起于唐。唐以前的“信”称为“书”。

“信”字趣释

“信”在金文中使用的意思是“诚实”，因此我们有理由将从“人”，从“口”的会意字“信”理解为“人讲话要诚实”。许慎《说文解字》载：“信，诚也。”其意思是“人要讲真话、实话”。造字者把讲真话、实话看成是做人的必要条件，言外之意，不讲真话就不能算人。

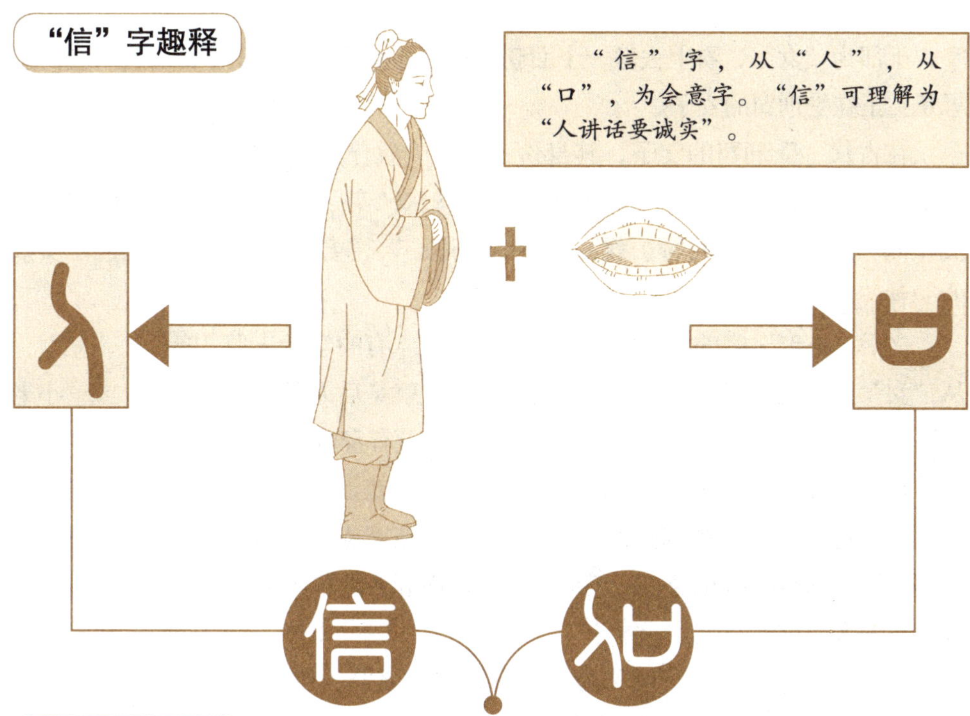

佛家的“信”

“信”也是佛家看来必须遵守的。《智度论》卷一载：“佛法大海，信为能人。”即入佛门以诚为先。

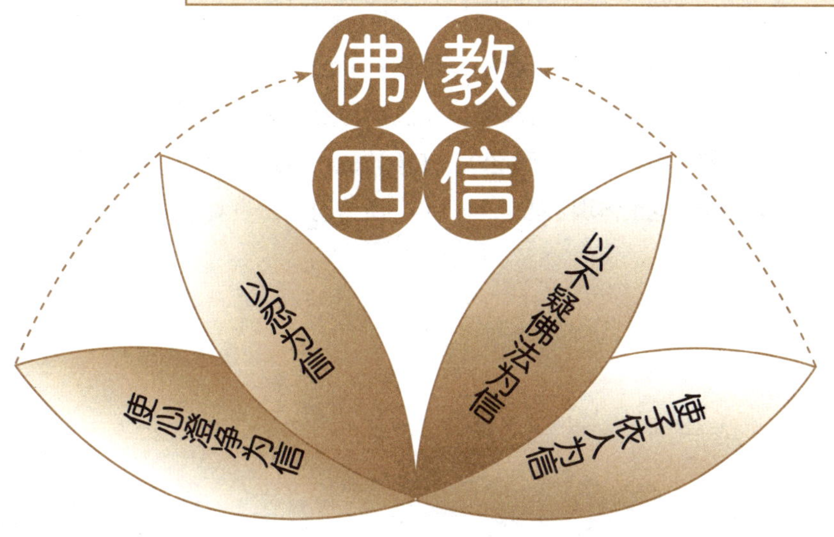

第五十四节

受刑的女人——“妾”字解

“妾”字甲骨文为“[illegible]”，上部为“辛”，代表古代的一种刑具，是会意字。下部为“女”，看上去像一个面朝左跪着的女人模样。上下部合在一起的意思是：正在受刑罚的女子。

在古代，受刑罚的女子，其身份一般多为奴仆，即女奴，还有可能就是侍奉主人的丫头及女佣。金文和小篆的结构均从“辛”，从“女”，形体与甲骨文相同。如《尚书·费誓》载：“臣妾逋逃。”“妾”在奴隶社会往往是女奴的一种代称。

之后，“妾”字的上部“辛”改为“立”。有的学者认为“妾”从“立”，从“女”，也是会意字。表示女子站立着，也就是后人眼中的“使女”或“小老婆”，她们的地位不像主人那样高贵，与其他没有身份的人一样。

后来“妾”的身份有了一定的转变，即男人在正妻之外所娶的女子。在中国古代的封建社会，其婚姻制度为一夫多妻制。在家族中，第一任妻子（正妻，大老婆）往往都是明媒正娶，一般地位高贵。而妾的地位则很低贱，往往被人看不起，与佣人地位差不多。

周朝时期，大老婆一般称为“正室”“正妻”，小老婆则为“侧室”“副妻”。而小老婆的名目又有很多种，但从周朝开始，统称之为“妾”。

《广雅·释亲》载：“妾，接也。”以“接”训“妾”，亦是声训。因“接”包含有“续”的意思，所以“妾”具有一种“续补”的作用。说得通俗一点，就是“妾”的存在，只不过是对正妻的一种续补而已。为何作续补之用呢？一是因为“妻”有时无法生育，有生理缺陷，无法承担延续香火的重担。二是因为，对于“夫”而言，妻年纪大了，容颜老去，自然失去了自身的吸引力。所以，“妾”以作色相之续。以上也正体现了古人对“妾”所持有的一贯观念。

“妾”字趣释

甲骨文的“妾”，下面是“女”，即是一个面朝左跪着的女人形象。上面是“辛”字，指古代的一种刑具，是会意字。其意思是：受刑的女人，即人们常说的女奴，或者就是侍候主人的丫头、女佣。

“妾”的发展历史

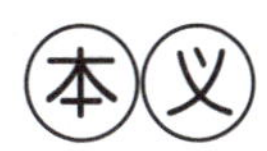

周朝“妾”的叫法

周朝（等级）	大老婆	小老婆
天子	后	夫人、世妇、嫔、御妻
诸侯	夫人	世妇、妻、妾
平民	妻	妾

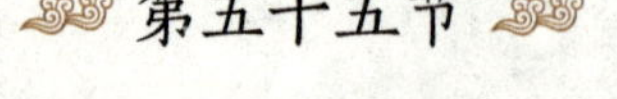

第五十五节

执法一定要“平”“直”“正”——“法”字解

“法”字出现得较晚，迄今甲骨文未见有。其西周金文原写作“金”，后又作“灋”，战国简印文省作“法”。但在战国至秦汉，一直用古体。如《睡虎地秦墓竹简》中，法字都写作“灋”。《说文解字》载：“灋，刑也，平之如水，从水。廌，所以触不直者去之。从去，法，灋今文省。”廌，又名獬豸，相传中的一种神兽，有的说是独角羊，有的说是独角牛。古人遇官司，碰上疑难案件，很难作出判断时，“獬豸触者，即为有罪”。反映了古代社会先民以神明断案的遗俗。

由此可见，此神羊是古代氏族的象征，一说是中国西部某部落的图腾物，该部落在早期部落联盟后，其首领成为主持司法的官员，故以其部落的图腾物作为法官的标志。后世司法官、御史的冠服仍以獬豸为装饰。

而古人在造“法”字时，充分融入了中国古人早期的法律观念及法制精神：执法者定要“平”“直”“正”，也就是法律面前人人平等。一旦执法有所偏执，则社会的秩序就会受到危害，国家政权就要受到威胁。

在战国时期，“法”字得以广泛应用，成为国家法律的名称。不管是国法还是家法，皆以法为名，尤其是李悝制《法经》，初步建立起战国法家的思想体系。《释名》载：“法，逼也，人莫不欲从其志，逼正使有所限也。”在这里强调了法具有强制的特性。法（灋）的原始含义有“废”之意，为动词。如金文习语“勿灋朕命”，意思是不要废弃我的命令。“法”与“废”字，在古时互为假借，音同意同，因此“废”也具有“法”的含义。《周礼·大宰冢》注：“废，犹放也。”又作“去”讲，“除”讲。作为刑罚，就是流放的意思。

而现用的“法”字，左部为“氵”代表“水”，而水往往流向低处，表示“平”之意，即执法要公平、公正。右部为“去”，据许慎《说文解字》载：“去，人相违也。”段玉裁注曰：“违，离也。”“人相违”就是不要离开的意思。由此“去”有“离开”“违背”之意。全字的意思就是：执法公平、公正的原则，任何时候也不能丢。

“法”字趣释

《说文解字·水部》载：“灋，刑也。平之如水，从水；廌所以触不直者，去之，从去。法，今文省。”说明“法”字由“水”“豸”和“去”三字构成。水，喻执法要公平公正、不偏不倚，要像水面一样平。“水”在字中的作用同于现代法官肩章上的“天平”图案。

“法”是个会意字，本义就是法律。金文的“法”，字形右边是一种神话动物的形象，这种动物称为“豸”，又称为獬豸。据说，它可以明辨是非曲直，在审理案件的时候，会用角去顶触那些不讲法理的人。

字形的左下方是“水”，意思就是“豸”在执法的时候能够做到公平如水面。随着现代文明的进步，法的观念在人们的生活中已经变得不可缺少了。

“法”字结构解析

“法”字结构解析

第五十六节

人类的自我复制——“育”字解

“育”字亦作“毓”。最早出现于甲骨文中，其甲骨文的形体也有多种，如“[甲骨文]”或“[甲骨文]”。“毓”字，或从“女”，或从“母”，或从“尸”。“女”“母”本为一字，表明了女性具有生育能力。“尸”指侧面人形，此处泛指女性。女性人体的下方有一倒子，表明婴儿出生时一般先出头。有的“毓”字中“子”字的头下还有三小点（生产时流出的羊水）。

由此可知，甲骨文“[甲骨文]”字，其本义为“产子”“育子”。罗振玉（甲骨四堂）《增订殷墟书契考释》说：“此字变体甚多，从女从子（倒子），或从母从子，象产子形……从人与从母从女之意同……故产子为此字之本义。”如《周易·渐》载：“夫征不复，妇孕不育。”即丈夫长期征战在外不回家，妻子肚中怀的孩子也没有生下来。

“育”字的小篆为“[小篆]”，由甲骨文的会意字讹变为形声字。许慎《说文解字》载：“育，养子使作善也。”许慎认为这里的“育”是指它的引申之义，即教育、培养的意思。而“养子使作善”则是讲教育的作用。因此，在“育”的本义的基础上，引申出“教育”之意。也就是说，生子后要抚养他们，他们长大后又要对其进行良好的教育，使之成为有才干的人。如《孟子·告子下》载：“尊贤育才，以彰有德。”意思就是：尊重贤人，培养人才，以此来表彰那些有德行的人。

现在，人们常将“生”和“育”连用，实际上“生”与“育”是存有区别的。“生”从生物学的角度来讲，就是人类的自我复制。“育”从社会学的角度来讲，也是人类的自我复制。而生物性和社会性，则是两个完全不同的属性。具有生物性而不具有社会性，那也不能称其为人。比如，一个小孩从小就被狼群收养，如此就成了“狼孩”，其生活习惯与狼一样。但从生物学的角度来看，狼孩实质为“人”，而从社会学的角度来看，其习性为“狼”性。所以，对于孩子的培育十分重要。也就是说必须用人类社会的习俗和规则来培养，这就是“育”的作用所在。

“育”字趣释

甲骨文中有多种形体的“毓”字，或从“女”，或从“母”，或从“尸”。“女、母”本为一字，表示生育是女性的行为。有的“毓”字中“子”字的头下有三小点，指生产时流出的羊水。

“育”字造字解说

字体

造字的渊源

早期甲骨文字形与“居”相同。(人，指女人)(即倒写的“子”，表示出生的婴儿)，造字本义：孕妇生子。当“居”由本义“妇女生育”引申成“休养生息”后，晚期甲骨文以“女”代替“人”，明确“孕妇生子”的本义。金文承续晚期甲骨文字形，并在“子”的头部加三点，表示妇女生产时的羊水。篆文将金文的“女”写成“每”，将写成。篆文异体字(头朝下出生的婴儿)(肉，长肉)，表示生子并喂养，使孩子长大。隶书将篆文倒写的“子”误写成，将篆文的“肉”写成“月”。

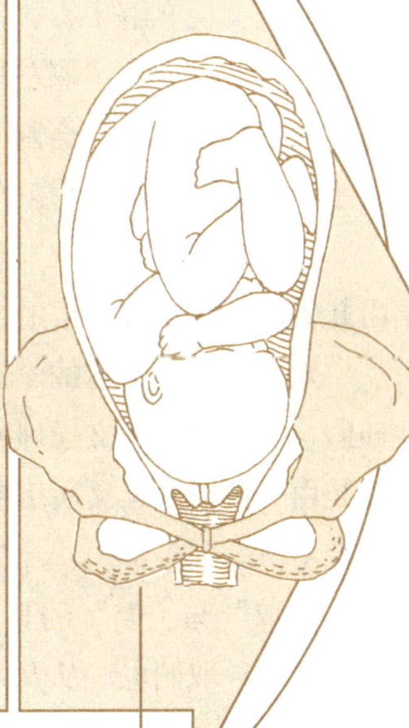

胎儿在母体中的形象即为“育”

孕育的生命

“育”字是会意字，本义是妇女生孩子。从甲骨文的字形上看，上面是一个妇女的形象，代表母亲；下面是一个头朝下的小孩，再下面还有一些水滴，表示生产时流出的羊水。

『育』字

第五十七节

割取耳朵与抢亲
——“取”“娶”二字解

“取”字的甲骨文“”描绘出了这样一种场景：一个人用手割取另一个人的耳朵。“”，其左部像一只耳朵，即“耳”字，右部为“又”字，即人的手，为会意字。“取”字金文和小篆的结构形体与甲骨文相同，均从“又”，从“耳”。

许慎《说文解字》载：“取，捕取也。从又，从耳。《周礼》载：‘获者取左耳。’”这里的“取左耳”，意思是指在古代战场上，如果抓住战败的俘虏或将敌人杀死了，往往会割下他的左耳，以此来为自己记功。其形体“”（左耳右手），看上去像用手正在割取人的耳朵。当然，“取”是以武力来获取。

在甲骨文中，“取”与“娶”均有娶媳妇的意思。以“取”示“娶”之意，由此表明，在古代婚俗中，存在一种掠婚（抢婚）的现象。

对于此观点，有的学者发表了自己的看法，认为“取”与“娶”意同，互为通假。朱骏声《说文通训定声·需部》载：“取，假借为娶。”其实“娶亲”之义是由“抢婚”之义所引申而来的。如《诗经·豳风·伐柯》载：“取妻如何？匪媒不得。”

“取”与“娶”的真正关系，其实它们是一组古今字。许慎《说文解字》载：“娶，取妇也。从女，从取，取亦声。”由此表明“娶”字是会意兼形声。“取妇”在这里就是用武力“抢媳妇”的意思。不过有一点要弄清楚，抢婚方式——“娶”与“取”不同。“取”与“女”组合在一起意思就是：把年轻的女子抢（或接）到自己的身边做妻。“女”字表明“娶”的对象为女性，而“娶”当然要付诸行动——“取”，即会意兼形声。

“取”“娶”二字趣释

“取”字的甲骨文左边为耳朵形，即后之“耳”字，右边为“又”，即人的手，是会意字。整个字描绘的是一个人用手割取另一个人的耳朵。金文和小篆的“取”字均与甲骨文“取”字的结构相同，从“又”，从“耳”。

被割取的耳朵

“取”字的本义是“攻下”“夺取”。引申为“拿”“娶妻”等义。“娶妻”后来写作“娶”。

古代两军作战，战胜一方的将士是以割取敌人的首级或俘虏的耳朵来记功的。甲骨文的“取”字，像一只手拿着一只被割下来的耳朵，表示割取耳朵的意思，引申为“捕获”“索取”“收受”“采用”等义。

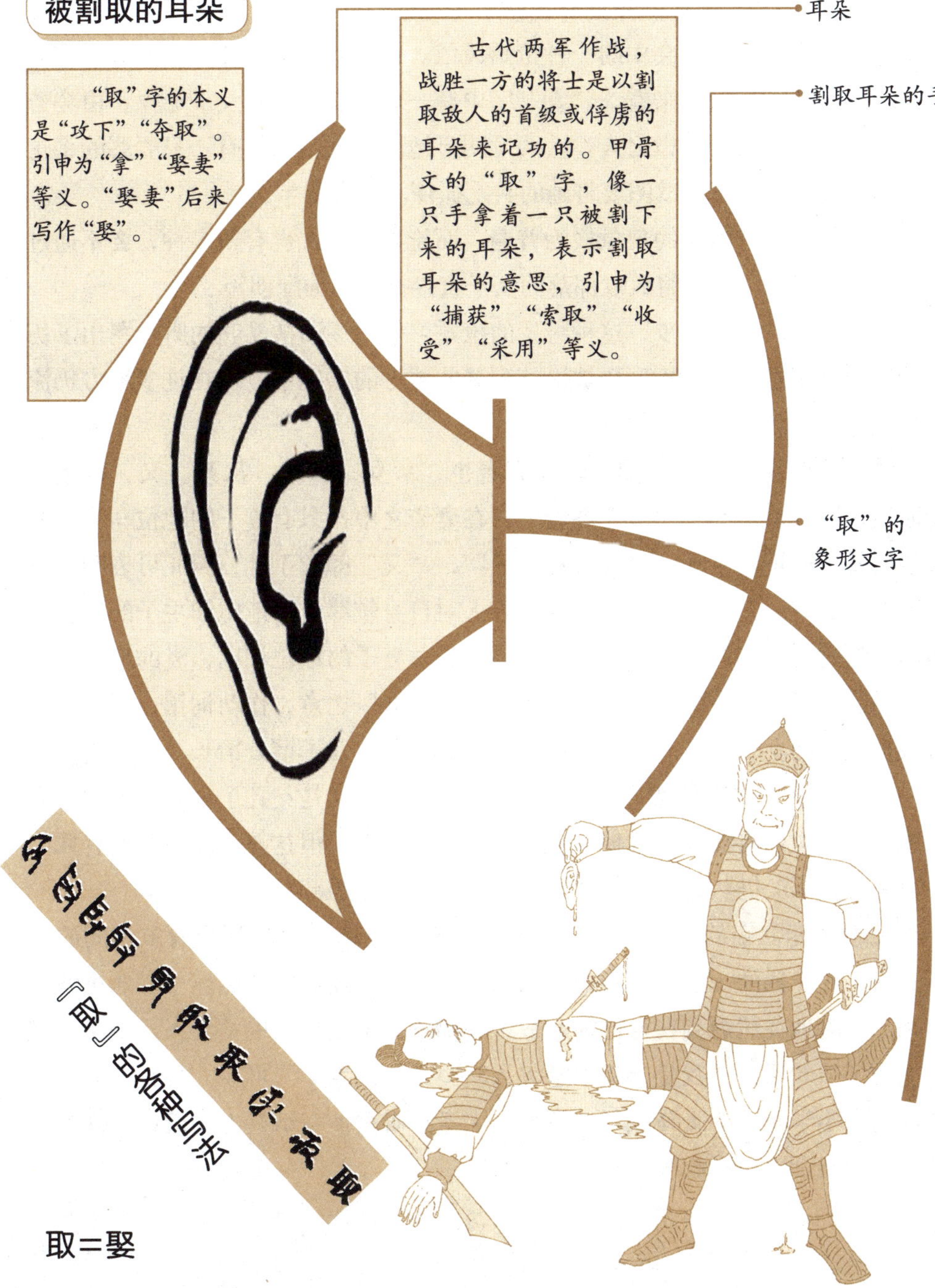

耳朵

割取耳朵的手

“取”的象形文字

『取』的各种写法

取＝娶

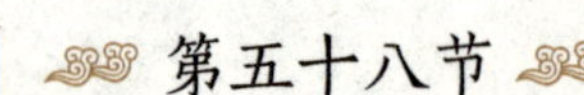

第五十八节

抓住女人的头发——“妻”字解

“妻”字在甲骨文里并没有出现，其金文为“”。从金文的形体来分析，它描绘出了上古社会中的一种抢婚风俗。也就是把别人的女子抢夺过来作为自己的配偶。从结构来看，“妻”字中有一个或跽或跪的女子形象，由姿势表明，这个女子为受奴役之人。其头发明显地散开着，另外有一只罪恶的手正伸向这个女子的头部，试图要将她的头发抓住。为会意字。

在古代，这种抢妻的现象极为普遍。而抢妻的方式也有很多种，要不通过战争来公开夺取，要不将战败部落的女子直接抢来作为配偶等。

随着社会的不断进步，这种野蛮的抢婚习俗已逐渐被文明的脚步踢出了历史的舞台，不过，“假抢”仍被沿续到某些地方的婚姻中。现在许多地方仍流行要在天亮之前或天黑时将亲娶回来。

《说文解字》载：“妻，与夫齐者也，从女，从屮，从又。又，持事，妻职也。”许慎认为，“与夫齐者”：在妻妾之中，只有妻子的地位与丈夫的地位同等。分析其字形，“妻”从“又”，“又”即“手”，因此可表明“秉持妻职之义”。在造“妻”字之前，古人对自身较尊贵的地位和主子的地位，当然是经过了精心的考虑。因为在家庭中，与妻子的地位相比，妾的地位更低贱，时常受妻子的支配。因“妻”引申为“配偶”之意，作动词用，指以女嫁人或娶别人的女子为妻。如《论语·公冶长》载：“子谓公冶长，‘可妻也，虽在缧绁之中，非其罪也。’以其子妻之。”意思就是：孔子说公冶长这个人（很好），可以将女儿嫁给他。他虽然在牢狱之中，但这并不能表明他有罪。所以，（孔子）仍然把自己的女儿嫁给了公冶长作妻。

关于“妻”字的故事，我们还得从李鸿章说起。李鸿章为清末年间的名臣。有一次，他的一个远房亲戚进京赴考，进入考场后，竟然连一道题也答不出来。此时他突然想到在自己的亲戚（李鸿章）正是当朝中堂大人，于是在试卷上写了一句话：“我是当朝中堂大人李鸿章的亲妻。”可笑的是，“戚”竟然被这个不学无术的人写成了“妻”。主考官看后便在试卷上批道：“既是中堂大人的亲妻，我不敢取。”

“妻”字趣释

“妻”字中有一个或跽或跪的被奴役的女子形象，这个女子的头发显然是飘散的，另外加一只罪恶的手，这只手正伸向女子的头部，将她的头发抓住。可见“妻”是一个会意字，其意思是：用手去抓住一个女子的头发。

“妻”字表达一个古代婚礼上的仪式（结发或解笄）。通过此仪式，使女子成为某男子的合法配偶——妻。

妻的地位

抢婚习俗曾经在原始社会风行，即某一部落的男子可以到另一部落中间去抢掠女子为妻。这种习俗在后代虽然被取消，但强抢民女为妻的野蛮现象却还是时有发生。在古代，妻既然是抢来的，其社会地位之低下不言而喻。

“老婆”的由来

“老婆”这个称谓，最初的含义是指老年妇人。关于“老婆”一词的由来，还有一个有趣的故事：从前，有一位学士叫专爱新，嫌妻子年老色衰，欲休妻另讨娇娘，但一时难于启齿。

有一天，专爱新灵机一动，故意在妻子面前写了副对联：“荷败莲残，落叶归根成老藕。”妻子看后，已明白丈夫的意思，便伤心地续了下联：“禾黄稻熟，吹糠见米现新粮。”“新粮”与“新娘”谐音，对得甚为巧妙。专爱新对妻子的才学甚为钦佩，对自己的一时冲动感到很内疚。妻子见他面有愧色，亦乘机提笔写道：“老公十分公道。”专爱新提笔续道：“老婆一片婆心。”后来，人们就将妻子称为“老婆”了。

第五十九节

肚子上一横——“千”字解

“千”字的甲骨文为“”，分析其形体，就是在侧身人的身体上画上了一条横线，用来表示数量（十个百）。在古代，千数往往都是大数，这一点可从创造“千”字时可以看出。在古时，天地之间的中心，往往用“人”来表示。分辨其甲骨文的形体，表示一千，即在“人”的身上加“一”；表示两千，即在人的身上加二横；表示三千，则在人的身上加三横；表示四千，则在人身上加四横。如果要表示五千，则在人身上写上一个五（“X”）字。但是，一旦超过五千，这个合书的记数方法就极不方便，于是古人就采取了分开书写的形式。即上部为“六”字，下部为“千”字。

对于“千”字，安子介先生是这样认为的，“千”作为一个极其重要的数目，为了慎重起见，先民们总是用“人”来表示，这一横则是画在人的肚子上的。所以，有的文字研究者表明，表示一千、两千、三千……这样的大数，也许是在早期人类文身现象的启发下所创造出来的。《诗经·周颂·噫嘻》载：“亦服尔耕，十千维耦。”这里的“千”指数目，即十个百。这两句话描绘出了在古代，多达万人齐心协力耕作的浩大场面。

对此，有的学者又表明，要想正确理解“千”的本义，应当从“阡陌”一词入手。“阡”指朝南或朝北的田埂，“陌”指朝东或朝西的田埂。在古代，由于地广人少，农耕者时常日出而作、日落而息。如果要用时空架构的词语来描述这一情景，则用“千百”。这里“百”的本义是指“把一昼夜均衡划分为一百刻，起点为日出时刻，终点为下一个日出之前的那一刻”，转义为“太阳东升西落”，再转义为“东西方向”。而“千”在这里指出了“农人作息的目的是生存繁衍”。又根据古人“南生北死”的观念，“千”特指“人起步朝南走”。“千”转义为“南北方向”。于是被棋盘化的田地上就出现了“阡”——南北向的田埂，以及“陌”——东西向的田埂。行走在“阡陌”上的行人就叫“千”。

“千”字的小篆为“”，其结构形体延续了甲骨文。许慎《说文解字》载：“千，十百也。从十，从人。”如果以许慎的观点来分析，似乎与实际不太相符，这里的“十”，其实应作古文“丨”，许慎对此并不知道，因而将“千”字误认为是“从十，从人”。

“千”字趣释

甲骨文的“千”字是在侧立着的人的身上画上了一横线，以此来表示十个百的数量。“千”在古代为大数，从“千”字的创制，可以看出古人是用“人”这个天地之间的“中心”来代表的。

“千”的发展历史

「千」字的解释

「千」字造字解析

“千”这个数目字是难以表达的，所以用读音相近的“人”字上面加一横（表示“一”的数目）的方法来表示。“一千”到“五千”分别写作“[illegible]”“[illegible]”“[illegible]”“[illegible]”“[illegible]”。

甲骨文[illegible]在[illegible]人的小腿部位加一横指事符号一，表示与腿脚的动作有关。造字本义：不停地走，跋山涉水，即“迁”的本字。

「千」字的甲骨文

「千」字的发展历史

①本义，数词：用来表示数量。

②数词：百乘十的积。

（千千万万）

引申

引申

③本义，名词：用皮革系挂摆荡的玩乐设备。

（秋千）

第六十节

脚在地上走——“之”“止”二字解

分析“之”字的甲骨文“ ”，其上部为脚的象形字“止”。“止”，足，行走之意。下部一横表示地面。两者组合在一起的意思就是，脚在上面，地在下面，也就是地在脚下，表示脚离开原地，正在向前进。由此可知“之”字的本义为“往××地方去”或“到××地方去”。如《孟子·滕文公上》载：“滕文公为世子，将之楚，过宋而见孟子。”

有的学者认为，“之”字，其上半部为“止”，作行走之意；下半部为一横线，为指事符号，表示“止”，即所到的地方。因此“之”的本义为“往”。

“之”字如果用作代词或虚词，均为假借。据宋代僧人文莹著的《湘中野录》记载，一天，宋太祖赵匡胤来到朱雀门，抬头一眼就看见了门匾上的四个字——“朱雀之门”，便用手指着门匾对大臣赵普说：“为什么不直接写‘朱雀门’三字，为什么要加‘之’字，‘之’有什么作用呢？”赵普回答：“此‘之’字在此作助词用，焉能少之。”太祖笑着说：“之乎者也，助得甚事！”

据以上所知，虽然“之”字在此处并没有实际意义，为助词（介词）所用，但它所起的语法作用是任何实词也无法替代的。借助于“之”字的作用，使“朱雀之门”四字显得文雅不俗。这就是“之”字的妙用之处。

“止”字的甲骨文为“ ”，其形体就像是人的一只脚。上部为分开的脚趾。由此表明“止”字的本义即为“脚”，为象形字。正如《汉书·刑法志》载：“斩左止。”颜师古注：“止，足也。”有的学者则认为“止”字的本义应为“脚趾”，而“止”的本义却是“脚”，“脚趾”为“脚”的引申之义。为什么呢？因为由脚上的“趾”，才能引申出“脚趾”之意。

不管是人或动物，“脚”都是非常重要的部位，用来走路的。走路自然是为了到达某一地方（目的地），因此由“止”引申出“至”“到”之意。到达目的地之后，便不再前行，所以由“止”又引申出“停止”之意。

“之”“止”二字趣释

“之”的甲骨文上面是脚的象形字，即“止”，“止”为足，有行走之意。下面一横表示地面。这样大地在下，脚在上，也就是地在脚下，表示脚离开原地，正在向前进。由此可知“之”的本义就是“往××地方去”或“到××地方去”。

之字的造字解说

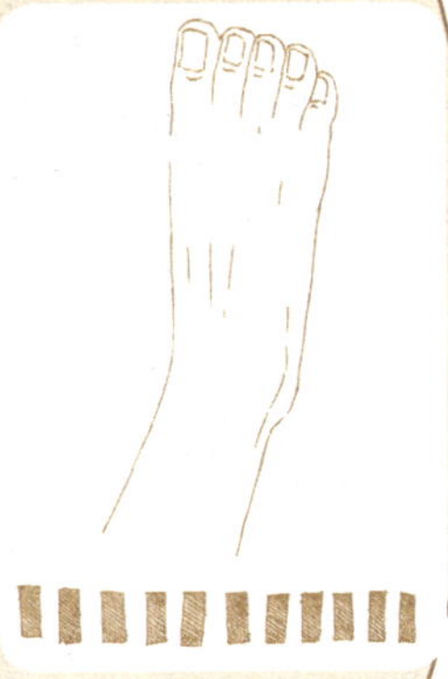

“之”，甲骨文、，在、（“止”，脚）下面加一横指事符号“一”，表示脚踏大地。造字本义：足履平地，徒步前往。金文、篆文承续甲骨文字形。隶书严重变形。《战国策》载：“臣请为君之楚。”后多借为虚词。甲骨文有时通“又”“有”。

止字的造字解说

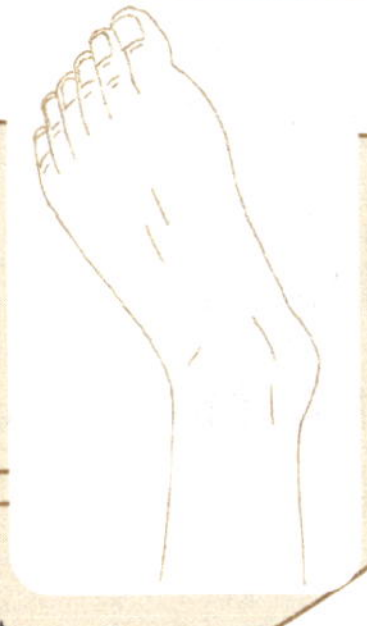

“止”，早期甲骨文是一幅脚掌剪影，像脚趾头张开的脚掌形状，以三趾代五趾。造字本义：脚趾。晚期甲骨文简化为线描。金文变形较大，淡化脚掌形象，突出三趾叉开的形状。篆文承续金文字形。“止”的“脚趾”本义消失后，篆文再加“足”另造“趾”代替。《汉书》载：“斩左止。”

第六十一节

男子汉大丈夫——“夫”字解

“夫”字甲骨文为“[illegible]”，观其形体结构，俨然一幅男子汉大丈夫的模样。从“大”，在“大”字上加一横（绾头发的簪子）。“夫”表示成年人。在古时，童子一般是指未成年的男子，他们的头发往往披着，成年（20岁）后，则要举行加冠之礼（成年礼），他们的头发不再披着，而是绾成髻子用簪子束在头顶上。束发加冠后，便成为“夫”——大男子。所以说，“夫”的本义应该为成年男子。“夫”表示这个男子已经成熟、长大。

而“丈夫”一词又是如何来的呢？在古代，成年后的男子一般身高达一丈，因此被称为“丈夫”——大男子。按古制尺度，古人的身高一般不会超2米。因为在古时，1尺约相当于现在的0.6尺。男子成年后，就要承担各种体力劳动，因此“夫”的引申之义为“从事不同体力劳动的人”。如《左传·隐公元年》载：“为国家者，见恶如农夫之务去草焉。”意思是，诸侯和大夫要治理好自己的封地，见到那些邪恶之事，就必须像种田的人见到田中的恶草那样一定要根除。这里的“农夫”代表从事农业生产的男子。

对此，有的文字研究者则提出了不同的观点：达到“夫”的要求即是要达到某一高度的人。“大”为一个正面人形，在其上部加一横，以此表示达到了这一高度的人才能称为“夫”。《周礼·乡大夫》中记载：以古代的征兵制度来分析，国（都城）之男子七尺以上，农村之男子六尺以上，都可服役。由此表明，当时征兵的条件只受身高限制，而不受年龄限制。

对于“夫”字，有的学者则作出了如下的解析：“夫”字中的“人”是一个正面人的形象，为象形字。当这个“人”张开两臂，就成了“大”，即“大人”。但是，以古人的观点来看，再大的事物也不会大过“天”，因此，创造“夫”字时在“大”字上加上“一”，而成为“天”字。因为要人做“天”的奴隶，拜倒在老天脚下自然很不甘心。而“夫”具有冲天之势，敢于在“天”字头上出头，才是真正的男子汉大丈夫。所以从“夫”字的造型上，展示出了男子中有志之士的风采。

“夫”字趣释

甲骨文的“夫”字生动展示了男子汉大丈夫的形象。从“大”，在“大”字上加一横。“夫”表示已长大的人，一横表示的是绾头发的簪子。由此可见，“夫”的本义是成年男子。“夫”表示这个男子已经成熟、长大。在古代，身高一丈的男子被称为“丈夫”，“丈夫”就是大男子的意思。

“夫”字是一个正面直立的人形，头部有一短横，表示男子成年之后用簪子把头发束起来。本义是“成年的男子”，引申为“已婚的男子”。

古人测量方法的换算

秦 1引=10丈，1丈=10尺，1尺=10寸，1寸=10分

1引=2310厘米，1丈=231厘米，1尺=23.1厘米，1寸=2.31厘米，1分=0.231厘米

清 1丈=10尺，1尺=10寸，1寸=10分

裁衣尺：1丈=355厘米，1尺=35.5厘米，1寸=3.55厘米

量地尺：1丈=345厘米，1尺=34.5厘米，1寸=3.45厘米

营造尺：1丈=320厘米，1尺=32厘米，1寸=3.2厘米

儿子成年身高（cm）=（父亲身高+母亲身高）×1.08/2

女儿成年身高（cm）=（父亲身高×0.923+母亲身高）/2

身高的计算方法

第六十二节

睁大眼睛——“见”“现”二字解

“见”字的甲骨文为“”，其上部为一个横着的“目”，表示眼睛，下部是一个人，而且这个人是朝右跽跪着。在这里，造字者采用了极其夸张的手法描绘出了人的眼睛，其目的就是要突出“见”的“看见”的意思。

“见”字的金文为“”。其上部的“眼睛”正目不转睛地注视着它要寻觅的对象。“见”字发展到小篆后，其上部的横“目”变成了竖“目”，即“”，其下部仍为“人”字。

许慎《说文解字》载：“见，视也。从儿，从目。”段玉裁《说文解字注》载：“用目之人也，会意。”段玉裁指出“见”与“视”存有一定的区别。如“视而不见”就是看却看不见。

由以上解释可知“视”仅表示“看的行为”，对视的结果并不强调。而“见”只注重看到的结果——“看见”。

“采菊东篱下，悠然见南山”出自陶渊明《饮酒》一诗中。诗中“见”字的运用，体现出陶渊明的深厚的语言文字功底。如果改成“望南山”，无论从客观还是主观上来讲，那优美的“南山”风景与作者距离很远。“见”字的妙用，不仅能将远处的南山现于诗人的眼前，又能将诗人归隐于田园风光的美好生活，淋漓尽致地跃然于纸上。

“见”的本义是“看见”，引申为“见面”。如《诗经·卫风·采葛》载：“一日不见，如三秋兮。”也就是说：虽一天没有见面，却如同隔了三年没会面一样。由于上古并没有“现”字，所以“现”字的意义“显露、表现、现成”等全由“见”兼起来。不过当“见”作“现”时，则读xiàn。

“见”“现”二字趣释

甲骨文的“见”字上边是个横着的“目”，即眼睛，下边是个朝右跽跪着的人。造字者以夸张的手法描画了人的眼睛，其目的就是要突出“见”的“看见”的意思。“见”的本义是“看见”，也可以引申为“见面”。

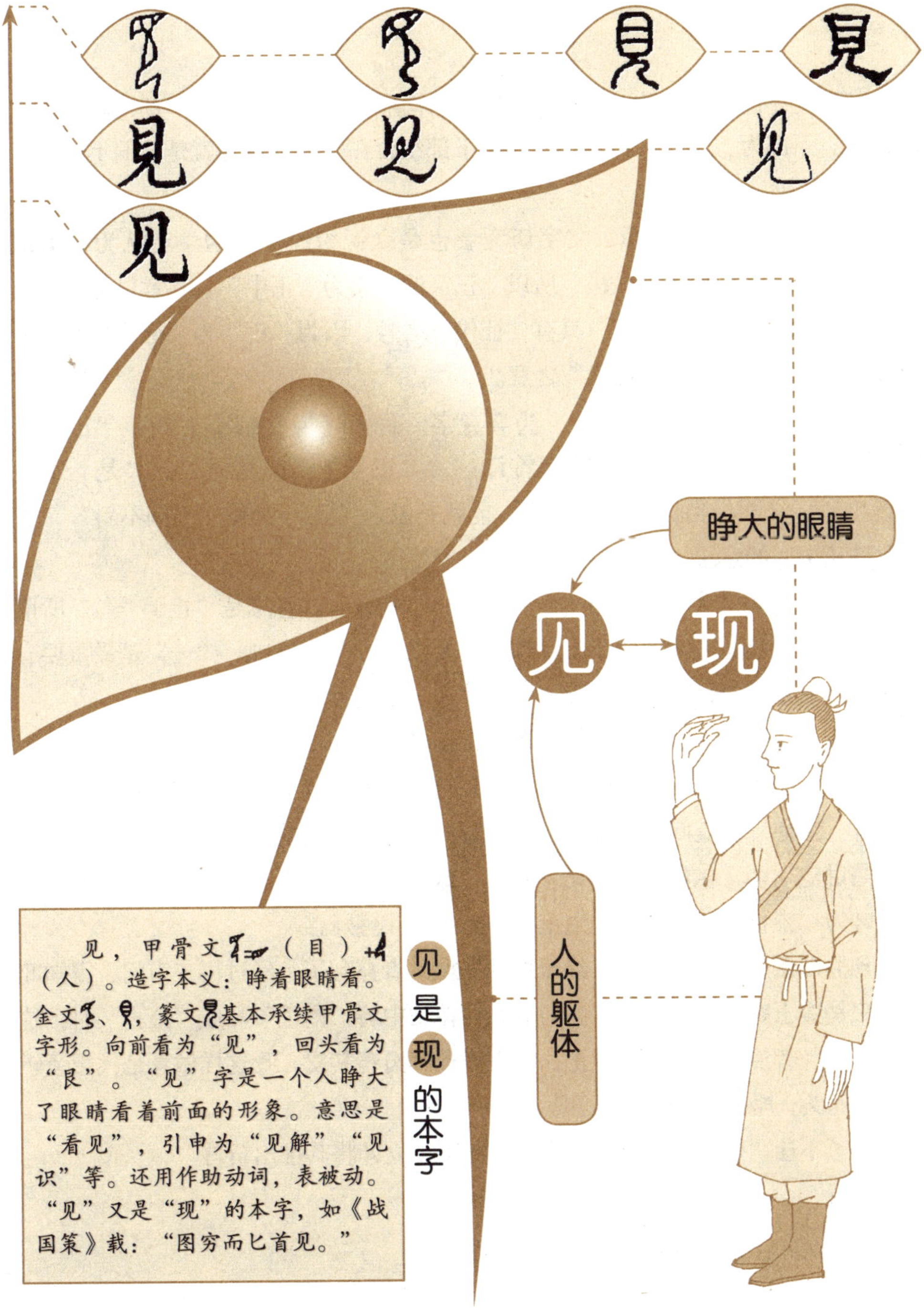

见，甲骨文（目）（人）。造字本义：睁着眼睛看。金文、，篆文基本承续甲骨文字形。向前看为“见”，回头看为“艮”。“见”字是一个人睁大了眼睛看着前面的形象。意思是“看见”，引申为“见解”“见识”等。还用作助动词，表被动。“见”又是“现”的本字，如《战国策》载：“图穷而匕首见。”

第六十三节

不偏不倚地直奔目的地——“正”字解

“正”字的甲骨文为“[illegible]”，分析其结构形体，上部为“口”部，表示前进的目标。下部为“止”，表示脚形。上下部组合在一起，意思就是不偏不倚地直接奔向目的地。

对于“正”字的解释，文字研究者也是众说纷纭。有的学者认为，上部“口”即表示人群聚集的城邑，所以“正”的本义为“正中”，其意思是“走向城邑”。而甲骨文中的“正”具有“征伐”之意，因为“正”为“征”的本字，所以“正”字的本义为“征伐”之意。

“正”字的小篆为“[illegible]”，为会意字。许慎《说文解字》载：“正，是也。从止，一以止。”饶炯明部首订：“‘正’下云‘是也’。‘是’下说‘直也’。义即相当，无偏之谓。”也就是说，“正”就是“不偏不斜”“平正”“正中”的意思。

也有的学者认为“正”由“一”和“止”构成。其意思是“止于一”。所谓“止于一”，就是万物要合于一，即一切要以“一”为准则。“一”是最重要、最基本、最崇高的目标，“止于一”就是追求崇高目标。

关于“正”字的故事，我们还得从雍正帝说起。

一天，雍正帝到河南劝赈已毕，回到行宫，看见侍卫们三五成群地在一起交头接耳。经他一番查问，领侍卫内大臣音德便交出“揭帖”原件。雍正一看，上面全是讲他“杀父弑母”“屠兄杀弟”“诛戮功臣”的事。但是，帖中所写的名号处却为“雍止”，并非用“雍正”，为此他深感疑惑。

他立即派音德明察暗访，终于把“揭帖”者抓到了。经过再三审问，得知此人原来是廉王府的一位幕宾。当问及为何在帖中将“雍正”写成“雍止”时，这位“揭帖”者说：“我恨死雍正，恨不得食其肉寝其皮，我这样做算是代天帝斩了昏君的头，略抒我心中之恨。”

为了不让“揭帖”者蛊惑人心，音德下令立即将其推出斩首。

“正”字趣释

“正”的甲骨文，就形体来看，其下是“止”，“止”为脚形。“止”上面的“口”，表示前进的目标。所以“正”的意思是不偏不倚地直奔目的地。有的学者认为，“口”表示人群聚集的城邑，因而“正”的本义为“正中”，其意思是“走向城邑”。

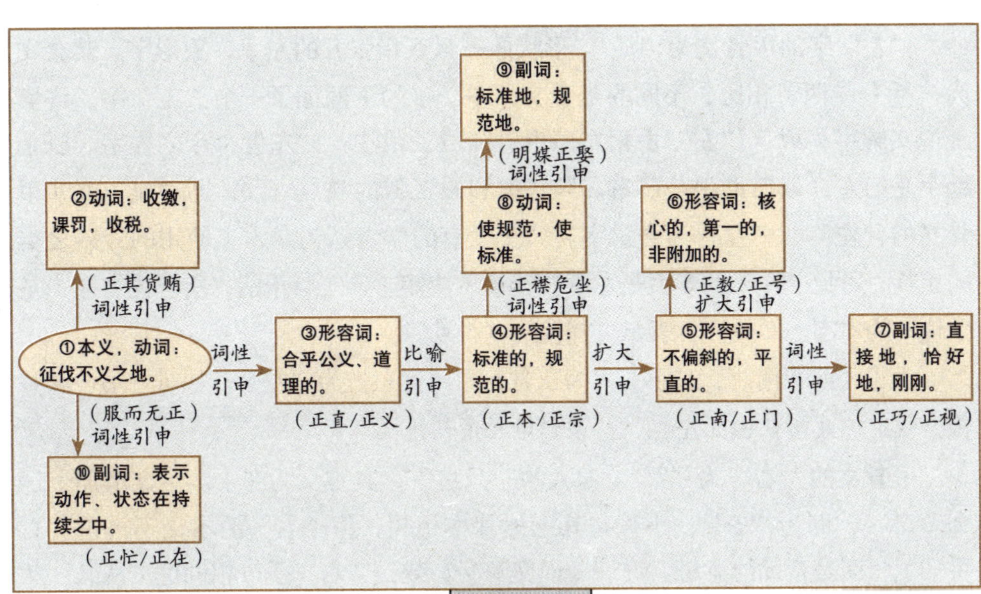

“正”字的解释

“正”是“征”的本字。如甲骨卜辞有：“王来正人方”；《墨子》载：“天下失义，诸侯力正。”“正”字上端原为一个方形的城邑，下面是一只脚，正向着它前进。“正”，早期甲骨文（口，村邑或部落）（止，行军）。造字本义：行军征战，讨伐不义之地。晚期甲骨文与金文将口（口，村邑）改成圆点●。篆文将实心点●写成一横一。“正”的“征战”本义消失后，篆文再加“行”另造“征”代替。古人称不义的侵略为“各”，称正义的讨伐为“正”（征）。

第六十四节

手口相助——“左”“右”二字解

“左”字的甲骨文为“[illegible]”，形状像一只五指张开的左手，象形字。其金文为“[illegible]”，两者相比，不同的是金文“左”字的下面加了一个“工”字。许慎《说文解字》载：“左，手相左助也。”段玉裁注：“左者，今之佐字。以手助手是曰左，以口助手是曰右。”许慎和段玉裁的观点一致，即“左”并非甲骨文的“左”，“左”为会意字。“工”有的学者认为是木工使用的斧锛之类的工具。可见“左”的本义是左手执斧锛（或矩）等工具干活，所以说“左”是“佐”的本字。“佐”，表示“辅佐”“帮助”。

由于人面朝南时，左手一方为东方，因而称东方为“左”。如《晋书·温峤传》载：“元帝初镇江左。”其意思是元帝初镇江东。

甲骨文的“右”为“[illegible]”，像人的一只右手，其本义为右手。金文增加了一个“口”，即为“[illegible]”；小篆与其形体基本相同，但“右”的本义不再是“右手”了，而是帮助的意思。许慎《说文解字》载：“右，手口相助也。从又，从口。”段玉裁注：“右者，手也，手不足以口助之，故曰助也。”许慎认为，人们在日常生活中常常是“手口”互相帮助，而段玉裁则认为在用手做事时，由于手显得力不从心，因此用口助之。

现代有的学者则认为“右”中的“[illegible]”（手）有“帮助”的意思，它和“口”合起来的意思是“帮助的手”。在生活中人们讲话时，常用右手做手势帮助谈话，帮助我们每天吃饭的也常是右手，总之人们生活主要靠右手帮助。

“右”由“帮助”引申为“保佑”的意思。如《汉书·翟方进传》载：“是天反复右我汉国也。”这里的“右”就是“保佑”的意思。

根据我国传统的习俗，春秋以前以左为尊。《老子》载：“吉事尚左，凶事尚右。”说明古人以左为吉，以右为凶。古人平时乘车时，尊者在左，驭者居中，另有一人居右。战国至秦汉则以左为卑，为下。如左丞相比右丞相的地位要低，左将军比右将军的权力要小。被贬职的官员则称为左迁，不能登大雅之堂的技艺被称为“旁门左道”。

“左”“右”二字趣释

“左”字甲骨文，看上去就像一只手指张开的左手，象形字。许慎和段玉裁认为，此“左”并非甲骨文的“左”，“左”为会意字。由于人面朝南时，左手一方为东方，因而称东方为“左”。“右”像人的一只右手，其本义为右手。

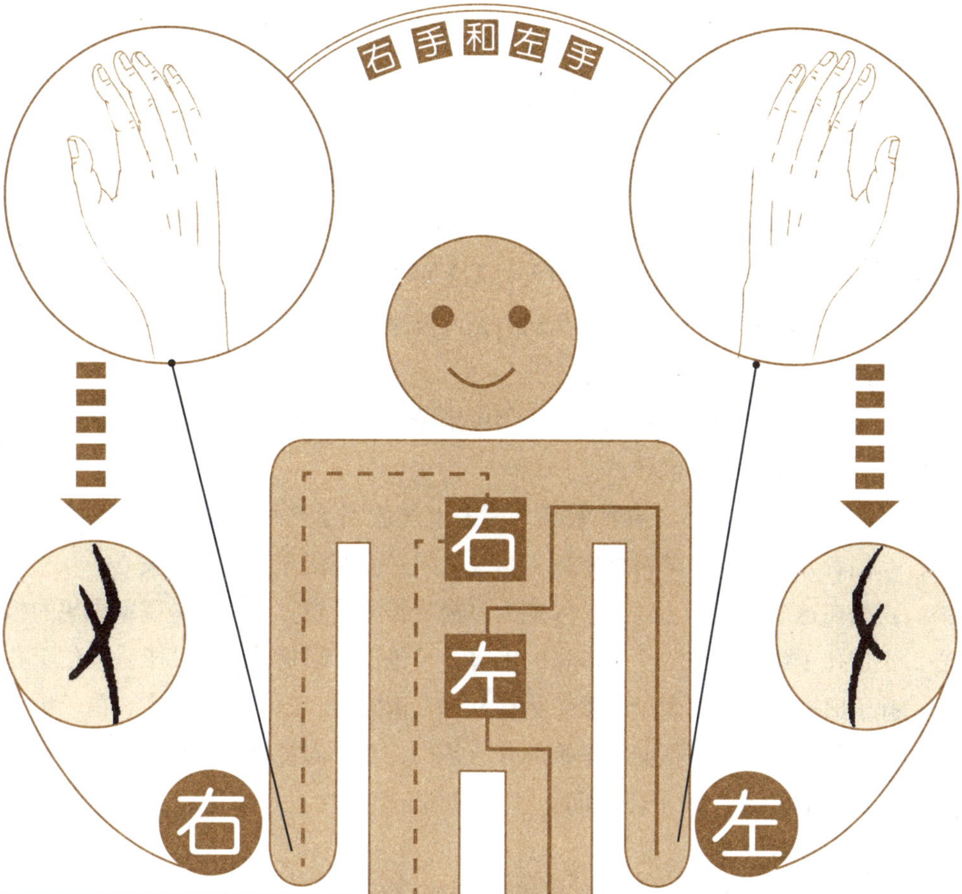

右手和左手

右

左

右

左

右，甲骨文写作，像手指伸向左方，表示它是右手，同时表示“出手相助”。后来“右”的“右手”本义消失，金文加“口”另造“右”代替。金文、（又，出手相助）（口，口头鼓励支持）。造字本义：出手相助，舆论支持。“右”字就是一只右手的形象，但是已经不是图画，而是简化成文字符号。《说文解字》载：“又，手也，象形。”在甲骨文和金文中，“又”常被假借为“右”“佑”（祐）或“有”。

保佑 辅佐

金文（与右手相反）（言，祝祷），或（与右手相反）（工，巫师道具）。造字本义：祭祀祝祷，祈求神助。篆文承续晚期金文字形。“左”作为方位名词后，篆文再加“人”另造“佐”代替。隶书将篆文的写成。甲骨文的字形像一只左手的形状，但是已经简化为文字符号。金文开始写作“左”。“左”有“辅佐”“帮助”之意，后来这种意义写作“佐”。

第六十五节

彼此亲密无间——“仁”字解

“仁”字在甲骨文中并未出现。但在孔壁古文中的“仁”写作“𡰥”，从“尸”（即人），从“二”。“仁”字的小篆体为“[illegible]”。《说文解字》载：“仁，亲也。从人，从二。会意字。”许慎认为，“二”为数之偶。偶，人偶也。“偶”与“耦”同，所以段玉裁注曰：“耦，犹言尔我亲密之词。独则无耦，耦则相亲。故其字从人、二。”根据许慎和段玉裁的解释，“仁”字的结构体现的是一种文明的人际关系，即人与人之间不分贵贱，不分种族，彼此之间亲密无间。“仁”的创造，体现了我们的先人要建立一个让人类充满爱的温情脉脉的理想社会的思想。

“仁”虽然甲骨文中还没发现，但中华民族“仁”的思想在殷商时期已经产生。西周统治者已开始倡导“仁”。

《礼记》《孟子》《春秋繁露》等书上均谈到了“仁”对于“人”的重要性：“仁者，人也。”即群体中的人与人之间必须亲密无间，互相关心，互相爱护。正是在这个意义上，“人”才成为万物灵长的代表。“仁”是儒家思想的核心。不过孔子赋予“仁”更为丰富的内容。《论语·阳货》载：“子张问仁于孔子。孔子曰：‘能行五者于天下，为仁矣。’请问之，曰：‘恭、宽、信、敏、惠。’”其意思是，子张向孔子询问什么是仁，孔子回答说：“能够处处实行五种德行，便是仁人。”子张又问：“请问哪五种？”孔子回答道：“庄重、宽厚、诚实、勤敏、慈惠。”

春秋战国时期，诸子百家几乎都提倡“仁”。《墨子·经说下》载：“仁，仁爱也。”即仁者爱人。力主以法治国的法家人物韩非子也大力提倡“仁”。他说：“仁者，谓其心中欣然爱人也。其喜人之有福，而恶人之有祸也。”其意思是：“仁”就是心中很高兴地去爱别人，并且更喜别人有福，而讨厌别人有祸。

总之，“仁”是中华民族倡导的美德，实现“仁”，即建立一个和平、民主、文明、幸福的新世界，是我们华夏子孙义不容辞的责任。

“仁”字趣释

许慎《说文解字》载：“仁，亲也。从人，从二。会意字。”“二”为数之偶。偶，人偶也。“偶”与“耦”同，所以段玉裁注曰：“耦，犹言尔我亲密之词。独则无耦，耦则相亲。故其字从人、二。”根据许慎和段玉裁的解释，“仁”字的结构体现的是一种文明的人际关系，即人与人之间不分贵贱，不分种族，彼此之间亲密无间。

“仁”字结构解析

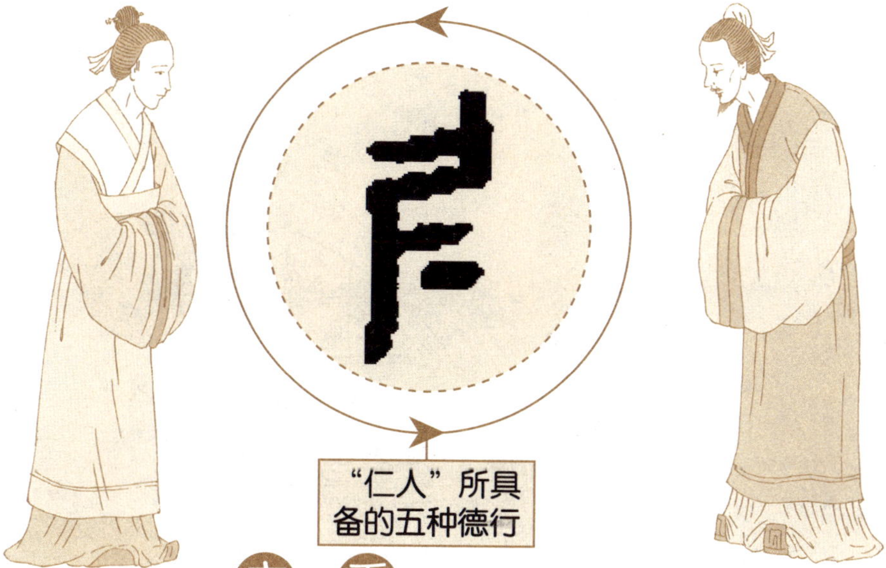

“仁人”所具备的五种德行

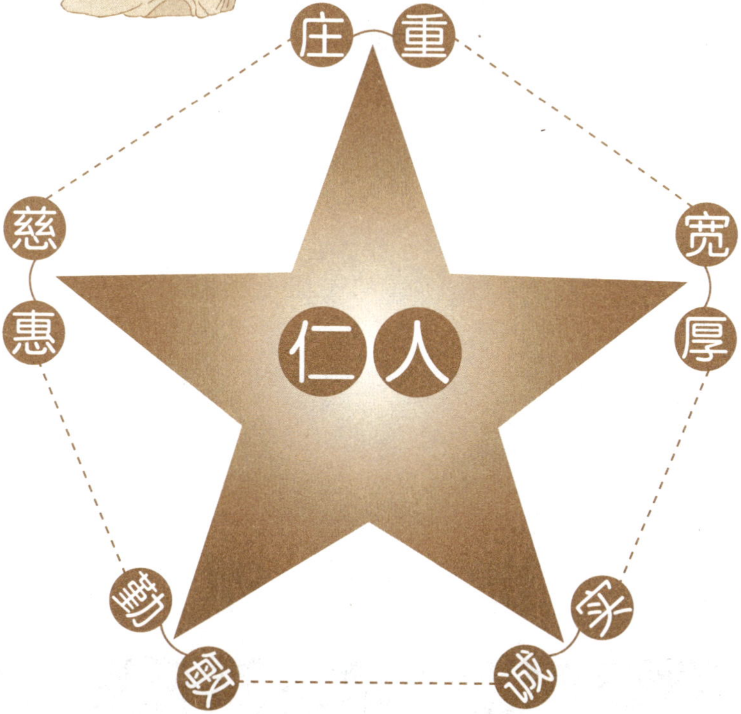

仁人

庄重

宽厚

实诚

敏勤

慈惠

“仁”的本义是待人友善、仁爱，是一个会意字。在金文中的“仁”，字形上半部分是一个侧立的“人”，下半部是个“二”，是“人”字的重文，所以也代指“人”。两个人相互依靠，代表人与人之间要和谐相处。在古文中，“仁”字还常作为“人”的假借字。

第十章

汉字中人的行为举止

上古先民不仅在认识天地万物，同时也在不断认识自我。日常生活中的一举一动，是先民们的一大造字源泉。行为举止是人们在生活中所熟知的，将行为举止抽象为汉字的一部分，不仅开拓了造字的范畴，也使得汉字的内容更加丰富，这也是先民认识自我的一种方式。从汉字中的诸多『遗传信息』可以找寻到人类祖先认识自我、探究自身的秘密。

第一节

一只鸟被手抓住了
——“只”“夺”二字解

“只”的繁体字是“隻”。在甲骨文中，“只”写作“”。分析其结构：上部是“隹”，指一种短尾鸟，在这里泛指鸟；下部是“又”，代表手。总体来看，“只”为会意字，形似一只鸟被手抓住了。其金文为“”。有学者分析，“只”这个字说明，古人在长期的实践中已练就了用一只手捕鸟的特殊本领。

在小篆中，“只”字写作“”，其结构仍留存了甲骨文和金文的特点。《说文解字》载：“隻，鸟一枚也。从又持隹，持一隹曰隻，二隹曰双。”在这里，许慎强调的是“只”字的引申义，而非其本义。既然“隻”指的是手中抓鸟，便引申为代表禽鸟单位的量词。

“只”字代表手中抓住一只鸟，与此相反，“夺”字代表抓在手中的鸟正准备飞走。“夺”字的繁体是“奪”字。在现存的甲骨文中，并没有“夺”字。“夺”字最早源于金文，写作“”。分析其结构：上部形似振翅欲飞的鸟；下部是“又”，代表手。“夺”字属于典型的会意字，意为：一只振翅欲飞的鸟从手中飞向空中。在小篆中，“夺”字写作“”。分析其结构：上部是“奞”，由“大”和“隹”组成，“大隹”指猛禽，意为猛禽振翅欲飞；下部是“又”，又写作“寸”，代表手。根据这一分析，可以断定“夺”字的本义：原本在手中抓住的鸟从手中挣脱，展翅飞向高空。换句话说，就是“失去了手中抓住的鸟”。在《说文解字》中，许慎将“夺”字理解为“手持隹失之也”，指的是手中的鸟飞走了，也就是失去了。因此，“夺”字便由“失去手中的鸟”而引申为“失去”“丧失”。段玉裁说得很明确，“夺”字“引申为凡失去物之称”。

当然，也有一些学者另有解释：原本在手中的鸟挣扎着想要飞走，人们便迅速将它牢牢抓住。在此基础上，“夺”字又引申为“夺取”“抢夺”。

“只”“夺”二字趣释

“只”的甲骨文上为“隹”，本指短尾鸟，这里就是指鸟；下方为“又”，指手。是一个会意字，像是一只鸟被手抓住了。从“隻”字可知古人本领高强，用手就能抓住鸟，说明了我们的先民在长期的生活中，练就了一身捕猎的高超本领。

被抓住的鸟

过程

“只”字的各种写法

要抓鸟的手

夺

结果

“只”字造字解说

作为单位量词“一只”“两只”的“只”字，在甲骨文、金文和小篆中，均像是用手抓住一只鸟形，其本义为一只鸟。后来引申为“单”，与“双”的意思相对。如《宋史》载：“肃宗而下，咸只日临朝，双日不坐。”（从唐肃宗李亨以下，都是单日上朝，双日就不坐朝问政）简化字的“只”字，乃是借用了另外一个同音字的字形。它又有“仅仅”“只有”等意，而这个意思却是从繁体的“衹”字而来的。

第二节

发布上级的指示或命令

——“令”字解

在甲骨文中，“令”字写作“”。金文的“令”在字形上接近甲骨文，属于典型的会意字。分析其结构：上部是“”，即是古代代表集合的“集”字，这里指“集合众人”；下部是“”，即卩（jié），形似一个人两膝着地，臀部坐在小腿肚上。总体来看，“令”字指的是召集众人，发布命令。据一些学者考证，这个“令”字实际上揭示了这样一个画面：酋长们召集全部落的人，传达神的旨意或自己的命令。“令”字下部有个跪着的人，说明发布施令者极其威严，令听讲者不寒而栗，只好俯首帖耳。许慎在《说文解字》中也强调：“令，发号也。”

对于这个“令”字，有些学者另有一番解释：上部是一个“口”，正朝下说话；下部是一个人，正跪在地上。总体来看，“令”字指的是：一个高高在上的长官正在用口向下属发布命令。

比较以上两种看法，共同点都代表“发布命令”，区别仅在于细节。在《诗经》中，有“倒之颠之，自公令之”的诗句，就是指上衣和下裳穿颠倒了，原因是公爷发布了命令，让我过于慌张。这里的“令”就是指“发布”。

既然“令”字的本义是“发布指示”“发布命令”，“令”字便逐渐引申为“命令”“法令”。《史记》中，有“将在外，君命有所不受”的说法，其中的“令”就是指“命令”。由于“令”字的本义是“发布命令”，“令”字又引申为“发布命令的长官”。在春秋战国时期，楚国称宰相为令尹，此处的“令”字便是引申义。秦汉以后，政府部门的主管人有时也称为“令”。所谓“郎中令”“中书令”“县令”，就是典型的例子。

既然“令”字代表“长官”，而古人又推崇为官之人，“令”字又逐渐引申为“美”“善”。《孔雀东南飞》中所说的“便言多令才”，便是指这个意思。在此基础上，又引申为对别人的敬称。例如，称对方的父亲为“令尊”，称对方的儿子为“令郎”，称对方的女儿为“令爱”。

“令”字趣释

“令”字为会意字。其实“令”所表示的就是当时的酋长们把本部落的人（或者是抓来的奴隶）召集起来传达神的旨意或者酋长自己的意思。从“令”字中跪着的人形来看，发布命令者的态度十分严酷与冷淡，足以使人胆战心惊，俯首帖耳。

跪着发号令的人

“令”字表现的场景是：在一个大屋顶下，一个人跪着，正在向人们发布命令。“令”和“命”词义相近，但“令”还有“使”的意思，如“臣能令君胜”（我能使您胜利）。

发号令的人

听候命令的人

令尊

令爱

令郎

对别人的尊称

第三节

在陆地上走过某一地方——“过”字解

在现存的甲骨文中，并没有“过”字。金文的“过”字尽管存在，但具体写法不明。“过”字的繁体为“過”字，非常接近小篆中的“过”字。许慎的《说文解字》说得很简明：“过，度也。”所谓“度”，就是“经过”，意为路过某一处陆地。更精准地说，“过”字的本义就是“从门前走过”。

传说夏禹临危受命，治理四处泛滥的滔天洪水。由于形势严峻、任务急迫，禹新婚仅四天便离开妻子。他常年在外奔波，根本没有时间回家。曾经有几次，禹路过自己的家门，即使听到了未曾见面的孩子的哭叫声，也没有停住脚步，还是急匆匆地忙于治水大业。正因为禹兢兢业业，才最终制服洪灾。有些学者认为，古人很可能是受到这一传说的影响，才发明了“过”字。

后来，“过”字逐渐引申为“过错”，又进一步引申为“过失”。《商君书》中说：“夫过有厚薄，则刑有轻重。”这里的“过”指的就是“过失”。

关于“过”，还有一个与杜甫有关的趣事。宋代的陈舍人得到一部《杜甫诗集》，欣喜万分。但该书年代久远，不少地方破损不堪。在《送蔡都尉》中，有一句诗是“身轻一鸟□”，最后那个字根本看不清。陈舍人斟酌半天，也想不出合适的字。几天后，两个朋友来家里。陈舍人便请教他们。一个朋友说：“这首诗赞颂蔡希鲁的高超武艺，不如补一‘疾’字。”另一个朋友摇摇头：“下一句是‘枪急万人呼’，‘疾’与‘急’均为入声字，音与义相近，不太理想。不如补个‘度’字。”陈舍人表示反对：“‘度’字很少单用，往往需要承接，但在这里却没有着落。另一方面，从‘度’字上也看不出身轻如鸟的特点。”

最后，陈舍人设法找到全本的《杜甫诗集》，发现漏掉的字是一个“过”字。陈舍人反复吟诵，佩服得五体投地：这个“过”字简直是神来之笔，恰到好处。他的朋友们也赞不绝口：“我们今天算是真正领教了老杜的‘语不惊人死不休’了，单是这一个字的功夫，就令我们望尘莫及啊！”

"过"字趣释

许慎《说文解字》载："过，度也。"所谓"度"就是"经过"。"过"在这里是指在陆地上走过某一地方，即"经过"的意思。而走过某一水域在古代则叫"涉"。更准确地说，"过"的本义是"从门前走过"。

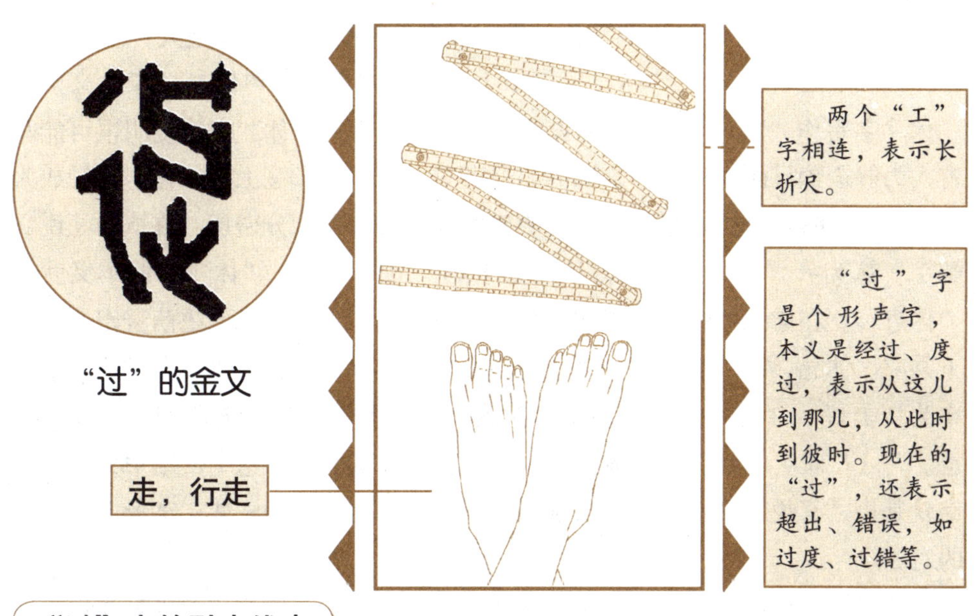

"过"的金文

"过"字的引申线索

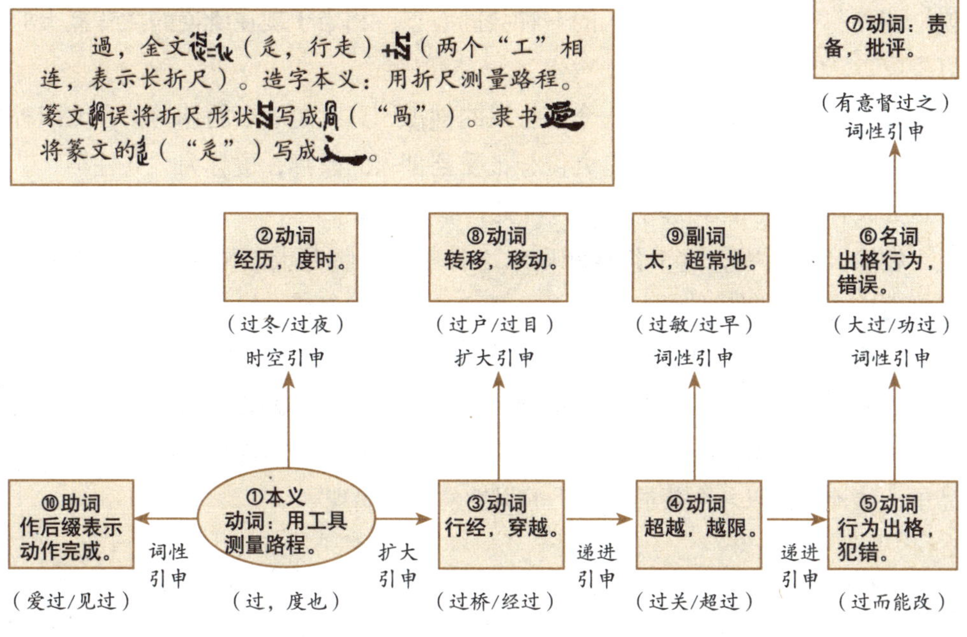

第四节

在树下憩息的人——“休”字解

在甲骨文中，“休”字写作“”。分析其结构：左部是人；右部形似一棵大树。总体来看，“休”字是指一个人正背靠着大树休息。在金文中，“休”字写作“”，字形与甲骨文接近。据考证，“休”字的发明很可能与古人为躲避烈日而在大树下乘凉的习惯有关。从“休”字上看，树木已经成为人们生活中必不可少的东西了，说明树木与人类关系十分密切。许慎的《说文解字》认为：“休，息止也，从人依木。”由此看来，“休”字的本义就是“休息”。在紧张、忙碌的工作之余，避开炎热的太阳，来到浓荫繁密的大树下乘凉、休息，的确是一件令人心情愉悦的美事。于是，“休”字又逐渐被引申为“美好”“高兴”“喜悦”。对此，《尔雅》也说得很清楚：“休，美也。”《广雅》则强调：“休，喜也。”在“休戚相关”这个成语中，“休”字就是指“喜悦”“高兴”，与表示“悲哀”“悲伤”的“戚”字形成了鲜明的对比。

从甲骨文到小篆，“休”字的字形稍有区别，人与树的位置也有变化，但有一点是完全相同的：“人”总是背靠着树，而不会面对着树。从这个意义上说，“休”字已经证实了古人的一种共同心态，相当于现在所说的“背靠大树好乘凉”。

传说在埃及神话中，有一个掌管风的神祇，这就是著名的休神。在太阳神的崇拜中心赫里奥波里斯，有九位神祇受到世人的崇拜，被称为“九柱神”。在这九大神祇中，休神居于第二，可见其地位极高。

在埃及神话中，这个休神和雨水之神泰芙努特是太阳神用自己的体液独自创造出来的，两兄妹共同分享一个灵魂。休神成年后，娶了妹妹泰芙努特，生下了大地之神盖布和天空之神努特。这个神话传说证明，在古埃及人的心目中，天空与大地是由风和雨水创造的。为了阻止天空与大地的结合，休神总是站在儿子身上，高举自己的女儿，始终不让他们在一起。在后世的一些艺术作品中，休神往往以一个头插鸵鸟毛的男性的形象出现。

“休”字趣释

“休”字是古人根据先民为躲避炎炎烈日在树下憩息的事实造出来的。“休”字的创制，说明先民把树木看成是人们生活中不可缺少的东西，也表示树木与人类的密切关系。许慎《说文解字》载：“休，息止也，从人依木。”“休”的本义就是休息。

“大树底下好乘凉”

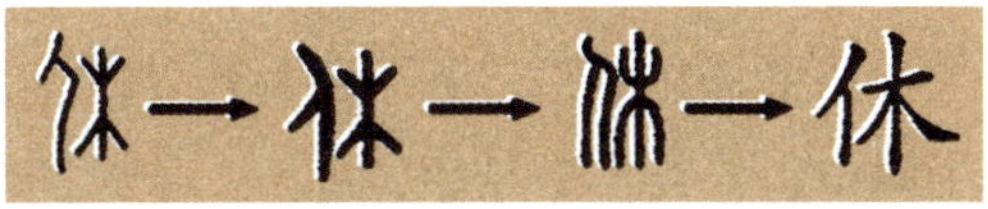

人　木

埃及“休神”

在埃及神话中，休神是掌管风的神祇，他是在太阳神的崇拜中心赫里奥波里斯受到崇拜的九位神祇之一，俗称九柱神。休神位列在其父拉神之后排在九柱神中的第二位。休神迎娶了自己的妹妹泰芙努特神为妻，他们同共生下了大地之神盖布和天空之神努特。这意味着在埃及神话中，人们认为天空与大地是由风和雨水创造而来。

右图为埃及壁画中的休神形象。在艺术作品中，休神通常被刻画为一位头顶插着鸵鸟毛的男性。

第五节

有人朝屋里走来——“各”字解

在甲骨文中，“各”字写作“”。在金文中，“各”字写作“”。在小篆中，“各”字写作“”。这些“各”字的字形比较接近。分析其结构：上部是“夂”，形似一只脚趾朝下的脚，代表行走；下部是“口”，形似房屋，代表房门。总体来看，“各”字是指“有人朝屋里走来”。

也有一些学者认为，“各”字中的“口”更像一个坑穴，“各”字是指人走下坑穴，本义是“到达”“进入”。也有学者认为，“各”字实际上是“格”字的本字，而“格”字的意思就是“到”“来到”。

还有一派以安子介为代表的学者认为，“各”字中的“夂”指的是许多人，而“口”代表说话。由“夂”和“口”组成的“各”字的本义是“每个人都有自己的说法”，也就是“各说各话”。

后来，“各”字被人们用作指示代词，可解释为“各自”。对此，许慎在《说文解字》中早有说明，“各，异辞也。从口、夂。夂者，有行而止之，不相听也。”许慎的意思是说：“各”字中的“夂”指的是谁也不听谁的，想走就走，不想走就留。所以，“各”字的本义就是“各走各的”。

在我国北方，很多地名都带有“各”字，如“杨各庄”“张各庄”“留各庄”等。为什么不直接叫“杨庄”“张庄”“留庄”呢？在相当长的一段时间里，人们对于这个问题一直不得其解。

一些文字学家考证说，这些地名中的“各”字原本是“哥”字的别写。原来，这些村庄最初是由某一个姓的人最早居住，以后便以他的姓来命名村庄。所以，“杨各庄”代表的是“杨哥庄”，“张各庄”代表的是“张哥庄”，“留各庄”代表的是“留哥庄”。由于读音相同，慢慢就变成了“杨各庄”“张各庄”“刘各庄”了。时至今日，山东的一些地名还有采用同音字“戈”“格”等代替“哥”的习惯。例如，诸城县的“程戈庄”、黄县的“赵格庄”等，就是典型的例子。

“各”字趣释

“各”上部为“夂”字，像一只脚趾朝下的脚，有行走的意思，下部的“口”为居所之象，居室之口，也就是房子的门。“夂”和“口”合起来其意思是“有人朝屋里走来”。

“各”是一个会意字。甲骨文、金文的“各”字，下面的“口”代表原始人居住的坑穴，上面的倒“止”表示有人从外而入的意思。“各”字的本义为至、来、到，后来借用为指示代词，表示不止一个、每一个的意思，如各自、各种等。

上半部

上面的倒“止”

表示有人从外而入的意思。

下面的“口”

代表原始人居住的坑穴。

下半部

造字解析

各，早期甲骨文（彳，行军）（朝向城邑的“止”）（口，城邑）。造字本义：异族军队进犯城邑。晚期甲骨文省去“彳”。金文、篆文承续晚期甲骨文字形。“各”的“进犯”本义消失后，篆文再加“田”另造“略”代替。在甲骨文中，“出”与“各”是反义词，脚趾背向城邑为（“出”，离乡征战）；脚趾朝向城邑为（“各”，异族入侵）。

第六节

四通八达的交通要道——“行”“术”二字解

在甲骨文中，“行”字写作“”。在金文中，“行”字写作“”。这两个“行”字代表一个四通八达的交通要道。正如《殷墟书契考释》载：“行，象四达之衢，人之所行也。”罗振玉（清末古文字学家）认定，“行”字的本义就是“道路”。

所谓道路，当然是供人行走的。于是，走路也被称为“行”（xíng），“行走”便成了“行”字的主要含义。由于道路往往成行（háng），“行”字又进一步引申出“行列”。人们发现，在以“行”为义符的汉字中，其本义往往与“道路”或“行走”有关。例如，“街”代表街道，“衢”代表通道，“衔”代表走路，“术”代表村中小路。

“術”字是“术”的繁体字。但是，这两个字原本有着各自不同的意义。这个“術”字原本是指一种植物。至于“术”字，人们都习惯于将它理解为“技术”，却很少知道它的本义。

对于“术”字，许慎认为是“邑中道”，“从行，术声”。一般说来，形声字中的形符往往揭示了这个字的表意范围。例如，以“水”为形符的汉字，多半与水有关。在“術”字中，形符是“行”，代表道路。这就说明，“术”字的本义必定与道路有关，所谓“邑中道”。在古代，“邑”常指人群聚居处。由此可知，“术”的本义应当是“城市的道路”，相当于今天说的“街道”。当然，也有学者认为，“邑中道”指的是“村中的道路”。这种说法当然也自成一家。一般说来，城中街道纵横，每一条路都能通向城中的每一个地方，只不过距离有远有近罢了。因此，“术”字又引申为“方法”“策略”“技术”。在《孟子》中，有“观水有术，必观其澜”的说法。这句话的意思是说：欣赏流水的最佳方式就是仔细观察水面的壮观情形。

在汉字中，形声字的声与义往往是相通的。换句话说，形声字中的声符也具备表义功能。据一些学者考证，“术”字最初是“秫”，代表高粱。因此，这些学者认为，“术”字指的是“高粱地里的小道”。后来，进一步引申为“小镇上的人在田间小道上行走”。

“行”“术”二字趣释

从甲骨文和金文的“行”一望便知是一条纵贯东西南北、四通八达的交通要道，所以“行”的本义就是“道路”。这一意义是清末著名古文字学家罗振玉发现的。道路就是让人行走的，因此人们便把走路也叫“行”（xíng），“行走”后来成了“行”的最常用意义。

在汉字中，形声字的声义是相通的，也就是说声符兼有表意功能。“术”本为“秫”，古代指高粱，因而有人认为“术”的意思是：高粱地里的走道。引申为指古代小镇上的人在种植高粱地的田间小道上行走，即走在田野上。

“走在田野上”

行走

术的本义
城市的道路

“行”走在路上的人

“行”字释意

“行”的甲骨文的字形很明显是一个十字路口，本义是“路”（音háng）。《诗经》：“遵（沿着）彼微行（小路）。”后来多用于“行走”义。

“行”字造字解说

行，早期甲骨文⺾像四通八达的十字路口。晚期甲骨文稍有变形。金文承续晚期甲骨文字形。篆文误将金文写成正反两个“双人旁”即彳、亍，失去道路形象。

第七节

用“斤”断“草”——“折”“拆”二字解

在现存的甲骨文中，并没有“折”字。在金文中，“折”字写作“”。分析其结构：左部是两束被割断的草，那两横意指砍断处；右部是“斤”。总体来看，“折”字就是指“用斤割草”。

在小篆中，“折”字的字形接近于金文，写作“”。许慎在《说文解字》中强调：“折，断也。从斤，断草。”据段玉裁的考证，楷书的“折”字最早是从隶书演变而来的。追根溯源，从小篆到隶书，“折”字左边的“”被写成了“手”，因而引起字义上的变化。“折”字的意义就从狭义的“断草”逐渐引申为广义的“折断”了。“折”字从“手”、从“斤”之后，依然留存着断木、断草的意思，可理解为手持“斤”去断树、断草。

在汉字中，有一个字与“折”字仅有一点之差，这就是“拆”字。尽管只是这一点的差别，却导致这两个形似字在读音与意义上的巨大差别。在书写中，一定要小心谨慎。否则，差了这关键的一“、”，就会大相径庭，甚至酿成大错。“拆”字从“扌”（手）、从“斥”，是一个形声兼会意字。“斥”即“裂”，意为将东西分开。因此，“拆”字的本义便是“用手将东西分开”。后来，在此基础上，又进一步引申为“拆开”“拆散”。

关于一字之差造成大错的实例是客观存在的。1947年，解放区进行土改。有一个村子，居然将地主的房屋全部拆掉卖了，再将卖得的钱分给贫雇农。后来，上级发现了这件奇怪的事情，就进行了一番仔细的调查，这才真相大白。原来，是村干部将上级文件中的规定理解错了。毫无疑问，当时的土改政策肯定没有这一条。之所以造成这样一种误解，是因为一个区政府的干部在制作文件时写错了一个字。政府的土改政策规定，可以将地主的房屋“折卖”给群众。其本义是指：如果房子不便平分，可以折价，由多分房的人家拿钱给分不到房或少分房的人。但是，这个区干部却将“折卖”写成了“拆卖”，以致酿成一个哭笑不得的大错。

“折”“拆”二字趣释

在汉字中，“折”与“拆”在形体上只有一“、”之差。仅这一“、”导致“折”与“拆”二字在读音和意义上均有差别。尤其是书写时，要特别注意这一“、”，忽略了这一“、”，甚至会酿成大错。“拆”从“扌”（手），从“斥”，“斥”亦声。

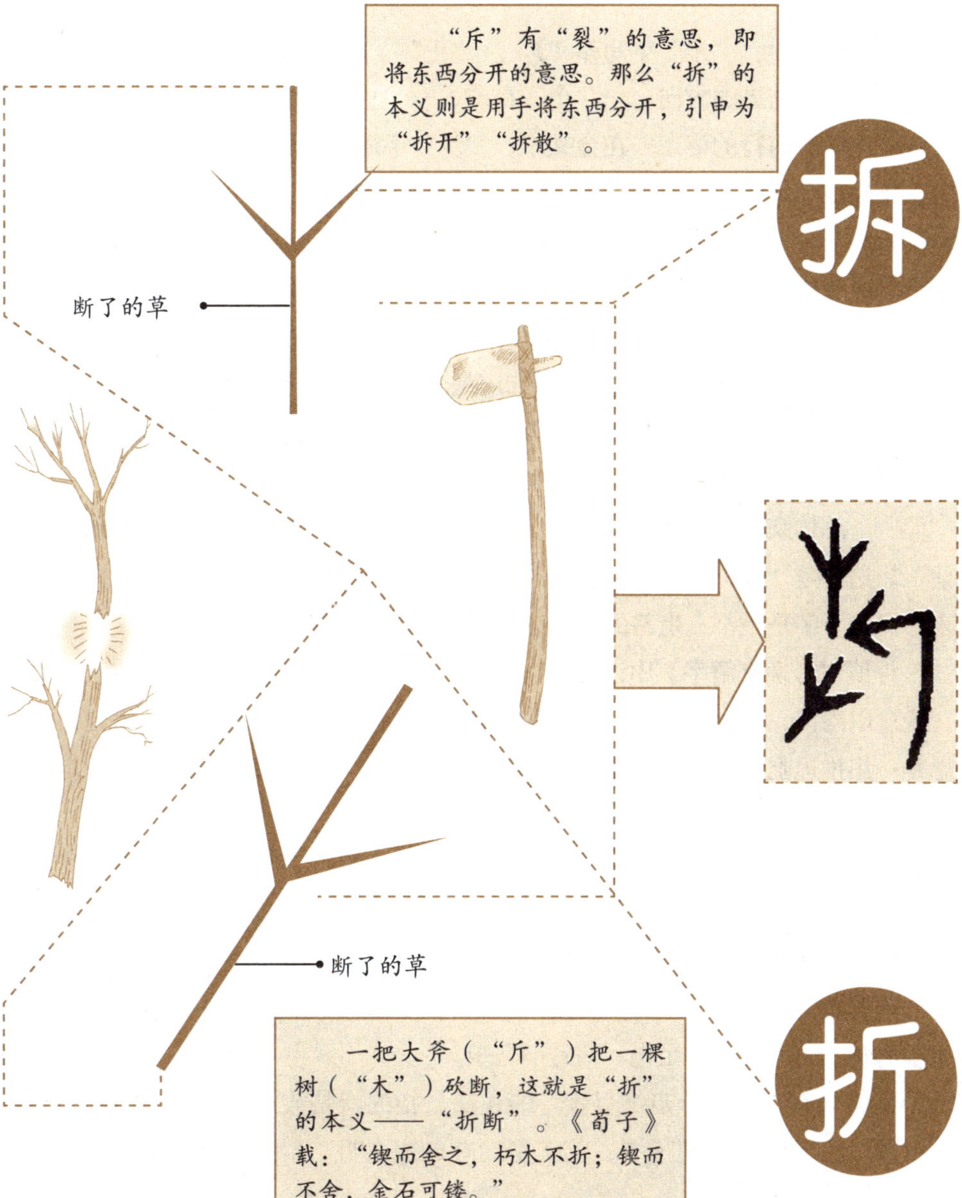

“斥”有“裂”的意思，即将东西分开的意思。那么“拆”的本义则是用手将东西分开，引申为“拆开”“拆散”。

拆

断了的草

断了的草

一把大斧（“斤”）把一棵树（“木”）砍断，这就是“折”的本义——“折断”。《荀子》载：“锲而舍之，朽木不折；锲而不舍，金石可镂。”

折

第八节

五十步笑百步——“步”字解

在甲骨文中，“步”字写作“”。“止”，就是脚。在这里，“”（止）的脚趾正朝着前进的方向。一“止”在前、一“止”在后，酷似一个人一脚前、一脚后地稳步前行的姿态。在金文中，“步”字形似前后两个脚趾朝上的大黑脚印，极为形象地揭示了“步行”的意思。在小篆中，“步”字写作“”，一正一反的两个“止”代表行走中的左右两脚。汉字发展到了楷书阶段，“步”字的字形有所变化，意思却大致保持不变。分析其结构：上部是“止”；下部则是一个反“止”。常有人在“步”字下面的“止”字的右上方加上一点，就是以为“步”字的下面是个“少”字。如果知道是个反“止”，就不容易写错了。

当然，也有些学者分析，“步”字属于典型的会意字，从止、从变形的少。所谓“少”，就是指“小”，可理解为动作幅度小。至于“止”，自然可理解为“停”。总体来看，“止”与“少”的组合就代表“一脚停止不动，一脚小幅跨前”。这便是“步”字的本义，后又称为“一步”，简称“步”。在这些学者看来，“步”字是指常人走路的步幅，相对较小，而非刻意夸张的大步。

许慎在《说文解字》中诠释道：“步，行也。从止，相背。”在古代，常有“晚食以当肉，安步以当车”的说法。其中的“步”就是指慢步走。整句话的意思是：用推迟吃饭的时间的方法，权当作吃肉一样；用安安稳稳地慢步行走的方法，权当作坐车一样。

人在步行时，总是一脚在前、一脚在后。这两脚之间，便会产生距离。于是，“步”字就引申为长度单位。在古代，一脚往前跨一次叫“跬”（半步），两脚各向前跨一次才叫“步”。换句话说，这个“跬”字代表的只是“半步”，却与现在意义上的“步”（两脚之间的距离）接近。对此，《小尔雅·广度》说得很清楚：“跬，一举足也。倍跬谓之步。”

民间早有“以五十步笑百步”的说法，指的就是败逃五十步的士兵却去嘲笑败逃一百步的士兵胆子小，其实是没有自知之明，不懂得两者在本质上并无差别。

“步”字趣释

步”字一“止”在前，一“止”在后，形象地描绘出一个人在行走时，两只脚一前一后稳步前行的姿态。“止”，就是脚。金文的形体是两个脚趾朝上的一前一后的大黑脚印，更清楚地表达出“步”的步行意。由于步行时一只脚在前，一只脚在后，两脚之间总有一定的距离，所以“步”引申为古代的长度单位。

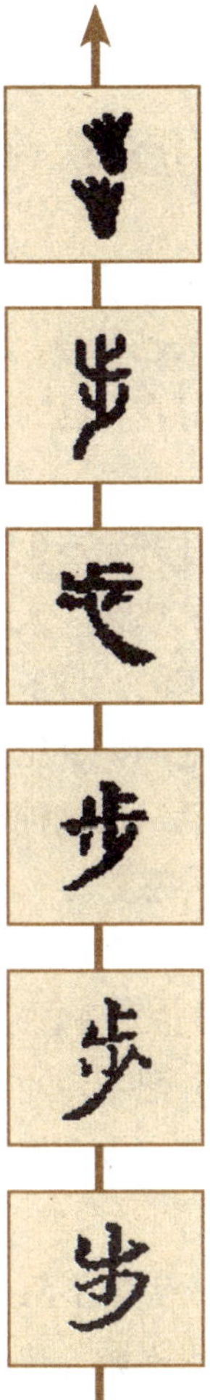

一步一脚印

造字解说

步，早期甲骨文像两只（脚掌）在（大路）一前一后地移动。造字本义：两脚在大路上交替迈进。晚期甲骨文省去大路形象，突出两只脚的配合移动。金文画出两个脚印。篆文基本承续晚期甲骨文字形，表示两只脚掌在同一纵线上前后移动。

两只脚各迈出一次，就叫一“步”。楷书“步”字的下部就是由小篆反写的“止”字演变来的。

甲骨文 步

第九节

私心重的人只看到鼻尖——“私”“厶”二字解

“私”的古字是“厶”。这个“厶”字在甲骨文和金文中分别写作“ㄋ”“ㄋ”，属于典型的会意字。

关于“厶”字的本义，学术界说法不一。一派学者通过对古玺文的考察，认为“厶”字形似人口。既然人人有口，自然能以我之“口”表达一己私心。另一派学者则认为，“厶”字更像人鼻。私心过重的人往往只将眼睛盯在自己的鼻子尖上，毫不顾及别人的利益与感受。

据考证，“厶”字最早源于战国。但是，这并不意味着这时才开始产生私有观念。显而易见，人类的私有观念的产生要比“厶”字的历史更加悠久。人的私有观念是如何产生的呢？有些学者认为，可能是人从动物那里学来的。许多动物都存在强烈的领土概念，各自占有一定的活动空间，绝不允许其他动物冒犯。在许多动物中，雄性动物对雌性动物的占有欲体现得极为明显。当然，用这种理论来解释人类的私有观念的产生是很不全面的，颇有一点隔靴搔痒的感觉。

从历史的角度来看，“厶”字当属私有制的产物。在原始社会前期，由于生产力水平低下，既没有剩余财产，也不存在压迫和剥削现象，人们的头脑中还未产生私有观念。后来，社会不断发展，剩余财产开始出现，财产分配不均的现象随处可见。于是，一些人便开始牟取一己私利。在这样一种情况下，古人便造出了这个“厶”字。

“厶”字代表私有观念，被古人视为罪恶的根源，与“公”字势不两立。在此基础上，便引申为“奸邪”“邪恶”。许慎的《说文解字》也强调：“厶，奸邪也。”至于“私”字，是“厶”的后起字，由“禾”和“厶”组成，属于形声兼会意字。《说文解字》强调：“私，禾也。从禾，厶声。”在许慎看来，“私”原本是指一种禾谷。后来，被假借为“厶”，便代表公私之“私”。发展到一定阶段，“私”字逐渐流行，“厶”字则逐渐被人们弃用。

至于“私”字为什么由“禾”和“厶”组成，一些学者是这样解释的：自私的具体表现就是对禾谷的自私拥有，“私”字实际上含有“将公家的禾谷据为己有”的意思。

“私”“厶”二字趣释

“私”的古字为“厶”。对“厶”的本义，学术界说法较多。有的学者根据古玺文的形体，认为“厶”像人口的形状。在古人看来，人人都有口，他们常常借“口”以表现自己的私心。“私”本是一种禾谷的名称，后假借为“厶”。

私字的含义

“私”字的本义是一种禾名，是一个形声字。后来，“私”逐渐引申为“个人的”，与“公”相对。这一含义现在仍然沿用，如“私事”，即个人的事。此外，该字还有“秘密，不公开”之义，如“这个决定是他私下作出来的”。

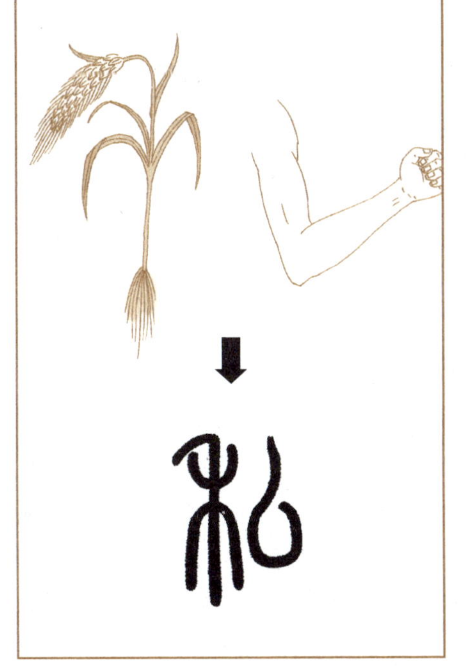

“私”与“厶”的关系

“私”的甲骨文“厶”与“以”通用，像在胞衣中头朝下、尚未出生、不明性别、不明模样的胎儿。篆文（禾，代表粮食、财产）（厶，胎儿）。造字本义为：不知其详的胎儿或暗藏的家产。在共产平分的原始时代，人们对胎儿与个人所隐藏的粮食、财物，既好奇又无奈。“私”即“厶”，是头部朝下、尚未出生的神秘胎儿。

①本义，名词：非部族共有的胎儿、粮食。（本义消失）

→借代引申→ ②名词：独立的个体。（私营/私有）

→词性引申→ ③形容词：个体的，非公有的。（私塾/公私）

→词性引申→ ④动词：不公正对待，偏爱，偏袒。（自私自利）

③ →递进引申→ ⑤形容词：秘密的，不为人知的。（私处/隐私）

⑤ →词性引申→ ⑥副词：秘密地，不为人知地。（私奔/私语）

第十节

伸长脖子痛饮美酒的人——“饮”字解

“饮”字的繁体是“飲”字，其古字是“”。在甲骨文中，“饮”字写作“”。分析其结构：“”是“人”，形似一个伸着长长的脖子的人；“”是口，形似大口张开；“”是舌，形似一个从口中伸出的舌头；“”是酉，代表盛酒的一种器皿。总体来看，“饮”字属于典型的会意字，意为：一个人张口伸舌，正在开心地喝酒。因此，“饮”字的本义就是“喝酒”。

有些学者认为，甲骨文的“饮”字揭示的是这样一个场景：一个人正俯身张口，手执吸管，吸饮器皿中的酒。在他们看来，这种古老的喝酒方法依然保留至今。例如，在我国的西北和南方，一些少数民族兄弟仍然采用这种饮酒方式。至于甲骨文和金文中的“饮”字的形体发生某些变化，很可能与商人和周人的不同的饮酒习惯密切相关。

在金文中，“饮”字写作“”。字形上与甲骨文稍有区别，字义上则基本保持不变。分析其结构：左上部变成“今”，成为声符；右部是一个向左站立的人，嘴巴张着，舌头依稀可见。总体来看，“饮”字从“酉”、从“人”，属于典型的形声字。

在小篆中，“饮”字写作“”。分析其结构：左部延续金文的形体；右部的“人”变成“欠”，代表张口吐气的人。此时的“饮”字仍指“喝酒”，并进一步引申为“喝”。《孟子·告子上》有一句“冬日则饮汤，夏日则饮水”，其中的“饮”便是指“喝”，“饮汤”和“饮水”分别指“喝热水”“喝冷水”。

“饮”字在“饮酒”的基础上，又引申为“吃喝的东西”，也就是我们现在所说的“食物”。在《战国策》中，就花了不少笔墨，描写了迎接苏秦的隆重而壮观的场面。其中有“张乐设饮”的句子，“张乐”是指组织乐队，“设饮”是指安排酒席。

经过简化之后，“饮”字显得更为合理：“酉”变成了“食”，指代所有的饮食；去掉“今”这个声符，仍保留“欠”。总体来看，“饮”字是指人又吃又喝，极具现场感。

“饮”字趣释

“饮”字最早创制于商代，是会意字。合起来的意思是：一个人张着大口，伸出舌头对着酒坛子痛饮不止。由此确定“饮”的本义为“饮酒”“喝酒”。简化字的“饮”在结构上更科学，学者们将左边的“酉”改成“食”字，指所有的食物、饮料，去掉声符“今”，右边仍保留“欠”字。

酒坛子

“饮”字的甲骨文像一个人手扶酒坛，俯首张口，伸出舌头喝酒的样子；金文的“饮”字则把这个形象简化了，又加“今”为声符，后演变为楷体的“饮”字。

饮

造字解说

饮，甲骨文像一个人向酒坛伸出舌头，表示喝酒。造字本义：喝酒。早期金文简化字形，省去舌头形象。晚期金文误将早期金文的“人”写成（“今”，含），表示含酒在口，慢慢品味。篆文承续晚期金文字形。隶书以“食”代“酉”，以“欠”代“今”。

①本义：动词，喝酒，喝（饮酒） —扩大引申→ ②动词：给予吃喝（饮马长江） —比喻引申→ ③动词：享受，承受（饮恨）

第十一节

当皇帝就“了”了——“了”字解

“了”字的读音是“liǎo”。在现存的甲骨文和金文中，并没有“了”字。“了”字最早源于小篆，写作“㇀”。《说文解字》认为，“了”的本义就是走路时足与胫相交。“了”字也可指“了结”“结束”。《广雅》就明确指出：“了，讫也。”在这里，“讫”就是指“止”“结束”。在此基础上，“了”字进一步引申为“了结”。对此，清朝的徐灏强调：“凡收束谓之结，故曰了结。”

关于“了”字，民间流传着一个故事。元朝末年，张士诚在承天寺称王。一帮手下正准备为他题写寺匾。第一个人刚写了个“了”字，张士诚便勃然大怒，喝令推出去斩首。第二个人又写了个“了”字，也被砍了头。就这样，一连好几个人都因此被杀。众人既惊惧不已，又莫名其妙。一个手下壮起胆子问他：“您为什么要杀他们？”张士诚气呼呼地说：“老子才当王，就‘了’了，这也太不吉利了！”这时，又来一人题写。与前几个人不同，他首先写了个“王”字，再完成“承”字的其他笔划。张士诚十分满意：“这就对了嘛，首先称王，左有文臣，右有武将，再戴上桂冠，自然根基永固，最后一贯到底。”于是，这个聪明人得到了重赏。

在《红楼梦》中，有一首著名的《好了歌》。甄士隐遭遇家破人亡的变故，心情极为郁闷。有一天，他在街上碰到一个疯疯癫癫的道士，念了一首《好了歌》给他听：“世人都晓神仙好，唯有功名忘不了！古今将相在何方？荒冢一堆草没了。世人都晓神仙好，只有金银忘不了！终朝只恨聚无多，及到多时眼闭了。世人都晓神仙好，只有娇妻忘不了！君生日日说恩情，君死又随人去了！世人都晓神仙好，只有儿孙忘不了！痴心父母古来多，孝顺儿孙谁见了？”这首诗用了八个“了”字，辛辣地讽刺了庸俗世人为了名利而钩心斗角，最终却空欢喜一场的悲剧。

“了”字趣释

许慎《说文解字》认为“了”的本义为走路时足胫相交。但“了”的这一义项不见于文献。不过，“了”作动词“了结”“结束”的意思颇多见。由“了”后来引申为表示动作行为的过去时的时态助词。做助词的“了”，读作le，轻音。

“了”字，显生命之态，生活的节度尽显其中

它的本义就是一种姿态：两腿相盘而坐（《说文解字》释）。犹如黄河九曲十八弯之形，横亘于我们的生命之躯，将七十二行，天文地理，三教九流，宏观微观，林林总总，囊括其中，冷静地观照着我们前行中的生命。

了

“了”字的引申义

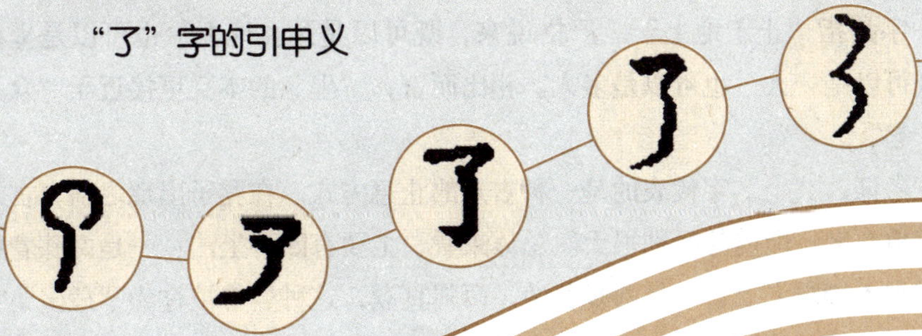

造字解说

了，篆文字形♀是ℓ（“厶”，头朝下、未出生的胎儿）的倒写，头朝上，表示婴儿已经出生。造字本义：胎儿已经出生为婴儿。隶书了略有变形。古人称胎儿未出生（秘密未知）为“厶”（私），称婴儿出生（男女清楚可辨）为“了”。“私”即ℓ“厶”，是头部朝下、尚未出生的神秘胎儿；♀“了”是刚出生的、性别确然可辨的幼婴；子“子”是挥动两臂、两腿包裹在襁褓中、尚不能独立活动的幼儿；大“大”是顶天立地的成年人；人“人”是双手采摘或在地里忙活的劳动者。

第十二节

众人止于土上——“坐”字解

在现存的甲骨文和金文中，并没有“坐”字。“坐”字最早源于小篆，写作“坐”。许慎在《说文解字》中强调：“坐，止也。从土，从留省。土所止也。此与留同意。”在许慎看来，“坐”字与“留”字是同义的。因此，他将“留”解释为“止”。有学者分析，“留”字去掉“田”，加上“土”，就变成“坐”字。这说明，“坐”属于典型的会意字。换句话说，“坐”字是由“留”和“土”组成的，意为“止于土上”，也就是“在地上停留”。

一些学者从“坐”字的字形上认定，“坐”字的本义是“众人围坐在一起”。例如，林义光就认为，“坐”字“象二人对坐土上形”。在小篆中，“坐”字是指“止于地上”。严格说来，既可以是站在地上，也可以是坐在地上，既可以是一人，也可以是多人。相比而言，“坐”的本义更接近于“众人围坐在一起”。

据考证，“坐”字代表的是一种古老的止息方式。在凳子出现之前，古人习惯于席地而坐，但姿势区别很大。总体来看，主要有四种坐法：一是两膝着地，将臀部坐于脚跟之上；二是两膝着地，两腿直立，这种姿势被称为“危坐”“长跪”；三是臀部着地，双脚伸开，两手按膝，形似箕状，被称为“箕坐”，往往体现出傲慢之气；四是坐在地上，背靠座几，被称为“隐几而坐”。

与“坐”有关的成语中，最著名的当推“坐怀不乱”了。春秋时期，鲁国大夫柳下惠素来人品端正，远近闻名。有一天晚上，天寒地冻。柳下惠在城门口遇到一个无家可归的女子，被冻得瑟瑟发抖。柳下惠天性善良，立刻将女子扶起，让她坐在自己的怀里，以免她再被冻僵。就这样，两人单独坐了一夜，相安无事。柳下惠不仅没有丝毫非礼之举，而且就连一点越轨之念也没有。从此，“坐怀不乱”的成语就广为流传了。

在古代，“坐”字体现的往往是席地而坐的姿势。后来，出现了凳子，“坐”字就被用来指将臀部着于凳上的姿势了。

“坐”字趣释

《说文解字·田部》中说：“留，止也。”“土”加上“留”字省去下面的“田”，留下上面的部分，然后组成“坐”字。是会意字。“坐”的意思由“留”和“土”会合而成，就是止于土上，或者说是停留在地上。“坐”的本义可以从其古文字的结构看出来，意思是众人围坐在一起的意思。

“坐”本义是古人休息的一种方式。“坐”字是一个会意字。古人常常席地而坐，坐的时候双膝着地，臀部压在脚跟上。在现代汉语中，“坐”也常指建筑物的位置或背对着某一方向，如坐落、坐北朝南。“坐”还有乘坐的意思，如“坐汽车”等。

早期篆文坐=从（两个人相对）+土（土，土炕）。造字本义：主宾双方盘腿于炕上，饮食交谈。晚期篆文坐误将从（相对的两个人）写成卯（卯，“留”的略写），表示主人挽留客人。

造字解说

第十三节

双手理一束乱丝——“乱”字解

在现代汉语中，“乱”字多有贬义，指的是“动乱”“战乱”“混乱”“杂乱”等。因此，人们很难想到，“乱”字原本也有“治”的意思。“乱”字的繁体是“亂”字，古字写作“”。在小篆中，“乱”字写作“”。分析其结构：上部是“爪”，代表手；下部是“又”，也代表手；中部形似理丝的工具，还套着一束丝。总体来看，“乱”字是指用两只手梳理一束乱丝，以便于纺织。由此可见，“理丝”便是“乱”字的本义。

许慎在《说文解字》中认为：“乱，治也。从乙，乙治之也。”这就说明，“乱”字属于会意兼形声字。既然“乱”有“治”义，“乙”也有“治”义，那就说明“乱”字确实含有“治”的意思。学者杨树达说得更加精细：“余谓‘乱’字当从爪、又，爪、又皆谓手也。从爪，从又者，人以一手持丝，又一手持互以收之，丝易乱，以互收之，则有条不紊。”

当然，将“乱”字解释为“治”和“理”，实际是指“乱”字的引申义，而非“乱”字的本义。不少人错误地认定“乱”字必定含有贬义，往往会闹出笑话。例如，《尚书》中的“予有乱臣十人，同心同德”中的“乱臣”就不是什么奸臣、小人，而是指治国良臣、爱君忠臣。

由此可见，在长期的发展演变过程中，“乱”字的引申义与其本义正好相反。既然“乱”字的本义是“将乱丝理顺”，这就含有“杂乱”之意。所以，“乱”字后来就出现了“动乱”“不安全”等引申义。《孟子》中有一句广为流传的话：“孔子成《春秋》而乱臣贼子惧。”在这里，“乱臣”就是指奸臣，并没有任何褒义。这与“予有乱臣十人，同心同德”中的“乱臣”的含义完全相反。

在古代，“乱”字常被用来指代乐曲的末章，或用来指代辞赋最后那段揭示主旨的文字。“乱”字的这一含义也属于引申义。实际上，“乱”本身就是指整理一束乱丝，其最终目标就是有条不紊。从这个意义上说，“治”是“乱”的最终目的，引申为乐曲或辞赋的末章或末段也就顺理成章了。

“乱”字趣释

“乱”在现代汉语中是贬义词，有“动乱”“战乱”“混乱”“杂乱”的意思，很难想到“乱”会有“治”，即有条不紊的意思。“乱”字的篆文，上面的“爪”与下面的“又”均代表手，中间的像一个理丝的工具，上套有一束丝。整个形体像用两只手在理一束乱丝，使其条理化，便于纺织。可见“乱”的本义是理丝。

“剪不断、理还乱”

“乱”是对一束乱丝进行整理，而整理的最后目的是使其条理化，达到有条不紊。

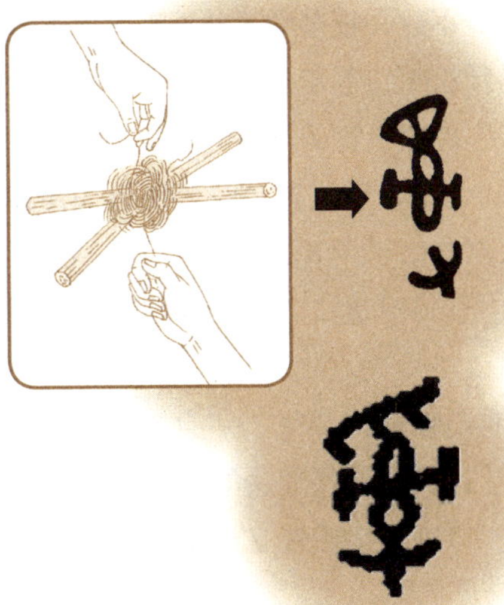

目的

“乱”的本义是抽理散乱的蚕丝，是一个会意字。金文的“乱”字，下方是一个“又”，表示人手，上方是一个“爪”字，表示指甲，中间是一个缠绕乱丝的架子，合在一起的意思就是一个人正在用指甲拨弄架子上的乱丝，使其变得有序。“乱”还可以引申为混乱，没有秩序，如“乱套”“凌乱”。

造字解说

“乱”指古乐曲最后一章

“乱”是对一束乱丝进行整理，而整理的最后目的是使其条理化，达到有条不紊。

乱，金文（爪，抓、抽）（丝线绞结在织机的经纬架上）（又，抓），表示纺织者将绞在织机上的杂丝抽去。作为单纯字件后，晚期金文加（乙，曲丝），突出绞在织机上的丝线。造字本义：丝线无序，无法纺织。篆文承续金文字形。

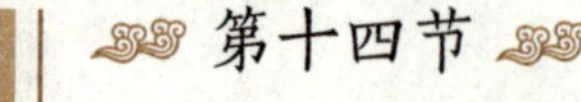

第十四节

草旺盛地生长——“每”字解

在甲骨文中，“每”字写作“”。分析其结构：下部是“母”；上部是“𠂉”。在学术界，许多学者认为，这个“每”字代表“太太”。关于这一点，目前已经形成共识。但是，对于这个“𠂉”，学术界的说法并不一致。在鲁迅看来，不妨将“每”字理解为“戴帽子的太太”。不过，很多学者并不赞同鲁迅的这一观点。那么，“太太”头上戴着的究竟是什么呢？近年来，一些学者倾向于认为，应该是“笄”，也就是现在所说的簪子。按照古代的风俗，女子年满15岁就算步入成年了，可以结婚成家，生儿育女。为了表示慎重，就要举行一种笄礼，将头发挽成发髻，用“笄”扎起来。这有点类似于今天的成人礼，只不过具体的仪式各不相同罢了。有些学者认为，从这个意义上说，“每”字实际上体现了“母”与“女”之间的区别。

当然，也有一些学者另有一番解释。在他们眼里，“每”字的上部代表的是健康的成年女性的浓密头发。其基本逻辑是：只有那些健康的成年女性，才会拥有足够强盛的生育能力。由于这个缘故，“每”字后来又引申为“植物茂盛的样子”。

在小篆中，“每”字写作“”，从屮（chè）。这个“屮”，意为草木初生。有学者认为，“每”字实际上是“母”字的异体字。就其本义而言，“每”字就是指“草旺盛生长”。更有一些学者认为，“母”指的是“自生的”，“𠂉”指的是“延展的”。两者合起来，就表示“每”字的本义，即“事物自生一种物质并延展覆盖表面”。

再来看看许慎在《说文解字》中表达的见解：“每，草盛上出也。从屮，母声。”他认为，“每”字属于典型的形声字。一些学者在他的见解的基础上进一步分析道：“母”代表土地，也就是我们常说的大地母亲，“𠂉”代表草。因此，“每”字的含义是“各种植物茁壮生长”，进一步引申为“母亲关爱自己的每一个孩子”。

在“植物茁壮生长”的基础上，“每”字进一步引申为代表个体而非群体的“逐个”“各个”。

“每”字趣释

“每”字甲骨文的下部是“母”，上面的“𠂉”，学者们有不同的说法。有的学者认为，甲骨文的“每”为长有一头浓密长发的女性。这也是健康女性的象征。健康的女性会一年接一年地生下一个又一个婴儿。“每”由此引申为指植物茂盛的样子。有的学者认为“母”意为“自身产生的”。

“戴帽子的太太”

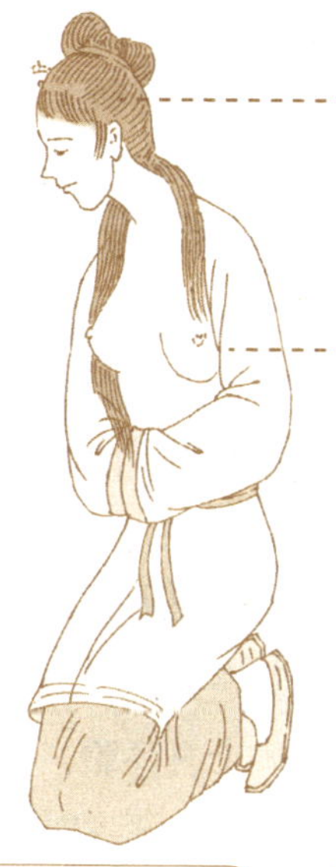

头上的饰品

古代女子满15岁后，就算是成年，将要为人之妻母；此时就要举行笄礼，把头发挽成发髻，用笄（即今簪子）扎起来。

胸前的双乳是母亲的象征。

“大地母亲”

“每”字下面的“母”喻指土地，即人们常说的母亲大地，上部指草，上下两部分会意为“各种植物能茂盛生长”，含义是“所有的母亲都对她的每一个孩子予以相同的关怀”。

𠂉

草

每

母

母亲大地

“每”字引申

“每”是“母”的异体字。甲骨文卜辞有“小每”“三每”等词语，即“小母”“三母”。字形像一个跪坐着的女子，胸前有双乳，头上插着饰物。金文铭文中有时借“每”为“晦”“敏”。

第十五节

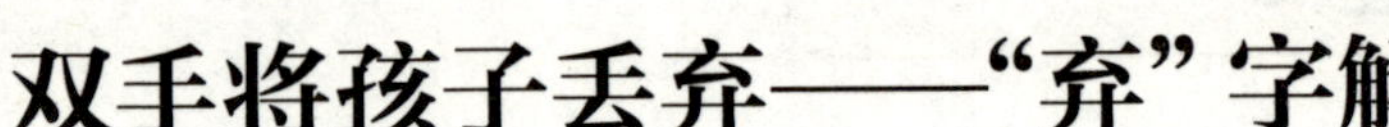

双手将孩子丢弃——“弃”字解

在甲骨文中，“弃”字写作“”。分析其结构：“”（廾）代表双手；“”是古“箕”字；“”是“倒子”，形似倒着的婴儿。为什么是“倒子”呢？其中一种解释是：婴儿呱呱坠地时，是脑袋先离开母体的，也就是倒着出世。所谓“倒子”，就是指初生的婴儿。总体来看，“弃”字属于典型的会意字，酷似双手捧着装有婴儿的箕，正准备丢弃孩子。学者李孝定分析说，这个“弃”字恰似“纳子于箕中弃之之形”。正因为古代常有弃婴的传说，古人才创造了这个“弃”字。在古代文献中，“弃”字多写作“棄”字。从甲骨文到简化字，“弃”字的形体发生了很多变化，但其“弃婴”的本义并没有改变。

在古代神话中，弃子的传说随处可见。《史记》上就记载，周人的始祖名叫“弃”，成年之后，就被尧帝任命为“后稷”，专门管理农业事务。那么，这个后稷怎么会得到“弃”这个名的呢？这就要从他的母亲的一次奇遇说起了。后稷的母亲名叫姜嫄，有一天独自去郊外游玩。她看见地上有一只巨大的脚印，便好奇地踩了上去。回家没多久，她就发现自己居然怀孕了。经过十月怀胎，姜嫄生下了一个男婴。当时，婴儿被一个肉蛋包围。由于孩子来得蹊跷，诞生时又如此古怪，人们便认为他是妖怪，属于不祥之物。于是，这个刚刚出生的孩子就被人们装在筐子里，丢到牛羊成群的地方，想让过往的牛羊踩到他，可那些牛羊总是小心翼翼地绕开他。人们便将他丢到河冰上，心想这下总得冻死了吧。不料，这时从空中飞来一些小鸟，纷纷围在他的身边，用自己的翅膀保住了他的性命。人们相信这一定是天意，就将他抱回了家。由于他原本是个要被抛弃的孩子，所以人们就称他为“弃”。

在“弃婴”这个本义的基础上，“弃”字又引申为“抛弃”“舍弃”。实际上，许慎在《说文解字》中就是这样解释的：“弃，捐也。”只不过，这个“捐”是“弃”字的引申义，而非其本义。

“弃”字趣释

“弃”的本义是“弃婴”，是会意字，像双手捧着一只装有婴儿的箕，准备将孩子丢弃。古文的“弃”与今之“弃”的结构接近，从“廾”从“倒子”，其意义与甲骨文相同。“弃”最常用的义项是“抛弃”“舍弃”，它是在本义“弃婴”的基础上直接引申的。

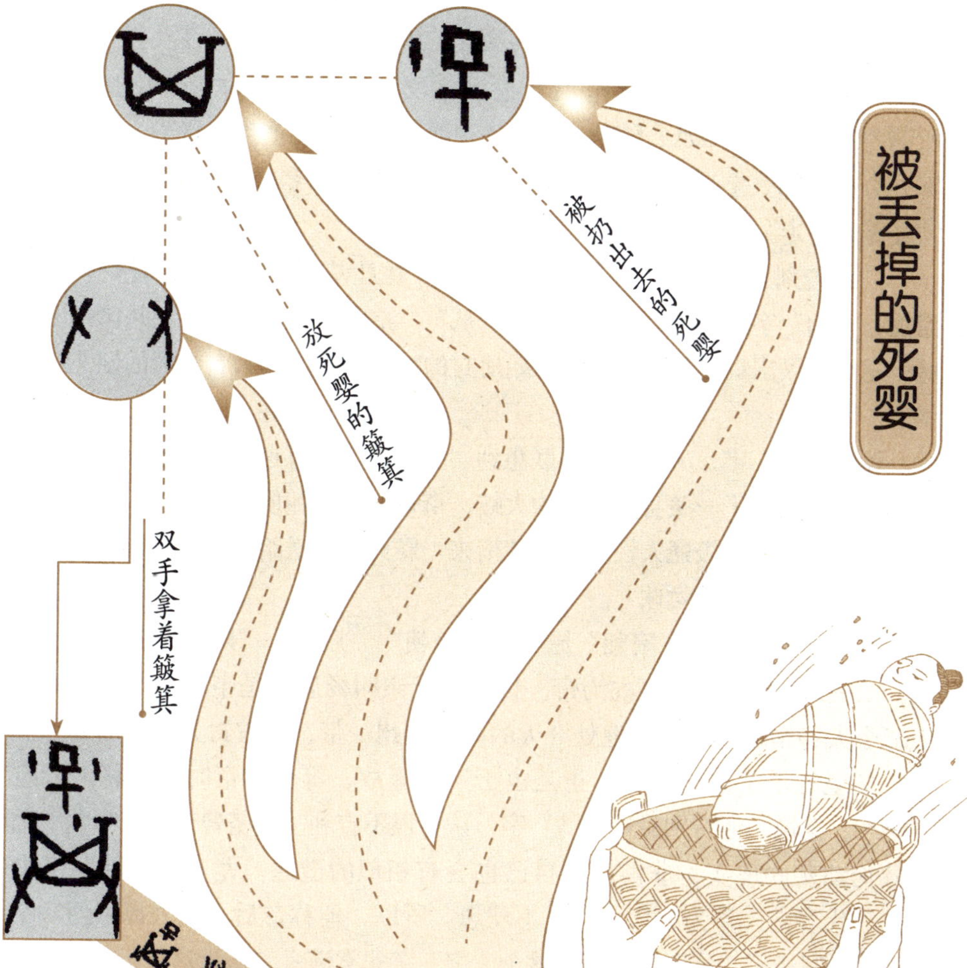

被丢掉的死婴

被扔出去的死婴

放死婴的簸箕

双手拿着簸箕

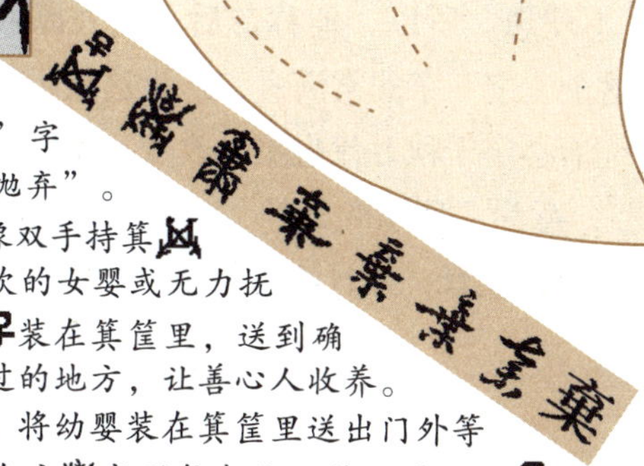

“弃”字的各种写法

“弃”字本义是“抛弃”。甲骨文像双手持箕，将不喜欢的女婴或无力抚养的幼婴装在箕筐里，送到确信有人经过的地方，让善心人收养。造字本义：将幼婴装在箕筐里送出门外等人收养。金文字形复杂化，将甲骨文的“子”写成头朝下的“子”，表示死婴或病婴。篆文大体承续金文字形，表示双手持箕将箕中死婴扔掉。隶书将篆文的（头朝下的“子”）写成；将篆文双手持箕的形象写成。

第十六节

由“随”到“隋”——“随”字解

“随”字的繁体是“隨”字。在现存的甲骨文和金文中，并没有“随”字。“随”字最早源于小篆，写作“”。《说文解字》认为，“随”就是“从”。所谓“从”，是指跟从、随从。那么，“随”字怎么会产生“行”“走”的意思呢？分析“随”字的结构就清楚了：“随”字中有“”，后变成“辶”，意为“在路上行走”。

“跟着别人走”就是“随”字的本义。在此基础上，由于含有受人支配的意思，“随”字又引申为“顺从”“听从”“追随”。“随”字又是诸侯国的名称，这个诸侯国最早是西周时期开始册封的，管辖范围大致在今天的湖北随州一带。

说到“随”字，人们很容易联想到“随侯珠”的有趣传说。有一天，随侯在外出途中，发现了一条身受重伤的大蛇，奄奄一息。随侯于心不忍，就为它敷贴伤口。作为回报，极通人性的大蛇就衔来一颗大珠赠送给随侯。这颗珠子闪闪发光，被后世称为“随侯珠”。

在中国历史上，“隋朝”原本叫“随朝”。后来，“随”字变成了“隋”字。公元581年，杨坚自立为帝。杨坚的父亲叫杨忠，是宇文泰设置府兵时的十二个大将军之一。由于地处今天的湖北随州一带，就被封为“随国公”。后来，杨坚继承了这一爵位。正是由于这个缘故，等他称帝时，就将国号定为“隋”。据说，他特别忌讳“随”字，认为很不吉利。杨坚曾亲眼目睹魏、周、齐政局动荡的现实，非常担心自己也会有相似的遭遇。尤其是“随”字中的“辶”代表走，作为朝代名称很不理想。所以，他称帝后，就去掉“随”字的“辶”，写成了“隋”。杨坚对这个“隋”字非常满意，认为这预示着自己打下的江山必定不会随人而“走”，统治必定千秋万代也不会改变。需要强调的是，“隋”字原本就有，读为“duò”，意为“残余的祭品”。等到杨坚借用作朝代名称，人们便给“隋”增加了“suí”的读音，并且流传至今。

“随”字趣释

许慎《说文解字》：“随，从也。”徐锴系传：“从，隋声。”所谓“从”就是跟从、随从，也就是跟着别人走。“跟随别人走”是“随”的本义，其中有受别人支配之义，因此“随”引申出“顺从”“听从”“追随”的意思。

随 字造字解说

“跟随别人走”是“随”的本义，其中有受别人支配之义，因此“随”引申出“顺从”“听从”“追随”的意思。“随”又为西周时期始封的诸侯国，即今湖北随州市一带。随，篆文（辵，行进）（隋，“墮”的省略，坠谷）。造字本义：追寻坠崖者，追踪。隶书随将篆文的“辵”写成。

“追随者”

隋朝

隋	
首都	长安（大兴城） 581～618年 洛阳（东都） 618～619年
陪都	洛阳（东都）
君主 - 开国君主 - 灭亡君主	共 4 位 杨坚 杨侗
成立	581年3月4日 北周静帝禅让
灭亡	619年5月23日 王世充废杨侗，自立为帝。

第十七节

踮起脚尖远望月亮——“望”字解

在甲骨文中，“望”字写作“”。分析其结构：上部是“臣”，形似人的明亮眼睛；中部是一个站立的“人”；下部是古“土”字，代表人站立的地方，也就是土堆。总体来看，“望”字属于典型的会意字，指的是“一个人站在土堆上极目远望”。因此，“远望”就是“望”字的本义。发展到后来，“望”字中不再有土堆，但仍然留存了踮脚远望的意思。

说到这个“望”字，自然会联想到历史上众多的神话故事。在《庄子》的《秋水》篇，就记载了河神望洋兴叹的故事。秋天到了，涓涓细流汇入黄河。黄河的水面渐趋宽阔，就连对岸的牛马也看不清了。河神十分得意，认为自己汇聚了天底下所有的美善之物。不久，河水向东流到了北海。河神向东望去，居然看不到边。他极为惶恐，这才知道自己实在是太渺小了。河神望着浩瀚的大海感慨万千。

古代还有一个“望夫山”的故事。这个故事说的是：丈夫因事外出，一去便音信全无。妻子思念丈夫，便天天站在藤箱上，望眼欲穿。她每天都向箱子上装土，日积月累，就堆成了一座小山。这对夫妻最后是否团聚不得而知，但这座山却因此而获得了“望夫山”的称呼。

在金文中，“望”字写作“”，字形上与甲骨文稍有差异，但依然留存了甲骨文的“望”字的本义。由于“望”字栩栩如生地再现了世人“举头望明月”的情景，金文的“望”字仍然将“远望”作为自己的本义。

在小篆中，“望”字写作“”。《说文解字》是这样诠释的：“望，出亡在外，望其还也。”换句话说，“望”字的意思就是“游子出门在外，家人渴盼回归”。

此外，《说文解字》还强调：“望，月满与日相望，以朝君也。从月，从臣，从壬。”所谓“月满与日相望”，指的就是“满月”，属于“望”字的引申义。那么，为什么要将“月”引申为“满月”呢？古人认为，“望，月满之名也”。正因为“月大十六日，小十五日，日在东，月在西”，所以才“遥相望也”。

“望”字趣释

“望”字早见于甲骨文，其形体为前一“望”字的上部是一“臣”字，“臣”其实是一个人的明亮的眼睛的象形字；中间为一站立的“人”；下部为古“土”字，即指土堆，也是人站立的地方，是会意字。

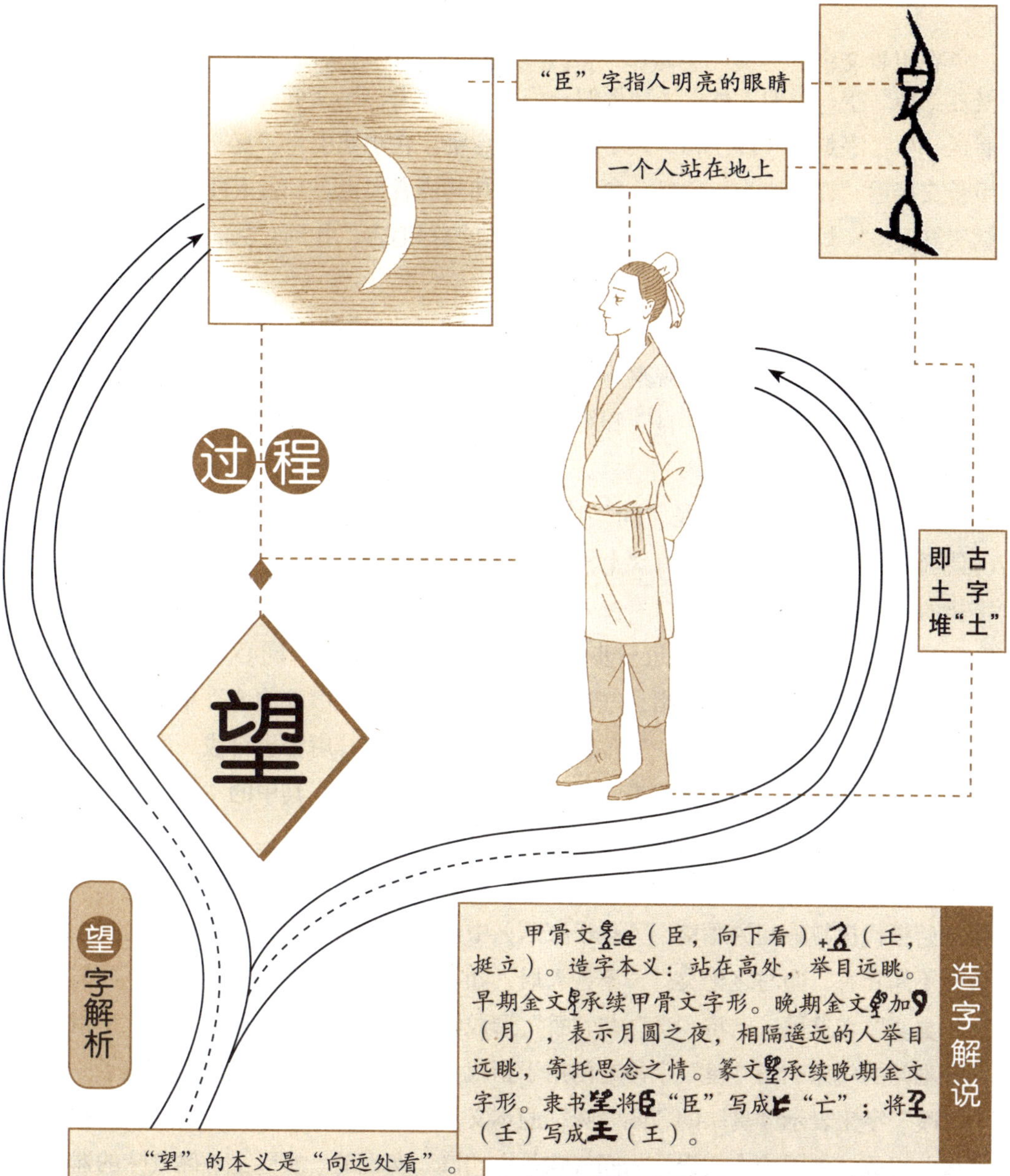

望字解析

“望”的本义是“向远处看”。甲骨文的“望”字像一个人站在地上，睁大眼睛远望。金文则加上了月亮的形状，更加明显地表达了“远望”的意思。

造字解说

甲骨文[古文字]（臣，向下看）+[古文字]（壬，挺立）。造字本义：站在高处，举目远眺。早期金文[古文字]承续甲骨文字形。晚期金文[古文字]加[古文字]（月），表示月圆之夜，相隔遥远的人举目远眺，寄托思念之情。篆文[古文字]承续晚期金文字形。隶书[古文字]将[古文字]“臣”写成[古文字]“亡”；将[古文字]（壬）写成[古文字]（王）。

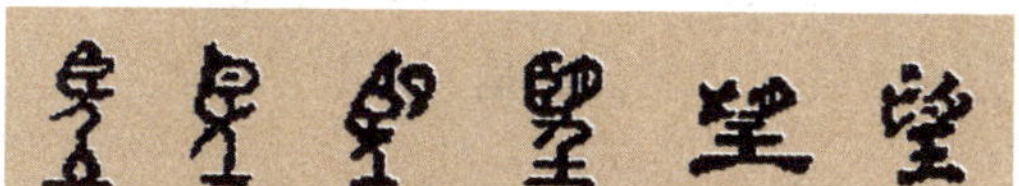

“望”字的各种写法

第十八节

狗用鼻子闻气味——“臭”字解

在甲骨文中，“臭”字写作“”。分析其结构：上部是古“自”字，也就是古“鼻”字，形似人鼻；下部形似一条狗，头朝上，尾朝下，腿朝右。总体来看，“臭”字是由“自”和“犬”组成的会意字。在小篆中，“臭”字的字形与甲骨文接近。许慎认为：“臭，禽走，臭而知其迹者犬也。”古人发现，犬的嗅觉极其灵敏：只要飞禽走兽经过一地，犬就能跟踪追击，找到它们的去处。由此可见，“臭”字的本义就是“闻气味”。

古人之所以要用“自”和“犬”组成“臭”字，主要还是得益于日常生活中对于狗的灵敏嗅觉的精准观察。狗天生爱闻，久而久之，其嗅觉也就出类拔萃了。因此，用代表鼻子的“自”和最能代表灵敏嗅觉的“犬”组成“臭”字，就是顺理成章的事情了。

既然“臭”字的本义是“闻气味”，“臭”字就逐渐引申为“气味”。在《诗经》的“大雅”中，就有“上天之载，无声无臭”的说法。在这里，“臭”字指的是各种气味。

再往后发展，“臭”字进一步引申为“香味”。所谓“同心之言，其臭如兰”，这里的“臭”字并非指“气味”，而是指类似兰花散发的清香味。正因为如此，一些学者认定这里的“臭”就是指“香味”，这样解释也自成一说。杜甫有一句诗非常有名，那就是“朱门酒肉臭，路有冻死骨”。其中的“臭”字，与其解释为“气味“，还不如解释为“香味”更妥当一些。

在汉代以前，“臭”字指的是“气味”或“香味”。到了汉代，“臭”字就开始指代极其难闻的恶臭。《孔子家语》中说：“与善人居，如入芝兰之室，久而不闻其香，即与之化矣。与不善人居，如入鲍鱼之肆，久而不闻其臭，亦与之化矣。”在这里，已将“臭”与“香”形成鲜明对比，可见此处的“臭”字指的是难闻的气味。当“臭”字被专门用于指代“恶臭”之后，人们就另外造了一个“嗅”字来表示“臭”的“闻气味”的本义。这个“嗅”字之所以由“臭”和“口”组成，是因为古人误认为闻气味是由“口”实现的。实际上，闻气味的器官并不是“口”，而是“鼻”。

“臭”字趣释

“臭”的甲骨文上部像是一个人的鼻子形，即古“自”字，“自”就是古“鼻”字；下部是一只头朝上的狗的象形字，狗的尾巴朝下卷起，四条腿向右。可见甲骨文的“臭”是一个由“自”和“犬”组成的会意字。小篆沿用了甲骨文的结构。

“臭”字结构分析

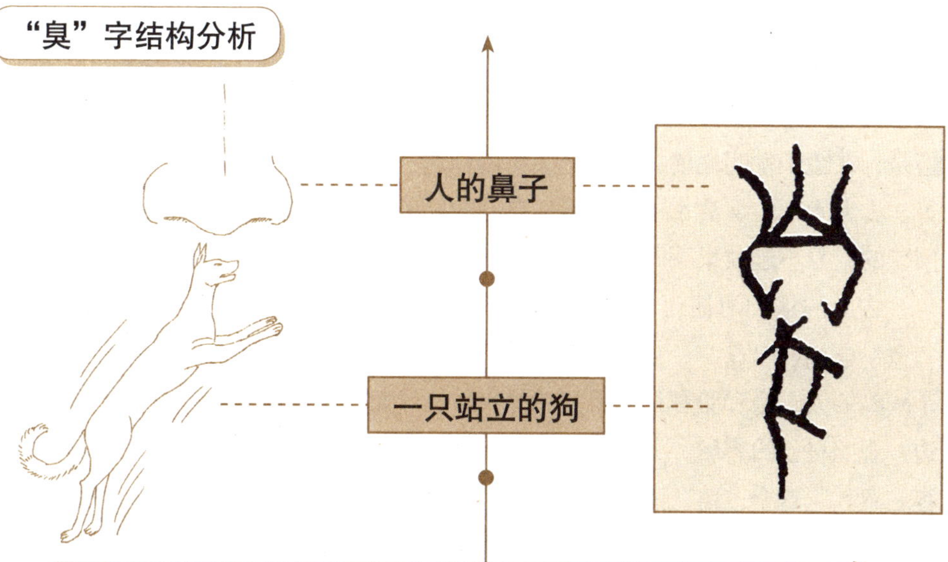

“臭”的本义为嗅（xiù），即闻气味的意思。“臭”字由自（鼻的本字）和犬（狗）组成，指狗的鼻子。狗鼻子的嗅觉特别灵敏，故用它来表示嗅味之义。有气味才能用鼻子来嗅，故“臭”字又有气味之意，如“无声无臭”“其臭如兰”等。现在，“臭”字读chòu，由一般泛指的气味引申为专指一种腐烂难闻的气味，如粪臭、腐臭等。“臭”加“口”旁为“嗅”，表示闻气味。

“臭”字造字解说

骨文（自，鼻）+（犬）。造字本义：狗用灵敏的鼻子辨识气味。篆文将甲骨文的（自）写成，将（犬）写成。“臭”的“狗鼻辨味”本义消失后，再加“口”另造“嗅”代替。

甲骨文

篆文

隶文

行书

草书

第十九节

跪在水盆边照自己的容貌
——“监”字解

“监”字的繁体是“監”字。古人很注重仪容，往往借助镜子来审视容貌。但是，在镜子发明之前，人们是如何做到这一点的呢？很简单，一盆清水就解决了。古人发现，从清水中能观察到自己的影子。这种方式与后来的照镜子是异曲同工的，只不过效果不同罢了。

古人的这种习惯代代相传，尤其体现在“监”这个汉字中。在甲骨文中，“监”字写作“”。分析其结构：左部是“”，代表装水的器皿；右部是一个跽跪的人，眼和脸都很醒目。总体来看，“监”字的意思是：一个人跪在水盆边，观照自己的容貌。《殷墟文字记》强调：“监，像一人立于盆侧，有自监其容之意。”这个“监”读“jiàn”，原本指的是古代的镜子。

仔细分析甲骨文的“监”字，就能发现一个事实：古人非常注重面部的清洁卫生，非常注重自己的容貌。正所谓“爱美之心，人皆有之”，这说明中华民族确实具备“爱美”的传统。

在水中审视自己的容貌，有时并不方便。更关键的是，这种方法的准确度不高。随着社会的发展和科技的进步，青铜冶炼技术日渐成熟，青铜器的制造水平日渐发达。这时，古人便用青铜制作镜子，专门用于审视自己的容貌。于是，照镜子的习惯便替代了照水盆的习惯。这种青铜制品被称为“鑒”，后逐渐简化为“鉴”。从这个意义上说，“鉴”的出现宣告了以水为镜的历史的结束。这里“鉴”通“监”。

“监”的本义是“用水观照自己的形象”，其目的之一就是观察面部是否有不洁之物，以便清洗。“监”字便引申为“监视”“监督”。在《诗经》中，有“监观四方，求民之莫”的诗句。在这里，“监”字应读为“jiàn”。从此以后，“监”字就失去了最初的意思，转而专指“监督”。

国子监堪称中国古代教育体系中的最高学府，是隋朝以后才出现的一种中央官学。明朝迁都之后，曾在北京和南京分设了两个国子监，名称各不相同：设在南京的国子监称为“南监”或“南雍”，设在北京的国子监称为“北监”或“北雍”。

“监”字趣释

“监”的甲骨文右边为一跽跪的人，人之上造字者特别对人的眼睛和面部进行了夸张，左边字形为古代装水用的器皿，相当于后之木盆之类的器皿。全字的意思是：一人跪在一盆水的旁边，面对水照自己的容貌。

“以水为镜”

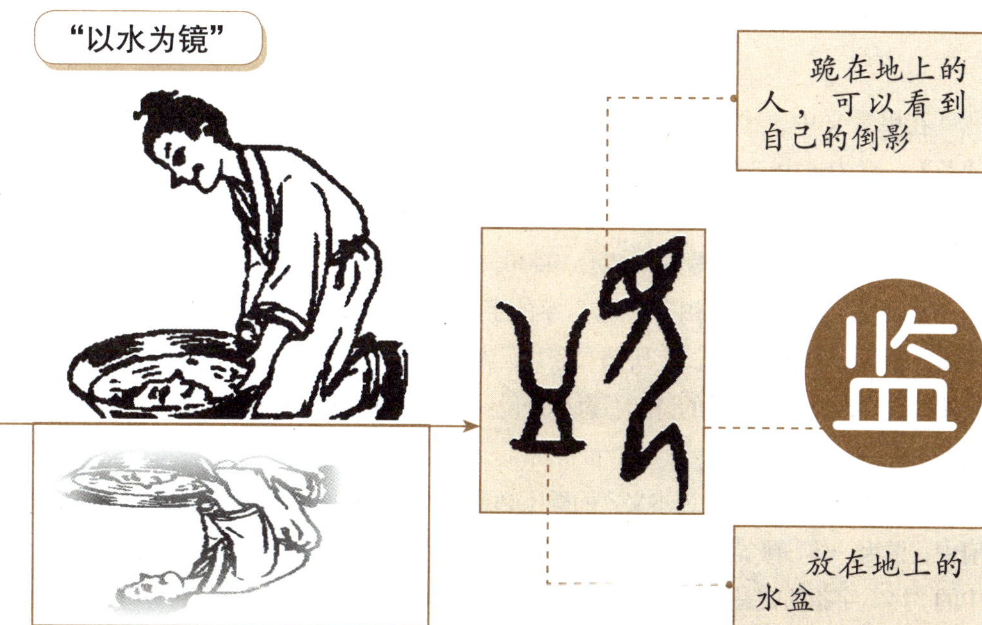

“监”字本义是“镜子”。像一个人跪坐在盆前，睁着眼睛，对着盆里的水照看自己的面容。后来“看”这个意义写作“鉴”。《尚书》：“人无于水鉴，当于民鉴。”这里的“鉴”通“监”。

“监”字的引申义

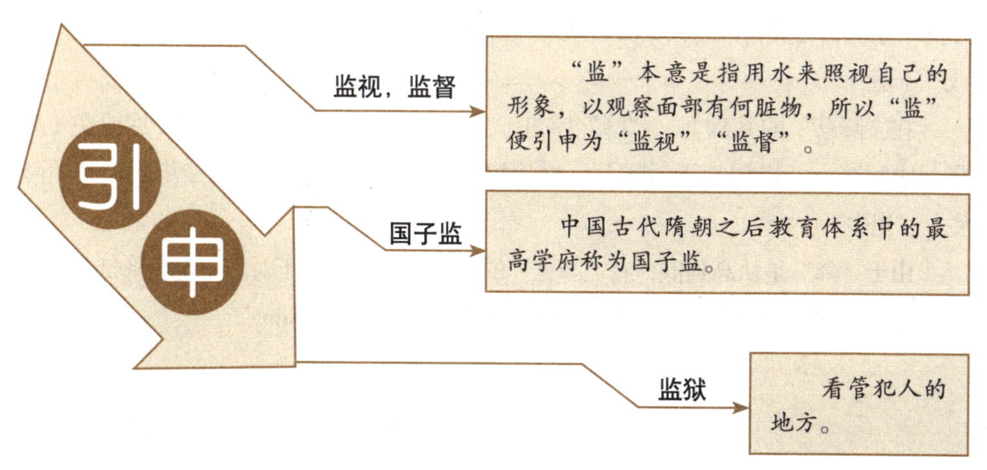

“监”本意是指用水来照视自己的形象，以观察面部有何脏物，所以“监”便引申为“监视”“监督”。

中国古代隋朝之后教育体系中的最高学府称为国子监。

看管犯人的地方。

第二十节

拾级而上与顺坡而下——“陟”“降”二字解

在甲骨文中，“陟”字写作“”。分析其结构：左部是“”，代表左“阝”，意为土山；右部是“”，代表一前一后两只脚，相当于“步”。总体来看，“陟”字从“𠂤”、从“步”，属于典型的会意字。有学者认为，“陟”字酷似一个人从山下一步步向上攀爬的情形。简单一点说，就像是“登山”。

在金文、小篆、楷书中，“陟”字的字形比较接近，变化不大。许慎中强调：“陟，登也。从阜，从步。”所谓“登”，当然是指“登山”。在《诗经》中，就有“陟彼高冈，我马玄黄”的诗句，意思是说：登上了那座高高的山冈，可我的马却生病了。

“陟”字以“登山”为本义，而登山必定由低到高，便引申为“提拔”。“宫中府中，俱为一体，陟罚臧否，不宜异同。”这是诸葛亮在《前出师表》中的名言。其中的“陟”字指的就是“提拔”。

如果要从汉字中寻找一个与“陟”字所代表的动作相反的字，恐怕非“降”字莫属了。在甲骨文中，“降”字写作“”。分析其结构：一边是“”，代表有石级的高坡；一边是一前一后两只脚，脚趾所指的方向与“陟”字脚趾所指的方向正好相反。总体来看，“降”字是指“从高坡上走下来”。简单一点说，就是“下山”。

在小篆中，降字写作“”。分析其结构：左部是“”；右部是“”，由甲骨文和金文中的“二止”演变而来。许慎指出：“降，下也。”他所说的“下”并不是“降”字的引申义，而是其本义。既然“降”的本义是从高到低，就引申为“降落”或“下落”。

在“降落”的基础上，“降”字进一步引申为“降生”“出生”。屈原在《离骚》中写道：“摄提贞于孟陬兮，惟庚寅吾以降。”其中的“降”指的就是“降生”“出生”。

由于“降”是从高到低，有“降低”的意思，而人屈从于对方，也会降低自己的身份，“降”字又引申为“投降”。这里的“降”应读为“xiáng”。

“陟”“降”二字趣释

“陟”字的金文、小篆及楷书的结构基本相同。许慎《说文解字》：“陟，登也。从𠂤，从步。”所谓“登”就是“登山”“登高”。“降”由“降落”又引申为“降生”“出生”。

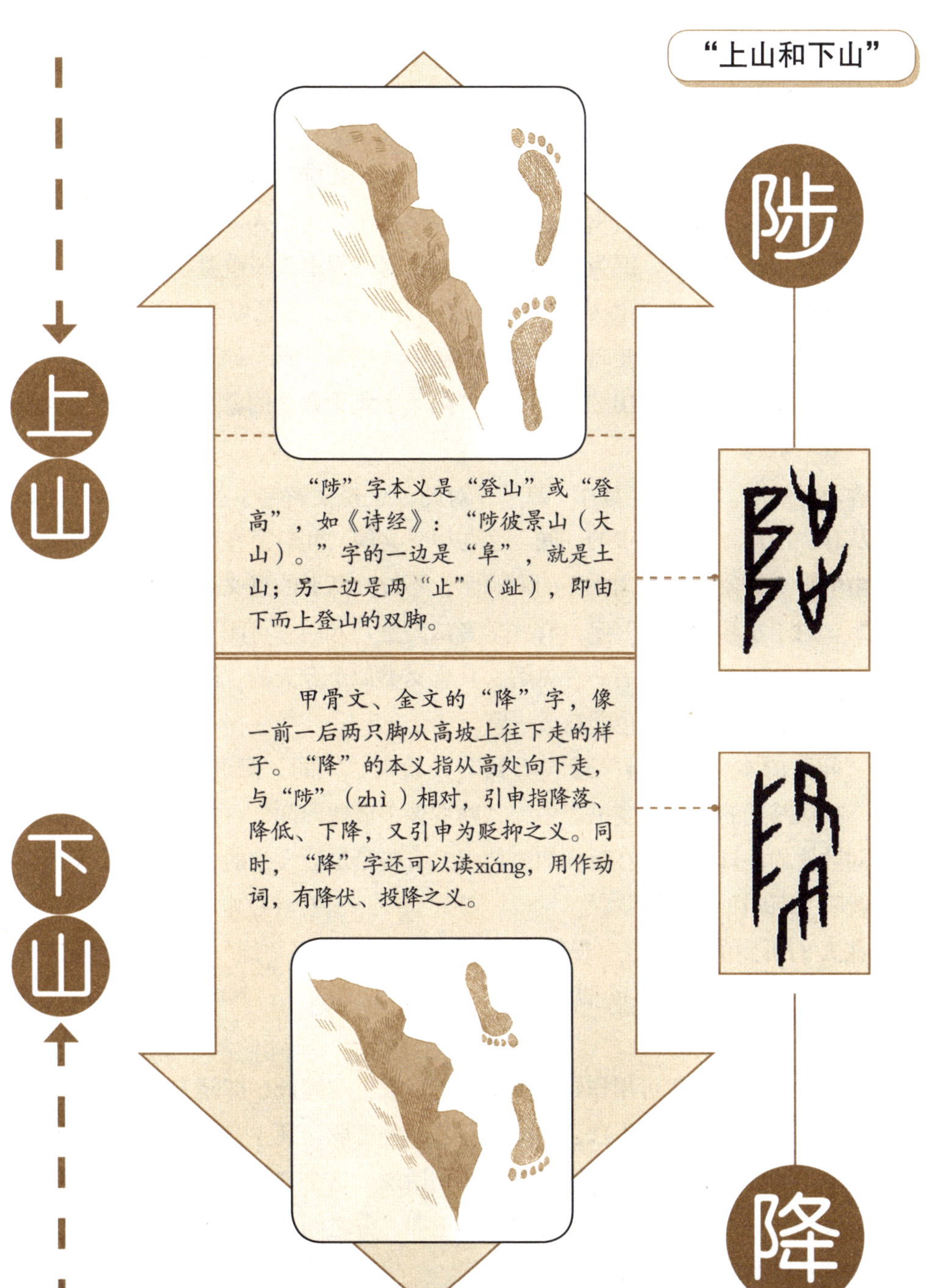

“陟”字本义是“登山”或“登高”，如《诗经》：“陟彼景山（大山）。”字的一边是“阜”，就是土山；另一边是两“止”（趾），即由下而上登山的双脚。

甲骨文、金文的“降”字，像一前一后两只脚从高坡上往下走的样子。“降”的本义指从高处向下走，与“陟”（zhì）相对，引申指降落、降低、下降，又引申为贬抑之义。同时，“降”字还可以读xiáng，用作动词，有降伏、投降之义。

第二十一节

竖起耳朵认真倾听的人
——“闻”字解

在甲骨文中，“闻”字写作“”。在金文中，“闻”字写作“”。这两个“闻”字指的是：一个人跪在那里，两耳直竖，正洗耳恭听某一种声音。在造这个字时，故意采用夸张的手法，将人耳描绘得比人头还大。这就证明，“闻”字强调的是用耳朵在听，因为“耳”在“闻”的过程中至关重要。

一些学者认为，听人说话也好，欣赏音乐也罢，都可以分为两种：一是明听，也就是公开地听；二是暗听，也就是偷听。根据“听”的这一情形，古人便进行抽象与概括，最终造出“闻”字。“闻”字属于典型的象形字，其本义就是“听”或“听到”。

在小篆中，“闻”字写作“”。对此，《说文解字》强调：“闻，知闻也，从耳，门声。”小篆中的“闻”字与甲骨文的“闻”字在形体上差异很大，也已由甲骨文的象形字变为小篆的形声字。不过，两者的意义是相同的，都代表“听”。对于小篆的“闻”字，有些学者认为是“入门方可闻”，有些学者则解释为“门上的耳朵”。照后一种见解，其含义类似于今天的“门卫”。对此，许多学者并不赞同，但确实也能自成一家。

“闻”的本义是“听”或“听到”，后来，“闻”又开始指“听到的事情”。在司马迁的《报任安书》中，“网罗天下放佚旧闻”，指的就是：四处搜集世间散佚的往日之事。在听到的事情中，有些是最近发生的，又不为普通人知道，就叫“新闻”“传闻”。

在人们听到的事情中，很多具有相当的知识性，“闻”字又引申为“知识”“见识”“见闻”。所谓“友直、友谅、友多闻”，其中的“闻”就是指“见识”或“见闻”。

此外，“闻”字也可用作姓氏。史料上记载：“闻氏，即闻人也。”意思是说，闻氏就是闻人氏。在古代，“闻人”是一种官职，其主要工作就是打听和记录最近发生的事情，然后向上级汇报。换句话说，这个“闻人氏”实际上是以官职作为姓氏的一族。《风俗通》中的“少正卯，鲁之闻人也，其后遂以为氏”的记载，就是典型的例子。

“闻”字趣释

“闻”字，甲骨文表示一个人独自跪在那里，竖起耳朵，好像被一种什么声音吸引住，而聚精会神地听这种声音。其目的就在于突出“闻”字的意义，即强调耳朵在听的情形，并表明“耳”在“闻”字中的重要作用。

张大耳朵听声音

闻 结 构 解 析

甲骨文（一个人举手掩住一只耳朵）（露出另一只耳朵）。造字本义：集中注意力倾听。金文像一个人挥手并开口说话，“口”上的三点指事符号，表示发出的声音；表示耳朵在倾听。篆文另造会意兼形声字，由門（门）、耳（耳）会意，表示在门里听门外的动静。

造 字 解 说

一个人跪坐着，用手掩嘴，耳朵画得很夸张，好像在努力听着什么声音似的。这就是甲骨文的“闻”字形，本义是“听见”。现代汉语中用鼻子来嗅物也叫“闻”，表动作。

第二十二节

口说的话耳朵是可以听到的——“听”字解

在汉字中，“听”字的含义与“闻”字的本义基本相同。在甲骨文和金文中，“听”字分别写作“[illegible]”和“[illegible]”，从“耳”、从“口”，均属于典型的会意字。分析其结构：“[illegible]”代表“耳”，是听觉器官；口则是发音器官。总体看来，“听”字的意思是：口所说的话可以被耳朵听到。说得再简单一些，就是“口说耳听”。

在小篆中，“听”字的字形极为复杂，一般写作“[illegible]”。许慎在《说文解字》中强调：“听，聆也。”有学者分析，小篆中的“听”字属于典型的形声字，其本义就是“用耳朵听”。

“听”字的繁体写作“聽”字，既难写，又难记，常常被人写错。为了帮助人们书写和记忆，曾有一位教书先生编创了一个有趣的口诀：“小学生本姓王，生来耳朵长，今年十四岁，一心上学堂。”事实上，按照这个口诀去分析“聽”字，还真是易写、易记了。此后，逐渐简化为现在的“听”字。这是一个从“口”“斤”声的形声字，美中不足的是失去了原本代表意符的“耳”。所以，有些学者表示，最理想的简化方式也许就是采用甲骨文的写法，从“耳”、从“口”，应当更为传神。

上面提到，“闻”字的本义与“听”字的含义相同。但是，总体上看，这两个字还是存在一些差异：“听”字更强调主动性，注重的是一种行为；“闻”字更强调被动性，注重的是一种结果。在《礼记》中，有“视而不见，听而不闻”的说法。在这里，“听”字是指听的行为，“闻”字是指听的结果。

古人很注重自身品行的修养，特别注重发挥“闻”的特殊作用，认为“闻”在道德修养中的作用不可忽视。孔子一向主张“朝闻道，夕死可矣”，充分体现了孜孜不倦地追求真理的精神。子路则“闻过则喜”，表明其勇于改错的美德。

历史上，“闻鸡起舞”的故事曾激励了很多年轻人。晋代有一个名叫祖逖的人，年轻时就胸怀大志。为了将来成就一番大业，他每天都与自己的好友刘琨闻鸡起舞，苦练武功。后来，他果然成为著名的将领，为国家做出了杰出的贡献。

“听”字趣释

“听”的甲骨文从“耳”，从“口”，会意字。为“耳”的象形字，人主听的器官；口是人发音的重要器官。其意思是：口说的话耳朵是可以听到的。“听”是主动去听，表示行为。

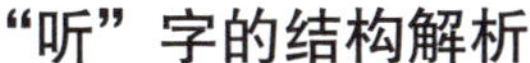

“听”字的结构解析

“闻”和“听”的区别

“听”的甲骨文的字形为：一只耳朵旁边有一张或两张嘴在说话，表示“用耳朵感受声音”的意思。《论语》载：“听其言而观其行。”引申义为“听众”“听任”等意。

闻　听

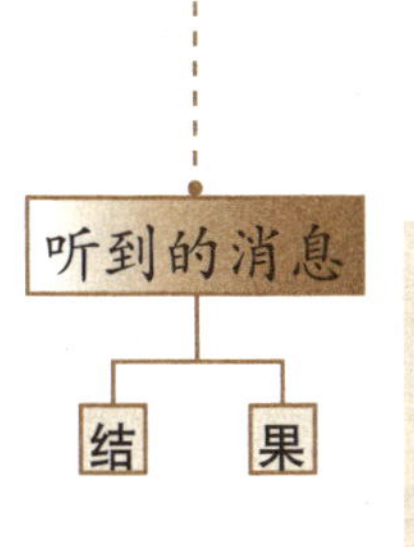

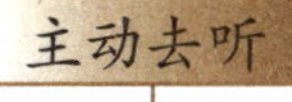

早期甲骨文像一只耳朵介于两张（许多）嘴巴之间，表示倾听众人发言。晚期甲骨文简化为一口一耳。造字本义：竖起耳朵聆听别人说话。早期金文基本承续甲骨文字形。晚期金文加“壬”，表示在远古时代，听是人类明察、判别、选择的重要能力。篆文省略“口”，加（“德”的省略），强调倾听是重要的品质。

“听”字造字解说

第二十三节

脚踩着船，无须在路上行走——“前”字解

在甲骨文中，“前”字写作“”。分析其结构：“”代表道路；“”是“止”，代表脚；“”代表舟船。据考证，这个“前”字实际上是“履”的象形字。既然是指脚穿着鞋在路上走，自然就引申为“前进”。

在金文和小篆中，“前”字与甲骨文差异较大，从“舟”、从“止”。在小篆中，“前”字写作“”，酷似人在船上，代表乘船，自然无需步行。这里强调的是“前”字的本义。许慎关注的则是其引申义：“前，不行而进谓之。从止，在舟上。”所谓“不行而进”，指的就是人站在船头上，代表乘船去某地。尽管并未走路，但人随船行，轻轻松松便能到达目的地。

民间还流传着一个与“前”字有关的故事。传说孔子的学生子贡有一次外出，很长时间都杳无音讯。孔子和学生们都很着急，便诚心诚意地占了一卦。结果，得了一个鼎卦：“无足。”学生们见状，个个垂头丧气，认定子贡再也回不来了，甚至可能会有性命之虞。就在大家胡乱猜测之际，颜回却提出了自己的见解：“这个‘无足’代表子贡将要坐船回家，而不用步行。所以，他很快就会回来的。”果不其然，子贡第二天早上就回来了。显而易见，“乘舟而来”暗示的正是一个“前”字。

在《战国策》中，有一句名言：“前事之不忘，后事之师。”后来，人们将这句名言改为“前事不忘，后事之师”，警醒世人：一定要牢记过去的教训，作为将来为人处事的借鉴。关于这句名言，还有一个故事。据史料记载，智伯准备攻打赵襄子，赵襄子立刻与谋臣张孟谈商议对策。赵襄子听从了张孟谈的建议，组成了赵、魏、韩联军，一举消灭了智伯。此后，晋国就形成了赵、魏、韩三足鼎立的局面。有一天，张孟谈向赵襄子告辞，赵襄子急忙盛情挽留。张孟谈坦诚地表示：“您无非是想回报我的功劳，但我考虑更多的还是治国大业。如果我的功劳和名声远远超过您，对您对我都是不利的。所以，我才下定决心要离开。在历史上，还没有君臣权势、名望相当却能和睦相处的先例。前事不忘，后事之师。恳请您让我走吧。”

“前”字趣释

“前”字的金文和小篆的结构基本相同，是在甲骨文基础上的省变，从“舟”、从“止”。看上去像人在船上，自然是乘船而去，不用步行。这才是“前”的本义，而许慎的解释则是引申义。《说文解字·止部》载：“前，不行而进谓之。从止，在舟上。”

前

前事不忘　后事之师

『前』字的解释

『前』字的甲骨文

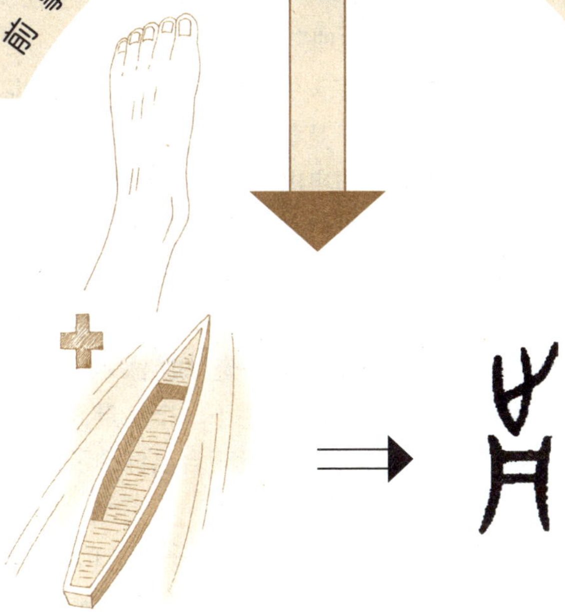

前，早期甲骨文（行，通往圣殿的皇宫大道）（止，脚）（古代官员的船形鞋）。造字本义：穿着船形鞋的臣子上奏皇帝时，登上圣殿向皇帝跪拜。晚期甲骨文省去“行”，将早期甲骨文的船形鞋简化成，像脚在船形鞋中。金文基本承续晚期甲骨文字形。篆文承续金文字形。篆文异体字加（“人”的变形），强调参拜者。早期隶书误将篆文的“舟”写成“月”，误将篆文的“人”写成“刀”；晚期隶书将“止”草写成，至此“前”字面目全非。

造说

第二十四节

用刀在木头上刻划齿——“契”字解

在现存的甲骨文和金文中，并没有“契”字。在小篆中，“契”字写作“栔”。对此，许慎的《说文解字》诠释得很简明：“契，刻也。”一些学者研究后认为，“丰”的三横代表刻痕，中间一竖代表一根木头。也就是说，“丰”指的是木头上刻下的齿形，即所谓“契刻之齿”。总体来看，“契”字是指“用刀在木头上刻齿”。《说文校释》中也强调，“契”字“从刀，丰声”，“丰又象所刻之文理”。

值得注意的是，许慎在《说文解字》中还提到：“契，大约也。”何谓“大约”？实际上，指的就是“邦国约”，是各诸侯国之间签订的公约。从这个角度来看，“大约”是从“刻”的意思中引申出来的。

按照史书记载，商朝的祖先名叫“契”。《诗经》中所谓“天命玄鸟，降而生商”，指的就是他的颇有神话色彩的故事。传说简狄是帝喾最宠爱的妃子，整整两年都未怀孕。于是，帝喾便与她一起去女娲娘娘庙烧香求子。经过玄丘时，简狄的妹妹建疵非常顽皮地怂恿她一起去游泳。就在两人玩得开心的时候，从空中飞来一对燕子，在一块石头上生下一个鸟蛋。简狄极为好奇，等燕子飞走，就吃掉了这个鸟蛋。不久，她就发现自己怀孕了，生下来的孩子就是“契”。

在《吕氏春秋》中，也记载了一则与“契“字有关的故事：“楚人有涉江者，其剑自舟中坠于水。遽契其舟，曰：‘是吾剑之所从坠。’”在这里，“契”字就是指刻上记号。这个楚人在剑落水处刻上记号，便以为能找到那把失落的剑。这个迂腐刻板、不善变通的笑话，就是后人常说的“刻舟求剑”。当然，也有一些史料称之为“契舟求剑”。

从历史上看，远在文字产生之前，古人就开始结绳记事，后来又进一步发展到借“契”记事。也就是说，原来是采用打绳结的方法来记事，现在则简化为用刀在木头刻下线条来记事。毫无疑问，这是一种历史的进步。在仰韶文化遗址中，考古学家发现了很多骨片，上面刻有许多线条。可以认定，这些带有刻画线条的骨片就是古代的“契刻”，也叫做“书契”。

“契”字趣释

许慎《说文解字》载：“契，刻也。”有的学者认为，“丰”中间的一竖，代指一根木头，其上的三横画表示木头上刻下的划齿。简言之，“丰”就是在木头上刻画的齿形，即契刻之齿。右边的为刀。全字的意思是：用刀在木头上刻齿。

“契”舟求剑——“契”字

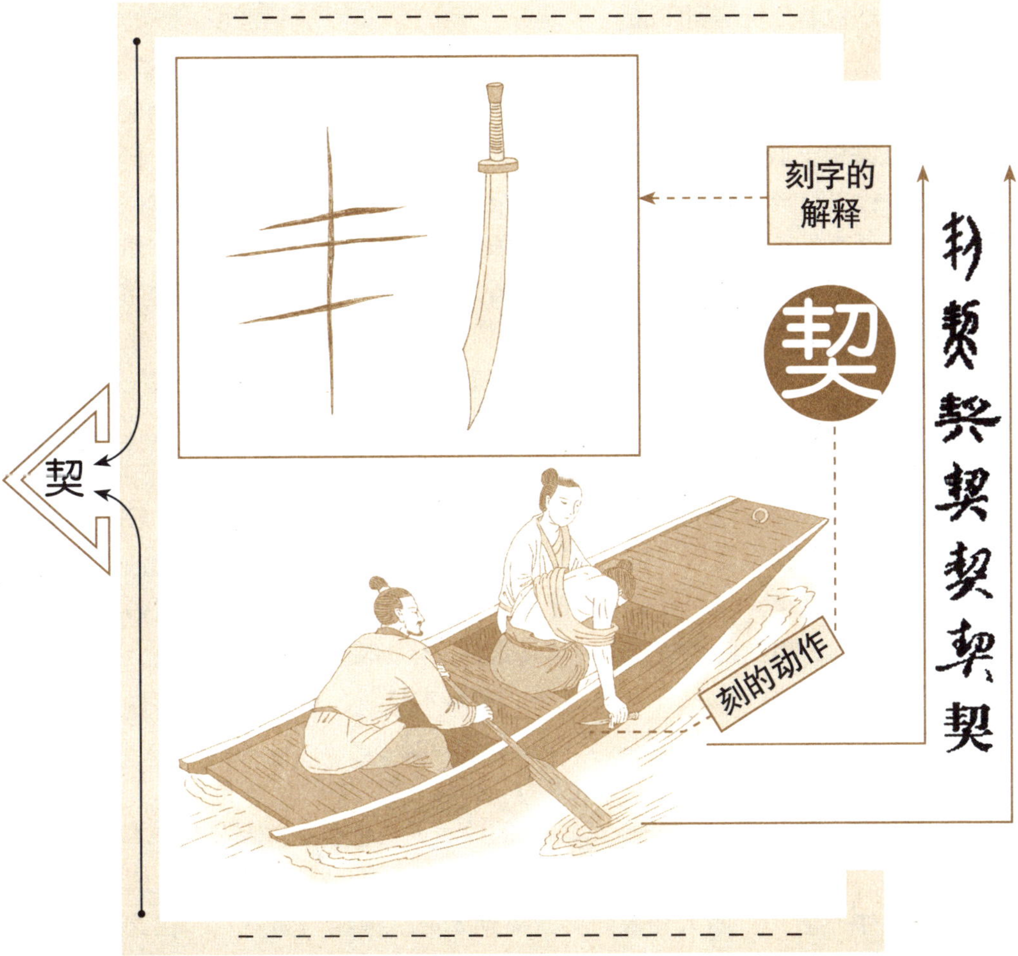

刻字的解释

契

刻的动作

契

“契”字结构分析

“契”是一个典型的象形字，本义是用刀刻。甲骨文的“契”字，右边是“刀”，左边就像是用刀划过后所留下的痕迹一样。上古先民有刻符为证的习惯，所以“契”也可以引申为“契约”。现代社会，“订立契约”是双方彼此信任的一个最直观性的证据。

第二十五节

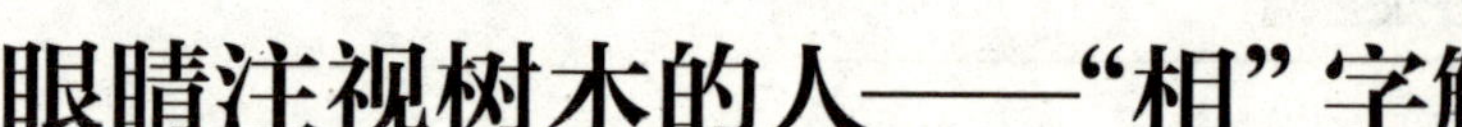

眼睛注视树木的人——“相”字解

据一些专家考证，远古时代的地球曾经草木繁茂。在先民的生活中，树木与他们的生存息息相关，是必不可少的东西。关于这一结论，我们可以从“相”字的结构上分析得到印证。

在甲骨文中，“相”字写作“”。在金文中，“相”字写作“”。两相比较，金文与甲骨文的“相”字在字形上比较接近，只是金文的笔画要稍微粗一些。从结构上看，“相”字由“木”和“目”组成。其中，“”代表树木，“”代表眼睛，其含义是“看”。根据“相”字的这种结构特点，一些学者认为，其本义应当是“看树木”。许慎在《说文解字》中强调：“相，省视也。从目，从木。《易》曰：‘地可观者，莫可观于木。’”从这个角度来看，“相”字告诉我们，先民确实很喜欢树木，而且很爱观看树木。相对而言，大地上的树木是最值得欣赏的，简直百看不厌。许慎所说的“省视”，指的也是这个意思。在“看树木”的基础上，“相”字又引申为“细看”“认真看”。

有些学者进一步认为，“相”字中的“木”应当指木材，而非一般的树木。对此，清代徐灏强调：“相，度才也。工师用木，必相视其长短、曲直、阴阳、刚柔之所宜也。相之取义始于此会意。”他的意思是：古代工匠习惯于用木材制作器具，但在此之前一定会认真选材，仔细观察其质地的优劣。顺着这个思路，可以认为“相”字的本义是“考察木材”。这种解释也能自圆其说。需要注意的是，以上的“相”字必须读“xiàng”。

再往后发展，“相”字进一步引申为“相互”的“相”。实际上，“相”作为一个动作，揭示了“目”与“木”之间的关系，也就是“人”与“木”的关系。所谓“目接物曰相，故凡彼此相交接皆曰相”，就是这个道理。庄子在《大宗师》中写道：“四人相视而笑，莫逆于心，遂相与为友。”在这里，“相”字就是指“互相”。全句的意思是：四人彼此进行眼神交流，会心一笑，感到非常投缘，便结为知心朋友。

“相”字趣释

“相”字，其结构由“木”和“目”构成。其中的“木”就是今之树木。“目”为人的眼睛，外边的轮廓像眼眶，里面像瞳孔，即今之“目”的象形字，此处表示看的意思。

相的各种写法

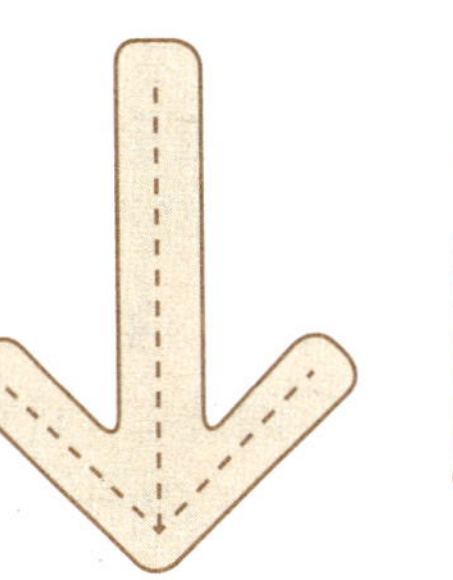

相的本义

“相”字的本义是“细看”“观察”。《诗经》载：“相鼠有皮。”《左传》载：“相时而动。”其甲骨文字形是一只眼睛在细细观察一棵树。现代汉语中又有“相互”的意思。

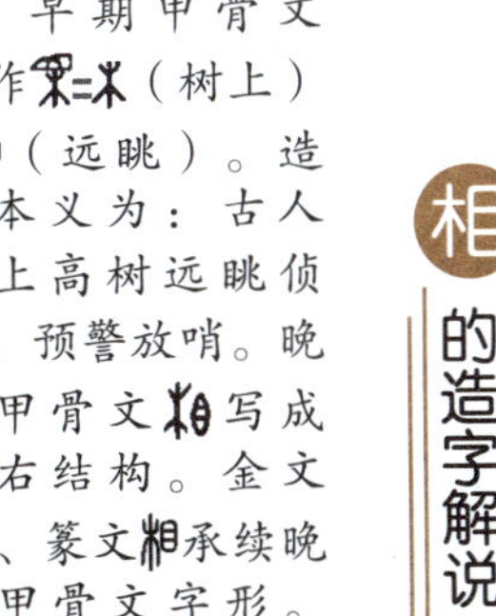

相的造字解说

早期甲骨文写作=木（树上）+罒（远眺）。造字本义为：古人爬上高树远眺侦察，预警放哨。晚期甲骨文写成左右结构。金文、篆文承续晚期甲骨文字形。“目”在“木”上为“相”，表示观察瞭望；“目”在“心”下为“省”，表示观照本心。

相的其他含义

相术：秦汉时之方术发展出来的民间信仰。

相（夏）：夏朝的国王。

相位：描述周期性变化的概念。

宰相：官名。

相（乐器）：中国古代的一种乐器。

相态：物质的状态。

相片：从摄影得出来的图像。

相（中国象棋）：又作“象”，中国象棋棋子之一。

相（古地名）：故址在今河南省安阳市西。

相（姓）：在中国“百家姓”中的排名为第396位。

第二十六节

用双手构木为屋——“学”字解

“学”字的繁体是“學”字。在甲骨文中，“学”写作“”。分析其结构：“”形似双手；“”代表构筑房屋的木料；“”形似房屋。总体来看，“学”字是指用双手构筑或修葺房屋，属于典型的会意字。古人认为，构筑或修葺房屋绝对不是一种简单的技术，必须向有经验的人虚心请教才能真正掌握。因此，“学”字含有“学习”的意思。此外，也含有“教授”的意思。事实上，一些人向别人学习构筑或修葺房屋的技术的过程，正是掌握此技术的人向学习者传授技术的过程。总之，一个是“学”，一个是“教”。

在金文中，“学”字写作“”。在小篆中，“学”字写作“”。两者在字形上稍有区别，前者更为简明，后者相对复杂。在甲骨文之后，“学”字增添了一个“子”字。所谓“子”，指的是小孩，代表那些需要学习的人。有些学者据此认为，“学”字的准确含义是：一个小孩子正在大人膝下学编渔网。显而易见，编织渔网这样一种复杂的技术是必须经过学习才能真正掌握的。

对于金文的“学”字，一些学者的研究心得是：这是一个以“教”和“冖”为意符的形声字。所谓“教”，指的是“教诲”，涉及“教”与“学”两方面的含义。所谓“冖”，其本义是“蒙覆”，指孩子尚处于蒙昧状态，需要进行相应的学习。同时，这种学习带有一定的强制性或督促性。换句话说，有时还需要“攴”，意为“鞭策”“督促”。学术界认为，在秦朝之后，“学”字便去掉了“攴”，变成了“学”，强调的也是“自觉”“自学”。《说文解字》的诠释是：“学，觉悟也。”什么是“觉悟”？无非是了解、学习和领悟一些自己原本不清楚的事情或道理。

仔细分析繁体的“學”字，也能发现“教”与“学”两方面的含义。有些学者认为，可以这么理解这个繁体字：用双手持爻（即卦爻，代表古书），教授膝下（冖，形似两腿）之“子”。或者，也可以理解为：“子”双手捧爻（古书），学于大人膝下（冖）。这就证明，古代的“教”与“学”原本是一个字，只是后来才逐渐分化为两个字。

“学”字趣释

“学”字的繁体为“學”，根据甲骨文的形体，学者们作出了这样的解释，他们认为“学”字表示古人用双手构木为屋，或修葺房屋的情形。构筑或修理房屋在先民眼里是十分复杂的技术，一定要向别人学习才能获得。因此甲骨文中的“学”字，有“学习”的意思。

學，早期甲骨文（算筹）+（六，即“庐”，表示房屋）。造字本义：教孩子算数、习字的校舍。晚期甲骨文在（算筹）两边加（爪，手），突出“手把手”教练的含义。金文在（房屋）下面加（子），表明教的对象。篆文承续金文字形。隶书將篆文的“子”写成。古人称理论知识的训练为“学”，称生活实践的体验为“习”。

学——教孩子算数习字的校舍

“学”无止境

名词：同学学习

动词：才疏学浅

词性引申

算筹：表房屋

算筹

算筹或称筹、算子，是中国古代一种十进位制计算工具，周朝用木枝制成，汉代用竹、骨、象牙、玉石、铁等材料制作，长一般在12厘米左右，直径为2～4毫米。

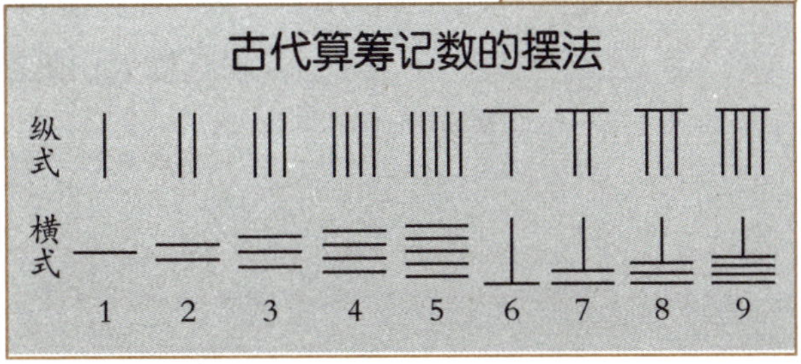

古代算筹记数的摆法

	1	2	3	4	5	6	7	8	9
纵式	丨	丨丨	丨丨丨	丨丨丨丨	丨丨丨丨丨	⊤	╥	╥丨	╥丨丨
横式	一	二	三	亖	☰	⊥	⊥	⊥	⊥

第二十七节

手持禾谷——“秉”“兼”二字解

在甲骨文中，“秉”字写作“”。分析其结构：左部是“禾”，代表禾苗；右部是“又”，代表手。总体来看，“秉”字属于典型的会意字，意为“手持禾苗”。在金文中，“秉”字写作“”。与甲骨文相比，字形比较接近，都是从“禾”、从“又”，但“禾”与“又”的位置并不相同。当然，甲骨文中的“秉”字也有左“又”、右“禾”的，只是不太常见。《说文通训定声》的作者朱骏声认为，“秉”字“从又持禾，会意”，“手持一禾为秉”。

在小篆中，“秉”字写作“”，从“又”、从“禾”。对此，许慎强调：“秉，禾束也。从又，持禾。”在他看来，“秉”的本义为“禾束”“禾把”。在《诗经》中，有“彼有遗秉，此有滞穗”的诗句。在这里，“秉”指的就是“把”。

通过对“秉”字的分析，可以了解古人收割禾谷的具体方式：第一步，割下禾谷；第二步，一把把地扎好；第三步，运回家中。“秉”字本身含有持禾的动作，便引申为“持”“拿”。《诗经》有一句诗：“左手执籥，右手秉翟。”这句诗的意思是：左手拿着六孔笛，右手拿着鸡尾毛。

在现存的甲骨文中，并没有“兼”字。其最早源于金文，写作“”。分析其结构：字中并排着两株“禾”，被中间的一只手抓住了。总体来看，“兼”字属于典型的会意字。在小篆中，“兼”字与金文差别很小。对于“兼”字，《说文解字》诠释得很详细：“兼，并也。从又，持秝（lì）。兼，持二禾。秉，持一禾。”一些学者认为，“手持两禾”便是“兼”字的本义。至于“并”，只是“兼”字的引申义，而非其本义。究其原因，是“兼”字代表一手将两禾合并在一起，这才引申出“并”“合并”“吞并”等意思。

既然“兼”字代表一手同时持两禾，便进一步引申为“同时”。王符在《潜夫论》中写道：“君之所以明者，兼听也。其所以暗者，偏信也。”在这里，“兼”字是指“同时”。后来，这段话被人们概括成“兼听则明，偏信则暗”，作为一个著名的八字成语。

“秉”“兼”二字趣释

“秉”字，是会意字，表示的意义是手持一株禾苗。金文与甲骨文的构造基本相同，仍然从“禾”，从“又”，不同的只是“禾”与“又”的位置变换了。不过，在甲骨文中也有左为“又”，右为“禾”的形体。可见金文的“秉”仍然保持了手持一株禾的形体。“兼”字古文形体表示一手同时持两禾，因此又引申出“同时”的意思。

“秉”和“兼”的结构解析

甲骨文(禾，庄稼，植株)(又，持握)。造字本义：一手执刀，一手持株，收割庄稼。金文将、交叉连写。篆文承续金文字形。手握一株为“秉”，手握两株为“兼”。

古文字的“秉”字，像一只手握住禾杆之形，表示执持、用手拿着的意思，引申为操持、主持、掌握等义，如《诗经》载：“秉国之钧，四方是维。”意思是掌握国家政权，维护四方安定。

造字解说

金文(两株稻禾)(又，抓握)。造字本义：一手同时抓握两株稻禾。收割时，通常一手抓住一株稻禾，一手执镰拉割；有些人则一手同时抓住两株或两株以上的稻禾，以达到一刀数株的收割效率。篆文承续金文字形。隶书变形，失去“禾”的形象。它的本义为并持，合并，即把两个或两个以上的事物或方面合并在一起；又专指两倍。

造字解说

第十一章

汉字中的姓氏

中国古人的姓名和现代一样，是人们在社会交往中用来代表个人的符号。姓，就是某一群人（氏族、家族）共用的名；名，就是个人独用的姓。

姓的形成有不同的历史过程，同样的姓未必就是一个起源。如『贺』，有的是原姓『贺兰』或『贺敦』简化为『贺』；有的是原姓『庆』，因避皇帝讳而改姓『贺』。姓也因政治的、地理的、民族的等原因而变化。如五代时吴越的『刘』姓因避讳（『刘』与吴越王『钱镠』的名同音）改姓『金』等。可见，姓就是一种符号，并不像封建宗法制的维护者所宣传的那样神秘和神圣。

第一节

“姓”为女，“氏”为男
——“姓”“氏”二字解

中国姓氏最早产生于奴隶制社会的殷商时期。在那个时期除了极少数拥有实权的部落领导和奴隶主才拥有姓氏，一般人是没有姓氏的。在远古时期，世间万物都处于一种无知的蒙昧状态。最自然的事情似乎就是女人生孩子。我们仔细观析“姓”字，发现其反映了这一时期的史实。

“姓”字由“女”和“生”字构成，由此表明，“姓”字的本义为“女人生孩子”。清代学者徐灏在《说文解字注笺》中说：“姓之本义谓生，故古通作生，其后因生以赐姓，遂为姓氏字耳。”

“姓”字的甲骨文为“[illegible]”，从“女”“生”，为会意字。“生”，表明像草木破土而出，但在这里表示人出生了；“女”则表示人生之所由。《说文解字·女部》载：“姓，人所生也。”许慎认为，“姓”表示人由谁所生，为血统来源的标记。

“氏”的甲骨文为“[illegible]”。如《文原》载：“本义当为根柢……姓氏之氏，亦由根柢之义引申。”林义光（长于古文字研究）认为，“氏”作为姓氏之氏，是从本义“根柢”引申而来。

在上古时期，“氏”为“姓”的分支。《通志·氏族略序》载：“三代之前，姓、氏分而为二，男子称氏，妇人称姓，氏所以别贵贱，贵者有氏，贱者有名无氏。”因此，“氏”最早是贵族作为宗族系统的标志。

在奴隶社会末期，“氏”是以男性为社会主体的产物。因为随着私有财产大量积存的出现，男子在生产劳动中的地位也越来越高，而女性的社会地位越来越低下，因此便形成了男子称“氏”，女子称“姓”。

随着奴隶社会的瓦解，封建地主土地私有制兴起，废井田开阡陌，大量的农庄、私有地产的集聚，导致了许多姓氏的集中繁衍。在经过两汉、十六国、南北朝、安史之乱、五代十国、蒙元入侵等混乱时代和少数民族的融合才形成了今天的姓氏。

“姓”“氏”二字趣释

“姓”是一种代表个人家族的特定符号，但是，人类从一开始是没有姓的。人们处于动物状态的蒙昧时期，只知道“生孩子”是一种自然现象。而“姓”字正好反映了人类的这一段历史事实。将“姓”字拆开来看，是由“女”和“生”字构成，据此可以推知，“姓”的最初含义是“生孩子”或“女人生孩子”。

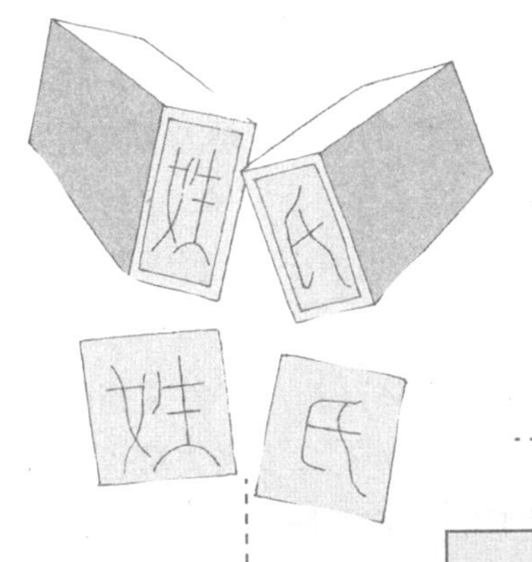

男

在上古时代，“氏”是“姓”的分支。原始社会末期，由于私有财产的大量积存，男子在生产中的地位日益提高；而女子的社会地位日益低下，便形成了男子称“氏”，女子称“姓”的局面。可以说，“氏”是以男性为社会主体的产物。

女

“姓”作为部族的一种特定符号，反映了那个时期，人们只知其母，不知其父的现象。这种原始婚姻是一种彻底的性自由。由此，从“女”、从“生”之“姓”的造字，也反映汉族先民的群婚习俗。

姓氏的发展

朝代	年份	备注	姓氏举例
旧石器时代 母系社会			
三皇五帝 新石器时期（由母系社会向父系社会进发，懂耕作，用石器）		姓、氏并行，以姓较普遍。社会开始出现“同姓异氏，一姓多氏”	**炎黄子孙中的炎帝** 炎帝是上古姜姓部族首领，姜姓（姜是地域姜水流域一带，因而得姓），以烈山为氏（一作历山氏。烈山、历山都是后来迁居地的地名，即是以地名为氏）。也有一说，炎帝叫神农氏，由技能而来。人们把“发明”耕作的功劳归他而得氏，故有说炎帝是神农氏。从中可见姓、氏并行
夏 由新石器向青铜时期过渡（夏、商、周合称三代）	公元前21世纪～公元前16世纪（约前2183～前1750年）	**一夫多妻的父系社会已确立。**姓之外，有氏	**夏商周五族融合（中原华夏族与夷、蛮、戎、狄）——是民族融合的第一阶段**
商 青铜时期	公元前16世纪～公元前11世纪（约前1751～前1112年）	奴隶制的王朝，**“国家”**开始形成。分封出现，以属地为氏	商代的氏较夏代大增。商代有八百诸侯，小国也有六百多个
周 青铜时期	公元前11世纪～公元前256年	**西周**初年也封邦建国，是历史上封国最多、氏的发展最大的时期。周初已分封诸侯国共71个	同时是夷夏姓氏交融的第一个阶段。南方多了楚、苗姓；西北多了戎狄姓。西戎的姜姓，是传说中的炎帝后裔。西部秦国姓嬴

第二节

神灵的指令——“名”字解

老子的《道德经》载：“无名天地之始，有名万物之母。”由此表明，自人类开始起并没有“名”，而“名”正是社会发展到一定历史阶段的产物。随着“名”的出现，世界万物才有所区分，毫无疑问，“名”的出现，是人类文明发展史中迈出的一大步。

“名”字的甲骨文为“ㅂ⅃”，观其形体，其左部为“口”，“口”具有讲话的功能；右部为“夕”，表示傍晚，为会意字。

与甲骨文相比，“名”字的金文、小篆、楷书的形体结构与甲骨文相同。《说文解字·口部》载：“名，自命也。从‘口’，从‘夕’。夕者，冥也。冥不相见故以口自名。”许慎的观点为，每当天黑之后，人们不能清楚地看见对方的面容，如果想弄清楚对方是何人，便要用口来问对方的名字。因此“名”的本义为“自己的名字”。如《楚辞·离骚》载：“皇览揆余初度兮，肇锡余以嘉名。”什么意思呢？就是先人看到我初生之时的容貌既端庄又漂亮，于是便给我取了一个美名。在屈原出生时，家人就为他取名，这是一种古代习俗。

而古人为新生儿取名时，所采用的方法也各不相同。有的以占卜命名，有的以梦兆命名等。先民表明，人的名字不是随便就决定的，而必须由神冥的意志决定。“名”从夕、从口的造字意义应当是以“夕”表示冥间（神灵），以“口”表示指示或命令，会合这两个字素的意义，则为冥间神灵的指示或命令。

对于人名，上古先民对其非常重视，他们认为人的名字至关重要，往往与人的生命紧紧相连在一起。

“名”又称为“字”。《仪礼·聘礼》载：“百名以上书于策，不及百名书于方。”郑玄注：“名，书文也，今谓之字。”意思就是：百字以上的文告写在竹简上，不满百字的文告写在牍上。

“名”字趣释

甲骨文的“名”字，左边是“口”，“口”有说的功能；右边是“夕”，表示夜晚，是会意字。“名”的金文、小篆以至楷书其结构与甲骨文相同。老子在《道德经》中说：“无名天地之始，有名万物之母。”由此可见，人类一开始是没有名的，“名”是社会发展到一定历史阶段的产物。

“名”的结构解析

甲骨文（口，叫喊）（夕，黄昏）。造字本义：日落天黑，父母召唤孩子。金文、将甲骨文的左右结构改成上下结构。篆文承续金文字形。作为成年礼的一部分，古代贵族男子在成年后为自己的“名”作近义的注解，叫“字”。口头上的称呼叫“名”，有如今日之“小名”，为贱称；书面上的称呼叫“名”，有如今日之“大名”，为尊称。

“夕”就是晚上

“口”就是嘴巴

“名”是人类认识史上的一大进步

有了“名”世界万物才得以区分

一定历史阶段的产物
『名』是社会发展到

（名正言顺）称号、代号 名词

（一名儿童）个、位 量词

（名山大川）众人皆知的 形容词

第三节

大明王朝的主姓——“朱”字解

“朱”字的甲骨文为“”，金文为“”，小篆为“”。将三者的形体对比，其结构形体基本相同，看上去像一棵树。其“枝叶”自然长在上半部，“树根”自然为下半部，中间的圆点或短横为指事符号，为指事字。

因以上三者的指事符号不同，所以对于“朱”字的解释也不同。有的文字研究者则认为“朱”为一种红心的树木。如《说文解字·木部》载：“朱，赤心木，松柏属。从木，一在其中。”还有的文字研究者认为，“朱”为“株”的本字，“株”的意思就是指露出地面的树根。郭沫若《金文丛考》载：“‘朱’乃‘株’之初文……金文于‘木’中作圆点以示其处，为指事字之一佳例。其一横者乃圆点之演变。”

还有人认为，“朱”指树干。因为从甲骨文的形体来看，指事符号在“木”的上端表示“末”（树梢），“木”的下端表示“本”（树根），“木”的中端即指树干。除此，还有的人认为“朱”字的本义，即指朱色。也就是说，刀把“木”从“一”处砍断后，“一”表示横切面，露出中心部位的木质必为红色，即指朱色。

在古代，“朱”色等同于红色的主要原因就是，“朱”是一种红心的树木，引申为此意。而“朱”字还是古代官员级别的一种代称。在唐代，朱服为五品以上的官员所穿，紫服为三品以上的官员所穿。后来凡品位较高的官员，则一律以“朱紫”代称。古代侯，那些王公贵族为了以示尊严，均喜欢将大门漆成朱色。

自古以来“朱”姓就是我国南方的大姓。古人陆终有6个儿子，第5个儿子名安。周武王灭商建立周朝后，将邾（在今山东境内）封给安，建立邾国。到了战国中期邾国被楚国灭掉，邾国的贵族便以国为姓，就是邾姓，这个邾字有右耳旁，后来将耳旁去掉后，就形成了朱姓。楚国灭了邾国后，将一部分邾国的王族子孙迁到湖北境内。有一部分邾国的子孙迁到安徽定居，这支朱姓到了南北朝时发展成为当地的名门望族，与张、顾、陆姓并称当时的江南四大姓。经过明代后，朱姓便遍布全国。朱姓称王称帝者25人，曾建立后梁、明等政权，其中最显赫的人物是明太祖朱元璋。

“朱”字趣释

“朱”的甲骨文，看上去像一棵树。上半部为枝叶，下半部为树根，中间一圆点或短横为指事符号，即为指事字。“朱”字的构成是在象形字“木”的基础上加一指事符号“、”或“－”，指出字的本义。

「朱」姓的四种起源说

朱姓来源

出自曹姓，为帝颛顼之后裔。

相传帝颛顼有个孙子叫吴回，在帝喾时为火正祝融。吴回的儿子陆终娶鬼方氏的女儿为妻，生有六个儿子。其中，五儿子名安，曹姓。周武王灭商后封曹安的后裔曹挟在邾国（今山东邹县的东南方）。战国时，邾国被楚宣王所灭，子孙去邑以朱为氏。朱挟就是朱姓的受姓始祖。此支朱氏世居沛国相县，是为江苏朱氏。

出自朱虎的后裔

朱虎，舜帝时的大臣，其后裔也有以朱为氏的。朱虎，又名伯虎。据文献记载，他是帝喾高辛氏统治时期的一位部族首领，属于当时的八大才子即所谓“八元”之一。

出自子姓宋微子启的后裔

肇姓始祖——公子朱

宋微子是商王纣的庶兄。是宋国的开国君主，春秋时，被诸侯所灭，其后裔有逃至砀（今安徽砀山），改宋氏为朱氏，也为江苏朱氏。

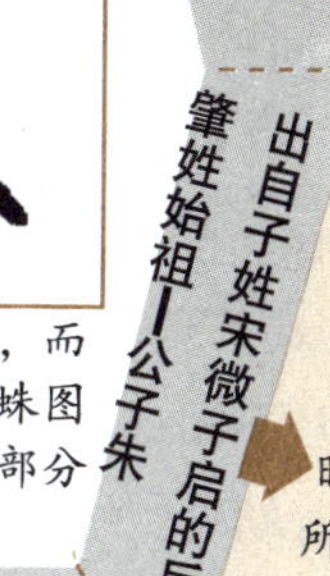

邾——蜘蛛的传人

古人因为崇拜蜘蛛，才有了邾氏族、邾山、邾水、邾城、邾国之名，也才有后世的朱姓主体，而且曹封邾后，也承袭了古邾人的蜘蛛图腾，因此，我们可以认为，今日大部分朱姓宗族，都是蜘蛛的传人。

出自外族改姓

南北朝时期（420～589年），北魏孝文帝改革，改北方胡人复姓为汉族单姓，这时期便有少数民族改姓朱氏。《广韵》《元和姓纂》《姓解》《通志·氏族略》都记载：“北方渴烛浑氏，后改为朱氏。”

“朱”原来是一种树名。《说文解字》中许慎将其解释为“赤心木”。《山海经》载：“有树赤皮枝干，青叶，名曰朱木。”因为这种树是红色的，所以“朱”指“红色”。

第四节

有家有老婆的生活——“安”字解

“安”字的甲骨文为“[illegible]”。其外部（或上部）为“宀”，音“mián”，即指房子（住宅）；其内部（或下部）为“女”，像一个面朝左跪着的女子。这名女子将双手交叉于胸前，性格非常文静、温柔。由内外部组合在一起即为“安”，看上去真像“金屋藏娇”。正如《汉武故事》中记载，武帝为太子时，长公主欲以其女陈阿娇嫁给他，并对武帝说：“把阿娇嫁给你，你高兴吗？”武帝开心地回答：“我若能娶到阿娇，定将为她建造一幢金屋，让她住在那里。”

在古时，先民眼中最理想的生活莫过于：一来有自己的安身之所（房子），二来家有贤妻良母。唯有这样的生活才是真正的“安”。

对于“安”字，有的文字研究者作出了不同的解释：由于在古代，女性的地位低下，最易受到歧视。尤其是女性一旦出门，很容易成为男性的猎物。所以，身为女性要想获得平安，只有待在家里，即“家居为安”。

这两种不同的解释表示了不同的人对“安”的追求，“安”就是“平安”“安宁”。这也就是“安”的本义。

《吕氏春秋·喻大》载有一则故事：“燕雀争善处于一屋之下，子母相哺也，姁姁（xǔ xǔ）焉相乐也，自以为安矣。灶突决，则火上焚栋，燕雀颜色不变，是何也？乃不知祸之将及己也。”意思就是：燕雀在一间房屋之下争夺好地方，母鸟哺育着幼鸟，快乐无比，自以为很安全。突然屋里的烟囱裂了，火烧了出来，将屋梁烧着了，而燕雀却安然自若，这是为什么呢？是它们不知道灾祸就要降临到自己的头上。

在古汉语中，“安”字可用作疑问代词，意思是“在哪里”“在什么地方”等。

“安”字趣释

“安”字的甲骨文即房子，可以说是一座豪华的住宅；内（或下）部是“女”，像一个面朝左跪着的女子。一个“女”字惟妙惟肖地展示了女子将双手交叉于胸前，十分文静、温柔的样子。

“安”的结构解析

安居乐业

甲骨文（宀，新房）（女，新娘）。造字本义：男子建房娶亲成家，内心踏实过日子。在古代的农业社会，兴宅、娶亲，是男子一生中至关重要的两件大事，直接而深刻地影响到男子个人的心理状态，顺利兴宅、娶亲，便能安居乐业，挫于兴宅、娶亲，则焦虑恐慌。金文、篆文承续甲骨文字形。隶书将篆文的“女”写成。古人称娶亲成家、宁神度日为“安”，称衣食充足而娱乐养心为“宁”（寧）。“安”是“宁”的基础，“宁”是“安”的高级境界。

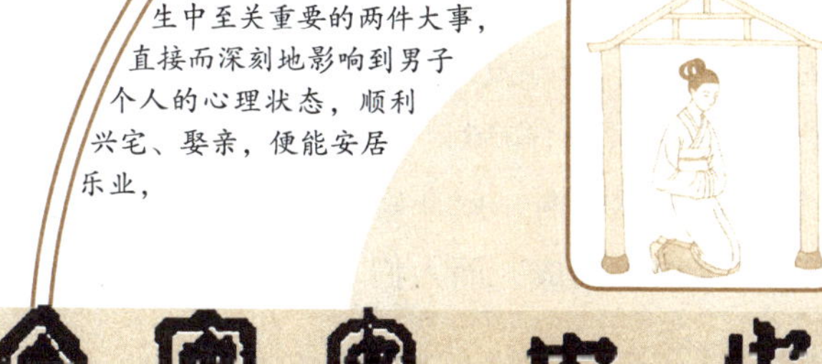

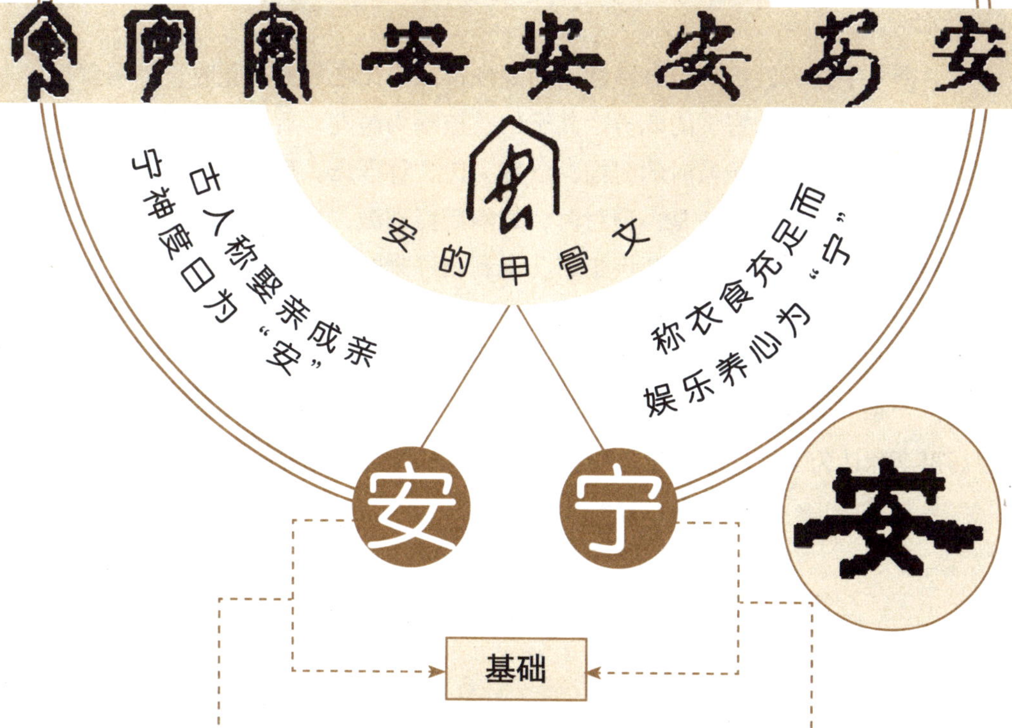

第五节

老子和李子——“李”字解

《说文解字》载：“李，果也。从木，子声。”就其意义来看，将“李”的本义当作“果”，显然是不合适的。在古代，对于“李”的意义，人们常混为一谈，“李”既指李树，又指李树的果实。正如《诗·大雅·抑》载：“投我以桃，报之以李。”“李”在这里指果实名。意思就是，你送给我桃，我以李子来回报你。

在中国，“李”具有非常传统、非常丰富的文化内涵。前人还将“李”字简称为“十八子”，因“李”字由“十”“八”“子”组合而成；而李子又是人们眼中的吉祥果，所以人们常用它作为子孙满堂、兴旺发达的象征。

李子还有一个别名为“嘉庆子”。嘉庆表示祥瑞，子为果实。一般视为女子一举得男的佳兆。据说，女子怀孕后想呕吐时，就非常爱吃李子。又据其形体结构，“李”由“木”字及“子”字组合而成，而人们一贯将“子”视为“儿子”。

“李”字作为姓氏，出自嬴姓，为颛顼帝高阳氏之后裔。尧时，皋陶曾担任大理（掌管刑狱的官）的职务，其子伯益被赐为嬴姓，后子孙历三代世袭大理的职务，其子孙按照当时的习惯，以官为氏，称理氏。后来理氏改为李氏，其说法有两种：一种说法是：商纣时，皋陶后裔理徵，在朝为官，因直谏得罪了商纣王而被处死，其妻契和氏带着儿子利贞逃难时，因食李子充饥，才得以活命，故不敢称理，便改姓李氏。另一种说法是：据《姓氏考略》记载，周之前未见有李氏，自从有老子姓李，名耳，为利贞的后裔，因祖上世代为理官，“理”“李”两字古音相通，便也以李为氏。显然，李氏是始于李耳称姓的。唐高祖李渊认为李姓的始祖是皋陶，所以追尊皋陶为“德明皇帝”。

“李”字趣释

“李”字由“木”字加上“子”字构成，常见于古玺文，小篆“李”字结构大致相同。在古代，人们常将“李”的意义混淆，既指李树，也指李树的果实。《诗·大雅·抑》中有：“投我以桃，报之以李。”这里的“李”指果实名。其意思是你送给我桃，我以李子来回报给你。

李

“十八子”

李子树下出生的老子李耳，为李姓始祖。

“李”字拆开来就是由“十”“八”加上“子”构成的；加之人们认为“李”是一种结子（果）的树，所以人们常用它作为子孙满堂、生机勃勃、兴旺发达的象征。

金文（树）+（子，后代）。造字本义：比喻一种春天开白花的落叶乔木在夏季结的果子。篆文承续金文字形。

第六节

敢于征服自然的豪情——“吴”字解

“吴”字的金文为“”。据康殷（文字学家）先生说，左部为“大”，即为“人”，右上部的半圆象征器皿（陶器），此形状就像一个人用肩扛着陶器，实为表示制作陶器之意。“吴”在古代常被作为国名用。这里的“吴”国并不是指东周末期的吴国，而是比其更久远的吴国。那时的吴国，其制陶业非常发达，人人都会制造陶器，因此以“吴”为国名，来标榜这个了不起的陶器国家。

“吴”字的小篆为“”，是秉承金文而来。正如《说文解字》载：“吴，姓也，亦郡也。一曰吴，大言也。从夨、口。”许慎认为，这里的吴是指其引申之义——“姓”“郡”的意思，并不是指它的本义。许慎说，“吴”为会意字，从夨，从口。“夨”音cè，把头歪着叫“夨”，“夨”实为“大”字，“大”为人形。由此认为“吴”为“大言”之义。“大言”，也就是说一个人在那里大声喧哗。段玉裁《说文解字注》载：“大言非正理也，故从夨、口。”段玉裁在这里做了进一步补充，所谓“从夨、口”，说得简单一些就是“歪嘴”，不按常理讲话，或者说一本好好的经卷却被一个歪嘴和尚念坏了。“吴”的本义即为此。如《诗·周颂·丝衣》载：“不吴不扬。”毛亨传：“吴，哗也。”其意思是不喧哗、不傲慢。而现代所用的简化字为“吴”，由“口”和“天”构成，由其形体可知，其雄心壮志敢于对天发号施令，敢于征服自然。

据《三国志》载，蜀国刘备派张奉出使吴国，吴王孙权设宴招待蜀国使臣。在宴会上，张奉傲慢无礼，竟然当着孙权的面，取笑阚泽（吴国尚书），其用意是在羞辱吴国。薛综（吴国大臣）非常气愤，当场还击，他拿着酒壶来到张奉面前为他劝酒说：“蜀者何也？有犬为独，无犬为蜀；横目苟身，虫入其腹。”其实这是一则谜语，以“蜀”字为谜底。借用其字形的离合，薛综把“蜀”与“犬”字连在一起，大大戏弄了一番蜀国使臣。张奉当然也听出了谜底的用意，很生气地反问：“那么，吴国的‘吴’又该作如何解释呢？”薛综回答道：“无口为天，天口为吴。君临万邦，天子之都。”听到他的这番解释，吴国的上下官员都自豪地笑起来，张奉却哑口无言。

“吴”字趣释

金文的“吴”左边为“大”，即“人”。右上的半圆为陶器器皿，像一个人肩扛着陶器的形状，实为表示制作陶器之意。古代常以“吴”作为国名。这个“吴”国是个比东周末期的吴国更早的吴国，在这个国家里制陶业发达，这儿的人个个都会制陶器，为了标榜这个国家的特征，因此以“吴”为国名。

1. 出自姬姓，以国为氏。

后由太伯建立勾吴国。周朝建立后，周武王封长子太伯第三世孙周章为侯，改国号为吴。后被越国所灭，其王族子孙便以吴为姓。

2. 相传远古时有部落，名有虞氏，虞舜乃其领袖，他的后代因虞、吴音近而姓吴。

3. 相传为上古颛顼帝（高阳氏）时吴权的后代。

4. 夏代国王少康时有吴贺，其后为吴氏。

吴姓的图腾是句芒玄鸟，像是挂起来的一只鸟，表示吉祥、富贵。

吴姓的远古初祖是黄帝。黄帝娶有四位贤淑的妻子，生有25个儿子，其中得姓者14个，后就形成14个部族。黄帝正妻嫘祖生两个儿子，玄嚣和昌意，他俩都继承了黄帝的本姓——姬。吴姓就是玄嚣这一支系传承下来的。

吴姓的开氏始祖是吴太伯。他是《史记》记载的天下第一世家——吴太伯世家。吴太伯是吴姓的第一人，但无嗣，所以叫开氏始祖。仲雍是太伯的弟弟，继承了他的位子传承下来。所以，仲雍就是吴姓的血缘始祖。

第七节

“天地人”三德的统一者——“王”字解

观其“王”字的甲骨文“太”，就像是一个正面端坐的人。最下部一横线象征冠冕。因为在古代，君王在上朝时，都会带一顶象征君王的王冠。从甲骨文的形体结构可以得知，在商代，“王”字已成为国君的专用称呼。而甲骨文的“王”字正如一个高大的人形，挺立于大地之上，以示君王“唯我独尊”和“不可一世”的身份。

由此可知，“王”字与权力是紧密相关的。“王”字的金文形体与甲骨文其本相同，为“王”。对于其金文，有很多文字研究者则提出了不同的观点，有的认为金文的“王”字像一把无柄的斧钺，下部代表斧钺的刃部。言下之意，就是任何一个朝代的更替无不是在统治者的暴政下形成的！由此，他们眼中的斧钺就是象征权力，手中无斧钺便不能称王。所以对于金文“王”字的创制，我们给予这样的解释，其理由也相当充分。想知在那个时期，凡手中能持一把锋刃大斧，皆可成为统治国家的首领。

而“王”字就是简化之后的形体。《说文解字·三部》载：“王，天下所归往也。”董仲舒在《春秋繁露》中说：“‘古之造文者，三画而连其中谓之王。三者，天、地、人也。而参（叁）通之者，王也’。孔子曰：‘一贯三为王’。”由以上综述可知：三横象征天、地、人，中间一竖象征君王，而君王上通天，下通地，以此代表帝王统治百姓。

古人在谈及“王”时，人人都可体察出其强烈的统一意识。正如《风俗通》载：“王者，往也，为天下所归往也。”用古人的世界观来看，天下君王仅有一个。就像是天上只有一个太阳一样，为顺天而行。而那些割据天下一部分或只受天下一部分人拥护的人，即便是自称为王，此行为也会被百姓看作是犯上越礼，并被认为是僭称为王。

"王"字趣释

甲骨文中的"王"字是一个正面端坐的人形，最下边的一横线代表冠冕，所以君王在上朝的时候，都会带有一顶专门为自己特制的王冠。从甲骨文的相关资料可以分析出，"王"字在商代已成为国君的专称。甲骨文的"王"字正是挺立于大地上的一个人形，表示出君王的唯我独尊和不可一世。

出自姬姓

出自姬姓，分为三支。其一为周文王第十五子毕公高后裔。其二源于太子晋。其三为周平王太孙赤之后。

出自妫姓

出自妫姓，齐王田和后代。项羽反秦时被封为济北王，项羽灭亡后，齐王王建居异生子安。其子孙为纪念这一时辉煌，改姓王，为河南王氏。

出自子姓

出自子姓，殷商王子比干之后。比干被剖心而死，死后其葬在当时的国都朝歌附近，子孙世代为他守陵，并改王为氏以纪念。

他族改姓

他族改姓或赐姓。明朝汀州府（今福建长汀）经历王得仁，其家本姓谢氏，"父避仇外家，因冒姓王氏"。明朝都御史王一鹗本姓杨，大理评事王大崇本姓孙，都改姓王。

少数民族改姓

少数民族改姓王氏。北魏孝文帝迁都洛阳，下令迁到洛阳的鲜卑人一律把籍贯改为河南洛阳，姓氏改为汉姓，可频氏改为王氏。

王氏 图腾

"王"字最早的字形是一把大斧，上面是斧柄，下面是宽刃。这是实力和权威的象征，所以古代最高统治者称为"王"。

第八节

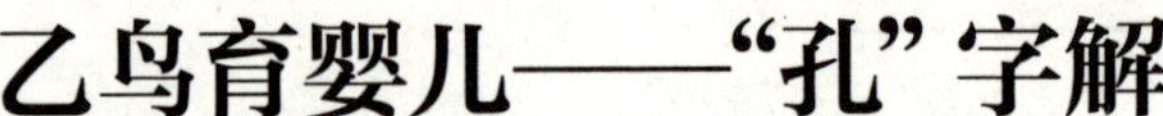

乙鸟育婴儿——“孔”字解

“孔”字的金文为“”，在“子”上加上一“”，指出婴儿头部的囟门所在的位置。从“孔”字的金文形体可知其意为：小儿头上的囟门。由于小儿的囟门还没有合拢，即头上看上去就像是一个洞，所以“孔”引申为“洞”“孔穴”之意。《尔雅·释诂》载：“孔，间也。”郭璞注：“孔，穴也。”

“孔”字的小篆为“”。《说文解字·乚部》载：“孔，通也。”许慎认为，这里的“通”为“通达”的意思，为“孔”字的引申之义。

对于“孔”字的金文形体，有的文字研究者则认为它是由甲骨文“乳”字简化而来，其中“乳”的对象得到了保留，而哺乳主体的母则被删除了，只剩下“一条线”，这条线象征着身为母亲的妇女高高隆起的乳房，并与“子”的头上一侧相连。而“子”与“一条线”的位置关系非常重要，由此可根据它可以获得“孔”字的正确字义，即哺乳婴儿。

为了进一步表现“孔”的本义，于是古人在“子（象征婴儿）”的头部位置又添加了一只手（爪），即成“乳”字。看上去就像一位母亲正用手托着“子”的头部给孩子哺乳。由此，古代妇女哺育婴儿的情形，均从“孔”和“乳”字深刻地体现出来了，这种姿势后来成为人类哺育后代所特有的姿势，其中凸显的还是其人文性。

对于“孔”字的结构，有关文字学者作出了几种不同的解释。《说文解字·乚部》载：“孔，通也。从乙从子。乙请子之候鸟也，乙至而得子嘉美之也。”许慎认为，“孔”由“乙”和“子”构成。“乙”是一种鸟，古称玄鸟，相当于现在所称的燕子。其意思是：乙鸟所生之子，也就是燕子所繁衍的后代。因此，他的后代以孔为姓。据古籍记载，孔姓出自殷商的子姓。帝喾之后商汤是商代的开国之君。传说帝喾的次妃兰狄吞乙鸟的卵，生子契，并赐姓子，传至成汤之时，因他的祖上吞乙鸟卵而生后代，故取字太乙，以示纪念。其后，汤的后代又在“乙”旁加“子”而为“孔”字，自此以“孔”为姓，其意思是乙鸟之子孙。到了春秋时代，在宋国的孔父嘉为华督所杀，他的儿子逃到了鲁国避难，并且在鲁国定居，所以孔子成了鲁国人。

“孔”字趣释

金文的“孔”字指出婴儿头部的囟门所在的位置。可见金文的“孔”字所表示的意思是：小儿头上的囟门。由于小儿的囟门还没有合拢，即头上像是有个洞，所以“孔”引申指“洞”“孔穴”。

“孔”字的本义

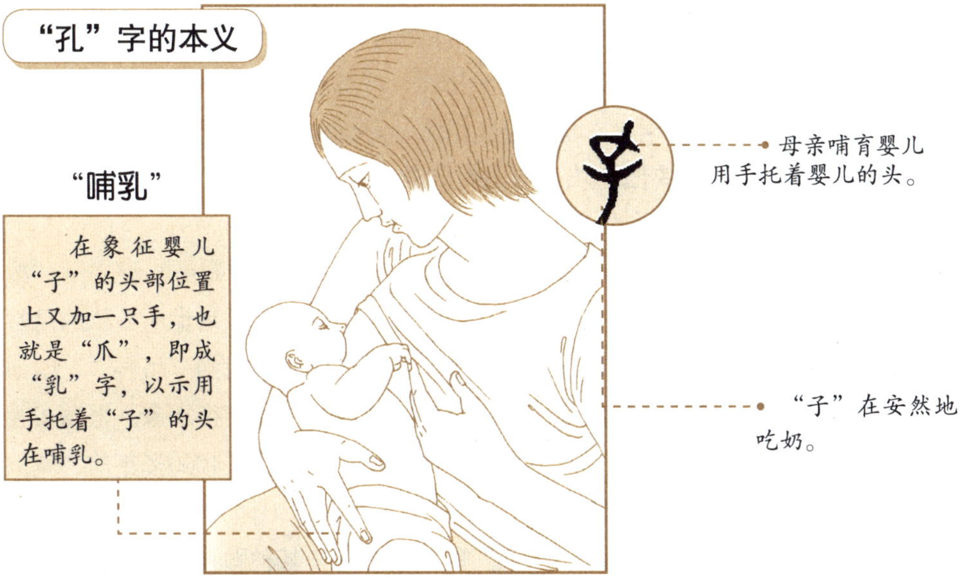

“哺乳”

在象征婴儿“子”的头部位置上又加一只手，也就是“爪”，即成“乳”字，以示用手托着“子”的头在哺乳。

母亲哺育婴儿用手托着婴儿的头。

“子”在安然地吃奶。

“孔”字的其他解释

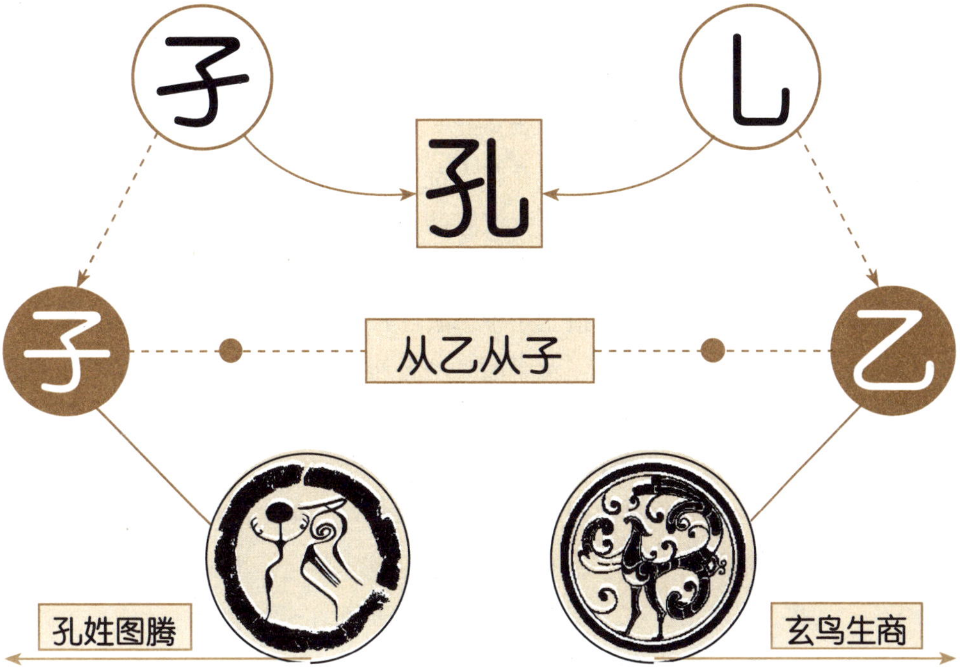

子

乚

孔

子

从乙从子

乙

孔姓图腾

玄鸟生商

第九节

“脊椎”乃栋梁之材——“吕”字解

“吕”字的甲骨文为“吕”，观其形体结构，由上下两个方块形“口”组成，所表示的意思为人或动物的脊椎骨一块接一块地连成一串。为象形字。

“吕”字的小篆为“吕”，与甲骨文相比，它仅在两块脊骨之间加了短短的一条竖线，看上去像是要把一块一块的脊骨紧紧地串连在一起。后为了书写方便，同时又保持了其古文形体，简化为“吕”。

《说文解字·吕部》载：“吕，脊骨也。象形。昔太岳为吕心腹之臣，故封吕侯。”许慎认为，“吕”字的本义为脊骨。而吕侯太岳是后世所公认的吕姓始祖，也就是大禹的“心吕之臣”——太岳，太岳之所以被封为“吕侯”，因他为大禹的栋梁之臣，自此以后其子孙以“吕”为姓，并历代繁衍下来。根据《姓纂》记载，这位吕侯太岳是炎帝姜姓后。由此表明，吕氏早在4000多年前，就被作为姓氏使用了。

还有部分文字研究者则认为，“吕”的字义来源于某种图腾（形似鹿与驴的黑羊）信仰，在魏晋时期，这种图腾物称为“山驴”，在先秦时期被称为“闾”或“闾侯”。由此表明，单独的氏族部落成立后，吕姓人也从来没有忘记他们最初的图腾信仰。

董卓早年为汉将，在西方平定少数民族叛乱，后来又参加讨伐黄巾起义，数次兵败，却依然升为前将军，掌管重兵。董卓拥兵自重，驻兵于河东，不肯接受朝廷的征召而放弃兵权，正逢京都大乱，何进被杀，董卓趁机进京，控制了中央政权。之后董卓废汉少帝，立汉献帝，关东诸侯联盟讨伐董卓，董卓放弃洛阳，移都长安。最后被吕布所杀。据传，董卓在覆灭前夕，有一天在去上朝的途中，遇见了一位道士。道士手中拿着一根竹竿，竿上挂着一条白布，布的两头分别写了一个“口”字。董卓问拦路者何人、何意？李肃随口答道，没什么，只是一个疯疯癫癫的道人。于是，董卓下令手下将疯道士赶走了。实际上，这个道士手持的两条白布上分别写着一个“口”字，组合在一起即为“吕”字，也就是提醒董卓要提防自己的心腹——吕布。可是董卓并没有意识到，最后死于吕布之手。

“吕”字趣释

“吕”字是象形字。它的甲骨文的形体是由两个方块形的“口”组成，表示人或动物的脊椎骨一块接一块地连成一串。许慎的《说文解字·吕部》载：“吕，脊骨也。象形。昔太岳为吕心腹之臣，故封吕侯。”可见，他也认为“吕”的本义是脊骨形体。

“吕”姓解析

许慎的《说文解字》载：“吕，脊骨也，象形……篆文吕，从肉从旅。”“吕”字的字形像两块脊骨相连的形状。后来“吕”字用于古代音乐十二律中的阴律，总称“六吕”，本义消亡，又用作姓氏。

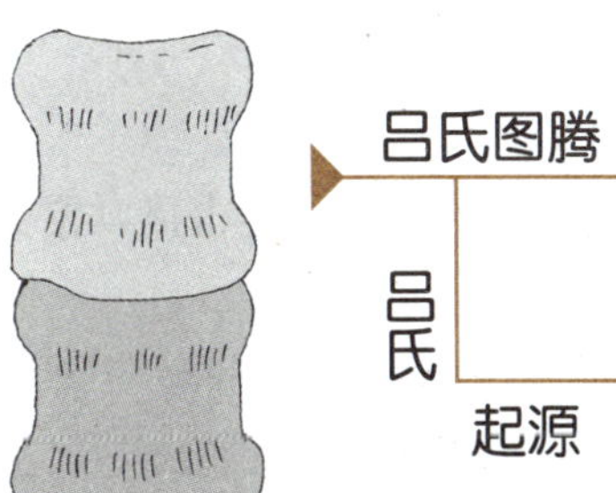

“吕”字含义

吕氏图腾

吕氏起源

原始社会末期，吕部族由羌人分出，与亲族申部族由甘肃东部又向东迁。迁至上申川之北的吕川。杏子河起源于靖边县的白于山，东流注入延河，后流入黄河。吕人顺着延河河谷，东渡黄河，与申同时迁至今山西中部的吕梁山。吕人在夏、商时世有其国，后又东迁至汾水中游肥沃的平原，今存古吕城遗址。

“吕”为古代音乐十二律之一

古代音乐律制。“律”指规律性的、成体系的标准音高。成体系的、互有规律联系的“律”才可称为“律吕”。州鸠按十二律次序分单数、双数排列，后世将其中单数称为六阳律，简称“六律”，双数为六阴吕，简称“六吕”（州鸠称为六间）合称为“十二律吕”。

此十二律吕以黄钟宫为首，按半音关系从低到高排列。其律名的本义已不可考。十二律的绝对音高，因历代黄钟律音高标准之不同而随之上下。

六律：黄钟、太簇、姑洗、蕤宾、夷则、无射

黄钟	大吕	太簇	夹钟	姑洗	仲吕	蕤宾	林钟	夷则	南吕	无射	应钟

六吕：大吕、夹钟、仲吕、林钟、南吕、应钟

第十一章 汉字中的姓氏

第十节

一夫当关，万夫莫开——“关”字解

提及“关隘”，人们自然就会想到那些险要的关口。依山筑城，断塞关隘。因为在古代，凡交通要塞就会屯兵把守，设置关隘，一方面是为了军事防御和控制交通，另一方面也是征收关税的重要设施。其险要，用李白的诗句“一夫当关，万夫莫开”来形容是最恰当不过的了。

“关”字的西周金文为“[古文字]”，有的文字研究者将“关”解释为“闭”的意思，也有部分学者认为“关”字，其外是一个“门”，门中“十”为甲盾之类的兵器。内外部组合在一起，就是指有武器的关口。由其形体构造可知，“关”字的出现，显然与军事防御紧紧相连。到了春秋时期，“关”字又作“[古文字]”，其意思为“陈二甲盾于门”。其字义与前者相同。

中国历史上有许多著名的关隘，“关”是古代设置在边境上的门户。如“嘉峪关”“雁门关”等。

明·冯梦龙《东周列国志》第七十二回载：“（楚）平王悉从其计。画影图形，访拿伍员，各关隘十分紧急。”由此可知，“关”的地理位置在极其险要、易守难攻之地。正如《初学记》卷八载：“关在境，所以察人御出也。”

战国时期由秦国设置的函谷关，是秦国通往六国的唯一通道。据《史记·孟尝君列传》载，秦昭王听说孟尝君是个贤人，就请他到秦国去做相国。后来有人在昭王面前说他的坏话，昭王就把他囚禁起来，想杀他。他派人向昭王的一个宠姬求救，那宠姬要一件狐白裘做报酬。可是孟尝君只有一件狐白裘，已经献给昭王了。怎么办呢？这时他手下一个门客说自己能为“狗盗”，就在夜间进入秦宫，把那件狐白裘盗出来，献给了昭王的宠姬。宠姬在昭王面前替他求情，昭王就把孟尝君放了。孟尝君获释后，急欲离开秦国，就连夜向函谷关逃去，到关下才刚刚半夜。按秦国规定，鸡叫时才能开关放行。而这时昭王放走孟尝君以后，又后悔了，派人马去追赶他。此时，孟尝君前有高关阻路，后有追兵迫近，处境十分危急。恰巧，他手下有个门客能学鸡叫，引得附近的鸡都叫起来。守关的人误认为开关的时间到了，就放孟尝君出了关。

“关”字趣释

中国历史上有许多著名的关隘，“关”是古代设置在边境上的门户。如“嘉峪关”“雁门关”“剑门关”等。“关”字，其外是一个“门”，“门”中“十”为甲盾之类的兵器。其意思是有武器的关口。这种构字方式很显然告诉我们一个事实，那就是“关”字一问世就与军事是紧密联系着的。

金文关字

门闩

造字解说

古代的房门没有门锁，而是在门的里面安上一根可以活动的横木将两扇门闩在一起。金文的“关”字，正像门内加闩之形，其本义即指“门闩”。门闩是用来闭门的，所以“关”字有关闭、闭合、封闭之义，又指关口、关隘、关卡。此外，“关”还可以引申为指事物中起转折关联作用的部分，如机关、关节、关键等；又含有关联、牵连之义。

关字释义

关，早期金文閞像两根门闩|各自插进闩孔●。造字本义：将门闩插进左右两个闩孔，紧闭大门。晚期金文關改成一根门闩|插进两个栓孔8。篆文關加丝（丝，绳索），表示门闩插进栓孔后，再加绳索系绑以防盗。行草关将隶书關中用绳索系绑门闩的形象𢇍写成“关”。

第十一节

有“章”才有规律——“章”字解

“章”字的金文为“𩒨”，上部为“辛”，下部为“日”。“辛”为“标识”之意，“日”表示“鲜明”，为会意字。上下部组合在一起的意思为“彰著”的意思。其实，金文的“章”字确实和“彰”的本字有异曲同工之处。

“章”字的小篆写作“章”，上部为“音”字，下部为“十”字，而且与金文的“章”字保持着一种内在的联系。正如《说文解字·音部》载：“章，乐竟为一章。从音，从十，十数之终也。”对此，许慎作出了解释，“音”，指“音乐”“乐曲”；“十”在这里表示“竟”，也就是表示终结、结束之意，并不是指数目的意思。

许慎之所以对“十”字作出以上解释，显然深受道家老子主张“起一终十”的影响，其道家所主张的思想境界——有始有终（起一终十），“一”在此是指万物之始，“十”为万物之终。由“音”和“十”组合而成的“章”，所表示的意思就是乐曲演奏完一遍即叫一章。所以，称“章”为“音十章”更为妥当。而在汉字中，“章”字还被用来表示姓氏的，而人们在介绍自己“姓立早章”仅从其形体结构上来讲的。

既然“章”表示的意思为一支乐曲一段的演奏过程，因此“章”字的引申之义为文章的“章节”“段落”。又因为任何一首乐曲的构成与演奏都是遵循各自的音律，所以，由“章”继而引申为“规章”“章法”“法律”。如果再将此听觉的规章用于视觉上，“章”便又有了“印章”“图章”的意思。

"章"字趣释

金文"章"字是一种从"辛"、从"日"的穿合结构，"辛"表"标识"，"日"表"鲜明"，会意为"彰著"的意思。其实，金文的"章"字确实和"彰"的本字有异曲同工之处。由于"章"表示一支乐曲一段的演奏过程，所以从"章"字可以引申出文章的"章节""段落"等意思。

解析

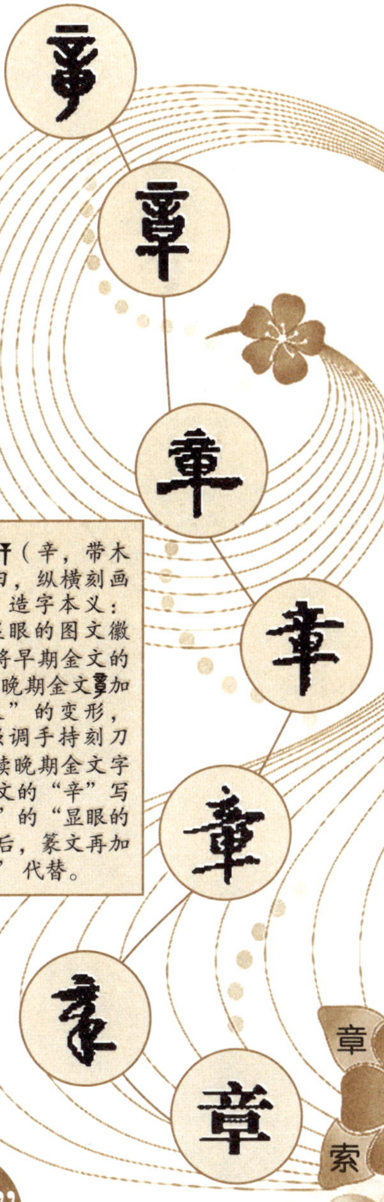

早期金文（辛，带木柄刺刀）（田，纵横刻画的圆圈标识）。造字本义：刻画在物品上显眼的图文徽标。中期金文将早期金文的"辛"写成。晚期金文加（十，是"又"的变形，表示抓持），强调手持刻刀刻画。篆文承续晚期金文字形。隶书将篆文的"辛"写成"立"。"章"的"显眼的标识"本义消失后，篆文再加"彡"另造"彰"代替。

章

引申

（章之以论）
①动词：显示、突显

（图章、印章）
②名词：以图文标明身份的印子

（章节、篇章）
③量词：篇、节、段

（章法、简章）
④名词：条理，规则

章 引 申 索 线

谱写生命的乐"章"

第十二章

汉字中的礼器、兵器

《左传》里说：『国之大事，在祀与戎。』也就是说，在古人眼里，祭祀与军事是国家大事。因此，礼器与兵器是先民们极为看重的。如煮肉盛肉的鼎、盛饭的簋、饮酒器爵、盛酒器尊，都是礼器。从兵器方面讲，如刀、箭、戟、戈，汉字中有关战争的每一个字，都是古人对远古社会中的生存竞争的写实描绘。许多汉字都是借助礼器或兵器的形状造出来的。

第一节

即使是白玉也有瑕疵——“玉”字解

众所周知，“玉”字是“王”上加一点。但是，甲骨文和金文中的“玉”却并没有这一点。在甲骨文中，“玉”写作“丰”。其形状酷似一根绳子穿着三四块玉：那一竖代表两端外露的绳子，那三四个短横则代表三四块玉。就本义而言，“玉”指的是“玉石”。在金文中，“玉”字写作“王”。从形体上看，那根贯穿玉的绳子已不再外露。到了小篆，基本沿用金文的“玉”字，更接近于“王”字的写法，但仍稍有差别。仔细分辨，可以发现，小篆的“玉”字与一般的“王”字的三横之间间距稍有不同：前者的间距是基本相等的；后者的间距则不相等，一二横的间距稍小，二三横的间距稍大。

一些学者认为，“玉”与“王”这两字都是三横一竖，说明两者之间存在某种联系。对于“王”字，《说文解字》是这样解释的：“天下所归往也……古之造文者，三画而连其中，谓之王。三者，天地人也。而参（叁）通之者，王也。”至于“玉”，《说文解字》则强调：“玉，石之美有五德者。”古人一向将玉视为纯洁的象征，还细分为“仁、义、知、勇、洁”这“五德”，用来赞誉人的美德。

在古人的观念中，玉是非常有灵性的神奇物体。在《红楼梦》中，贾宝玉就被描写成口衔“通灵宝玉”出生的非凡之人，这块“通灵宝玉”也确实为他带来吉祥。直到今天，人们之所以喜欢购买和佩戴玉器，主要还是觉得玉可以驱邪、延寿，甚至在治疗某些疾患方面具有奇特的功效。

如上所述，古代的“玉”字与“王”字的形体稍有区别，但并不明显。为了不至于混淆，隶书中就开始进行区分：不加点的是“王”字，加点的是“玉”字。最初，那一点加在“王”的上方，代表稍有瑕疵的玉。后来，这一点逐渐移至现在的位置。之所以要加上这一点，主要是强调玉的瑕疵。在这个问题上，古人非常理性：世间万事万物都不可能尽善尽美，玉当然也不例外。正所谓“瑕不掩瑜”，从某种意义上说，有瑕疵更能证明玉的真实与价值。

古往今来，人们都将“玉”视为十分精美、十分贵重的物品。与“玉”有关的物品也是这样，如“玉带”“玉壶”等。于是，“玉”就自然引申为“精美”“贵重”。

“玉”字趣释

在甲骨文和金文中“玉”并没有一点，是一根绳子上穿着几块玉的形状，一竖表示穿玉的绳子，两端的绳子外露，三短横分别表示的是三块玉或四块玉。“玉”的本义为玉石。

“玉”字的结构解析

甲骨文的“玉”字形为：几块玉石被一根绳子穿在一起。金文和小篆作三横一竖，与“王”字相似；这两者之间的区别是，“玉”字三横间距相等，而“王”字则不是。“玉”字的一点是在隶书之后才加上的。

将玉片穿起来的绳子，作“丨”

被穿起来的玉石，作“三”

早期甲骨文𤣩像一根丝绳穿着四片宝石薄片，丝绳上端为绳结↓。造字本义：用丝绳串起来的珍玩宝石。晚期甲骨文𤣩简化成三片宝石和一根串绳，字形与“丰”字相似。

造字解说

金文王省去上下两端的线头，字形与“君王”的“王”字相似。篆文王承续金文字形。隶书玉在“王”字上加一点指事符号，变成指事字，以区别于“王”。

“玉”具有的五种美德

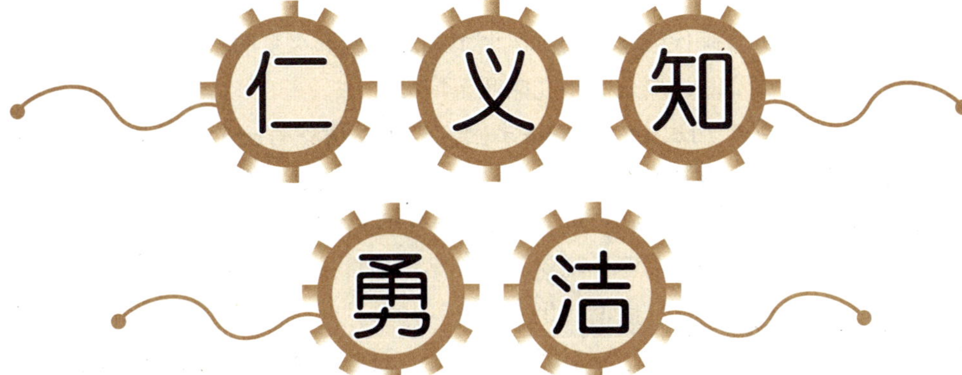

所谓“石之美者有五德”，即古人把玉作为品德的象征。“五德”按许慎的说法是“仁、义、知、勇、洁”。

第二节

古代传国重器——“鼎”字解

在甲骨文中，“鼎”字写作“[illegible]”。“鼎”指的是古代用于烹饪的一种青铜制作的器具。“鼎”属于象形字，形体上分为上下结构：上部形似一口缸，圆形与方形都有，甚至两侧还有耳；下部是足，有三足（圆鼎）与四足（方鼎）的区别。我们一般所说的“三足两耳”的“鼎”，就是指其中的圆鼎。所以，许慎在《说文解字》中强调：“鼎，三足两耳，和五味之宝器也。”与甲骨文相比，金文的“鼎”字变化不大。到了小篆，开始用“目”来代表鼎身，下部则是鼎架，仍属于象形字。

在中国历史上，据说是黄帝最早制作了鼎。一些文献资料记载，“黄帝采首山之铜，铸鼎于荆山”，认为这就是最早意义上的鼎。到了夏禹时期，制作了著名的“九鼎”。所谓“一言九鼎”，就是指说话算数，就像“九鼎”一样，极有分量。

公元前606年，楚庄王举兵攻打陆浑之戎。路经洛邑时，他故意陈兵列阵，展示自己的强大武力。周定王见状，为了息事宁人，便派人前去慰劳。可是，雄心勃勃的楚庄王却盘问“鼎之大小轻重”。由于“鼎”在当时是权力、地位的象征，楚庄王这一举动分明暴露了他企图夺取天子王位的野心。此后，“定鼎”就被用来指代建立新政权、新都城，“问鼎”则被用来指代阴谋夺取现政权。

“鼎”一向被古人视为国之“重器”“神器”，具有无与伦比的威力。因此，“鼎”字就逐渐引申为“大”“最”“显赫”。所谓“鼎力”，指的是力大。所谓“鼎能”，指的是才高。所谓“鼎臣”“鼎席”，指的是元老重臣。所谓“鼎姓”“鼎族”，指的是豪门巨族。历代王朝常有铸鼎之举，认为这是一件非常吉祥的事情，可确保国泰民安，风调雨顺。传说商灭夏时，商王特地将鼎迁至商都。等到周灭商时，周王又将九鼎迁至周都。

关于“鼎”字，历史上流传着许多闲文趣事。清朝有一个残虐的太守，名叫梁鼎芬，时常对老百姓敲诈勒索，搞得民怨沸腾。为此，一个文人暗中写了一副对联予以嘲讽：上联是“一目难支，足下分开两片”，隐射“鼎”字；下联是“廿头割断，此身应受八刀”，隐射“芬”字；横批是“梁上君子”，既指代其姓，又强调他的盗贼本性。所谓“足下分开两片”“此身应受八刀”，淋漓尽致地表达了人们的愤恨之情。这副对联一时传开，百姓无不拍手称快。梁鼎芬臭名远扬，无奈之下，最后只得离职而去。

“鼎”字趣释

甲骨文“鼎”字，是象形字，是古代的一种烹饪器具，多为青铜制成。其形制上面像缸，有圆形也有方形的，有两侧有耳的，下面为足。通常情况下，圆鼎是三足，方鼎是四足。金文与甲骨文的形体相同，只是到了小篆，其形体发生了变化，为“鼎”，鼎身以“目”来替代，原来的鼎足变成了搁鼎的架子，但仍为象形字。

容器

鼎是古代的一种烹饪容器，常见者为三足两耳大腹。甲骨文和早期金文的鼎字，正像鼎之有耳有足大腹的形状，是鼎器的形象写照。

礼器

在古代，鼎不但是烹煮食物的容器，也是宗庙祭祀时用的礼器。同时作为一种重要的宗庙礼器，它又是国家政权的象征。所以鼎的形象，有较为丰富深邃的文化含义。

象征

威力无比

鼎既为传国重器、神器，作为威力无比的象征，由此便引申出「大」「盛大」「最」「显赫」等意思。

象征

吉祥如意

鼎还被视为吉祥之物。历代王朝常铸鼎以称颂国家基业宏大，事业兴旺发达，天下太平。

第三节

听到鼓声起，个个开怀笑——“喜”字解

在甲骨文、金文、小篆和楷书中，“喜”字的写法比较接近。在甲骨文中，“喜”字写作“”。在金文中，“喜”字写作“”。分析其形体：上部是“”，形状很像一面鼓，也代表“鼓”字；下部是“口”，代表人。“喜”是一个会意字，意为：听到鼓声，便十分欢喜。这就告诉我们，古人高兴的原因很多，其中之一就是鼓声引发的。因此，“喜”字的本义就是“欢喜”“高兴”。

在《说文解字》中许慎指出：“喜，乐也。从壴，从口。”朱骏声在《说文通训定声》中也强调：“闻乐（yuè）则乐（lè），故从壴；乐形于谈笑，故从口。”意思就是说，古人一听到鼓乐声，内心就非常欢喜。“喜”这个字之所以从“口”，就是因为人们的快乐往往要从口中表现出来。也有学者对“喜”的结构另有解释。他们承认，“喜”字的上部确实是鼓的形状，但强调下部代表的是放鼓的基座。总体来看，“喜”字的意思是：通过击鼓奏乐，来庆贺喜庆之事。

人们一定注意到，结婚时贴的那个“喜”字其实就是由两个“喜”字组成的。那么，这个“囍”字是怎么来的呢？传说，宋代文学家王安石有一次进京赶考。路过马家镇时，他看见门楼上挂着一盏走马灯，还写着上联。王安石饶有兴致地研读起来，觉得上联写得很不错。原来，这是马家镇的马员外在用一种极为特殊的方式，为自已选女婿呢。第二天，面试考官出了个下联，要求王安石对出上联：“飞虎旗，旗飞虎，旗卷虎藏身。”王安石立刻想起昨天看到的上联，脱口而出：“走马灯，灯马走，灯熄马停步。”主考官大为赞赏，王安石非常开心。

离开考场后，王安石立刻赶往马家镇。就在马员外的门楼前，他写下了“飞虎旗，旗飞虎，旗卷虎藏身”的下联。马员外一看，满心欢喜，便欣然答应将女儿许配给他。几天后，正好遇上一个良道吉日，马府上下热闹非凡，都沉浸在喜庆的氛围之中。就在一对新人一拜天地、二拜高堂之时，门外传来喜报：“王大人金榜题名，明日请赴琼林宴。”正所谓“洞房花烛夜，金榜题名时”，王安石是“喜”上加“喜”。春风得意之余，王安石大笔一挥，写下一个由双喜组成的“喜”字，贴在门上，并感叹道：“巧对联成双喜歌，马灯飞虎结丝罗。”从此，民间结婚时便有了贴双“喜”的习俗，一直延续至今。

“喜”字趣释

从甲骨文至楷书，“喜”字的形体结构基本相同。上部分是“鼓”的古字，像鼓的形状。下边部分是“口”，代指人，是会意字。合起来的意思是：听到鼓声响起，各个开怀大笑。可见古人的高兴，其中原因之一就是由鼓声引起的。

“喜”字的结构解析

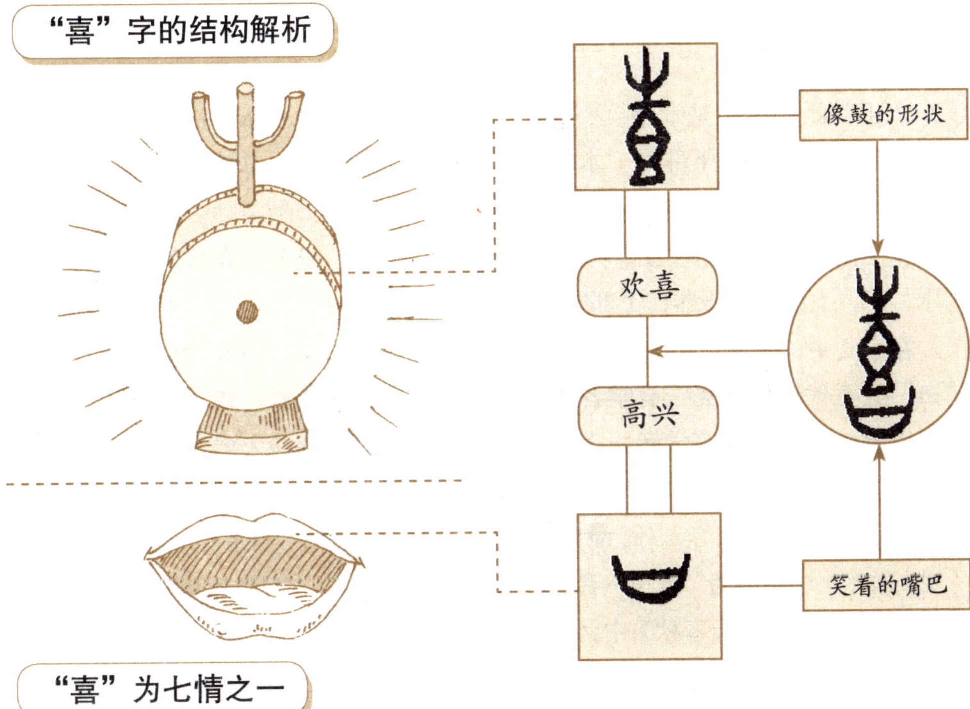

“喜”为七情之一

七情六欲是指人们与生俱来的一些心理反应。《礼记·礼运》中记载道：“喜、怒、哀、惧、爱、恶、欲七者弗学而能。”就是说，这几种情态是与生俱来的，不学就会。

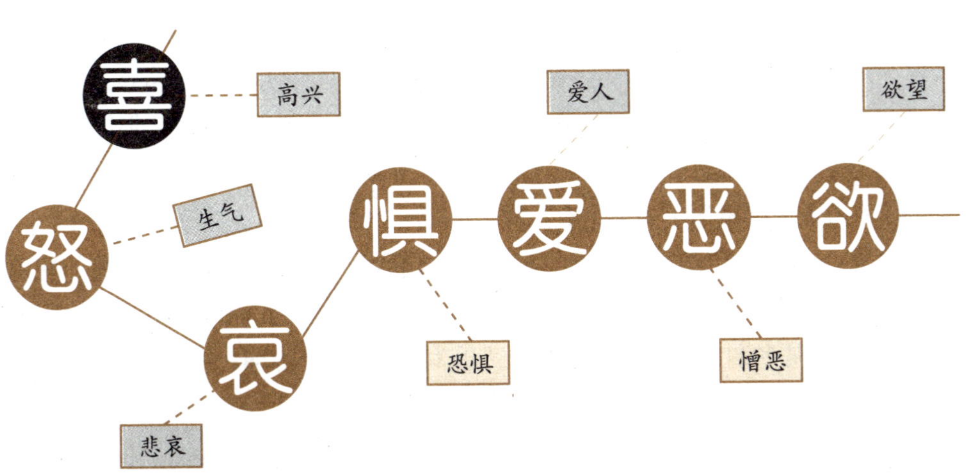

第四节

乐器弹奏出动人的音乐——“乐”字解

“乐”的繁体字是“樂”，在甲骨文中写作“”。分析其结构：上部是“丝”，代表琴弦；下部是“木”，代表绷琴用的木头。总体来看，“乐”字的形状很像古代的乐器。对此，罗振玉在《增订殷墟书契考释》中是这样解释“乐”字的：“从丝附木上，琴弦之象也。”当然，也有学者认为，甲骨文的“乐”字，上部代表乐器，下部则代表放置乐器的架子。

在金文中，“乐”字写作“”。与甲骨文相比，多了一个“白”字。这个“白”究竟代表什么呢？有学者认为，“白”是一种乐器，在木头上装上弦，再配以调弦之器。也有学者认为，“白”代表用来调弦的大拇指的形状，证明“乐”字指代的是乐器。比较这两种解释，你会发现其共同点：都是指代乐器。

在小篆中，“乐”字写作“”，与金文的写法很相似。对于“乐”字，许慎在《说文解字》中称之为“五声八音之总名”。在他看来，“乐”字可由“乐器”引申为“音乐”。《吕氏春秋》中就有这样的描写：“昔葛天氏之乐，三人操牛尾，投足以歌八阙。”这里的“乐”，就是指由“乐器”引申出来的“音乐”。

由此可见，“乐器”是“乐”（yuè）的本义。在此基础上推演，既然是乐器，就能弹奏出动人的音乐；既然是动人的音乐，自然能令人感到快乐。因此，“乐”进一步引申为“快乐”。在这里，“乐”的读音转为lè。在《论语》中，提到“有朋自远方来，不亦乐乎”。在这里，“乐”（lè）指的就是“快乐”。

在“快乐”的基础上，“乐”又引申为“喜好”“爱好”。《论语》中的名言“知者乐水，仁者乐山”，指的就是聪明的人喜好水、善良的人喜好山。当然，学术界也有人认为，“乐山乐水”中的“乐”字应读为yào。但即使是这样，这里的“乐”的意思显然还是“喜好”“爱好”。

在《孟子·梁惠王下》中，有这样一句话：“独乐乐，与人乐乐，孰乐？”意思就是：独自欣赏音乐的快乐，和与人一起欣赏音乐的快乐相比，哪一种更快乐？其中：第一、第三个“乐（yuè）”是动词，指欣赏音乐；第二、第四个“乐（lè）”是名词，指乐趣；第五个“乐（lè）”是形容词，指快乐。

“乐”字趣释

“乐”的甲骨文其上部即“丝”，为琴弦。其下部为“木”，即木头，绷琴之用。看上去像古代琴之类的弦乐器。因此，乐（yuè）就是乐器。现代汉语中，“乐”是个多音字，常用读音为yuè或lè。对“乐”字的这两种读音谁先谁后，说法不一。

“乐”的结构解析

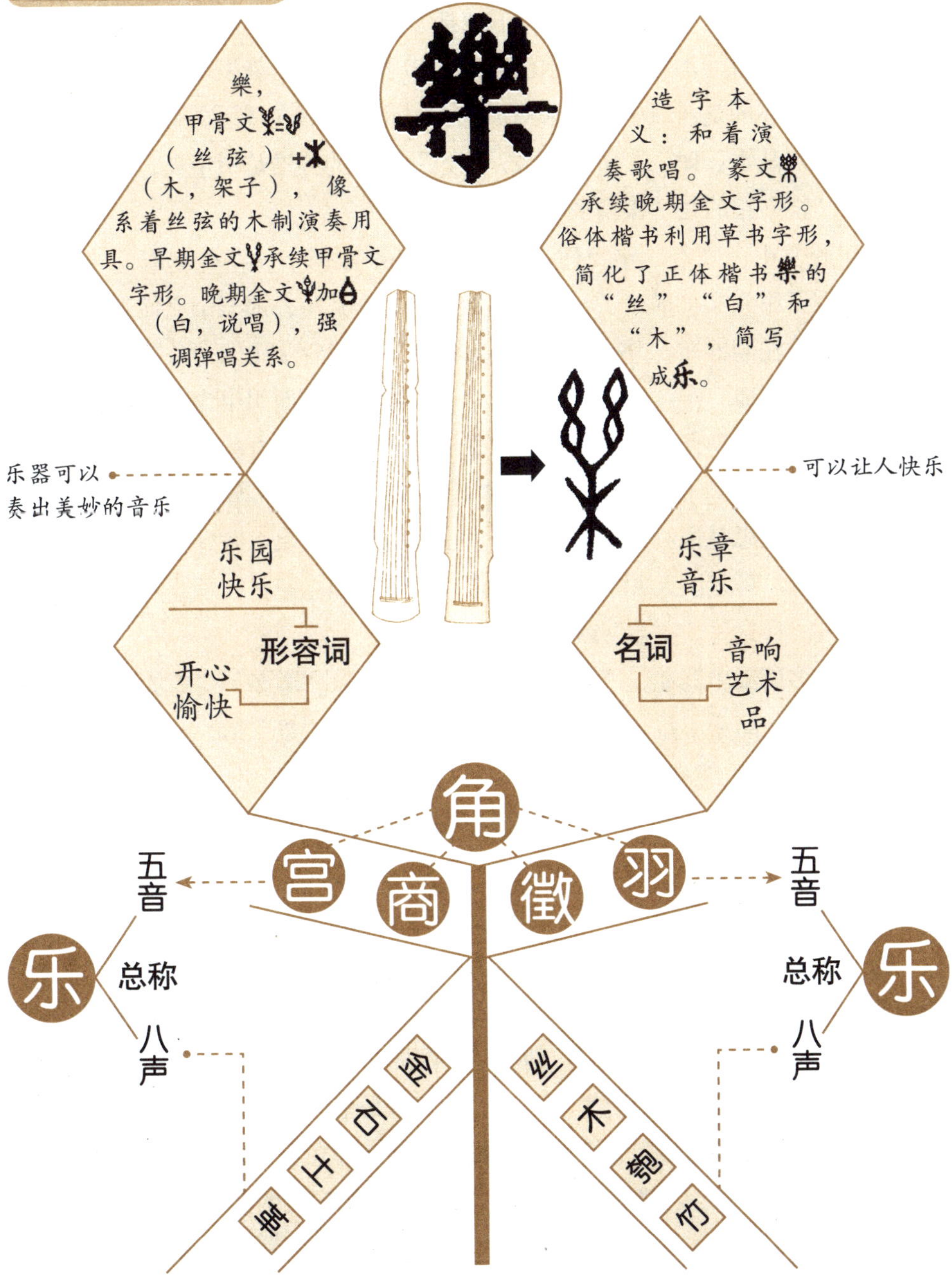

樂，甲骨文（丝弦）+（木，架子），像系着丝弦的木制演奏用具。早期金文承续甲骨文字形。晚期金文加（白，说唱），强调弹唱关系。

造字本义：和着演奏歌唱。篆文承续晚期金文字形。俗体楷书利用草书字形，简化了正体楷书樂的“丝”“白”和“木”，简写成乐。

乐器可以奏出美妙的音乐

可以让人快乐

形容词：乐园　快乐；开心　愉快

名词：乐章　音乐；音响艺术品

乐　总称　五音：宫　商　角　徵　羽

乐　总称　八声：金　石　土　革　丝　木　匏　竹

第五节

水溢出了器皿——“益”字解

“益”字的本义是“溢”，即“水多”。上部是“”，旋转90度之后，就变成“”，这是一个“水”字；下部是“皿”，代表可以装水的器皿。总体来看，“皿”上有“水”，代表水已装满，高于器皿。这就说明，“益”字是一个会意字，描述的是器皿中溢出水的形象。因此，许慎在《说文解字》中强调：“益，饶也。从水、皿。”所谓“益，饶也”，指的应当是引申义，而非本义。在这里，“饶”指的是“粮食多”。

在甲骨文中，“益”字写作“”，是一个象形字。在金文中，“益”字的形体接近于甲骨文，描绘了一个盛水器的形状。其中，那三个点代表水。整体感观，就是水注满器皿，并往外溢出。由此可见，甲骨文中的“益”字的本义确实是“水溢出器皿”。“益”字指的是水超出器皿，进而引申为水超出堤坝。因此，“涨”“水涨”便成为“益”字的引申义。在《吕氏春秋》中，有这么一句话：“荆人欲袭宋，使人先表于水，水暴益，荆人弗知，循表而夜涉，溺死者千有余人。”意思是说：楚国人准备袭击宋国，事先在水中做好了标记。偷袭之前，河水猛涨。可楚国人并不知道这一点，依然按照标记在夜里渡河，被淹死的有一千多人。在这里，“益”就是指“涨”。

因为水多而溢出器皿，“益”字又引申为“多”“增多”“增加”。《韩非子》中有“五年而秦不益一尺之地”的说法，其中的“益”指的就是“增加”。又因为财物增加后能使人富足并获取利益，“益”字又引申为“富裕”“利益”“好处”。我们所熟知的“满招损，谦受益”中的“益”，指的就是“利益”“好处”。后来，人们专门用“益”字来代表“利益”“好处”，又造了一个“溢”字来代表“水涨”，以示两者之间的区别。

需要说明的是，“益”字也可以作为姓氏。但究其来源，又分为三种情况。第一种是来源于嬴姓。在上古颛顼高阳氏的后裔中，有一个名叫伯益的人，被推举为嬴姓各族的首领，并赐姓嬴。他就是秦国的始祖秦始皇。其子孙中有些人使用祖上的名字作姓氏，因而产生了益姓。第二种是来源于县名。益都是古代的一个县，全县的居民都以县名为姓，称为益氏。第三种来源于地名。在汉朝时，四川的广汉归益州管辖，当地人便逐渐将“益”字作为自己的姓。

“益”字趣释

利益的“益”本义是指“水多”，这从“益”的结构可以看出来。“益”字是一个由“皿”和“水”组成的会意字。“水”在“皿”上，其意思是水装满了，高出于器皿的口上。“益”所描述的是水从器皿中溢出来的形象，其本义相当于“溢”。

益，甲骨文像盛器的开口处有“水”。造字本义：盛器水满而溢出。金文将甲骨文的“水”简写成。篆文由横向的“水”、“皿”会意，突出盛器中的水横流。隶书将篆文的“水”写成，将篆文的“皿”写成。“益”的“横溢”本义消失后，篆文再加“水”另造“溢”代替。“益”字是“溢”的本字，如《吕氏春秋》载：“澭水暴益。”“益”还可以引申出“富裕”“增加”“更加”“好处”等意思。

月满则亏　　水满则溢

月亮圆的时候就容易发生月蚀，水满了就会溢出来。比喻事物盛到极点就会衰落。“月满则亏，水满则溢。”亏：缺。万事有度，谁都不是弹性无限的藤条，扯得太紧总有崩溃的那一刻，出现“物极必反”矛盾转化的现象，是因为任何事物都是矛盾的统一体，都有矛盾的两方面。

第六节

王者之印——“玺”字解

“玺”字的本义是“印章”，其繁体字写作“璽”。《说文解字》指出：“玺，王者印也，所以主土。从土，尔声。玺，籀文，从玉。”“玺”字最初之所以“从土”，是因为最初是用硬泥块来作为印章材料的；后来之所以“从玉”，是因为后来是用玉来作为印章材料的。据考证，最早用玉作印章材料的是秦始皇。实际上，“玺”字的本义是“印章”，而不是“王者印”。对此，《广雅·释器》说得很清楚：“印谓之玺。”晋卫宏在《书断》中介绍说，在秦朝之前，无论官印、私印，都称为“玺”。但是，“秦以来，天子独以印称玺，又独以玉，群臣莫敢用也”。等到秦一统天下，便明确规定：“玺”为皇帝专用，且必须用玉作为材料；至于臣民所用，只能称“印”，且不能用玉。到了汉代，总体延续了秦制，但相对放宽，部分诸侯王、王太后也可以用“玺”。

一些学者仔细研究了战国时期的官印，发现上面只有官职名称，并没有“玺”或“印”的字样。后经秦始皇的改革，“玺”开始成为皇帝的专用印章，并一直延续下来。当然，也有一些朝代的皇帝印章称为“印”的，这算是一个特例，因为毕竟是少数。

早在战国时期，楚国就诞生了一块价值连城的“和氏璧”。相传这块璧是楚国樵夫卞和在荆山打柴时发现的。后来就有了卞和三番两次冒死献宝的壮举。一献楚厉王，因楚厉王有眼无珠，以“欺君之罪”而砍掉卞和一只脚；二献楚武王，因鉴玉官从中作梗，二次献宝又没成功，卞和又被砍掉了另一只脚。三献楚文王，楚文王是位明君，独具慧眼，当卞和献上璞玉后，他一眼便认定那是块珍宝，经人略加琢磨，便宝光四射，美妙无比。楚文王为了表彰卞和冒死献宝的壮举，遂将这块珍宝命名为“和氏之璧”。后来，这块“和氏之璧”几经流传，落到了赵惠文王手里。秦昭襄王也想要这块“和氏之璧”，愿以十五座城池来换取和氏璧。这样，和氏璧“价值连城”的声名就传开了。据说这块无价之宝被秦始皇所拥有。秦始皇便让丞相李斯篆刻了“受命于天，既寿永昌”八字，封其为“传国玉玺”。

“玺”字趣释

许慎《说文解字》载：“玺，王者印也，所以主土。从土，尔声。玺，籀文，从玉。”可见“玺”的本义指“印章”。“玺”字初文所以从“土”，很可能是古人初刻印章的材料是硬泥块；“玺”字籀文从“玉”，说明后期的印章使用的材料是玉。

“玺印”的来历

玺印，《释名》解释为：“玺，徙也，封物使可转徙而不可发也。印，信也。所以封物为信验也。亦言因也，封物相因付。”先秦前，玺、印是一物。秦始皇后，只有皇帝印才可称“玺”。官吏及一般人称“印”。印有官印和私印，作为官府书信往来和私人交往的凭证。

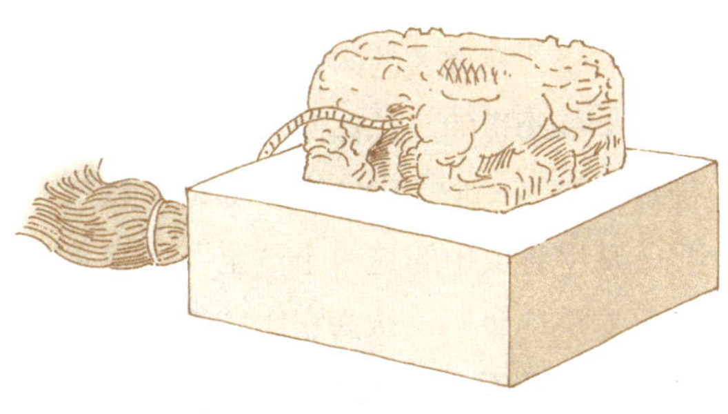

散制作期

传世的出土古玺印最早为战国时代的制作，印体有大小、方圆、一二三层之分，顶端作小鼻纽者最多，印文有三晋、齐、楚等国古文，布局疏朗，错落有致。

发展变化期

隋唐以后印体增大，鼻纽变成小长方形把手，直至增高成上小下宽之柱形柄。官印文字皆作阳文，由细笔微曲之唐篆变化为九叠篆，还有以西晋文、蒙文、满文和满汉篆书合文入印者，印边日渐增阔，布局日趋丰满，笔画与空白日趋均匀。

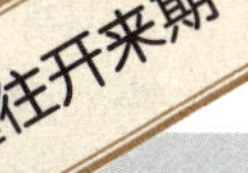

形制统一期

秦汉魏晋皆有统一印制，南北朝因之。皇帝专用玉质，称玺；余者用铜，称印。这段时间之印章有大小方圆、长方等形式，印体日渐厚重，以鼻纽、龟纽居多。

继往开来期

明清私印以石料制作为多，有少量牙角竹木之作，取代了铜质印章。印文主要由书画家亲自提刀，或由治印家镌刻，他们皆以秦汉六朝古印为宗，创造出个人风格。

第七节

屋中收藏有玉、贝——“宝”字解

在甲骨文中，“宝”字写作“”。分析其结构：上部是“宀”，代表房屋；中部是“”，代表贝壳；下部是“王”，代表“玉”，也就是珍宝。需要强调的是，在今人的眼里，“贝”极为寻常，似乎不值一提。但在古代，“贝”却是十分珍贵的。总体来看，“宝”字是一个会意字，指的是屋中收藏着玉、贝等珍品。另一个“宝”字下部是“”，这是古代的“朋”字，指的是成串的钱贝。从甲骨文中的这两个“宝”字来看，当时的人都把“玉”“贝”视为珍宝。尤其看重“贝”，认为它比“玉”还要珍贵。因此，在任何情况下，“宝”字缺“玉”问题不大，但绝对不能缺“贝”。

在金文中，“宝”字写作“”，其特点是从“宀”、从“王”、从“贝”、从“缶”。在金人的观念中，“缶”（陶器）堪称珍宝。据专家考证，周代的普通百姓是很难使用“缶”的，可见“缶”在当时已被视为珍稀之物。也有一些学者认为，“缶”也表声。其理由是：上古的“缶”与“宝”读音相同，均为重唇音。在小篆中，“宝”字承袭金文而来。《说文解字》强调：“宝，珍也。从宀，从王（玉），从贝，缶声。”

“宝”本指“玉”“贝”等珍品，后引申为“一切珍宝”，也有“以……为宝”的意思。《孟子·尽心下》中说：“诸侯之宝者三：土地、人民、政事。宝珠玉者，殃必及身。”在这里，“诸侯之宝”是指“诸侯的宝贝”，“宝珠玉”是指“以珍珠美玉为珍宝”，用的都是“宝”的引申义。

从词性上看，“宝”既可以是名词，也可以是动词，还可以是形容词。例如，《老子》中有“轻敌几丧吾宝”的说法，其中的“宝”字就是指珍贵的东西。《韩非子》中强调“吾有三宝，持而宝之”，其中后一个“宝”字就是指珍爱、珍视。此外，诸如“宝字”“宝位”“宝鼎”“宝篆”中的“宝”字都是形容词。

 “宝”字趣释

“宝”字的甲骨文中间为“贝”，即贝壳。“贝”在今天看为来只不过是一些平常之物，海边似乎遍地皆是，然而在古代却十分珍贵，古人还用它作为钱贝。下面的“王”是“玉”，“玉”为珍宝。这是一个会意字，其意思是：屋中收藏有玉、贝等珍贵物品。

“宝”字结构解析

宝

在一间屋子里既有“玉”（表示珍宝），又有“贝”（表示财富），有的字形中还有“缶”（表示器皿），这些都是宝贵的东西。“宝”的本义就是“珍贵之物”。

早期甲骨文 =（宀，房屋）+（贝，珠贝）+（朋，玉串）。造字本义：藏在家里的珠贝玉石等奇珍。晚期甲骨文将玉串“朋”简化为“玉”。金文加（缶，瓦罐），表示将玉贝等藏在家里的瓦罐中。篆文基本承续金文字形。草书和俗体楷书省去“贝”“缶”。

第八节

礼器与乐器——“钟”字解

“钟”字是“锺”和“鐘”的简化字。在古代，“锺”和“钟”是用青铜制成的两种器物。一般说来，“锺”沿用金文的结构，指的是用青铜制成的酒器。许慎在《说文解字》中指出：“锺，酒器也。从金，重声。”实际上，锺不仅能装酒，而且还装粮食。由于这个原因，“锺”字逐渐被用于容量单位。“钟”字最早源于金文，写作“”。“钟”字从“金”“童”声，是用铜或铁制成的一种乐器。所以，《说文解字》上说：“钟，乐钟也。”

不过，“锺”和“钟”这两个字在很多场合是通用的。总体来看，古代的钟分为两种：一是圆形，名叫圆钟；二是扁形，名叫扁钟。相对而言，圆钟能发出悠长的声音，往往在帝王视朝、官吏出署时使用，颇有助威的功效。扁钟能发出短促的声音，更适合做乐器演奏。所谓“特钟”，是指单独悬挂的钟。所谓“编钟”，是指从大到小依次悬挂的钟。1977年，我国湖北省随州市擂鼓墩战国墓发掘出异常珍贵的曾侯乙编钟，堪称我国古代的古乐珍品。古钟既有铜铸的，也有铁铸的。唐贞观三年（629年），曾铸造了一个重达1500千克的铜钟，是我国现存历史最悠久的铜钟，珍藏于陕西县宝室寺，钟声至今依旧悠长激昂。

在古代，“钟”和“鼎”一样，一向被视为传国重器。据记载，“钟”还是记功或旌功的礼器，铸有一些表功文字，号称钟鼎文。对此，《旧唐书·长孙无忌传》中说得很清楚：“自古帝王褒崇勋德，既勒铭于钟鼎，又图形于丹青。”

在古代，富贵人家举行宴会，常常鸣钟列鼎，以示权重位高。对于这样的家庭，一般称为“钟鸣鼎食”之家。毫无疑问，钟鼎象征着富贵。在古代，佛寺里的“钟”还有报时、集合的用途。所谓“暮鼓晨钟”，就是一个典型的例子。又比如，唐朝张继的《枫桥夜泊》中也提到：“姑苏城外寒山寺，夜半钟声到客船。”在这里，“夜半钟声”指的就是寒山寺里报时的钟声。

由于“钟”具有报时的作用，“钟”字就逐渐被用来指代计时器。关于“钟”的发明，学术界说法不一。有的学者认为，中国最早的钟源于西方，依据就是明朝冯时可的《蓬窗续录》的记载：“外国人利玛窦出自鸣钟，如小香盒，一日十二时，凡十二次鸣。”

“钟”字趣释

“锺”和“鐘”的简化字都是“钟”字。锺和钟是两种不同的器物，均用青铜制成。“锺”沿用了金文的结构，本为古代的一种多用青铜制成的酒器。许慎《说文解字》载：“锺，酒器也。从金，重声。”事实上，锺除了装酒外，还装粮食。

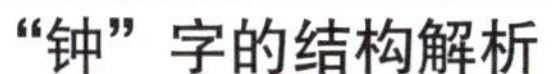

“钟”字的结构解析

童，既是声旁也是形旁，表示被刺瞎双眼的小男孩。早期金文（童，被刺瞎双目、无法跳跑的小奴隶）（金属）。

造字本义：古人贵族或官宦人家由小盲奴撞击的金属报时器，以杵撞击时发出有穿透力的洪亮的“咚咚”声。晚期金文调整左右顺序。篆文承续晚期金文字形。

礼器 · “钟”的不同作用 · 乐器

中国古代贵族在举行祭祀、宴飨、征伐及丧葬等礼仪活动中使用的器物。用来表明使用者的身份、等级与权力。

编钟是我国古代的一种打击乐器，用青铜铸成，它由大小不同的扁圆钟按照音调高低的次序排列起来，悬挂在一个巨大的钟架上，用丁字形的木锤和长形的棒分别敲打铜钟，能发出不同的乐音，因为每个钟的音调不同，按照音谱敲打，可以演奏出美妙的乐曲。

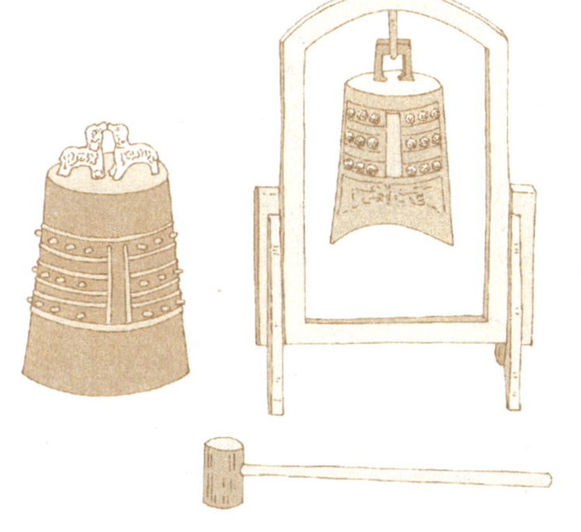

第九节

止戈为武——“武”字解

在甲骨文中，“武”字写作“[illegible]”。分析其结构，上部是“戈”，代表作战时用的武器；下部是“止”，代表脚，指的是“行走”“行动”。总体来看，“武”字由“戈”和“止”组成，是一个典型的会意字，意为“拿着武器攻打敌人”，引申为“用武力战胜对方”。

于省吾在《释武》中指出：“武从戈，从止，本义为征伐示威，征伐者必有行，‘止’即示行也。征伐者必以武器，‘戈’即武器也。”许慎则在《说文解字》中做了另一种解释：“武，楚庄王曰：‘夫武，定功戢兵，故止戈为武。’”很显然，许慎对“武”字的诠释受到了《左传》中楚庄王的话的影响，也就是说：“借助武力，可以收集天下兵器，进而制止流血战争。”这就是我们现在所理解的“止戈为武”的意思。在这里，“止”是指“制止”，“戈”是指战争。

在楷书中，“武”字的“戈”看似没有一撇，其实已隐匿其中。之所以不能在“戈”上加一撇，就是因为那一撇已经移到一横之上了。

既然“武”字含有代表作战武器的“戈”，“武”字就自然引申为“兵器”“武器”。在《逸周书·允文》中，有“收武释贿”的说法，意思就是“收取兵器，拒绝财物”。“武”字中又包含“止”，作战中难免会在地上留下足迹，“武”字又引申为“足迹”。《楚辞·离骚》中提到：“忽奔走以先后兮，及前王之踵武。”在这里，“武”字指的就是“前王”的足迹。

一般认为，作为一个姓氏，“武”姓的始祖是周平王之子姬武。《姓纂》上记载：“周平王少子生而有文在手，曰武，遂以为氏。”据说，周平王的小儿子姬武刚出生时，手掌上呈现出特殊的纹理，很像一个“武”字，便被取名为“武”。当然，也有一些学者将商王武丁奉为武姓始祖。这也许与他主持下的“武丁中兴”对后世影响极深多少有点关系。

对于“武”字，也有一些学者并不同意“止戈为武”的说法。他们的观点比较奇特，认为“武”字并不是“止戈”二字的组合，而是“征伐”二字的减笔拼合，又是“正弋”二字的直接拼合。所谓“征”，是指大队人马的集团行动。所谓“伐”，是指个体单兵的挥戈上阵。至于“正弋”，指的就是拉弓搭箭、瞄准射击。这种解释颇有新意，虽与主流观点不同，但也能自成一家。

"武"字趣释

甲骨文的"武"字，上半部是"戈"，"戈"是古代作战时用的兵器，在这里代指交战用的武器；下半部是"止"，为脚，在这里表示"行走""行动"。可见"武"字是由"戈"和"止"组成的会意字。其意思是：扛着武器上战场，去攻打敌人。总之是用武力去战胜对方。

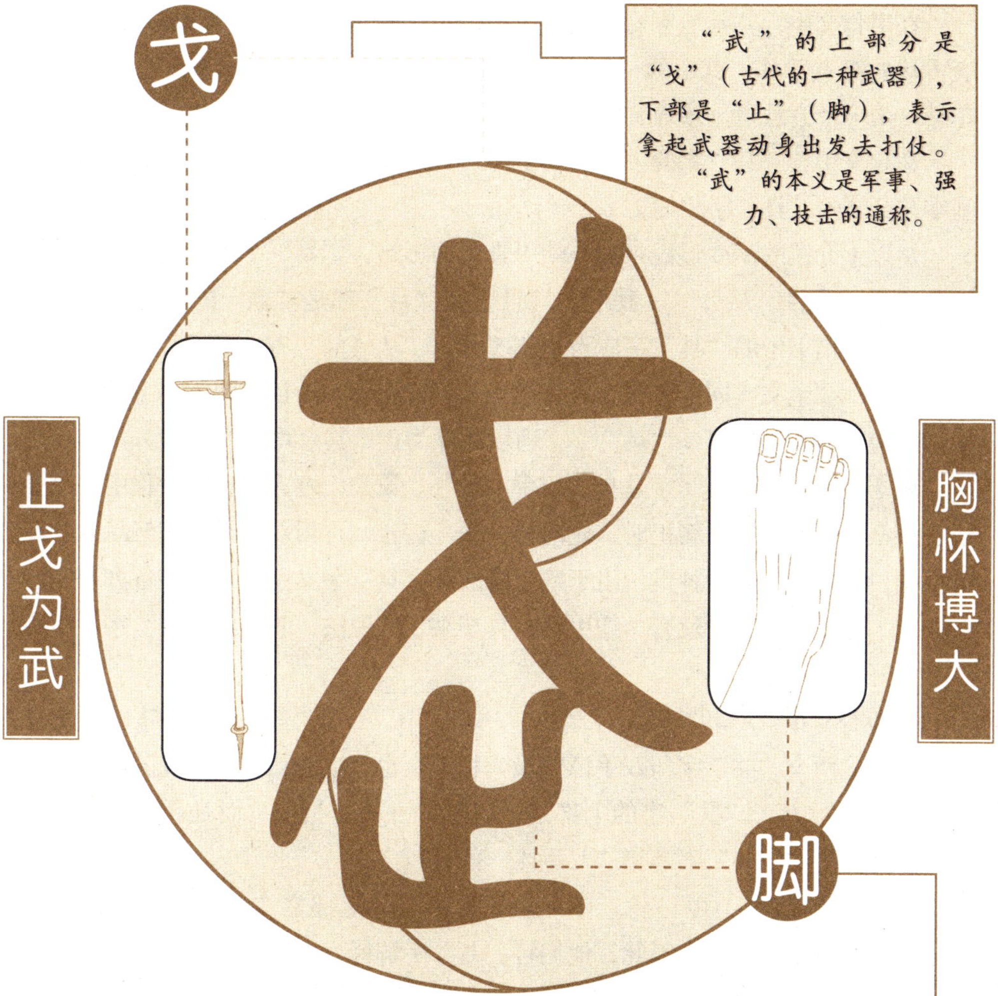

戈

"武"的上部分是"戈"（古代的一种武器），下部是"止"（脚），表示拿起武器动身出发去打仗。

"武"的本义是军事、强力、技击的通称。

止戈为武

胸怀博大

脚

甲骨文(戈，兵器)(止，脚，表示前进)。造字本义：肩扛兵器，出征作战。金文、篆文承续甲骨文字形。

第十节

用双手举起鼎——“具”“共”二字解

在甲骨文中，“具”字写作“”。分析其结构：其中的“”是“鼎”，代表古代的烹煮器具；其中的“”是“廾”（gǒng），代表双手。总体来看，“具”是一个会意字，意为“双手举鼎”。

在金文中，“具”字的“鼎”省略为“贝”或“目”。“具”字到了小篆，基本与金文的“具”字相似。

从以上介绍的演变过程来看，受甲骨文的影响，“具”字逐渐变成“从贝、从廾”或“从目、从廾”。其中，“贝”和“目”都是“鼎”的简化。由此可见，小篆和楷书中的“具”字应当是从“廾”、从“鼎”省。对于“具”字，有学者强调：“金文或同甲骨文，或省鼎为贝，或更省贝为目，即为小篆所本。”他们认为，从源流考察，“具”字“当以从鼎为正，其余均为变体”。

就本义而言，“具”字是指“双手举鼎”。原来，古人在祭祀过程中，总会将各种祭品放入鼎中。祭祀时，先向神灵一一祷告，再用双手将盛满祭品的鼎高举头顶，然后才奉献给神灵。由于这个缘故，“具”字又引申为“准备办理”。《左传·隐公元年》中就有“缮甲兵，具卒乘”的说法，其中的“具”字就是指“准备好”。

在甲骨文中，“共”字写作“”。金文中，“共”字写作“”。郭沫若认为，这两个“共”字与双手捧璧极为相似。也有学者认为，郭沫若的解释有些牵强。实际上，“共”字的上部是“口”，并不单指玉，而是泛指器具。因此，甲骨文中的“共”字是指“双手捧一器具”。

至于金文中的“共”字，有一些学者认定其上部之“口”是烹煮食物的“釜”，也就是“锅”。因此，他们将“共”字解释为“双手捧一锅”。

许慎在《说文解字》中指出：“共，同也。从廿、廾。”他认为，既然“廿”代表众多，“共”就代表“众手齐举”。据一些学者研究，许慎很可能并未见过甲骨文和金文中的“共”字，所以才将“共”字上部的器皿看成“廿”。实际上，小篆和楷书中的“共”字仍有“双手捧物”的含义。“共”字的本义是“用双手共同举物”，因而引申为“一同”“共同”。很显然，许慎对“共”字的解释是其引申义而非其本义。

“具”“共”二字趣释

“具”字的本义当是两手举鼎。“两手举鼎”反映的是这样一种情形：古人祭祀时，将各种祭品装在鼎中，用以祭祀。“共”字，有的学者认为，其上之“口”为一用于烹煮食物的釜。“釜”即为锅。

共

共

具

具

供奉

招待

甲骨文像两手捧着贵重物品。造字本义：以珍品供奉祭神。金文字形多样。晚期金文误将甲骨文的“口”写成“廿”。篆文承续晚期金文字形。隶书将篆文的两手连写成，手形消失。“共”的“奉礼供拜”本义消失后，篆文再加“人”另造“供”代替。

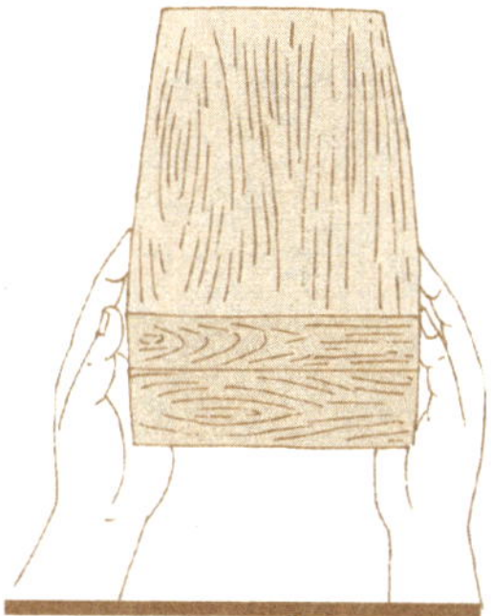

甲骨文=（双手持举）+（鼎，既是祭器也是高级饮食器皿）。造字本义：拿出高贵的饮食器皿铜鼎来宴请嘉宾，意即准备齐全，招待贵宾。金文、误将甲骨文的“鼎”写成“贝”。篆文又误将金文的“贝”写成“目”。“具”的“准备齐全，招待贵宾”本义消失后，再加“人”另造“俱”代替。

均用双手举起

第十一节

手持木棒去敲击贝壳
——“败”“贼”二字解

在甲骨文中，“败”字写作“”。分析其结构：左部是“贝”，即贝壳；右下部是为以手持棒的“攴”（pōu）字。需要强调的是，贝壳在很多朝代，都被商人视为极其珍贵的东西，往往是部落酋长或贵族才能拥有。总体来看，“败”是一个会意字，意为“手持木棒去敲击贝壳”，进一步引申为“毁坏珍宝”。

在金文中，“败”字写作“”。与甲骨文相比，金文的“败”字增加了一个“贝”。究其缘由，大概是指毁坏的不止一个贝，而是两个贝。到了小篆，“败”字写作“”。可能是认为金文笔画太多，就又缩减为一个“贝”。许慎在《说文解字》中指出：“败，毁也。从攴、贝。”在他看来，“败”就是“毁”。珍宝被棒击碎了，就等于损坏了。于是，“败”字就引申为“毁坏”“败坏”。又因为珍宝被击毁，“败”字又引申为“失败”。

在小篆中，“贼”字写作“”。许慎在《说文解字》中指出：“贼，败也。从戈，贝声。”有学者认为，“贼”字是一个“从贝、从戈、从刀”的会意字，引申为“毁坏”“危害”。《论语·先进》中就有“贼夫人之子”的说法，指的就是“残害人家的儿子”。

既然“贼”字是指用“刀”“戈”毁坏别人的贵重东西，这就近乎于盗窃、抢劫了。于是，“贼”字就引申为“强盗”。《晋书》中说：“天下宁有白头贼乎？”在这里，“贼”字进一步引申为“危害国家的人”。

历史上，关于“贼”字的笑话很多。明朝有一个富人，一连生了八个儿子。儿子多了，取名就成了一件颇伤脑筋的事情。于是，他就请人给他的八个儿子各取一个绰号，要求还非常严格：名合姓之形，号符名之象，且叫起来饶有趣味。那人便依次给他的儿子取绰号，第八个儿子被称为“背时哥”。在这里，“背”同“贝”“时”同“十”“哥”同“戈”。合起来看，就是由“贝”“十”“戈”组成了一个“贼”字。

“败”“贼”二字趣释

“败”字在甲骨文中即贝壳。贝壳在商人眼里是极其珍贵之物，只有极少数的部落酋长或贵族才有。“败”是一个会意字，其意思是：手持木棒去敲击贝壳，也就是将珍宝毁坏。“贼”是以“戈”“刀”去将人的贵重东西毁坏，实际上就像是窃取人家的东西。

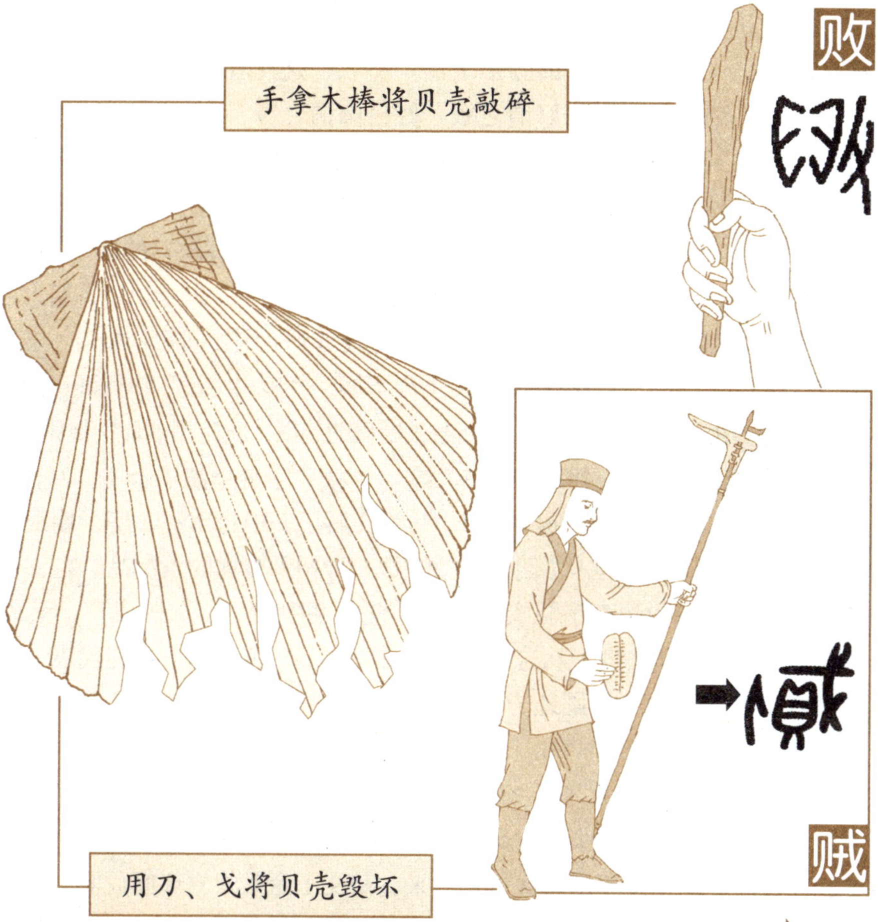

败

手拿木棒将贝壳敲碎

用刀、戈将贝壳毁坏

贼

甲骨文[古字]=[古字]（鼎，财富与至尊的象征）+[古字]（攴，持械敲打）。造字本义：敲破尊鼎，损毁家当。金文[古字]用[古字]（两个“贝”）代替[古字]（鼎），突出“家财”含义。篆文[古字]省去一个“贝”。隶书[古字]将篆文的[古字]“攴”写成[古字]“攵”。

金文[古字]=[古字]（戈）+[古字]（刀）+[古字]（贝）会义。造字本义：杀人越货，抢劫财宝。篆文[古字]基本承续金文字形。隶书[古字]误将[古字]“刀”写成[古字]“十”。

第十二节

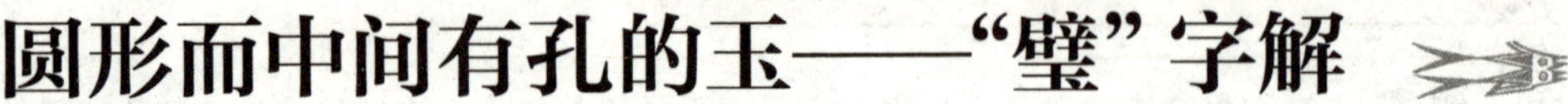

圆形而中间有孔的玉——“璧”字解

一般认为，“璧”是一种中间有孔的圆形的玉。在古代，“瑗”“环”和“玦”也代表中间有孔的圆形玉器。那么，这几者之间有何区别呢？据《尔雅·释器》记载：“肉倍好谓之璧，好倍肉谓之瑗，肉好若一谓之环。”意思是说，如果玉器外边的宽度两倍于中孔直径，就叫“璧”；如果玉器外边的宽度是中孔直径的二分之一，就叫“瑗”；如果玉器外边的宽度正好与中孔直径相等，就叫“环”。至于“玦”，一般是指那种外边有缺口的圆形玉器。

在《荀子·大略》中，有这样一句值得深思的话：“问士以璧，召人以瑗，绝人以玦，反绝以环。”什么意思呢？在派遣使者到他国访问时，如向才志之士征求国事，就应用“璧”作凭证；如召见下臣下属，就应用“瑗”作凭证；如断绝君臣关系，就应用“玦”作凭证；如召回曾被贬谪的属臣，就应用“环”作凭证。

在现存甲骨文中，并没有“璧”字。“璧”字最早源于金文，写作“”。到了小篆，“璧”字仍与金文类似。《说文解字》中指出：“璧，瑞玉。圜也。从玉，辟声。”在这里，“瑞玉”指的是一种预示吉祥的玉制品。在许慎看来，“璧”字是典型的形声字。实际上，“璧”字中的“辟”既表声，又表义，指的是古代的君王和法度。从这个角度来看，“璧”字是指一种能代表天意的玉制品。古人一向主张“天圆地方”，圆形的“璧”就被用来象征天。古代有“六器”之说，都是用玉制成的。其中，“璧”居于首位。大凡与上天、祖宗、君王有关的礼仪，往往要用“璧”来作信物。

有关“和氏璧”的传说，早已家喻户晓。琢玉能手卞和在湖北荆山发现了“和氏璧”，最初并不被人认可。后来，楚文王命人将它琢磨成器，命名为“和氏璧”，成为传世之宝。后几经流落，被秦始皇制成玉玺。秦灭后，又为刘邦所得。传至五代时，便不知所终。“和氏璧”一向被奉为“无价之宝”，又称“荆玉”“荆虹”“荆璧”“和璞”，与“随侯珠”合称“天下两大奇宝”。

在历史上，“璧”也是一种祭品。据《周礼》记载：“以（璧）埋沉祭山林川泽。”也就是说，将“璧”埋入水、土之中，有祭拜河神、山神的效果。

此外，“璧”还是一种殉葬品。在《周礼》中，就有“疏璧，琮以敛尸”的记载。作为一种信物，“璧”还有尊重人、顺从人的意思。据《左传》记载，晋国的韩厥抓住齐王后，曾“奉觞加璧以进”。

“璧”字趣释

“璧”是一种圆形而中间有孔的玉。古代的圆形而中间有孔的玉器还有“瑗”“环”和“玦”三种。《尔雅·释器》载：“肉倍好谓之璧。”所谓“肉倍好”，就是璧的外边的宽度是中孔直径的两倍，符合这个标准的或接近这个标准的玉器才叫璧。

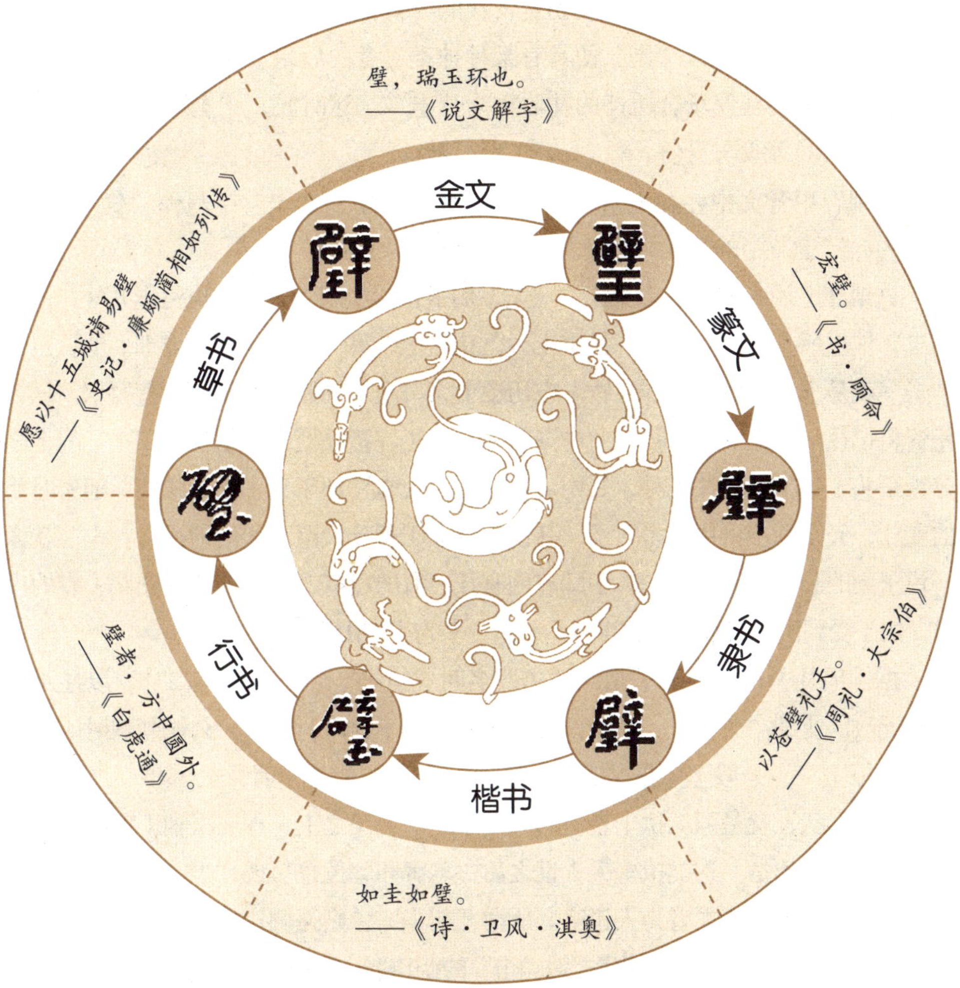

璧，瑞玉环也。
——《说文解字》

宏璧。
——《书·顾命》

以苍璧礼天。
——《周礼·大宗伯》

如圭如璧。
——《诗·卫风·淇奥》

璧者，方中圆外。
——《白虎通》

愿以十五城请易璧
——《史记·廉颇蔺相如列传》

金文 → 篆文 → 隶书 → 楷书 → 行书 → 草书

璧 作用 璧

祭品：“璧”还作为祭品。作为对山神及河神的祭拜。

殉葬品：“璧”还可作为殉葬品。作为信物赠人，有一种表示对人的尊重、顺从之意。

第十三节

古代测日仪——“圭”字解

据古籍资料记载，“圭”最初是古代的一种记日仪、测日仪。由于“日”是古人极为崇拜的对象，“圭”便具有某种神圣之意。后来，人们又将古代诸侯及其他朝臣在各种礼仪场合所持的礼器称为“圭”。这时候，“圭”的主要作用就是显示主人的等级与身份。

在现存甲骨文中，并没有“圭”字。在金文中，“圭”字写作“圭”。有学者认为，“圭”字的形状接近土堆，所以在结构上从二“土”。

许慎在《说文解字》中指出：“圭，瑞玉也。上圜下方。公执桓圭九寸；侯执信圭，伯执躬圭，皆七寸……从重土。”在这里，许慎的解释非常详细。他认定，“圭”就是玉圭，属于吉祥之物。在历史上，“圭”的制作与使用各有要求。据古籍资料记载，在夏商周三代，“圭”就成为天子、诸侯使用的信物。“圭”的上部分为平头、尖头、圆头三种，其中尖头形的“大圭”便于天子插于腰间。随着时代的变迁，天子便不再用“圭”了，其使用仅限于朝廷大臣。通俗地说，“圭”就像一块玉制的长板，大小不一，中间有的有孔、有的没有，上面有的有图案、有的没有。由于受到山川崇拜的思想影响，“圭”多为类似山形的尖头状。

据《周礼》记载，天子用的“圭”名叫“镇圭”，长达一尺二寸，以显示其至尊无敌。所谓“命圭”，意为任命之圭，即天子封爵时所持，公侯朝觐时所执。所谓“桓圭”，一般上尖下平，状如宫室，时刻提醒执圭者秉公办事。之所以选择这样的形状，就是强调执圭者位居天子之下、万民之上，理应匡辅王室、造福百姓。值得注意的是，这类执圭人去世之后，墓碑和牌位也呈现“圭”形。所谓“信圭”，主要是强调执圭者为人正直。所谓“躬圭”，则强调执圭人身为人臣，必须对天子忠诚不二。至于其他朝代，对“圭”的制作要求和使用范围也各有不同。

与“圭”有关的词很多。其中，“圭表”是指古代的日晷仪，由“圭”（细长的刻度盘）和“表”（一两个标杆）构成，用于测量一年时间的长短；“圭角”是指“圭”的锋芒有棱有角，常用来比喻人的言行与众不同；“圭臬（niè）”是土圭和水臬的合称，指的是古代测日影、正四时、量土地的仪器，进而比喻标准、法度。

“圭”字趣释

据古书记载，“圭”在古代指一种记日仪（一说测日仪），后来指古代诸侯及其他朝臣在朝觐及各种礼仪上手中所持的一种礼器，这种礼器的作用在于表示各级官吏的等级及身份。

“圭”的种类

圭

名称	用途
镇圭	天子用的“镇圭”长一尺二寸，是最大者，喻其至尊之意，而其他万物皆俯身其下。
命圭	“命圭”，即为任命之圭，是天子封爵时所持之圭，公侯朝觐时必执此圭。
桓圭	“桓圭”有四陵，上尖下平直，像宫室的结构，寓意执圭者一定要为公。
珍圭	“珍圭”召守臣回朝，派出传达这个使命的人必须手持珍圭作为凭证；遇自然灾害，周天子派去抚恤百姓的大臣所持的信物，也为珍圭。
谷圭	“谷圭”持有者行使和解或婚娶的职能。
琬圭	“琬圭”持有者行使嘉奖的职能。
琰圭	“琰圭”持有者行使处罚的职能。

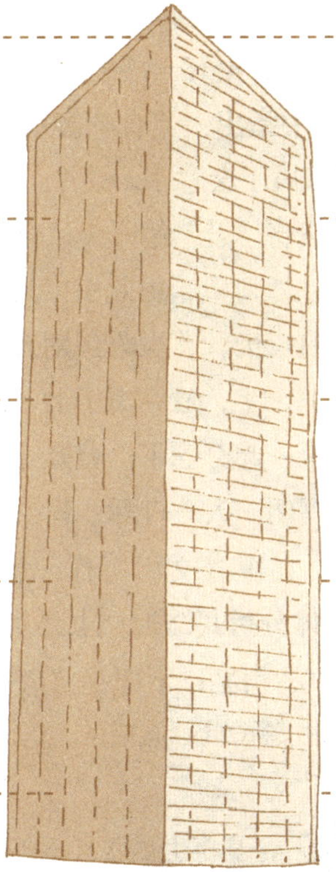

金文圭=土（土）+土（土），疑为玉串象形丰误写。造字本义：古代玉器。籀文珪加王“王”（玉），突出玉质。篆文圭承续金文字形。

第十四节

煮饭用的器皿——“合”“会”二字解

在甲骨文中，“合”字写作“”。在此后的文字演变中，“合”字的形体变化不大。从形体上看，“合”字就像一个器皿。有部分学者研究后认为，这个器皿的下部是锅，上部则是锅盖，两者正好相合。由此可见，“合”的本义就是“相合”。另一些学者认为，“合”字形似半开半闭的蛤蜊，两片贝壳正好严丝合缝地合拢在一起。由此可见，“合”字的本义就是“会合”。

比较这两种观点，我们会发现，虽有一些差异，但都认为“合”字是象形字。对此，许慎在《说文解字》中指出：“合，合口也。从亼，从口。”他认为，“合”字从亼（jí）、从口，属于会意字。这个“亼”就是古“集”字，意为“集合”。基于这个原因，许慎将“合”解释为“合口”，也就是“闭口”。

“合”字的本义是指盖子盖在器皿上，由此引申为“合拢”“闭”。在《三国演义》里，有这样一个情节：有一天，曹操收到别人送给他的一盒酥。他想了想，就在盒子上写了“一合酥”三个字，放在桌子上。不久，杨修走进来，看到这三个字后，便自作主张地与大家一起分吃了。曹操知道了这件事，就问杨修怎么回事。杨修说：“丞相在盒上写明一人一口酥，我当然不敢违命。”

“会”的繁体字为“會”，在甲骨文中写作“”。其形状酷似古代的“甑”，相当于今天的蒸笼。具体分析其结构：上部是“”，恰似器皿的盖子；中部是“”，恰似器皿中的物品；下部是“口”，恰似一口锅。总体来看，“会”字表示由盖子、物品和笼底组合而成的一套炊具，属于象形字，其本义就是“会合”。

在金文中，“会”字写作“”，基本上还是蒸笼的形状。在小篆中，“会”字写作“”。许慎在《说文解字》中指出：“会，合也。从亼，从曾省。曾盖也。”有学者研究后认为，“会”字的意思就是指盖子与器皿两者相合。

随着文字的演变，“会”字逐渐被引申为“相见”“会见”。由于“会”字有“聚集器皿中的物品”的意思，进而引申为“聚集各种钱物”。在“会（kuài）计”一词中，“会”字意为“总计”“计算”。

“会”“合”二字趣释

许慎认为“合”字从亼（jí），从口，会意字。“亼”有人认为就是古“集”字，有“集合”之义。所以，许慎将“合”释为“合口”（把口闭起来）。“会”整个字所表示的意义是：蒸笼盖和笼底相合在一起就成了一套炊具，是象形字。因此“会”的本义就是“会合”。

“会”与“合”的结构解析

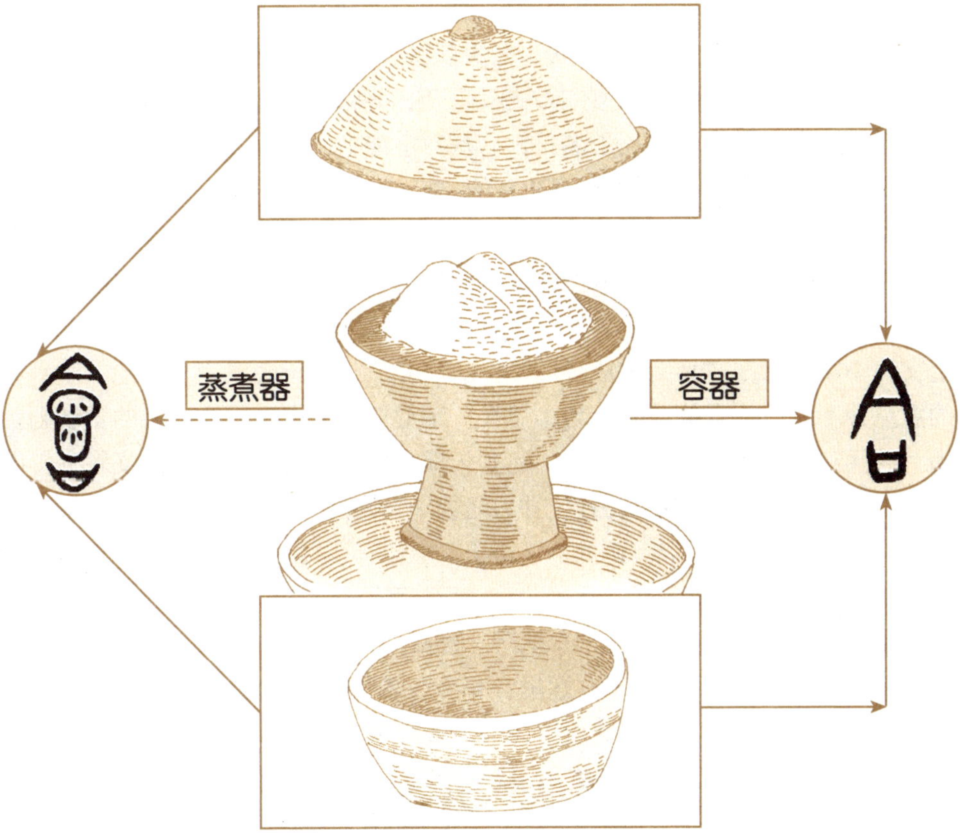

蒸煮器

容器

会

会，早期金文在（盒，有盖的容器）中间加（米）。造字本义：给蒸笼加盖，炊蒸米糕。晚期金文将（米）写成（多层的米糕状）。篆文误将晚期金文的米糕状写成。“会”的“蒸糕”本义消失后，再加“火”，另造“燴”代替。

合

古文的“合”字上部是一个圆锥形的盖子，下部是一个圆形的容器，表示器皿相合。本义为“闭合”。引申为“融洽”“聚合”等意。又用作量词，十“合”（gě）为一升。

第十五节

双手挥斤斫木——“兵”字解

历史上，旧时代的军人四处横行，欺压平民百姓，被怨声载道的百姓称为“丘八”，实际上指的就是“兵”。由此可见，百姓对这些恶兵确实恨之入骨。但是，最早的“丘八”之说并没有多少贬义。《太平御览》上就第一次记载了有关“丘八”起源的故事。有一个人，名叫慕容垂。有一天晚上，他梦见自己走夜路，来到孔子墓前，发现旁边还有八座坟。他百思不得其解，第二天就去请人解梦。解梦师傅告诉他：“孔子名丘，‘八’字加上‘丘’就是‘兵’字。这说明，路上肯定有伏兵。”这是最早出现的“丘八”说法。

在甲骨文中，“兵”字写作“”。分析其结构：上部是“”，指的是“斤”，古代的一种类似斧子的工具；下部是“”，即“廾”（gǒng），形似双手。在金文中，“兵”字写作“”。在小篆中，“兵”字写作“”。从金文和小篆来看，“兵”字从“斤”、从“廾”，属于会意字。对此，学术界的意见并不统一。有的学者认为，“兵”字形似双手挥斤斫木。有的学者则认为，“兵”字是指双手执拿兵器。还有一部分学者赞同许慎在《说文解字》中的说法：“兵，械也。从廾持斤，并力之貌。”许慎认为，“兵”字的本义就是“械”，也就是“兵器”。例如，《荀子》中就有“兵不血刃，远迩来服”的说法，其中的“兵”字就是指“兵器”。“兵”字既然是指“兵器”，就逐渐引申为“拿兵器的人”“士兵”及“军队”。曹操在《置屯田令》中明确提出：“夫定国之术，在于强兵足食。”在这里，“兵”字是指“军队”。在“军队”这一引申义的基础上，“兵”字又引申为“作战之事”“军事”。《孙子兵法·计篇》中所说的“兵者，国之大事”，就是强调“军事是国家的大事”。

说到“兵”字，不能不提到《孙子兵法》的作者孙武。孙武字长卿，是春秋时期齐国人。由于精通军事，他被后人称为“孙子”“孙武子”，并被授予“兵圣”“百世兵家之师”“东方兵学鼻祖”等崇高荣誉。孙武不仅拥有深刻的军事理论，而且具备丰富的实战经验。在他的率领下，吴军大败楚军，一举攻占楚都郢城，差一点就灭了楚国。孙武撰写的《孙子兵法》堪称中国军事艺术的瑰宝，全书十三篇，思维严密，理论精深，一向为中外军事家所推崇，被译为英文、法文、德文、日文等，成为世界上最著名的“兵学圣典”，位列“世界三大兵书”之首。甚至在许多国家，该书也被列为商界必读著作，由此可见其独特的魅力。

“兵”字趣释

有的学者认为“兵”像双手挥斤斫木之状。也有的学者认为是双手拿着兵器。不过学术界多从许慎之说，认为“兵”的本义是兵器。许慎《说文解字》载：“兵，械也。从廾持斤，并力之貌。”许慎认为“兵”的本义是“械”，“械”就是兵器。可知“兵”的本义指“兵器”。

兵字结构分析

兵字字形演变

甲骨文“兵”字

甲骨文像双手持斧。造字本义：手持战斧作战的士卒。金文将甲骨文的（斧）写成；将写成。籀文将金文的“斤”（斧子）替换成“干”，并加“人”，强调“兵”是作战者。篆文将甲骨文的（斧）写成。隶书将篆文的双手连写成。在远古冷兵器时代，军人所使用的武器，代表军人的级别与地位：身在前线用小型战斧作战的叫“兵”；身在将帅身边使用大型战斧的高级警卫叫“士”；使用特大战斧的将帅叫“王”。竹制武器叫“不”；带刃的木制武器叫“帝”；文治天下的叫“君”；头戴金冠之王叫“皇”。

兵

知己知彼 百战不殆

第十六节

惊弓之鸟的故事——“弓”字解

在甲骨文中，“弓”字写作“ᛒ”，其形状酷似弓背与弓弦的组合。在金文中，“弓”字的形体与甲骨文比较接近。在小篆中，“弓”字写作“弓”，属于甲骨文和金文的一种简体。“弓”呈现弯曲状，因而引申为“弯”“弯曲”。

需要注意的是，尽管“弓”字最早源于甲骨文，但这并不意味着人类使用弓箭的历史就此开始。实际上，早在甲骨文出现“弓”字之前，人类已经发明了弓箭。至于弓箭的发明者，则传说不一，古籍资料中的记载也多有冲突。概括起来，主要有三种说法：一是“伏羲作弓矢”；二是“黄帝作弓矢”；三是“羿作弓矢”。如果从现代考古研究成果来看，弓箭的使用应当始于三万年前的旧石器时期。

最初的弓箭十分简陋，制作起来也非常简单：找一根树枝或竹子，用藤条或兽筋作弦。这种弓箭呈半月形，弓体弯曲大，发射力量弱。后来，经过不断改造，人们制作出弓形的弓箭，将弓体弧形中央凹进去，发射威力极大。从甲骨文、金文中的“弓”字的形体来看，“弓”字很可能是根据这种改进型的弓箭创制出来的。

说到“弓”，自然容易联想到《战国策》中那个“惊弓之鸟”的故事。有一天，更嬴与魏王在一起闲聊。更嬴看见天上有一只飞鸟，就对魏王说：“如果我只是拉弓虚射，您觉得这只鸟会掉下来吗？”魏王认为，这是根本不可能的事情。过了一会儿，从远处飞来一只孤雁。更嬴立刻拿出弓箭，拉满弓弦，虚射了一箭。没想到，那只孤雁居然应声而落。魏王大为惊异：“你的箭术实在是太高明了，竟然能够拉弓虚射！”更嬴解释道：“我的箭术一般，之所以能将这只孤雁虚射下来，是因为它身上有伤，听见弓弦声就惊吓过度而掉落下来了。”魏王更感到奇怪了：“你怎么知道这只大雁身上有伤呢？”更嬴回答：“据我观察，这只孤雁飞得很慢，很可能是因为旧伤疼痛，且叫声凄厉。再加上孤单失群，旧伤未愈，被弓箭射中的遭遇使它极为胆怯。一听到我的弓箭虚射声，它便惊恐地往上高飞，企图躲避弓箭。于是，旧伤瞬间加剧，剧烈的疼痛就使它不由自主地跌落下来。”

“弓”字趣释

人类历史上弓箭既是盛行一时的杀伤力很强的武器，也是具有划时代意义的生产工具，它有着悠久的历史。甲骨文的“弓”既有弓背又有弓弦。由于“弓”是弯曲状的，因而引申为“弯”“弯曲”，如“弓腰曲背”。

“弓”字结构解析

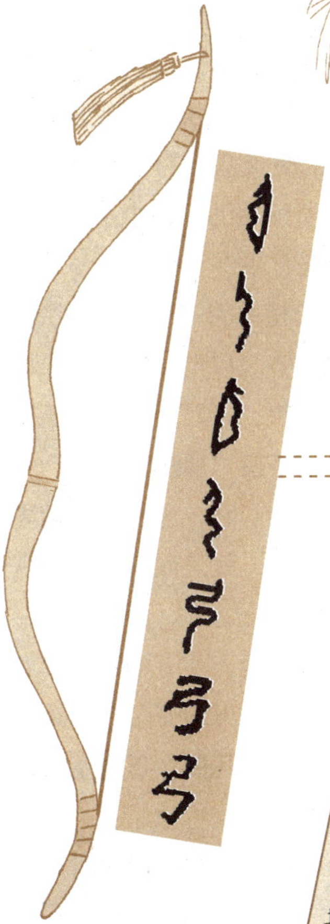

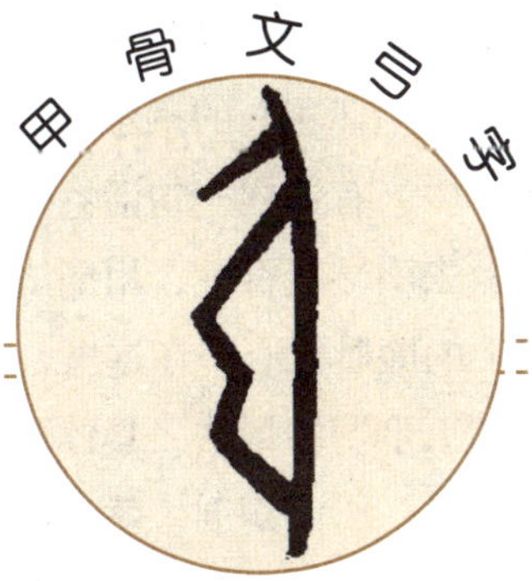

甲骨文弓字

惊弓之鸟

造字解说

早期甲骨文像一个弯拱上绷着的丝弦，上端有挂钩。造字本义：利用有弹性的弯拱和丝弦射箭或发弹的古代战械。晚期甲骨文省去丝弦。早期金文承续早期甲骨文字形。晚期金文承续晚期甲骨文字形。篆文略有变形。

第十七节

持刀守卫在井边——“刑”字解

在现存甲骨文中，并没有“刑”字。“刑”字最早源于金文，写作“[illegible]”。在小篆中，“刑”字写作“[illegible]”。许慎在《说文解字》中提出：“刑，罚罪也。从井，从刀。《易》曰：‘井，法也。’井亦声。”具体分析其结构：左部是“井”，右部是“刀”。因此，“刑”字属于会意兼形声字。

说到“刀”与刑法的联系，是很容易理解的。但是，许慎为什么要强调“井”与“刑”的联系呢？学者们研究证实，在奴隶社会，为了残酷剥削和压迫奴隶，奴隶主实行了井田制。在井田的中央往往会造一口井，既便于灌溉庄稼，又能解决奴隶饮水的难题。但是，在人多井少的情况下，奴隶之间经常为抢水而斗殴，甚至导致死亡。为了维护统治秩序，奴隶主便派持刀的手下守卫在井口边，谁不遵守秩序就砍谁的头。这是奴隶主对奴隶所使用的刑，也是刑法最早的起源。许慎称之为“罚罪”，意为惩罚罪犯。这就是“刑”字的本义。

“刑”字由“惩治罪犯”的意思逐渐引申为与此相关的“刑法”“法律”。在《论语·为政》中，有这样一句话：“道之以政，齐之以刑，民免而无耻。”意思是说：用政令去引导老百姓，用刑法去整顿老百姓，老百姓暂时免于罪过，却缺少真正意义上的廉耻之心。在这里，“刑”字就是指“刑法”。

中国古代有“五刑”的说法，具体包括墨、劓、剕、宫、大辟。所谓墨刑，就是在额头刻字涂墨。所谓劓刑，就是割鼻。所谓剕刑，就是砍脚。所谓宫刑，就是毁坏生殖器。所谓大辟，就是处以死刑。这“五刑”之说，源于夏代，后被列入西周时期吕侯编著的《吕刑》。有趣的是，古人认为，“五刑”与“五行”有着密不可分的关系。对此，《逸周书》说得很清楚：“火能变金色，故墨以变其肉；金能克木，故剕以去其骨节；木能克土，故劓以去其鼻；土能塞水，故宫以断其淫；水能灭火，故大辟以绝其生命。”

到了汉初，文景帝开始废除肉刑。于是，“新五刑”逐渐替代“旧五刑”。“新五刑”具体是指笞、杖、徒、流、死，在隋朝的《开皇律》中被明确列入刑罚体系。

“刑”字趣释

古代的刑法是统治者为维护统治秩序，对劳动人民进行残酷压迫的工具。“刑法”的“刑”正体现了古代法律的阶级性。许慎《说文解字》载：“刑，罚罪也。从井，从刀。《易》曰：‘井，法也。’井亦声。”“刑”字的左边是“井”，右边是“刀”，是会意兼形声字。“刀”与刑法之间的联系，人们似乎一望便知。

“刑”字结构解析

刑，即刑罚，特指对犯人的体罚。甲骨文的“刑”字，像人被锁拘在一个木制的笼框中的样子。把犯人关在囚笼中游街示众，是古代对犯人常用的一种体罚方式。

字形演变

刑

中国古代“五刑”之说

墨刑 → 在额头上刻字涂墨

劓刑 → 割鼻子

剕刑 → 砍脚

宫刑 → 毁坏生殖器

大辟 → 死刑

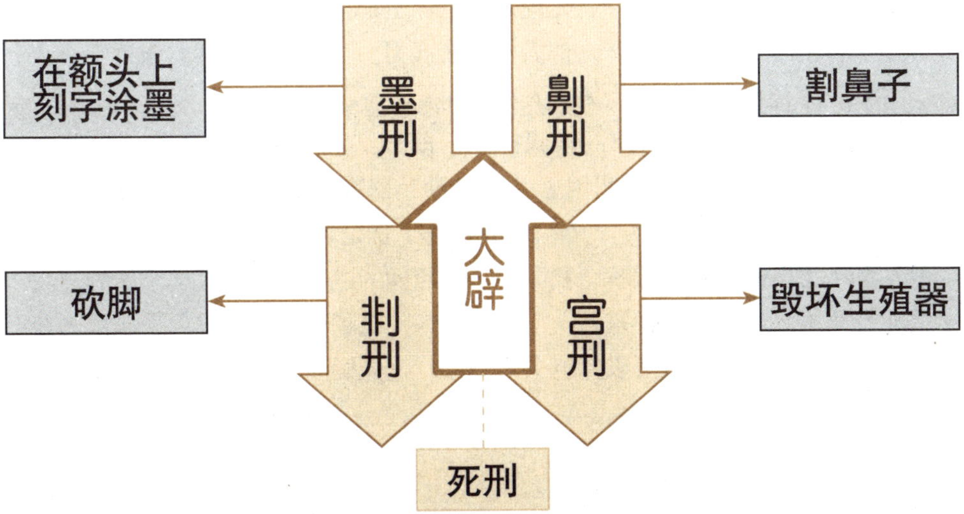

第十八节

用兵器捍卫尊严——“我”字解

在甲骨文中，“我”字写作“”。在金文中，“我”字写作“”。分析其形状，“我”字极像古代的“戈”这种兵器，区别之处在于：比一般的“戈”多了几把匕首状的小刀。总体来看，“我”字是一个难以分割的整体，属于象形字。对此，王国维认为“我”字形似兵器，郭沫若也认为“我”字是一种锯状兵器。

从目前的出土文物来看，“我”字确实是一种兵器。1975年，在陕西省扶风县的西周墓中出土了一种兵器，刃部呈圆齿状，背部则出现两个环形孔。学者们研究发现，如果给这种兵器装上木柄，就酷似甲骨文中的“我”字。这些学者认定，这就是上古传说中的兵器“我”。

在甲骨文中，“我”字经常是第一人称代词。值得注意的是，甲骨文中的“我”字作代词时，指的都是“我们”，如国家军队、狩猎团体等，唯独没有指代个体的“我”。究其原因，主要还是当时尚未产生强烈的自我观念。这就说明，只有在强烈的自我观念产生之后，才出现了指代个体自我的“我”字。

从各方面资料来看，到了西周时期，“我”字开始指代个体。所谓“以祭我皇祖”，就是一个典型例子。从此，“我”字既可以指个体，也可以指群体。当古代汉语逐渐发展为现代汉语时，就开始以“我”为单数，以“我们”为复数，区别得非常清楚。

也有一些学者研究发现，强调作为指代人的“我”与作为兵器的“我”之间存在着密切的联系。他们的观点是：自从私有制诞生之后，人与人之间、部族与部族之间便开始了激烈的争夺。无论是为了保卫群体的“大我”的利益，还是为了保卫个体的“小我”的尊严，都需要诉诸武力。正因为要用兵器来捍卫个人利益，“我”字便自然被引申为第一人称代词。

还有一些学者另辟蹊径，强调指出：既然“我”字由“戈”（兵器）和“禾”（禾谷）组成，就说明用“戈”这种兵器来保卫“禾”这种最大的私有财产，就是“我”字的真实含义。安子介先生就是这类学者的代表，认为应从“禾”和“戈”的角度来理解“我”字。按照他的逻辑，作为人类个体的“我”要想生存下去，离不开两样东西：一是“禾”，有了禾谷就可以免受饥饿之苦；二是“戈”，有了武器就可以捍卫个人利益。毫无疑问，这种理解确实能自圆其说，自成一家之言。

“我”字趣释

“我”是一种古代的兵器，像戈，却又比一般的“戈”上多几把像匕首形状的锋利的小刀。从整个字形来看，似乎又是一个不可分割的整体，即一个独体的象形字。

我

结构解析

造字解说

我伐用张

本义：动词，手持大戌，呐喊示威

我行我素

代词：强者对自身的傲称

『我』字的引申线索

『我』字的字形演变

早期甲骨文像一种有许多利齿的武器，是戌的变形，即超级的戌，无人可敌的威猛战器。造字本义：手持大戌，呐喊示威。晚期甲骨文简化了齿形。金文承续晚期甲骨文字形。篆文有所变形，利齿状被写成了“禾”，整个字形由甲骨文的独体字变成了“禾”“戈”组合的合体字。当“我”演变成代词后，后人再加“口”另造“哦”，表示呐喊示威。

第十九节

用刀子把写错的字或多余的字刮去——“删”字解

我们知道，“删”字是由“册”与“刀”组成。那么，这两者是如何联系在一起的呢？所谓“册”，是指古人用丝绳或牛皮绳将竹简或木牍编排而成的书籍。

许慎在《说文解字》中指出：“删，割也。从刀、册。册，书也。”顾名思义，这里所说的“割”应该是指“削”“刮”。事实上，还真是用刀在书上削、刮。这对于从未见过竹简或木牍的现代人来说，确实有点不可思议：难道就不怕将书弄坏吗？现代人是用笔写文章、改文章，甚至发展到在电脑上、手机上进行创作。但是在古代，要想更正竹简或木牍上的错字，去掉多余的字，增加必要的字，调整相应的词句，真不是一件轻而易举的事。首先，你没法用水去擦。因为黑色墨汁浸入竹片或木片后很难擦掉，也不容易涂改。唯一有效的对策就是用刀削去或刮去写错的或多余的字，然后再重写。这里所说的削、刮就叫删，揭示了“删”字的本义。

《汉书·律历志》中提到的“故删其伪辞，取正义著于篇”，意思就是“既要刮去错误的部分，又要保留正确的部分”。在这里，“删”字又引申为“取舍”。又如，我们常说的“孔子删《诗》《书》”，其中的“删”指的就是“取舍”。由于古人使用的是竹简或木牍，孔子在修改《诗》《书》时，就只能用刀刮去多余的、劣质的文字，以保留其中的精华部分或增加必要的文句。对此，段玉裁曾在《说文解字注》中一语中的：“凡言删者，有所去即有所取。”

在现存的甲骨文中，已经出现了“删”字。这一事实证明，早在殷商时代，人们就开始在竹简或木牍上删削文辞了。所谓甲骨文，其实就是用刀刻在龟甲兽骨上的文字。因此，如果发现文字上有差错，需要更改，就只能用刀先刮后刻。当然，也有学者研究发现，后期的甲骨文中确实存在部分笔写的甲骨文。即使是这样，在修改时同样要用刀。相比之前的刀刻刀削，就变成刀笔并用了。因此，古人在相当长的历史年代里，在制作简册、修改文字时，必备两样东西：一是笔；二是刀。只有刀笔兼备，才能顺利进行。由此可见，古人不仅要精通“笔法”，还要熟悉“刀法”，两者缺一不可。由于古人写作时习惯于刀笔并用，“刀笔”便泛指书写工具，并进而指代那些以“刀笔”为业的“刀笔吏”。

“删”字趣释

“删”字由“册”与“刀”组成。“册”本是中国古代把竹简或木牍用丝绳或牛皮绳编起来的书籍。所以要将竹简上的错字去掉，唯一的办法就是用刀子把那些写错的字或多余的字刮去，然后重写。将多余的字或错字刮去，就叫删，即为“删削”。这也是“删”的本义。

用刀子刮去错误或多余的字

一半竹简

一半刀

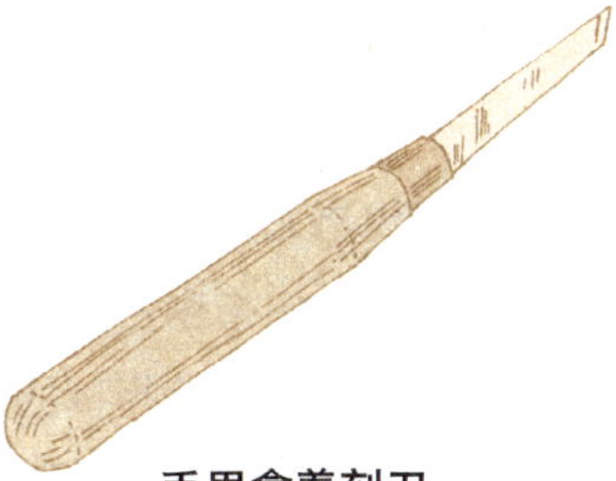

手里拿着刻刀

删

造字解说

篆文（册，用绳线编扎的古书，竹简）+（刀）。造字本义：用刀割绳削简。

现代书写常用的删减方式

优点

简单方便

删去多多余的字

文中出现了多余的字，但是现代人不用“刀”去刮，一般用统一的校对符号来修正。

第二十节

许多人集合于旗帜之下——“旋”“旅”二字解

在甲骨文中，“旋”字写作“ ”。分析其结构：上部是“丨”，代表旗杆，上面甚至还依稀保留旗饰和旗帜的形状；下部是“ ”，代表“止”，即人足，进而代指人。在金文和小篆中，“旋”字依然保留了甲骨文的结构。许慎在《说文解字》中指出：“旋，周旋，旌旗之指麾也。”由此可见，“旋”字是指人在旗帜之下，随着指挥的旗帜而旋转。换句话说，旗帜在前挥舞，人们在后跟随。应当说，这就是“旋”的本义。在“旋”的本义基础上，又逐渐引申为“周旋”“旋转”。例如，《荀子·天论》中所说的“列星随旋，日月逆”就是指“群星旋转于空中，日月交替普照大地”。在这里，“旋”指的就是“旋转”。“旋”字中包含着“人随旗走”的意思，关于这一点，我们可从“旋”字上观察出来：一旦旗帜出现，就自能指挥千军万马。毫无疑问，这种“听从旗帜指挥”的思想对后世影响极深。

在甲骨文中，“旅”字写作“ ”。分析其结构：上部是“ ”，代表旌旗；下部是两个站立的人，代表一个人、两个人或许多人。总体来看，“旅”字是指“许多人汇集在旗帜之下”。在金文中，“旅”字写作“ ”。与甲骨文的“旅”相比，金文的“旅”字最大的变化就是多了一个“车”字。分析其含义，主要是指：许多战士聚集在战车上那面迎风飘扬的大旗之下。从这个意义上说，“旅”字真实地体现了战士与战旗的关系。在小篆中，“旅”字变化不大，依然保留着与甲骨文、金文相同的结构。

对于“旅”字，许慎在《说文解字》中强调指出：“军之五百人为旅。”这里所说的“旅”，应当是在“旅”字的本义上引申出来的意思。在小篆中，“旅”字从“ ”、从“从”，代表“跟着旗帜走的人”“听从旗帜指挥的人”。在古代，军旗是军队的标志，也是直接指挥军队的工具。因此，“旅”字便据此引申为广义的“军队”，进而引申为狭义的“军队的编制单位”。这两种引申义一直延续至今，前者如“军旅”等，后者如“旅长”等。

此外，鉴于军队经常行军作战，“旅”字便引申为“旅行”“旅程”。所谓“人生之旅”“人在旅途”等，其中的“旅”字代表的都是其引申义。

“旋”“旅”二字趣释

许慎《说文解字》载：“旋，周旋，旌旗之指麾也。”“旋”的意思是人在旗帜下，随着指挥的旗帜而旋转。或者说旗帜在挥舞走动，人们也跟着走动。“旅”字其意思是：战车上插着古旗，许多战士聚集在大旗之下。

“旅”字的甲骨文字形所表达的含义是：两个人（代表很多士兵）集合在旗杆下面，军旗正在迎风飘扬。本义是“军旅”。古代军队以五百人为一旅。后来引申为旅行、旅客的“旅”。

“旋”字的甲骨文字形所表达的含义是：一根旗杆上飘着长条的旗帜，下面有足状，表示军队举着旗胜利归来。甲骨卜辞中有“王示旋征”句。《易经》中也有“其旋元吉”句。现代汉语中还有“凯旋”一词。

第二十一节

射箭中的学问——“射”字解

在现存的甲骨文中，“射”字写作“”。“射”字由一支箭和一张弓组成，意味着箭在弦上，即刻发射。看到“射”字的形体，便可推知其本义为“射箭”。在金文中，“射”字写作“”。与甲骨文的“射”字相比，增加了“”，形似手搭箭而射，显得更为形象。

在小篆中，“射”字写作“”，形体上与甲骨文、金文差别极大。许慎在《说文解字》中指出：“射，篆文，从寸。寸，法度也，亦手也。”对此，许多学者表示赞同。分析“射”字的结构：左部是“身”，代表“人身”；右部是“寸”，代表“法度”“准则”。总体来看，“射”字揭示了为人处世之道。

古代有“六艺”之说，所谓“礼、乐、射、御、书、数”，“射”是其中之一。“六艺”可以理解为六门课程、六门技术，实际上也是孔子授课的主要内容。“六艺”之所以被列为古代教育的必修课，是因为这六门课程、六门技术非常实用，有助于人类的生存与发展。

中国历史上关于“善射”的故事有很多，诸如后羿“射日”、养由基“百步穿杨”都是家喻户晓、尽人皆知的故事。传说五代时，吴越王钱镠眼见钱塘江潮水年年危害百姓，心中十分不忍，便下决心消除这一水患。最初，他采用筑堤挡潮的方法，未能奏效。于是，一怒之下，他命令几百名神射手一起向潮头射箭，迫使潮头改变了流向。这就是历史上有名的“射潮”传说。

当然，也有学者另辟蹊径，认为古人在造“射”与“矮”这两个字时，故意颠倒字义，想借此测试后人的智商。据说，“射”字由“身”与“寸”组成，代表“身体短小”，意思就是“矮”；而“矮”字由“矢”与“委”组成，代表“委派箭头”，意思就是“射”。这种说法极为有趣，让人不得不对汉字的精妙表示叹服。

“射”字趣释

“射”最早见于甲骨文。“射”在甲骨文由一支箭和张开的弓组成，像箭在弦上待发之形。一望其形体，便知其本义为射箭。古人将“射”列为“六艺”之一，而“六艺”被列为古代教育的主要内容。

“射”字结构解析

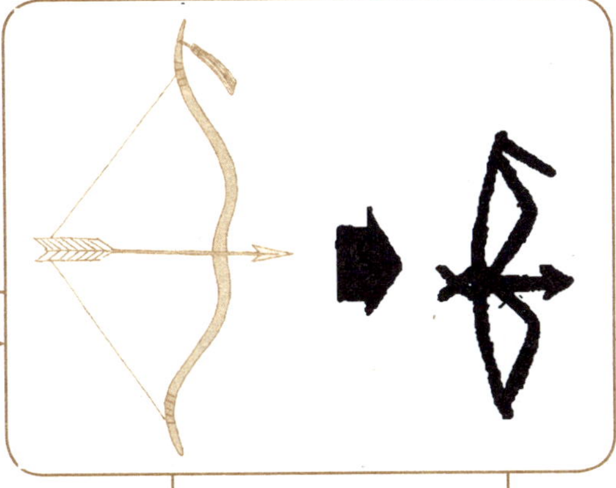

“又”讹变为“寸”

甲骨文、像箭矢正从弓子上发出。造字本义：用弓弦将箭只弹出，攻击远处目标。早期金文在箭尾加“手”。晚期金文严重变形，弓形、箭形难以辨认。篆文误将晚期金文中的（带挂钩的弓子和箭只）写成（身）。篆文异体字用（“寸”，手持）代替“矢”，强调持箭开弓的动作。在甲骨文中，箭只竖立弓后为“引”；箭只横穿弓子为“射”。

弓

演化

身

“六艺”

六艺是中国古代儒家要求学生掌握的六种基本才能，也泛指中国古代高等教育的学科总称。六艺有两种含义，即《周礼》中的古六艺和孔子提出的春秋以后的六艺。

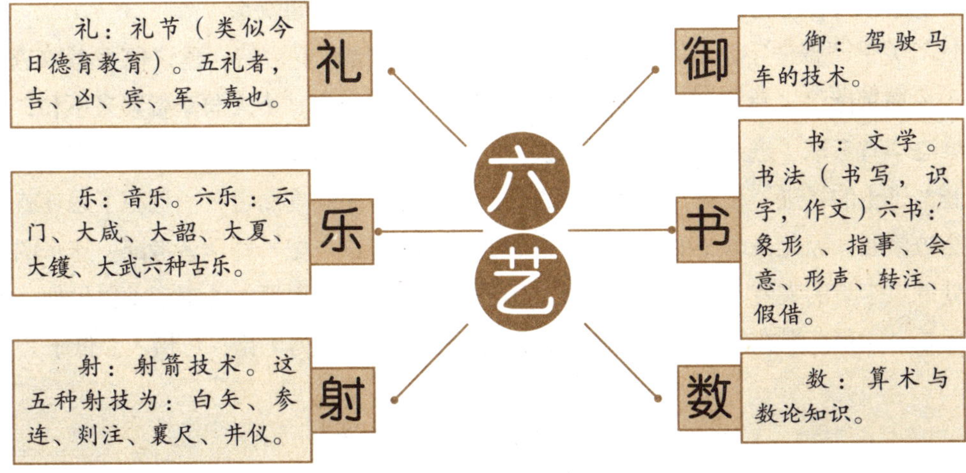

第二十二节

二矢射日——“晋”字解

在甲骨文中，“晋”字写作“”。分析其结构：上部是“”，代表“矢”，即箭；下部是日，代表太阳。总体来看，“晋”字形似“二矢射日”，也就是两支箭同时射向太阳。因此，有些学者认为，“晋”字的本义就是“射日之箭”。在金文中，“晋”字写作“”，与甲骨文的“晋”字大同小异。在小篆中，甲骨文和金文中原有的“二矢”变成“二至”，即“”。事实上，“至”在甲骨文中是指一支箭从空中坠落地上。由此可见，“二至”的意思是“二箭着地”。

“羿”是中国古代神话中的射箭英雄，曾为人类的生存立下不朽的功勋。据说在帝尧时期，天上有十个太阳，晒焦了庄稼，烤化了草木，人类徘徊在死亡的边缘。就在这个关键时刻，羿这个天神毅然担负起拯救人类的重任。他来到人间，接受了尧帝的请求，准备用弓箭射落十个太阳。羿拉满弓箭，弹无虚发，连续射落九个太阳。炎热的大地顿时清凉下来，百姓一片欢腾。尧帝对羿说：“非常感谢你射落九个太阳。现在就留一个太阳吧，不冷不热，这样也便于庄稼的生长。”

许慎在《说文解字》中指出：“晋，进也。日出万物进。”从这里可以看出，他受到了《易》的影响。《易》中就有“明出地上，晋”的说法。

“晋”字酷似“二矢射日”，自然含有“前进”的意思，“晋”字便引申为“进”“升”。例如，“晋京”“晋级”中的“晋”都有“进”“升”的意思。当然，也有一些学者对“晋”字有另外的解释。杨树达在《释晋》中强调：“晋字上象二矢，下为插矢之器。”所谓“二矢插器”，指的就是“箭”。

关于“晋“字，有不少传说。唐代的韩愈曾给李贺写信，建议他去考取进士。李贺读信之后，欣然接受了韩愈的建议。当时，有一个人与李贺素来不和，唯恐李贺考取了进士，就四处诋毁说：“李贺的父亲叫晋肃，这个‘晋’字的读音与进士的‘进’相同，这就犯了忌讳。”就当时的制度而言，一旦犯了忌讳就会被治罪。因此，为了安全起见，李贺就没有去应试。据一些学者考证，这个四处诋毁李贺的人就是著名诗人元稹。元稹曾拜见李贺，但孤傲的李贺不愿见他。于是，元稹怀恨在心，一直在找机会报复。元稹的诗写得不错，可惜人品低下。

“晋”字趣释

“晋”字的甲骨文即空中的太阳。其构形所描绘的是：两支箭一起射向空中的太阳，即学者们所说的“二矢射日”。据此，有的学者认为“晋”的本义就是指射日之箭。

“晋”字所表现的含义

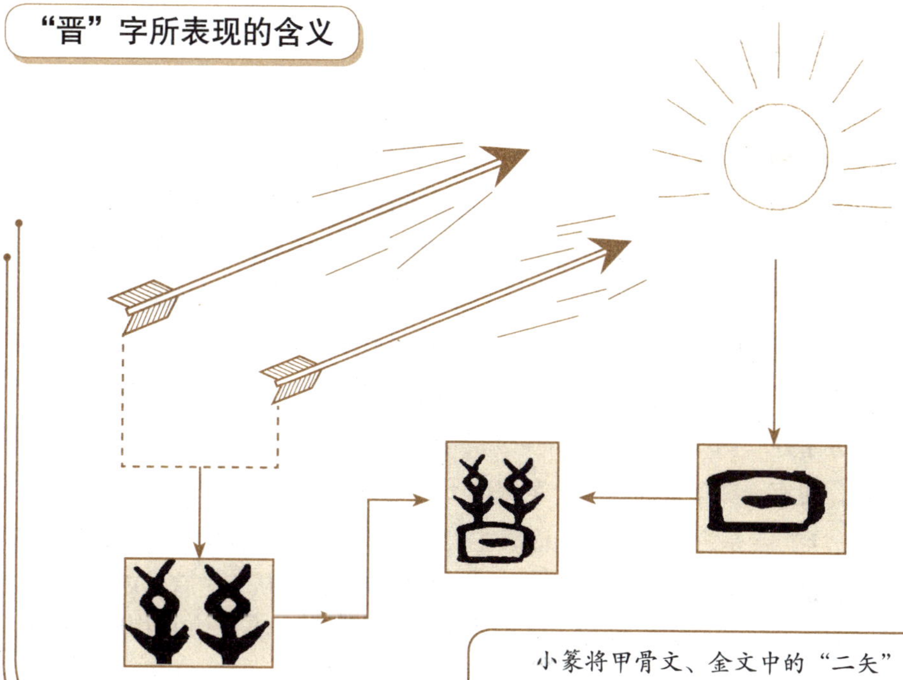

小篆将甲骨文、金文中的“二矢”变成了“二至”，与甲骨文的结构相同。其实，“至”仍与箭有关联。“至”的甲骨文就是一支箭从空中坠落在地上，“二至”仍然是二箭着地。其构形所描绘的是：两支箭一起射向空中的太阳。

晋 还可以有以下解释

- 中国山西省的简称。
- 周代诸侯国。
- 中国朝代，西晋和东晋。
- 唐朝晚期至五代时沙陀人李克用的地方政权，即后唐的前身。
- 中国五代十国之一。

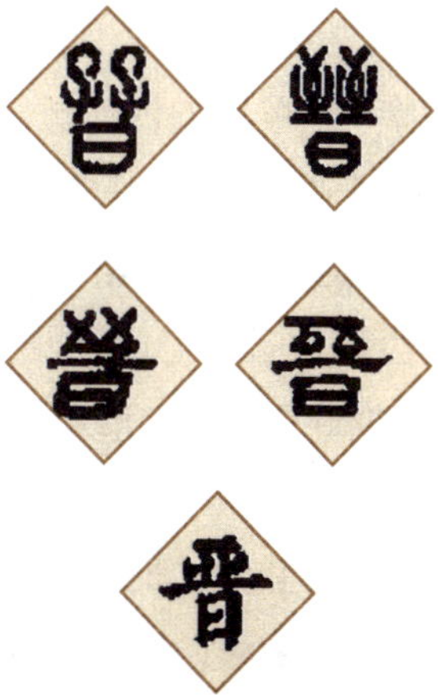

第二十三节

收藏财物的仓库
——“官”“府”二字解

在甲骨文中，“官”字写作“[古文字]”。分析其结构，外部是“宀”，代表房屋；内部是“弓”。在历史上，弓箭一直是古代打猎或作战的武器。在古人看来，擅长使用弓箭者都是英雄般的人物。事实上，这些人具有崇高的威望，往往被拥戴为部落的酋长。由此可见，“弓”是古代权力的象征。总体来看，“官”字指的就是“藏弓的地方”。藏弓的地方象征着权威，自然不是普通的房舍，而是古代官员的办事处，也就是我们现在所说的“官府”。“官”字的本义就是“官员的办事处”。

当然，也有一些学者对“官”字提出了不同的观点。他们坚持认为，“官”字中间的“𠂤”就是古“堆”字。许慎在《说文解字》中也指出：“官，吏事君也。从宀，从𠂤。犹众也，此与师同意。”在这里，许慎认为“官”就是官府，也就是官吏们办事的地方。杨树达等学者认为，“官”字从宀，“凡从宀之字皆以屋室为义”。同时，官字下从阜，“盖象周庐列舍之形，谓臣吏所居之舍”。也就是说，“官”字中的“阜”指的是房屋相连，这在古代显然是指官府。因此，“官”字的本义应当是“官署”“衙门”“官府”。

在现存的甲骨文中，并没有“府”字。“府”字最早源于金文，早期写作“[古文字]”。分析其结构：上部是“府”；下部是“贝”。既然“府”字从“贝”，就说明它与钱财有关，指的是库藏财物之处。到了后期，金文逐渐简化为“府”字。在小篆中，“府”字显然延续了后期金文的形体。许慎在《说文解字》中指出：“府，文书藏也。”这里所说的“府”指的是“收藏文书的地方”，这里所说的“文书”指的是“文件、书籍”。因此，“府”字的本义是“书库”，相当于现在所说的档案库。在古人的观念中，作为官员的办事场所的“府”至少要收藏两样东西：一是钱财；二是文书。既然“府”字具备收藏钱财、文书的功用，便据此引申为“收藏财物的仓库”。“官”与“府”均可指“仓库”，便进而组成“官府”一词，沿用至今。

当然，“府”在后来又引申为对别人的家或老家的尊称。民间有所谓“府上”的说法，便是一种敬辞。

"官""府"二字趣释

甲骨文"官"字其中外部的"宀"，上古指房屋。内部为"弓"，弓箭是古代部落用来打猎或抵御敌人的武器。在先民看来，善用弓者，是能人，这些人常常担任部落的酋长。因此"弓"在古代成了权力与权威的象征。"府"字其上为"府"，其下为"贝"。从"贝"，说明了"府"与钱财有关。

由于"官"与"府"，二字均有"仓库"的意思，因此，"官"和"府"结合成复合词"官府"。

"官"字所表示的意思就是屋子里挂有弓，即藏弓之所。藏弓的地方是有权威的象征，这样的屋子不是一般的房舍，而是官府，即古代官员办事的地方。可见"官"的本义指"官员办事的地方"。

弓在古代是权力和权威的象征

官

府

"府"字从"贝"，说明了"府"与钱财有关。由此可知"府"为库藏财物的地方。古人认为，府不仅要收藏钱和财物，还要收藏书籍和文件。

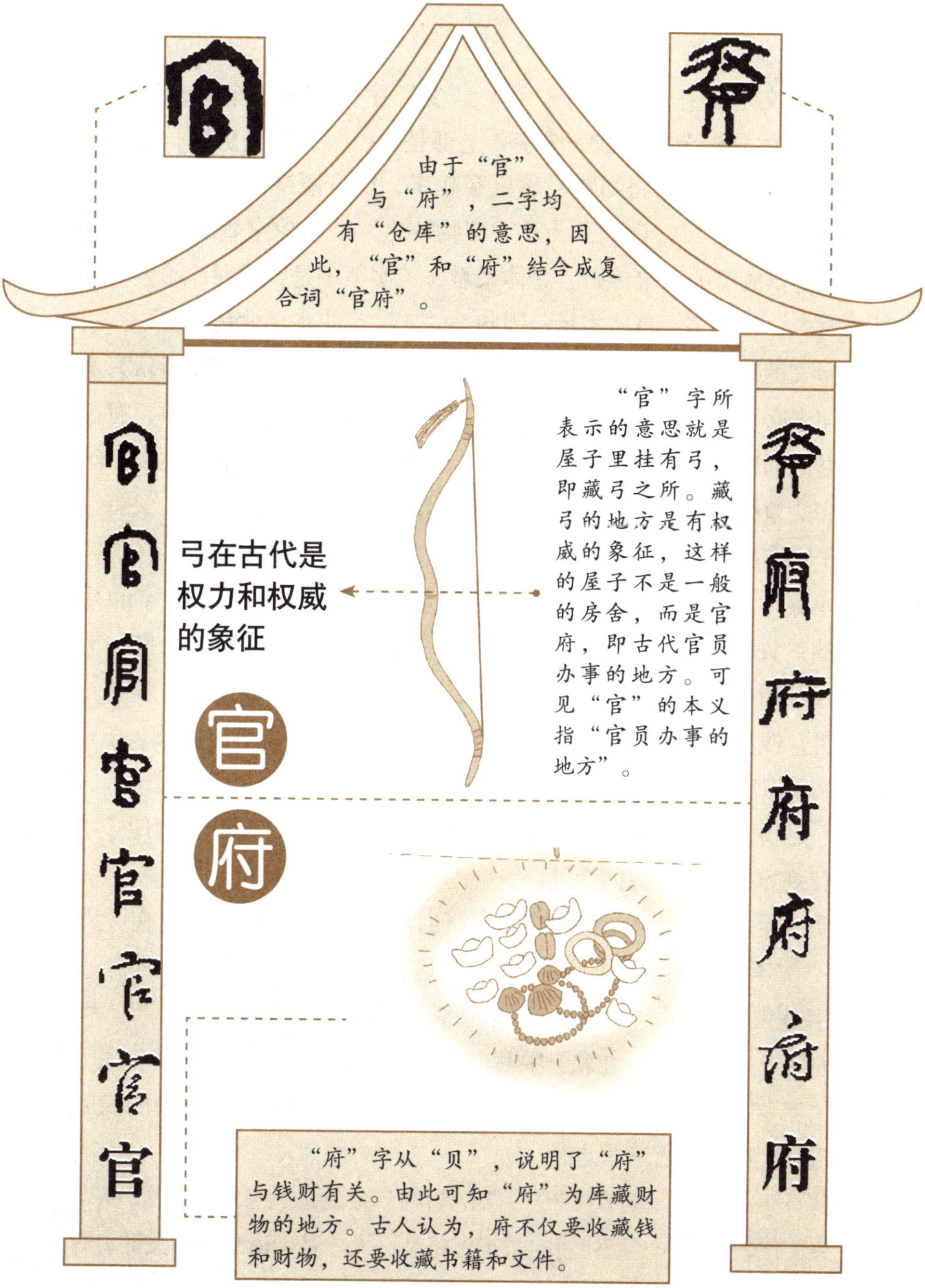

第二十四节

珍宝财物装满了整个屋子——“实”字解

在甲骨文中，并没有“实”字。“实”字最早源于金文，写作“[illegible]”或“[illegible]”。具体分析金文的前一个字：上部是“宀”，代表房屋；中部是“毌”（guàn），表示用绳索将财物、珍宝穿起来，以方便携带；下部是“贝”，代表钱币。对于“毌”，许慎认为是“穿物持之”，“象宝货之形”。实际上，“毌”就是指成串的珍宝钱财。总体来看，“实”字是指钱财、珍宝装满屋子。既然钱财多、珍宝多，自然富足。因此，“实”字的本义就是“富”。

在金文的后一个“实”字中，“毌”变成了“田”。有些学者认为是一种错讹，其实未必。在古代中国，有钱人往往会买田置地。道理很简单，有了田地就能解决温饱问题，完成生存的头等大事。田越多，收获的粮食就越多，这当然就成为财产的象征。而且，那个“贝”字又代表金钱。又有“田”，又有“贝”，自然属于富有的家庭。

在小篆中，“实”字写作“[illegible]”，是在金文的第一个“实”字的基础上演变而来的。许慎在《说文解字》中指出：“实，富也。从宀，从贯。贯，货贝也。”在他看来，“贯”就是钱币。关于这一点，他曾在《说文解字》中强调过：“贯，钱贝之贯。”所谓“钱贝之贯”，指的就是成串的钱币。在许慎的心目中，钱币多就是富。因此，“实”字的本义应当是“钱币装满屋子”。段玉裁则认为，财物多就是富。因此，“实”字的本义应当是“货物装满屋子”。两种说法稍有差异，但也有共同之处。

“实”字本身就含有财物的意思，便据此引申为“财物”。在《淮南子》中，有“实不聚而名不立”的说法。在这里，“实”就是指“财物”。既然“实”字是指“财物”，是指“钱币装满屋子”，便进一步引申为“满”“充满”“充实”。屈原在《九歌》中写道：“合百草兮实庭，建芳馨兮庑门。”在这里，“实”字的意思就是“满”。全句的意思是：各种奇花异草长满庭院，屋子里、走廊上都陈列着芳香之物。

“实”字简化后，去掉了“宀”下的财物、金钱、土地，替换成“头”。在这里，“头”代表的是人。简化者的基本思路是：人才是创造财富的关键，有了人就不愁没有财物、金钱、土地。

“实”字趣释

“实”字本义是将财物、珍宝用绳索穿起来，便于携带。许慎《说文解字》：“毌，穿物持之也。从一横贯，象宝货之形。”段玉裁认为，“毌”就是成串的珍宝钱财。贝，古代曾作为物质交换的媒介，即钱币。合起来的意思是珍宝财物和金钱装满了整个屋子。可见“富”就是“实”的本义。

实

=

充足　富裕

造字解说

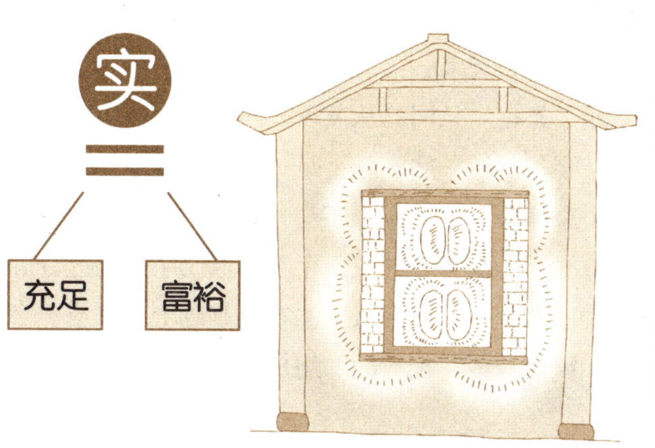

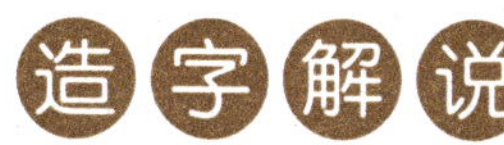

实，早期金文（宀，家）（伫物柜）（贝，钱财）。造字本义：家境富裕，柜中藏贝。晚期金文误将储物柜与“貝”写成“貫”，表示钱财万贯。篆文承续晚期金文字形。

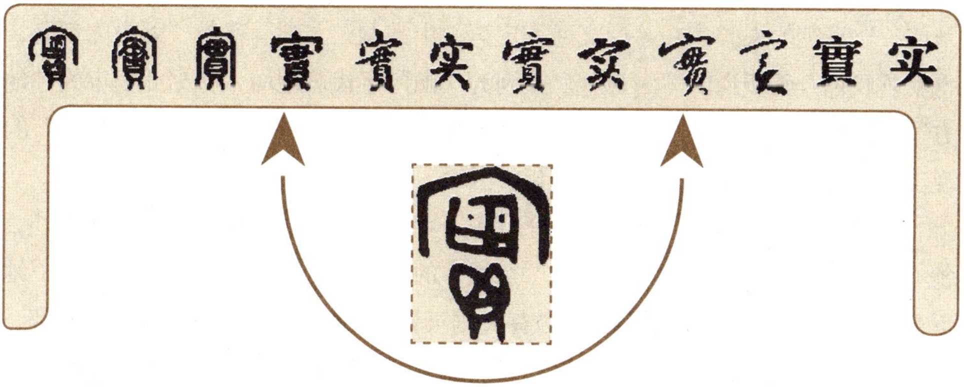

富实、般实

本义

形容词

家境富裕

柜中藏贝

扩大引申

春华秋实
名词：果子，种籽。

实心、充实
形容词：充满的，无空隙的。

实话实说
形容词：不充假的，真的。

其实、写实
名词：真情，生活状况。

实干、实验
副词：真正地，现场地。

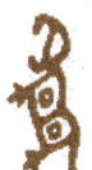

第二十五节

拿着武器守卫国土——“国”字解

“国”字的繁体字写作“國”，“国”的古字为“或”，也就是“域”。在甲骨文中，“或”字写作“[illegible]”。分析其结构，“或”字从戈、从囗（wéi）。许慎在《说文解字》中指出：“或，邦也。从囗，从戈以守一。一，地也。域，或又从土。”在许慎看来，“或”字与“域”字实际上是一回事。其中，“囗”代表城邑领地，“戈”代表武器。总体来看，“或”字与“域”字都是指“拿着武器守卫自己的城邑领地”。随着文字的演变，“或”字与“域”字逐渐区分开来：“或”字成为无定代词，“域”字则专指“区域”。在此基础上，“或”字与“域”字原有的“邦国”之义，就由“或”加“囗”组成的“国”字专有，并沿用至今。

对于“国”字，许慎在《说文解字》中是这样解释的：“国，邦也。从囗，从或。”清朝的朱骏声在《说文通训定声》中强调，“国”就是“郊内之都”，也就是我们今天所说的“国都”。正因为“国”字代表地域，就据此引申为“地方”“区域”。在《周礼》中，有“山国用虎节，土国用人节，泽国用龙节”的说法。在这里，三个“国”字都是指“区域”。

唐代女皇武则天喜好造字，关于“曌”字的传说早已家喻户晓。除此之外，她一直认为“國”字里的“或”与“疑惑”的“惑”接近，不太吉利。于是，她下令用“武”代替“或”，表示“有武则天镇守，国家自然就安定”。但是，有人觉得那个方框很像一个监狱，“武”在里面岂不成了囚犯？武则天也有同感，便再次下令将“國”字改为“圀”字，强调“我的国家很大，管理着四面八方”。寓意虽然不错，但这个“圀”字并没有通行开来。据说，武则天前后造了十几个怪字。其中，影响较大的还是那个“曌”字。

新中国成立后，开始实行简化字，“國”字被简化为“国”字。据说，对“國”字的简化在当时还引发了一场争论。一派学者认为，应将“國”字简化为“国”字。一派学者认为，选择中间为“王”的“国”字极为不妥，因为它充满帝王思想，不符合新生的民主国家的特点。反复争论之后，最终决定将“國”字简化为中间是“玉”的“国”字。学者们形成共识，认为玉文化在我国有着悠久的历史，很容易被人们所接受。况且“玉”代表珍宝，自然可以借此象征美好的事物。这就揭示了“国”字的深刻含义。

“国”字趣释

许慎《说文解字》：“或，邦也。从口，从戈以守一。一，地也。域，或又从土。”许慎的意思是：“或”“域”本为一字，其中“口”表示城邑地域的范围，“戈”表示武器。合起来的意思就是人拿着武器守卫国土（或自己的城邑领地）。

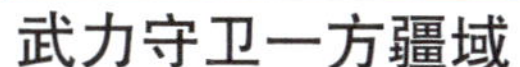

武力守卫一方疆域

结构解析

“国”原作“或”。字形像以“戈”（武器）守卫“口”（城邑）。后来在字的周围加方框表示疆域，构成“國”字。

或，甲骨文（戈，武力）（口，城邑）。造字本义：武力守卫的一方疆域。“或”的“疆域”本义消失后，金文再加（口，城邑）另造“國”代替，表示古代诸侯封地而建的有武力守卫的城邦。篆文承续金文字形。民间用“口”（城邑）、“王”（拥有最高军权者）会义，表示由帝王统治的邦域；颜真卿的简体楷书在“王”字上加一点，写成指事字（不是“玉”），表示“国”是一个诸侯王的武装领地。

疆域

武力

国

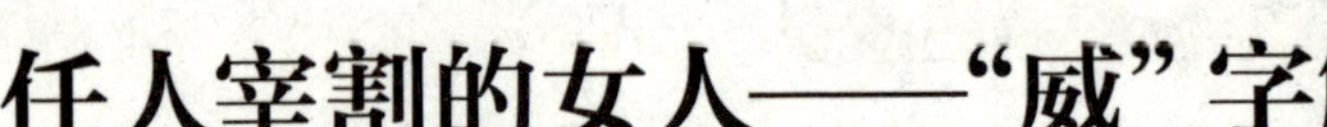

第二十六节

任人宰割的女人——“威”字解

在中国的现代家庭中，婆媳之间近乎天敌，极易产生冲突。究其原因，既有现实因素，也有历史因素。在传统的中国家庭中，婆媳之间并不存在真正意义上的平等关系。换句话说，媳妇必须绝对服从婆婆，婆婆随时可以将媳妇对自己的不尊重视为大逆不道。关于这一点，我们完全可以从“威”字中略窥一斑。

“威”字最早源于金文，写作“[illegible]”。分析其结构，上部是“戌”。在甲骨文和金文中，“戌”很像一种斧形兵器。有了兵器自然便于制伏对方，“戌”自然能够用来进行威慑，属于威力、权威的象征。在今天的人看来，“威力”“权威”似乎与女性毫不沾边。在中国古代社会，女性往往处于最底层，所谓“在家从父，出嫁从夫，夫死从子”，始终是地位低下。这当然是不争的事实。但是，婆媳关系却是一个特例。婆婆在儿媳面前可以大耍威风，这种情形一直延续至今。在《孔雀东南飞》中，焦仲卿的母亲因为看不起儿媳，便采用种种手段，将儿子焦仲卿和媳妇刘兰芝这对恩爱夫妻活活拆散，最后以悲剧收场：儿子、儿媳双双殉情，这个婆婆也不得不吞下自酿的苦果。这是文学创作中的婚姻悲剧。在现实生活中，宋代诗人陆游与表妹唐婉成婚，两人情深意笃，“伉俪相得”。可是，陆游的母亲偏偏不喜欢这个儿媳，想尽一切办法，逼迫陆游最终休妻。

由此可见，正是这些恶婆婆的“威风”，导致许多美满婚姻的破裂。有的学者便认为，“威”字实际上代表的是一个斧子般凶狠的女人，指的当然就是婆婆了。许慎在《说文解字》中指出：“威，姑也。从女，从戌。《汉律》曰：‘妇告威姑。’”所谓“姑”，其本义是指丈夫的母亲。在《尔雅·释亲》中，妇称夫之母为“姑”。这就说明，“威”字与“姑”字同义。从“威”字中，完全可以感受到婆婆在儿媳面前的崇高地位与凛凛威风。

当然，也有一些学者对“威”字的含义提出了不同的看法。他们的观点是：“威”字形似王斧置于女头之上，意为“威慑”“胁迫”。他们认为，在古代社会，毫无地位的中国妇女过着任人宰割的悲惨生活，“威”字极为形象地揭示了这一事实。

“威”字趣释

“威”字，其上部为“戌”。“戌”的甲骨文、金文的形体描绘的就是与今之斧形类似的一种兵器。有了兵器可以制伏对方，所以“戌”当然可以用来表示威慑之物，即威力的象征。以兵器作为威力、权威的代表是毫无疑义的。

受刑的女子

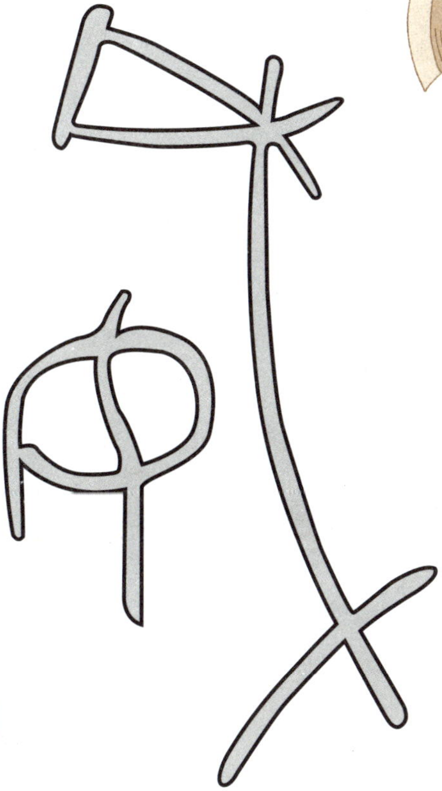

刑具

造字解说

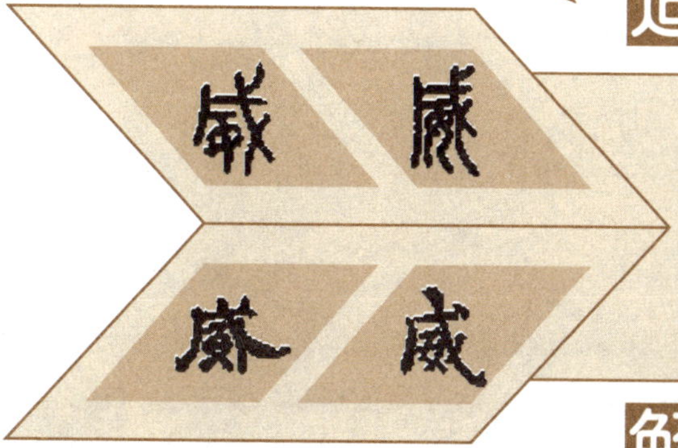

“威”字是一个形声会意字，本义是威力、威风。《说文解字》中“威”字的解释为：使人害怕，所以是“畏”的通假字。另外，“威”还有威严的意思。

第十三章

汉字中的天文地理

上古时代，人们在适应大自然的过程中，也在不断认识大自然。日月星辰、风雨雷电、山川河流、春夏秋冬，古人经过思考，参透天象气象和地貌地理之谜，并将其奥秘写入文字中。因此，古代文献中用『仰则观象于天，俯则观法于地』描述圣人造字的情形。

第一节

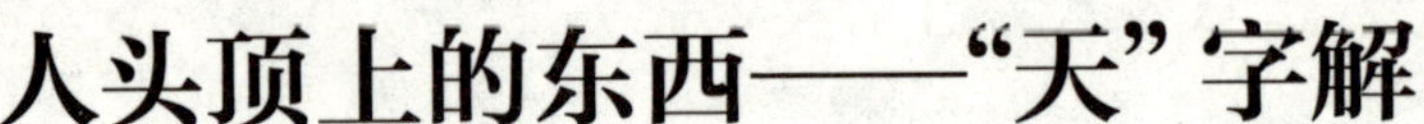

人头顶上的东西——“天”字解

在甲骨文中，“天”字写作“[illegible]”。下面是个“大”字，上面“口”为人的头。组合起来，“天”很像一个正面站立的人。“天”属于象形字，之所以要突出人头，就是因为其本义为“头顶”。在甲骨文中，不少地方都采用“天”的本义。例如，“疾天”就是指头部患病。又如，《山海经·海外西经》记载：“刑天与帝争神，帝断其首，葬之常羊之山。乃以乳为目，以脐为口，操干戚以舞。”在这里，因为他被砍了头，所以被称为“刑天”。有趣的是，“天”的“头顶”这个本义延续至今，偶尔还能出现类似的例子。中医里有一种“正天丸”，是治疗头痛病的。这里的“天”就是指“头”。

在《说文解字》中，“天”者，“颠也，至高无上，从一大”。这既强调了“天”的本义“头顶”，又揭示了“天”的引申义“至高无上”。在许慎看来，与其认为“天”是个象形字，还不如说它是个会意字，即由“一”和“大”组成。“一”者，自然是指世间第一。用“一大”来剖析“天”字，不仅逼真传神，而且蕴含着永恒无边的宇宙真理。在中国先民看来，“天”位居头顶的最上方，其“至高无上”简直无以复加。这正是“天”的“至高无上”的引申义。

出于维护自身统治的需要，中国历代帝王都有意识地赋予“天”一种极其神秘的色彩，其目的就是借用“天”意来愚弄百姓。河南信阳曾出土不少竹简，上面就刻有“贱人刚恃，天攘于刑”的文字。意思是说，如果那些地位卑贱的人敢于刚愎自用的话，“天”就会用刑罚来严厉地惩处他们。所以说，“天”意是不可违的，凡夫俗子只能遵从顺服。至于来历非凡的帝王就大有不同，他们自诩为“天子”，是代替“天”来统治世间万民的。在中国的远古神话中，“天”是一个拥有无限威力的至高无上的神，它公正无私，奖惩分明。《尚书》中所谓的“天佑下民”，就是指“天”有好生之德，能保佑黎民百姓无灾无难。事实上，每当古人蒙受不白之冤时，就不由自主地向“天”求助，哭诉自己的悲惨遭遇。民间之所以将惩恶扬善的包公式的清官称为“青天”，也同样揭示了这样一种观念和信仰。

“天”字趣释

“天”的甲骨文，上部为人的头，下部是“大”，一个正面站立的人形。其字看上去特别突出了人的头部，可见“天”字的本义为“头顶”，是象形字。许慎《说文解字》：“天，颠也，至高无上，从一大。”许慎在这里既讲了“天”的本义就是“头顶”，又指出“天”的引申义是“至高无上”。

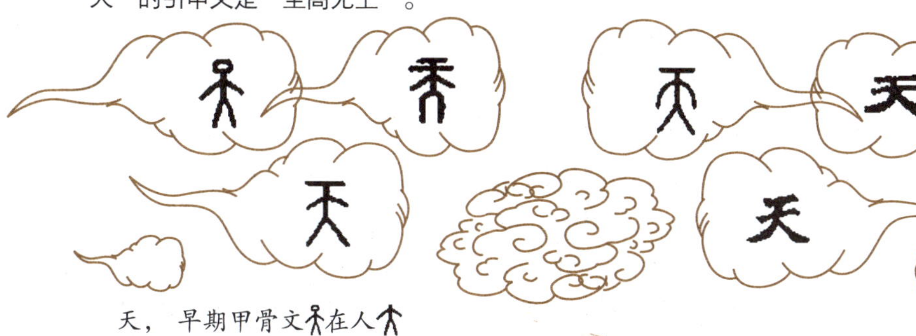

天，早期甲骨文在人（大）的头上加四边形指事符号（古人用四边形或五边形代表无边无际的天宇），表示头顶上的空间。造字本义：人的头顶上方的无边苍穹。晚期甲骨文将表示的空间的四边形改成两横指事符号（即“上”，表示大地上方的太空）。金文将（大地上方的太空）改成一（太初、混沌状态），突出“太空”的含义。篆文承用金文字形。隶书将篆文的“大”写成。

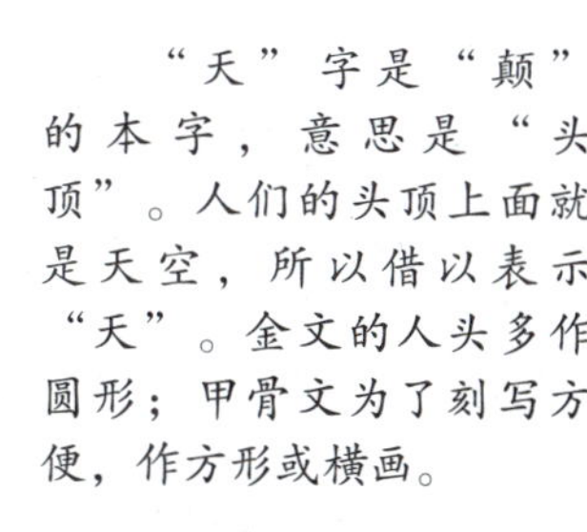

“天”字是“颠”的本字，意思是“头顶”。人们的头顶上面就是天空，所以借以表示“天”。金文的人头多作圆形；甲骨文为了刻写方便，作方形或横画。

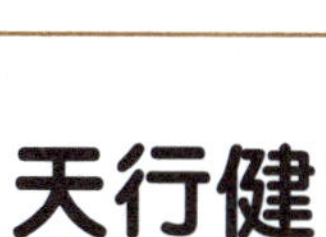

天行健　君子以自强不息

第二节

古代洪水泛滥的情景——“昔”字解

在甲骨文中，“昔”字写作“ ”或“ ”。仔细观察，在“日”字的上下呈现出波涛汹涌的场景，这就是“昔”字。究其初衷，是要提醒后人：人类曾经遭遇到异常可怕的滔天洪水，我们千万不要忘记当时的惨状。在各国的远古神话中，都不约而同地描写了一场全球性的大洪水，对于人类而言，堪称灭顶之灾。至于产生洪水的原因，各国神话看似说法不一，其实大同小异，无非是人类胡作非为，惹怒了至高无上的天帝，降下一场特大洪水，以示惩罚。由此可见，甲骨文的“昔”字所揭示的洪水滔天的场景与中外古代神话传说有着某种惊人的一致性。

在各国学者中，不少人确实相信历史上曾经爆发过神话传说中的那场大洪水。之所以相信这一点，主要的依据就是各国的神话传说中都对这场大洪水进行了具体的描写。有学者大胆地推测，正因为这场大洪水遍及全球，给世界各国人民带来深重的灾难，所以才会以神话传说的形式历代相传。

不过，有关这场大洪水的爆发时间，各国的神话传说说法不一。中国历史上的大洪水很可能发生在尧舜禹时代，鲧和禹的治水神话或许就是一个明证。

从古籍资料来看，中国历史上的大洪水的规模很大，既不局限于某江某河，也不是隔几年就出现的那种短暂的普通洪水，它应该是一种大规模、长时间的洪灾。关于这一点，地质学、气象学、古生物学的科研成果足以证明。用现代的科学眼光来看，最有可能的原因是：在冰河期末期，气候逐渐转暖，导致冰雪消融，最终引发了规模空前的全球性的大洪水。因此，“昔”字的构造也形象地揭示了我们的祖先对滔天洪水的深刻记忆。

由此可见，“昔”字表示的是往昔洪水泛滥的日子。在此基础上，进一步引申为“过去”“往日”。《吕氏春秋·淫辞》写道：“昔者公孙龙之言甚辩。”此处的“昔”，即是指往日。当然，对于“昔”字，学术界也有不同的理解。有学者提出，“日”上的那些曲线并不是水，而很可能是干肉。所以，“昔”字的最初的意思应当是：将一条条干肉放在太阳底下晒干。为了证明这一见解，这些学者搬出了《说文解字·日部》的解释：“昔，干肉也。”

"昔"字趣释

"昔"字的甲骨文字形为：在"日"字的上面或下面画上水波汹涌的情景，其意思是：从前曾经有过可怕的洪水泛滥的日子，大家千万不要忘记。如《尚书·大禹谟》："洚水儆予。"注："洚水，洪水也。"甲骨文的"昔"字所反映的古代洪水泛滥的情景证实了古代神话的真实性。

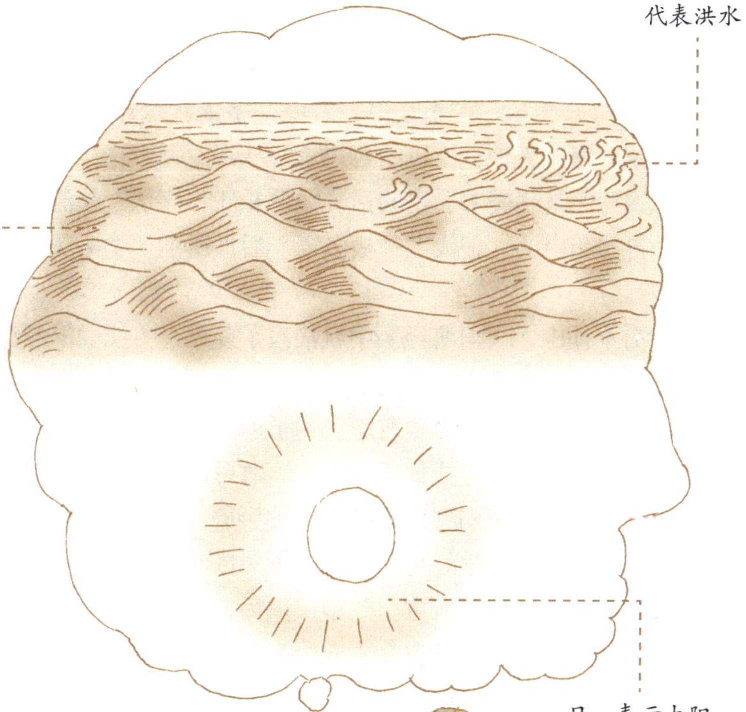

昔，早期甲骨文（日，太阳）（横写的"巛"，汹涌的波涛，代表洪水），表示洪水滔天，除了天上的太阳、地上的洪水，不见他物。造字本义：发生全球性洪荒的远古时代。晚期甲骨文颠倒上下结构。早期金文将洪水倒写成。晚期金文误将早期金文的洪水写成两个"草头"。篆文基本承续早期金文字形。隶书承续晚期金文字形，将两个"草头"写成。在甲骨文中，纵写的水为山崖披挂而下的"岩泉"；横写的水或为波涛汹涌的洪水；波涛的一半为静止而不流动的水，即冰。时间逝去为"往"；远古时代为"昔"。

第三节

众水之母——“海”字解

在现存的甲骨文中，并没有“海”字。“海”字金文，写作“[金文字形]”。分析其结构：左边是“[金文字形]”，恰似河中的流水，后引申为“江河”；右边是“[金文字形]”，为“每”字，当时是指戴有头饰的妇女，即母亲。因此，有学者将“海”字的本义解释为“水的母亲”。在小篆中，“海”字依然保存了金文的结构。《说文解字》指出：“海，天池也，以纳百川者。从水，每声。”再比如，“江、汉朝宗于海”，这原本是《尚书》里的话，强调长江、汉水一起流向大海。既然“海纳百川”，自然引申为“极大”“极多”。后世所谓“学海”“云海”，也是相似的说法。

有关海上仙山，《山海经》中就描写了蓬莱、方丈、瀛洲三座仙山。山上恍如仙境，生长着人类梦寐以求的长生不老仙药。由于蓬莱海域经常出现奇特的海市蜃楼，更激发了人们的无限遐想。为了追求长生不老，以秦皇汉武为代表的古代帝王纷纷前往蓬莱去寻找仙药。古人面对可以冲绝一切的汹涌波涛，往往不由自主地顶礼膜拜，甚至幻想出威猛的海神形象。在《庄子》的《逍遥游》中，黄河水神一向自高自大，最终见到大海，不免怅然若失：“幸亏见识了你的博大容貌，否则，我注定要贻笑大方。”秦汉以后，海神被进一步人格化。为了迎合这种信仰，一些统治者开始煞有介事地给海神加封。《古今图书集成》记载，唐玄宗曾诏封了东海神为“广德王”，南海神为“广利王”，西海神为“广润王”，北海神为“广泽王”。“德”“利”“润”“泽”四字都寄托着美好的寓意，也是统治者敬畏海神的最佳表现。

据考证，清代的官服常绣有一些条纹，描绘的正是那波涛翻滚的海浪。四周还有赏心悦目的山石。这种官服图案象征着四海升平、江山万代。

古人一向尊崇长寿之人，有关长寿的传说也比比皆是。苏东坡曾在《东坡志林》中记载了一个“海屋添寿”的著名典故。古时候有三位长寿老人，其鹤发童颜让旁人羡慕不已。有人追问他们的年龄，其中一位老人回答：“为了计算我的年龄，每一次海水变成桑田，我就存一根筹码。后来，筹码越来越多，堆满了十间屋子。”这位寿星的寿命究竟有多长，看来是谁也算不清楚了。根据这个典故，一些画家还作了不少与寿星有关的吉祥画：碧波万顷之中，有一座若隐若现的神山仙岛，楼台殿阁俨然，白鹤祥云分明，即“海屋添寿”之义。

“海”字趣释

“海”字的金文字形，其左边为水的象形字，像河流中的水流，左右四点像流水中的浪花，其后引申指“江河”。右边的“每”字，“每”字本指戴有头饰的妇女，即为母亲。因此，有的学者将“海”字的初义理解为“水的母亲”。

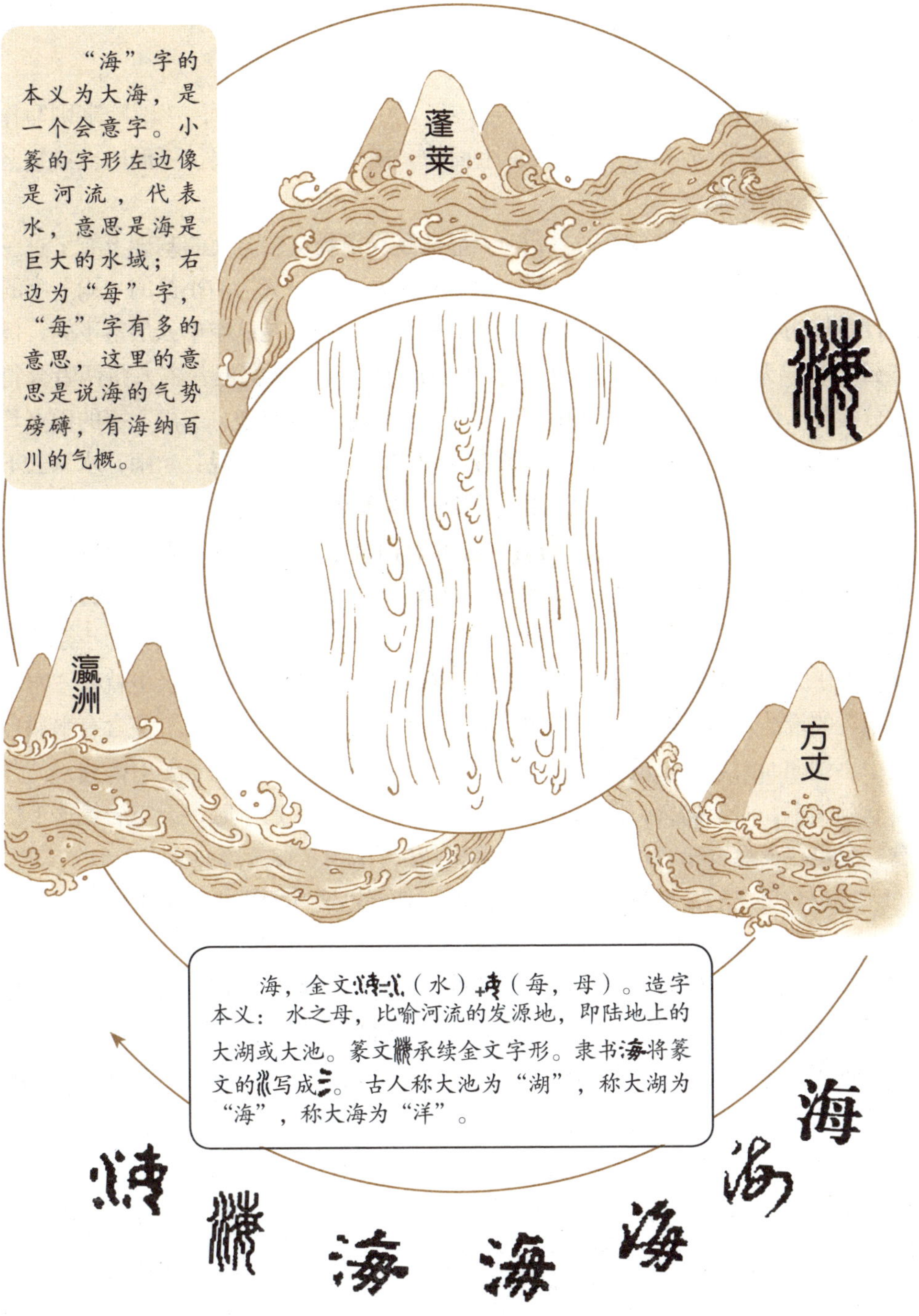

“海”字的本义为大海，是一个会意字。小篆的字形左边像是河流，代表水，意思是海是巨大的水域；右边为“每”字，“每”字有多的意思，这里的意思是说海的气势磅礴，有海纳百川的气概。

蓬莱

瀛洲

方丈

海，金文（水）（每，母）。造字本义：水之母，比喻河流的发源地，即陆地上的大湖或大池。篆文承续金文字形。隶书将篆文的写成。古人称大池为“湖”，称大湖为“海”，称大海为“洋”。

第四节

从天空中的云层飘落下来的水滴——“雨”字解

在甲骨文中，“雨”字写作“”或“”。在金文中，“雨”字则写作“”。认真分析“雨”字结构：上面的一横代表空中云层，下面的点或短竖均代表下落的雨滴。

在小篆中，“雨”字写作“”，显然是在甲骨文和金文的基础上有了进一步的升华：在云层之上再加上一横，代表更为高耸的“天”。小篆的“雨”字的设计是极为精巧的，堪称匠心独运。古人认为，雨确实是从空中云层落下的，但“云”和“天”显然并不是一回事，不能混为一谈。事实上，古人将两者分得十分清楚。值得注意的是，在甲骨文、金文、小篆、楷书中，“雨”字的雨点均未突破云层。这一点也完全符合许慎在《说文解字》中的解说：“雨，水从云下也。一象天，冂（jiōng）象云，水霝（líng）其间也。”

学术界一般认为，“雨”的含义主要有两种：一是名词，其读音为yǔ，意指从天空云层下落的水滴；二是动词，其读音为y ù，意为下雨。争论的焦点在于，哪一个是本义，哪一个是引申义。考察“雨”字的甲骨文、金文和小篆的形体，似乎并不能确认这一点。所以，姑且存疑。事实上，《周易》中就有“密云不雨”的说法。这里的“雨”明显是动词，意为下雨。既然“雨”字含有水滴自空中落到地面的意思，就可以引申为“下”“落下”。《淮南子》中提到：“昔者仓颉作书，而天雨粟，鬼夜哭。”意思是说，在仓颉造字时，天空居然落下粮食，鬼也在夜晚哀嚎。这里的“雨”字就是指“落下”。

庄稼久旱之后，一旦得到雨水的浇灌，就能迅速恢复生机。由于这个缘故，“雨”字就进一步引申为“滋润”。例如，汉朝刘向的《说苑·贵德》有这么一句名言：“吾不能以春风风人，吾不能以夏雨雨人，吾穷必矣。”这里的第一个“雨”是名词，指“水滴”；第二个“雨”是动词，指“滋润”，引申为“教育”。

古人并不清楚雨水形成的科学道理，常常凭借丰富的想象力，将下雨的原因归结为雨神的控制。

“雨”字趣释

古文的“雨”字将下雨的情景描绘得栩栩如生，足见古人对下雨这种人们司空见惯的自然现象观察得甚是细致。其上一横代表天空中降雨的云层，其下之点或短竖表示从云层落下的雨滴。

“雨”的结构解析

甲骨文的“雨”字上端一横表示天空，下面数目不同的小竖点表示雨点。金文以后字形逐渐有了变化；到了楷书，除了四个点之外就看不出原义来了。

天空

雨点

雨师行雨

雨师

雨

云

雨师，道教俗神，亦称萍翳、玄冥等。传说掌管雨的神，源于中国古代神话，认为是毕星，即西方白虎七宿的第五宿，共有八颗星，属金牛座。后有雨师为商羊或赤松子二说。

第五节

日月相推而明生焉——“明”字解

在甲骨文和金文中，“明”字的写法主要是“”“”或“”“”。具体分析起来，前两个“明”字意思相近，指的都是“日”与“月”在天际交相辉映的景象。字形上都从“日”、从“月”，只不过位置有所不同罢了：一个是“日”在东、“月”在西，另一个是“日”在西、“月”在东。

《周易·系辞下》就记载了一种很常见的自然现象：“日往则月来，月往则日来，日月相推而明生焉。”日月并悬天宇，交相辉映，大地自然更加明亮。古人在日常生活中发现，在农历每月十五前后的傍晚，就能看到红日在西边天际缓缓下沉、明月则在东边天际冉冉上升起的壮观景象。可是，等到了农历每月月末，日月辉映的景象却正好相反：月亮在西边天际徐徐下沉，太阳则在东边天际冉冉上升。由此可见，古人是借助自身对自然现象的精细观察来创造“明”这个字的，“光明”“明亮”应当就是“明”字的本义。

当“日”“月”同现空中时，往往异常明亮。这是喜好观察日月天象的古人得出的一个基本结论。古人一向认为，“日”在白天给大地带来光明，“月”在夜间给大地带来光明。一旦“日”“月”交响辉映，自然能给大地带来倍增的光明。古书中常常提到的“在天者，莫明于日、月”，就体现了这样一种观点。

不过，也有一些学者对“日月相映即为明”有着更为独特的诠释。他们的观点是：“明”字是由“日”“月”组合而成的，它所体现的不只是古人的观察结果，更显示出古人非凡的智慧。古人通过对自然天象的精准观测，已知晓月亮本身并不发光，它必须借助太阳才能反射光芒。这种解释固然新奇，但也能自圆其说、自成一家。

由于“明”字的本义是“光明”“明亮”，后来就进一步引申为“明白”“明确”“清楚”。《史记·屈原贾生列传》中提到屈原“明于治乱”，意思就是指他明白治国之道。另一方面，当人眼明亮时，眼力必定很好，因此，以日月辉映为特征的“明”字又可进一步引申为人的眼睛、眼光。例如，《孟子·梁惠王》中所说的“明足以察秋毫之末，而不见舆薪”，就是指有些人的眼光能看清秋天鸟兽身上的细小毫毛，却偏偏看不见眼前那一满车的木柴。

“明”字趣释

“明”字从“日”，从“月”，它所反映的是“日”在东方天际，“月”在西边天际，或“月”在东边天际，“日”在西边天际的一种日月辉映的天象。在农历每月的十五前后，傍晚时分，人们能看到西边的天际一轮红日正徐徐下沉，而东边天际则是一轮明月冉冉升起，形成日月辉映的瑰丽景象。

日　　月

从窗户上望出去，天空中最明亮的星体就是“日”和“月”，合起来就是“明”。“明”字的本义就是“明亮”。明，早期甲骨文由（月亮）+（日，太阳），造字本义：日光或月光将空间照亮。晚期甲骨文（月亮）+（囧，窗牖），表示月光透过窗户照亮夜里的房间。金文、篆文承续晚期甲骨文字形。晚期篆文承续早期甲骨文字形。

第六节

奔腾湍急的河水——“川”字解

在甲骨文中，“川”字写作“[illegible]”，字形上极像一条奔流不息、蜿蜒不止的河流。那两条曲线勾画的是河流的两岸，中间三个小点则代表湍急河流中的诸多漩涡。到了金文里，“川”写作“[illegible]”。仔细观察，甲骨文中原有的那三个小点不见了。一些学者认为，这种变化大概是出于书写便利的考虑。这时的“川”字仍属于象形字，恰似众水并流之状。到了小篆和楷书，“川”字的形体变化并不明显。许慎在《说文解字》中强调：“川，贯穿通流水也。”按照许慎的说法，“川”字更像一个会意字。其实，这时的“川”字依然由甲骨文沿袭而来，仍属于象形字。

就本义而言，“川”字是指归向大泽、大海的水流。古人形容大城市，往往有“车水马龙，川流不息”的说法。这里所说的“川”就是指大城市中的人流、车流。在古人的观念中，大城市就像大泽、大海，那人流会聚大城市与水流归向大泽、大海是极为相似的情景。

一般说来，河水的水面往往比两边的河岸低矮。河流水面常常是平坦的，这与山间或高原的平坦地带非常接近。因此，“川”字就引申为山间或高原的平坦地带。《乐府诗集》中为人熟知的《敕勒歌》就有“敕勒川，阴山下，天似穹庐，笼盖四野”的描写。这里的“川”字用的就是其引申义。直到现在，仍有“平川”之类的说法。

“川”也是四川省的简称。据说，宋朝曾在四川一带设置西川路和峡路。之后，经过演化分合，变成益州、梓州、利州、夔州四路，合称“川峡四路”。为简便起见，“川峡”进一步称为“四川路”“四川”。从此，“川”就成为四川的简称。

“川”字与“三”字的形体接近，一站一躺而已。但是，两个字的意义相差甚远。古时候，就有人分不清楚，因而闹了笑话。从前，有个教书先生，虽然好学，只可惜记性不好。有个学生向他请教，问他“川”字怎么写。教书先生一时想不起来，急得满头大汗。无奈之下，他只好翻开书逐页寻找。就在万分尴尬之时，他忽然看到一个“三”字，便大喜过望地告诉学生：“这家伙居然躲在这里睡大觉，难怪我刚才找不到了！”学生一看，自然知道这是个“三”字，却不便当面揭穿，只好哭笑不得地感谢教书先生的指点。

“川”字趣释

“川”字，甲骨文从字形来看，一望便知像一条奔腾不息的、弯弯曲曲的河流。字中的两条曲线，形象地描画出河流的两岸，河中的三个小点，是指奔腾湍急的河水中出现的旋涡。“川”的本义是归向泽、海的水流。古人说大城市里车水马龙，川流不息。

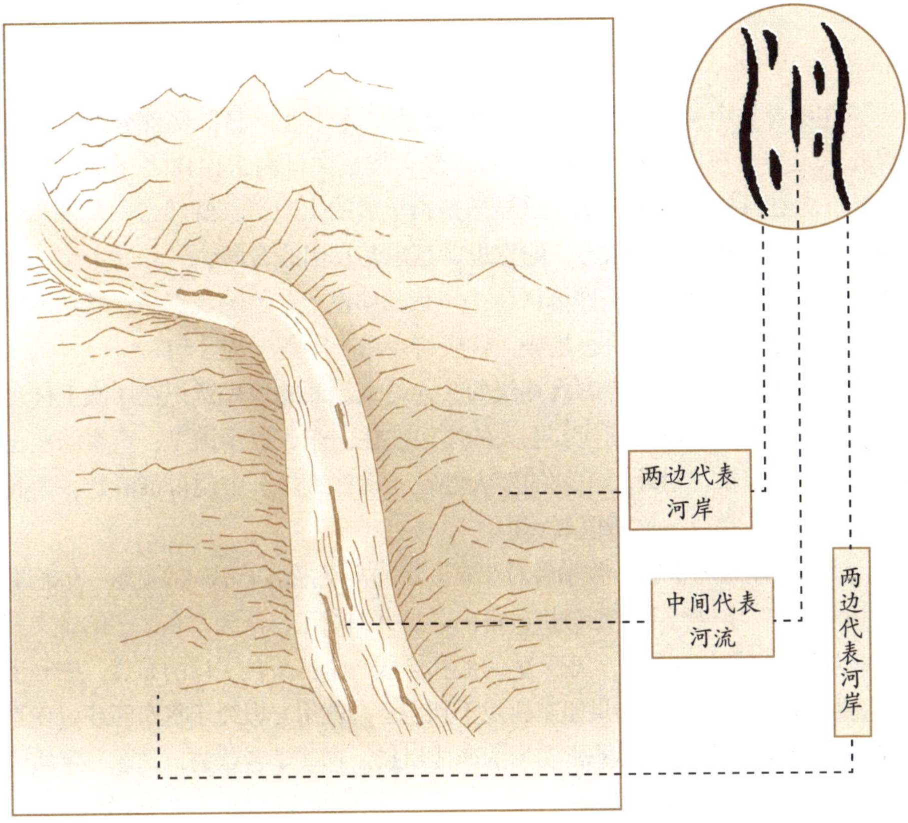

两边代表河岸

中间代表河流

两边代表河岸

“川”字像一条弯曲的河流，有的甲骨文字形在水流间还可以看到一些波浪。本义是“河流”。后来也指“山间或高原间平坦而低的地带”。

川，早期甲骨文与“水”字形相似而结构相反。两道折线表示岩壁耸立的两岸，中间的虚线表示急湍的水流。造字本义：山谷间由山涧、溪流汇成的湍急小河。

第七节

太阳升到扶桑之巅与落到扶桑之下——“东”“杲”“杳”三字解

在甲骨文中，“东”字写作“[illegible]”，由“木”和“日”两部分组成。有学者据此认定，“东”字属于会意字，其含义是指“日高未出树之顶梢”。试想一下，一轮红日挂在树枝之上，这显然是指早晨的太阳了。既然太阳是从东方升起的，“东”字便有了“东方”的意思，这也是日出的方向。

在《说文解字》中，许慎认为：“东，动也。”他的观点是：既然太阳顺着树木上升，表现出一种动态趋势，就应将“东”字解释为“动”。

中国古代是非常讲究席次礼仪的，人与人之间的尊卑意识在席次上体现得非常显著。例如，在很多朝代，主人的座位往往向东，以示谦卑；宾客的座位往往向西，以示尊重。对此，宋朝的罗大经在《鹤林玉露》中说得很清楚：“凡宾主之席，主东而宾西，亦所以尊宾也。”

当然，学术界也有一些学者对“东”字的本义提出了不同的见解。他们对甲骨文中的“东”字进行了仔细分析，得出了另外的结论，认为“东”字的本义并不是“东方”。据他们解释，“东”字的形状恰似一个两头扎了口的布袋，中间还穿着一根棍子。据说，古人如果搬东西找不到袋子，就用一根绳子将布匹或兽皮系住，中间再穿一根棍子，堪称非常实用的速成口袋。这些学者认为，“东”字实为古代的“橐”字，然后才借为表示方向的“东”。这种说法也有一定的道理。

此外，“杳”（yǎo）字与“杲”（gǎo）字也与“东”存在某种联系。《说文解字》指出：“杲，明也。从日，在木上……杳，冥也。从日在木下。”很显然，“杲”字是指太阳已升到树梢，给大地带来光明。所以，“杲”字的本义就是“日出明亮”。“杳”字为会意字，是指夕阳落到树下，大地一片黑暗。所以，“杳”字的本义就是“幽暗”。

古时候，一直有“日出扶桑”的传说，其中的“扶桑”就是指传说中的位于东方的大树。有的学者据此认定，“东”字与“杲”“杳”这两个字都是根据这个传说造出来的，三者之间关系密切：太阳升到扶桑之巅为“杲”字，太阳升到扶桑之中时为“东”，太阳落到扶桑之下为“杳”字。也就是说，太阳与扶桑的不同位置直接对应这三个字，由此也可以感受到古人在造字方面的精妙。

“东”“杲”“杳”三字趣释

“东”字的解释为“日高未出树之顶梢”，其意思是说，“东”字是由“木”（即树）加上“日”组成的会意字。树中间是一轮红日，这轮红日挂在树枝上，即树中间，因而是早晨的太阳。太阳升起的方向，当然是东方，因此“东”指“东方”的意思。与“东”相关的还有“杳”（yǎo）和“杲”（gǎo）。许慎《说文解字》：“杲，明也。从日，在木上。”

扶桑树，汉族神话中的灵地之一，传说在东方的大海上，扶桑树是由两棵相互扶持的大桑树组成。太阳女神羲和大神为她的儿子金乌（三足乌鸦，太阳之灵）从此处驾车升起。

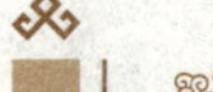

第八节

太阳完整现身于东方地平线上——“旦”字解

现存考古资料显示，“旦”字早在龙山文化时期就已经出现了。在新石器晚期出土的龙山文化时期的黑陶外部，就出现了“”，很可能就是最早的“旦”字。从形象上看，这个“旦”字再现了早晨太阳初升的景象：上部是“日”，代表太阳；下部是“一”，代表承托太阳的云气。

由此看来，“旦”既可以说是象形字，也可以说是会意字。从今人的眼光来看，“日”下的“一”似应代表“地平线”。这样一来，“日”与“一”组合，就是指“日出（东方）地平线”。

在甲骨文中，“旦”字写作“”，意为太阳从地面升起，天地相连。有学者研究后认为，“旦”字下边的“”实际上是代表日影。这种观点在金文里得到了某些印证。金文的“旦”字写作“”，与甲骨文中的“旦”字相比，下面的圈开始变成实心，代表日影。

不过，也有一些学者对甲骨文的“旦”字有着不同的理解。于省吾先生在《殷契骈枝》中，就明确指出：“契文旦字当系从日，丁声。丁、旦，双声并端母。”在这里，于省吾先生认为，甲骨文的“旦”字由上下两部分组成，上部是“日”，下部的“口”实为“丁”，重在表声。这种解释能够自圆其说，也不无道理。

“旦”在小篆中写作“”。许慎在《说文解字》中明确指出：“旦，明也。从日见一上。一，地也。”他认为，小篆的“旦”字应为象形字。他用“明”来解释“日”，所强调的其实是“旦”字的引申义。实际上，就“旦”字的本义而言，还是指“日出乎明之时”，也就是早晨或天明。例如，《木兰辞》中“旦辞爷娘去，暮宿黄河边”的“旦”字就是指早晨或天明。

“旦”一般相对于“昏”而言。“昏”字也有“从一，从日”的写法，即所谓“日在一下”，属于“旦”字的颠倒字形。其具体含义是：太阳已落于西方地平线之下，太阳轮廓的上缘与西方地平线相切。

此外，“旦”也是一种戏曲表演行当，意指传统戏剧里扮演女子的角色。所谓“辽东妖妇”“弄假妇人”等，都属于妇女类的戏剧表演，均可视为“旦”的前身。

“旦”字趣释

“旦”是象形兼会意字。从日，从一。“一”表示“（东方）地平线”。“日”与“一”联合起来表示“日出东方地平线”。意思是：太阳完整现身于东方地平线上。太阳轮廓下缘与东方地平线相切。“旦”也是戏曲表演行当类型之一，女角色之统称。

“日”字代表

初升的太阳

“旦”字本义是“天亮”“早晨”。《左传》：“旦及日中不出。”“旦”字较早的字形是太阳刚刚升起但是还未离开地面的样子，形象地描绘出日出的状态；后来将地面改为一横画。

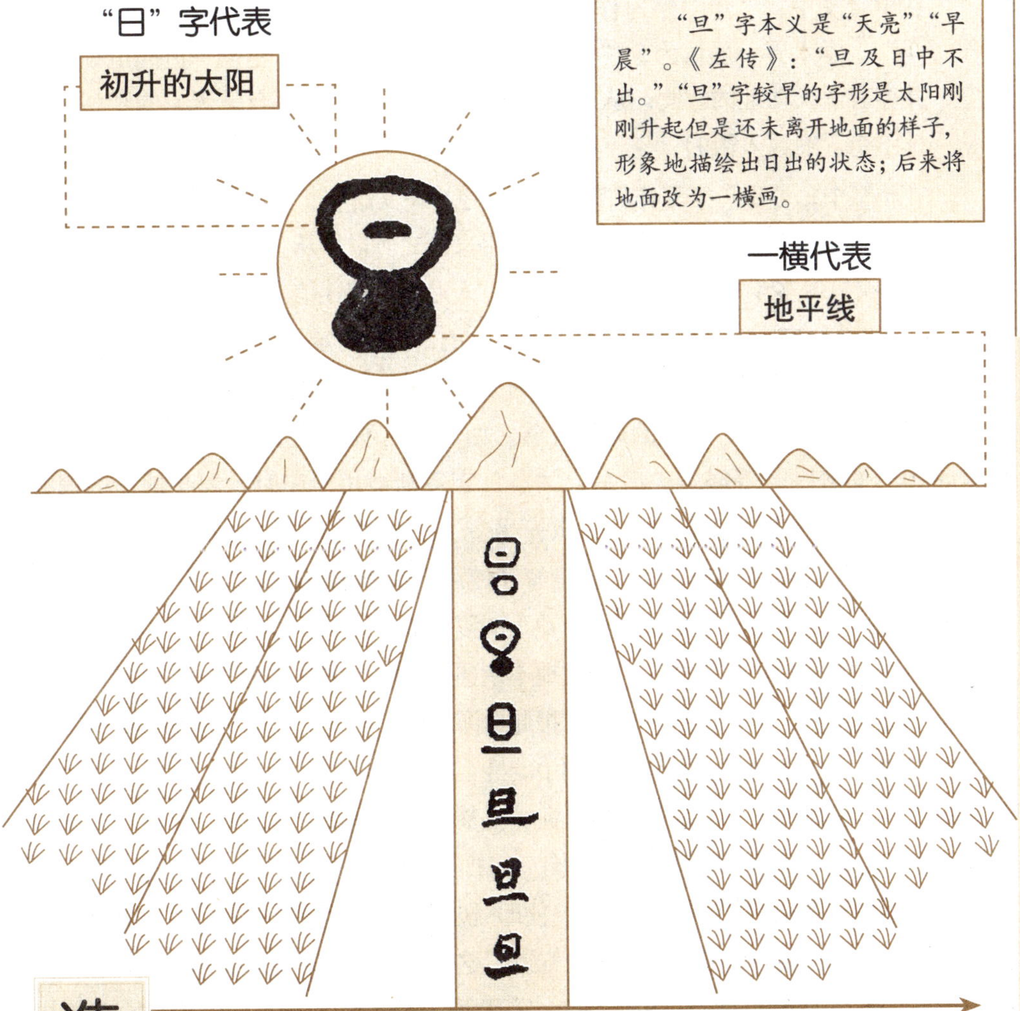

一横代表

地平线

造字解说

旦，早期甲骨文𠮯，上边的四边形指事符号口代表天宇空间，下边的四边形指事符号口代表大地。造字本义：世界从黑暗混沌合一的状态中分离出天地，即天亮。造字时代古人认为天地是两个无边无际的平面。晚期甲骨文用⊙“日”代替天宇口，强化日出而天地分的含义。金文将表示大地的方形口写成实心的黑点●；篆文旦将实心黑点●改写成一横 一，代表地平线或海平线。古人称日升而天地分明为“旦”，称日落而天地不分为“莫”（通“暮”）。

第九节

划破长空的一道闪电——“申”字解

在甲骨文中，“申”字写作“”。在金文中，“申”字与甲骨文相似，写作“”。学术界一般认为，“申”是一个象形字，其形状恰似一道闪电划过长空，并伴有震天动地的雷鸣。从这一点来看，古人对闪电等自然现象的观察确实是一丝不苟、细致入微的。

在小篆中，“申”字写作“”。许慎在《说文解字》中强调指出：“申，神也。”许慎所说的很可能是指“申”的引申义。之所以会从“申”字的“闪电”引申为“神灵”，多半与古代科学不发达，古人习惯于用迷信来解释各种自然现象有关。古人认为，空中的闪电雷鸣既然不是人为的，那就肯定是神灵所为了。

“申”字还有“伸展”“舒展”的引申义。究其原因，大概是因为闪电的独特形状给予古人一种强烈的屈伸之感。如“衣焦不申，头尘不去”中的“申”就是指“伸展”“舒展”。后来，“申”字逐渐被用于记时，属于地支的第九位。为了与这种情况进行区别，古人便另造了一个“伸”字，专门用来表示“伸展”“舒展”之意。这样一来，在理解和使用上就更加清晰了。

唐代的《谢小娥传》记载了一个典型的复仇故事，这个故事与“申”字有关。谢小娥的父亲及丈夫都是商人，在外地不幸遇到强盗而被谋财害命。谢小娥悲痛欲绝，便指天发誓，一定要找出真凶，报此血海深仇。当时，有一个渔翁知晓其中的一些内情，本想直接告诉她那两个凶手的姓名，却又怕因此连累自己，给自己带来杀身之祸。思忖再三，渔翁就编造了河神托梦的假话，说了一大堆，其实就是暗示谢小娥，那两个凶手分别叫“车中猴，门柬草”和“禾中走，一日夫”。谢小娥当然不明白这两则谜语的真实意思，便四处求教。很多天过去了，无人能猜出谜底。后来，一位名叫谢公佐的热心人知道了这件事，非常同情谢小娥，便告诉她：“‘车中猴’隐射的是个‘申’字，‘门柬草’隐射的是个‘兰’字，合为‘申兰’。‘禾中走’隐射的是穿田而过的‘申’字，‘一日夫’隐射的是‘春’字，合为‘申春’。”谢小娥听了，恍然大悟，连连感恩不已。不久，谢小娥就顺利地找到了那两个凶手。她化身为佣，历经千辛万苦，终于取得相关的人证及物证，使凶手得到应有的惩罚，也为自己的亲人报了血海深仇。

“申”字趣释

“申”字的甲骨文看上去就像夏夜划破长空的一道闪电，电光闪烁，似有伴随着闪电出现的震撼大地的雷鸣，是一个象形字。“申”的创造，说明了我们的先民对闪电这种自然现象的观察是十分细致的。

雷公电母

甲骨文与早期金文像是伴随神秘而令人惊恐的霹雳、朝各个方向开裂的闪电。造字本义：雨天的闪电。晚期金文误将闪电的细枝分写成两个、。籀文误将金文的写成（爪），表示伸出两手操控一切的天神。篆文将“Z”形的简写成直线，闪电形状完全消失。早期隶书承续篆文字形。晚期隶书则误将早期隶书相对的两个“爪”连写成“臼”，面目全非。“申”字是“电”的本字。字形像闪电时云层间出现的曲折的电光。古人认为闪电是神的显现，所以常以“申”来称呼“神”。后来加“示”旁为“神”，加“雨”旁为“电”。

知识链接·天干地支·申

天干地支，简称“干支”。在中国古代的历法中，甲、乙、丙、丁、戊、己、庚、辛、壬、癸被称为“十天干”，子、丑、寅、卯、辰、巳、午、未、申、酉、戌、亥叫做“十二地支”。十干和十二支依次相配，组成六十个基本单位，两者按固定的顺序互相配合，组成了干支纪法。

“申”是“身”的意思，指万物的身体都已成就。

第十节

上古时代的洪水——“州”字解

在甲骨文中，“州”字写作“[illegible]”，其形状恰似流水绕经水中小块陆地。许慎在《说文解字》中指出：“州，水中可居曰州。”值得注意的是，许慎眼中的“州”是“可居”之地。

传说在尧舜禹时期，曾遭遇过一场特大洪水。当时，洪水异常凶猛，淹没了整个大地。在这一片汪洋之中，仅有星星点点的小块陆地，这就是人们赖以存身的栖息之地。关于这一点，已被地质学、气象学及古生物学的众多研究成果所证明。按照现在的说法，在地球的冰河末期，气温的逐渐升高直接导致冰雪消融，进而引发了世界性的大水灾。从某种意义上说，“州”字的形体正是这一特定的洪水时代的情景再现。郭沫若曾写过一首名为《洪水时代》的诗，与“州”字颇有异曲同工之妙，可相互参证。该诗说：“我望着那月下的海波，想到了上古时代的洪水，想到了一个浪漫的奇观，使我的心中如醉。那时节茫茫的大地之上汇成了一片汪洋；只剩下几朵荒山，好像是海洲一样。那时节，鱼在山腰游戏，树在水中飘摇，孑遗的人类全都逃避在山椒。”

传说大禹历尽千辛万苦之后，终于想出办法制服了洪水，并划定了许多“州”。此后，有关“九州”的说法便延续至今。当时的人之所以临水而居，主要有三个原因。第一，洪水泛滥时期，只能居住在各种“州”上。即使洪水退去，真正可居住的地方也与水非常接近。第二，水中有鱼，能够提供取之不尽、用之不竭的关键食源。这是当时的人临水而居的一个重要原因。第三，水中捕鱼要比陆地猎兽容易得多，也安全得多。于是，“州”便成为先民谋生存身的理想去处。一些学者据此得出结论：既然古人栖身于“州”，这就足以证明中华文明发祥于黄河流域是可信的。

关于“州”字，历代逸闻趣事很多。《晋书》就有不少相关记载。有一天晚上，王梦见自家房梁上挂着三把大刀，不久又增加为四把刀。他对这个梦百思不得其解，不知其吉凶，就向对解梦颇有研究的季毅请教。季毅了解了梦境内容，立即起身向王道喜：“这是吉兆啊。三刀即为州字，又增益一刀，‘益’和‘州’合指‘益州’。这说明，大人将要去益州做官了。”王听了，半信半疑。不久，王被升任为益州刺使，他对季毅的解梦水平十分钦佩。

 “州”字趣释

甲骨文“州”字像流水绕过一块水中的小陆地之形。许慎《说文解字》：“州，水中可居曰州。周绕其旁。”许慎特别强调了“州”为人们“可居”之地。中国古称九州，据说是大禹治水将洪水治好后所划定。那时先民选择生存环境的一个基本原则是临水而居。

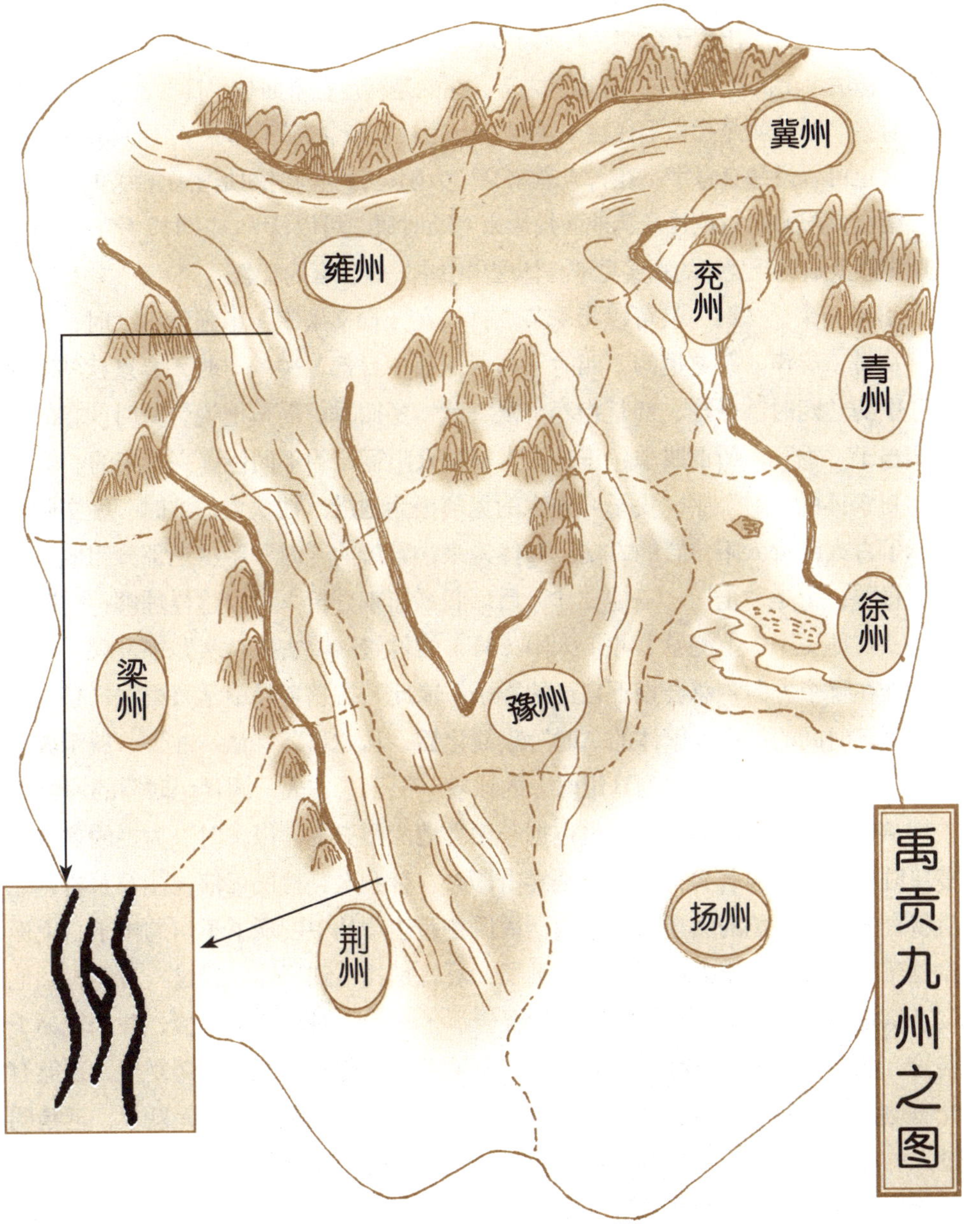

禹贡九州之图

冀州 雍州 兖州 青州 徐州 梁州 豫州 荆州 扬州

州，甲骨文在“川”的中间加一个小三角或小圆圈指事符号，表示河川中央的冲积沙洲。造字本义：独立于河心的冲积沙洲。金文承续甲骨文字形。篆文在河川的两岸也误加小圆圈（小岛、沙洲）。隶书将篆文的三个小圆圈写成三个点。“州”的“河心沙洲”本义消失后，篆文再加“水”另造“洲”代替。

第十一节

太阳在空中运行——“时”字解

“时”字最早出现于金文，写作“”。具体分析，金文的“时”字由“之”和“日”构成：上面是“”，意为“之”，指的是行走；下面是“日”，即太阳。整体来看，“时”就是指太阳在空中运行。由此看来，金文的“时”字既可以说是形声字，也可以说是会意字。在古人看来，“太阳运行”与时间是密切相关的。古人往往根据太阳的运行位置及其地面投影来判断时辰。可以认为，“时”字正是古人长期观察太阳运行规律的真实见证，体现出中华民族独有的智慧。

引申开来，“时”又可以指季节。许慎在《说文解字》中强调：“时，四时也。从日，寺声。”这里的“四时”与《玉篇·日部》中的“时，春夏秋冬四时也”中的“四时”一样，都是指春、夏、秋、冬四季。简单地说，“时”字的意思相当于“季”。所谓四季，正是古人根据太阳运行的不同位置来确定的。

对繁体的“时”字，安子介先生的见解极为地道。他认为，“时”字实际上揭示了古人测量太阳位置的方法。具体说来，繁体的“时”字由三部分组成：一是“日”；二是“土”；三是“寸”后。联系起来分析，可以这样理解：“时”就是“在地（土）上测量（寸）太阳（日）的位置”。古人从实践中发现，无论太阳处在哪个方向，总会投下自己的影子。因此，古籍资料中常有根据日晷的移动来测定时间的记载。繁体的“时”字简化后，从“日”、从“寸”，属于典型的会意字，基本保留了“测日记时”的原貌，揭示了古人“测日记时”的习惯。

从姓氏系统来看，“时”也占据一席之地。历史上，以“时”为姓的名人很多。时珍是元初的著名将领，他是泰山郡人。有一次，村民王信前往石莱村，之后就杳无音信。他的父亲四处寻找，最后在路边草丛中发现了王信的帽子，上面血迹斑斑。所有的亲人都认为他遇难了，可就是找不到尸体。经过一番调查，他父亲认定凶手是某某，于是将这一情况告诉了时珍。时珍非常谨慎，并未轻易下结论。他在仔细盘问某某后，认为他并未杀人。当地有个妇女死而复生，还煞有介事地说：“我是王信，被某某杀害。”王信的家人就更加确信无疑了，但精明过人的时珍却认定王信仍然在世。几天后，王信终于安全归来。于是，大家对时珍的严密推理、精准判断佩服不已。

“时”字趣释

“时”最早出现于金文，上面是“之”，“之”有行走的意思，下面是“日”，即太阳。可见金文的“时”是由“之”加上“日”构成。其意思是：太阳在空中运行。由此可知，金文的“时”是形声兼会意字。

甲骨文“时”字

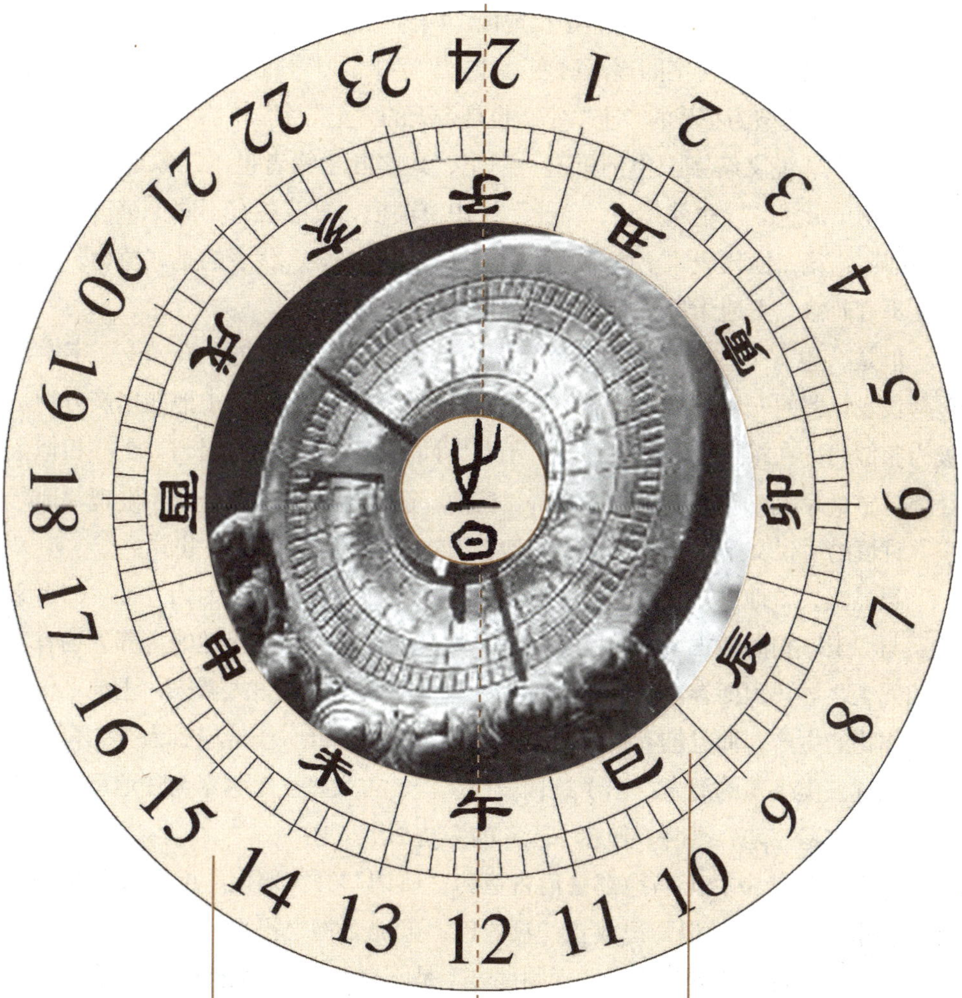

“时”——一天有24小时

“时”——一天有12个时辰

日晷

日晷本义是指日影，是使用太阳的位置来测量时间的一种设备，主要由一根投射太阳阴影的指标、承受指标投影的投影面（即晷面）和晷面上的刻度线组成。

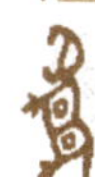

第十二节

土地能生万物——“土”“地”二字解

在甲骨文中，“土”字写作“Ω”。在金文中，“土”字写作“⊥”。“∩”代表一堆土的形状，“一”自然是指地面。两者组合起来，“土”就是指地上的一堆土。后来，随着文字的逐渐演变，“土”字中的“一堆土”逐渐向左右延展成线形，最终定型为小篆的“土”字，也是今天的“土”字。

许慎在《说文解字》中剖析道：“土，地之吐生物者也。二象地之下，地之中，物出形也。”也就是说，“土”字中有两横，寓意各有不同：第一横代表“地面”，第二横代表“土壤”。两横之外，还有一竖，代表的是“植物”。其含义不言而喻：土地为母，能产万物。

但是，也有一些学者提出不同见解。他们认为，甲骨文中的“土”字实际上是代表牡器的一种符号。牡器的特点就是能繁衍后代，这与土地能出产万物是极为相似的。在汉字中，“地”与“土”大同小异，其造字原因与“土”相似。“地”字最早见于小篆，写作“[illegible]”。目前，还未在甲骨文和金文中发现“地”字。许慎的《说文解字》诠释道：“地，万物所陈列也。从土，也声。”

很显然，“地”用象征女性生殖器的“也”作义符，就是因为“地”的形义关系与“土”相同。古人一向坚持认为，人类的生育繁衍与土地的滋养万物有着异曲同工之妙，因而存在某种极为神秘、奇特的联系。在古人看来，土地不仅事关农作物的生产，而且拥有极其旺盛的生产能力。因此，土地堪称人类生育的榜样，堪称人类生殖的源泉。出于这样一种认识，古人将土地尊奉为“地母”。所以，古人在造“地”字时，便在“土”的旁边加上“也”。

在上古神话中，天与地都是盘古造的。所谓“开天辟地”的传说，指的就是这件事。据《述异记》记载：“盘古氏，天地万物之祖也，然则生物始于盘古。”在中国古人的观念中，“天圆地方”是不言而喻的。按照这种观念，天上有柱子顶着，有绳子系着。地上有柱子顶着，有大鳌托着。上古神话中还有这样一种说法，在大洪水爆发后，禹的父亲鲧偷走了天帝的“息壤”，撒在波涛汹涌的洪水上，才变成了陆地。有趣的是，在土族的神话中也有类似的说法：远古时并没有陆地，到处是一片汪洋，好心的天神便把泥土放在金蛤蟆的背上，陆地才应运而生。

“土”“地”二字趣释

古文的“土”字中的“一堆土”向左右延长成线形，逐渐变成今天的“土”字。许慎《说文解字》：“土，地之吐生物者也。象地之下，地之中。丨，物出形也。”具体地说：“土”中的第一横画指“地面”，第二横画代表“土壤”，一竖代表“植物”。土地能吐生万物。

“土”“地”二字结构解析

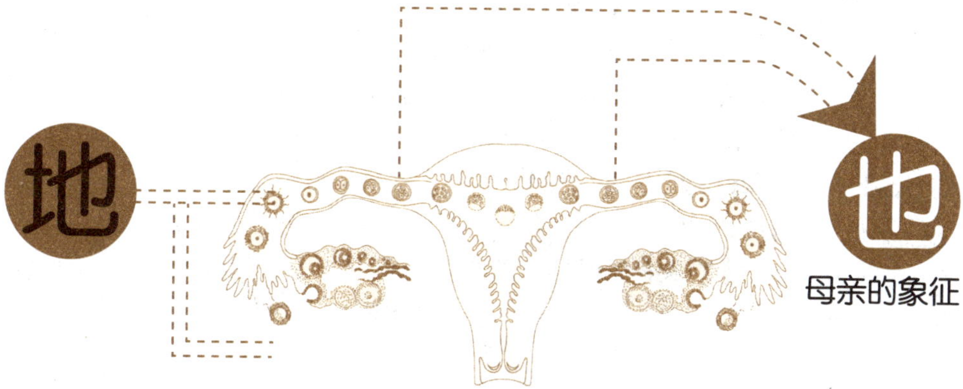

地

也

母亲的象征

土

“地”生万物

“一”是特殊指事字，代表混沌太初，也可以代表“天”，或代表“地”。土，早期甲骨文字形的横线一代表大地，像立墩。

造字本义

耸立在地面的泥墩。晚期甲骨文将菱形的泥墩抽象成一竖，字形与“上”相同。早期金文像地面上耸立的泥墩的剪影。晚期金文将早期金文的棱形写成“十”，以区别于“上”。篆文将晚期金文的点写成横。

地生万物

第十三节

有月亮的夜晚——“夕”“多”二字解

在甲骨文中，“夕”字写作“☽”，其形状恰似半个月亮，其本义是指整个夜间，具体范围是：起于前一天黄昏，终于第二天黎明。细心的学者发现，甲骨文中的“夕”字与“月”字居然是同形的。原来，单纯用线条是很难描绘出“夕”字的准确形状的。由于夜晚多与月亮有关，古人就借用“月”字来表示。据此，有一些学者强调，将甲骨文中的“月”字视为象形字，将甲骨文中的“夕”字视为指事字，或许更加精准。也有学者认为，“夕”字可视为“月”字上加一点。明月高照，象征着夜晚的来临。因此，“夕”字既体现了月亮的形状，又成为夜晚的象征。据考证，最初的“月”和“夜”关系密切，甚至可以说是一回事。后来，古人开始用“月”来计算时日，代表“30天”的“月”就成为历法上的专有名词。如何区分这个“月”与常规意义上的“夜”呢？聪明的古人便灵机一动，在“月”字中加了一点，造出一个“夕”字，用来表示月夜。《诗经·唐风·绸缪》中“今夕何夕”的“今夕”就是指“今夜”。

“夕”又指傍晚。许慎在《说文解字》中指出：“夕，莫也，从月半见。”在这里，“莫”是“暮”的通假字。所谓“从月半见”，就是指太阳光尚未消逝，月光尚不明亮。在许慎看来，“夕”的本义应当是“傍晚”。

但是，从现存的甲骨文来看，“夕”均指夜间，还未发现“夕”指傍晚的。因此，我们理应将“夕”的本义确定为夜间。实际上，直到金文时代，“夕”字才开始指傍晚。至于许慎的说法，值得商榷。合理推测起来，“傍晚”应当是在“夕”字的本义上引申出来的引申义。《诗经·卫风·君子于役》就有“日之夕矣，牛羊下来”的诗句，意思是傍晚时分，太阳落山，牛羊也要回家。

“夕”字相重就成为“多”字。在甲骨文中，“多”字写作“☽☽”，此后字体的结构均沿袭甲骨文形体，几乎没有什么变化。六书中有一种叫同文会意，“多”字就是一个典型。“夕”本指夜晚，“夕”上加“夕”，变成一个“多”字，意即一个夜晚连着一个夜晚。对此，许慎的《说文解字》也指出：“多，重也，从重夕。”

当然，学术界对“多”字的解释还有不少，其中最典型的要数王国维先生的说法。王国维先生经过一番考证后，明确提出：古代的“多”字意为多得两块肉。两块肉堆在一起，当然代表“多”了。这也自成一家之言，值得我们参考借鉴。

“夕”“多”二字趣释

在甲骨文中，“夕”的意思是指整个夜间，即从前一天的黄昏开始至第二天的黎明前。“夕”是夜晚，再加上“夕”，即又一个夜晚，变成“多”字，“多”的意思自然是一个夜晚连着一个夜晚。

“夕”与“月”通用

夕

多

“多”为“肉”

夕

多

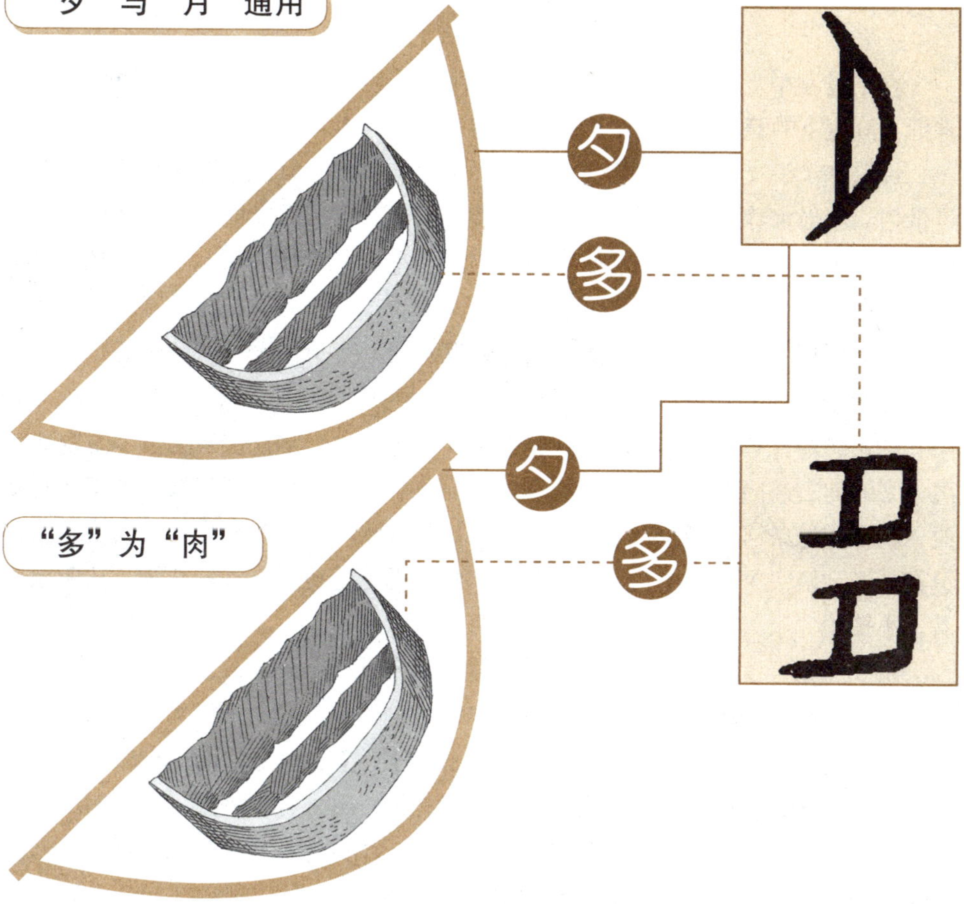

夕

“夕”字形原来像一弯新月。由于月亮都是在晚上才出现的，所以又表示“夕”。在甲骨文和金文中，“月”和“夕”常通用；到小篆以后，两字才有明显的区别。

多

甲骨文（夕，肉块）+（夕，肉块）。造字本义：一人独占双份、多份肉食。在物质匮乏的原始共产平分时代，人们均分物用，尤其均分肉食，一人独占双份就是“超额”。早期金文写成左右结构。晚期金文、篆文承续甲骨文字形。平分肉食为“宜”；独享双份肉食为“多”；堆积大量肉食为“叠”。

第十四节

长长的河水水脉——“水”“永”二字解

在甲骨文中，“水”字写作“[illegible]”。在金文和小篆中，“水”字的形体更是神似飞流直下的流水状。其中极为显眼的几点，代表水流中飞溅的水花。

许慎在《说文解字》中指出：“水，准也。”水一旦快速流动起来，固然无可抵挡。但当水静止下来时，又平坦如镜。因此，古人常借助“水”来探测物体的平坦状况。由此，便产生“水”的引申义“平”。大凡大江大河，都是由水组成的。在古代，“水”字是江河的通称。又由于“江”专指长江、“河”专指黄河，古人便用“水”来指代一般意义上的江、河。

在甲骨文中，“永”写作“[illegible]”。在金文中，“永”写作“[illegible]”。在小篆中，“永”写作“[illegible]”。有学者研究之后认为，“永”字恰似一条由主流及其分离出来的向右或向左流淌的支流所组成的河流。显而易见，既然又有主流又有支流，就说明这条河确实很长。据此，可以认定“永”字的本义是长长的流水。许慎在《说文解字》中指出：“永，长也。象水理之长也。”许慎认为，从形象上看，小篆的“永”字描摹的正是极长的河水水脉。

关于“永”字，流传着不少有趣的传说。宋代有个米芾，幼年时在私塾里学习书法，三年过去也没有明显的进展，非常苦恼。有一天，一位秀才进京赶考，路过米芾所住的地方。米芾见秀才写得一手好字，立刻虚心地前往求教。

秀才见米芾聪明好学，便有心助他一臂之力。秀才仔细观察了米芾写的字，沉吟了一会，便对他说：“跟我学写字，得有一个条件：必须买我的纸来练习。这是一个诀窍。不过，我的纸可真不便宜啊。”

米芾求学心切，回去就借了五两银子，买下了秀才的一张纸。秀才一再叮嘱：“回去一定要认真练习，三天后再来找我。”

米芾回家之后，舍不得用纸，便反复揣摩，一个字也没在纸上写过。

到了第四天，秀才主动找到米芾：“琢磨三天了吧，现在写个字试试吧。”

米芾提笔，写下一个“永”字。秀才一看，写得非常漂亮，就问他：“为什么三年没有写好，这三天就大有进展呢？”

“因为纸贵了，我舍不得用。这三天，我反反复复琢磨字帖，都烂熟于心了。”

“没错。学书法既要动笔，更要动心，不仅要观其形，而且要悟其神。只有心领神会，才能练出一手好字来。”

除了这个故事，在书法上，“永”字八法之说更是家喻户晓，传为佳话。

“水”“永”二字趣释

许慎《说文解字》：“水，准也。”当水静止后，它又平如镜，因而引申出“平”的意思。所以古人常用“水”来观测物体的平坦状。“永”的古文字像一条由主流和由其分离出来的一条向右或向左不停地流淌的支流组成的河流，这条河流既有主流又有支流，说明这条河流是很长的。

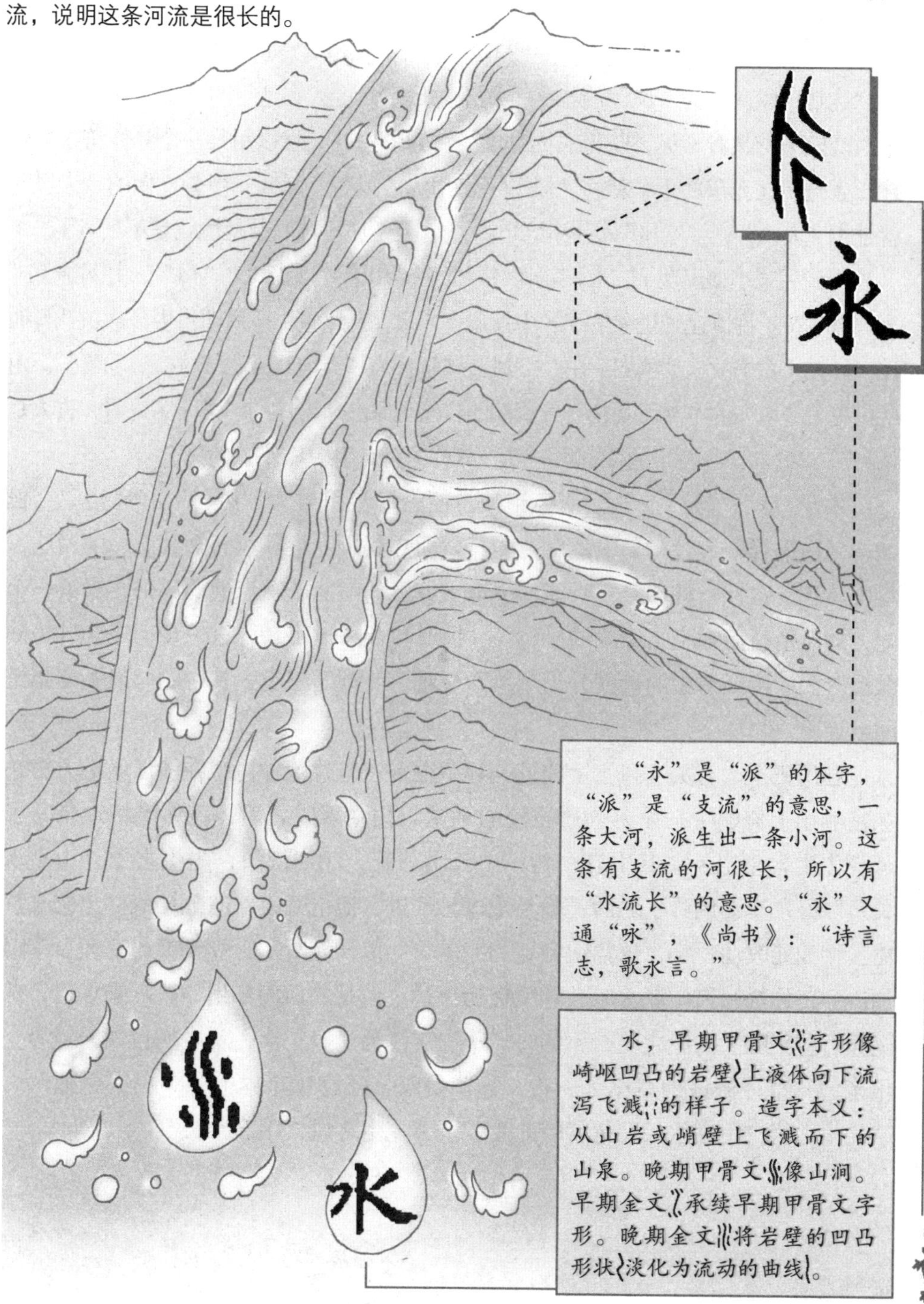

永

“永”是“派”的本字，“派”是“支流”的意思，一条大河，派生出一条小河。这条有支流的河很长，所以有“水流长”的意思。“永”又通“咏”，《尚书》：“诗言志，歌永言。”

水

水，早期甲骨文字形像崎岖凹凸的岩壁上液体向下流泻飞溅的样子。造字本义：从山岩或峭壁上飞溅而下的山泉。晚期甲骨文像山涧。早期金文承续早期甲骨文字形。晚期金文将岩壁的凹凸形状淡化为流动的曲线。

第十五节

大地发出来的气——“风”字解

在甲骨文中，“风”字写作“”。仔细观察，“风”字的形状很像一只凤凰。这是“凤凰”的“凤”的本字，属于象形字。古人在造字时，感觉“风”这种东西既摸不着又看不见，既无法描摹出具体的形象，又难以用某一个具体符号来代替。于是，在无奈之下，就将“凤”字借用为“风”。因此，甲骨文中的“大凤”就是指“大风”，“小凤”就是指“小风”。至于“不凤”，意思就是不刮风了。

等到后来小篆出现了，人们就将“凤”字专用于“凤凰”之“凤”，并另造了一个“风”字。许慎在《说文解字》中强调：“风，八风也……风动虫生，故虫八日而化。”在《六书故·动物四》中，“风”被解释为“天地八方之气吹嘘鼓动者”。由此可见，“风”的本义就是指空气流动的自然现象。从繁体的“风”字来看，古人是认为因“风”动而“虫”生，故用“虫”来作意符，用“凡”来作声符。

由于“风”与“空气”密切相关，便进一步引申为“风气”“风俗”。例如，《吕氏春秋·音初》中就有“闻其声而知其风，察其风而知其志”的说法，集中体现了这样一种理念：听闻一个地方的音乐就能了解当地的风俗，考察一个地方的风俗就能知晓当地人的品位。“风”代表“风俗”，进一步引申为“民间歌谣”。《诗经》中的诗就分为“风”“雅”“颂”三类，其中的“风”专指民间歌谣。

在历史上，有关“风”字的逸闻趣事很多。宋代范仲淹曾在浙江做地方官，在富春山上修建了一座名为严子陵的祠堂。祠堂落成之后，范仲淹特地撰写了《严先生祠堂记》。其中有一句：“云山苍苍，江水泱泱，先生之德，山高水长。”好友李泰伯看了之后，赞不绝口。不过，他也好心地向范仲淹提出修改意见：“如能改动一字，这篇记将更为完美。”范仲淹听了，立刻虚心请教。李泰伯说：“你描写云山江水时，意境极为深远。但是，后面却用‘德’来承接，感觉颇有些狭隘。依我之见，不如将‘德’字改为‘风’字，就顺畅自如，境界全出了。”范仲淹仔细对比了一番，连声赞叹，还尊称李泰伯为“一字之师”。“先生之德，山高水长”也就因此改成了“先生之风，山高水长”。

“风”字趣释

甲骨文“风”字，看上去却像一只传说中的凤凰。此字实为凤凰的凤的本字，象形。而“风”这种摸不着、看不见的东西，既难以用一个符号来表示，又难以描画出具体的形状，因而将“凤”字借用为“风”。

“风”是“凤”的本字

风

凤凰

凤

甲骨文和金文的“风”字像是一只凤凰，特别是突出它美丽的尾部羽毛；有的字体右上角有一个“凡”字，表示它的读音。后借为“风”，例如甲骨卜辞：“今日不凤”。风，甲骨文（孔雀，高飞的鹏鸟）（的变形，代表无边的天宇——参见“日”“天”）。造字本义：来自天空、使鸟类得以飞翔的气流。在造字时代，古人尚不能认识到风是冷热空气对流造成的，古人以为气流来自天空。早期金文为区别于“凤”，省去鹏鸟，将写成“凡”，并加“云”、加“气”，强调天宇中与云、气相似的物质状态。

第十六节

生公说法，顽石点头——“石”字解

在金文中“石”字写作“”。其中的“厂”，恰似石壁高耸的山崖。具体分析：左边是一撇，代表峭壁；上面是一横，代表岩石；下面是空旷之处，代表古人遮风躲雨的地方。也许正是这个原因，大凡以“厂”为意符的汉字多与山崖、房屋有关。“”并非“口”字，更像一块石头。所以，这个字的整体意思就是“产在山崖上的石头”。对此，许慎的《说文解字》说得很清楚：“石，山石也。在厂之下，口象形。”

在传统艺术中，一向有“金、石、书、画”之说。其中的“石”是古代石刻艺术的简称。秦以前有《石鼓文》，秦代有《泰山刻石》《琅琊刻石》，这些都涉及中国早期的石刻。由于偏好的缘故，一些酷爱“石”的人还给“石”配了一个“寿石”的雅号。他们认为，石头的寿命远远超过一般的动植物，称其为“寿石”是恰到好处的。当然，后世学者中也有人认为，“寿石”的说法最早来源于中国早期的园林艺术中的山水盆景。事实上，在园林建筑中，奇山寿石的造型比比皆是。

在中国民间，有不少人都有收藏寿石的雅好。中国的名石很多，尤以江苏太湖的太湖石、广东英德的英石、福建的建石最为著名。在玩赏石头的圈子里，人们逐渐形成共识，概括出上等寿石的六个外形特点，即“瘦”“皱”“漏”“透”“奇”“丑”。历史上，清代“扬州八怪”之一的郑板桥最爱画石头，在画石这一领域，其成就非常高。

在诸多历史传说中，有关“千人石”的故事就一直为后人所津津乐道。在苏州城门外，有一座虎丘山，山上有一块“千人石”，据说这里就是晋代高僧生公说法的地方。生公对佛经研究很深，撰写了不少著作。当时，《涅经》刚刚传入中国，了解的人很少。生公不辞辛劳地四处讲解，却没有多少人愿意听，更不用说明悟玄机了。到了晚年，生公独自来到虎丘山下，将大小石头排成一行，作为自己讲经说法的听众。他讲得极为生动，一讲就是好多天。在这个过程中，生公有时还向石头们发问：“我讲得是否正确？我对佛经的解释是否符合佛经的本意？”那些石头听了，居然点起头来。这就是与“天花乱坠”相提并论的“顽石点头”的典故。

此外，古代以十斗为一石（dàn）。在这里，“石”读dàn，充当量词。

"石"字趣释

金文"石"字，像石壁高耸突出的山崖。左边的一撇像山上的峭壁，上面一横是横出的岩石，下面的空处常常是人类的祖先用来躲避风雨或居住的地方，所以在汉字中以"厂"为意符的字常常与山崖和房屋有关。

结构解析

甲骨文的"石"字的形象为：山崖（"厂"）旁边有一块石头（"口"），本义是"石头"。同时"石"还可以作为容量单位的"石"，等于十斗。还可以指重量单位。一"石"等于一百二十斤。

《石头记》

《石头记》，即《红楼梦》，章回体长篇小说。作者曹雪芹。成书于清乾隆四十九年（公元1784年）。它是中国古典小说中一部最优秀的现实主义文学巨著。全书以贾、史、王、薛四大家族的兴衰为背景，以贾宝玉与林黛玉、薛宝钗的爱情婚姻悲剧为主要线索，全方位地展示了中国封建社会的各个层面。

"石"还可以指

1. 岩石。
2. 石姓：中文姓氏。
3. 石部：中文部首。
4. 中国河北省省会石家庄市的简称。

"石"字的各种字体

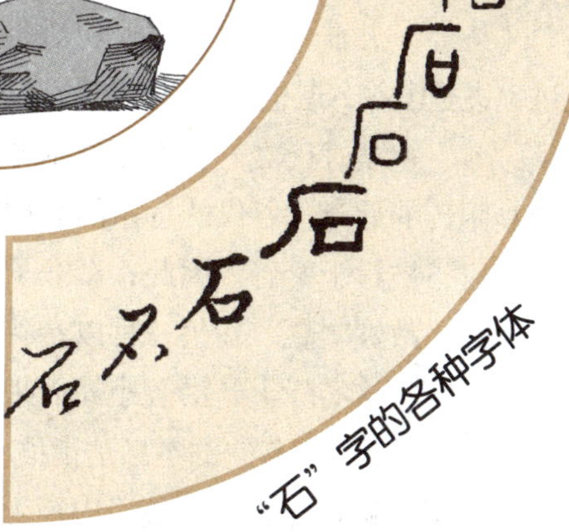

 单位：一石＝十斗

 单位：一石＝一百二十斤

第十七节

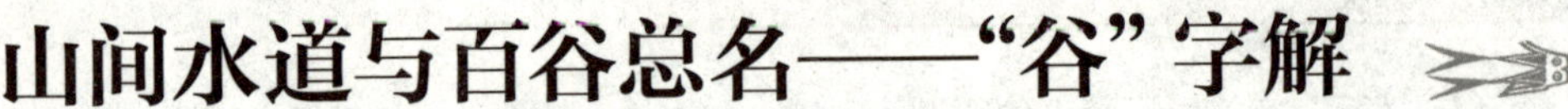

山间水道与百谷总名——“谷”字解

在现代汉语中，“谷”有两个含义，一是指五谷，二是指山谷。实际上，繁体的“谷”本指山谷，“穀”则专指五谷。由此看来，两者相差甚远，关联很小。“谷”最早源于甲骨文，写作“谷”。对“谷”的组成，学术界一直有争论。有的学者认为，上面的“仌”代表两座山峰，下面的“口”代表通道，“谷”的本义应是山谷。也有学者认为，“谷”的上部代表水流，下部代表出水口，“谷”的本义应是水从山谷流出。那么，《说文解字》是怎样解释的呢？许慎认为：“泉出通川为谷。从水，半见，出于口。”《诗经》对此的解释则是：“水注川曰溪，注溪曰谷。”古代的“谷”恰似山间的水道，即山涧。水出山之后成为山涧，山涧之水汇聚山溪，山溪之水又汇聚川流。

在《淮南子》中，有“水处者渔，山处者木，谷处者牧，陆处者农”的说法。其意思是：住在水边的人以捕鱼为生，住在山上的人以伐木为生，住在山谷的人以畜牧为生，住在平原的人以农事为生。这里所说的“谷”正是指两山之间的狭长区域。古人心目中的“谷”往往属于荒僻之地，其引申义就是指险恶的环境。《诗经·大雅·桑柔》有一句话：“人亦有言，进退维谷。”其意为：古人说过，进是山谷，退也是山谷，诚所谓进退两难。

“谷”也是姓氏之一。根据学术界的严谨考证，谷氏的始祖是伯益，他是颛顼帝高阳氏的后裔。谷氏的远祖因为擅长驯养鸟兽，被虞舜赐姓嬴。历代相传到秦非子时，被封于秦谷。因此，秦非子的后代就至少有了两种姓：一种以祖传的嬴氏为姓，故姓“嬴”；另一种以秦谷之地为姓，故姓“谷”。“谷”字的繁体是“穀”字，这实际上是沿袭小篆而来的。《说文解字》指出：“谷，百谷之总名。”由此可见，“谷”的本义是指稻、粱、麦、黍、粟、豆等粮食作物。

在我国，粮食作物的种植历史极为悠久。在神话传说中，神农最早发现并教授民众种植农作物。神农采用了一种特殊的方法，最终发现了对人类有益的农作物。他用一种特制的鞭子抽打百草，由此分辨出哪些草有毒、哪些草无毒，哪些草主寒、哪些草主热。经过一番努力，神农熟悉了百草的特性，并从中精心挑选出适合种植的谷物。神农对人类的贡献是无与伦比的，他也被推崇为“神农”，也就是农业之神。

“谷”字趣释

现代汉语中，“谷”既指五谷，又指山谷。“谷”本指山谷，五谷的“谷”则为“穀”。两者似乎相去甚远，毫无关联。“谷”早见于甲骨文，许慎《说文解字》：“泉出通川为谷。从水，半见，出于口。”

山谷与五谷

五谷原是中国古代所称的五种谷物，后泛指粮食类作物，五谷的说法，最早见于《论语》，对五谷的内容，有两种说法。一种说法是稻、黍、稷（粟）、麦、菽（大豆）。而根据《大戴礼记》的记载，五谷是麻（大麻）、黍、稷、麦、菽。两种说法的差别在于，一种有稻而无麻，另一种有麻而无稻。

下面的“口”表示山口

“谷”字上部的几条斜线表示水流。

第十八节

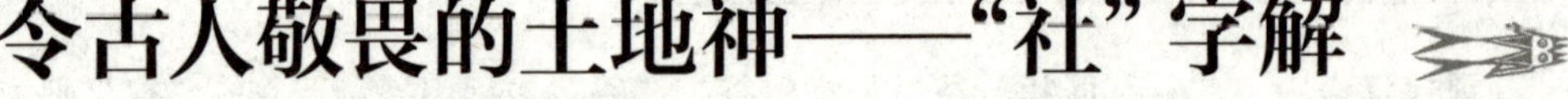

令古人敬畏的土地神——“社”字解

最早的“社”字源于金文，写作“[illegible]”。在古代，“社”字往往用来指代土地神。关于这一点，可以从“社”字的形体上辨别出来。“示”字意为“神灵”“神主”，“土”字意为“大地”“土地”。两者结合，意为“土地之神”，又称“地母”或“主宰大地之神”。《说文解字》的解释是：“社，地主也。从示、土。《春秋传》曰：‘共工之子句龙为社神。’”由此可见，“社”确实是“土地之神”。在古人的观念中，广博而神奇的土地能成为“社”——是一种祭祀的场所，也往往成为当地公众的聚会场所。根据《尚书·甘誓》的相关叙述，夏代对于战争中违抗命令的人进行惩罚，往往选择在“社”里执行。

根据史学家们的最新考证，社神的存在是我国各民族、各地区的普遍现象，但一般的社神都未能留下自己的名字。在这当中，共工族的社神句龙威力巨大，“能平九土”，是全国共同信奉的社神。古人一向重视甚至崇拜土地，视之为人类赖以生存的各种生活资料的基本来源。于是，土地被古人供奉为神灵，这就是土地神的来源。从这个角度来看，土地神是人类进入农耕时代的必然产物。

郭沫若对甲骨文的研究颇有心得。他在《甲骨文研究》中强调：“土为社字。”这种说法并非无稽之谈，而是有相当根据的。郑玄在《今文孝经》中强调，由于“土地广阔”，祭祀难以遍及各地。于是，“收集五方土石，封之成堆”，这便是“社”。由此可知，“社”的最初形态就是一堆封土。在此基础上，逐渐演变成后来的社稷坛。

“社”由最初的社神引申为社庙，也就是祭祀社神的场所。对此，《礼记·祭法》的记载极有价值：“王为群姓之社，曰大社；王自为立社，曰王社。诸侯为百姓立社，为国社；诸侯自立为社，曰侯社；大夫以下，成群立社，曰置社。”在这里，透露出许多有价值的信息。总体来看，在古代无论是天子，还是黎民百姓，均有设立社庙的风俗习惯。据考证，周代的黎民百姓一般是25家设立一个社庙。每逢重大节日，当地群众纷纷前往，开展各种祭拜活动。随着历史的发展，社庙也发生一些变化，但本质意义是相对一致的。因为这个缘故，后世又用“社”指代地方基层行政单位，并进一步引申为团体组织或国家机构。

“社”字趣释

在古代，“社”字原来是指土地神。“社”字的字形就体现了“社”字的本义。“示”字在古代就是“神灵”“神主”，“土”就是“大地”“土地”，合起来的意思就是“土地之神”，或谓主宰大地之神，也有人称之为地母。

“社神”

社神，即土地神

社

社神，即土地神，是虚构的人物。道教称其为上天皓庭霄度天慧觉昏梵所化生。姓赵名朗，字公明，与钟馗是老乡，终南山人氏。自秦时避世山中，虔诚修道。在中国传统文化中，祭祀土地神即祭祀大地，现代多属于祈福、求财、保平安、保农业收成之意。

『社』的其他含义

社区：居民集中区域，或者中国大陆城市、建制镇现行基层行政单位。

社（越南）：越南的一种基层行政区划单位。

社：一些机构组织的冠名，如合作社、福利社、旅行社。

社：学生社团的简称。

社（金朝）：金朝一种地方制度。

第十九节

像日月一样光照大地——“曌”字解

“曌”字的正确读音是zhào，一般人很少接触，更谈不上正确认识。这个字与一位皇帝关系密切，甚至可以说是该皇帝的专用字。这位皇帝就是我国历史上唯一的女皇帝武则天。对于“则天顺圣皇后”武则天，《旧唐书》说她是“并州文水人”。关于“曌”字，《集韵·笑韵》指出其意为“明”，属于“唐武后作”。这种解释值得商榷。我们从字形上分析“曌”字，可以发现：上部为“明”，由“日”和“月”组成，暗示武则天像日月般炯炯发光，光照大地；下部为“空”，意指无边无涯的天宇。“明”加“空”，其传递的基本意思是：日月当空闪耀，普照山河大地。由此可见，武则天专用的这个“曌”字，与其解释为“明”，不如解释为“照”。相形之下，“照”的意义远比“明”更为丰富、贴切。

为了证明这一点，我们不妨从源头论起。武则天当初为什么要造这个“曌”字呢？这是一个值得深思的话题。实际上，武则天是将这个字作为自己的名字的。她原来叫武照，称帝后就改为“武曌”，的确用心良苦。

唐朝有位大臣，名叫宗秦客，与武则天是亲戚，一直与武家过从甚密。早在武则天身为皇后时，他就与许多朝臣一样，发自内心地钦佩武则天经天纬地的治国才能，还力主武则天称帝。尽管得到宗秦客这些人的鼎力支持，武则天本人也有心称帝，但仍有许多朝臣极力反对。他们的理由很简单，历朝历代都没有女人称帝的先例，一旦破此先例，简直就是颠倒乾坤的万恶之举。因此，还有些反对者直接咒骂武则天称帝一事是“母鸡啼鸣，家败国亡”。

在这个关键时刻，宗秦客当仁不让地组织了一场舆论争夺战。为了从根本上驳倒反对者的迂腐言论，宗秦客经过精心策划，将“曌”字这个寓意深刻的字献给了武则天。武则天原本就聪明至极，这一刻自然是顿悟玄机。她完全同意宗秦客的提议，主要原因有三个：第一，“曌”这个字代表了“日月当空，普照天下”的深远寓意；第二，“曌”这个字蕴含着“阴阳统一，天地和谐”的意味；第三，“曌”这个字的读音与她的名字“照”字同音。

于是，武则天欣然将自己的名字由“武照”改为“武曌”。天授元年，时年67岁的武则天正式称帝，“诏行所造新字，以曌为名”。这就是说，在武则天称帝之后，她便公开使用“曌”作为自己的名字了。所以，史书上才有“则天皇后武氏，讳曌”的相关记载。

“曌”字趣释

“曌”字读zhào，一般人很少认识它。这是因为它是我国历史上唯一的女皇帝武则天的专用字。《旧唐书·则天皇后纪》：“则天顺圣皇后武氏讳，并州文水人也。”“曌”与“照”字同。

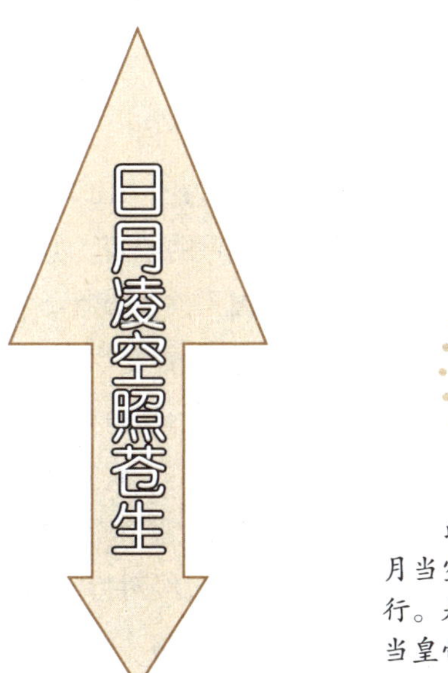

曌=明（日+月）+空（穴+工），读zhào，日月为明，穴工为空，意为日月当空普照大地。是武则天造的字。

此字意为：日月当空曌，乾坤任我行。是武则天为自己当皇帝取的字。

日月当空曌

第二十节

电闪雷鸣——“雷”字解

在甲骨文中，“雷”字写作“”。分析“雷”字的结构：上部是“”，代表闪电，为古代的“电”字；下部是“田”，代表与闪电相伴的雷声。为什么要用“田”来代表雷声呢？有的学者认为：“田”实指巨石，借用巨石滚动发出的巨响，正好可以模拟雷声这样一种抽象的东西。另一些学者则提出异议，认定“雷”字中的两个“田”均代表车轮。因为雷声恰似众多车轮飞奔时发出的巨响，所以借此来模拟雷声。实际上，仔细研究甲骨文中的“雷”字，会发现它是个象形字。“田”指的是鼓形，但并非实体的鼓。其内在思路是：先由鼓形联想到鼓声，再由鼓声模拟雷声。《初学记》所说的“雷，天之鼓也”，便印证了这一观点。雷声震响时，恰似万鼓齐鸣。借用鼓形来指代雷声，是很自然、很得体的事情。

古人在造“雷”这个字之前，已经对打雷这一自然现象进行了深入的观察。古人发现，打雷常常伴随着下雨，便将小篆中的“雷”字写作“”。分析其结构，就是在雷声之上加一个“雨”字，颇有雷雨交加的情状。大雨来临之前，天空往往会发出巨大的雷声。于是，古人就在下面加上三个“田”，代表“雷”。

在古代传说中，打雷并非我们现在所认识的自然现象，而是天神雷公在发怒。这当然非同小可。每当天上打雷，人们就穿戴整齐，端坐在家里，诚惶诚恐，不敢乱说一句话，不敢乱做一件事。其目的就是表示对雷公最大的尊敬，祈求他息怒。有趣的是，一些古籍资料居然描绘出雷公的模样：原来，雷公是一个打鼓的人，身边摆满了鼓。汉代的王充在《论衡》中对雷公进行了如此描述：“又图一人，若力士之容谓之雷公，使之左手引连鼓，右手推椎，若击之状。”《山海经·海内东经》则强调：“雷泽中有雷神，龙身而人头，鼓其腹。”“鼓其腹”之说颇为滑稽，也与其他古籍资料的描写有所区别。

在广西壮族的神话传说中，雷公状如人形，长着一张青蓝色的脸，眼发闪电，背生双翼，嘴和脚均与鸟类相似，身体为人形。他左手握凿，右手执斧。这个传说认为，“雷”便是“鼓”，那么“雷公”就成为“鼓公”了。

尽管具体描写不一，但核心主旨还是相同的。古人认定，雷公是主宰万物之神，雷声震动预示着万物复苏。

“雷”字趣释

“雷”字，亦即古“电”字。“田”用以表示伴随着闪电发出的隆隆雷声。有的学者认为“田”为巨石，雷声这抽象的东西难以描绘，所以借巨石滚滚发出的声音来模拟。“雷”字中的两个“田”为车轮形。雷声如众车轮飞奔发出的轰隆轰隆的声音。甲骨文“雷”字为象形字。

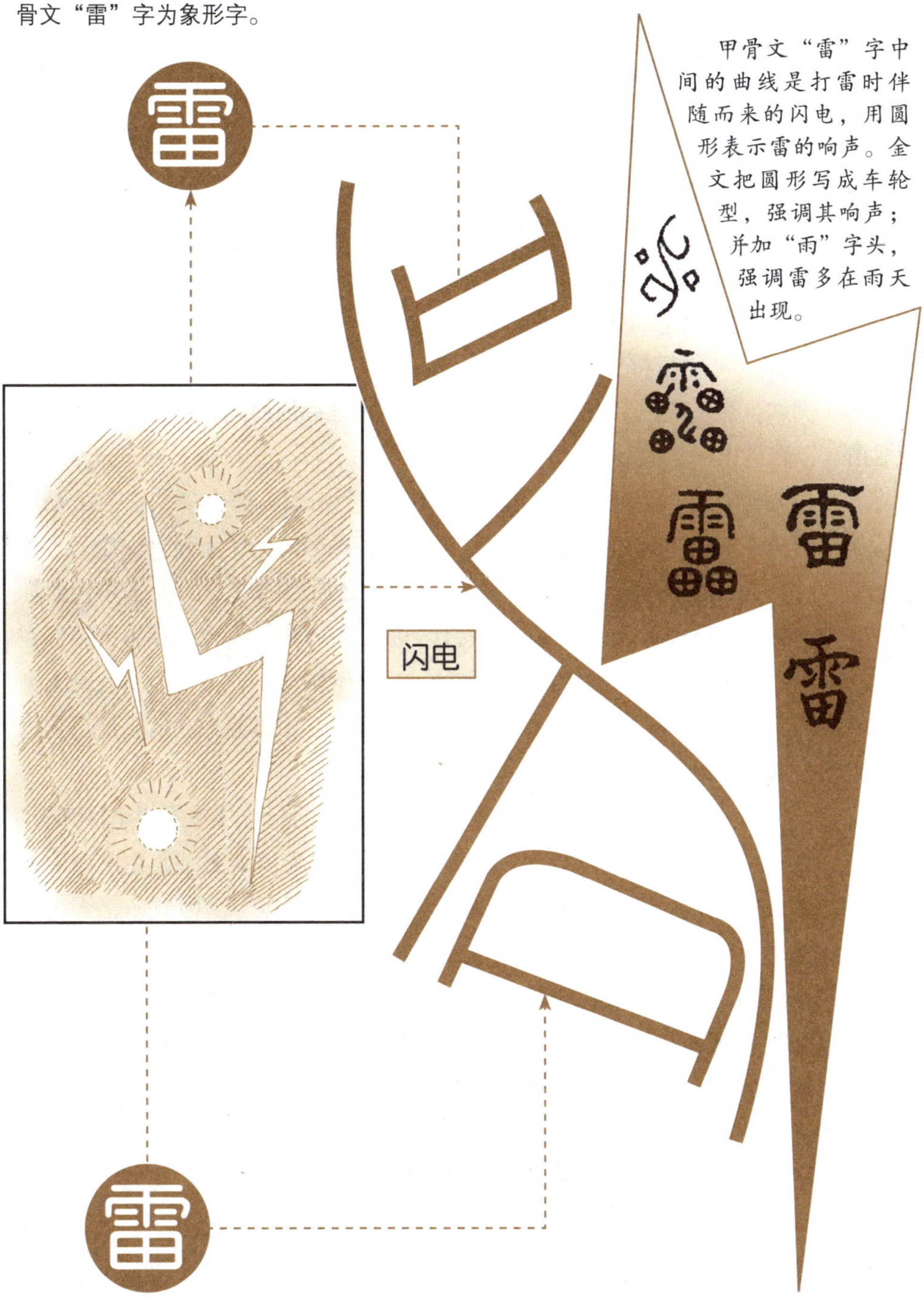

甲骨文“雷”字中间的曲线是打雷时伴随而来的闪电，用圆形表示雷的响声。金文把圆形写成车轮型，强调其响声；并加“雨”字头，强调雷多在雨天出现。

雷

闪电

雷

第二十一节

将浊水变清——“清”字解

在甲骨文中，并没有“清”字。“清”字最早源于小篆，写作“[illegible]”。许慎在《说文解字》中解释道：“清，朗也，澄水之貌。从水，青声。”有学者对此进行了诠释，认为“清”即“明”，因为“澄而后明”，自然显现“澄水之貌”。由此可见，“清”本义就是变浊为清，这实际上是一个将浊水过滤至清的过程。由于浊水经由过滤而变成清水，显得异常洁净，“清”字又引申为“明”“明亮”。

有些学者并不同意以上观点，他们认为，“清”字是由“水”和“青”组成的。这里的“青”意为“清澈”“透明”，证明“清”的本义是“清澈的水”。正因为“清水”具备洁净的特点，便逐渐引申为“纯洁”“洁白”“廉洁”“清醒”等。例如，在《史记》中就有一句名言：“举世混浊而我独清，众人皆醉而我独醒。”在这里，“清”字指的就是“清醒”。

在中国封建社会的历史上，“清”是最后一个王朝。那么，“清”又是如何成为国号的呢？努尔哈赤在统一女真之后，曾将国号改为“大金”，后又改称“后金”，以区别于历史上的金代。皇太极继位之后，随着对外扩张步伐的加快，其统治的疆域迅速扩大，已不限于女真一族，蒙古人、汉人、朝鲜人等都在其统治之下。这时候，如果继续沿用先前的“后金”国号，就很可能引发汉人等其他民族的不满，甚至出现某些暴动。于是，皇太极在深思熟虑之后，便下定决心，准备改国号，以定天下人心。

那么，皇太极为什么一定要用“清”字而非别的什么字来作为国号呢？实际上，在此之前，皇太极已废除“女真”族号，改为“满洲”。在满语中，“满洲”的读音是“曼殊”，意为由佛化生的“清之帝王”。因此，皇太极认为，以“清”代“金”，将有助于迅速笼络各族人心。这是一个原因。另一方面，为了彻底推翻和真正取代明王朝，皇太极开始大造社会舆论，向社会各界大肆宣扬“唯有德者乃可称天子”的思想。在这里，皇太极所说的“有德”，即德高望重，天下太平无事。这就自然含有“清”的意思。再加上这个“清”字与“清之帝王”的“清”字恰巧一致，于是，“清”就顺理成章地被皇太极用作国号了。

“清”字趣释

许慎《说文解字》：“清，朗也，澄水之貌。从水，青声。”段玉裁注：“清者，明也。澄而后明，故云澄水之貌。”按照许慎和段玉裁的解释，“清”的本义是“将浊水变清”，即今之将浊水过滤的过程。又因浊水经过过滤后就变成了清水，清水洁净而透明，因此“清”便引申出“明”“明亮”的意思。

“清”字结构解析

“清”的解释

“清”字的本义为水清，是一个形声字。篆文的“清”字左边像是流水的样子，右边为“青”，意指水的颜色为青色。后来，“清”字引申为纯净，如清澈。

举世混浊而我独清
众人皆醉而我独醒

第二十二节

日落草丛中——“莫”“暮”二字解

中国作家莫言获得诺贝尔奖，举国震动，传为佳话。在普通人的心目中，“莫”字往往代表禁止。其实，这并不是“莫”字的本义。“莫”在现代汉语与古代汉语中的内涵并不相同。要想识透“莫”字的庐山真面目，我们还得对古文中的“莫”字的结构进行分析。

在甲骨文中，“莫”字写作“”。“其上部与下部相同，都是“”，中间为“日”，即太阳。这说明，“莫”是一个会意字，意为太阳落到草丛中去了。这时，天快黑了，正是现在所说的“傍晚”。从“莫”字的形体与含义中，可以感受到古人对自然现象的精细观察。尤其在古代中原地区，人们习惯了日出而作、日入而息，因而对日升日落现象极为敏感。

在金文中，“莫”字写作“”，其结构与甲骨文中的“莫”字相同，均由两个“”与一个“”组成，描绘的都是日落草丛的情形。在小篆中，“莫”字基本保留了金文的形体和意义。许慎的《说文解字》诠释道：“莫，日且冥也。”所谓“日且冥”，指的就是日落时分。《论语》中有一句话，形象地展现了儒家理想中的太平盛世：“莫春者，春服既成，冠者五六人，童子六七人，浴乎沂，风呼舞雩，咏而归。”这句话的意思是：暮春三月，穿好春季的时令服装，陪同五六位大人和六七个小孩，在沂水边洗洗澡，在舞雩台吹吹风，一路欢歌回到家中。在这里，“莫春”就是指“暮春”。这就涉及“暮”字的产生了。

“莫”字出现后，逐渐被假借为副词，意为“没有谁”或“不要”。为了专门强调“莫”所固有的“日落草丛”的意思，古人在“莫”字下加了一个“日”字，另造了一个“暮”字。“暮”字适用范围很广，可以说随处可见。

例如，在“朝三暮四”这个成语中，就使用了意为“傍晚”的“暮”字。有一个宋国人，人称狙公，很喜欢养猴子，还能与猴子对话。他养的猴子很爱吃橡子，但狙公没有办法提供足够的橡子。怎么办呢？狡猾的狙公就对猴子们说：“与若芧，朝三而暮四，足乎？”意思是：我每天给你们橡子吃，早晨三颗，晚上四颗，够了吗？猴子们当然不满意，个个龇牙咧嘴。狙公便装作无奈的样子，改口说：“朝四暮三，足乎？”意思是：那就早晨四颗，晚上三颗，这总够了吧？愚蠢的猴子们听了，立刻表示赞同。在这里，“暮”就是指“日落草丛”的“傍晚”。

“莫”“暮”二字趣释

“莫”的本义就是指日落时候。“莫”字最早出现于甲骨文中，其意思是：太阳落在草丛（或隐没在树林）中去了。这时正是天快黑了的时候，即我们现在所说的傍晚。人们就是在“莫”字下加一“日”字，即成“暮”。如成语有“朝三暮四”。

日落草丛中

“莫”字本义是“日落的时候”，是一个会意字。字形显示天暮时太阳落入草丛中去了。

暮

莫

《诗经》中：“岁聿云莫。”后来“莫”字假借为“不要”等意，于是又加“日”新造了“暮”字以表本义。

第二十三节

乾隆让“浒”成了多音字——“浒”字解

在《说文解字》中，原本并没有“浒”字。在《诗经》中，有“浒，水崖”的说法。所谓水崖，就是水岸。《诗经》中还有“绵绵葛，在河之浒”的句子，其中的“河之浒”意为“河岸边”。按照“浒”字的本义来看，其准确的读音应为h ǔ，而非x ǔ。站在今天的角度来看，这很可能是“浒”字最早的源头。

在中国的四大古典名著中，《水浒传》堪称家喻户晓，尽人皆知。然而，自从《水浒传》问世以来，有很多读者都将“浒”字误读为xǔ。事实上，就连清代颇有才学的乾隆皇帝也因为念错了这个“浒”字而留下笑柄。

传说乾隆皇帝南游时，来到一个名为浒湾的地方。他站在船头，只见此处水波荡漾，树木葱茏，诚然是一个游览的绝佳景致。乾隆皇帝顿时游兴大发，手指岩石上的“浒湾”对身边的地方官说：“我们上浒（xǔ）湾去转转。”那个地方官一下愣住了，瞬间又反应过来，知道是乾隆皇帝读错了，可他又不敢明说。于是，他忙命令手下：“驱散附近的百姓船只，让御船在浒（hǔ）湾停靠。”乾隆一听，立刻明白自己读错了“浒”字。他尽管心情不好，但表面上还算镇定，煞有介事地询问那位地方官，现在船已到何处。地方官脱口而出：“船已到浒（hǔ）湾。”

地方官连说两次“浒（hǔ）湾”，等于是当众暗示乾隆皇帝读错了“浒”字。在场的人个个面面相觑，不知如何是好。谁曾想，有一位大学士一心想讨好乾隆皇帝，便不顾廉耻地胡言乱语：“浒（hǔ）湾就是浒（xǔ）湾，浒（xǔ）湾就是浒（hǔ）湾。所以，常有人把浒（hǔ）湾读作浒（xǔ）湾。反正两种读法都可以。”

大学士这么一说，看似在掩饰尴尬局面，实际上，反而使乾隆皇帝更加难堪了。乾隆皇帝恼怒起来：“什么浒（hǔ）湾不浒（hǔ）湾，我说是浒（xǔ）湾就是浒（xǔ）湾！”

大学士一听，立刻跪在地上，惊恐不已。那位地方官见状，连忙对部下说：“今后，浒（hǔ）湾的浒字必须念浒（xǔ）。”一场尴尬的风波才就此结束。

从这个时候开始，浒（hǔ）湾就变成了浒（xǔ）湾，“浒”字也变成了多音字。毫无疑问，这要归功于那位颇有才学却又不无自负的乾隆皇帝。

“浒”字趣释

《水浒传》是一部家喻户晓的长篇古典小说，然而自它问世后，将其中的“浒”（hǔ）字读为“许”（xǔ）音的大有人在。就连清代大名鼎鼎的乾隆皇帝，由于将“浒”（hǔ）读成了“许”（xǔ）而留下笑柄。

xǔ

《诗经·王风·葛藟》：“绵绵葛，在河之浒。”这两句的意思是：野葡萄藤儿不断到处蔓延，爬满了那河岸边。这也是“浒”字的本义。

水浒传

《水浒传》是一部家喻户晓的长篇古典小说，然而自它问世后，将其中的“浒”（hǔ）字读为“许”（xǔ）音的大有人在。

hǔ

第二十四节

一盏火光闪烁的灯——“皇”字解

甲骨文中并没有“皇”字。“皇”字最早见于金文，写作“ ”。从这个“皇”字的结构来看，下部为灯座，中部为灯盘，上部则火光闪烁。总体看来，“皇”字很像一盏古代的灯。有的学者认为，“皇”字是“煌”的本字，加上“火”才成为“辉煌”的“煌”字。例证之一就是朱芳圃的《殷周文字释丛》：“皇，即煌之本字。”也有学者认为，“皇”字的形状恰似王着冠冕。例如，吴大澂在《说文古籀补》中强调：“皇，大也。日出土则光大，日为君象，故三皇称皇。”他认为，金文的“皇”字由“日”和“土”组成，指的是太阳从地下升起，照亮大地。因此，“皇”引申为“大”。他进一步分析，“日”象征历代帝王，“皇”便引申出三皇五帝之“皇”。

秦始皇统一六国后，将“皇”字作为专用字。这个“皇”字由“白”和“王”组成，属于会意字。《说文解字》指出：“皇，大也。从自。自，始也。始皇者，三皇大君也。”在这里，许慎将“白”视为古“自”字。但也有学者认为，“皇”字中的“白”其实是人的大拇指的正面形象，代表至为崇高的权力。因此，“皇”字代表权力。

还有一些学者认为，“皇”字中的“白”就是人的鼻子。由于鼻子位于人体的最前端，由“白”和“王”组成的“皇”字就代表“第一次”或“初次”。换句话说，“皇”字表示最初的王，相当于我们所熟知的“鼻祖”。因此，“皇”与“王”一样，都代表“广大”“伟大”。在此基础上，“皇”又进一步被用来那些形容气魄非凡、地位崇高、才智突出的人物。

在一般情况下，“皇”与“王”均指一国之君主。大凡占有天下之人，皆可称“王”。但是，“皇”与“王”还是有区别的。相比之下，“皇”属于敬称，赞誉其德高望重、唯我独尊。当初，秦始皇之所以要将“皇”字留作专用，自称“皇帝”，就是认为自己的功德超越三皇五帝。如果沿用“王”字，就太小儿科了，根本显示不出至高无上的威严。正是出于这种考虑，秦始皇提取了古代最为尊贵的三皇五帝的称号，号称“皇帝”。从此，“皇”与“王”就有了明显区分：能称为“皇”的必须是真正的国君；至于称“王”的，可能是国君，也可能是诸侯。这种使用习俗对后世影响深远，一直沿用到清代。

"皇"字趣释

金文的"皇"，看上去就像一盏古代的灯。下为灯座，中为灯盘，盘中有油，上面火光闪烁。有的学者认为"皇"是"辉煌"的"煌"的本字，加"火"作"煌"。秦始皇统一六国后，将金文的"皇"字作为自己的专用字，由"白"和"王"两字构成，会意字。

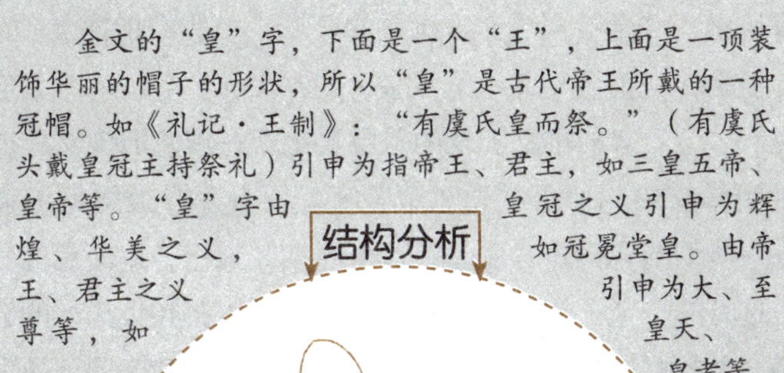

金文的"皇"字，下面是一个"王"，上面是一顶装饰华丽的帽子的形状，所以"皇"是古代帝王所戴的一种冠帽。如《礼记·王制》："有虞氏皇而祭。"（有虞氏头戴皇冠主持祭礼）引申为指帝王、君主，如三皇五帝、皇帝等。"皇"字由皇冠之义引申为辉煌、华美之义，如冠冕堂皇。由帝王、君主之义引申为大、至尊等，如皇天、皇考等。

结构分析

鼻祖

"皇"字，有学者认为，"白"就是位于人体最前端的鼻子，有第一次或初次的意思。"白"字和"王"字组成的"皇"字表示最初的王，也就是"鼻祖"。

权力

"皇"字中的"白"字实际指大拇指正面的形象，它表示至高无上的权力，因此，"白"字和"王"字组成"皇"就指权力。

第二十五节

锡和铜构成的一种合金
——“金”字解

在现代汉语中，“金”属于非常贵重的金属，一般专指黄金。这也是现代人的普遍观点。但是，“黄金”并不是“金”的本义，“金”的本义实为金属的总称。换句话说，“金”字的本义涉及的范围要比现在理解的含义广得多。

在现存的甲骨文中，似乎并无“金”字。“金”字最早见于金文。商周时期，中国已进入典型的青铜器时代。在这个时期，人们普遍使用的器具均为青铜制品。因此，这时的“金”指的就是青铜，是一种由锡和铜构成的合金。当时的青铜制品很多，大致可以分为钟（乐器）、鼎（礼器）和祭器。所谓“金文”，指的就是钟鼎上的那些文字，是甲骨文诞生之后兴起的一种典型汉字。

在小篆中，“金”字写作“金”。《说文解字》指出：“金，五色金也……生于土。”许慎所说的“五色金”，泛指金、银、铅、锡、铜、铁等金属，是金属的总称。在“金”这一系统内部，又有一些具体区分。例如，“银”被称为白金，“铅、锡”被称为青金，“铜”被称为赤金，“铁”被称为黑金，狭义的“金”被称为黄金。例如，《荀子·劝学》中有“锲而不舍，金石可镂”的说法，其中所说的“金石”是指金属和石头。“金”既然是金属的总称，自然也包括黄金在内。因此，“金”字后来就逐渐引申为黄金的专称。《史记·文帝本纪》中“不得以金、银、铜、锡为饰”中的“金”就专指黄金。由此可以推断，至迟在汉代，“金”字就开始专指黄金了。

当然，我们还需要澄清一个事实：“金”字专指黄金是从汉代开始的，但黄金本身早在汉代以前就产生了。据考证，西周时期就已出现黄金，只不过使用很少。到了战国，黄金变得极为普遍。例如，据《史记·燕召公世家》记载，燕昭王为了招纳贤士，专门派人构筑高台，并放置千斤黄金作为酬劳，以显示自己礼贤下士的诚意。能拿出千斤黄金招揽人才，足见当时的黄金并不罕见。

清代史学家赵翼撰写了《二十二史札记》，他注意到汉代是黄金较多的一个朝代。据他介绍，汉代皇帝常常对自己的宠臣赠以重金。他还为此提供了一些宝贵的数据：叔孙通定朝仪，汉高祖赐金五百斤；陈平使楚反间成功，赐金四万斤；吕后崩，遗诏赐诸侯王金各千斤。

“金”字趣释

现代汉语中的“金”，是指一种极贵重的金属——黄金。然而“金”的本义却不是指黄金，而是金属的总称。“金”字早见于金文。商周时期，在中国历史上也叫青铜器时代，因为这时期铁的冶炼还没开始，人们使用的器具均为青铜制品。这一时期的“金”指的就是青铜。

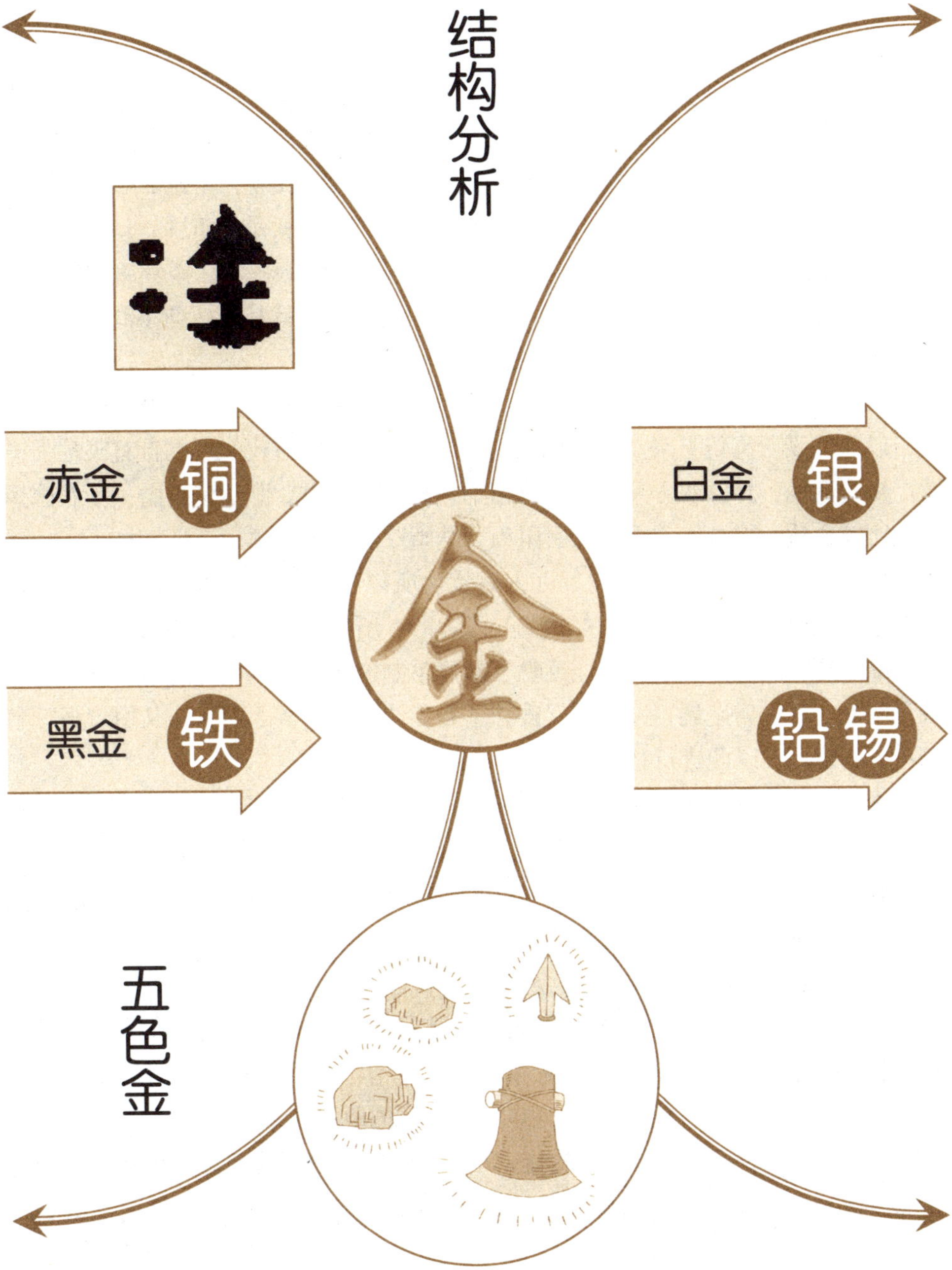

结构分析

赤金 铜

黑金 铁

金

白金 银

铅 锡

五色金

第二十六节

夜幕降临正是抢亲的时候——“昏”“婚”二字解

在甲骨文中，“昏”字写作“”。分析其结构：上部是“氏”，“氏”相当于“低”，意为落下；下部是“日”。由此可见，“昏”是一个会意字，意为太阳已经落下。就时间而言，这时候应当是夜幕降临之时，也就是我们常说的黄昏。《说文解字》指出：“昏，日复也，从日，氏省，氏者，下也。”《诗经》中就有“昏以为期，明星煌煌”的句子，其中的“昏”就是指黄昏。日落之后，天色自然就黑了。所以，“昏”又引申为“黑暗模糊”。《红楼梦》中有一句“忽剌剌似大厦顷，昏惨惨似灯将尽”，其中的“昏”就是指头脑不清不楚。于是，“昏”进一步引申为“昏聩”“昏迷”。

从各方面的资料来看，古代娶亲一般选择天黑时分。这一习俗最早源于周代，以后就逐渐流传下来。学者们经过考证，认定上古时代的婚姻带有某种强迫性。换句话说，男女双方并非都是自愿的，相当于抢婚。既然是抢婚，当然选择夜晚比较合适。因此，“昏”又引申为“结婚”。

根据刘申叔等学者的研究，远古时代之所以采用夜间抢婚的方式，主要是“上古时代用火之术尚未发明，劫妇必以昏时，所以乘妇家之不备，且使之不复辨其谁何耳”。这实际上真实地反映了从母系制度向父系制度过渡时期的“劫夺婚”现象。再往后发展，人们用“昏”字专指“日落黄昏之时”，又用“婚”字表示“结婚”，以此进行必要的区分。

比较而言，更能准确代表结婚的还是“婚”字。“婚”字从“女”，说明此事与“女”有关；“婚”字从“昏”，揭示了古代常在黄昏时分举行婚礼的风俗。值得一提的是，即使到了今天，有些地方仍然将婚礼安排在晚上，不能不说是古代礼俗的遗风。对于“婚”字，许慎在《说文解字》中指出：“婚，妇嫁也。礼，娶妇以昏时，古文曰婚。从女从昏，昏亦声。”从这个“婚”字上，我们依然可以视为古代抢婚习俗的旁证。但是，仔细辨析，同样是抢婚，“婚”所表示的“抢婚”习俗与“娶”所表示的“抢婚”习俗又稍有不同。在古代，“娶”字也有“抢婚”的意思，但并没有时间的限制，更不拘泥于夜晚。至于“婚”字，则代表必须凭借夜色的掩护来“抢婚”，时间特征非常明显。

“昏”“婚”二字趣释

甲骨文的“昏”字其下为“日”，其上为“氏”，“氏”即“低”也，即落下的意思。是会意字，其造字意义是：太阳已经落下，也就是夜幕降临之时的黄昏时候。母系制度向父系制度过渡的历史时期的一种“劫夺婚”制度。可见，上古的“昏”有“结婚”的意思。

“昏”字即是“婚”

昏＝婚

甲骨文的“昏”字像太阳落到了人的手臂的高度，表示到了“天暮的时候”，这就是“昏”字的本义。后“昏”字引申为“昏暗”“糊涂”等。“婚”字原来也写作“昏”。

第二十七节

燃烧的火焰——“赤”“炎”二字解

在甲骨文中，“赤”字写作“”。分析其结构，上部是“大”，下部是“火”。由此可知，“赤”字是一个会意字，本义为“大火”。在金文中，“赤”字写作“”，结构与含义都与甲骨文相同。《说文解字》指出：“赤，南方色也。从大，从火。”在这里，许慎之所以将“赤”字解释成“南方之色”，很可能是古代五行思想的具体表现。在五行理论中，东、南、西、北、中这五方分别与青、赤、白、黑、黄这五色相配。因此，“赤”字就成为“南方色”了。很显然，“赤色”并非“赤”字的本义，而是其引申义。

古人在观察中发现，人的心脏是赤色的，便将“赤”视为心脏的固有之色。

古人对火心存恐惧，因为大火威力无比，往往将一切焚烧干净。于是，古人就赋予“赤”字“一无所有”“空尽无物”的引申义。所谓“赤地千里”，“赤手空拳”，就是典型的例子。古人还将初生婴儿称为“赤子”。对于这个“赤子”，一向众说纷纭。有的学者认为，婴儿呱呱坠地，全身一丝不挂，故称“赤子”。有的学者认为，婴儿出生时，全身皮肤往往呈现红色，故称“赤子”。还有的学者从个头的角度考虑，认为“赤”通“尺”，符合婴儿个头很小的事实，故称“赤子”。

有一个汉字与“赤”字意义相近，这就是“炎”字。在甲骨文中，“炎”字写作“”。在金文中，“炎”字写作“”。在小篆中，“炎”字写作“炎”。从结构上看，“炎”字谈不上有何变化，都是从二火，也就是“火”上加“火”，酷似烈火熊熊燃烧的壮观景象。《说文解字》指出：“炎，火光上也。从重火。”所谓“火光上”，就是指火越烧越大。所谓“从重火”，就是表明由两个“火”字组成了“炎”这个字。中华民族俗称“炎黄子孙”。其中的“炎”指的是“炎帝”，与“黄”所代表的“黄帝”相提并论。据考证，炎帝曾发明耒（lěi）、耜（sì），并向百姓传授耕作之术。炎帝还发明了野火烧荒之法，说明当时就已经拥有刀耕火种的经历。也许就是由于这个原因，炎帝一族崇拜火，进而崇拜太阳，并将代表烈火的“炎”字作为自己的族号。与普通的“火”相比，“炎”代表烈火，温度极高。因此，“炎”又引申为“热”。在此基础上，后人又造出由三个“火”组成的“焱”字和由四个“火”组成的“燚”字，其含义显然都与“火”有关。当然，这两个字后来也被用来作为人的名字。

“赤”“炎”二字趣释

甲骨文“赤”上面为“大”字，下面为燃烧的火焰，即为“火”。可知“赤”是会意字，其本义应为“大火”。在汉字中，“炎”字与“赤”字意义相近。“炎”为烈火，其温度很高，所以“炎”又引申为“热”。

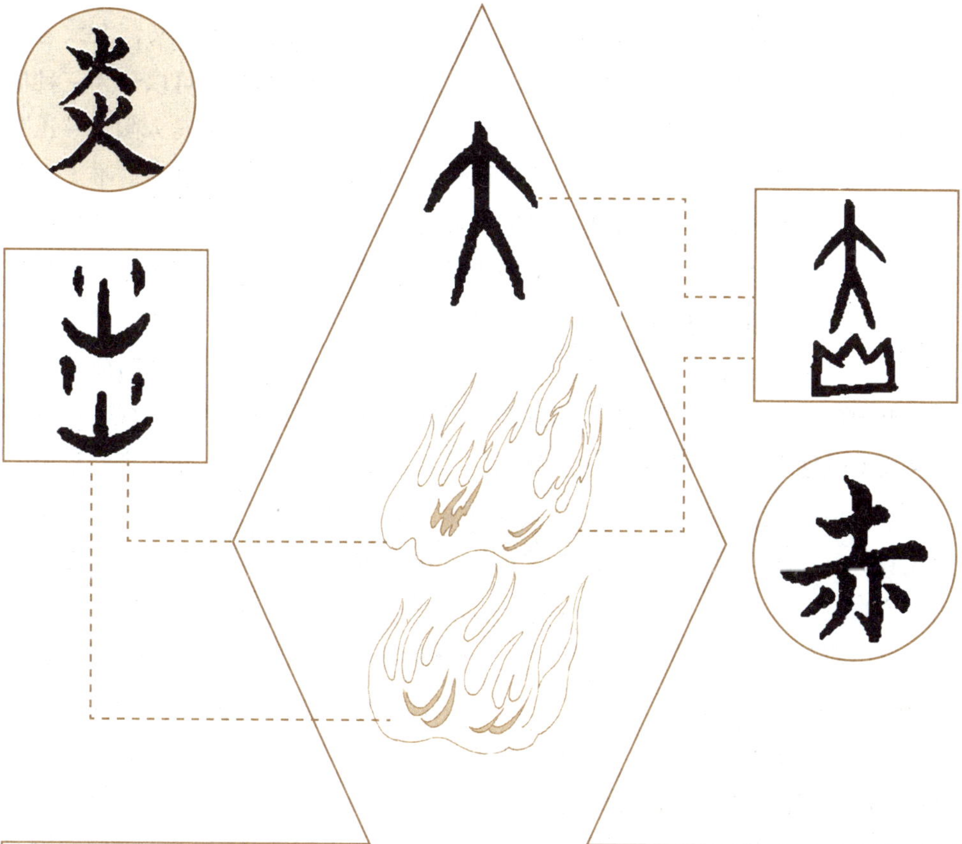

甲骨文“炎”字的本义是“火光上升”或“焚烧”。《尚书》：“火焰昆冈。”字形是火上加火，表示焚烧之烈。古书典籍中有时也以“炎”来代替“焰”，如“气焰”作“气炎”。

“炎”字结构解析

“赤”字是由“大”和“火”两个字组成的。因为火是红的，所以“赤”的本义又作“红色”。又有“空净无物”之义，如“赤手”“赤贫”；又有“纯净”“专诚”之义，如“赤金”“赤胆”；还有“裸露”之意，如“赤膊”等。

“赤”字结构解析

第二十八节

追赶太阳的人——“是”字解

在现存的甲骨文中，并没有“是”字。“是”字最早源于金文，大致有三种写法，分别是“[illegible]”“[illegible]”“[illegible]”。分析“是”字的形体结构，可以分为三种情况。第一种是从“日”“正”的“是”字。其中，“日”指代的是太阳。“正”意为“走向城邑”，并进一步引申为“征伐”。例如，乙亥鼎中就有“唯王正井（邢）方”的说法，意为希望大王去征伐邢方。这里的“正”就是指“征伐”。由此可见，将由“日”与“正”组成的“是”字理解为“追赶太阳”或“征服太阳”是完全合乎情理的。第二种是从“日”“止”的“是”字。其中，“日”指代太阳。“止”指足，后指“趾”。在甲骨文中，“趾”字代表“向前走”或“向上爬”，因而含有“追赶”的意思。因此，由“日”与“止”组成的“是”字完全可以理解为“追赶太阳”。第三种是从“早”“止”的“是”字。这里的“早”是指“早晨的太阳”，即“旭日”。由于“早”所指代的太阳能给人类带来光明，由“早”与“止”组成的“是”字就同样含有“追赶太阳”或“追求光明”的意思。

总体而言，“是”在金文中有以上三种大同小异的写法，其共同点就是都包含了“追赶太阳”的意思。在此基础上，“是”字自然引申出“追求光明”的意思。

从“是”字的结构上，我们很自然地会联想到中国神话中夸父逐日的故事。据说，在北方有一座高耸入云的山，名叫成都。在山里，有一个巨人，名叫夸父。夸父一个人在山里生活，颇为无聊，常常独自面对天空发呆。有一天，眼见太阳西沉，夜幕很快降临，大地一片黑暗，他便开始思考：怎么做才能让太阳始终照耀大地而不坠入西边呢？思考了半天，夸父猛然间产生一个念头：如果我能追上太阳，让它定位在天空中，它就永远不会坠落了。于是，夸父拔腿就跑，开始狂追太阳不止。他离太阳越来越近，也感觉越来越热，一路又累又渴。他不得不四处寻找水源，见水就喝，仍然感觉干渴。后来，他喝干了黄河与渭河的水，还是觉得不解渴。夸父没有放弃，不顾疲劳与干渴，继续往前追赶太阳。最后，因为极度干渴，他不幸死去了。临死之前，夸父将自己的手杖掷于路旁。后来，这根手杖就变成了绵延数千里的一片桃林，给后人留下了硕大无比、极其美味的鲜桃。

“是”字趣释

金文中“是”字的三种结构，有一个共同点就是均有“日”和“止”，而它们所表示的意义因此也有着共同之处，就是追赶太阳。追赶太阳无疑与人们追求光明是一致的。

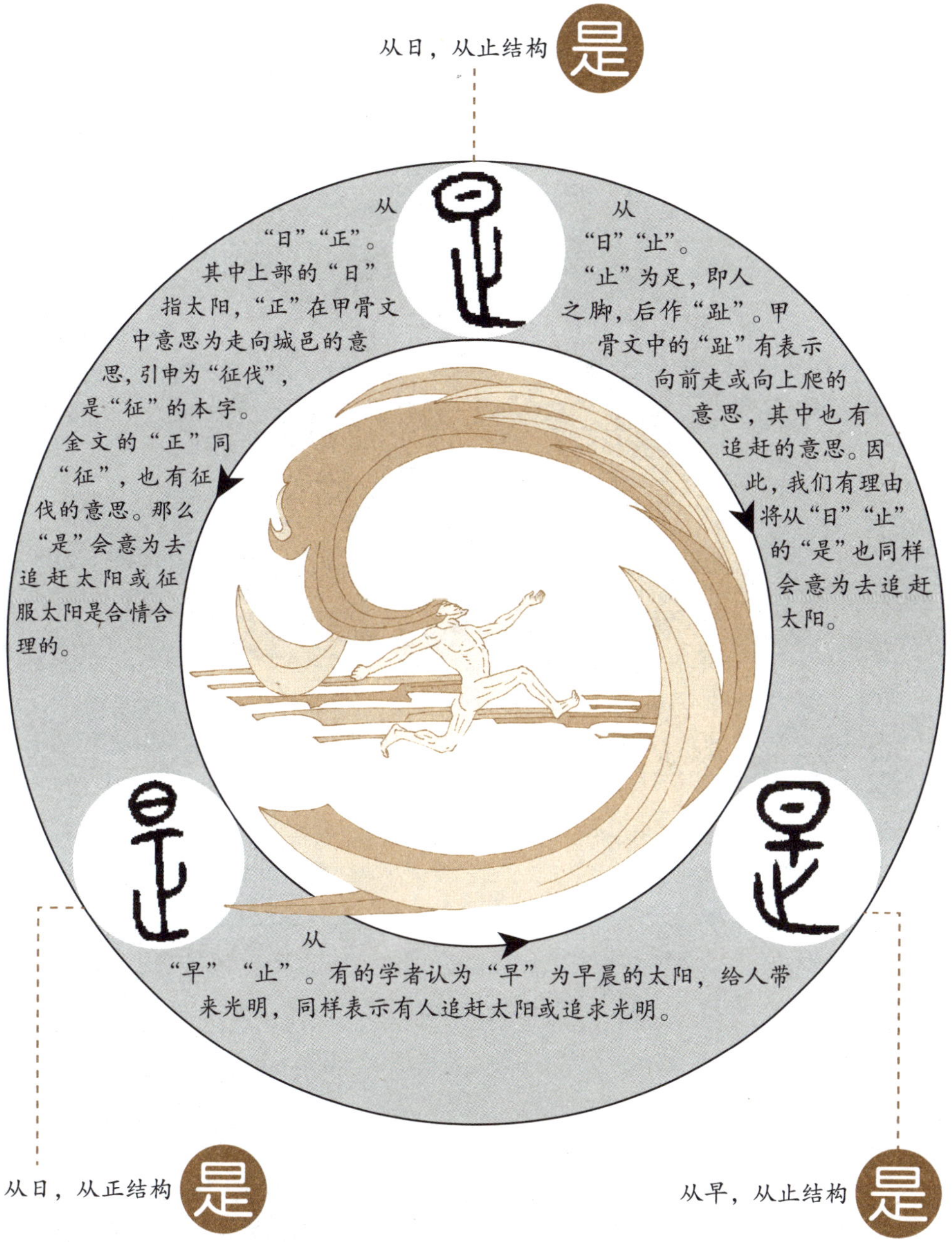

从日，从止结构 是

从“日”“止”。“止”为足，即人之脚，后作“趾”。甲骨文中的“趾”有表示向前走或向上爬的意思，其中也有追赶的意思。因此，我们有理由将从“日”“止”的“是”也同样会意为去追赶太阳。

从日，从正结构 是

从“日”“正”。其中上部的“日”指太阳，“正”在甲骨文中意思为走向城邑的意思，引申为“征伐”，是“征”的本字。金文的“正”同“征”，也有征伐的意思。那么“是”会意为去追赶太阳或征服太阳是合情合理的。

从早，从止结构 是

从“早”“止”。有的学者认为“早”为早晨的太阳，给人带来光明，同样表示有人追赶太阳或追求光明。

第十四章

汉字中的民生

自人类诞牛，人们就离不开衣、食、住、行，这也是人类生存的基本条件。因此，汉字中储存着大量关于古代民生的信息。汉字将中国人的『民生』固化在表形和构意之中，从形、声、意里将华夏民族的真实生活反映出来，同时也表现出上古先人在享用物质财富时的种种心态。

第一节

井口四周的井栏——“井”字解

“井”字的甲骨文为“井”，就好比在一个水井口四周围绕着井栏，所围的中间空处即为井口，为象形字。“井”字的金文为“丼”，与甲骨文相比，在“井”字中间多出了一点，这一点表明井中有水。

因此，“井”有“水井”的意思。《周易·井》：“改邑不改井。”孔颖达疏：“古者穿地取水，以瓶引汲，谓之为井。”

《孟子·滕文公上》：“方里而井，井九百亩。其中为公田，八家皆私百亩，同养公田。”因此，有的汉字研究者则认为“井”字是商周时代“井田制”的产物。井田制在西周时盛行。那时，道路和渠道纵横交错，把土地分隔成方块，形状像“井”字，因此称做“井田”。井田属周王所有，分配给庶民使用。领主不得买卖和转让井田，还要交一定的贡赋。领主强迫庶民集体耕种井田，周边为私田，中间为公田，各家“同养公田”。

许慎《说文解字》载：“井，八家一井。”井的作用，既可以发展农业生产，又可以解决百姓的生活用水。于是，先民们就在饮水井旁建房而居。所以，“井”与“乡”意义相同，“井里”与“乡里”意义相同。古文中“背井离乡”之意就是远走他乡。《字汇·二部》：“井，市井。市，交易之处；井，汲之所。古于汲水处为市，故称市井。”居民集中的地方常常设置买卖之所，因而市井又称为商业区。

又由于井田制的划分，规定明确，有章可循，而分布整齐，所以“井”便引申出条理分明的意思。《越绝书·记地传》中说：“‘井者，法也。’井训为法，故作事有法谓之井井。”如“井井有条”。

井又是经穴名。《灵枢·九针十二原》：“所出为井，所溜为荥，所注为输，所行为经，所入为合，二十七气所行，皆在五输也。”五腧穴（井、荥、俞、经、合）之一，是十二经脉起源之处。全身十二经各有一个井穴，即少商（肺）、商阳（大肠）、厉兑（胃）、隐白（脾）、少冲（心）、少泽（小肠）、至阴（膀胱）、涌泉（肾）、中冲（心包）、关冲（三焦）、窍阴（胆）、大敦（肝）。

“井”字趣释

“井”字的甲骨文，好像一个水井井口上的四周相交叉的井栏，中间空处为井口，为象形字。“井”有“水井”的意思。《周易·井》：“改邑不改井。”孔颖达疏：“古者穿地取水，以瓶引汲，谓之为井。”

造字解说

“井”字的甲骨文像是一口方形的井状，周围是井沿的石条。金文和小篆的有些字形与甲骨文略有不同，就是在“井”字的中间加了一个点，表示井水所在的地方。

井田制　是中国春秋以前土地公有制的实现形式。井田就是方块田。“井田”一词，最早见于《穀梁传·宣公十五年》：“古者三百步为里，名曰井田”。“井田者，九百亩，公田居一。”

门当户对与门可罗雀——“门”“户”二字解

“𠁣”为“门”字的甲骨文，其意是由两扇门组合而成，为象形字。在商代晚期，房屋建筑中的门其结构与甲骨文的“门”字形状相似，即使是现在的门也与其几乎相近。

人类历史上最早出现的门，是原始人开挖居住的洞穴时开凿的洞口，便于出入，且为了阻挡风雨以及抵御野兽袭击，特加上一道门扇（用竹木藤条编织）。

随着社会越来越进步，通常情况下，柴门、蓬门、衡门（用一木棍挡于门框中之门谓衡门）为一般老百姓所常用，而侯门、朱门、豪门则为官宦富户人家所用。

除此，门的引申义为“家”“人家”“家族”“门第”等。因为在一门之内所居则常为一家人，而门也是一家人出入的必经之口。在过去，婚姻特别讲究“门当户对”，其中“门”与“户”均指“门第”之意，“对”和“当”意思相同，即不相上下、相配。“门当户对”的意思就是讲究“门第要相当”。“门”与“户”的意思相同，因为“门”一般为两扇构成，而“户”就是一扇的门。“户”的甲骨文作“日”，其形状就是一扇门。许慎《说文解字》：“户，护也。半门曰户，象形。”

据《史记》和《汉书》所载，下邽翟公担任廷尉时，家中常宾客满门。后来被朝廷罢官后，门外可设置雀罗，就连过去与他经常交往的宾客现在都不与他来往了，显得大门口非常冷清，简直可以设置捕网来捉鸟雀了。不久，翟公复职，过去与他交往的老宾客又想与他有所来往。翟公知道后，于是在大门上写了几个大字说：“一生一死，乃知交情；一贫一富，乃知交态；一贵一贱，交情乃见。”这个故事也正是成语“门可罗雀”的由来。

由这个故事也可表明，“门可罗雀”中的“门”为“门第”之意。

“门”“户”二字趣释

“门”字的甲骨文为“”，其形状由两扇门组合而成，象形字。在商代晚期，房屋建筑中的门其结构与甲骨文的“门”字形状相似，即使是现在的门也与其几乎相近。“户”的甲骨文作“”，其形状就是一扇门。

“门”字的甲骨文和金文的字形都是两扇门的样子；有些字形在门上还有一根长长的横木，十分形象。简化字的“门”是由草书楷化而来的。

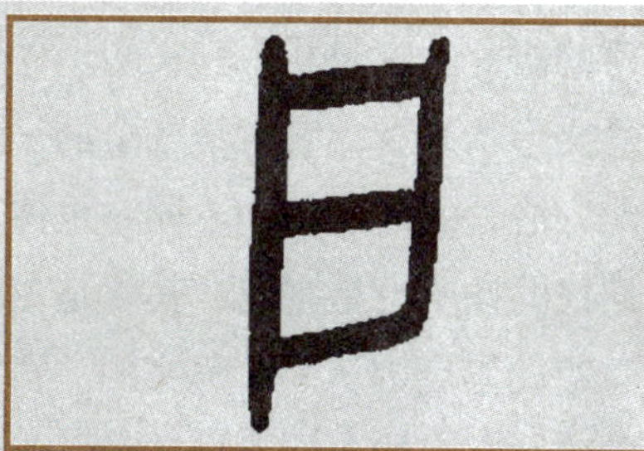

“户”字的甲骨文字形像是一扇门的样子，本义是“一扇门”。《诗经》：“西南其户。”经过小篆和隶书的演化，“户”字形状越来越不像了，意思也引申为“住户”等。

门

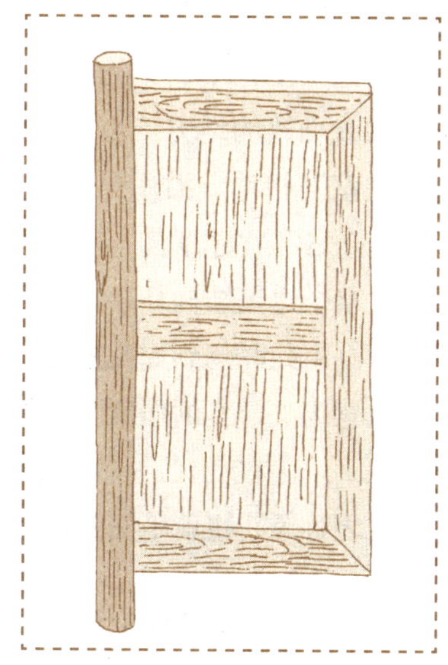

第三节

历代帝王的居室——“宫”字解

“宫”的甲骨文写作“[illegible]”，仅观其形象，就知道是房屋的象形字。而有关汉字的研究学者对其甲骨文的形体做了各种不同解释。有的研究学者从“宫”的甲骨文形状来看，它就是一个洞——先民穴居野外时代的简陋居室，及其先民所居洞穴之处的内部结构，同时也体现了先民的高超建筑艺术。现在，中国北方部分居民的住所也是窑洞，其就是在此基础上发展起来的。

有的学者则认为甲骨文的“宫”字与房屋的形状相似，其中的小方框表示房屋的窗户。有的人认为，“宫”为形声字。于省吾等人认为“宫”字从“宀”，“雍”声。而许慎在《说文解字》中则说“宫”是从“宀”，“吕”（躬）省声。还有的人认为“宫”是从“宀”、从“吕”的会意字，认为“吕”是“纽”的象形初文，有“连接”“聚集”的意思，“宫”所表示的意思是：集众室于一屋。

“宫”在先秦时期一般通称房屋，也就是说贵族、平民百姓的住处都可以称为“宫”。如《诗经·豳风·七月》载：“我稼既同，上入执宫功。”意思是：我们将刚刚收割完田里的庄稼，又要去替那些贵族修理房子。“宫”在这此均指房屋，并不是特指宫殿。

秦始皇一统天下后，为了彰显自己的尊贵位置，便传令“宫”字只能用于帝王居住或理政的地方。至此，“宫”专称帝王的宫殿，至于其他人的居室则只能以“室”相称，沿用至今。如秦朝时期的“阿房宫”，汉朝时期的“未央宫”“长乐宫”“建章宫”以及明清时期的“故宫”等，都极其奢华，专为帝王所居住。整个建筑结构复杂，规模极其宏大，装饰得富丽堂皇，因此，这些宫室极易让百姓由此联想到如此富丽堂皇的宫殿，仿佛生活在仙境之中，因此“宫”的引申之意为“神仙的居所”。如天宫（天上神仙居住之地）、龙宫（海中龙王居住之地）。而在现代，“宫”有少年宫、青年宫、民族宫、艺术宫以及劳动人民文化宫之称等，也就是民众进行文化娱乐活动的地方。

“宫”字趣释

“宫”的甲骨文写作“”，仅观其形象，就知道是房屋的象形字。而有关汉字的研究学者对其甲骨文的形体做了各种不同解释。

甲骨文、像房屋有两（多）个窗口。造字本义：多窗户的多楼层大型建筑。金文承续甲骨文字形。篆文误将两个“口”即（窗）相连接。古人称单窗平房为“向”，称多窗的大型建筑为“宫”。

第四节

系有带子的方巾——“市”字解

“市”字最早出现于金文中，其金文为“”。在此，特强调一下“市（fú）”与城“市（shì）”的区别，主要从读音和意义上加以区别。

许慎《说文解字》载：“市，韠也。上古衣蔽前而已。”因此许慎认为“市”字的小篆体为“韨”。徐弦说：“韨，今俗作绂。”段玉裁则说：“韨字废，而绂字乃出。”由此表明“市”“韨”与“绂”三字为一组古今字，其中“市”为最早。后来“市”被“韨”字取而代之，再其后“韨”字被“绂”字所代之。综观“市”字的形体，再结合许慎的解释，以我们的观点来看，“市”由“巾”与“一”组合而成，按字形解释即为，市由系在方巾上的一根丝或皮革的带子组成。由此表明，“市”就是系有带子的方巾。《礼记·玉藻》中载：“韨，下广二尺，上广一尺，长三尺。”所以我们得知“韨”的大小与形状正与现在人们所使用的围裙很相似。也正因为如此，文字研究者认为现代人所用的围裙，据说是由古代的“市”（fú）或者叫蔽膝演变来的。

在现在来看，围裙有防寒、保暖的作用，而这种“绂”由于“蔽前不蔽后”，所以在古代，“绂”很显然不具备防寒、保暖的作用。但由“绂”字的初形可知，为一块系有带子的布帛，因而其具有用来遮蔽人体某一特定部位的作用。

而有的文字研究者则提出了自己不同的观点：“绂”在最早时期仅是一块布，其最大的作用仅仅被初民用来遮羞而已。由于遮羞布的出现，自然就吸引了异性的眼球。他们身处于最初的、从不穿戴衣服的原始部落时，将自己的肉体裸露于众人面前，无疑被看作是清白的、自然的。如果此时，任何一个人，不论其性别，但凡在身体的敏感部位挂上一只色泽鲜艳的垂穗或数根色彩绚丽的羽毛，毫无疑问会把旁人的眼球吸引过去。正是这不起眼的遮掩物才令其产生了很大的吸引力，且有很强的刺激性。

对于“市”字，许慎《说文解字》还说：“天子朱，诸侯赤，士大夫葱衡。”句子大意为：在古代，凡有祭祀或有重大的仪式时，则朝中百官所佩戴的绂，颜色也很有讲究，如大红色的绂（天子佩戴），浅红色的绂（诸侯佩戴），青色的绂（士大夫佩戴）。因此在“绂”的佩戴上，又充分体现出了统治者等级制度。

由于“绂”上系有带子，近一步引申为“古代系官印的丝带”，即绶带。

“市”字趣释

“市”字最早出现于金文中，其金文为“市”。在此，特强调一下“市（fú）”与城“市（shì）”的区别，主要从读音和意义上加以区别。

“市”字的演变过程

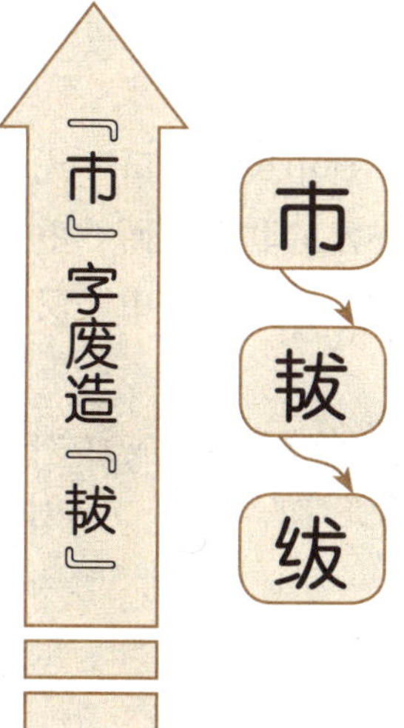

许慎《说文解字》：“市，韠也。上古衣蔽前而已。”许慎还说“市”的小篆为“韨”。徐弦曰：“韨，今俗作绂。”段玉裁则说：“韨字废，而绂字乃出。”由此可知“市”“韨”与“绂”三字是一组古今字，其中“市”最早。“市”字废而古人造“韨”字，其后“韨”字废，古人又造“绂”。

“市”为何物？

古代的“市”（fú）是由“蔽膝”演变而来的。蔽膝，古代下体之衣，是遮盖大腿至膝部的服饰，是古代遮羞物的遗制，蔽膝与佩玉在先秦时都是区别尊卑等级的标志。江淮之间谓之袆，自关东西谓之蔽膝。

第五节

无过无不及——“中”字解

“中”字的甲骨文为“ ”。有关“中”字的本义，有多种说法。一种说法认为，“中”好比是测天仪，中间一直竖为测天仪的立架。“口”为安装在“丨”上的一个观望台，为古人观测天象提供方便。另外，为了测定风向，则在“丨”上装了两根飘带。

另外一种说法：“中”表明将一面旗帜插在“口”部中央。“口”代表某一区域或某一范围。这与商代“立旗”以观测风向有一定的联系。而“中”的本义为“在口之中部立旗”，引申为左、中、右的“中”，由此“中”又具有“间”“中央”之意。

“中”字的金文，其形体与甲骨文基本相同。小篆则由金文省减而成为“ ”。对于“中”字，其解释也有多种。一种解释为：“中”为象形字，描摹一支箭射向靶子的正中心。

许慎《说文解字》：“中，内也。”许慎将“中”释为“内”，即“里”的意思。

如果以儒家思想来释义，“中”则具有很深的哲学思想，即“中庸”。儒家经典《中庸》对“中”也做出了哲学解释：“喜怒哀乐之未发谓之中，发而皆中节谓之和。中也者，天下之大本也；和也者，天下之达道也。致中和，天地位焉，万物育焉。”朱熹解释道：“中者，无过无不及之名也。庸，平常也。”

皎然虽为唐代著名的僧人，但他的诗也写得非常好。一天，另一个爱好写诗的僧人带着自己写的诗（诗名为《御沟》）前去皎然处讨教。皎然看后觉得其中“此波含圣泽”一句写得不妥，便对那位僧人说：“这是一首好诗，如果将‘波’字改动一下就更好了！”那个僧人听后竟怫然而去。对此，皎然也不是很在意，只是断定，该诗的作者一定能想通并回来找我的。随后，便在自己的手上写了一个“中”字，握之以待。

果然不出皎然所料，那个僧人很快又返回来，并且诚恳地对皎然说：“我思虑了许多，你的意见甚好，我要把‘波’字改为‘中’字，你认为如何？”这时，皎然淡定地伸出手掌。两人会心地大笑起来。

“中”字趣释

人们对“中”的本义猜测颇多。第一种说法认为“中”像一测天仪，中间一竖表示测天仪的立架。“口”是安装在“丨”上的一个望台，供古人观测天象之用。“丨”上的如同飘带类的东西，是用来测量风向的。还有一种说法：“中”像将一面旗帜插入“口”中央。

早期

早期甲骨文在两杆军旗像之间加一点指事符号●，表示两军之间的对称位置；对称点●两边的两点表示分隔、两相隔离。造字本义：对峙的两军之间不偏不倚的非军事地带。早期金文承续早期甲骨文字形。

中期

中期甲骨文省去其中一杆旗，结构发生巨大变化，字形像一杆飘扬的旗插在城邑（口）的核心地带。中期金文基本承续中期甲骨文字形。

晚期

晚期甲骨文将飘扬的旗简化成一根旗杆丨。晚期金文承续晚期甲骨文字形。篆文承续晚期金文字形。

第六节

挥动斧子砍伐树木
——“斤”“析”二字解

“[illegible]”为“斤”字的甲骨文，上部呈一把朝左的横刀，下部呈一把弯曲的柄，整个形体看上去有些像现在的斧子，为象形字。斧为其本义，指用来砍伐树木的一种工具。“斤”字的金文和小篆的形体仍保留有斧的特征，但形体上略有一些不同。

许慎《说文解字》载：“斤，斫木也。象形。”“斫木”在这里的作用为“斤”，其引申义也为“斤”。段玉裁在《说文解字注》中讲得更明白，如：“斧，则谓之斤。”又如《孟子·梁惠王上》：“斧斤以时入山林，材木不可胜用也。”意思是说，在既定的时间内手持斧子到山林中砍伐树木，会有用不完的木材。

由此表明，“斤”本义虽指大斧头，但后来却被引申为计量单位（重量）。而“斤”被用作重量单位仅做借用而已。因为“斤”在古代最早只用来表示斧子，当时还没有出现用来表示计量单位的名称，所以，先人只好将“斤”字借用此处作重量单位。于是“斤”将其本义直接交给与它同义的“斧”字表示，至此“斤”字被专用为重量单位。

“析”字以“斤”为意符。甲骨文为“[illegible]”，小篆为“[illegible]”。其形体就好比是一个古人正挥动手中的斧子在砍伐树木。左木为一棵大树，右为一把“斤”，正砍向大树。正如《诗经·魏风·伐檀》中所描绘的一样：辛苦的劳动人民正挥动着大斧子在砍伐檀树。由此表明，“析”的本义为将树木砍断。

《说文解字》载：“析，破木也。一曰折也。从木，从斤。”许慎和桂馥所讲的“破木”是“析”的本义，即将树分开。又如《诗经·齐风·南山》载：“析薪如之何，匪斧不克。”其大意为：如何将那些烧饭的木材劈开，看来不用斧头是行不通的。因此“析”为将木头分开之意，其引申义为分解、分开、分散等。如陶渊明《移居》载：“奇文共欣赏，疑义相与析。”意思就是，见有好文章大家一同欣赏，遇到疑难处大家一同分析。

“斤”“析”二字趣释

从“斤”字的甲骨文“”来看，上部为一把横刀，朝左；下部为一把弯曲的柄，其形体结构与现在的斧子相似，为象形字。“析”字的甲骨文为“”，描绘的是古人挥动手中的斧子正在砍伐树木。

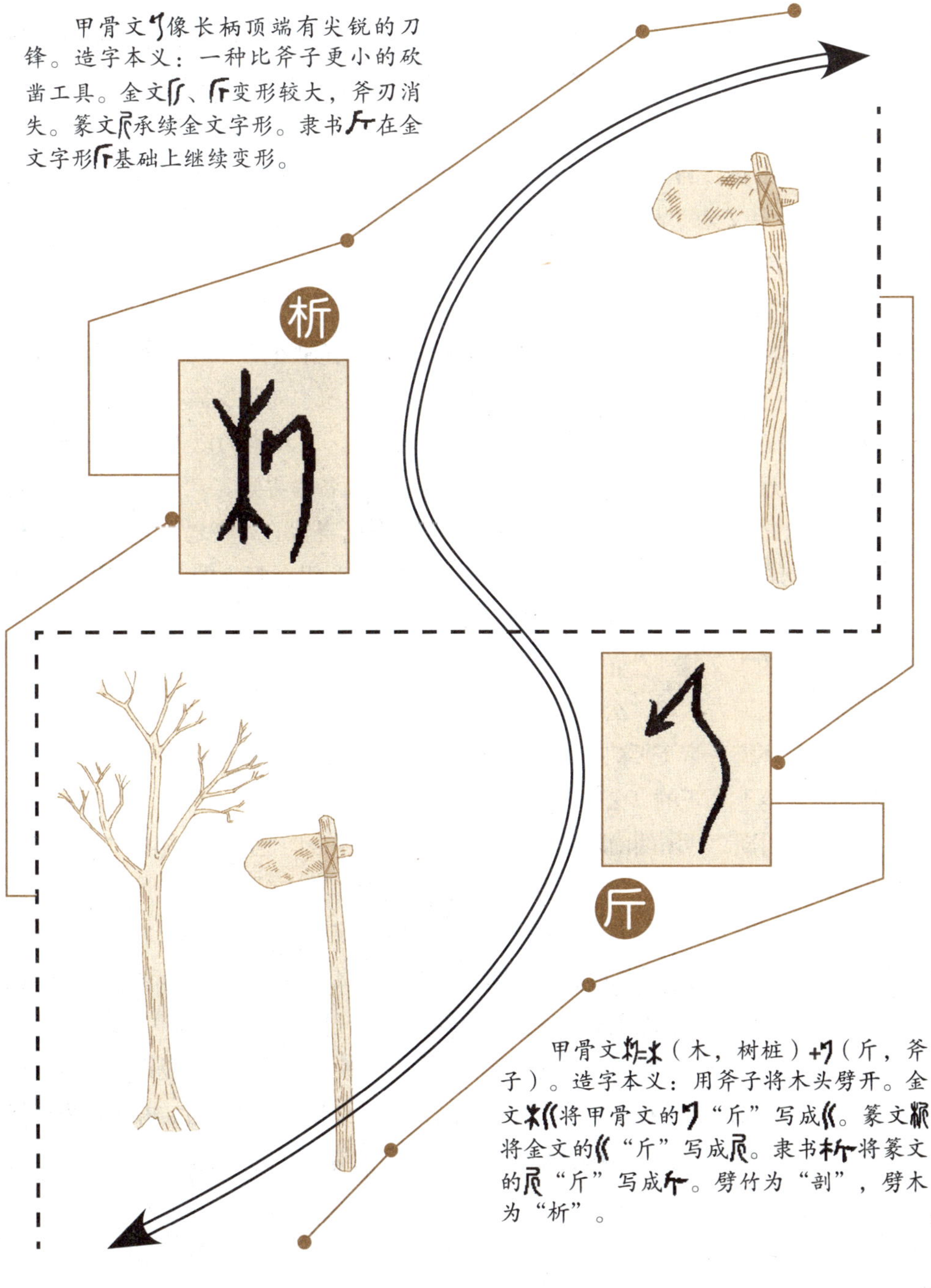

甲骨文像长柄顶端有尖锐的刀锋。造字本义：一种比斧子更小的砍凿工具。金文、变形较大，斧刃消失。篆文承续金文字形。隶书在金文字形基础上继续变形。

析

斤

甲骨文=木（木，树桩）+（斤，斧子）。造字本义：用斧子将木头劈开。金文将甲骨文的“斤”写成。篆文将金文的“斤”写成。隶书将篆文的“斤”写成。劈竹为“剖”，劈木为“析”。

第七节

与私相背——“公”字解

“公”字的甲骨文为“”，上部为“”（八，分割之意），下部为“”（口，村邑、部落）。形体结构表明：在远古时期，由于生产力水平低下、物资匮乏，人们要平均分配部落的财产及物用，以示公平。实际上，“公”字下部并不能看作“口”字，而“口”为古“厶”字。《韩非子·五蠹》载：“古者仓颉之作书也，自环者谓之私，背私谓之公。”综上所述，可知古“私”字作“口”。金文为“”，基本承续了甲骨文字形。篆文为“”，将“”（口）误写成“”（厶）。

许慎《说文解字》载：“公，平分也。从八，从厶。八犹背也。”沿用《韩非子》的解释，就是“公”字由上部“八”字和下部“厶”字组合而成。“八”字的一撇一捺呈相反方向，古人取之相背之义。《说文解字》载：“八，别也。”即“八”字多为“分开”之意。如“分”，其意为以刀将物体分开；“半”，其意为将牛一分为二；“介”，其意为人各有界限。“分开”则为相背离、相对立之意。“厶”，古“私”字，向往自己身边的环绕之形，也就是想把身边的一切据为己有，有私心之意。“八”“厶”组合起来的意思就是与私相背、相对立。反对私，也就是一心为公，毫无私心。

“公”的本义是“公正”，引申义为“共同”“公家”“公物”。其本义为一心为公，因而古人将“公”字命名为五等爵位之首。如《艺文类聚》卷五十一引三国时吴环济《帝王要略》载：“爵有五等，公者，无厶也。”在孔子眼里，祁黄羊可称得上真正的“公”。

在春秋时期，晋国的南阳县缺一县令职位，晋平公向他的大夫祁黄羊询问道：“你说，这个县令派谁去当最合适？”祁黄羊极力推荐解狐为合适人选。晋平公反问祁黄羊：“你为什么要推荐你的仇人？”祁黄羊回答道：“您问我的是谁适合担任此县令，而并没有问我的仇人是谁啊！”没过不久，晋平公又问祁黄羊：“现在国家缺少一个管理军事的官员，你认为谁可担此重任？”祁黄羊道：“祁午。”晋平公又道：“祁午正是你的儿子呀？”祁黄羊回答说：“您问我的是谁可担任管理军事一官，并没问谁是我的儿子呀！”于是晋平公派祁午担任军官，祁午也表现得很不错。祁黄羊推荐外人不回避仇人，推荐家人不回避自己的儿子。

“公”字趣释

许慎《说文解字》：“公，平分也。从八，从厶。八犹背也。”许慎沿用了《韩非子》的解释，认为“公”由“八”和“厶”两字构成。“八”“厶”合起来的意思是与私相背、相对立。反对私，即不为自己打算，一心为公。“公”的本义是“公正”，后来引申为“共同”。

结构分析

甲骨文“公”字的字形为上部是“八”字，是“分”的意思；下部是“口”字，表示所分的物品。用平分东西表示“公”的意思——“公有”“公平”。“八”“口”合起来的意思是与私相背、相对立。反对私，即不为自己打算，一心为公。

造字解说

甲骨文（八，分割）（口，村邑、部落）。造字本义：生产力水平低下、物资匮乏的远古时代，人们平均分配部落的财产、物用。金文基本承续甲骨文字形。篆文误将（口）写成（厶）。

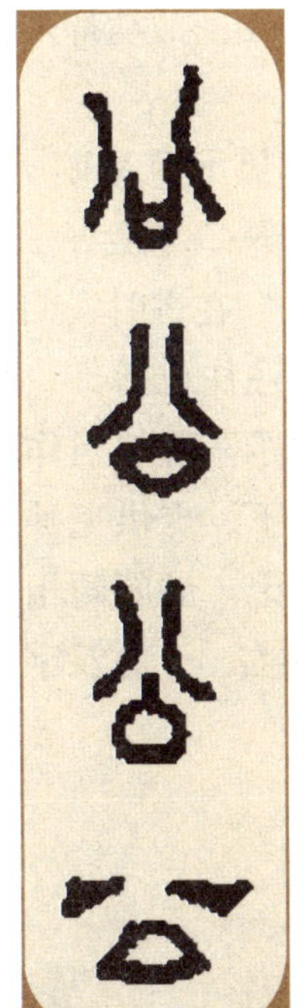

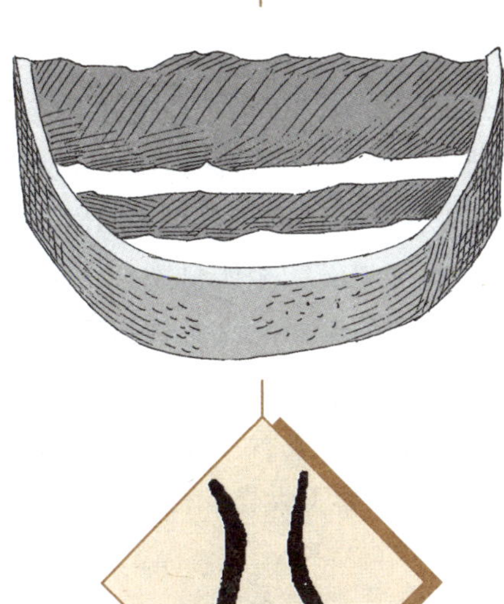

第八节

先祖灵位的依附之物——“示”字解

“示”字的甲骨文为“丅”。从甲骨文的造字规律来看，此字的上部为一横，再在一横上补加稍短的一横，所以“示”又作“[illegible]”。为象形字，看上去像上古时期人们用来祭祀的石桌，古称“灵石”。石桌的上部很平整，专门用来摆放祭品，下部为石桌的脚。

“示”字金文为“丅”。古时，人们要给家人或自己添福消灾，则会虔诚地祭祀神灵。“示”在这里就成了祭祀神灵之物。因此，在汉字中“示”也成了象征鬼神的字符，并充当“祖”的表意符号，从而取代了“且”字。由此表明在人们的心目中，祖先的生育功绩已逐步被淡化。因为人们起初只崇拜祖先（从最初的与渴求生育相联系），后来慢慢演变为崇拜鬼神。

也有研究者表明，“示”字的甲骨文与金文的形体结构均像是竖立在路旁的一个指示牌，而小篆的形体则更像在指示牌的旁边挂着两条丝巾，看上去更像是店牌。因此，“示”的本义又为指示牌。

在上古时期，“示”字被演变为神灵的依附物，之后人们又将它看作先祖的灵魂，相当于先祖灵位上的依附之物。这些依附物最后成为人们祭祀的对象，理所当然应将它们立于神庙中。古时候，大部分的祭祀相关活动都是在庙中举办。

“示”字的小篆体，许慎认为，“示”，也就是将天象显示于人前。《说文解字·示部》载：“示，天垂象，见吉凶，所以示人也。从二（上），悬三垂，日、月、星也。”段玉裁注：“言天悬象箸明以示人。”在古时人们会认为，人间的吉凶祸福都会通过“天”相所显现，“天”想往往包括日、月、星、辰等。其实也为“示”字的引申之义。许慎表明，“示”既然当作石桌用用来专门摆放祭品，而且这些祭品会显现于光天化日之下，专供鬼神来享用。所以“示”进一步引申为“给人看”的意思，如《史记·廉颇蔺相如列传》载：“相如奉璧，奏秦王，秦王大喜，传以示美人及左右。”在汉字中，“示”多用作部首，写作“礻”。

“示”字趣释

甲骨文“示”字是一个象形字，像上古人们祭祀时的石桌，又称“灵石”。石桌上很平，可以摆放祭品，下部是石桌的脚，造字时加以线条化。受宗教的影响，古人认为神能帮助人致福除灾，所以经常祭祀神灵，“示”成了代表神灵接受祭祀之物的灵物。

早期甲骨文丅是倒写的丄“上”，一横为指事符号一代表“天”，古人认为神无所不能而居住在天上；一竖指事符号丨代表垂直朝天的方向。造字本义：仰面朝天，向神祭拜。中期甲骨文写成亍，二用上短下长代表朝上的方向，代表天字。

造字解说

晚期甲骨文示加八（“兮”的省略），表示兮兮乎乎，吟念祝祷。籀文示将代表“天”的二省略成一。篆文示承续晚期甲骨文字形。

引申义

引申义

祭（祭祀）是指祭神、祭祖，俗称拜神，是根据宗教或者社会习俗的要求进行的具有象征意义的一系列行动或仪式。从宗教和民俗意义上按照《辞海》的解释。

祭：指祭神、供祖或以仪式追悼死者的通称。如祭天、祭祖、公祭。

祭祀：指祭神、祭祖。

仪式：有祭礼、祭典。

节日：有祭典、祭日、庙会。

对象：祭亡灵、祭天地、祭神灵（神和世界万物），有祭祖、祭烈士、祭死难者。

手段：活祭、牲祭，活人祭。

祭品：包括活人、动物和其他祭品。

根据仪式大小分类：有官方祭典（公祭）、民间祭祀活动。民间祭祀活动包括家祭，有祭饭（祭席）、祭食。

设施和用具：有祭祀建筑、祭祀用具、祭品。

第九节

人更三圣，世历三古——“古”字解

“古”字的甲骨文为“[illegible]”，为“从事”“办事”之意。金文“古”字写作“[illegible]”，为“古代”之意。小篆为“[illegible]”，上部为“十”，下部为“口”，会意字。对“十”与“口”理解各家均有所不同，所以可从以下多种不同的说法来解释“古”字的本义。

其一：上部“十”具有纵横之意。在古代通常将东西视为“横”，南北视为“纵”。“一”则象征以往各个时期的史实，“丨”象征以往相当久远的时期，表明历史是包罗万象的。下部“口”象征人的说话器官。上下部相结合之意为，那些至今年代久远的诸多事实都是通过嘴这一谋介，才得以代代转述下来。

其二：上部“十”的本意为“甲”，“甲”的形象为坼（chè）裂之象，即天地分裂之象。所以，“十”又象征开天辟地的远古时代。下部“口”代表嘴。结合之意：远古时期往往流传下来的诸多史实，都是通过嘴巴来转述的。

其三：在还没有发明文字之前，对于远古之事并没有用系统的文字作记录说明。而有关古时的诸多信息，不管是天文、地理，还是人事等，都是通过众人之口来转述并得以代代相传。为此，“十”与“口”字组合成“古”字，意思就是一件事物如果经过“十人之口”，则表明其经历的年代非常久远，因此“古”的本义为古代。正如《易经》载：“人更三圣，世历三古”。“人更三圣”指的是伏羲、周文王与孔子。“世历三古”，指的是上古、中古、下古。《汉书·艺文志》颜师古三国魏孟康曰：“伏羲为上古，文王为中古，孔子为下古。”李治《敬斋古今黈》卷五：“前人论三古各别者，从所见者言之，故不同。然以吾身从今日观之，则洪荒太极也，不得以古今命名。大抵自羲、农至尧、舜，为上古；三代之世，为中古；自战国至于今日以前，皆下古也。”

据先贤的认识归纳：上古为三皇五帝时期；中古为夏、商、周、秦时期；下古为汉朝至清王朝时期。

“古”字趣释

“古”在甲骨文中所表示的意义为“从事”“办事”。“古”的本义产生了几种不同的说法。第一种说法：“古”中的“十”表示纵横。第二种说法：由于古人传递信息之类都是靠人的口一代代传下来的，所以“古”字由“十”和“口”组成。第三种说法：“古”为“十人之口”，就意味着经历了许多世代，所以“古”的本义就是古代。

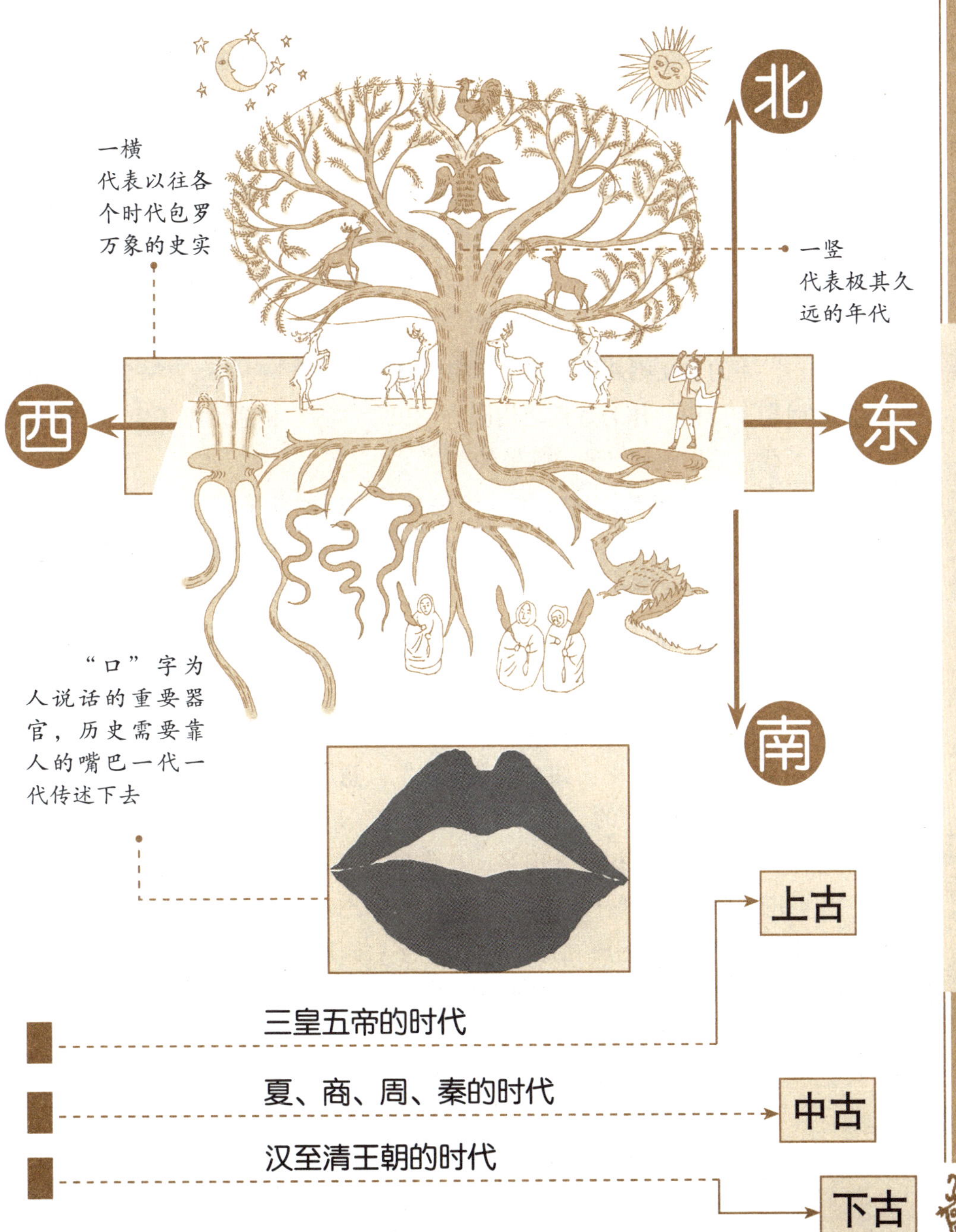

第十节

纵横交错的田间小路——“田”字解

“田”字的甲骨文为“田”，金文为“田”，其小篆和楷书形体则简化成“田”，为象形字。外边一圈是围绕“田”字的一个正方框，即“囗”，在“囗”字之内的一切范围均属于这块土地。也有别的说法为“囗”字相当于一座墙垣，其作用就是防止田间的庄稼被野兽践踏或防止强盗偷窃。而“十”字，纵横交错于“囗”内，相当于田间的小路（古称阡陌）或田埂，也可以看作田中的小水渠。由此表明，“田”的本义为农田，是用来种庄稼的土地。

许慎《说文解字》载：“田，陈也。树谷曰田”。由此可知“田”字为象形字。“囗”内的“十”字，为阡陌。”所谓“树谷曰田”，即“田”是土地。而“田”字的本义则是用来种庄稼的土地。

上古时期，“田”作为姓氏之用时，“田”“陈”相通。据《史记·田敬仲完世家》载：“田敬仲”即“陈敬仲”。

陈敬仲是春秋时期陈国的大夫，为陈厉公陈跃的儿子。陈厉公去世后，陈宣公（陈历公的弟弟）继位。平时陈敬仲与太子御冠交谊颇深，后来陈宣公想立陈款（妃子所生）为太子，陈敬仲害怕受到牵连，只好逃到齐国。又因，在上古时期，“陈”与“田”字的读音非常相近，陈敬仲于是将自己的姓改为“田”，叫田敬仲。

在上古时期，“田”字为“田猎（古人开展的打猎活动）”之意。作“田猎”义最早出见于甲骨文中。如“王其田向”，意思就是商王在向地田猎。而蒋礼先生认为“田猎”中的“田”字为象形字，形状与捕兽的网相似。正如《读字臆记》中载：“有树谷之田字，有猎禽之田字，形同而非一字也。”又说：“田即网，田所以取鸟兽，因之凡取鸟兽皆曰田矣。”

在使用时为了加以区分，后人在“田”字右侧加上“攵”部，合成“畋”字，即田猎之意。因此“田”又为农田之意。

“田”字趣释

许慎《说文解字》：“田，陈也。树谷曰田。象形。十，阡陌之制也。”“田”指种庄稼的土地，为其本义。在上古指古人开展的打猎活动。为了避免出现使用混淆，后人在“田”字的右边加一“攵”，为“畋”，田猎之意。自此，“田”为“农田”之意。

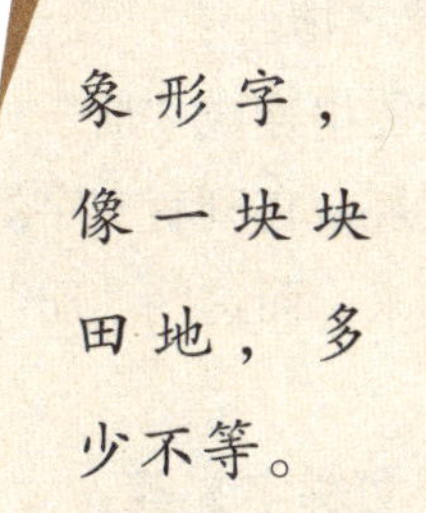
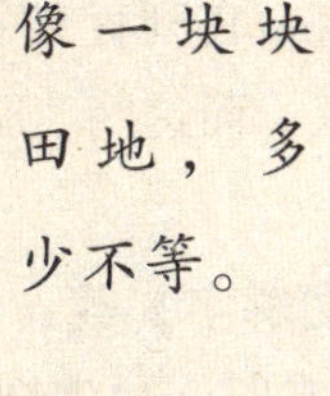

象形字，像一块块田地，多少不等。

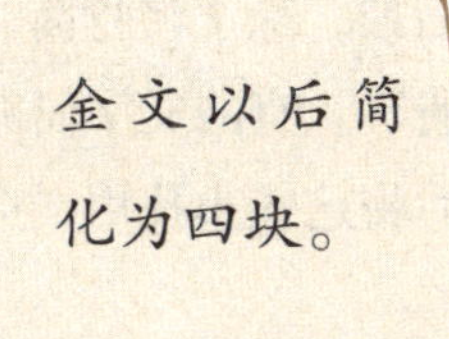

金文以后简化为四块。

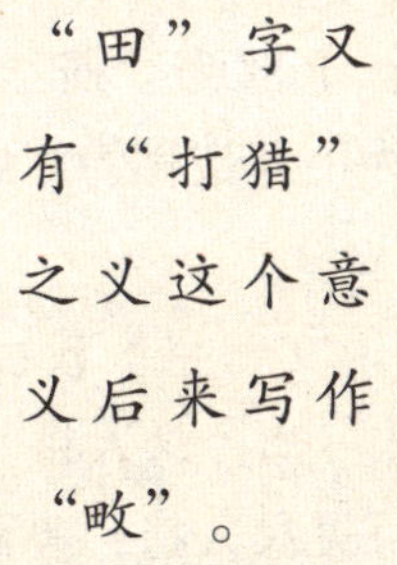

“田”字又有“打猎”之义这个意义后来写作“畋”。

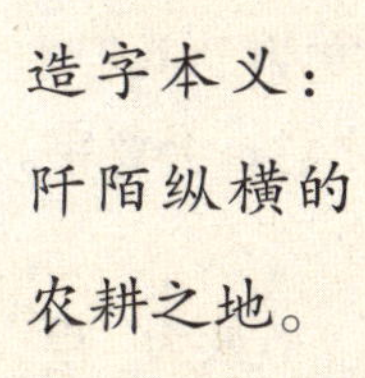

造字本义：阡陌纵横的农耕之地。

第十一节

唯殷先人，有典有册——“册”“典”二字解

《尚书》中说：“唯殷先人，有典有册。”“典”与“册”均指书，早在商初就有了记事的简册，也是中国最古的书籍。

“册”字的甲骨文为“”，金文为“”，两者均为象形字。字中的竖线（小竹片或小木片）被紧密地贯穿了起来，表明将刻写着文字的小竹片或小木片穿连在一起，即被后人称为竹简或木牍之物。

在甲骨文时代后期，除了将竹简、木牍能串连成“册”外，有的龟甲片或兽骨片也可串连成“册”。有的文字研究者发现，在刻有文字的龟甲和兽骨上留有被凿穿的小孔，最后将这些小孔用线穿连起来。而这些“册”，就是我们现代人所说的甲骨书。

“册”的小篆体为“”。许慎《说文解字》载：“册，符命也，诸侯进受于王也。”古代帝王在对各诸侯进行封赏时，要先把命辞写于简上，组编成“册”。在宗庙进行封赏礼仪时，由史官宣读命辞，宣读完毕，将此“册”（即符命）授予被封赏的诸侯珍藏起来，以示受赏凭证。

“典”字，其本义专指重要的文献和书籍，因此其引申之意为“带有指导性、典范性的书籍”，如《康熙字典》。

“典”的甲骨文为“”，观其形体，上部为“册”，下部为“廾”（gǒng），为双手之意，会意字。大致意思为但凡被称为“典”的书籍，要十分虔诚地用双手捧着。

金文为“”，小篆为“”。许慎《说文解字》载：“典，五帝之书也。从册，在丌（jī）上，尊阁之也。”由此可知，汉人将“典”尊崇为五帝之书。“丌”指案几，专门用来尊放典籍，可见汉人将“典籍”上升到与神灵并列之位。

“册”“典”二字趣释

“典”和“册”在中国先秦古籍中就出现了，《尚书》中说：“唯殷先人，有典有册。”“典”和“册”就是商代的书籍。尤其是“册”，形象地反映了我国古代图书的特点。“典”字甲骨文上面是“册”，下面是“廾”（gǒng），指双手，会意字。其意思是：时时用双手郑重其事地捧起来的书册，方能称“典”。

甲骨文字形、像是用皮绳串联起来的大量竹片或木片。造字本义：用竹片或木片串成的书简。金文、和篆文承续甲骨文字形。隶书有所变形。

早期甲骨文（册，代表权威古籍）（双手，表示捧着）。造字本义：主持事务的官吏双手恭敬地捧着古哲先贤的著作，以之为据进行判断和评价。

第十二节

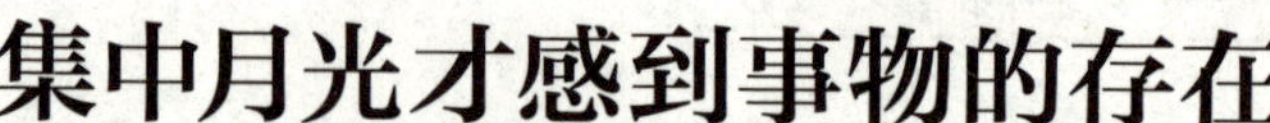

集中月光才感到事物的存在——“有”字解

“有”字的甲骨文为“ ”。观其形体像一个牛头，为有无之“有”之意，由此表明，牛是象征财富的动物。金文为“ ”，上部为“ ”，即“又”字，代表手的意思。下部为“ ”，即“肉”字，象征一块肉。“又”与“肉”字组成一个会意字，看上去好比手中握着一块肉。在远古时期，人们心中最重要的事情就是免遭挨饿之饥，但在那个时期人类的主要食物就是食肉（野兽的肉），因此真正的“有”就是要有肉。

对于“有”字，许慎做了多种解释。《说文解字》载：“有，不宜有也。《春秋传》曰：‘日月有食之。’从月又声。”因此许慎看来，“有”字为形声字。“不宜有”之意为不该有而有之，即不该有月蚀却出现了月蚀。

安子介先生认为，上部“ナ”与下部“月”组合为“有”，为“集中”之意。就是将月光集中起来的意思。因为远古时期，唯在有月光的夜晚才能看清，因此也能感觉到它们的存在，于是就引申为“存在”“具备”等意。

明崇祯十七年，李自成率兵攻打北京，崇祯皇帝虽知大势已去，但他依仗北京城高壕深，坚守不出，等待救兵。一天，宋献策（李自成的军师）装扮成一测字先生混进北京城，并在皇宫外面摆起一测字摊。没想到，崇祯皇帝带上太监王德化，乔装改扮，溜出皇宫，找宋献策测字。王德化前后写了两个字，“友”和“有”字。过了一会儿，宋献策小声说：这两个字都不吉祥，尤其是这个‘有’字。你看，上部是‘大’字缺一捺，下部是‘明’字少半边，分明是说，大明江山已去一半。”崇祯听完宋献策的话，三魂已掉了二魂。第二天，崇祯皇帝带着王德化，在煤山自缢身亡。北京的守城官兵，即刻军心散乱，义军顺利地进驻了北京城。

山西、陕西及浙江等地有一种春节习俗，在过春节时，将红纸剪成菱形状，并在上面写上“有”，由一个正“有”字和一个倒“有”字组成，俗称“倒有有”，为一种象征符号，以此祝福家庭富裕。当地人还在水缸或粮囤上贴上这种符号，取意为“一年四季常常有”。

“有”字趣释

有的学者认为该字是一个牛头的形象，以牛头的形象表示有无之“有”的意义，无疑表现出在造字者心目中，牛是一种可作为财富象征的动物。许慎对“有”字做了不同的解释。《说文解字》：“有，不宜有也。《春秋传》曰：‘日月有食之。’从月又声。”许慎认为“有”为形声字。所谓“不宜有”是不该有而有之的意思，即不该有月蚀却出现了月蚀。

甲骨文“有”字与金文“有”字的区别

金文有字

甲骨文有字

造字解说

又，甲骨文像张手抓持。“又”的“手持肉食”本义消失后，金文加（肉）突出“手持兽肉”的本义。造字本义：手持兽肉。篆文承续金文字形。隶书将篆文的“又”写成；将篆文的“肉”写成“月”。

第十三节

在墙上开的一个洞——“向”“窗”二字解

“向”字的甲骨文为“”，外围的“”看上去像房屋的围墙，中间的“口”字则为一个洞口，相当于现在的窗，为象形字。金文形体与甲骨文基本相同。

许慎《说文解字》载：“向，北出牖也。从宀，从口。”“北出牖”其意是指向北的墙上的窗。其观点沿承毛亨而来。《诗经·豳风·七月》：“穹窒熏鼠，塞向墐户。”毛亨传：“向，北出牖也。”《诗经》表明：从上古时期人们的现实生活来看，百姓只有在冬季才会从田间回到家里，为了把家中老鼠赶尽，首先要将家中所有的墙洞堵塞住，以烟火熏老鼠，除此为了抵御寒风的袭击，还要把朝北的窗户堵塞起来，再在门（树枝编扎的）上糊上泥巴。

“向”特指朝北的窗户，由此引申义为“对着”“向着”。如《庄子·秋水》：“于是焉河伯始旋其面目，望洋向若而叹。”大意为：于是黄河之神便转过头来，望着北海若神只是长叹。后来在“对着”“向着”之意上，继而引申为“方向”。“向”字特指朝北的窗户，后并没有发展成泛指“所有的窗户”，而是进一步引申为“方向”“朝向”。此后，“向”字被古人“窗”字取而代之了。

“囱”的甲骨文为“”。“囱”是“窗”的本字。许慎《说文解字》载：“囱，在墙曰牖，在屋曰囱。象形。”在此，许慎收录“囱”的异体字“窗”，由此而解释：“窗，或从穴。”“窗”的古文，与“囱”字相比，更为形象。古人在穴居时期，并没有墙壁之称，但为了便于穴居内通风透气，则在洞穴的顶上开一个口，这也是“窗”的最初意义——天窗。后来人们将房屋建在平地上，同样也会在屋顶开一窗，以此才形成真正的天窗。

唐朝杜甫的《绝句四首》之三载：“窗含西岭千秋雪，门泊东吴万里船。”“窗”在此特指船上的通风透光口。由此可知，“窗”后来引申为“天窗”，泛指所有建筑物及车、船上的通风透光口。

“向”“窗”二字趣释

许慎《说文解字》载：“牖，穿壁以木为交窗也。”段玉裁先行在作注解时说：“交窗者，以木横直为之，即今之窗也。”这就是现今人们所说的开在墙上的窗，其作用为通风透光。

甲骨文向（房屋）口（口，窗户）。造字本义：为房屋通风采光的朝阳窗口。

金文向在屋顶加一短竖，表示烟囱。篆文向承续金文字形。

窗字引申义

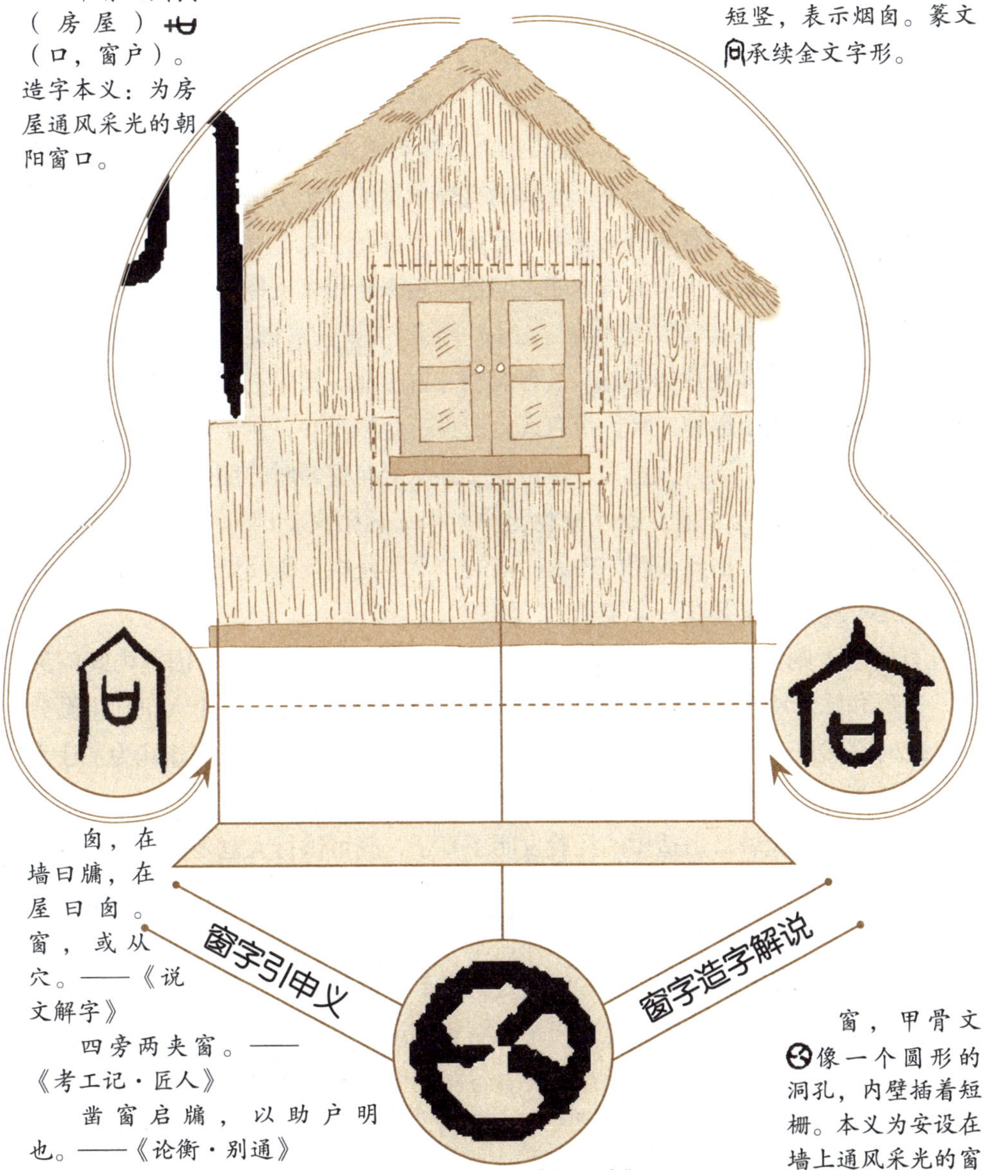

囱，在墙曰牖，在屋曰囱。窗，或从穴。——《说文解字》

四旁两夹窗。——《考工记·匠人》

凿窗启牖，以助户明也。——《论衡·别通》

当窗理云鬓，对镜贴花黄。——北朝乐府《木兰诗》

前辟四窗，垣墙周庭。——归有光《项脊轩志》

旁开小窗，左右各四，共八扇。——明·魏学洢《核舟记》

窗字造字解说

窗，甲骨文囱像一个圆形的洞孔，内壁插着短栅。本义为安设在墙上通风采光的窗户。金文囱承续甲骨文字形。

第十四节

鲜花盛开时黄帝受到的启发——“伞”字解

“伞”字最早见于《魏书·裴延传》：“假称帝号，服素衣，持白伞白幡。”

“傘”为“伞”的繁体字，观其整个形体与雨伞的形状完全相似，上部为伞盖，中部有四“人”立于伞下，下部为支撑伞盖的“十”字架。形象地突出了伞的作用——遮雨。也有的研究文字专家认为中部四“人”并非指人，而是“伞骨”，其主要作用就是将伞盖与伞架之间连接起来，用来支撑伞盖。甲骨文、金文未曾出现“伞”字。

“伞”的发明和使用历史悠久。晋崔豹《古今注·舆服》载：“华盖，黄帝所作也。与蚩尤战于涿鹿之野，带有五色云声，金枝玉叶，止于帝上，有花葩之象，故而作华盖也。”其大意为，黄帝在受到从鲜花盛开时的倒扣状的启发下，从而制造出伞，称为华盖。据《伞物纪原》引《通俗文》曰：“张帛避雨，谓之，盖即伞之用。”由此表明，古人所谓的“伞”是由丝织品做的。“伞”的初形，就是一块绸子张开在一个架子上，供防雨之用。

有的学者则认为是鲁班的妹妹发明了伞。某年夏季的一天，因室内既闷又热，鲁班和妹妹便坐在家门口乘凉。门前不远处的烈日下，有一个人正在辛勤劳作，此时突然风云变幻，雷雨交加，那人正遭受风雨之苦。鲁班与妹妹为了让人们免遭风雨之苦，于是决心发明一样东西。

后来，鲁班凭着修房造屋的经验发明了亭子，既可供行人遮阳躲雨，又可歇息腿脚。但是亭子的唯一遗憾之处就在于，如果遇上久雨不止，则亭中躲雨的人又会遇到吃、住的大问题了。鲁班妹妹情急之下却心生灵感，发明了伞。伞，除了能遮挡烈日、风雨外，最大的方便之处就在于伞弥补了亭子的不足。

伞后来成为一种权势的象征。当帝王将相出巡时，总会有那些丝绸伞伴行，其目的是以示显赫和威严。由于古时存有等级制度观，因此等级不同，伴行时所采用的丝绸伞也有不同颜色、不同大小的区别。直至明代，还存有“庶民不得用罗绢凉伞”的规定，仅纸伞为庶民所用。

“伞”字趣释

“伞”的繁体字写作“傘”，看上去完全像一把雨伞的形状，上面是伞盖，下面的“十”是支撑伞盖的架子。其中四个“人”站在伞下，明显突现出“伞”的作用是用来遮雨的。也有的人认为其中四个像“人”字的东西不是人，而是连接伞盖与架子之间的“伞骨”，起支撑伞盖的作用。

伞的构造

伞的发明者·鲁班之妹

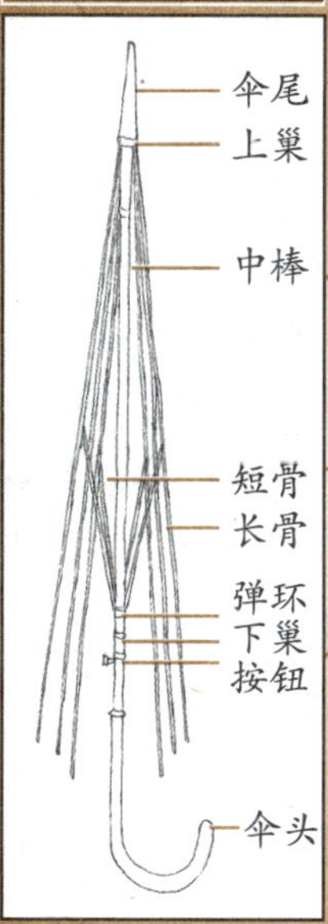

伞的历史

公元前1100年，中国人已经使用伞，那时已经用伞表示身份。伞骨用竹或檀香木制成，上面覆以树叶或羽毛做的伞面。12世纪，英语才出现“伞”这个词。以前一直只有阳伞，到1733年，巴黎人用油布做伞面，才制成雨伞。

第十五节

只有劳动才能使人长寿——"寿"字解

“寿”字的甲骨文为“[illegible]”。许慎《说文解字》载：“畴，耕治之田也，从田，象耕屈之形。”其大意为：只有耕作劳动才能使人长寿。由此也正体现了早期古人的长寿观，在古人看来，土地是人类最重要的生存环境，拥有了土地，生活才能得到一定的保障，所以就会长寿。

“寿”字的金文为“[illegible]”，上部为“老”省，也就是将“老”字省略的笔画作为“寿”字的意符。许慎说“七十曰老”，自古有“人生七十古来稀”之语，可见“老”有长寿之义。

“寿”字的小篆为“[illegible]”，形体与金文体基本相同，意符与甲骨文相同，仍然是从“老”省。许慎《说文解字》：“寿，久也。”“久”的意思为“长久”“长寿”。如《诗经·小雅·天保》：“如南山之寿，不骞不崩。”这句话的意思就是人的寿命像南山一样长久，永不崩毁。“寿”由“长寿”之义进一步引申为向人敬酒并祝其长寿之意。如《管子·小称》：“阖不起为寡人寿乎？”就是何不起身举起酒杯祝我长寿呢？“壽”为“寿”的繁体字。“寿”字对于人们，其内涵丰富而吉祥，这也正体现了人们的共同向往——长命百岁。

中国传统中存有“人生五福”之观点，其中“寿”字位居第一。古人认为人如果活得久，能够健康长寿，对于身外一切事来说都好办，说得简单一点儿就是“人在一切在”。

在“寿”字上，古人也做过很多相关的文章，将“寿”字图形化，符号化，艺术化。甚至还创造了近三百个不同的“寿”字。“寿”字表意的图案也有多种，如长寿（长方形的“寿”）、圆寿（圆形寿字即无病而终）等图形。古时，人们祝寿时，莫过于送一幅“百寿图”，它是寿礼中最好、最完满的礼物，其寓意不言而喻。

“寿”字趣释

许慎《说文解字》：“畴，耕治之田也，从田，象耕屈之形。”长“寿”的“寿”为何与“畴”共形呢？有人认为很可能是我们的先人认为：只有劳动即耕作才能使人长寿。另外有人认为土地对人类来说太重要了，有了土地，就有了生活的保障，因而就能长寿。这也是早期人类的长寿观。

寿比南山

福如东海

本义

甲骨文（即“𠃬”的一半，表示无限延伸）+（夕，即“肉”，代身体）+（夕，即“肉”，代身体）。造字本义：生命不断延续，活得长久。作为单纯字件后，早期金文+（口），表示对长命老人道贺。

第十六节

人在洞中身子弯得像弓——“穷”字解

“穷”在现代汉语中释意为贫穷之意。而古代对“穷”的释意则与此不同。要想弄明白在古代“穷”字所代表的意思，则必须先研究“穷”字的结构。“穷”的繁体字为“窮”。许慎《说文解字》：“穷，极也。从穴，躬声。”在此，“窮”为“躬”互为异体。在许慎看来，“穷”的繁体字，上部为穴，躬声，为形声字。这种说法并不完全正确，应为会意字。而“穴”指洞穴；“躬”指一个人变曲着身子如一张弯弓。组合在一起的意思为：人在洞中，只得将身体弯曲着，如张弯弓。这是因为古人一般都居住在洞穴中，其空间极其狭窄，所以人们在既浅又矮小的洞穴中生活，只能躬（弯）着身子。对于“极”字的解释，许慎认为，“穷”让人一进洞穴后就产生一种感觉，感觉像是走到了洞的尽头。由此“穷”的引申义则为“尽头”“走到尽头”“完结”等。如成语“日暮途穷”，其所表达的本义为天色已晚，路又走到了尽头。再没有路往前走了，所以“穷”便引申出“走投无路”的意思。如《孙子·军争》：“穷寇勿追。”其中的“穷”就是“走投无路”的意思。

又由于“穷”有“穷尽”的意思，当它用于人的生活时就是钱财用尽用完，自然就有了贫穷的意思。

对于其繁体“窮”，有人则表明了这样的观点：人屈居在洞穴中总是弯曲着身体，头也总低着，连身子也站不直。以此形容人们在仕途或事业上遭受坎坷、受压抑，总不得志。如《后汉书·马援传》载：“丈夫为志，穷当益坚，老当益壮。”“穷”在此就是指不得志，遭遇曲折的意思。所以在古代，“穷”的反义词则为“达”。“达”指仕途或人生道路上通达、顺畅。正如孟子所说的“穷则独善其身，达则兼济天下”。这里“穷”与“达”形成了很显明的对比。

“穷”字简化后，上部为“穴”，下部为“力”，会意字。大致意思为不管这个洞穴有多深，一旦人进入到洞穴中，总想尽力走到洞的尽头，以探明其中的原由。简化后的“穷”字，其特点为：第一，保留了“穷”的原意；第二，笔画简洁，便于书写。

“穷”字趣释

在现代汉语中，“穷”是贫穷的意思。而古代“穷”的意义则与此不同。许慎《说文解字》：“穷，极也。从穴，躳声。”“竆”为“躳”的异体字。那么“竆”就是“穷”的异体字。“躳”指一个人身子弯得像弓。合起来的意思是：人在洞中身子弯得像弓，或者说人在洞中只好将身子弯下来。这是因为古人多穴居，洞穴既浅又矮小、狭窄，人进洞后只能躬（弯）着身子。

穷 本义

“穷”，形声。从穴，躳声。躳，身体，身在穴下，很窘困。简化字为会意，力在穴下，有劲使不出。本义：穷尽。

竆

穷 今义

“穷”字的今义为贫穷，意指缺乏衣食钱财。

第十七节

人所坐卧曰床——“床”字解

李白的《静夜思》：“床前明月光，疑是地上霜。举头望明月，低头思故乡。”由此可知，古时候的床既可卧，又可坐靠。而床是古人制造的最早的家具之一。

“床”的繁体字为“牀”。床的小篆体为“牀”。如果将其左部分横放，即为“[illegible]”，看似上去不仅有床板，还有床腿，以便更好地休息和睡眠，将床的结构描绘得非常形象具体。

1957年，在河南信阳长台关曾出土过一张战国彩绘漆木床：长2.18米，宽1.39米，高（床腿6条）0.44米。至今保存完好。经史料考证，此床为战国时楚国人所使用。床的周围有栏杆，两边栏杆留有可上下床的空间。施以黑漆的床体上有红色方形的装饰云纹，床腿雕有长方卷云形。床框有两根横档，一条竖档，上边铺着竹编的床屉，床上有竹枕。这是我国目前发现最早的床。

许慎《说文解字》：“牀，安身之坐者。从木，爿声。”段玉裁注：“床之制略同于几而庳（低）于几，可坐。故曰安身之几坐。”对于床的主要作用，《释名·释床帐》中讲得清清楚楚：“人所坐卧曰床。床，装也，所以自载也。”由此表明，床除了具有坐卧功能之外，还可盛装东西。古人常在床上放上小几，以便就餐、饮茶，读书写字。

小篆和繁体字的“床”在结构上相同。《六书通》篆体字写作“爿”，小篆和繁体字的“床”是在《六书通》里的“床”字的基础上加一“木”字而成，“木”字表明古代在制作床时，一般都采用木制材料。应该说“床”是会意兼形声字。由此我们可以推知，“床”还可能使用其他材料，比如在石板下面放几块石头当做床脚，将石板支撑起来便成了床，后来逐渐改用为木制。从“床”字形体及材制的变化上，体现了我国劳动人民的聪明才智，也表明了人类发展文明的进步方向。

“床”字趣释

床是古人制造的最早的家具之一。“床”的繁体字为“牀”。许慎《说文解字》：“牀，安身之坐者。从木，爿声。”段玉裁注：“床之制略同于几而庳（低）于几，可坐。故曰安身之几坐。”说明床除坐卧之外，还可以装东西。

《静夜思》中的“床”字正义

古代的床是既可卧，又可坐靠的家具，所以李白不是卧在床上睡觉，而是坐在床边。

“床”字的造字解说

“爿”“疒”“片”本为同一个字，后分化。爿，早期甲骨文像有两个脚架、铺着木板的床。“爿”的“卧具”本义消失后，晚期甲骨文再加（“宀”，房屋）另造代替，强调置于室内的卧具。

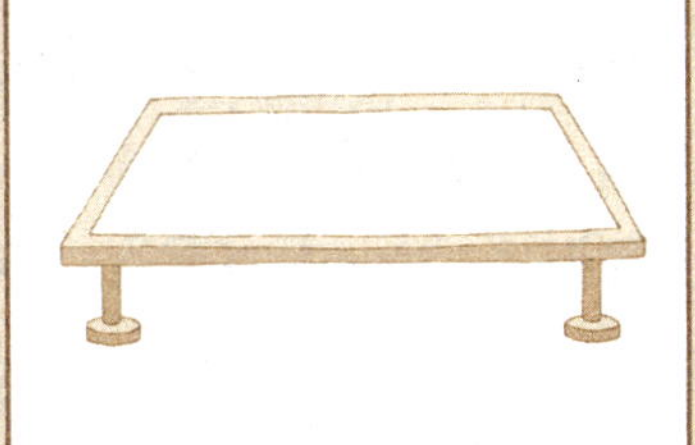

篆文承续早期甲骨文字形。篆文异体字牀=爿（爿，床）+木（木），强调卧具的木质材料。造字本义：供睡卧的木制台式家具。隶书床将篆文异体字的“爿”写成“广”，完全变形。

第十八节

月下两扇紧闭的大门——“间”字解

“间”为简化字。由“门”和“日”组合而成，为会意字。说得简单一些就是，门窗虽然紧闭而日光仍然能透过门缝照进屋子里。由此可推断出“间”字的本义是指“门缝”。如此会意正好与“间”的繁体字“間”以及“间”的古文字所表示的意义基本吻合。

金文为“[illegible]”。观其形体，即可会意“间”的本义：一轮弯月悬挂在半空中，月下的两扇大门紧紧关闭着，大门虽紧关着，但是人们仍可以看到从门缝中透视进来的月光，由此表明了两扇门中间留有一丝缝隙。

“间”繁体字由小篆演化而来，小篆体为“[illegible]”。将以上三种形体及其结构进行一下对比，就可知道：三者均为会意字，从“门”，从“月”。所不同的是，古人为了适应汉字的方块化及审美的需要，则将小篆和繁体中的“月”关在门内。而金文的“月”正好立于门上。

许慎《说文解字》：“间，隙也。从门，从月。”“隙”的本义为“土缝”，引申义为“空隙”。南唐徐锴《说文系传》载：“大门当夜闭，闭而见月光，是有间隙也。”由此可知，“间”的本义特指“门缝”。

而康殷先生认为：“门上加月形，表明了从门隙中可以望见月或月光从门隙中射进来，重在表明门未紧闭，中间留有空隙。”其后“间”由本义“门缝”引申为“缝隙”“间隙”。如《庄子·养生主》载：“彼节者有间，而刀刃者无厚。”大体意思就是牛的骨节处有缝隙，而使用的刀又极其锋利。

又由于“间”的本义指门缝，而门缝有的宽，有的窄，所以“间”续而引申为“距离”“空间”。如曹操的《度关山》：“天地间，人为贵。”其意思是：天地之间，人是最宝贵的。

而“缝隙”在古时，常用来形容人与人之间在思想上存在的分歧，所以“间”又引申为“隔阂”之意。如《左传·哀公二十七年》：“君臣多间。”什么意思呢？也就是说君王和臣下之间会有许多隔阂。

“空间”“间隙”喻指“时间较多、较充裕”，因此“间”又进一步引申为“空闲”“闲暇”。

“间”字趣释

简化字的“间”由“门”和“日”构成，是会意字。也就是门内有阳光，具体地说，就是门扇紧闭而日光仍然可以透过门缝射进屋里。这一事实说明门板上一定有缝隙，由此可以悟出“间”的本义为“门缝”。这样会意正好与“间”的繁体字“間”以及“间”的古文字所表示的意义相吻合。

“间”字结构分析

间的本义

古文字的“间”字从月从门，表示两扇门中间有空隙可以透入月光，其本义指门缝，引申为中间、空隙。

金文

间的引申义

“间”又读“jiàn”，用作动词，有间隔、离间等意。

篆文

『遂于外人间隔』
——晋·陶渊明《桃花源记》

间：隔断

第十九节

火烧着了房子——“灾”字解

“灾”字的结构，上部为“宀（即房子）”，下部为“火”，为会意字。也就是火烧着了房子。房子被大火吞噬了，对人们来说无疑是一件灾难临头的大祸。

“灾”字的甲骨文为“□”，上部为“宀”，下部是一堆熊熊燃烧的烈火，象征“火”。由此可见，将甲骨文“灾”字其线条简化后，就成了简化字的“灾”。两者结构完全相同。本义均指火灾。“灾”的繁体字写作“災”。

林义光《文原》载：“灾，或从宀、火。按：象屋下火。”意在表明此火灾为自然火灾（因雷电引起）。同时也充分体现出远古时期的重要灾害之一就是火灾。

除此，水灾也是困扰先民的重要灾害。联系到水灾时，水“灾”的甲骨文为“□”或“□”，如洪水泛滥横流之形。

许慎《说文解字》：“灾，害也。从一川。”王筠句读：“灾，谓水害也。”罗振玉《增订殷墟书契考释》曰：“象水壅之形。川壅则为也。”

随着历史不断地发展，约在东周时期，聪慧的先民也许认为每发一次灾害，就要造一个字，而自然灾害却多得数不胜数，那样做实在是太烦琐，于是便造出一个“災”字。其上部为“巛”，泛指水灾，下部为“火”，泛指火灾。如《国语·周语下》：“古者，天灾降戾，于是手量资币，权轻重，以振救民。”韦昭注：“灾，谓水旱、蝗螟之属。”此后该字通行，而其他“灾”字则自然被淘汰了。新中国成立后，颁行简化字体，将繁体“災”简化为简体，泛指一切灾害。

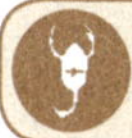

“灾”字趣释

在现代汉语中，“灾”既指天灾，也指人祸。从“灾”字的结构来看，是由“宀”即房子加上“火”字构成，显然是一个会意字，其意思是火烧着了房子。对于人们来说，房子烧了，自然是灾祸临头。

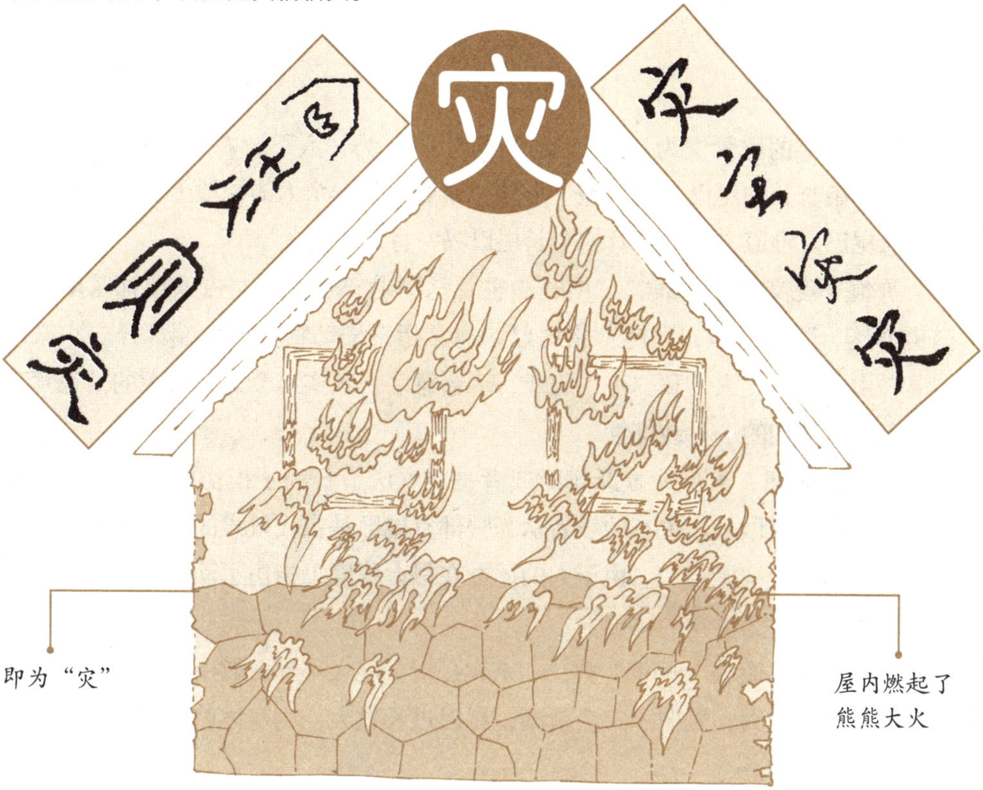
灾
即为“灾”
屋内燃起了熊熊大火

火灾 像屋里有火 灾

水灾 像洪水 灾

兵灾 像武器砍断人头 灾

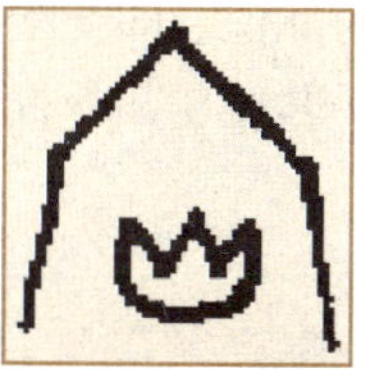

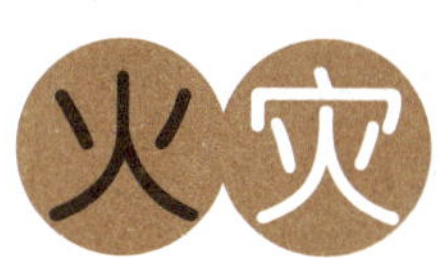

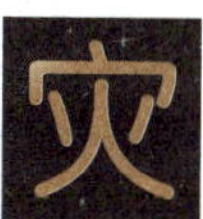

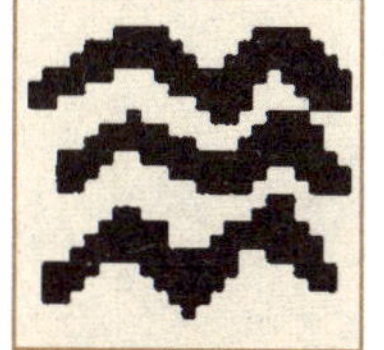

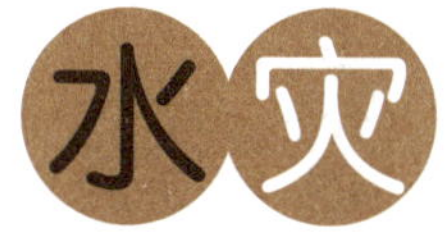

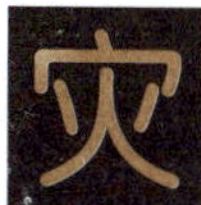

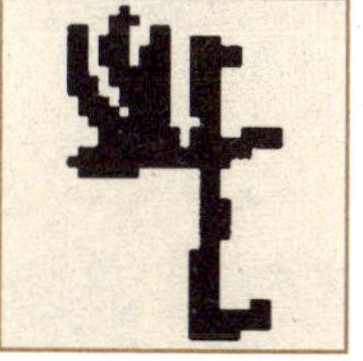

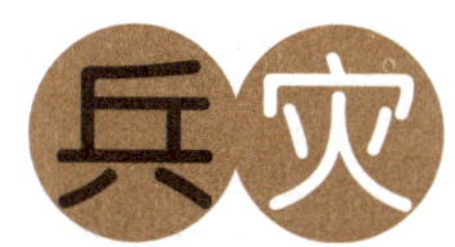

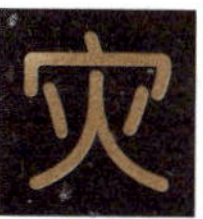

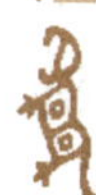

第二十节

人的屁股上拖着一条尾巴——“尾”字解

“尾”字的甲骨文为“[illegible]”，左上部为“[illegible]”为“人”，右下部为“[illegible]”，看上去像一条长长的尾巴。观其整个形体，就好像是一个人的屁股上长着一条毛茸茸的长尾巴。难道古代的人真的会长尾巴吗？肯定不会。

许慎《说文解字》载：“尾，微也。从倒毛，在尸后。古人或饰系尾，西南夷亦然。”在这里，“尾”指尾巴。通常指脊椎动物身体末端部分。小篆体“[illegible]”由“尸”（人）和“毛”组成，为会意字。其实这个人屁股上的“毛茸茸的尾巴”是他们的一种装饰物。

在远古时期，人们欢歌跃舞时或者是在欢庆节日为了模仿兽类或为了表示本族图腾而这样做的。也有的学者认为臀部有尾巴是古代奴隶的一种服饰。由此“尾”的本义是“尾饰”。由于人的尾饰在很大程度上模仿了动物的尾巴，因此“尾”引申之意为动物的尾巴。

如《左传·昭公十一年》截：“末大必折，尾大不掉，君所知也。”也就是说：树枝过于粗大，则树一定会折断；尾巴过长过大，则身体就甩动不了，这些你都应该明白的。

由于动物的尾巴通常长在身体的后端，也是动物生殖器所处的部位，即交配部位，所以“尾”进一步引申为动物交配、交尾之意。如《尚书·尧典》：“鸟兽孳尾。”意思是说：鸟兽繁殖称交尾（交配）。

“尾”字趣释

“尾”的全字像是一个人的屁股上拖着一条长长的长着毛的尾巴。许慎《说文解字》：“尾，微也。从倒毛，在尸后。古人或饰系尾，西南夷亦然。”“尾”就是指脊椎动物身体末端部分的尾巴。小篆的“尾”是由“尸”（人）和“毛”组成的会意字。这个人屁股上的毛茸茸的尾巴原来是古人的一种装饰品。可见“尾”的本义是人的“尾饰”。

“尾”字结构解析

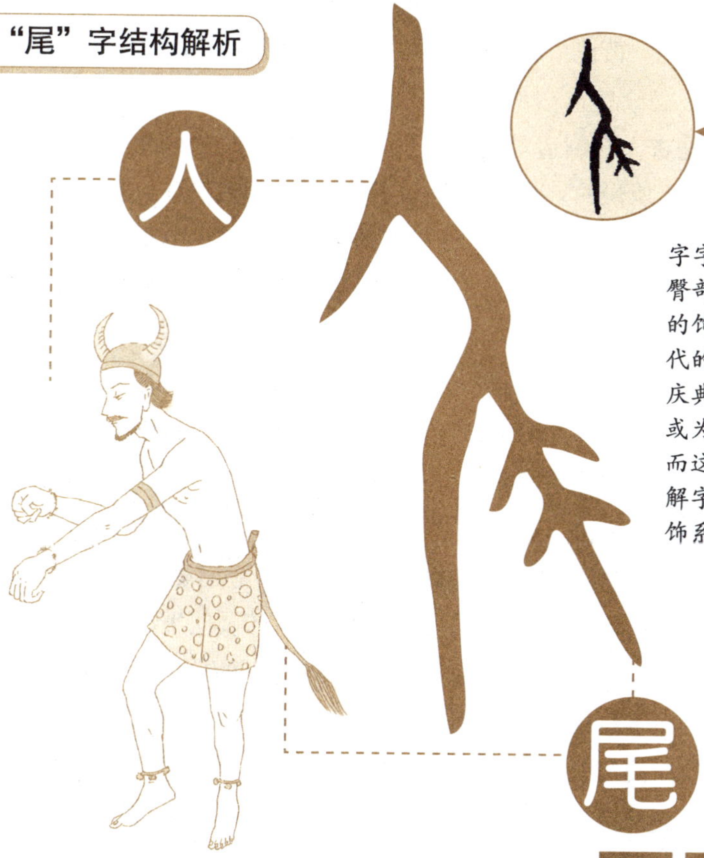

人

甲骨文的“尾”字字形为：一个人的臀部接了一条尾巴状的饰物，这是远古时代的人们跳舞或者是庆典的时候模仿兽类或为了表示本族图腾而这样做的。《说文解字》中：“古人或饰系尾。”

尾

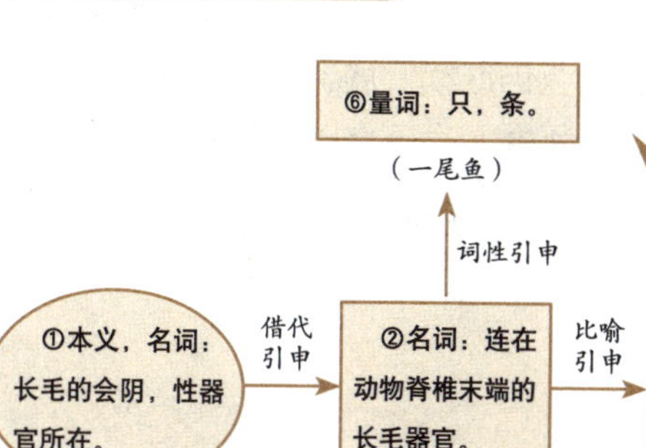

本义

甲骨文（像人体的臀部）（向下长的毛，即阴毛）。造字本义：长毛的会阴，男女性器官所在。金文基本承续甲骨文字形，进一步突出“毛在臀部”的特征。篆文将“人”与“毛”分开写。

“尾”字引申线索

①本义，名词：长毛的会阴，性器官所在。（交尾/孳尾）
→借代引申→
②名词：连在动物脊椎末端的长毛器官。（有头无尾）
→词性引申→ ⑥量词：只，条。（一尾鱼）
→比喻引申→
③名词：事物的末端部分，最后部分。（船尾/年尾）
→词性引申→
④形容词：末端的，后面的。（尾灯/尾声）
→词性引申→
⑤副词：在末端，在后面。（尾随/尾追）

第二十一节

四大发明之一——“纸”字解

在中国的四大发明中，造纸术列居首位。关于“纸”字，许慎的《说文解字》训释道：“纸，絮一苫也。从糸，氏声。”这就清楚地揭示了纸的来源及其制作流程。

最早的“纸”是古人在制造丝絮的过程中，采用漂絮法，偶然发现的。所谓“絮”，相当于今天所说的丝絮。古人在制作丝絮时，先将蚕茧煮透，再将茧壳浸入水中捣碎，后将碎茧铺开晒干，便成了丝絮。人们将水中剩余的短丝绒捞起，均匀地铺开晒干，发现居然可以用来书写。这大概就是纸的雏形。正因为早期的纸是用丝绒做成的，所以“纸”字从“糸”（mì，细丝）。

“纸”读“氏”，与古代的“砥”读音相近。《释名·释书契》说：“纸，砥也，谓平滑如砥石也。”由此可见，我们完全可以从“纸”这个字的音、形、义上去了解我国古代造纸的原料及流程。从这个意义上说，“纸”字为我国发明造纸术提供了很大的便利条件。

早在我国西汉，就进行了造纸的实践。到了东汉，宦官蔡伦结合自身的体验，改进了造纸术。在魏晋南北朝时期，纸得以广泛流传及使用。

隋唐时期，诞生了闻名于世的宣纸。安徽宣州是宣纸的故乡，当地至今还流传着这样一个传说：宦官蔡伦有一个嫡传弟子，名叫孔丹，一向以造纸为业。他一心想制造一种高质量的白纸，但经过多次试验，始终不能如愿。有一次，他偶然间来到山涧旁，看到几棵檀树被水泡得发白。他忽发奇想，尝试用这种树皮造纸，发现效果极佳。如果这个传说属实，我们就可以认定：早在唐朝，人们就开始利用树皮来制造宣纸了。

唐代时期，人们为了制造出硬黄纸（光泽莹润，艳美），便在前代染黄纸的基础上，又将蜡均匀地涂在纸上。五代造纸业仍继续发展，澄心堂纸（歙州制造）直到北宋，堪称是最好的纸。明清时期，造纸业又得到空前的发展。各种笺纸再次盛行起来，白纸地和色纸地由于质地淡雅、色泽鲜明静穆，因此备受推崇，尤其是康熙、乾隆时期的粉蜡纸，印花图绘染色花纸等，纸的制作堪称精美绝伦。

“纸”字趣释

中国古代的四大发明，其中一项就是“纸”。许慎《说文解字》：“纸，絮一苫也。从糸，氏声。”许慎的训释清楚地道出了纸的发源及造纸的流程。“纸”的发明是古人在制造丝絮时的偶然发现。许慎所说的“絮”就是我们今天所说的丝絮之类的东西。

汉代造纸工艺流程图

一般由经过制浆处理的植物纤维的水悬浮液，在网上交错的组合，初步脱水，再经压缩、烘干而成。中国是世界上最早发明纸的国家。根据考古发现，西汉时期，我国已经有了麻质纤维纸。其质地粗糙，且数量少，成本高，不普及。

第二十二节

“对着食器”与“背向食器”——“即”“既”二字解

从古文字的角度来看，“即”与“既”这两个字，在音、形、义三个方面都存在着密切的联系。一言以蔽之，“即”与“既”反映了古代宴饮的两个不同阶段：“即”代表未食，“既”代表已食。

甲骨文“即”字写作“𠨘”。右边，是一只盛满美味佳肴的高脚器皿；左边，是一个人，而此人正两膝脆地，臂部坐于小腿处，面对食器而坐，正准备进餐。“即”是一个会意字，本义是走近去吃东西。金文的“即”与甲骨文相仿，但小篆和楷书的“即”就有了讹变。许慎《说文解字》：“即，即食也。”徐锴《系传》曰：“即，犹就也，就食也。”林义光《文源》：“卩，即人字。即，就也……象人就食之形。”如《周易·鼎》：“九二，鼎有实；我仇有疾，不我能即，吉。”高亨今注：“《说文》：‘即，就食也。’此用其本义。”

就本义而言，“即”为“就食”之意，其过程含有“走近”“靠近”食器的意思，进而引申为“走近”“靠近”。如《诗经·卫风·氓》：“匪来贸丝，来即我谋。”意思是：他并非真的来买丝，而是来找（靠近）我商量婚事。“即”由“走近”“靠近”进一步引申为“到”“到达”。南朝梁庾肩吾《乱后行经吴御亭》：“青袍异春草，白马即吾门。”

甲骨文“既”字写作“𣪥”，左边是一只盛满美味佳肴的高脚器皿；右边是一个人，正张着大嘴，看似一副吃饱喝足的模样，他将头转过去，正准备离开。由此可见，“既”的本义是“吃完了”，即“食已”。如李孝定《甲骨文字集释》：“契文（甲骨文）象人食已，顾左右而将去之也，引申之义为尽。”“既”的本义是“已吃了”，由此引申为“尽”“完”“结束”。如韩愈《进学解》：“言未既，有笑于列者曰……”意思是：话还没说完，人群中就有人笑起来了。

既然“既”的本义为“已经吃完了”，而且其中表示已经吃完的动作已经表现出来了，则“既”进而引申为“已经”“既已”，为副词，表示时间已经过去。如《论语·季氏》：“既来之，则安之。”其意思是：已经使他们归顺于你了，就要使他们安下心来。

“即”“既”二字趣释

“即”“既”二字在古文字领域里，无论在形体还是在意义方面，彼此均有着密切的联系，它们反映了古代宴饮时的不同情景。甲骨文“即”字，其本义是走近去吃东西。甲骨文“既”字是一个跪坐的人，正张着大嘴，看上去已经吃饱了，转过头去，准备离开食器。可见“既”的本义是“吃完了”，即“已食”。

既，甲骨文像一个进餐的人，张大嘴巴，掉过头去。造字本义：吃饱打嗝，转身离席，与“即”相反。金文、篆文承续甲骨文字形。隶书将篆文的写成，将篆文的“欠”写成“旡”。

即，甲骨文像一个人跪坐在盛有食物的器皿前面。造字本义：靠近食物，就餐，与“既”相反。金文承续甲骨文字形。篆文略有变形，把装满食物的器皿写成。隶书将篆文的写成，将篆文的“人”写成“单耳旁”。

第二十三节

小羊和大羊——“羹”字解

“羹”字由“羔”和“美”字构成。许慎《说文解字》：“羔，羊子也。”即指小羊。有的文字研究者认为，“羔”字上部为“羊”，下部为四点即“火”，因此小篆体写为“羙”。其符意为正在用火烤制羊肉，也就是现今人们在烤羊肉。徐灏《说文解字注笺》载：“疑羔之本义为羊炙，故从火。小羊味美，为炙尤宜，因之羊子谓之羔。”“美”形容味道香美。本义为味道极美的小羊羔。

有的文字研究者则认为“羔”为小羊，“美”为大羊。因为羊肉是先民的主要食物之一，所以“羹”的本义应该指的是“以羊肉做成的一种带汁的可口食品”。带汁在这里与今天的汤并不相同，只是烧肉带有少量的汁而已。由此引申为“用肉类做成的羹”。

在古代羹是一种高级补品，普通百姓一般很难吃到，多为君王所用。如《左传·隐公元年》载：“小人有母，皆尝小人之食，未尝君之羹，请以遗之。”其大意为：我家中还有老母，她老人家吃到了我的食品，只是还没有吃到你的肉羹，请允许我将你的这些肉羹留给我的母亲。

当然，除了羊肉羹外，还有牛肉羹、猪肉羹和狗肉羹等。后来，古人将用水果或蔬菜等做成的一种带汁的食品也叫“羹”。蔬菜做的羹当然不是统治阶级所用的高级食品，而是贫苦百姓常常用来充饥的粗劣食物。

现在人们把前往某人家登门求助或拜访而被拒之门外叫做吃“闭门羹”。唐冯贽《云仙杂记》卷一中，载有“闭门羹”一个的典故：唐朝时期，宣城有个名妓叫史凤，慕名找她的人络绎不绝，使她难以应付。自此，史凤自以为身价不凡，干脆公开宣称，将来客分为上、中、下三个等级（按财产、官职、相貌），当然，对待这种级别的客人，其接待方法也不一样。最下等的概不相见，只以“羹”一类的普通食品招待，因此史凤安排给下等人的饭菜被妓院的人称为“闭门羹”。很显然，在当时，这种“闭门羹”是作为待客而不与客相见之意。运用现代社会，仅为拒绝之意。

“羹”字趣释

“羹”字是由“羔”和“美”字构成的。许慎《说文解字》：“羔，羊子也。”“羊子”即小羊。有的学者认为，“羔”字其上为“羊”，其下四点为“火”，其意思是用火烤制的羊肉，即今之烤羊肉。

本义

羹，篆文字形多样化，主要字件有：羔（羔，小羊）、鬲（鬲，鼎锅）、美（美，肥羊）、弜（蒸汽）。造字本义：以羊肉为主料熬成的五味肉汤。

造字解说

本义，名词：以羊肉为主料熬成的五味肉汤。

一箪食，一豆羹，得之则生，弗得则死。——《孟子·告子上》

（颍考叔）对曰：“小人有母，皆尝小人之食矣，未尝君之羹，请以遗之。”——《左传·隐公元年》

第二十四节

用酒糟经过二十一天制成的佐料——“醋”字解

醋味酸，为人们生活不可或缺的调味佐料。“醋”的结构，左部为“酉”，此处指酒；在古时，为盛酒器皿。右部为“昔”字，据许慎说为声符。至此，人们将“醋”当作形声字。

关于“醋”字，还流传着一个传说：相传在夏朝时期，成人后的黑塔（杜康的儿子）带领着自己的部族在靠近长江一带的镇江市定居下来，并开设了一家酿酒的作坊。黑塔酿酒的主要工序就是用江水浸泡酒糟，且每天都要不停地翻动。当酒糟泡至第二十一天后，一股香味扑鼻而来。他寻着香味找去，才知道香味是从酒盖处冒出的。他揭开缸盖尝了一下，感到这种东西酸酸的、甜甜的，与酒味大不一样。给它起个什么名字呢？黑塔左思右想，实在不知取什么名称好，但又想到这种东西是用酒糟经过二十一天后才酿成，于是他用“昔（二十一日）”字与“酉”字组合成“醋”字。

醋最原始的制作流程如下：第一步，用麦曲使小米饭发酵。第二步，待其生成酒精后，再借醋酸菌的作用将酒精氧化成醋酸。在先秦时期，醋是一种贵重的调味品，但在汉朝，醋的酿造便多了起来。正如，《史记·货殖列传》说，“通邑大都”里面每年酿醋上千瓮。

北魏贾思勰的《齐民要术》中记载了20种制醋法，醋的制造原料有秫米、粟米曲、大豆、糟糠、酒糟、大麦、乌梅等。由此可知，醋的制造原料越来越多，制造地区越来越广，醋逐渐由一种贵重的调味品日益成为一种普遍的生活调味品。在我国古典文献中，醋本作“醯”（xī）或“酢”（cù）。

关于“吃醋”，也有一个故事。唐朝的房玄龄为建立唐王朝立下了汗马功劳，被唐太宗封为梁公，唐太宗还准备赐几名美女给他作妾。房玄龄想到自己的夫人肯定会生气，便婉言谢绝了。唐太宗知道原委后，就让皇后去劝说房夫人。不管皇后怎么劝说，房夫人就是不同意。于是，唐太宗便准备了一瓶“毒药”，令房夫人喝下。随知房夫人却毫无犹豫，将“毒药”一饮而尽。而房夫人喝下“毒药”后并没有死。原来唐太宗准备了一瓶醋，因此房夫人才得以保住性命。

“醋”字趣释

醋是人们生活不可或缺的调味佐料，其味酸。从结构来看，“醋”字的左边为“酉”，“酉”本为古代的盛酒器，此处指酒。它说明了“醋”与酒有关，或者说“醋”是酒类物质。其右之“昔”字据许慎说为声符。至此以后，人们认为“醋”为形声字。

“醋”字的名称由来

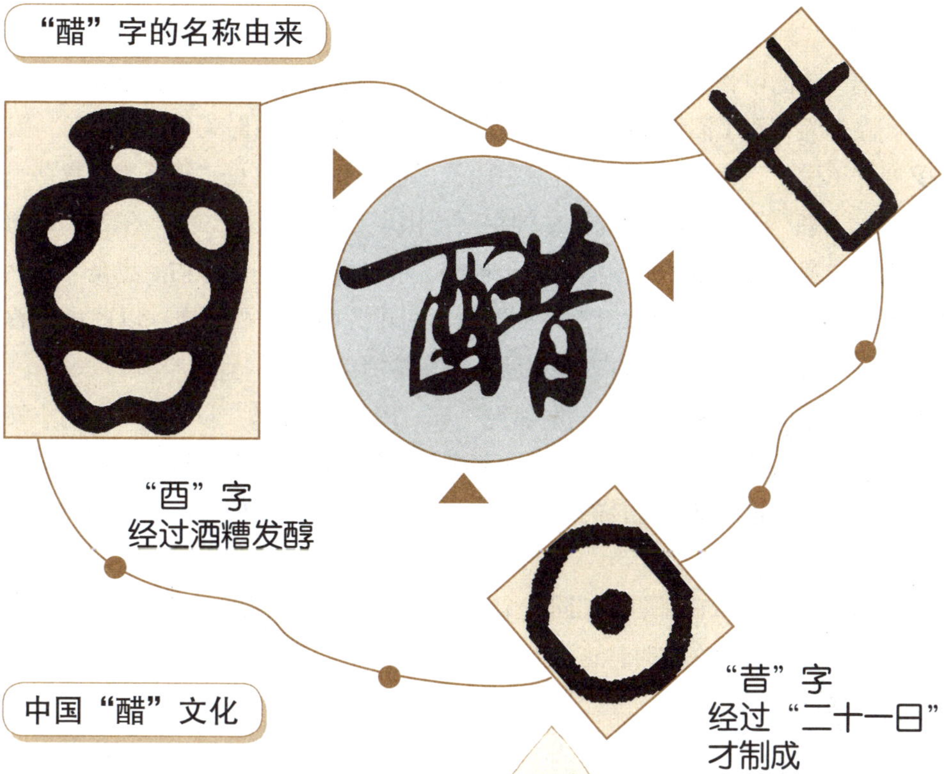

“酉”字
经过酒糟发醇

“昔”字
经过“二十一日”
才制成

中国“醋”文化

醋有文字可考的历史在三千年以前，醋与酒是人类最早应用生物技术服务于人类的产物。

从此人类自觉不自觉地不断创造、继承与发展着醋。醋的应用也从饮食调味发展到保健、护肤、洗发等方面。

第二十五节

将一坛酒供在神主面前——“福”字解

“福”字的甲骨文为“”，右部为“示”，本义为“灵石”，象征祖先的神主。左部为“酉（酒坛子的象形字）”字，因“酉”在古时为盛酒的器皿，因此又叫尊（樽）。有的“酉”还有双手捧着，表示虔诚。可见“福”为会意字，由“示”“酉”相结合，也就是在神主面前供奉一坛美酒。“福”在古代，为“求福”之意，表示用手捧美酒供奉于神前，希望得到祖先的保佑。也是“福”的本义。祭祀时少不了酒和肉，“福”从而引申为祭祀的酒和肉。以此可以看出，有酒喝有肉吃的生活在古人眼里就是很幸福的事了。

“福”字的金文为“”。左部为“示”，右部为“”。“福”字的小篆为“”。“福”的本义为“满”，即酒满。正如许慎在《说文解字》中讲到：“福，满也。”也就是说在神的庇护下，过着有肉吃有酒喝的生活，自然是富足快活的日子。

再看看“福”的右部形体如同一个大肚的酒壶，壶里装满了美酒，远看就像一个身体丰满的人。在古时，这种人是有福相的象征，他们往往一生过着富贵的生活，寿考齐备。

对于“福”字，有的学者认为“福”字右部由“一口田”组成，也就是说一个人如果拥有田地就不用整日愁吃愁穿，自然很有福气。

从古自今，“福”字的文化内涵非常丰富。新春佳节，人们要用纸剪成“福”字，张贴在门上和窗户上，预祝在新的一年里幸福吉祥。

关于“福”字，流传着这样一个故事。清朝时期，时值一个春节前夕，恭亲王府的大管家特意写了几个大大的“福”字，叫下人贴在王府的大门上和库房上。谁知，有一个不识字的下人竟然将一处大门上的“福”贴倒了。恭亲王福晋发现后非常恼怒，大管家一看大事不妙，慌忙跪地求饶：“奴才常听人说，恭亲王寿高、福大、造化大，如今大福是真的到（倒）了，此乃吉庆之兆。”听大管家这么一解释，心里顿时开心起来，心想：难怪连过路的人都说恭亲王府“福”到（倒）了。

“福”字趣释

“福”字的甲骨文右边是“示”，本为“灵石”，代表祖先的神主。左边则是酒坛子的象形字“酉”字，“酉”是装酒的器皿，古代又叫尊（樽）。有的“酉”还有双手捧着，表示虔诚。可见“福”是由“示”加上“酉”而成的会意字，其意思是将一坛酒供在神主面前。

“福”字，本义为“灵石”，代表祖先的神主。

造字本义：用美酒祭神，祈求富足安康。

造字解说

福，早期甲骨文（示，祭祀）+（又，手，表示巫师的动作）+（酉，酒坛）+（双手，表示捧酒献祭）。造字本义：用美酒祭神，祈求富足安康。

金文调整左右结构，将甲骨文的“示”写成。篆文将金文的酒坛形状误写成。“幸”是临死获赦而活着；“福”是活得富足安康。

第二十六节

一只鸟落在网内——“罗”字解

“罗”的繁体字写作“羅”。将“罗”字的上部误以为“四”字的人大有人在，当有人问起姓罗者“贵姓”时，很多人都会说：“四维罗”。实际上，“罗”字的上部不是“四”，而是“网”。现在我们来了解一下“罗”字的古文，便可明白了。

“罗”字的甲骨文为“”，上半部分形如一张用来捕鸟的网状。“网”字甲骨文为“”，形似一张拦网。《周易·系辞下》载：“包牺氏作结绳为网罟，以佃以猎。”这句话的意思是，网是包牺氏发明的，人们可用网捕取食物，如鱼、飞鸟和走兽。下半部分为“隹”字，“隹”为象形字，用来描写鸟的形态，虽是如此，与鸟相比，却有区别。“鸟”的初义一般尾巴长垂的鸟，“隹”指短尾巴，身形矮小的鸟。不同的区别在于“隹”用作部首时，经常与“鸟”通用，以此表明它们的意义相同或相近。“网”与“隹”部相结合为“罗”字，意思就是：一只鸟落在网内，被网罩住了，飞不走了。所以“罗”呈现出用网将鸟捕住的画面。小篆的“罗”字则是在甲骨文“罗”字下部“鸟”的旁边增加了一个“糸”字，即一根系鸟的丝绳（糸）。这一部件的增加，将古人捕鸟的情形表现得栩栩如生。《说文解字·网部》：“罗，以丝罟鸟也。古者芒氏初作罗。”

在古时，“罗”既可用来捕捉鸟类，同时还可用来捕捉一些兽类，如老虎、野猪等，有时还可用来捕捉江河中的鱼等。正如《诗经·王风·兔爰》载：“有兔爰爰，雉离于罗。”什么意思呢？就是说兔子是逃脱了，可是野鸡却陷入了猎人的捕网中。

即便在近代，在我国一些南方，这种传统的捕鸟方式仍旧保留着。每到寒冬腊月，大地被冰雪覆盖得严严实实，一些小鸟很难觅到食物，如一些麻雀之类的小鸟。这时，顽皮的孩子就在大片的空地上用根小木棍支起一面筛子，筛子下面撒一些谷物或稻米，同时在小木棍上系一根长长的绳子。小孩拽着绳子静静地躲起来，等那些麻雀飞进筛子下面觅食时，躲在远处的孩子会猛拉绳子，结果棍倒筛落，麻雀自然被扣在筛子下面了。

“罗”字趣释

“罗”的繁体字写作“羅”。很多人将“罗”字的上部误以为“四”字，因此有些罗姓人，有人问他“贵姓”时，他们便脱口而出：“四维罗”。其实，“罗”字的上部不是“四”，而是“网”。我们只要看看“罗”字的古文，一切疑问便可明了。

羅 罗

羅 罗

羅 羅

甲骨文（罗）像（鸟）在（网罩）里。造字本义：用网罩来捕鸟。金文加“糸”，表示用猎人手中的牵绳控制网罩的开合。篆文羅承续金文字形。隶书羅将篆文的“网”写成罒“四”，使造字线索不明。俗体楷书罒将“鸟”的草书字形楷化成夕“夕”，更使字形远离本来面目。古人称捕鱼罩为“网”，称捕鸟罩为“罗”。

第二十七节

"米"放在锅(鬲)中煮——"粥"字解

"粥"字的小篆体为"[illegible]"。中部的上面是"米"字，下部为"鬲"，意指古代用来煮饭的锅一类的炊具，左右两旁的曲线象征热气正在不断地上升。观其整个字的形状，传递出这样一种画面，即古人把"米"放在锅（鬲）中熬煮时，散发出热气腾腾的样子。

"粥"字的繁体字为"鬻"，隶变后去掉了"鬲"部，于是成为"粥"。粥是用米加水煮成，煮粥时热气沸腾的情形就像是在弹棉花，因此古人用两"弓"，"米"字放中间，组合成"粥"字。"弓"在此特指古代弹棉花制棉絮的工具。

据说，"粥"是由黄帝发明。《古史考》载："黄帝始蒸谷为饭，烹谷为粥。黄帝作瓦甑"。食粥非常适合老年人的养生之道。古时，粥倍受古人推崇。因"食粥"医食合一、经济方便。曹慈山（清代养生家）曾说："老年，食粥祛病，不请郎中，亦能身体强健，享大寿。"当代经济学家马寅初，夫妻双双都过百岁，他们每天都爱食粥。

中医认为：粥易消化、易吸收，能和胃、健脾、清肺、润下。《本草纲目》中说，不同食物的粥其功能也不一样，如赤豆粥具有利尿消肿功效，菱粉粥能够固精明目，粟子粥能够补肾强膝，百合粥具有润肺调中功效，萝卜粥可消食利膈，油菜粥可调中下气，荠菜粥可明目清肝，韭菜粥可温肾暖下。具有不同功效的粥还有很多。

而古时，能食一口美粥，则赛过活神仙。南宋诗人陆游曾说过："世人个个学长年，不悟长年在目前。我得宛丘平易法，只将食粥致神仙。"明代诗人张方贤的"咏粥诗"更是妙趣横生："煮饭何如煮粥强，好同儿女细商量……莫言淡泊少滋味，淡泊之中滋味长。"尤其末句"淡泊之中滋味长"，寓意深刻，即清心寡欲，知足常乐。

“粥”字趣释

粥就是我们常说的稀饭，是一种用米煮的半流质食物。“粥”字小篆中间的上面是“米”字，下面的“鬲”是古代用来煮饭的锅一类的炊具，两旁的曲线表示不断上升的热气。其字表示的是古人把“米”放在锅（鬲）中煮粥时，热气腾腾的情形。

“粥”字结构分析

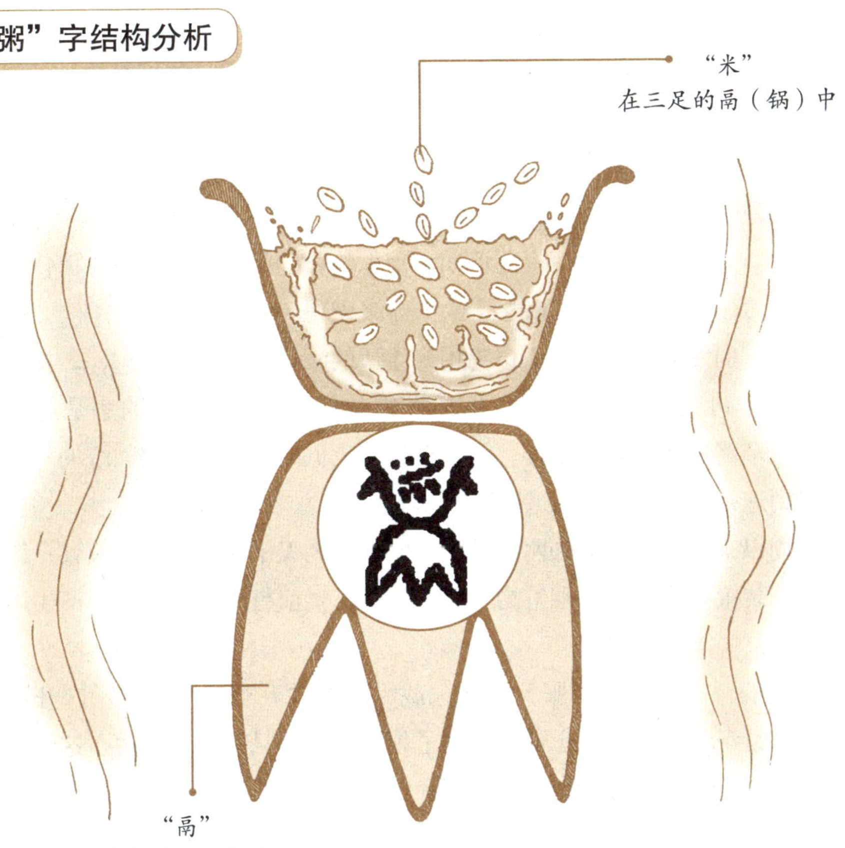

粥，金文像（米）在三足的（鬲，锅）中。造字本义：把稻米放在锅里煮成稀饭。篆文（大米）+（鬲，锅）+（蒸汽），主题相同。隶书误将篆文的蒸汽状写成两个“弓”，同时省去“鬲”。

第二十八节

如鸟翼一样能开能合的门扇——“扇”字解

“扇”字由“户”和“羽”两字组合而成。许慎《说文解字》载：“户，护也。半门曰户。象形。”也就是说，“户”，“门”的意思，具有保护的作用。“羽”在此处特指鸟翼。两者组合成“扇”，其意为：如同鸟翼一样能够开合的门扇。段玉裁《说文解字注》：“扇，从户、羽，从羽者，如翼也。”郑玄注：“用木曰阖，用竹苇曰扇。”由此可知，用木头做的门称为“阖”，用竹和苇编成的门称为“扇”。这一点可以从字的形体来表现。

随着文字的发展，“扇”引申为用来生风的“扇”，即“风扇”。扬雄《方言》曾说：“自关而东谓之，自关而西谓之扇。”这里所说的扇是悬挂在室中，用绳子牵荡摇动取风的工具。时至今日，我们尚能在苏、赣、皖的一些古代民居中看到这种拉动扇取风的遗迹。

自商周以来，扇还有另外两种功用，一是作为天子贵胄出行的仪仗；二是作为伞盖，被装置在贵族出行乘坐的车上，以助车辆前行，气流冲动而产生风，既可遮阳避雨，又能生风散热。

晋代崔豹《古今注·舆服》中曾记载舜时做“五明扇”，以示广开视听，征求贤才，秦汉时公卿大夫皆可用，到了魏晋时代则只有皇帝专用。这种“五明扇”实际上也是一种伞盖，与我们今天意义的扇已相去甚远了。

从汉魏以来的辞赋中，我们都能看到多处提及扇，曹植有《扇赋序》，道及曹操得到皇帝赏赐的上方竹扇。晋代陆机有《羽扇赋》，专门颂咏羽扇。可见在汉魏时期，竹扇和羽扇已经十分流行。

在古代，扇子又被看作是官职的象征，因古代文官常随身携带一把扇子，在各种场合中常持扇揖让。三国时诸葛亮手执羽扇运筹帷幄，其神态悠闲自若，后来人们又把羽扇看作是智慧的象征。扇子还是八仙的宝物。八仙之一钟离权常手执一柄可以“驱妖逐邪”的扇子，传说他能用扇子将死人复活。

扇子之“扇”与“善”谐音，扇子也寓意“善良”“善行”。所以古人常将扇子挂于室内。

“扇”字趣释

“扇”字由“户”和“羽”两字组合而成。许慎《说文解字》载：“户，护也。半门曰户。象形。”也就是说，“户”，“门”的意思，具有保护的作用。“羽”在此处特指鸟翼。两者组合成“扇”，其意为：如同鸟翼一样能够开合的门扇。

扇字本义

“户”指“门”，门有保护的作用。“羽”本指“鸟羽”，此处指鸟翼。由“户”和“羽”组成的“扇”的意思是：如鸟翼一样能开能合的门扇。

扇子的成长过程

三国第一次出现在扇子上题诗作画。《历代名画记》载有“画扇误点成蝇”的故事。

东汉时，扇子开始流行，民间有纤巧玲珑的竹扇、蒲扇，还有“团扇”。

西周时期，扇子才开始作为纳凉工具。扇子多为禽羽雕翎制成，故称“羽扇”，多在贵族阶层中使用。

殷代，用五光十色的野鸡毛制成，称之为“障扇”，故“扇”字里有个“羽”字。当时，扇子是作为帝王外出巡视时遮阳挡风避沙之用，也就是“华盖”。

隋唐两代，盛行于世的主要是“纨扇”和“羽扇”，以及少量的纸扇。

北宋时，出现了携带极为方便的折扇，折扇是北宋宣和年间由日本传入中国的。

南宋时，画扇、卖扇、藏扇之风盛行，扇面书画成为一种重要的绘画样式，并出现了扇铺和画商。

明清文人墨客题扇画扇成为一种时尚。浙江、苏州、四川等地盛产折扇，题字作画也兴于此。

扇子的历史可上溯到远古的禹舜时代，晋人的《古今注》中记载：“舜广开视听，求贤人自辅，作五明扇。”明人也有“舜始造扇”的记载，说明舜时就已经有扇子了。

第二十九节

装酒的器皿——“酒”“酉”二字解

“酉”字的甲骨文为“[illegible]”，从形体看为一种盛酒的器具。正如刘心源《奇觚室吉金文述》：“酉，古文酒字，象酒器形。”以此可见“酉”的本义指“酒樽”。“酉”由盛酒器皿引申为“酒”。其后“酉”借作地支用字后，“酉”具有的“酒”之意，则在“酉”字左部加上“氵”部而成“酒”字，为形声字。

中国酒的历史十分久远，上可追溯到远古时代。据我国考古资料显示，在仰韶文化遗址中，出土了许多形状和甲古文、金文的酒字十分相似的陶罐。这一点就说明了早在距今六千多年以前，中国的酒就已经产生了。但是，究竟是谁发明了酒，自古以来，众说纷纭，也很难断定。在我国民间有许多关于酒起源的传说，我们的先民在创造酒的同时，也给我们后人留下了一段段令人心驰神往的美丽传说。“上天造酒说”“猿猴造酒说”“仪狄造酒说”“黄帝造酒说”“杜康造酒说”等流传至今。而许慎《说文解字》中则认为“杜康作秫酒”。秫，即高粱，应该说杜康是用高粱酿酒首创之人。

在中国人眼里，酒不仅是一种常见的饮品，而且在漫长的历史发展中，形成了中国特有的酒文化。

魏晋时期，竹林七贤由于对世道及统治者不满而与酒为伍。他们大都饮酒不节，借酒来发泄心中的苦闷，抒发自己内心的孤独。东晋时伟大的田园诗人陶渊明，亦是好酒者。他曾作饮酒诗数篇，以抒情怀。也许，正是因为有好酒相伴，才能写出如“采菊东篱下，悠然见南山”般精彩的诗句。“书圣”王羲之醉时挥毫而作《兰亭序》，“遒媚劲健，绝代所无”，而至酒醒时“更书数十本，终不能及之”。草圣张旭“每大醉，呼叫狂走，乃下笔”，于是有其“挥毫落纸如云烟”的《古诗四帖》。

由此可见，酒乃天地间之尤物。虽也进入肚腹，却不能充饥，不能解渴，只作用于人的心神。心神经酒一滋润，一刺激，便产生莫名其妙的变化，莫可名状的诡谲，向外表现为言和行，便不同寻常了。因此，人世间有了酒，人类的生活便丰富多彩了，人类的历史便斑斓多姿了，茫茫尘寰便增添许多有趣的风景，短短人生更增添许多悠长的滋味。

“酒”“酉”二字趣释

甲骨文和金文时代，“酒”与“酉”乃同一个字，均指“装酒的器皿”。“酉”的甲骨文，一望便知是一种盛酒器。“刘心源《奇觚室吉金文述》：“酉，古文酒字，象酒器形。”可见“酉”的本义为“酒樽”。“酉”由盛酒器皿引申指“酒”。

“酒”与“酉”为同一字

酒

酉

酉，早期甲骨文在一个大缸中间加一横，表示缸里有液体，酒汁，像伸进酒坛、过滤酒糟的酒篓。造字本义：酿在大缸里的酒。晚期甲骨文略有变化。金文承续晚期甲骨文字形。篆文将金文的酒篓写成。“酉”的“酒坛”本义消失后，甲骨文再加“水”另造“酒”代替。

篆文将甲骨文的内外结构改成左右结构。表示所酿的酒汁。“酉”的“酒坛”本义消失后，甲骨文再加（水）另造“酒”代替。

第三十节

人类最早的针灸——“殷”字解

“殷”字的甲骨文为“[illegible]”。左部“[illegible]”，为“身”字，“身”在此处指一个患有肚疾的大腹便便的人。右部为“[illegible]”，意指一个人手中执治病的工具，即为“攴”。

“殷”字的小篆体写作“[illegible]”。从形体来看，就如一个人手执针具朝患者的肚子刺过去，意指用针具来给患者治病。这一推测可从“殷”字的甲骨文形体来表现。同时表明针刺疗法早在商朝就已经很流行了，但是那时使用的针器多为石针或骨针。

公元前1320年，商王盘庚迁都于殷。这以后的商朝，历史上称做殷，但殷人始终自称商，不称殷，这是为什么？

据《史记·殷本纪》上说，自仲丁以后，废嫡而立诸弟子，诸弟子或争相代立，造成了殷有九世之乱的混乱局面。诸侯、方国趁着商王朝内部的混乱之机，迅速发展起来，与商王室分庭抗礼。身为奴隶主的王公贵族整天只顾吃喝玩乐，忙于争夺权力，完全不顾奴隶的死活。生活在水深火热之中的奴隶，纷纷起来反抗。此时，商朝内忧外患，危机四伏。阳甲死，弟盘庚立。盘庚经过长期思考，决定迁都于殷。盘庚带着王公、贵族、百姓和奴隶，渡过黄河，搬迁到殷。在那里，盘庚开始大力整顿商朝政治。茅草盖屋，减轻剥削，反对营造宫室。而“殷”的古文字形的左部恰恰是一个反“身”字，表示不再拥有贵族的身份。右部为一只手拿着棍子，即“殳”（攴）字，表示奴役。这一点可以从字形很好地反映出来。

在此后的200多年里，商朝一直没有再迁都，所以商朝又称作殷商，或者殷朝，但本名仍称为商。“商”本是一个古代部落，始祖名契，居商（今河南商丘），由地名而成为族名。关于“殷”这一名称的来历，历代史家多持商王盘庚迁都于殷（今河南安阳小屯村）后，商便改称殷。

“殷”的本义为腹病患者治病，而内脏患病者则比肌肤患病者更加痛苦不堪，因此“殷”具有“盛”“大”“深”等引申义。正如《周易·豫》：“先王以作乐崇德，殷（盛）荐（祭）之上帝。”

“殷”字趣释

“殷”字最早见于甲骨文，其左边是一个“身”字，“身”有人认为是一个患有肚疾的大腹便便的人。右边指一个人手中拿着治病的工具，即为“攴”。由此可见“殷”的本义是给肚中有病的人治病。

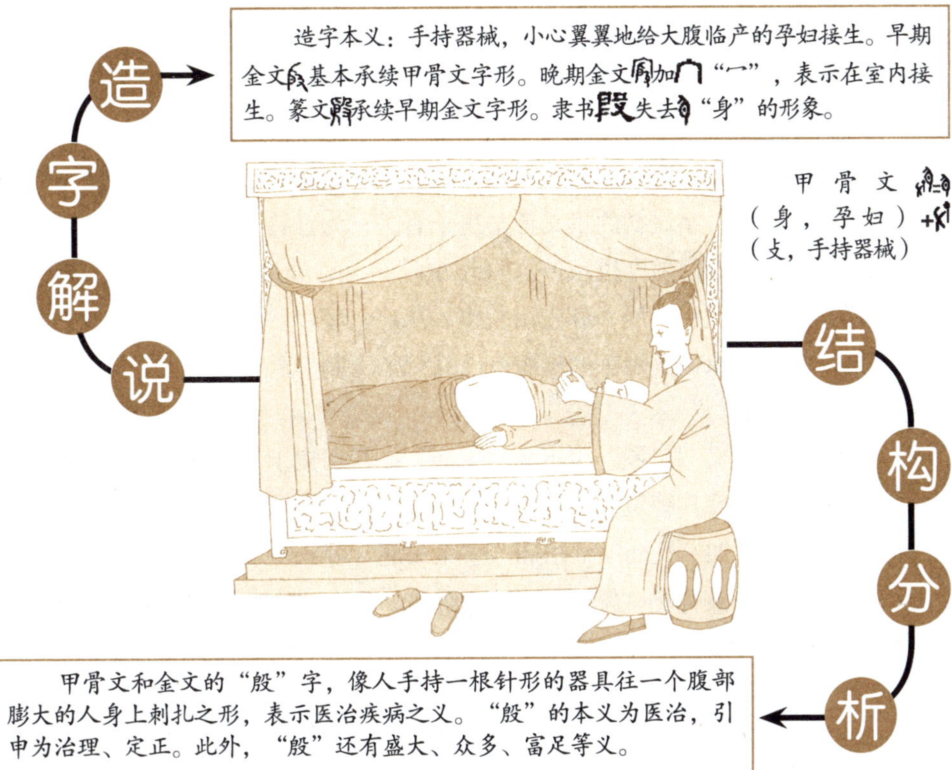

造字本义：手持器械，小心翼翼地给大腹临产的孕妇接生。早期金文基本承续甲骨文字形。晚期金文加“宀”，表示在室内接生。篆文承续早期金文字形。隶书失去“身”的形象。

甲骨文和金文的“殷”字，像人手持一根针形的器具往一个腹部膨大的人身上刺扎之形，表示医治疾病之义。“殷”的本义为医治，引申为治理、定正。此外，“殷”还有盛大、众多、富足等义。

“殷”字还可以指：

- 殷姓，中国的一个姓氏。
- 殷墟，中国商朝晚期的都城遗址。
- 中国历史上的朝代商朝的别称。因商王盘庚迁都至殷地而得名。
- 五代十国时期，割据势力闽后期分支势力的一个国号，为王延政所建立，后复国号为闽。
- 殷国，西周时期的一个诸侯国，于三监之乱后被周公所灭。

第三十一节

祖先、僧人、道士的供所——“庙”“寺”“观”三字解

“庙”字最早出现于金文中，写作“[illegible]”，上为“广”部，音同“朝”，为形声兼会意字。“庙”字的小篆形体结构同金文。这里的“广”，本指建在山崖之下的房屋，“广”字最初的本义皆与房子有关，为意符，这里的“广”字，指的是宗庙，也就是专门供奉祖宗神位的地方。

《说文解字》载：“庙，尊先祖貌也。从广，朝声。”将祖先的牌位供奉于庙中，同时牌位也象征了祖宗的形貌。《礼记·王制》载：“天子七庙，三昭、三穆与太祖庙而七。”

“庙”字由本义“房屋”引申为“宗庙”，凡历史上有才德之士或对国家做过贡献的人，离世后其牌位都得供入宗庙，除此，还在庙中塑造他们的人像，以供后人烧香膜拜。如“孔庙”“岳庙”“太白庙”等。

“寺”字的小篆体为“[illegible]”。《说文解字》载：“寺，廷也，有法度者也。从寸，之声。”许慎认为，“寺”字的本义为“古代官府的名称”。如古代有主管审核刑罚事件的“大理寺”，职掌祭祀、礼乐的“太常寺”，负责接待宾客的“鸿胪寺”。而这些机构在行事时，又得遵循各自既定的法度，所以“寺”又进一步引申为“有法度者”之意。“寺”中的“寸”部，正体现出机构行事的法度之依据。据典籍所载，来中国传法的东汉天竺僧人，起先皆住在洛阳鸿胪寺。到了第二年，明帝专门在洛阳雍关西建白马寺作为他们二人的住处。此后，寺便成为僧人的住所和供奉如来佛、诸菩萨等之地。

“观”字早出现于甲骨文中，写作“[illegible]”。观其结构形体，与古时鸱（今猫头鹰）一类的鸟形状相似。其上部为角，且长有毛；中部两“口”与两只突出的大眼睛相像；其下部为“隹”，指鸟。在古人眼里，在夜晚“鸛”的视力最强，所以它又有“观看”或“仔细看”之意。《说文解字》载：“观，谛视也。从见，声雚。”许慎认为，“谛视”之意为十分认真仔细地看。后来，“观”又引申为那些“奇观、壮观之景物”，又特指“古代一些高大、壮观的建筑物”。此后，道教又将供奉仙人灵位的屋室称为“观”。

“庙”“寺”“观”三字趣释

“庙”字从“广”，“朝”声，形声字。许慎《说文解字》：“寺，廷也，有法度者也。从寸，之声。”这就是说，“寺”的本义是指“古代的官府的名称”。“观”字像古之鸱一类的鸟，即今所称的猫头鹰。其上为长有毛的角，中间的两个“口”，像两只突出明亮而又炯炯发光的大眼睛。因此用它表示观看或仔细看的意思。

造字 “庙”“寺”“观” 解说

朝，既是声旁也是形旁，表示皇宫在日出时祭拜天地的仪式。庙，金文=广（广，开放性空间）+朝（朝，祭拜）。造字本义：皇宫里朝拜和祭奉的大殿。篆文将金文的“早”写成；将金文的“川”写成“舟”。隶书误将篆文的“舟”写成“月”。俗体楷书庙另造会义字，“由”是“宙”的省略，“广宙”即大殿。

祖先

庙

金文=止（止，表示跪坐）+（寸，表示手部动作，双手合十）。造字本义：双手合十，静坐禅修，持守真性。篆文承续金文字形。“寺”的“静坐持守”本义消失后，篆文加“手”另造“持”代替。隶书寺误将篆文的“止”写成“土”。

寺

甲骨文像是有两个大眼睛的猫头鹰。早期金文写作“雚”，有着十分突出的“眼眉”，两侧的“口”，像猫头鹰夸张吓人的大眼睛。造字本义：猫头鹰，有突出眼眉和锐利大眼。“雚”的“猫头鹰”本义消失后，晚期金文将早期金文的“眼眉”误写成“廿”，并加“见”，另造“觀（观）”代替。篆文承续晚期金文字形。

观

第三十二节

上古时期的钱币
——“帛”“布”二字解

“帛”字的甲骨文为“ ”，上部从“白”，下部从“巾”。《说文解字》载：“帛，缯也。从巾，白声。”许慎认为，“帛”字的本义指“白色的丝绸”，为形声字。有的文字研究者则认为“白”字为形声兼会意。《说文解字注》载：“帛，今之璧色缯也。”段玉裁表明，璧色缯同白色缯，也就是指白色的丝绸。由此表明“白”在“帛”字中既表声，也表示缯的颜色。且“帛”字从“巾”，正如《说文解字》载：“巾，佩巾也。”佩巾在古代，特指古代妇女头上的头巾。“白”“巾”上下组成“帛”，意思就是：用白色的丝织品做成的头巾。

以上表述所知，“帛”字的本义就是指白色丝绸做成的头巾，后引申指“白色丝绸”。丝绸的本色为白色。随着印染术的出现，后来白色丝贯被人们染成了各种各样的颜色，所以“帛”特又引申指“各色丝绸”，后来便成为丝绸的代称了。在战国时期，帛、竹简及木牍成为我国历史上用于书写的主材料，而书写在帛上面的文字材料被称为“帛书”。

在上古时期，商品流通并不是很发达，人们常用布帛作为进行钱币交换。《说文解字》载：“币，帛也。”如《诗经·卫风·氓》：“氓之蚩蚩，抱布贸丝。”

“布”字的金文为“ ”，其上部为“父”字，为声符，其下部为“巾”字，为义符，为形声字。《说文解字》载：“布，枲织也。从巾，父声。”段玉裁注：“古者无今之木棉布，但有麻布及葛布而已。”也就是说，“布”是指棉织品，由麻纺织而成。

在古代，“布”与“帛”均用作钱币。朱骏声《说文通训定声·豫部》载：“古以布为币，后制货泉即以名之。”《史记·平准书》载：“虞夏之币……或钱，或布，或刀，或龟贝。”在古代，士大夫通常用丝织帛，而百姓只能穿麻织品，这也正是“一介布衣”的名称由来。

“帛”“布”二字趣释

甲骨文“帛”字历经几千年仍然保持它原来的结构，从“白”，从“巾”。“帛”的本义是：白色丝绸做成的头巾，后引申指“白色丝绸”。白色是丝绸的本色。“布”是由麻纺织而成，而“布”引申指棉织品，应在我国开始种植棉花以后。古代的“布”与“帛”一样，也用作钱币。

帛

造字解说

帛，甲骨文(白，无色)(巾，丝绸)。

造字本义：白色绢或绸，古代的上流社会把它作为书画材料。金文、篆文承续甲骨文字形。

白色丝绸

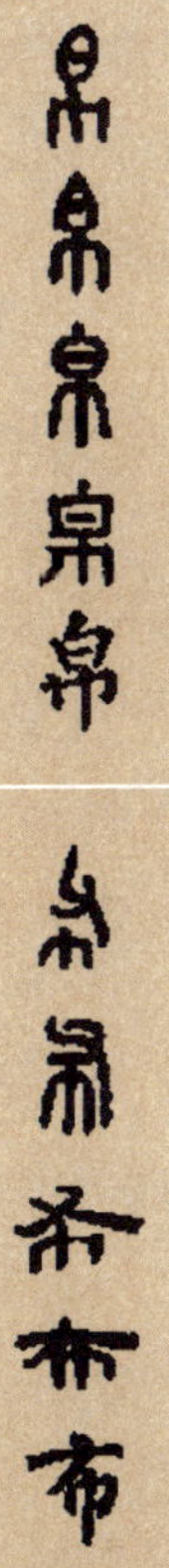

布

造字解说

布，金文(父，手持石斧劳动的男子)(巾，麻棉织物)。

造字本义：远古劳动的男子衣不蔽体，仅以一块麻织品勉强遮蔽下体。篆文承续金文字形。隶书将篆文的“父”写成。

棉织品

第三十三节

待在家里，不愿出门——“定”字解

“定”字的甲骨文为“”，金文为“”，小篆为“”。综观三者形体，其结构形体基本相同，均上从“宀”部，指房子，在古人的生活中，房子所占的位置极其重要，有了房子才等于安了家，否则就会受漂泊游离的苦日子。下从“止”部。“止”，为“停止”“止步”之意。上下部组合在一起即为“定”，意思是长期留在家里与亲人团聚在一起，不愿外出了。正如唐代大诗人杜甫所言“安得广厦千万间”。

在上古时期，各部落之间经历了数千次的征战，导致许多人有家不能回，煎熬别离之痛。他们每时每刻都祈盼着战争能够早些结束，每天都在盼望与家人相聚。战争结束后，家庭生活的温暖与幸福，使他们再也不想离家了。由此则会由心感发“在家千日好，出门一时难”。

从“定”字的形体构造来看，它道出了先祖们的心声，也体现了人们追求一种安定、详和的生活。因此，“定”字的本义为“安宁”“安定”。《说文解字》载：“定，安也，从宀，从正。”许慎认为，“定”字的本义为“安”，为会意字。徐锴系传：“定，安也，从宀，正声。”徐锴表明，“定”字为形声字。《周易·家人》载：“正家而天下定矣。”意思是说：只要把家治理顺了，国家也就安宁了。由此可知，“定”字为会意兼形声字，从“山”，从“正”，“正”亦声。

《尚书·盘庚》载：“安定厥邦。”这句话是商王盘庚在迁都大会上，动员臣民们的话。也就是说，迁都能使国家安定。“安定”在此作为一词出现，只因“定”与“安”同意。

也有的文字研究者表明：“定”字从“宀”，从“正”，上下部组合在一起，即为“治理”之意。因此，“定”字有“正”家风之意。

“定”字趣释

俗话说：“在家千日好，出门一时难。”而汉字中的“定”字正是这一传统观念的写照。“定”字从“宀”，从“止”。“宀”指房子。房子在古人看来是生活中最重要的部分，没有房子就等于没有家，没有家就要受漂泊之苦，以至于唐代大诗人杜甫发出了“安得广厦千万间”的呼喊。

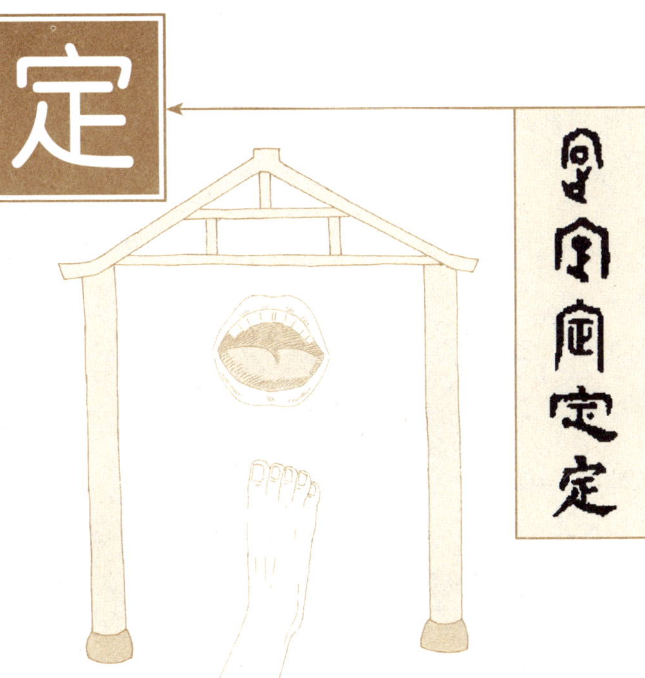

定，甲骨文（宀，房屋）（足，征战）。造字本义：结束征战，安居度日。远古男子为了觅食和战争，总是常常外出远行奔波。金文将甲骨文的“足”写成“正”。篆文承续金文字形。隶书将篆文的“正”写成。

佛教·禅定

禅定是由梵语禅那的简称“禅”，与三昧的汉译“定”复合而成，用来指称进入禅那三昧的修习方法。

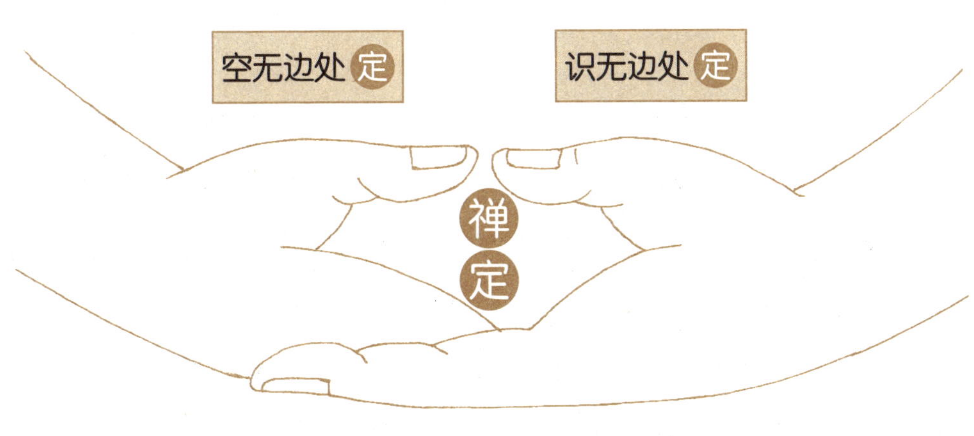